경비지도사 2차

경호학 [일반경비]

SD에듀
(주)시대고시기획

2024 SD에듀 경비지도사
경호학 [일반경비]

Always **with you**

사람의 인연은 길에서 우연하게 만나거나 함께 살아가는 것만을 의미하지는 않습니다.
책을 펴내는 출판사와 그 책을 읽는 독자의 만남도 소중한 인연입니다.
SD에듀는 항상 독자의 마음을 헤아리기 위해 노력하고 있습니다. 늘 독자와 함께하겠습니다.

"생명과 재산을 지켜주는 수호자! 경비지도사"

현대인들은 자신의 의지와 상관없이 외부로부터 가해지는 각종의 위협에 노출되어 있다. 그러나 국가 경찰력이 각종 범죄의 급격한 증가 추세를 따라잡기에는 현실적으로 한계가 있으며, 이에 국가가 사회의 다변화 및 범죄의 증가에 효과적으로 대응하고 경찰력을 보완할 수 있는 전문인력을 양성하고자 경비지도사 국가자격시험을 시행한 지도 27년이 되었다.

경비지도사는 사람의 신변보호, 국가중요시설의 방호, 시설에 대한 안전업무 등을 담당하는 경비인력을 효율적으로 관리, 감독할 수 있는 전문인력으로서 그 중요성이 나날이 커지고 있으며, 그 수요 역시 꾸준히 증가하고 있지만, 합격인원을 한정하고 있기 때문에 경비지도사를 준비하는 수험생들의 부담감 역시 커지고 있다. 해마다 높아지고 있는 합격점에 대한 부담감을 안고 시험 준비에 어려움을 겪고 있을 수험생들을 위하여 본서를 권하는 바이다.

더 이상 단순 암기만으로는 합격에 도달할 수 없는 현시점에서, 지금 수험생들에게 가장 필요한 것은 "선택과 집중 그리고 이해 위주의 학습"이다. 점차 확장되고 있는 출제범위 내에서 과목별로 적절한 분량과 학습에 필요한 자료들만을 선택하여 이해 위주의 학습을 하는 것이야말로 시간 대비 가장 효율적인 학습방법인 것과 동시에 합격으로 향하는 가장 확실한 지름길이라 할 수 있을 것이다.

이에 따라 국가자격시험 전문출판사인 SD에듀가 수험생의 입장에서 더 필요하고 중요한 것을 생각하며 본서를 내놓게 되었다.

"2024 SD에듀 경비지도사 경호학"의 특징은 다음과 같다.

❶ 최근 개정법령과 최신 기출문제의 출제경향을 완벽하게 반영하여 수록하였다.

❷ SD에듀 교수진의 철저한 검수를 통해 교재상의 오류를 없애고 최신 학계 동향을 정확하게 반영하여 출제 가능성이 높은 테마를 빠짐없이 학습할 수 있도록 하였다.

❸ 다년간 경비지도사 수험분야 최고의 자리에서 축적된 본사만의 노하우(Know-how)를 바탕으로 시험에 자주 출제되는 중요 포인트를 선별하여 꼭 학습해야 할 핵심내용을 중심으로 교재를 구성하였다.

❹ 경비지도사 시험의 기출문제를 완벽하게 분석하여 상세한 해설을 수록하였으며, 기출표기를 통해 해당 문항의 중요도를 한눈에 파악할 수 있도록 하였다.

❺ 대한민국을 대표하는 SD에듀와의 강의 연계를 통해 검증된 수준의 강의를 지원받을 수 있다.

끝으로 본서가 모든 수험생들에게 합격의 지름길을 제시하는 안내서가 될 것을 확신하면서 본서로 공부하는 모든 수험생들에게 행운이 함께하기를 기원한다.

대표 편저자 씀

도서의 구성 및 특징

PART1 이론편

STEP1

학습지원

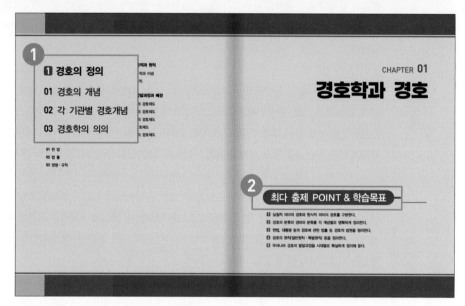

❶ CHAPTER별 상세 목차
❷ 최다 출제 POINT &
 학습목표

본격적으로 학습하기에 앞서 CHAPTER별로 상세 목차, 최다 출제 POINT 및 학습 목표를 통해 내용의 흐름을 파악하고, 중요도 및 학습방향을 설정할 수 있다.

STEP2

핵심이론

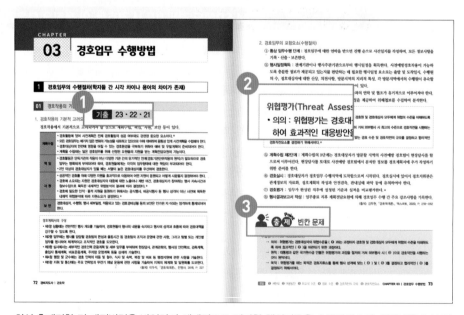

❶ 기출표시
❷ 심화내용 BOX
❸ 출제 POINT 빈칸문제 및
 정답

최신 출제경향 및 개정법령을 반영하여 체계적으로 정리한 핵심이론을 수록하였으며, 심화내용 BOX와 빈칸문제를 통해 필수개념을 확실하게 정리할 수 있다.

PART2 문제편

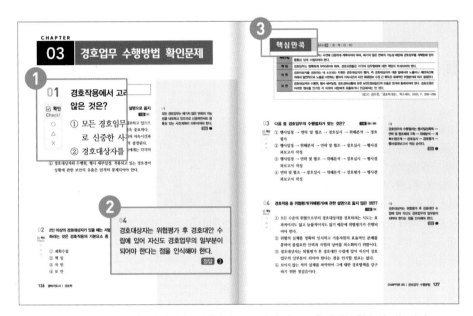

STEP3

확인문제

확인문제 풀이를 통해 이론을 재확인하고, 핵심만 콕 & 법령 박스로 추가적인 학습이 가능하다.

❶ 확인문제
❷ 정답 및 해설
❸ 핵심만 콕 & 법령

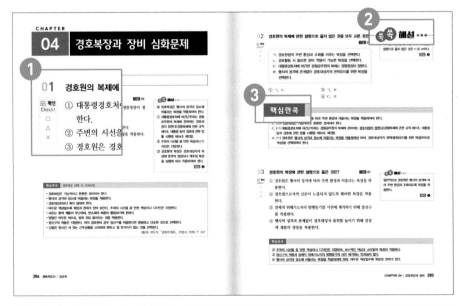

STEP4

심화문제

경비지도사 제1회부터 제25회까지의 기출문제 중 중요 기출만을 엄선하였으며, 실전감각을 향상시킬 수 있는 모의심화문제를 추가로 수록하였다.

❶ 심화문제
❷ 쏙쏙해설 및 정답
❸ 핵심만 콕 & 법령

경비지도사 소개 및 시험안내

◎ 경비지도사란?

경비원을 지도 · 감독 및 교육하는 자를 말하며, 일반경비지도사와 기계경비지도사로 구분한다.

◎ 주요업무

경비업자가 대통령령이 정하는 바에 따라 선임한 경비지도사의 직무는 다음과 같다(경비업법 제12조 제2항, 동법 시행령 제17조 제1항).

1. 경비원의 지도 · 감독 · 교육에 관한 계획의 수립 · 실시 및 그 기록의 유지
2. 경비현장에 배치된 경비원에 대한 순회점검 및 감독
3. 경찰기관 및 소방기관과의 연락방법에 대한 지도
4. 집단민원현장에 배치된 경비원에 대한 지도 · 감독
5. 그 밖에 대통령령이 정하는 직무
   [1] 기계경비업무를 위한 기계장치의 운용 · 감독(기계경비지도사의 경우에 한한다)
   [2] 오경보방지 등을 위한 기기관리의 감독(기계경비지도사의 경우에 한한다)

◎ 응시자격 및 결격사유

응시자격	제한 없음
결격사유	경비업법 제10조 제1항 각호의 1에 해당하는 자

※ 결격사유에 해당하는 자는 시험 합격 여부와 관계없이 시험을 무효처리한다.

◎ 2024년 일반 · 기계경비지도사 시험 일정(사전공고 기준)

회 차	응시원서 접수기간	제1차 · 제2차 시험 동시 실시	합격자 발표일
26	9.23.~9.27./10.31.~11.1.(추가)	11.9.(토)	12.26.(목)

◎ 합격기준

구 분	합격기준
제1차 시험	매 과목 100점을 만점으로 하여 매 과목 40점 이상, 전 과목 평균 60점 이상 득점한 자
제2차 시험	• 선발예정인원의 범위 안에서 전 과목 평균 60점 이상을 득점한 자 중에서 고득점순으로 결정 • 동점자로 인하여 선발예정인원이 초과되는 때에는 동점자 모두를 합격자로 결정

※ 제1차 시험 불합격자는 제2차 시험을 무효로 한다.

경비지도사 자격시험

구 분	과목구분	일반경비지도사	기계경비지도사	문항수	시험시간	시험방법
제1차 시험	필수	1. 법학개론 2. 민간경비론		과목당 40문항 (총 80문항)	80분 (09:30~10:50)	객관식 4지택일형
제2차 시험	필수	1. 경비업법(청원경찰법 포함)		과목당 40문항 (총 80문항)	80분 (11:30~12:50)	객관식 4지택일형
	선택(택1)	1. 소방학 2. 범죄학 3. 경호학	1. 기계경비개론 2. 기계경비기획 및 설계			

일반경비지도사 제2차 시험 검정현황

❖ 제2차 시험 응시인원 및 합격률

구 분	대상자	응시자	합격자	합격률
2019년(제21회)	12,956	7,626	640	8.39%
2020년(제22회)	12,578	7,700	791	10.27%
2021년(제23회)	12,418	7,677	659	8.58%
2022년(제24회)	11,919	7,325	573	7.82%
2023년(제25회)	10,325	6,462	574	8.88%

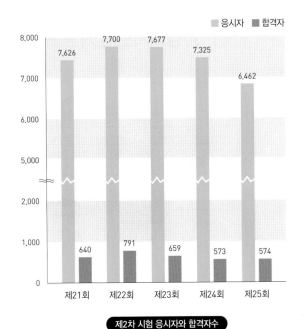

제2차 시험 응시자와 합격자수

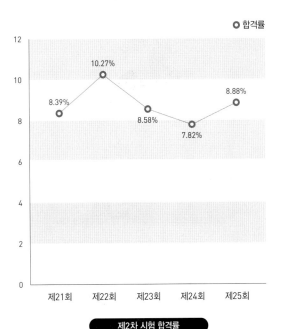

제2차 시험 합격률

시험접수부터 자격증 취득까지

1. 응시자격조건

- 경비업법 제10조 제1항의 결격사유에 해당하지 않는 어느 누구나 응시할 수 있습니다.
- 결격사유 기준일은 원서접수 마감일이 며, 해당자는 시험합격 여부와 상관없이 시험을 무효처리합니다.

2. 필기원서접수

※ 인터넷 원서 접수 사이트 : q-net.or.kr

8. 자격증 발급

- 경비지도사 기본교육 종료 후 교육기 관에서 일괄 자격증 신청
- 경찰청에서 교육 사항 점검 후, 20일 이내 해당 주소지로 우편 발송

7. 경비지도사 기본교육

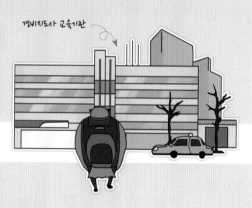

3. 일반 · 기계 경비지도사의 시험

일반·기계 경비지도사의 시험

일반·기계 경비지도사의 1차 시험과목은
법학개론과 민간경비론입니다.

일반 경비지도사   기계 경비지도사
2차시험   2차시험

2차 시험과목은 청원경찰법을   청원경찰법을 포함한
포함한 경비업법과 소방학,   경비업법과 기계경비론,
범죄학, 경호학 중 1과목을   기계경비기획 및 설계 중
선택합니다.   1과목을 선택합니다.

1·2차 시험 모두 객관식 4지 택일형으로 과목당
40문제이며, 1·2차 시험으로 구분하되 동일한
날짜에 실시하게 됩니다.

취득하려는 경비지도사
자격증 종류에 맞게
과목선택을 해야 해요.

나는 일반 경비지도사를
준비할 거니까 경호학을
준비해야겠다.

4. 1 · 2차 시험안내

4지 선다 객관식 시험이니까
시간배분 연습!

5. 합격기준

1차는 과락 없이 60점
이상이니까 안정권이야!
2차 시험을 잘 봐서 선발예정인원에
들어야 할텐데..

6. 합격자발표

합격 슈퍼 그레잇~!

오.. 합격이다.
기본교육일정도 나와있네..
우리집에서 가까운 곳으로 신청해야지.

※ 확인 홈페이지 : q-net.or.kr

최근 5년간 출제경향 분석

⬡ 제2과목 경호학

❖ 경호학 회당 평균 출제횟수 : 경호업무 수행방법(18.8문제), 경호학과 경호(6.2문제), 경호의 조직(4.8문제) 순이다.

	출제영역	2019 (제21회)	2020 (제22회)	2021 (제23회)	2022 (제24회)	2023 (제25회)	총 계 (문항수)	회별출제 (평균)
제1장	경호학과 경호	7	6	7	6	5	31	6.2
제2장	경호의 조직	6	5	5	3	5	24	4.8
제3장	경호업무 수행방법	17	20	17	19	21	94	18.8
제4장	경호복장과 장비	5	2	4	3	2	16	3.2
제5장	경호의전과 구급법	3	3	3	4	2	15	3
제6장	경호의 환경	2	4	4	5	5	20	4
	합계(문항수)	40	40	40	40	40	200	40

⋯▸ 2023년도 경호학 총평 : 전체적으로는 무난하게 출제되었으며, 합격의 당락을 결정할 문제는 49번, 57번, 63번, 68번이라고 생각된다. 이 중 57번, 63번, 68번 문제에 대해 수험생들의 이의제기가 있었으나, 한국산업인력공단은 이를 수용하지 않았다. 다만 68번 문제의 경우 출제 오류라고 판단되므로, 추후 행정 심판 등이 진행될 것 같다.

⬡ 2023년 제25회 경호학 주제별 출제 분석

본 도서의 목차별로 정리한 기출분석입니다(중복 출제된 주제 있음).

CHAPTER	POINT	2023년 제25회 기출주제
제1장 경호학과 경호	1. 경호의 정의	대통령 등의 경호에 관한 법률상 경호의 정의
	2. 경호 및 경비의 분류	경호 · 경비의 분류 일반
	3. 경호의 법원	대통령 등의 경호에 관한 법률상 전직대통령과 그 배우자에 대한 경호의 조치
	4. 경호의 목적과 원칙	경호의 행동원칙
	5. 경호의 발달과정과 배경	우리나라 경호기관의 역사적 변천
제2장 경호의 조직	1. 경호조직의 의의 및 특성과 구성원칙	경호조직의 특성, 경호조직의 원칙(경호지휘단일성)
	2. 각국의 경호조직	각국 경호기관
	3. 경호의 주체와 객체	경호의 주체, 대통령경호처의 경호대상
제3장 경호업무 수행방법	1. 경호임무의 수행절차	경호작용의 기본요소, 경호위기관리단계 및 세부 경호업무 수행절차
	2. 사전예방경호(선발경호)	선발경호의 의의 및 특성, 안전검측활동, 안전검측 시 중점 검측할 대상, 안전검측 방법, 검식활동
	3. 근접경호(수행경호)	경호원의 행동수칙, 경호임무의 활동수칙, 근접경호의 의의 및 특성, 근접경호의 원칙, 근접경호 시 사주경계 요령, 차량 이동 간 경호 요령
	4. 출입자 통제대책	출입자 통제업무 수행, 출입자 통제대책
	5. 우발상황(돌발사태) 대응방법	우발상황의 특성, 우발상황 시 근접경호원의 대응, 우발상황 대응기법
제4장 경호복장과 장비	1. 경호원의 복장과 장비	경호장비, 경호원의 복제
	2. 경호장비의 유형별 관리	–
제5장 경호의전과 구급법	1. 경호원의 자격과 윤리	–
	2. 경호원의 의전과 예절	경호의전
	3. 응급처치 및 구급법	경호현장에서 응급상황 발생 시 경호원의 역할
제6장 경호의 환경	1. 경호의 환경요인	
	2. 암 살	암살의 동기
	3. 테 러	테러리즘의 동일시 이론, 테러방지법, 각국의 대테러부대, 뉴테러리즘

최신 개정법령 소개

◐ 경비지도사 제2차 시험 관련 법령

본 도서에 반영된 주요 최신 개정법령은 아래와 같다(적색 : 2023년 이후 개정법령).

구 분	법 령	시행일
경비업법	경비업법	24.08.14
	경비업법 시행령	23.05.16
	경비업법 시행규칙	24.01.01
청원경찰법	청원경찰법	22.11.15
	청원경찰법 시행령	23.04.25
	청원경찰법 시행규칙	22.11.10
경호학 관계법령	대통령 등의 경호에 관한 법률	17.07.26
	대통령 등의 경호에 관한 법률 시행령	23.06.05
	대통령경호처와 그 소속기관 직제	23.12.29
	전직대통령 예우에 관한 법률	17.09.22
	전직대통령 예우에 관한 법률 시행령	21.01.05
	대통령경호안전대책위원회규정	22.11.01
	국민보호와 공공안전을 위한 테러방지법	24.02.09
	국민보호와 공공안전을 위한 테러방지법 시행령	22.11.01
	국민보호와 공공안전을 위한 테러방지법 시행규칙	16.06.04
	국가테러대책위원회 및 테러대책실무위원회 운영규정	17.08.23
	다자간 정상회의의 경호 및 안전관리 업무에 관한 규정	14.07.04
	보안업무규정	21.01.01
	보안업무규정 시행규칙	22.11.28

※ 경비지도사 자격시험에서 법률 등을 적용하여 정답을 구하여야 하는 문제는 시험 시행일 현재 시행 중인 법률 등을 적용하여 정답을 구하여야 한다.

◐ 개정법령 관련 대처법

❶ 최신 개정사항은 당해 연도 시험에 출제될 확률이 높으므로, 시험 시행일 전까지 최신 개정법령 및 개정사항을 필히 확인해야 한다.

❷ 최신 개정법령은 아래 법제처의 국가법령정보센터 홈페이지 등을 통해 확인이 가능하다.

법제처 국가법령정보센터	www.law.go.kr

❸ 도서 출간 이후의 최신 개정법령 및 개정사항에 대한 도서 업데이트(추록)는 아래의 SD에듀 홈페이지 및 서비스를 통해 제공받을 수 있다.

SD에듀 홈페이지	www.sdedu.co.kr / www.edusd.co.kr
SD에듀 경비지도사 독자지원카페	cafe.naver.com/sdsi
시대북 통합서비스 앱	구글 플레이 또는 앱스토어에서 SD에듀로 검색

이 책의 차례

경/비/지/도/사

경호학

OX문제 + 핵심이론

경호학과 경호

OX 핵심지문 총정리

최다 출제 POINT & 학습목표

1 실질적 의미의 경호와 형식적 의미의 경호를 구분한다.

2 경호의 분류와 경비의 분류를 각 개념별로 명확하게 정리한다.

3 헌법, 대통령 등의 경호에 관한 법률 등 경호의 법원을 정리한다.

4 경호의 원칙(일반원칙·특별원칙) 등을 정리한다.

5 우리나라 경호의 발달과정을 시대별로 확실하게 정리해 둔다.

 OX 경호학과 경호

01 경호를 본질적·이론적인 입장에서 이해한 것은 실질적 의미의 경호개념이다. 기출 21·17·13·11 ( )

02 경호기관을 기준으로 하여 정립한 개념은 형식적 의미의 경호개념이다. 기출 21·18·17·15·13·11 ( )

03 경호대상자의 신변안전을 위하여 사용 가능한 모든 수단과 방법을 동원하는 것은 실질적 의미의 경호개념에 해당한다.
기출 21·18·17·16·15·14·13·12·11 ( )

04 약식경호는 의전절차 없이 불시에 행사가 진행되고, 사전 경호조치도 없는 상태에서 최대한의 근접경호만으로 실시하는 경호활동을 말한다. 기출 21·20·19·18·17 ( )

05 경호관계자의 사전 통보에 의해 계획·준비되는 경호활동은 경호의 성격에 의한 분류 중에서 공식경호에 해당한다.
기출 21·16·14 ( )

06 대통령 등의 경호에 관한 법률상 대통령이 임기 만료 전에 퇴임한 경우와 재직 중 사망한 경우의 경호 기간은 그로부터 5년으로 하고, 퇴임 후 사망한 경우의 경호 기간은 퇴임일부터 기산(起算)하여 10년을 넘지 아니하는 범위에서 사망 후 5년으로 한다.
기출 21 ( )

07 경호의 성문법원으로 헌법·법률·조약·명령·판례법 등을 들 수 있다. 기출 22·21 ( )

08 3중 경호의 기본 구조는 경호대상자가 위치한 장소로부터 내부, 외부, 외곽으로 구분하여 경호 행동반경을 거리 개념으로 설명한 것이다. 기출 21·20 ( )

09 안전구역, 경비구역, 경계구역, 방호구역 중 3중 경호의 원칙에 해당하지 않는 구역은 방호구역이다. 기출 21 ( )

10 3중 경호의 원칙에서 1선은 완벽한 통제가 이루어져야 하며, 경호원의 확인을 거치지 않은 인원의 출입은 금지한다. 기출 21·15 ( )

11 3중 경호의 원칙에서 2선은 부분적 통제가 실시되지만 경호원의 확인을 거치지 않은 인원 및 물품은 감시의 영역을 벗어나서는 안 된다. 기출 21·12 ( )

12 경호의 행동원칙 중 '자기담당구역 책임의 원칙'에 의하면 경호원은 자신의 책임하에서 주어진 임무를 완수하고 담당구역을 지켜야 한다. 기출 21·17·16·12 ( )

13 경호의 행동원칙 중 '자기희생의 원칙'은 경호원 자신을 희생해서라도 경호대상자의 신변을 안전하게 보호해야 한다.
기출 21 · 18 · 17 · 16 · 13 　　　　　　　　　　　　　　　　　　　　　　　　　　　　　　　（　　）

14 경호의 행동원칙 중 '하나의 통제된 지점을 통한 접근의 원칙'에 의하면 경호대상자에게 접근할 수 있는 출입구나 통로는 하나만 필요하고, 담당경호원의 허가 절차가 요구되지 않는다. 기출 21 · 15 · 11 　　　　　　　　　　　　（　　）

15 경호의 행동원칙 중 '목표물 보존의 원칙'은 경호대상자를 위해요소로부터 분리하는 것을 말한다. 기출 23 · 21 · 17 · 16 · 13 · 11 　　　　　　　　　　　　　　　　　　　　　　　　　　　　　　（　　）

16 다음에서 설명하는 경호의 원칙은 목표물 보존의 원칙이다. 기출 22 　　　　　　　　　　　　　　　　（　　）

> 경호대상자의 행차 코스는 원칙적으로 비공개되어야 하며, 행차 예정 장소도 일반 대중에게 비공개되어야 한다. 더불어 대중에게 노출되는 경호대상자의 보행 행차는 가급적 제한되어야 위해를 가할 가능성이 있는 위험으로부터 경호대상자를 보호할 수 있다.

17 장용영은 조선 후기 정조 때 설치한 경호기관이다. 기출 22 　　　　　　　　　　　　　　　　　　　　（　　）

18 다음에서 설명하는 경호의 원칙은 3중 경호의 원칙이다. 기출 22 　　　　　　　　　　　　　　　　　（　　）

> 경호대상자가 위치한 지역에서 가장 근거리부터 엄중한 경호를 취하는 순서로 근접경호, 중간경호, 외곽경호로 나누고 그에 따른 요원의 배치와 임무가 부여된다.

19 대통령 등의 경호에 관한 법률상 '경호'에 관한 정의이다. (　　)에 들어갈 내용은 순서대로 ㄱ : 신체, ㄴ : 위해, ㄷ : 특정 지역이다.
기출 23 · 22 　　　　　　　　　　　　　　　　　　　　　　　　　　　　　　　　　　　（　　）

> 경호대상자의 생명과 재산을 보호하기 위하여 (ㄱ)에 가하여지는 (ㄴ)를 방지하거나 제거하고, (ㄷ)을 경계·순찰 및 방비하는 등의 모든 안전활동을 말한다.

▶ **정답과 해설** ◀

01 ○	02 ○	03 ○	04 ×	05 ○	06 ○	07 ×	08 ×	09 ○	10 ○
11 ○	12 ○	13 ○	14 ×	15 ○	16 ○	17 ○	18 ○	19 ○	

✔ **오답분석**

04 약식경호는 의전절차 없이 불시에 행사가 진행되고, 사전 경호조치도 없는 상태에서 <u>최소한의 근접경호만으로</u> 실시하는 경호활동이다.

07 <u>판례법은 관습법과 더불어 대표적인 경호의 불문법원에 해당한다.</u>

08 3중 경호의 기본 구조는 경호대상자가 위치한 집무실이나 행사장으로부터 <u>내부(근접경호), 내곽(중간경호), 외곽(외곽경호)으로 구분</u>하여 경호 행동반경을 거리 개념으로 설명한 것이다.

14 '하나의 통제된 지점을 통한 접근의 원칙'은 경호대상자와 일반인을 분리하여, 경호대상자에게 접근할 수 있는 출입구나 통로는 하나만 필요하고 여러 개를 두어서 위해요소가 분산되도록 하여서는 안 된다는 원칙으로, <u>통제된 출입구나 통로라도 접근자는 경호요원에게 확인될 수 있어야 하고, 허가 절차 등을 거쳐 접근이 이루어지도록 해야 한다.</u>

01 경호학과 경호

1 경호의 정의

01 경호의 개념 기출 21·20·19·18·17·16·15·13·11

1. 형식적 의미의 경호

① 경호관계법규에 규정된 현실적인 경호기관을 기준으로 하여 정립된 개념이다.★
② 제도상·실정법상 일반 경호기관의 권한에 속하는 일체의 경호작용을 뜻한다.
③ 실정법·제도·기관 중심적 관점에서 이해한 것이다.
④ 경호의 주체 또는 권한, 제도에 따른 구분에 의한 것이다.★
⑤ 대통령 등의 경호에 관한 법률에서의 경호는 형식적 의미의 경호개념이다.★

2. 실질적 의미의 경호

① 경호 활동의 본질·성질·이론적인 입장에서 이해한 것으로, 학문적인 측면에서 고찰된 개념이다.★
② 수많은 경호작용 중에서 공통적인 특성을 추상화한 개념이다.★
③ 경호대상자의 절대적 신변안전을 보호하기 위하여 모든 사용 가능한 수단과 방법을 동원한다.
④ 경호대상자(피경호자)에 대한 신변 위해요인을 사전에 방지 또는 제거하기 위한 제반활동이다.★
⑤ 경호주체(국가기관, 민간기관, 개인, 단체 불문)가 경호대상자를 보호하는 모든 활동을 말한다.★
⑥ 모든 위험과 곤경(인위적·자연적 위해)으로부터 경호대상자를 안전하게 보호하기 위한 제반활동이다.

경호의 3단계 목표
• 1단계 목표는 예방적 경호조치로 위험을 최소화하는 것이다(위험의 최소화).
• 2단계 목표는 방호적 대응조치로 위험의 발생으로 인한 피해를 최소화하는 것이다(피해의 최소화).
• 3단계 목표는 궁극적으로 경호대상자의 신변안전을 극대화하는 것이다(안전의 극대화).

〈출처〉 이두석, 「경호학개론」, 진영사, 2018, P. 39

출제 Point 빈칸 문제

경호의 개념
⋯› (❶) 의미의 경호 : 경호관계법규에 규정된 현실적인 경호기관을 기준으로 하여 정립된 개념이다.
⋯› (❷) 의미의 경호 : 경호대상자에 대한 신변 위해요인을 사전에 방지 또는 제거하기 위한 제반활동이다.

❶ 형식적 ❷ 실질적 정답

02 각 기관별 경호개념

1. 한국, 대통령경호처(Presidential Security Service)

경호란 "경호대상자의 생명과 재산을 보호하기 위하여 신체에 가하여지는 위해를 방지하거나 제거하고(호위), 특정지역을 경계·순찰 및 방비(경비)하는 등의 모든 안전활동"을 말한다. ★ **기출** 23·22·20

2. 한국, 경찰기관(Republic Of Korea, Police)

경호란 정부요인·국내외 주요 인사 등 경호대상자의 신변에 대하여 직·간접으로 가해지려는 위해를 방지하기 위하여 위험요소를 사전에 제거하고 경호대상자의 안전을 도모하는 경찰작용을 말한다.

3. 미국, 비밀경호대(Secret Service)

경호는 "암살, 납치, 혼란 및 신체적 상해로부터 경호대상자를 보호하고, 실제적이고 주도면밀한 범행의 성공 기회를 최소화하는 것"이라고 정의한다. ★

4. 일본, 요인경호부대(Security Police)

경호는 "신변에 위해가 있을 경우 국가와 공공의 안녕 및 질서에 영향을 줄 우려가 있는 자에 대하여 그 신변의 안전을 확보하기 위한 경찰활동"이라고 정의한다. ★

03 경호학의 의의

1. 경호학의 정의

경호학은 종합과학적 성격을 띤 종합예술이고, 경호의 환경변화에 기민하게 반응하며, 경호기법에 관한 지속적인 연구·개발 없이는 학문적 가치를 인정받을 수 없는 매우 적극적이고 동태적인 학문이다. ★

2. 경호학 연구의 대상

경호제도	• 법치국가의 경호제도는 경호의 정당성을 제공하는 중요한 근거이다. • 경호의 법적 근거·경호의 대상·경호조직의 구성 및 운영 등은 경호의 존재방식과 방향을 결정한다.
경호이론	• 경호이론은 경호행위의 근거를 제시한다. • 이론의 연구는 경호의 완성도를 높이고 경호의 질적 성장을 촉진한다.
경호기법	• 경호기법은 구체적으로 경호조치를 하는 기술과 방법을 제공한다. • 문제를 해결하는 구체적인 방법은 경호원·경호조직의 경호능력을 향상시키는 관건이다.
경호의식	• 사람들이 경호를 어떻게 생각하고 인식하는가의 문제를 연구한다. • 국민들의 경호에 대한 의식은 경호의 방향을 결정하고 방법을 결정하는 단서가 된다.

〈출처〉 이두석, 「경호학개론」, 진영사, 2018, P. 36

2 경호 및 경비의 분류

경호의 분류 기출 23 · 21 · 20 · 19 · 18 · 17 · 16 · 15 · 14 · 13 · 12 · 11

1. 대상에 의한 분류

① 공경호(公警護)

국내 요인	갑(甲)호	• 대통령과 그 가족, 대통령 당선인과 그 가족 • 대통령권한대행과 그 배우자 • 전직대통령과 그 배우자(퇴임 후 10년 이내) • 그 밖에 경호처장이 경호가 필요하다고 인정하는 국내 요인	경호처
	을(乙)호	• 국회의장, 대법원장, 국무총리, 헌법재판소장 • 전직대통령(퇴임 후 10년 경과), 대통령선거후보자	경 찰
	병(丙)호	갑, 을호 이외에 경찰청장이 필요하다고 인정하는 인사	
국외 요인 (외빈)	ABCD 등급	• 대통령, 국왕, 행정수반(수상포함)과 그 배우자 • 행정수반 아닌 총리, 부통령 • 그 밖에 경호처장이 경호가 필요하다고 인정하는 국외 요인	경호처
	EF 등급	• 부총리, 왕족, 외빈 ABCD 등급의 배우자 단독 방한 • 전직대통령, 전직총리, 국제회의 · 국제기구의 중요인사 • 기타 장관급 이상으로 경찰청장이 경호가 필요하다고 인정하는 사람	경 찰

〈참고〉 김동제 · 조성구, 「경호학」, 백산출판사, 2013, P. 49

㉠ 갑(甲)호 및 외빈(A · B · C · D등급) 경호의 경우에는 대통령경호처에서 경호를 주관하게 되며, 3중 경호의 원칙에 입각해 1선은 경호처에서, 경찰은 2선(군부대 내부의 경우에는 군(軍)이)과 3선을 담당하게 된다.

㉡ 을(乙)호 · 병(丙)호 및 외빈(E · F등급) 경호의 경우에는 경찰의 책임하에 경호를 주관하게 된다.

㉢ 경호처장이 경호가 필요하다고 인정한 국내외요인 또는 외빈(A · B · C · D)의 경호등급은 경호처장이 외교부장관, 국가정보원장, 경찰청장과 미리 협의하여 결정한다.★★

② 사경호(私警護) : 통일된 분류기준이 없으므로 참고용으로만 활용

㉠ 1급 경호 : 국회의원, 지방자치단체장 이상, 대기업 총수, 유명 연예인, 종교 · 사회 단체장

㉡ 2급 경호 : 시 · 군 · 구 정치인, 대기업 이사급, 중소기업 대표(경제 · 사회지도층 가족)

㉢ 3급 경호 : 일반인

〈출처〉 송광호, 「패스플러스 경비지도사 2차 경호학」, 에듀피디, 2023, P. 43

경비지도사 | 경호학

2. 장소에 의한 분류

① **행사장(行事場)경호** : 경호대상자가 참석하는 행사장소를 안전공간으로 확보하여 경호대상자의 신변을 보호하기 위한 경호활동으로, 행사장소에 대한 안전조치와 행사 참석자에 대한 안전조치가 포함된다.

② **숙소(宿所)경호** : 경호대상자가 평소에 거처하는 숙소뿐만 아니라 행사 등으로 인하여 임시로 사용하는 외부 유숙지에 대한 경호활동을 말한다.★

③ **연도(沿道)경호** : 경호대상자가 이동하는 기동로에 대한 안전조치나 도로상에서 일시적인 행사가 이루어질 경우의 경호활동을 말한다.
  - ㉠ **육로경호** : 경호대상자가 행·환차 시 도로에 대한 제반 위해요소를 사전에 배제하는 경호이다.
  - ㉡ **철도경호** : 철로 주변에 대한 경호로 철도 관계 기관과의 긴밀한 협조로 육로경호와 같이 실시한다.

3. 성격에 의한 분류

① **공식경호(1호·A호)** : 공식행사 시 사전 통보에 의해 계획·준비하여 실시하는 경호이다.

② **비공식경호(2호·B호)** : 비공식행사 시 사전에 통보나 협의 없이 이루어지는 경호이다(예 공식 경호행사를 마치고 귀가 중 환차코스를 변경하여 예정에 없던 행사장에 방문할 경우에 실시하는 경호).★

③ **약식경호(3호·C호)** : 일정한 규격적인 방식(의전절차)에 의하지 않고 실시하는 경호이다(예 출·퇴근 시 일상적으로 실시하는 경호).★

> **행사 성격에 의한 경호활동의 구분**
> - **완전 공식** : 대규모의 국가적인 행사로 사전에 언론을 통해 완전히 공개된 행사 시 실시하는 경호(예 대통령 취임식, 아시아·유럽 정상회의, 월드컵 등)
> - **공식** : 연례적·통상적으로 실시하는 공개된 행사 시 경호(예 국경일, 기념일, 기공식 등)
> - **비공식** : 보안유지가 요구되는 비공개 행사 시 실시하는 경호(예 현장방문행사 등)
> - **완전 비공식** : 정무 또는 사무상 필요에 의해 사전통보나 절차 없이 이루어지는 행사 시 실시하는 경호로서 고도의 보안을 요구하는 경호(예 민정시찰·사저행사 등의 비공식 방문, 개인적인 운동·공연관람 등)

👤💥 **출**🅟ᵒⁱⁿᵗ**제 빈칸 문제**

경호의 성격에 의한 분류
- ⟶ (❶) 경호(1호·A호) : (❶)행사 시 사전 통보에 의해 계획·준비하여 실시하는 경호이다.
- ⟶ (❷) 경호(2호·B호) : (❷)행사 시 사전에 통보나 협의 없이 이루어지는 경호이다.
- ⟶ (❸) 경호(3호·C호) : (❹)에 의하지 않고 실시하는 경호이다. 출·퇴근 시에 (❺)으로 실시하는 경호가 이에 해당된다.

4. 이동수단에 의한 분류

행사장으로 이동하는 수단과 방법에 의한 것으로, 보행경호, 차량경호, 열차경호, 선박경호, 항공기경호 등으로 분류된다.

5. 경호의 수준에 의한 분류

① 1(A)급 경호 : 행차보안이 사전에 노출되어 경호의 위해가능성이 높은 상황하의 공식행사의 경호(국가원수급)

② 2(B)급 경호 : 행사준비 등의 시간적 여유 없이 갑자기 결정된 상황하의 각종행사의 경호(수상급)

③ 3(C)급 경호 : 사전에 행사준비 등 경호조치가 거의 전무한 상황하의 각종행사의 경호(장관급)

6. 직·간접 여부에 의한 분류

① 직접경호 : 행사장에 인원과 경호장비를 배치하여 인적·물적·자연적(지리적) 위험요소를 예방하기 위한 경호★

② 간접경호 : 평상시의 치안 및 대공활동, 국제정세를 포함한 안전대책작용 등의 경호★

7. 직종에 의한 분류

① 경제인경호 : 회장·사장 등의 경제인을 대상으로 하는 경호

② 정치인경호 : 대통령후보·정당인·국회의원·유명인사 등의 경호

③ 연예인경호 : 가수·배우 등의 경호로 의상과 외모를 신변보호 이상으로 신경 써야 한다.

8. 형식(근무형태)에 따른 분류

① 노출경호 : 경호원임을 쉽게 구분할 수 있도록 복장을 입고 공개적으로 예상될 수 있는 범행기도나 위협에 위압감을 줄 수 있는 방법이다. 신분이 노출되어 불순분자로 하여금 경계를 가능하게 한다는 단점이 있지만 질서유지에는 효과적이다.★

② 비노출경호 : 경호원임을 알 수 없도록 자유복장으로 경호하는 방법으로 신분이 노출되지 않는다는 장점이 있으며, 경호대상자에게 부담을 주지 않고, 일반시민의 통제를 최소화하는 것이다.★

③ 혼합경호 : 노출과 비노출경호를 혼합하는 경호방법이다. 경호원의 신변을 노출하여 위압감을 주는 동시에 비밀리에 신변을 보호할 필요가 있을 때 사용한다.★

출제Point 빈칸 문제

경호의 분류
⋯ 행사준비 등의 시간적 여유 없이 갑자기 결정된 상황하의 각종행사의 경호(❶)는 (❷)급 경호를 의미한다.
⋯ 평상시의 치안 및 대공활동, 국제정세를 포함한 안전대책작용 등의 경호는 (❸)를 의미한다.

❶ 수상급 ❷ 2(B) ❸ 간접경호 정답

대 상	甲(A)호 경호	국왕 및 대통령과 그 가족, 외국의 원수 등
	乙(B)호 경호	수상, 국회의장, 대법원장, 헌법재판소장, 이와 대등한 지위에 있는 외국인사 등
	丙(C)호 경호	경찰청장 또는 경호기관의 장이 필요하다고 인정하는 주요 인사
장 소	행사장경호	행사장은 일반군중과 가까우므로 완벽한 경호가 필요
	숙소경호	체류기간이 길고, 야간경호를 해야 함
	연도경호 (노상경호)	연도경호는 세부적으로 교통수단에 의해 분류됨(육로경호·철도경호)
성 격	공식경호 (1호·A호)	경호관계자의 사전 통보에 의해 계획·준비되는 공식행사 때에 실시하는 경호
	비공식경호 (2호·B호)	경호관계자 간의 사전 통보나 협의절차 없이 이루어지는 비공식행사 때의 경호
	약식경호 (3호·C호)	일정한 방식에 의하지 않고 실시하는 경호(출·퇴근 시 일상적으로 실시하는 경우)
이동 수단	보행경호	경호대상자가 근거리를 도보로 이동할 때 실시하는 경호
	차량경호	경호대상자가 차량으로 대개 중거리를 이동할 때 실시하는 경호
	열차경호	경호대상자가 열차를 이용하는 경우 열차 내에서 이루어지는 경호
	선박경호	경호대상자가 선박을 이용하는 경우 선박 내에서 이루어지는 경호
	항공기경호	경호대상자가 항공기를 이용하는 경우 항공기 내에서 이루어지는 경호
경호 수준	1(A)급 경호	행차보안이 사전에 노출되어 경호 위해가 증대된 상황하의 각종 행사와 국왕 및 대통령 등 국가원수급의 1등급 경호대상으로 결정된 국빈행사의 경호
	2(B)급 경호	행사 준비 등의 시간적 여유 없이 갑자기 결정된 상황하의 각종 행사와 수상급의 경호대상으로 결정된 국빈행사의 경호
	3(C)급 경호	사전에 행사준비 등 경호조치가 거의 전무한 상황하에서 이루어지는 것으로서 장관급의 경호대상으로 결정된 국빈행사의 경호
직간접 여부	직접경호	행사장에 인원과 장비를 배치하여 물적·인적·자연적 위해요소를 배제하기 위한 경호
	간접경호	평상시의 치안 및 대공활동, 국제정세를 포함한 안전대책작용 등의 경호
직 종	경제인경호	크고 작은 규모의 회사를 운영하는 회장 또는 사장 등의 경제인을 대상으로 하는 경호
	정치인경호	대통령후보, 정당인, 국회의원 등 정치인과 같은 유명인사를 대상으로 하는 경호
	연예인경호	가수, 배우 등 주요 연예인을 대상으로 하는 경호

〈출처〉 김두현, 「경호학개론」, 엑스퍼트, 2020, P. 57~61

02 경비의 분류

1. 경비기관(주체)에 의한 분류 기출 23

구 분	공경비	사경비(민간경비)
주 체	정 부	개인, 단체, 영리기업
대 상	국 민	보수를 지급한 의뢰인
권 한	일반적인 법집행의 권한 보유	공경비에 비해 제한
목 적	공공의 질서와 범죄예방 및 범인의 체포 등	고객의 생명·신체·재산의 보호 등과 같은 범죄예방적 측면
서비스 성격	치안공공재적 성격으로 비경합적 서비스	대가에 따라 서비스가 달리 행해지는 경합적 서비스

2. 경계개념에 의한 분류

① 정(正)비상경계 : 국가적 중요행사를 전후한 일정기간 또는 비상사태 발생의 징후가 예견되거나 고도의 경계가 필요한 때 실시하는 경계

② 준(準)비상경계 : 비상사태 발생의 징후는 희박하나 불안전한 사태가 계속되며 비상사태가 발생할 우려가 있는 경우에 집중적인 경계가 요구될 때 실시하는 경계

3. 경계대상에 의한 분류 기출 20·17

① **치안경비** : <u>공공의 안녕과 질서를 문란케 하는 경비사태에 대하여 경비부대의 활동으로서 예방·경계·진압하는 경비작용을 의미한다.</u>★

② **재해경비** : 천재, 지변, 홍수, 화재, 태풍, 지진, 폭설 등 <u>재해에 의한 예측불허의 돌발사태로부터 발생할 위해를 예방·경계·진압함으로써 국민의 생명·신체·재산을 보호하고 공공의 안녕과 질서를 유지하는 작용</u>을 의미한다.

③ **혼잡경비** : 경기대회, 기념행사 등의 미조직 군중의 혼란 또는 혼란에 의하여 발생하는 예측불가능한 사태를 예방·경계·진압하는 작용을 의미한다.

④ **특수경비** : <u>총포·도검·폭발물 기타 총기류에 의한 인질, 살상 등 사회의 이목을 끄는 중요범죄 등의 사태로부터 발생할 위해를 예방·경계·진압함으로써 국민의 생명·신체·재산을 보호하고 공공의 안녕과 질서를 유지하는 작용</u>을 의미한다.★

⑤ **중요시설경비** : 시설의 재산, 문서에 대한 비인가자의 접근을 방지하고 간첩, 태업, 절도 기타 침해행위에 대한 예방·경계·진압하는 경비작용을 의미한다.★

〈출처〉 김두현, 「경호학개론」, 엑스퍼트, 2020, P. 62

경비 목적에 따른 분류
경비를 경비 목적에 따라 분류할 경우 <u>경호경비, 치안경비, 재해경비, 혼잡경비, 특수경비, 중요시설경비</u>로 구분할 수 있다.
〈출처〉 이두석, 「경호학개론」, 진영사, 2018, P. 89~90

4. 경비 방식에 의한 분류

① **인력경비** : 각종 위해로부터 경비대상의 인적·물적 가치를 사람을 통해 보호하는 경비형태이다.

② **기계경비** : 각종 위해로부터 경비대상의 인적·물적 가치를 기계경비시스템을 통해 보호하는 경비형태이다.

5. 경비 성격에 의한 분류

① **자체경비** : 경비를 필요로 하는 조직이 자체적으로 경비부서를 조직하여 경비활동을 실시하는 경비형태이다.

② **계약경비** : 용역경비전문업체가 경비서비스를 원하는 용역의뢰인과 일정한 계약을 통하여 경비서비스를 제공하는 경비형태이다.

6. 경비업법상의 경비 분류(경비업법 제2조) 기출 23

시설경비업무, 호송경비업무, 신변보호업무, 기계경비업무, 특수경비업무로 분류된다. (🔑 : 시·호·신·기·특)

경비업법	시설경비	경비대상시설에서의 도난·화재 그 밖의 혼잡 등으로 인한 위험발생을 방지하는 경비업무
	호송경비	운반 중에 있는 현금·유가증권·귀금속·상품 그 밖의 물건에 대하여 도난·화재 등 위험발생을 방지하는 경비업무
	신변보호 (경호경비)	사람의 생명이나 신체에 대한 위해의 발생을 방지하고 그 신변을 보호하는 경비업무
	기계경비	경비대상시설에 설치한 기기에 의하여 감지·송신된 정보를 그 경비대상시설 외의 장소에 설치한 관제시설의 기기로 수신하여 도난·화재 등 위험발생을 방지하는 경비업무
	특수경비	공항(항공기를 포함) 등 대통령령이 정하는 국가중요시설의 경비 및 도난·화재 그 밖의 위험발생을 방지하는 경비업무

제1장 제2장 제3장 제4장 제5장 제6장

출제 Point 빈칸 문제

경비업법상의 경비 분류

⋯ (❶)업무 : 경비대상시설에서의 도난·화재 그 밖의 혼잡 등으로 인한 위험발생을 방지하는 업무

⋯ (❷)업무 : (❸) 중에 있는 현금·유가증권·귀금속·상품 그 밖의 물건에 대하여 도난·화재 등 위험발생을 방지하는 업무

⋯ (❹)업무 : (❺)의 생명이나 신체에 대한 위해의 발생을 방지하고 그 신변을 보호하는 업무

⋯ (❻)업무 : 경비대상시설에 설치한 기기에 의하여 감지·(❼)된 정보를 그 경비대상시설 외의 장소에 설치한 관제시설의 기기로 수신하여 도난·화재 등 위험발생을 방지하는 업무

⋯ (❽)업무 : 공항(항공기를 포함) 등 대통령령이 정하는 국가중요시설의 경비 및 도난·화재 그 밖의 위험발생을 방지하는 경비업무

03 경비경찰(경찰경비작용)

1. 경찰경비의 개념

일반통치권에 근거하여 경찰은 국가비상사태·긴급중요사태 등 경비사태가 발생하거나 발생할 우려가 있을 때 사회공공의 안녕과 질서를 해하는 개인적 또는 단체적인 불법행위를 예방·경계·진압하는 것을 주요 임무로 하는 경찰작용으로 불법과는 관련이 없는 인위적인 혼잡경비나 재난경비 등도 경비경찰의 대상이 된다.

2. 경비경찰의 특징

① 언제나 긴급한 중요사태이므로 처리 기한이 없다.

② 지휘관과 장비, 무기, 통신, 보급 등 조건을 구비한 부대조직으로 하향적인 특성이 있다.

③ 사회공공의 안녕과 질서유지를 위하여 경찰부대 작용으로 이루어진다.

3. 경비경찰의 특성

① **현상유지적 활동** : 동태적으로 현재의 질서상태를 유지하는 것을 말한다.

② **복합기능적 활동** : 사후 진압과 사전 예방 모두를 동시에 수행하며 예방적 기능에 우선을 둔다고 볼 수 있다.★

③ **즉응적 활동** : 비상사태 발령 시 신속하게 처리하며 사태가 종료되면 해당 업무도 종료하게 된다.

④ **하향적인 명령활동** : 주로 계선조직에 의해 지휘관이 명령을 내리며 책임도 지휘관이 지는 것을 말한다.★

⑤ **직접적인 안녕 및 질서유지 활동** : 경비경찰의 대상은 공공의 안녕과 질서를 유지하는 것을 목적으로 하기 때문에 사회질서를 파괴하는 범죄를 대상으로 한다.

4. 경비수단의 원칙

균형의 원칙	한정된 경비력을 가지고 최대의 효과를 발휘할 수 있도록 상황과 대상에 따라서 유효적절하게 인력을 배치하여 실력행사를 하는 원칙★★
위치의 원칙	경비사태 발생 시 상대방보다 유리한 지점과 위치를 신속하게 확보·유지하는 원칙★
적시성의 원칙	상대방의 힘이 가장 약한 시점을 포착하여 집중적으로 강력한 실력행사를 감행하는 원칙★
안전의 원칙	경비사태 발생 시 경비병력이나 군중들을 사고 없이 안전하게 진압해야 한다는 원칙★

5. 경비수단의 종류

① **직접적인 실력행사** : 경비사태 발생 시에 상대방에게 물리적인 힘을 가하여 범죄의 실행을 불가능하게 하는 것 → 제지, 체포★

② **간접적인 실력행사** : 경비부대를 면전에 배치 또는 진출시켜 상대방에게 심리적 압박을 주어 범죄실행의 의사를 포기하도록 하는 것 → 경고★

> **행동에 의한 경고**
> 행동에 의한 경고란 해산을 촉구하기 위하여 경찰봉으로 밀어내는 행위로 일본의 판례에 따르면 이를 경고의 한 종류로 이해하고 있다.

6. 경비경찰의 대상(경계대상에 의한 경비의 분류)

개인적 · 단체적 불법행위	치안경비	어느 정도 조직화된 군중에 의해 공안을 해하는 다중범죄 등 집단적인 범죄사태가 발생하거나 발생할 우려가 있는 경우에 대비하여 시기를 놓치지 않고 적절한 조치로 사태를 예방 · 경계 · 진압하기 위한 경비활동
	특수경비 (대테러)	총포 · 도검 · 폭발물 등에 의한 인질난동 · 살상 등 사회이목을 집중시키는 중요사건을 예방 · 경계 · 진압하는 경비활동
	경호경비	정부요인을 암살하려는 행위를 미연에 방지하고 피경호자의 신변을 보호하려는 경비활동
	중요시설경비	• 국가적으로 중대한 영향을 미치는 국가산업시설, 국가행정시설을 적의 공격으로부터 방호하기 위한 경비활동 • 시설의 재산, 문서에 대한 비인가자의 접근을 방지하고, 간첩, 태업, 절도 기타 침해행위에 대한 예방 · 경계 · 진압하는 경비활동
인위적 · 자연적 혼잡, 재난	혼잡경비 (행사안전경비)	기념행사, 경기대회, 경축제례 등에 수반하는 미조직군중에 의하여 발생하는 인위적 불예측 사태를 예방 · 경계 · 진압하는 활동
	재난경비	천재지변, 화재 등의 자연적 · 인위적 돌발사태로 인하여 인명 또는 피해가 야기될 경우 이를 예방 · 진압하는 활동

〈출처〉 송광호, 「패스플러스 경비지도사 2차 경호학」, 에듀피디, 2023, P. 11

7. 경비경찰의 조직운영의 원리

① **부대단위 활동의 원칙** : 경비경찰은 주로 부대단위로 활동을 하므로 명령에 의해 임무가 이루어진다.

② **체계통일성의 원칙** : 계선을 통한 상하 계급 간의 책임과 임무의 분담이 명확히 이루어지고 체계가 통일이 되어야 효율적인 부대 운영이 가능하다.

③ **치안협력성의 원칙** : 국민과의 신뢰를 바탕으로 협력을 이루어야 한다는 것을 말한다.

④ **지휘관단일성의 원칙** : 명령통일의 원칙에서 도출되는 원칙으로 효율적인 부대운영을 위해 지휘관은 한 사람만을 두어야 한다는 것을 말한다.

제1장

제2장

제3장

제4장

제5장

제6장

01 헌 법

1. 형식적 의미의 헌법(헌법전)

가장 기본적인 경호의 법원으로, 한 나라의 법질서에 있어서 최고의 효력을 갖는 성문화된 법규범을 말한다. 국가의 통치조직과 통치작용의 기본원리 및 국민의 기본권을 보장하는 근본 규범이다.

2. 실질적 의미의 헌법

실질적 의미의 헌법은 규범의 형식과 관계없이 국가의 조직 · 작용 및 국가와 국민의 관계, 즉 헌법사항을 규정한 법규범의 총체로 법률, 명령, 규칙, 관습법 등의 내용이 헌법사항에 관한 것이면 모두 실질적 의미의 헌법에 해당한다.

02 법 률

1. 대통령 등의 경호에 관한 법률

① 제정 : 1963년 12월 14일 '대통령경호실법' 제정★

② 개정 내용

    ㉠ 1974년 '대통령경호경비안전대책위원회' 설치 조항이 추가

    ㉡ 1981년 1월 29일, 대통령경호실의 임무에 '대통령 당선 확정자의 <u>가족의 호위</u>'와 '<u>전직대통령과 그 배우자 및 자녀의 호위</u>'가 추가★

    ㉢ 1999년 경호원의 신분이 별정직에서 특정직 국가공무원으로 변경

    ㉣ 2004년 대통령 탄핵에 따라 '대통령권한대행과 그 배우자'에 대한 경호임무가 추가★

    ㉤ 2008년 2월 29일, '대통령 등의 경호에 관한 법률'로 명칭 변경, 대통령 직속기관인 대통령경호실에서 대통령실장 소속의 경호처를 두도록 개정되었다가, 2013년 3월 23일 대통령 직속의 대통령경호실로 환원, 2013년 8월 13일 경호대상에서 전직대통령 자녀를 제외하고, 전직대통령 또는 그 배우자에 대하여는 5년의 범위에서 규정된 기간(10년)을 넘어서도 경호할 수 있도록 개정★

    ㉥ 2017년 개정된 정부조직법에서 대통령경호실이 대통령경호처로 개편

③ 목적 : 대통령 등의 경호에 관한 법률은 대통령 등에 대한 경호를 효율적으로 수행하기 위하여 경호의 조직 · 직무범위와 그 밖에 필요한 사항을 규정함을 목적으로 한다. 기출 21 · 20

④ 주요 내용

 ㉠ 경호임무 수행주체 : 대통령경호처

 ㉡ 수행임무 : 대통령 및 대통령당선인과 그 가족(＝ 배우자와 직계존비속)의 경호, 본인의 의사에 반(反)하지 아니하는 경우에 한하여 퇴임 후 10년 이내의 전직대통령과 그의 배우자의 경호, 대통령권한대행과 그 배우자, 방한하는 외국의 국가원수 또는 행정수반(行政首班)과 그 배우자, 그 밖에 경호처장이 필요하다고 인정하는 국내외 요인(要人)에 대한 경호를 규정하고 있다(대통령 등의 경호에 관한 법률 제4조 제1항). 기출 23 · 21 · 16 · 12

가족의 범위

대통령 등의 경호에 관한 법률 제4조 제1항 제1호(대통령과 그 가족) 및 제2호(대통령당선인과 그 가족)에 따른 가족은 대통령 및 대통령당선인의 배우자와 직계존비속으로 한다(대통령 등의 경호에 관한 법률 시행령 제2조).★

전직대통령의 경호 기간 기출 22 · 21

경호처는 본인의 의사에 반하지 아니하는 경우에 한정하여 퇴임 후 10년 이내의 전직대통령과 그 배우자를 경호한다. 다만, 대통령이 임기 만료 전에 퇴임한 경우와 재직 중 사망한 경우의 경호 기간은 그로부터 5년으로 하고, 퇴임 후 사망한 경우의 경호 기간은 퇴임일부터 기산(起算)하여 10년을 넘지 아니하는 범위에서 사망 후 5년으로 한다(대통령 등의 경호에 관한 법률 제4조 제1항 제3호).★

 ㉢ 각급 기관장들에게 협조의무 부과 : 경호처장은 직무상 필요하다고 인정할 때에는 국가기관, 지방자치단체, 그 밖의 공공단체의 장에게 그 공무원 또는 직원의 파견이나 그 밖에 필요한 협조를 요청할 수 있다(대통령 등의 경호에 관한 법률 제15조).★

 ㉣ 사법경찰관리의 직무 수행 : 경호공무원(경호처장의 제청으로 서울중앙지방검찰청 검사장이 지명한 경호공무원을 말함)은 경호대상에 대한 경호업무 수행 중 인지한 그 소관에 속하는 범죄에 대하여 직무상 또는 수사상 긴급을 요하는 한도 내에서 사법경찰관리의 직무를 수행할 수 있다(대통령 등의 경호에 관한 법률 제17조 제1항).★★ 기출 22

 ㉤ 무기 휴대 : 경호처장은 직무를 수행하기 위하여 필요하다고 인정할 때에는 소속 공무원에게 무기를 휴대하게 할 수 있다(대통령 등의 경호에 관한 법률 제19조 제1항).★

출제 Point 빈칸 문제

대통령 등의 경호에 관한 법률

⋯ 대통령 등의 경호에 관한 법률 제4조 제1항 제1호(대통령과 그 가족) 및 제2호(대통령당선인과 그 가족)에 따른 가족은 대통령 및 대통령당선인의 (❶)와 (❷)으로 한다.

⋯ (❸)는 본인의 의사에 반하지 아니하는 경우에 한정하여 퇴임 후 (❹)년 이내의 전직대통령과 그 (❶)를 경호한다. 다만, 대통령이 임기 만료 전에 퇴임한 경우와 재직 중 사망한 경우의 경호 기간은 그로부터 (❺)년으로 하고, 퇴임 후 사망한 경우의 경호 기간은 퇴임일부터 기산(起算)하여 (❹)년을 넘지 아니하는 범위에서 사망 후 (❺)년으로 한다.

정답 ❶ 배우자 ❷ 직계존비속 ❸ 경호처 ❹ 10 ❺ 5

2. 전직대통령 예우에 관한 법률

① **제정** : 1969년 1월 22일 법률로 제정, 제8차 헌법 개정 시 조항에 신설★

② **목적** : 이 법은 전직대통령(前職大統領)의 예우에 관한 사항을 규정함을 목적으로 한다. 전직대통령 경호에 관한 사항은 '대통령 경호에 관한 법률'과 동시행령에 근거한다. 기출 21·20

③ **주요 내용**

  ㉠ **전직대통령에 대한 정의** : 전직대통령이란 헌법에서 정하는 바에 따라 대통령으로 선출되어 재직하였던 사람을 말한다(전직대통령 예우에 관한 법률 제2조).

  ㉡ **법률의 적용범위** : 이 법은 전직대통령 또는 그 유족에 대하여 적용한다(전직대통령 예우에 관한 법률 제3조).

  ㉢ **묘지관리의 지원** : 전직대통령이 사망하여 국립묘지에 안장되지 아니한 경우에는 대통령령으로 정하는 바에 따라 묘지관리에 드는 경비인력 및 관리인력, 비용을 지원할 수 있다(전직대통령 예우에 관한 법률 제5조의3).

  ㉣ **전직대통령에 대한 예우 규정** : 전직대통령 또는 그 유족에게는 관계 법령에서 정하는 바에 따라 다음의 예우를 할 수 있다(전직대통령 예우에 관한 법률 제6조 제4항).

- 필요한 기간의 경호 및 경비(警備)
- 교통·통신 및 사무실 제공 등의 지원
- 본인 및 그 가족에 대한 치료
- 그 밖에 전직대통령으로서 필요한 예우

3. 국가경찰과 자치경찰의 조직 및 운영에 관한 법률(약칭 : 경찰법)

① **연혁** : 1991년 5월 31일 「경찰법」이란 법명으로 제정·공포되었으며, 2021.1.1 법명이 「국가경찰과 자치경찰의 조직 및 운영에 관한 법률」로 개칭되었다.

② **목적** : 경찰의 민주적인 관리·운영과 효율적인 임무수행을 위하여 경찰의 기본조직 및 직무 범위와 그 밖에 필요한 사항을 규정함을 목적으로 한다(법 제1조).

③ **경찰의 임무**(법 제3조)

  ㉠ 국민의 생명·신체 및 재산의 보호

  ㉡ 범죄의 예방·진압 및 수사

  ㉢ 범죄피해자 보호

  ㉣ 경비·요인경호 및 대간첩·대테러 작전 수행

  ㉤ 공공안녕에 대한 위험의 예방과 대응을 위한 정보의 수집·작성 및 배포

  ㉥ 교통의 단속과 위해의 방지

ⓐ 외국 정부기관 및 국제기구와의 국제협력

ⓞ 그 밖에 공공의 안녕과 질서유지

4. 경찰관직무집행법

① 제정 : 1953년 12월 14일 법률 제299호로 제정★

② 목적(제1조)

  ㉠ 경찰관직무집행법은 국민의 자유와 권리 및 모든 개인이 가지는 불가침의 기본적 인권을 보호하고 사회공공의 질서를 유지하기 위한 경찰관(경찰공무원만 해당한다)의 직무 수행에 필요한 사항을 규정함을 목적으로 한다.

  ㉡ 경찰관직무집행법에 규정된 경찰관의 직권은 그 직무 수행에 필요한 최소한도에서 행사되어야 하며 남용되어서는 아니 된다.

③ 주요 내용

  ㉠ 경찰관은 이 법에 따라 불심검문(제3조)·보호조치(제4조)·위험발생의 방지(제5조)·범죄의 예방 및 제지(제6조)·위험방지를 위한 출입(제7조)·무기사용(제10조의4) 등의 조치를 할 수 있다.

  ㉡ 이 법은 경찰관의 직무범위에 경비·주요 인사(人士) 경호를 포함시키고 있다(제2조 제3호).

5. 경비업법

① 제 정

  ㉠ <u>1976년 12월 31일 '용역경비업법' 제정</u>

  ㉡ <u>1999년 3월 31일 용역경비업법에서 경비업법으로 개정★</u>

경호경비 관련법의 제정년도 기출 18·16·13

- 경찰관직무집행법 : 1953년 12월 14일
- 청원경찰법 : 1962년 4월 3일
- 대통령경호실법 : 1963년 12월 14일
- 전직대통령 예우에 관한 법률 : 1969년 1월 22일
- 용역경비업법 : 1976년 12월 31일

---

② 주요 개정 내용

  ㉠ 1995년 개정 : 신변보호업무를 용역경비업의 한 분야로 추가하고, 경비원에 대한 지도·감독 및 교육을 전담할 수 있도록 경비지도사제도를 신설함

  ㉡ 2001년 개정 : 경비업의 종류에 명시적으로 기계경비업무를 추가하고, 기계경비업무를 신고제에서 허가제로 변경함. 나아가 국가중요시설의 경비를 담당하는 특수경비업무를 경비업의 종류로 신설함

③ 경비업의 범위

　ㄱ 시설경비업무 : 경비를 필요로 하는 시설 및 장소(경비대상시설)에서의 도난·화재 그 밖의 혼잡 등으로 인한 위험발생을 방지하는 업무를 말한다.

　ㄴ 호송경비업무 : 운반 중에 있는 현금·유가증권·귀금속·상품, 그 밖의 물건에 대하여 도난·화재 등 위험발생을 방지하는 업무를 말한다.

　ㄷ 신변보호업무 : 사람의 생명이나 신체에 대한 위해의 발생을 방지하고 그 신변을 보호하는 업무를 말한다.

　ㄹ 기계경비업무 : 경비대상시설에 설치한 기기에 의하여 감지·송신된 정보를 그 경비대상시설 외의 장소에 설치한 관제시설의 기기로 수신하여 도난·화재 등 위험발생을 방지하는 업무를 말한다.

　ㅁ 특수경비업무 : 공항(항공기 포함) 등 대통령령이 정하는 국가 중요시설의 경비 및 도난이나 화재, 그 밖의 위험발생을 방지하는 업무를 말한다.

④ 제한 규정 : 경비업은 법인이 아니면 영위할 수 없고, 설립에 있어서 주무관청의 허가와 법인사무에 관한 검사·감독을 받도록 되어 있다(민법상 사단법인에 관한 규정을 준용).★

⑤ 경비지도사 : 경비업의 전문성 제고와 효율적인 경비원의 감독·교육을 위해 경비지도사의 선발과 교육 등에 대해 규정하고 있다.

⑥ 경비업의 허가 : 경비업자는 경비인력·자본금·시설 및 장비 등을 갖추고 경비업무를 특정하여 그 법인의 주사무소의 소재지를 관할하는 시·도 경찰청장의 허가를 받아야 한다(경비업법 제4조 제1항·제2항).★

6. 청원경찰법

① 제정 : 1962년 4월 3일 법률 제1049호로 제정되었다.★

② 제정배경 : 소요경비를 부담할 조건으로 경찰관의 배치를 신청하는 경우에 이에 응하여 청원경찰관을 배치하는 제도를 신설함으로써 경찰인력의 부족을 보완하고, 건물 등의 경비 및 공공안전업무에 만전을 기하는 것을 목적으로 청원경찰법이 제정되었다.

❶ 1962 　❷ 소요경비 　❸ 배치 　❹ 부족 　❺ 경비 　❻ 공공안전 　정답

③ 주요 내용
  ㉠ 청원경찰법은 청원경찰의 직무, 임용, 배치, 보수, 사회보장 및 그 밖의 필요한 사항을 규정함으로써 청원경찰의 원활한 운영을 목적으로 제정, 시행되고 있는 법률이다.
  ㉡ 청원경찰법의 주요 내용은 <u>청원주와</u> 배치된 기관, 시설 또는 사업장 등의 구역을 <u>관할하는 경찰서장의 감독을 받아 그 경비구역 안에 한하여 경비목적을 위하여 필요한 범위 안에서 경찰관직무집행법에 의한 경찰관의 직무를 행하는 것이다.</u> ★
  ㉢ 2001년 경비업법의 개정으로 경비업무에 특수경비업무가 추가되면서, 국가 중요시설의 경비를 담당하던 청원경찰은 점차 특수경비업무로 대체되어가는 추세이다.

④ **청원경찰의 신분** : 청원경찰에 대하여는 <u>형법, 기타 법령에 의한 벌칙의 적용과 청원경찰법 및 동법 시행령에서 특히 규정한 경우를 제외하고는 이를 공무원으로 보지 아니한다</u>(청원경찰법 시행령 제18조). ★

⑤ **청원경찰의 직무**
  ㉠ 의의 : 청원경찰은 사법경찰사무를 취급할 수 없으므로 <u>수사활동 등은 금지된다.</u> 이에 따라 청원경찰은 경비구역 내에서 청원주와 관할 경찰서장의 감독하에 <u>경찰관직무집행법 제2조상의 직무를 제한적으로 수행한다.</u>
  ㉡ **직무의 범위**(경찰관직무집행법 제2조)
    • 국민의 생명·신체 및 재산의 보호(제1호)
    • 범죄의 예방·진압 및 수사(제2호)
    • 범죄피해자 보호(제2호의2)
    • 경비, 주요 인사(人士) 경호 및 대간첩·대테러 작전 수행(제3호)
    • 공공안녕에 대한 위험의 예방과 대응을 위한 정보의 수집·작성 및 배포(제4호)
    • 교통 단속과 교통 위해(危害)의 방지(제5호)
    • 외국 정부기관 및 국제기구와의 국제협력(제6호)
    • 그 밖에 공공의 안녕과 질서유지(제7호)

7. 기 타

① **국민보호와 공공안전을 위한 테러방지법**(2016.3.3. 제정, 2016.3.3. 시행) : 테러의 예방 및 대응활동 등에 관하여 필요한 사항과 테러로 인한 피해보전 등을 규정함으로써 테러로부터 국민의 생명과 재산을 보호하고 국가 및 공공의 안전을 확보하는 것을 목적으로 한다(법 제1조).

② **통합방위법**(1997.1.13. 제정, 1997.6.1. 시행) : 적(敵)의 침투·도발이나 그 위협에 대응하기 위하여 국가 총력전(總力戰)의 개념을 바탕으로 국가방위요소를 통합·운용하기 위한 통합방위 대책을 수립·시행하기 위하여 필요한 사항을 규정함을 목적으로 한다(법 제1조).

③ **집회 및 시위에 관한 법률**(1962.12.31. 제정, 1963.1.1 시행) : 적법한 집회(集會) 및 시위(示威)를 최대한 보장하고 위법한 시위로부터 국민을 보호함으로써 집회 및 시위의 권리보장과 공공의 안녕질서가 적절히 조화를 이루도록 하는 것을 목적으로 한다(법 제1조).

제1장

제2장

제3장

제4장

제5장

제6장

8. 조약 및 국제법규

① 우리 헌법 제6조 제1항은 헌법에 의하여 체결·공포된 조약과 일반적으로 승인된 국제법규에 대하여 국내법과 같은 효력을 인정함으로써 <u>조약과 국제법규가 경호활동과 관련이 있다면 당연히 법원으로서 인정된다.</u>

② **경호와 관련된 조약** : 한·미 간 행정협정(SOFA) 제3조 및 제25조를 근거로 체결된 한국군과 주한미군 사이의 「대통령경호에 대한 합의각서」 등

03 명령·규칙

경호에 관한 명령과 규칙들은 상위법인 법률의 시행에 필요한 내용을 세부적으로 규정하고 있는 시행세칙의 성격을 갖는 것으로 경호상의 주요한 법원으로 작용한다.

명령(命令)
국회의 의결을 거치지 않고 행정권(行政權)에 의해 제정되는 법규로 대통령령, 시행령, 시행규칙 등이 있다.

규칙(規則)
상위법규인 법률의 시행에 필요한 세부적인 내용을 규정한 것이다.

---

1. 대통령 등의 경호에 관한 법률 시행령

① **주요 내용** : 「대통령 등의 경호에 관한 법률」에서 위임된 가족의 범위, 전직대통령 등의 경호·경비구역, 하부조직, 경호원의 임용, 공로퇴직, 복제 등 세부적인 사항을 규정하고 있다.

② **전직대통령 등의 경호**

ㄱ **전직대통령과 그 배우자의 경호**(대통령 등의 경호에 관한 법률 시행령 제3조) 기출 23
  - 경호안전상 별도주거지 제공(별도주거지는 본인이 마련 가능)
  - 현거주지 및 별도주거지에 경호를 위한 인원의 배치, 필요한 경호의 담당
  - 요청이 있는 경우 대통령전용기, 헬리콥터 및 차량 등 기동수단의 지원
  - 그 밖에 대통령 경호처장이 관계기관과 협의하여 정한 사항

ㄴ **가족의 범위**(대통령 등의 경호에 관한 법률 시행령 제2조) : 「대통령 등의 경호에 관한 법률」에 따른 가족은 <u>대통령 및 대통령당선인의 배우자와 직계존비속</u>으로 한다.

2. 경호규정 및 경호규칙

① **경호규정** : 「대통령 등의 경호에 관한 법률 시행령」 제36조에 근거하여 이 영(令)의 시행에 관하여 필요한 사항은 처장이 정하도록 위임하고 있다.

② **경호규칙**

　㉠ 경찰청장이 1991년 7월 31일 훈령 제12호로 제정하여 시행하고 있는 규정으로 경호업무에 관해 포괄적이고 일반적인 사항을 규정함으로써 경찰의 경호경비계획수립 시 근거가 되고 있다.★

　㉡ 다만, 그 부칙에서 대통령경호처지침과 경호규칙이 상이할 경우는 대통령경호처지침이 우선한다고 규정하여 경호경비업무에 관하여 최우선적으로 적용한다.★

3. 대통령경호안전대책위원회규정

① **제정** : 1981년 3월 2일 대통령령 제10233호로 제정・공포된 법령

② **목적** : 대통령 등의 경호에 관한 법률 제16조에 따른 대통령경호안전대책위원회의 구성 및 운영에 관하여 필요한 사항을 규정함을 목적으로 하고 있다. 기출 21・20

경호의 법적 근거

헌법, 대통령 등의 경호에 관한 법률, 전직대통령예우에 관한 법률, 경찰관직무집행법, 대통령경호안전대책위원회규정, 청원경찰법, 경비업법과 해당 법률의 하위법령(시행령, 시행규칙) 등

성문법원 기출 22

헌법, 법률, 조약 및 국제법규, 명령・규칙 등은 경호의 성문법원에 해당한다.

불문법원 기출 21

판례법은 관습법과 더불어 대표적인 경호의 불문법원에 해당한다. 불문법원은 성문법에 대한 보충적 법원이다.

출제 Point 빈칸 문제

경호규칙

⋯ (❶)이 (❷)년 7월 31일 훈령 제12호로 제정하여 시행하고 있는 규정으로 경호업무에 관해 포괄적이고 일반적인 사항을 규정함으로써 (❸)의 경호경비계획수립 시 근거가 되고 있다. 다만, 그 부칙에서 (❹)과 경호규칙이 상이할 경우는 (❹)이 우선한다고 규정하여 경호경비업무에 관하여 최우선적으로 적용한다.

대통령경호안전대책위원회규정

⋯ (❺)년 3월 2일 대통령령 제10233호로 제정・공포된 법령

1. 경호의 목적

① **신변 및 안전의 보호** : 직·간접적인 위해로부터 피경호자(경호대상자)의 생명·신체에 대한 안전을 도모하는 것은 경호활동의 가장 기본적인 목적으로 볼 수 있다.

> **신변보호의 일반적 원칙**
> • 고도의 경계력(집중력) 유지 원칙 : 신변보호활동은 제한된 인원 및 장비, 장애물을 가지고 보이지 않는 고도로 훈련된 공격자들을 사전에 봉쇄하기 위해서는 고도의 경계력이 유지되어야 한다는 것이다.
> • 지휘권 단일화 원칙(신변보호작용기관 지휘통일의 원칙) : 신변보호 목표가 성공적으로 달성되기 위해서는 단일 지휘관에 의한 적극적이고 신속한 결단과 지휘명령 하달체계에 의한 일사분란한 행동통일이 필요하다는 것이다.★
> • 합리적(효과적) 지역방어 원칙 : 신변보호대상자를 효과적으로 보호하고 공격자의 직·간접적인 공격행위를 사전에 봉쇄하기 위한 원칙을 말한다.★
> • 과학적 두뇌작용 원칙 : 신변보호작용에 있어서 발생할 수 있는 각종 위해요소는 대부분 은폐되어 있고 공격자들도 사전에 치밀한 공격준비를 통해 다양한 공격을 하므로 이를 방지하기 위해서는 과학적 두뇌작용이 필요하다는 것이다.

② **질서유지와 혼잡방지** : 연도(도로) 및 행사장 시설 등을 사전에 검토·분석하고, 혼잡방지와 질서유지에 노력하며, 혼잡의 우려가 있을 때에는 분산·유도하거나 사전에 운집을 저지하는 등의 적절한 조치를 취하여 주요 요인의 신변안전을 도모한다.

③ **국위선양** : 국내외 주요 요인(要人)에 대한 경호·경비의 완벽을 기하는 것은 경호의 우수성을 과시하는 것뿐만 아니라 의전적인 차원에서 국제적인 지위향상과 국위선양에 중요한 역할을 한다.

④ **권위유지** : 헌법과 법률 등으로 정해진 주요 요인의 권위를 유지시켜 주며, 정치지도자나 사회 저명인사 등의 체면·품위(기품) 등을 유지시켜 준다.

⑤ **환영·환송자와 친화도모** : 경호는 질서를 유지하며, 친절하고 겸손한 태도로써 시행하여 경호대상자와 환영·환송자 간에 친화를 도모할 수 있도록 하여야 한다.

> **경호의 특성**
> 경호는 경호대상자에게 앞으로 있을지도 모를 위해를 사전에 예방함으로써 경호대상자의 신변안전을 보장하기 위한 것으로, 경호의 특성으로는 예방성, 통제성, 상대성을 들 수가 있다. 특히 상대성은 경호가 경호작전과 관련된 인물과 환경 및 행사의 성격에 따라 그 방법이나 규모가 달라져야 한다는 의미이다.
> 〈참고〉 이두석, 「경호학개론」, 진영사, 2018, P. 42~45

2. 경호의 이념

합법성	경호는 법적인 테두리 안에서 이루어져야 한다.
협력성	경호는 다수의 기관들이 참여하고, 국민들의 협조가 이루어져야 성공적으로 완수할 수 있는 활동이다.
보안성	경호활동을 위해서는 위해요소로부터 경호대상자나 경호주체의 움직임을 파악할 수 없도록 하는 것이 바람직하다.★
희생성	경호원은 경호를 위해서 자신의 생명과 신체의 위협을 감수할 수 있는 희생정신이 필요하다는 것으로, 이는 경호의 방어성에 기인한다.★
정치적 중립성	경호원은 정치적으로 반대 입장에 있는 요인(要人)을 경호해야 하는 상황이 있을 수 있으므로 정치적으로 중립을 유지하여야 한다.

02 경호의 원칙 기출 21·20·19·18·17·16·15·14·13·12·11·07

> **경호의 기본원칙**
> 경호의 기본원칙은 경호조치에 필수적인 사항으로, 이에는 예방경호, 경호원리에 입각한 경호, 우발상황에 대비한 경호, 예외 없는 경호 및 경호보안의 유지 등이 있다.
> - 예방경호 : 위해의 가능성이 있는 모든 위험요소를 사전에 차단, 제거 또는 무력화시킴으로써 위해상황의 발생을 원천적으로 차단하는 것이 최상이다.
> - 경호원리에 입각한 경호 : 경호원리는 경호의 효율성과 완벽성을 기하기 위한 기본 지침이다.
> - 우발상황에 대비한 경호 : 우발상황이라는 위험요인이 없다면, 경호원의 효용은 크게 떨어질 것이다.
> - 예외 없는 경호 : 경호에는 예외가 없다. 경호대상자를 제외한 모든 사람이 검색 대상이고, 경호구역 내 모든 물품과 시설물은 철저히 검측되어야 한다.
> - 경호보안의 유지 : 경호의 기본은 보안에서부터 시작되기에 교육과 보안활동이 지속적으로 필요하다.
> 〈참고〉 이두석, 「경호학개론」, 진영사, 2018, P. 46~47

1. 경호의 일반원칙

① 3중 경호의 원칙 기출 22·21·20

ㄱ 의 미
- 경호대상자가 위치한 집무실이나 행사장으로부터 내부(근접경호), 내곽(중간경호), 외곽(외곽경호)으로 구분하여 경호 행동반경을 거리 개념으로 구분한 것으로, 위해요소에 대해 상대적으로 차등화된 경호조치와 중첩된 통제를 통하여 경호의 효율화를 기하고자 하는 경호방책이다.★
- 경호영향권역을 공간적으로 구분하여 경호대상자에 대한 위해요소를 최소화하기 위하여 행사장을 중심으로 일정간격을 유지하여 중첩보호망 또는 경계선을 설치·운용하는 것이다.★

ㄴ 원칙 : 위해기도 시 시간 및 공간적으로 이를 지연시키거나 피해의 범위를 최소화하기 위한 방어전략이다.★

제1장

제2장

제3장

제4장

제5장

제6장

ⓒ 구 분

제1선(내부 - 안전구역) : 완벽 통제	제2선(내곽 - 경비구역) : 부분 통제	제3선(외곽 - 경계구역) : 제한 통제
• 경호대상자(피경호자)가 위치하는 구역 • 내부일 경우 건물 자체를 말하며, 외부일 경우는 본부석이 이에 해당 • 위해기도자가 경호대상자에게 직접적인 위해를 가할 수 있는 지역 • MD(금속탐지기) 설치 · 운용 • 비표 확인 및 출입자 감시 • 사전 폭발물 설치에 대비한 완벽한 검측	• 소총 유효사거리 내의 취약지점 • 바리케이드 등의 장애물 설치 • 돌발사태를 대비한 비상통로 확보, 소방차나 구급차 등의 대기	• 주변지역 동향 파악과 행사장을 직시할 수 있는 고층건물 및 주변 감제고지의 확보 • 행사장 주변 감시조 운영 • 도보순찰조 및 기동순찰조 운영 • 원거리 불심자 검문

ⓔ 3중 경호의 구분(미국의 3중 경호) : 행사장에 참석하는 <u>경호대상자를 중심으로</u> 가장 가까운 1선을 안전구역, 2선을 경비구역, 3선을 경계구역으로 정해 위해요소의 중복차단과 조기경보를 목적으로 한 <u>지역방어 개념</u>이다. ★

1선(내부)	안전구역은 권총의 평균 유효거리 및 수류탄 투척거리를 기준으로 50m 반경 이내에 설정되고, 비인가자의 절대적 출입통제가 실시된다.
2선(내곽)	경비구역은 건물 내곽의 울타리 안쪽으로, 대체로 소총 유효사거리인 600m 반경 이내이고, 부분적 통제가 진행되나, 경호원의 확인을 거치지 않은 인원이나 물품도 감시의 영역을 벗어나서는 안 된다. 또한 행사장통로를 통제할 때에는 반드시 방호벽을 설치하며, 중요지점에는 경호원의 추가배치가 원칙이다.
3선(외곽)	경계구역은 행사에 직 · 간접적으로 영향을 미칠 수 있어 경찰 · 군 등 각 분야의 다양한 경호지원기관이나 인력들이 인적 · 물적 · 자연적 취약요소에 대한 첩보수집, 위험인물 파악 등을 실시하는 지역이며, 소구경 곡사화기의 유효사거리를 기준으로 600m 반경 이상의 범위이고, 수색 및 사찰활동이 중점 실시된다.

ⓜ 영국의 3중 경호 : 영국의 3중 경호는 <u>동일하게 비중을 두되, 외곽 경호에 더욱 치중</u>하여 두어 위험요소를 사전에 제거하는 데에 그 특징이 있다. ★

1선(근접경호)	요인의 신변보호 및 숙소경비
2선(중간경호)	정복경관의 경찰활동, 교통질서정리, 관찰, 통신 등의 작용을 통해 요인의 경호담당
3선(외곽경호)	정보분석, 항만관리, 위험인물의 목록 작성, 사건발생 소지의 사전 예방 등을 통해 경호를 담당

영국과 미국의 3중 경호 차이점

영국은 왕실의 위엄과 권위를 살린다는 목적으로 원천적 봉쇄를 우선으로 하는 외곽 경호에 치중하는 반면, 미국의 경우 대통령제 국가로서 국민과 함께한다는 이유로 내부(근접) 경호에 중점을 두어 경호대상자의 직접적 안전(보안)에 더 큰 비중을 둔다(1981년 3월에 일어났던 레이건 미국 대통령의 저격사건 참조).

② **두뇌경호의 원칙** : 긴급하고 위험한 상황이 발생했을 때 예리하고 순간적인 판단력을 이용하여 경호를 하는 원칙으로 경호학의 이론적 뒷받침이 된다.

③ **방어경호의 원칙** : 경호란 공격자의 위해요소를 방어하는 행위이지 공격하는 것이 아니다. 즉, 긴급상황 발생 시 무기사용 등의 공격적 행위보다는 방어 위주의 엄호행동이 요구된다(단, 근접경호 시 시간·거리 상으로 위해기도자를 제압하는 것이 경호대상자를 보호하는 데 더 효과적이라고 판단할 경우에는 위해기 도자를 제압할 수 있다).★

④ **은밀경호의 원칙**

ㄱ 경호요원은 타인의 눈에 잘 띄지 않게 은밀하고 침묵 속에서 행동하며 항상 경호대상자의 공적·사적 업무활동에 방해를 주지 않고 신변을 보호할 수 있는 곳에 행동반경을 두고 경호에 임해야 한다.

ㄴ 은밀경호는 주변에 위압감을 주어 경호대상자의 이미지에 손상을 주거나 노출에 따른 위해요소들의 대응전략과 수립을 막는 데 그 목적을 둔다.

2. 경호의 행동원칙(특별원칙) 기출 23·22·21·19·17·16·12·11·09·07

① **자기담당구역 책임의 원칙**

ㄱ 경호요원은 자기가 맡은 담당구역 내에서 발생하는 사태는 어떠한 상황에서도 자기 자신만이 책임을 지고 해결해야 한다는 원칙이다.

ㄴ 이 원칙에 따라 경호요원은 비록 자기담당구역이 아닌 다른 구역에서 위급한 상황이 발생했다고 해도 자기책임구역을 이탈해서는 안 된다.★

② **목표물 보존의 원칙**

경호대상자를 암살자 또는 위해를 가할 가능성이 있는 자(위해기도자)로부터 가능한 한 멀리 떼어 놓는 원칙이다(상호 격리의 원칙).★★

〈출처〉 김두현, 「경호학개론」, 엑스퍼트, 2020, P. 68

경호대상자 보존의 원칙

목표물 보존의 원칙이라고도 한다. 경호대상자 보존의 원칙은 두 가지 개념을 포함한다. 하나는 어떠한 희생을 무릅쓰고라도 경호대상자의 생명을 지켜낸다는 의미이고, 다른 하나는 경호원은 끝까지 경호대상자 곁을 지켜야 한다는 의미이다.

〈출처〉 이두석, 「경호학개론」, 진영사, 2018, P. 189

---

③ **하나의 통제된 지점을 통한 접근의 원칙**

ㄱ 경호대상자와 일반인을 분리하여, 경호대상자에게 접근할 수 있는 출입구나 통로는 하나만 필요하고 여러 개를 두어서 위해요소가 분산되도록 하여서는 안 된다는 원칙이다.★

ㄴ 통제된 출입구나 통로라도 접근자는 경호요원에게 확인될 수 있어야 하고, 허가절차 등을 거쳐 접근이 이루어지도록 해야 한다.

④ **자기희생의 원칙**

ㄱ 경호대상자는 어떤 상황에서도 절대적으로 보호해야 한다는 원칙이다.★

ㄴ 경호대상자가 위기에 처했을 때는 자기 몸을 희생하여 경호대상자를 보호하여야 한다는 원칙이다.

제1장

제2장

제3장

제4장

제5장

제6장

3. 근접경호(수행경호)의 기본원리 기출 19·17

① 자연방벽효과의 원리 기출 20·15

근접경호원들은 경호대상자를 중심으로 정지 또는 이동 간 주변의 인적·물적 취약요소에 대해 자신들의 신체를 이용하여 자연스러운 방벽을 형성하여 수평적 방벽효과 또는 수직적 방벽효과를 증가시킴으로써 경호대상자를 보호한다는 원리(원칙)이다.

ⓐ **수평적 방벽효과** : 근접경호원이 경호대상자와 위해기도자의 중간에 위치하여 위해기도자의 공격을 차단할 때, 근접경호원의 위치에 따라 경호대상자의 보호범위와 위해기도자의 이동거리가 달라지는 효과를 말한다.
- 위해기도자의 위치가 고정된 경우 수평적 방벽효과는 근접경호원이 위해기도자와 가까이 위치할수록 증가한다. ★
- 경호대상자의 위치가 고정된 경우 수평적 방벽효과는 근접경호원이 경호대상자와 가까이 위치할수록 증가한다.

ⓑ **수직적 방벽효과** : 위해기도자가 고층건물과 같이 높은 위치에서 공격한다고 가정할 경우, 수직적 방벽효과는 근접경호원이 경호대상자와 가까이 위치할수록 증가한다. ★

② 대응시간의 원리

ⓐ 위해기도자의 총기 공격에 대해 근접경호원이 총기로 응사하여 대응하는 것보다 자신의 몸을 이용하여 경호대상자를 보호하는 것이 보다 효과적이라는 원리이다.

ⓑ 대응시간의 원리는 경호의 원칙 중 방어경호의 원칙이나 자기희생의 원칙과 연결된다. ★

③ 주의력효과와 대응효과의 역(逆)의 원리 기출 20·19

ⓐ 주의력은 경호원이 군중(경계 대상)의 이상 징후를 포착할 수 있는 능력을 말하는데, 주의력효과는 경호원이 군중(경계 대상)과 가까울수록 증가한다. ★

ⓑ 대응력은 위해기도에 반응하여 경호대상자를 보호하고 대피시킬 수 있는 경호능력을 말하는데, 대응효과는 경호원이 경호대상자와 가까울수록 증가한다. ★

ⓒ 주의력효과와 대응효과는 서로 역의 관계(상반된 관계)이다. 즉, 경호원이 군중(경계 대상)과 가까울수록 경호대상자와는 멀어지므로 주의력효과는 증가하나 대응효과는 감소한다. 반대로 경호원이 경호대상자와 가까울수록 군중(경계 대상)과는 멀어지므로 대응효과는 증가하나 주의력효과는 감소한다.

④ 이격거리의 원리 : 위해기도자의 접근에 대해서 이를 제지하기 위한 반응시간을 고려하여, 경호요원이 위해기도자의 접근을 효과적으로 제지하기 위해서 군중과 경호대상자는 최소한 4~5m의 거리를 유지해야 한다는 원리이다.

〈참고〉 이두석, 「경호학개론」, 진영사, 2011, P. 162~170 / 김순석 등, 「신경향 경호학」, 백산출판사, 2013, P. 34~35

경호원의 이격거리

경호원은 경계대상인 군중과의 거리를 2m 이상 유지하여 위해기도자의 공격에 대비하고, 경호대상자와의 거리도 2m 정도를 유지하여 경호원의 존재가 경호대상자의 사회활동에 방해가 되지 않으면서, 경호원 본연의 방호임무를 다 할 수 있도록 해야 한다.

〈참고〉 이두석, 「경호학개론」, 진영사, 2018, P. 168~170

---

4. 우발상황 발생 시 기본원칙 기출 23·21·19·17

① S.C.E 원칙

S.C.E 원칙이란 우발상황 발생 시 경호대상자를 안전하게 보호하기 위해 어떻게 행동하고 조치를 하는 것이 효과적인가를 설명해주는 것으로, <u>경고(Sound off) → 방호(Cover) → 대피(Evacuate)의 순서로 전개</u>되며, 그 세부적 행동절차는 다음과 같다.

경고(Sound off)	방호(Cover)	대피(Evacuate)
육성이나 무전으로 전 경호원들에게 상황내용을 간단, 명료하게 전파하는 것이다. • 상황을 가장 먼저 포착한 경호원이 "경고"를 함으로써 주변 경호원으로 하여금 신속하게 상황 대처를 하도록 하여야 한다. • 이는 또한 공범이 있을 경우를 예상해서 제2의 공격을 대비하는 데 그 목적이 있다.	"경고" 후 경호대상자 주변에 있는 근접경호원은 경고와 동시에 신속히 경호대상자를 보호하기 위하여 방벽을 형성하는 것이다. • 함몰형 대형 : 수류탄 또는 폭발물과 같은 폭발성 화기에 의한 공격을 받았을 때 형성★ • 방어적 대형 : 위해의 징후가 현저하거나 직접적인 위해가 가해졌을 때 형성★	일단 방호대형으로 위기를 모면하였다 하더라도 위해기도자와 무기가 완전히 제압되지 않고 재공격과 위험이 남아 있다고 판단될 때에는 신속히 대피대형으로 전환하여 현장을 즉시 이탈시켜야 한다. 따라서 우발상황 시 경호대상자에 대한 방호와 대피는 거의 동시에 이루어지게 된다.

> **우발상황의 특성**
> • 불확실성(예측곤란성)
> • 돌발성
> • 시간제약성
> • 중대성
> • 현장성★

② 촉수거리의 원리

위해기도자에 대한 대응은 경호원 중 위해기도자와 가장 가까운 거리에 있는 경호원이 대응해야 한다는 원칙이다. 또한 경호원이 위해기도자와의 거리보다 경호대상자와의 거리가 더 가깝다면 경호대상자를 방호해서 신속히 현장을 이탈하는 것이 효과적이고, 위해기도자와의 거리가 경호대상자와의 거리보다 더 가깝고 촉수거리에 있다면 과감하게 위해기도자를 제압하는 것이 효과적일 수 있다는 원칙이다.

③ 체위확장의 원칙

우발상황 발생 시 경호원은 엄폐·은폐해서는 안 되고, 자신의 몸을 최대한 확장·노출시켜 경호대상자에 대한 방호효과를 극대화해야 한다는 원칙이다.

〈참고〉 이두석, 「경호학개론」, 진영사, 2018, P. 171~172 / 김순석 등, 「신경향 경호학」, 백산출판사, 2013, P. 34~35

제1장
제2장
제3장
제4장
제5장
제6장

5. 사경호의 원칙

① **사경호의 개념** : 의뢰인(민간경호대상자)과 사설경호회사 사이에 계약을 체결하여 사설경호요원이 경호 대상자의 신변안전과 재산을 외부의 침입으로부터 보호하는 것이다.

② **사경호의 원칙** : 기본적 원칙에서는 사경호(민간경호)와 공경호가 크게 다른 점은 없지만 공경호에 비하여 강제력 집행 부분의 금지와 제한적 활동범위 그리고 신분상의 제약(일반인과 동일)에 따른 활동의 소극적 대응이 나타날 수 있다. 따라서 경호요원 개인의 능력향상과 순발력, 민첩성, 조직력(팀워크), 준비력이 필요하다.

> **사경호(민간경호)의 특별원칙**
> • 신의성실의 원칙
> • 수익자부담의 원칙
> • 비폭력수단 우선의 원칙
> • 법집행기관 우선의 원칙
> • 과잉방어 금지의 원칙
> • 개인비밀 엄수의 원칙
> • 불법업무 개입 금지의 원칙
> • 사법기관과 충돌방지 원칙
> • 서비스 근본주의 원칙 등

5　경호의 발달과정과 배경

01　삼국시대의 경호제도

1. 고구려(기원전 37년 ~ 668년)

① **대모달(大模達)** : 조의두대형 이상이 취임한 최고의 무관직으로 왕권강화를 위하여 수도의 방위(궁성경비)와 중앙군을 지휘하고 성주의 호위를 담당하였다.

② **말객(末客)** : 대형(5품) 이상이 취임하는 대모달 다음가는 무관직으로 군사 1천 명을 거느리고 궁성경비를 담당하였다.

2. 백제(기원전 18년 ~ 660년)

① 위사좌평(衛士佐平)

백제의 육좌평(六佐平) 중의 하나로 제1품 관직에 해당하는 위사좌평은 관중 및 국도의 경비를 담당하는 숙위병사(宿衛兵事)를 통솔하는 최고의 군관이었다.★

② 5부·5방(五部·五方) - 궁성 경비 및 도성 수비

㉠ 백제는 5세기 이후 고구려와 신라의 군사적 압력에 효과적으로 대응하기 위해 도성(수도)을 5부(部)로 나누고 각 부는 다시 5방(坊)으로 나누어, 토호 이하의 많은 백성이 거주케 하고, 각 부마다 500명씩의 군대를 편성하여 제2품 관직에 해당하는 달솔(達率)로 하여금 이를 담당하게 하였으며, 도합 2,500명이 교대로 궁성을 경비하고 도성을 수비하였다.★

㉡ 이들은 평소에는 친위 및 수도 경비에 임하고 전시에는 전투임무를 수행하였는데, 평시 임무는 바로 오늘날 경호경비의 역할을 수행한 것이었다.★

㉢ 또한 지방에도 5방(方)을 설치하여, 군대를 두어 방령(方領)으로 하여금 통솔케 하였다.★

3. 신라(기원전 57년 ~ 935년)

① 시위부(侍衛府) - 궁성 경비, 왕실 행차 수행 [기출 23]

㉠ 진덕여왕 5년에 설치된 무관부로서 궁성의 숙위(경비)와 왕 및 왕실세력 행차 시 호종(수행)하는 것이 주된 임무였다.★

㉡ 시위부의 조직은 으뜸 벼슬인 장군 6명 아래 대감·대두·영·졸의 군병으로 편성되어 있었고, 그 운용에 있어서는 병부 또는 병부령의 지휘통솔체계에서 벗어난 국왕 직속의 군사조직이었다.★

② 금군(禁軍) : 시위부 소속으로 모반·반란 등을 평정하고 진압하는 임무를 수행하였다.

③ 9서당(九誓幢) : 시위부는 조직의 임무가 점점 증가하면서 통일신라시대 신문왕 때에는 9서당으로 발전하여 중앙의 궁성을 경비하는 큰 조직으로 발전하였다.★ 국도의 숙위 및 경비임무를 담당한 국왕 직속의 친위부대 역할을 하였다.

④ 10정(十停) : 통일신라시대의 가장 핵심이 되는 지방군 조직으로 지방 통치상 요충지역에 각 1정씩(국방상 요충지인 한산주에는 2정) 설치하여 국방(군사기능) 및 치안(경찰기능)을 담당하였다.★

출제Point 빈칸 문제

백제의 경호제도

⟼ (❶) : 관중 및 국도의 경비를 담당하는 숙위병사(宿衛兵事)를 통솔하는 최고의 군관이었다.

⟼ (❷)·(❸) : 평소에는 친위 및 수도 경비에 임하고 전시에는 전투임무를 수행하였다.

신라의 경호제도

⟼ (❹), (❺), (❻), (❼)이 있었으며, (❼)은 국방(군사기능) 및 치안(경찰기능)을 담당하였다.

⟼ (❹)는 궁성의 숙위(경비)와 왕 및 왕실세력 행차 시 호종(수행)하는 것이 주된 임무였으며, 국왕 직속의 군사조직이었다.

정답 ❶ 위사좌평 ❷ 5부 ❸ 5방 ❹ 시위부 ❺ 금군 ❻ 9서당 ❼ 10정

제1장

제2장

제3장

제4장

제5장

제6장

1. 고려 전기(918년 태조 ∼ 1122년 예종)

① **중군(中軍)** : 왕건의 친위군(親衛軍)으로 우천군 1천, 천무군 1천, 간천군 1천으로 구성★

② **2군 6위**

　㉠ **2군(軍)** : 궁검을 착용하고 궁성 경비하던 왕의 친위군(시위군)으로 응양군과 용호군을 말한다.★

　㉡ **6위(衛)** : 좌우위, 신호위, 흥위위, 금오위, 천우위, 감문위를 말한다. 담당 임무는 좌우위, 신호위, 흥위위는 개성수비와 변방수비, 금오위는 경찰의 임무, 천우위는 왕의 신변경호, 감문위는 도성 문을 경비하는 임무를 각각 담당했다.

③ **순군부** : 왕건이 즉위 초에 설치한 <u>병부 위에 존재하던 군조직으로 궁성 내 치안과 경비를 담당한 경비경찰적 성격의 부대</u>이다.

④ **내군부** : <u>궁중시위임무를 수행하던 친위군</u>이다.

⑤ **내순검군(內巡檢軍)** : 묘청의 난을 계기로 도성의 치안유지를 위하여 좌·우 순검사를 두었으며, <u>의종 때 순검사를 확대하여 내순검군이라 하여 왕의 숙위를 더욱 강화하였다.</u>★★

⑥ **중추원** : 고려 초기 왕명출납과 군사기무·왕궁숙위를 담당했던 중추원은 왕궁경비를 최초로 분리하여 독립적으로 관장하였다. <u>우리나라 최초의 전문 공경호기관</u>으로 평가된다.★

2. 고려 무신집권기(1170년 의종 ∼ 1270년 원종)

① **6번도방(六番都房)**

　㉠ **도방의 시초** : 경대승이 자신의 신변보호를 위하여 자기 집에 결사대를 머물게 한 사병집단으로서 도방이 생기기 이전에도 이미 유력한 무장들은 제각기 사병을 소유하고 있었다. 그렇지만 이 단계의 사병은 상당한 제약성을 가지는 것이었다. 이 단계를 넘어서서 사병을 조직화하여 하나의 최초의 전문민간경호기구(시초)로 만든 것이 바로 도방이었다.★ [기출] 23

　㉡ **6번도방** : 최충헌이 경대승의 도방을 부활시켜 문·무관, 한량 군졸을 막론하고 6번으로 나누어 매일 교대로 그의 집을 수비하고, 출입 시 6번이 모두 호위하였기 때문에 6번도방이라 하였다.

② **내외도방(內外都房)** : 6번도방을 최우가 내외도방으로 확장 강화한 것으로 주임무는 반란 정벌, 외적 방어, 토목공사 동원 등이었다.★

③ **서방(書房)** : 문인들로 구성된 최씨 정권의 숙위기관(공경호기관) → 무인들이 교대로 당번을 서는 도방과 문인들이 교대로 당번을 서는 서방이 있었다.★

④ **마별초(馬別抄)** : 최우가 몽고의 영향을 받아 설치한 기병대(민간경호기관)로 도방과 함께 호위기관으로 서 사병뿐만 아니라 의장대로서의 기능도 담당하였다.

⑤ **삼별초(三別抄)** : 고종 때 최우가 치안유지를 위해 설치한 야별초에서 비롯되었다. 이후 야별초에 소속 된 군대가 증가하자 이를 좌·우별초로 나누고, 이에 몽고에서 포로가 되었다가 탈출해 조직된 신의군 과 합해져 삼별초라 하였다. 고려 후기로 접어들면서 공적인 기관에서 사병집단으로 그 성격이 바뀌게 되었다. ★

⑥ **승병(민간경호기관)** : 고려시대 대부분의 사찰에서는 대규모의 농장이나 재산을 보호하기 위하여 자체적 인 사병을 보유하고 있었다.

3. 고려 후기(1270년 원종 ~ 1392년 공양왕)

① **순마소(巡馬所)** : 원나라의 지배하에 몽고의 제도에 따라 설치한 기관으로 도적 방지, 무고자·포악자 등의 단속과 변방 수비, 왕의 친위임무 등을 담당하였다. ★★

② **순군만호부(巡軍萬戶府)** : 원나라 제도에 따른 군제로 도만호·상만호·만호·부만호·진무·천호·제 공 등이 있었으며, 하부 군인으로 도부외 약 1,000명, 나장 약 500명이 있었다. 방도금란(防盜禁亂 : 일반적 치안유지)이 주된 임무였으나 왕의 뜻을 거스른 자에 대한 징계·처벌도 담당하였다. ★★

③ **사평순위부(司平巡衛府)** : 순군만호부가 공민왕 18년에 사평순위부로 개편되면서 방도금란, 모역, 관료 의 탐폭 등을 바로잡고 징계하는 역할을 담당하였다. ★

④ **성중애마(成衆愛馬)** : 왕을 측근에서 호위하는 특수부대로 충렬왕 때 상류층 자제들로 하여금 왕을 숙위 토록 하여 이들을 홀치라 하였다. ★

03 조선시대의 경호제도

1. 조선 전기(1392년 태조 ~ 1623년 광해군)

① **갑사(甲士)** : 중앙군 조직의 핵심 군으로 태종 ~ 세종 중엽까지 근위병으로 왕의 시위에 종사하였다. ★

② **의흥친군위(義興親軍衛)** : 조선 건국과 더불어 10위의 중앙군 가운데 하나로 왕실의 사병적 성격을 갖는 것으로 궁성 수비와 왕의 시위에 종사하였다. ★

③ **의흥삼군부(義興三軍府)** : 태조 2년, 의흥친군위의 군사력을 계승하여 숙위담당 외에 군사 전반에 걸쳐 통제권을 행사하였다.

④ **10사(十司)** : 태조 3년, 10위(十衛)를 개편한 경호기관으로 그 임무는 궁궐시위와 성내의 순찰·경비 담 당하였으며, 중군(의흥시위사·충좌시위사·웅무시위사·신무시위사), 좌군(용양순위사·용기순위사· 용무순위사), 우군(호분순위사·호익순위사·호용순위사) 등으로 구성되었다.

제1장

제2장

제3장

제4장

제5장

제6장

⑤ **별시위(別侍衛)** : 태종 원년, 고려 말의 성중애마가 폐지되고 신설된 시험에 의하여 선발된 특수군이다.

⑥ **내금위(內禁衛)** : 태종 7년, 궁중숙위(왕의 호위)를 해오던 내상직을 개편하여 조직되었다 . 초기에는 무예를 갖춘 외관자제로 충당되었으나 세종 5년부터는 시험에 의하여 선발하였고 장번(장기간 궁중 근무) 군사였다.

⑦ **내시위(內侍衛)** : 태종 9년, 내금위·별시위와 거의 같은 양반 출신으로 시험에 의하여 선발되었고 왕의 시위를 담당하였다.★

⑧ **겸사복(兼司僕)** : 세종 말엽의 왕의 수발뿐만 아니라 세자의 호위를 담당한 근시군사(近侍軍士)로, 왕의 근접에서 호위업무를 수행하던 소수 정예부대이다.★

⑨ **충의위(忠義衛)** : 세종 원년, 개국공신·정사공신 등의 자손으로 편성된 특수 병종으로, 공신의 자손들은 18세가 되면 아무런 시험절차 없이 입속되어 군사적 실력과는 무관하게 입직 근무하도록 되어 있었으며, 4번으로 나누어 왕의 측근 호위(숙위)를 담당하였다.

2. 조선 후기(1623년 인조 ~ 1863년 철종) [기출] 23·22

① **호위청(扈衛廳)** : 인조 원년(1623년), 인조반정으로 집권한 서인들의 사병들로 편성하여 국왕의 호위임무를 수행하였으며 일정한 급료를 지급받았다.★

② **어영군(御營軍)** : 인조반정 후 인조 원년에 설치된 국왕의 호위부대로, 속오군(지방의 양인과 양반으로 조직한 예비군인)과 정예병을 선발하여 75일씩 호위하였다.★

③ **어영청(御營廳)** : 어영군을 확대하여 한성의 수비까지 담당하였다.

④ **금군(禁軍)** : 수어청(남한산성 수비군)·어영청의 뒤를 이어 군사력을 강화하기 위하여 효종 때 설치한 국왕의 친위군(기병)이다.★ 현종 7년(1666년)에 내금위, 우림위, 겸사복 등 3군영을 합쳐 금군청을 설치함으로써 금군이란 명칭이 붙게 되었다.

⑤ **금위영(禁衛營)** : 숙종 8년(1682년) 정초군(精抄軍)과 훈련별대(訓鍊別隊)를 통합하여 창설한 중앙 5군영(五軍營) 중 하나이다. 기병부대로 궁중수비를 담당하였다.

⑥ **용호영(龍虎營)** : 영조 3년(1755년) 궁궐의 숙위와 호종을 담당하던 금군청을 개칭한 것으로 내삼청을 개편한 친위군이다.

⑦ **숙위소(宿衛所)** : 정조 즉위년(1777년)에 친족세력을 몰아내고 자신의 정치세력을 구축한 궁궐 숙위기관이다.★

⑧ **장용위·장용영(壯勇衛·營)** : 정조 6년, 숙위소를 폐지하고 장용위를 설치하였고, 장용위는 장용내외영으로 확대되었으며, 정조 17년 이를 크게 확대하여 장용영으로 개편되었다.★

1. 갑오개혁(1894.7.27. ～ 1985.7.6.) 이전

① **무위소(武衛所)** : 고종 11년에 설치, 단순한 파수군(把守軍)이 아니라 고종의 친위군적 성격을 띠면서 전체 군무를 통할하였다.

② **무위영(武衛營)** : 고종 18년, 종래 5군영 중 훈련도감 · 용호영 · 호위청을 합하여 무위영으로 하였으며, 무위소의 연장으로 왕궁을 지키는 친군 내지는 근위군이었다.

③ **친군용호영(親軍龍虎營)** : 국왕 호위대 용호영의 강화책 일환으로 금군을 병조판서와 훈련원 당상이 함께 시험에 의하여 선발하였으며, 용호영 · 총어영 · 경리청 등을 친군용호영으로 칭하였다.

④ **시위대(侍衛隊)** : 을미사변 후 러시아국 편제에 따라 개편하여 편성한 군대로 궁중시위가 주임무였다. 친위대와 함께 존속하였다. ★

⑤ **친위대(親衛隊)** : 을미사변 후 김홍집 내각이 훈련대를 폐지하고 친위군과 진위군으로 양분, 친위군은 경성에 주둔시켜 왕성수위를 담당하였으며, 진위군은 지방수비를 담당하였다.

2. 갑오개혁 이후

① **경위원(警衛院)** : 갑오개혁 이후 광무 5년(1901년)에 설치되어 궁중에서의 내 · 외곽 경비와 궁내 사법업무를 담당한 오늘날의 경호경비경찰에 해당한다. 광무 9년(1905년) 황궁경위국으로 개편되었다. ★

② **황궁경위국(皇宮警衛局)** : 1905년 경위원이 개편되어 조직된 황궁경위국은 궁궐의 경비, 치안사무를 담당하던 경찰기구이다. ★

③ **경무총감부(警務總監部)** : 1910년 황궁경위국을 통합하여 조선총독부 경무총감부에 8개 경찰서를 두고, 그 가운데 황궁경찰서(창덕궁경찰서)를 설치하여, 북서(北署)는 창덕궁, 서서(西署)는 덕수궁의 경호업무를 담당하였다. ★

④ **창덕궁경찰서** : 왕이 거처하던 창덕궁과 덕수궁 지역의 경호임무를 수행하였으며, 1949년 2월 23일 창덕궁경찰서가 폐지되고 경무대경찰서가 신설되었다. ★

1. 정부수립 이전(1919년 ~ 1948년)

① **내무총장** : 대한민국 임시정부 아래 경찰조직을 관장하던 최고 관청으로 1919년 통합헌법에 의해 규정되었다. ★

② **경무국** : 중앙 정부에서 내무총장의 보좌 역할을 담당한 기구로, 지방의 각 도마다는 경무사를 두고 그 하위 지방 조직인 각 부·군에는 경감을 두었다. ★

③ **경호부** : 경무국 내부에 설치된 기관으로 대한민국 임시정부의 대통령 외에도 주요 인사들의 경호업무를 담당하였다. ★

2. 정부수립 이후(1948년 ~ 현재) 기출 19 · 17

① **경무대경찰서**

㉠ 1949년 2월 23일 왕궁을 관할하고 있던 창덕궁경찰서가 폐지되고 경무대경찰서가 신설되면서 경찰이 대통령 경호임무를 담당하게 되었다. ★★

㉡ 1949년 12월 29일 내무부훈령 제25호에 의하여 경호규정이 제정되어, 최초로 경호라는 용어의 사용과 경호업무의 체제가 정비되었다. ★★

㉢ 경무대경찰서는 신설 당시에는 종로경찰서 관할인 중앙청 및 경무대 구내가 관할구역이었으나, 1953년 3월 30일 경찰서직제의 개정으로 그 관할구역을 경무대 구내로 제한하였다. ★★

② **구(舊) 내무부훈령 제25호(1949년 12월)의 주요 규정**

㉠ 경호에 필요한 사항은 본령(本令)에 의하여(제1조) 규정

㉡ 경호대상은 대통령, 부통령, 외국의 원수, 국회의장, 대법원장, 국무총리 및 각부 장관 또는 외국의 사절, 기타 내무부장관 및 도지사가 필요하다고 인정하는 인사(제2조)

㉢ 경찰관은 도상(途上)·열차 및 선박, 기타 필요하다고 인정하는 장소에 소정의 경호원을 배치하여 피경호자(被警護者)의 신변의 안전을 기한다(제3조).

③ **청와대 경찰관파견대**

㉠ 1960년 4·19 혁명으로 제1공화국이 끝나고, 동년 6월의 3차 개헌을 통해 정부형태가 대통령 중심제에서 내각책임제로 바뀌면서 국무총리의 지위가 크게 강화됨에 따라 대통령 경호를 담당하던 경무대경찰서가 6월 29일 폐지되고, 경무대 지역의 경비업무는 서울시 경찰국 경비과에서 담당하게 되었다. ★

㉡ 1960년 8월 13일 제2공화국이 수립되면서 서울시경 소속으로 청와대 경찰관파견대를 설치하여, 경비과에서 담당하던 대통령 경호 및 대통령관저의 경비를 담당케 하였다. ★

④ 중앙정보부 경호대

ᄀ 1961년 5월 20일 군사혁명위원회가 국가재건최고회의로 발족되면서 국가재건최고회의 의장경호대가 임시로 편성되었다가 1961년 6월 1일 중앙정보부로 예속되고, 그 해 9월 9일 중앙정보부 내훈 제2호로 경호규정이 제정, 시행되면서 11월 8일 정식으로 중앙정보부 경호대가 발족되었다.★★

ᄂ 중앙정보부 경호대의 주요 임무로는 국가원수, 최고회의의장, 부의장, 내각수반, 국빈의 신변보호, 기타 경호대장이 지명하는 주요 인사의 신변보호 등이었다.

3. 대통령경호처(현재)

① 출범 : 1963년 제3공화국이 출범하여 12월 14일 대통령경호실법과 같은 해 12월 16일 대통령경호실법 시행령을 각각 제정·공포하고, 박정희 대통령 취임과 동시에 대통령경호실을 출범시켰다.★

② 주요 연혁

ᄀ 1974년 8·15사건을 계기로 '대통령경호경비안전대책위원회'가 설치되고, 청와대 외각경비가 경찰에서 군(55경비대대)으로 이양되었으며, 22특별경호대와 666특공대가 창설되고, 경호행사 시 3중 경호의 원칙이 도입되는 등 조직과 제도가 대폭 보강되었다.

ᄂ 1981년 '대통령 당선 확정자의 가족의 호위'와 '전직대통령과 그 배우자 및 자녀의 호위'가 임무에 추가되었다.★★

ᄃ 2004년 대통령 탄핵안이 국회에서 가결됨에 따라 대통령 권한대행과 그 배우자에 대한 경호임무를 추가로 수행하였다.★

ᄅ 2008년 2월 29일 '대통령경호실법'은 '대통령 등의 경호에 관한 법률'로 개칭되고 소속도 대통령 직속기관인 대통령경호실에서 대통령실장 소속으로 경호처를 두도록 변경되었다.

ᄆ 2013년 2월 25일 경호처는 다시 대통령비서실과 독립된 대통령경호실로 환원되고, 지위도 장관급으로 격상되었다.

ᄇ 2017년 7월 26일 정부조직법 개정으로 대통령경호실은 재개편되어 현재 차관급 대통령경호처가 되었다.

> **정부조직법 개정내용**
> 대통령 경호수행 체계를 합리화하기 위하여 대통령경호실(장관급)을 대통령경호처(차관급)로 개편함(제16조)

③ 구성 : 정무직인 경호처장 1명을 두고, 그 직속으로 차장 1명을 둔다.★

④ 소속기관 : 대통령경호처장의 관장사무를 지원하기 위하여 대통령경호처장(이하 처장) 소속으로 경호안전교육원을 둔다(대통령경호처와 그 소속기관 직제 제2조).

⑤ 처장 등

　㉠ 처장은 대통령이 임명하고, 경호처의 업무를 총괄하며, 소속 공무원을 지휘·감독한다(대통령 등의 경호에 관한 법률 제3조 제1항).

　㉡ 차장은 1급 경호공무원 또는 고위공무원단에 속하는 별정직 국가공무원으로 보하고, 처장을 보좌하며, 처장이 부득이한 사유로 직무를 수행할 수 없을 때에는 그 직무를 대행한다(대통령경호처와 그 소속기관 직제 제4조 제2항·제3항).

⑥ 하부조직

　㉠ 대통령경호처에 기획관리실·경호본부·경비안전본부 및 지원본부를 둔다(대통령경호처와 그 소속기관 직제 제5조 제1항). 〈개정 2023.12.29.〉

　㉡ 기획관리실장·경호본부장·경비안전본부장 및 지원본부장은 2급 경호공무원으로 보한다(동 직제 제5조 제2항). 〈개정 2023.12.29.〉

　㉢ 처장 밑에 감사관 1명을 두며(동 직제 제5조 제3항), 감사관은 3급 경호공무원으로 보한다(동 직제 제5조 제4항). 〈개정 2023.12.29.〉

　㉣ 기획관리실, 경호본부, 경비안전본부 및 지원본부의 하부조직 및 그 분장사무와 감사관의 분장사무는 처장이 정한다(동 직제 제5조 제5항). 〈개정 2023.12.29.〉

⑦ 경호안전교육원

　㉠ 경호안전교육원은 다음 사무를 관장한다(대통령경호처와 그 소속기관 직제 제6조 제1항).

　　• 경호안전관리 관련 학술연구 및 장비개발
　　• 대통령경호처 직원에 대한 교육
　　• 국가 경호안전 관련 분야에 종사하는 공무원에 대한 수탁교육
　　• 경호안전 관련 단체에 종사하는 사람에 대한 수탁교육
　　• 법 제16조에 따른 대통령경호안전대책위원회 관련 기관 소속 공무원 및 처장이 필요하다고 인정하는 사람에 대한 수탁교육
　　• 그 밖에 국가 주요 행사 안전관리 분야에 관한 연구·조사 및 관련 기관에 대한 지원

　㉡ 경호안전교육원에 원장 1명을 둔다(동 직제 제6조 제2항).

　㉢ 원장은 2급 경호공무원으로 보한다(동 직제 제6조 제3항). 〈개정 2023.12.29.〉

　㉣ 원장은 처장의 명을 받아 소관 사무를 총괄하고, 소속 공무원을 지휘·감독한다(동 직제 제6조 제4항).

　㉤ 경호안전교육원의 하부조직과 그 분장사무는 처장이 정한다(동 직제 제6조 제5항).

대통령경호처 연혁

제3공화국	1963	• 대통령경호실법 제정·공포(12.14) • 대통령 경호전문기관인 대통령경호실의 최초 창설(12.17)
	1968	무장공비 청와대 습격 미수 사건(1·21사태)
	1971	청와대 폭파기도 미수사건(중앙정보부 부산지부 검거)
제4공화국	1974	• 청와대 폭파기도 미수사건(재일교포 2인 검거) • 박정희 대통령 시해 미수사건(육영수여사 저격사건) • 대통령경호·경비안전대책위원회 설치(9.11)
	1979	박정희 대통령 서거(10·26사건)
제5공화국	1981	대통령경호실법 제1차 개정(1.29) → 대통령당선 확정자의 가족의 호위, 전직대통령과 배우자, 자녀의 호위를 경호임무에 추가
	1983	미얀마 아웅산 묘소 폭파사건
	1987	대통령 당선자 경호임무 수행(노태우 대통령)
제6공화국	1988	• 전직대통령 경호임무 수행(전두환 대통령) • 대통령 경호업무 협조체제 강화를 위한 기본지침 마련
	1990	대통령관저 준공(10.25)
	1991	청와대 본관 준공(9.4), 경호임무 수행체제 변환
문민정부	1993	• 청와대 앞길 및 인왕산 개방 등 경호체제 변환 • 경호유관시설 개방 및 무궁화동산 조성
	1995	전두환 전직대통령 경호임무 해제(경찰청으로 이관)
국민의 정부	1999	교육훈련 강화를 위한 "경호종합훈련장" 개설
	2000	• 대통령경호실법 제2차 개정 → 정치적 중립 및 신분보장 강화, 경호직 공무원 신분을 별정직에서 특정직으로 전환 • 남북정상회담 개최에 따른 평양방문 경호임무 수행 • 제3차 아시아 유럽정상회의(ASEM) 경호임무 수행
참여정부	2003	대통령휴양시설 청남대 반환, 경비 전담부대 임무 해제
	2004	대통령 탄핵에 따른 대통령 권한대행 경호임무 수행
	2005	• 부산 APEC 경호안전 임무 수행 • 대통령경호실법 제3차 개정(3.10) → 경호구역 지정 및 경호안전활동 근거 신설
이명박 정부	2008	• 대통령실 경호처로 통합 • 대통령경호실법 개정 → 대통령 등의 경호에 관한 법률로 변경
박근혜 정부	2013	• 정부조직개편에 따라 대통령실장 소속 경호처에서 대통령경호실로 독립 • 대통령 경호실장의 지위를 장관급으로 승격★ • 대통령 등의 경호에 관한 법률 제7차 개정 : 경호 공무원의 정년연장(5급 이상 : 55세 → 58세), 6급 이하 : 50세 → 55세)
문재인 정부	2017~	• 정부조직법 개편에 따라 대통령경호실(장관급) → 대통령경호처로 개편 • 대통령 경호처장의 지위를 차관급으로 격하

경호의 조직

최다 출제 POINT & 학습목표

1 경호조직의 특성을 이해한다.

2 경호조직의 구성원칙에 대한 내용을 정리한다.

3 각국 경호조직의 특징을 구별한다.

4 경호의 주체·객체와 관련된 대통령 등의 경호에 관한 법률을 학습한다.

 경호의 조직

01 경호조직은 기구단위, 권한과 책임 등이 경호업무의 목적 달성을 위해 분화되어야 한다. `기출` 21　　　　　　(　)

02 경호조직의 폐쇄성에는 경호기법의 비노출이 포함된다. `기출` 21·20　　　　　　　　　　　　　　　　　　(　)

03 경호조직은 과거에 비해 그 기구와 인원 면에서 대규모화·다변화되고 있다. `기출` 21·20　　　　　　　　(　)

04 경호조직은 전문성보다는 권력에 기초를 두어야 한다. `기출` 21　　　　　　　　　　　　　　　　　　　(　)

05 테러행위의 비전문성, 위해수법의 고도화에 따라 경호조직은 비전문성이 요구된다. `기출` 20·19　　　　(　)

06 경호조직은 전체 구조가 통일적인 피라미드형을 구성하면서 그 속에 서로 상하의 계층을 이루고 지휘·감독 등의 방법에 의해 경호목적을 통일적으로 실현한다. `기출` 20　　　　　　　　　　　　　　　　　　　　　　　(　)

07 경호조직의 원칙 중 협력성과 관련하여 국민이 경호업무에 협조하여 조직화가 필요할 경우 이런 조직은 임의성보다는 강제성이 수반되어야 한다. `기출` 21　　　　　　　　　　　　　　　　　　　　　　　　　　　　　　(　)

08 다음이 설명하는 경호조직의 구성원칙은 경호체계통일성의 원칙이다. `기출` 21　　　　　　　　　　　(　)

> 경호기관의 구조는 전체의 다양한 조직수준을 통해 상하계급 간의 일정한 관계가 성립되어, 책임과 업무의 분담이 이루어져야 함을 의미한다.

09 다음이 설명하는 경호조직의 원칙은 경호기관단위작용의 원칙이다. `기출` 20　　　　　　　　　　　(　)

> ○ 경호업무의 성격상 개인적 작용으로 이루어지지 않는다.
> ○ 하급자를 관리하기 위한 지휘권, 장비, 보급지원체제를 갖추고 있어야 한다.

10 다음에서 설명하는 경호조직의 원칙은 경호지휘단일성의 원칙이다. `기출` 23　　　　　　　　　　　(　)

> 경호조직은 명령과 지휘체계가 이원화되지 않아야 하며, 경호업무 자체가 긴급성을 요한다는 점에서 더욱 필요한 원칙이다.

11 비밀경호국(SS)은 미국, 연방범죄수사국(BKA)은 독일, 공화국경비대(GSPR)는 프랑스의 경호조직이다. `기출` 21　(　)

12 대통령경호안전대책위원회규정상 다음의 분장책임을 지는 구성원은 외교부 의전기획관이다. `기출 20` (　)

> ○ 입수된 경호 관련 첩보 및 정보의 신속한 전파·보고
> ○ 방한 국빈의 국내 행사 지원
> ○ 대통령과 그 가족 및 대통령 당선인과 그 가족 등의 외국방문 행사 지원

13 대통령경호처 차장이 필요하다고 인정하는 국외 요인(要人)은 대통령 등의 경호에 관한 법률상 대통령경호처의 경호대상이다. `기출 21` (　)

14 대통령 등의 경호에 관한 법률상 대통령경호처에 파견된 경찰공무원은 이 법에 규정된 임무 외의 경찰공무원의 직무를 수행할 수 없다. `기출 20` (　)

15 대통령 등의 경호에 관한 법률상 소속 공무원이 직무상 알게 된 비밀을 누설한 경우 7년 이하의 징역이나 금고 또는 5천만원 이하의 벌금에 처한다. `기출 20` (　)

16 대통령 등의 경호에 관한 법률상 경호공무원에 대한 사법경찰권 지명권자는 서울중앙지방검찰청 검사장이다. `기출 22` (　)

17 다음에서 설명하는 경호조직의 원칙은 경호지휘단일성의 원칙이다. `기출 22` (　)

> 하나의 기관에는 반드시 한 사람의 지휘자만이 있어야 한다. 지휘자가 여러 명이 있을 경우 이들 사이의 의견의 합치는 어렵게 되고 행동도 통일되기가 쉽지 않다. 상급감독자나 하급보조자가 지휘자의 권한을 침해한다면 전체 경호기구는 혼란에 빠지게 되어 경호조직은 마비상태가 될 우려가 있다.

18 대통령 등의 경호에 관한 법률상 다음(ㄱ~ㄷ)에 해당하는 숫자의 합은 79이다. `기출 23` (　)

> ㄱ. 대통령경호처 차장의 인원수
> ㄴ. 5급 이상 경호공무원의 정년연령
> ㄷ. 대통령경호안전대책위원회에서 위원장과 부위원장을 포함하여 최대 가능한 위원의 수

CHAPTER 02 경호의 조직

1 경호조직의 의의 및 특성과 구성원칙

01 경호조직의 의의 및 특성

경호조직이란 경호대상자의 신변보호라는 목표를 달성하기 위하여 구성되는 단체로 범죄나 자연적인 재해상태를 예방하고 진압함으로써 경호대상자의 생명과 신체를 보호하는 인적·체계적 결합체를 말한다.

경호조직의 특성 기출 23·21·20·19·18·17	
기동성	• 교통수단의 발달과 인구집중현상·환경보호, 더 나아가 세계공동체를 향한 외교활동 증대로 고도의 유동성을 띠게 되어 경호조직도 그에 대응하여 높은 기동성을 띤 조직으로 변해가고 있다.★ • 암살 및 테러의 고도화에 따라 경호장비의 과학화와 이를 지원하기 위한 행정업무의 자동화, 컴퓨터화 등 기동성이 요구되고 있다.★
통합성과 계층성	• 경호조직은 전체 구조가 통일적인 피라미드형을 구성하면서 그 조직 내 계층을 이루고 지휘·감독 등을 통하여 경호목적을 실현하므로, 경호행사를 직접 담당하는 경호기관의 조직은 다른 부서에 비해 경호집행기관적 성격으로 계층성이 더욱 강조된다.★ • 경호조직은 기구단위 및 권한과 책임이 분화되어야 하며, 경호조직 내의 중추세력은 권한의 계층을 통하여 분화된 노력을 상호 조정하고 통제함으로써 경호의 목적을 달성할 수 있다.★
폐쇄성 (보안성)	• 경호를 완전무결하게 수행하기 위해서는 경호조직의 비공개와 경호기법의 비노출 등 보안성을 높이는 폐쇄성의 특성을 가져야 한다.★ • 일반적인 공개주의 원칙에도 불구하고 암살자나 테러집단에 알려지지 않도록 기밀성을 유지한다. • 일반적으로 정부조직은 법령주의와 공개주의 원칙에 따르지만, 경호조직에서는 비밀문서로 관리하거나 배포의 일부제한으로 비공개로 할 수 있다.

출제 Point 빈칸 문제

경호조직의 특성
⋯ (❶) : 경호를 완전무결하게 수행하기 위해서는 경호조직의 비공개와 경호기법의 비노출 등 보안성을 높이는 (❶)의 특성을 가져야 한다.

❶ 폐쇄성 정답

전문성	• 테러행위의 수법이 지능화·고도화되고 있으므로 경호조직에 있어서도 기능의 전문화 내지 분화현상이 광범위하게 나타나고 있다.★ • 경호조직의 권위는 권력의 힘에 의존하는 데서 탈피하여 경호의 전문성에서 찾아야 한다.★ • 고도로 전문화된 경호전문가의 양성을 통해 경호조직의 권위를 확립하고, 국민의 이해와 협조 속에서 국민과 함께 하는 경호가 요구된다.
대규모성	• 경호조직은 과거에 비해서 그 기구 및 인원면에서 점차 대규모화·다변화되고 있다.★ • 과학 기술의 진보와 더불어 거대정부의 양상은 경호기능의 간접적인 대규모화의 계기가 되었다.★

02 | 경호조직의 구성원칙 [기출] 23·22·21·20·19·18·17·16·14·13·12

1. 지휘단일성의 원칙

① 지휘 및 통제의 이원화로 인해 파생되는 문제들을 보완하기 위해 명령과 지휘체계는 반드시 하나의 계통으로 구성해야 한다는 원칙이다.★

② 경호요원은 한 사람의 지휘를 받아야 한다는 것으로, 하나의 경호기관에는 반드시 한 사람의 지휘자만이 있어야 한다.

③ 지휘의 단일성은 경호업무가 긴급성을 요한다는 점에서 또한 모순·중복·혼란 등을 피해야 한다는 점에서 요청된다.★

④ 지휘의 단일성에는 하나의 지휘자라는 의미뿐만 아니라 하급경호요원은 하나의 상급기관에 대해서만 책임을 진다는 의미도 내포하고 있기 때문에 책임관계의 명확화라는 측면에 있어서도 요구된다.

2. 체계통일성의 원칙

① 경호체계의 통일이라 함은 경호기관 구조의 정점으로부터 말단까지 상하계급 간에 일정한 관계가 이루어져 책임과 업무의 분담이 이루어지고, 명령(命令)과 복종(服從)의 지위와 역할의 체계가 통일되어야 한다는 원칙이다.★★

② 일반기업의 책임과 분업원리와 연계되는 경호원칙이다.★

3. 기관단위작용의 원칙

① 경호의 업무는 성격상 개인이 아닌 기관단위의 작용으로 기관의 하명에 의해서 이루어진다는 원칙으로, 기관단위의 임무결정은 지휘자만이 할 수 있고 경호의 성패는 지휘자만이 책임을 진다.★

② 경호기관단위가 확립되기 위해서는 경호기관을 지휘하는 지휘자와 부하직원 간의 유기적인 협력체계가 구비되어야 하며, 관리하기 위한 지휘권, 장비, 보급지원체제가 이루어져 있어야 한다.★

제1장

제2장

제3장

제4장

제5장

제6장

4. 협력성의 원칙

① 하나의 경호조직이 단독으로 경호임무 수행에 필요한 모든 정보활동을 수행할 수 없으므로, 국민의 협력이 필요하다는 원칙이다.★ 즉, 경호조직과 일반국민과의 유기적인 상호작용을 의미한다.

② 경호조직이 국민 속에 깊이 뿌리를 내려 국민과 결합해야 한다는 원칙으로, 경호조직이 비록 완벽하고 경호요원의 수가 많다고 하더라도 모든 위해요소를 직접 인지할 수 없을 뿐 아니라 모든 사태에 대응하기가 여의치 못하므로 완벽한 경호를 위해서는 국민의 절대적인 협력이 필요하다.

③ 국민이 경호업무에 협조하여 조직화가 필요할 경우 이런 조직은 어디까지나 임의적이어야 하고 강제성을 띠어서는 아니 된다.

④ 경호조직은 유관기관과의 상호협력을 통해 지속적인 정보 및 보안활동을 바탕으로 한 경호대응력을 강화해야 한다.

2 각국의 경호조직

01 한국의 경호기관

1. 대통령 경호기관

① 대통령경호처(PSS ; Presidential Security Service) : 대통령 직속기관, 행정기관, 집행기관, 특별경찰기관의 성격을 지닌다.★

② 경호처의 조직 편제 : 기획관리실, 경호본부, 경비안전본부, 지원본부로 편성되며 경호전문교육을 위한 소속 기관으로 경호안전교육원을 두고 있다.★

2. 경찰청 경비국

① 우리나라 국무총리 등 주요 요인의 경호를 담당한다.★

② 대통령관저의 경비, 국회의장, 대법원장, 헌법재판소장, 경찰청장이 필요하다고 인정한 인사 등에 대한 경호를 경찰이 실시한다.★

③ 경찰청 경호과의 임무 : 경호경비계획의 수립·지도 및 주요 요인의 보호에 관한 사항

3. 대통령경호안전대책위원회위원(대통령경호안전대책위원회규정)

① 구성 기출 22·18·13·11 : 위원회의 위원은 국가정보원 테러정보통합센터장, 외교부 의전기획관, 법무부 출입국·외국인정책본부장, 과학기술정보통신부 통신정책관, 국토교통부 항공안전정책관, 식품의약품안전처 식품안전정책국장, 관세청 조사감시국장, 대검찰청 공공수사정책관, 경찰청 경비국장, 소방청 119구조구급국장, 해양경찰청 경비국장, 합동참모본부 작전본부 소속 장성급 장교 중 위원장이 지명하는 1명, 국군방첩사령부 소속 장성급 장교 또는 2급 이상의 군무원 중 위원장이 지명하는 1명, 수도방위사령부 참모장과 위원장이 임명 또는 위촉하는 자로 구성한다.

② 책 임

ⓐ 대통령경호 안전대책활동에 관하여는 위원회 구성원 전원과 그 구성원이 속하는 기관의 장이 공동으로 책임을 진다.★

ⓑ 각 구성원은 위원회의 결정사항, 기타 안전대책활동을 위하여 부여된 임무에 관하여 상호 간 최대한의 협조를 하여야 한다.

ⓒ 각 구성원의 분장책임을 구체적으로 정하고 있다.★

각 구성원의 분장책임 기출 20·16·14	
1. 대통령경호처장	안전대책활동에 관한 전반적인 업무를 총괄하며 필요한 안전대책 활동지침을 수립하여 관계부서에 부여
2. 국가정보원 테러정보 통합센터장	• 입수된 경호 관련 첩보 및 정보의 신속한 전파·보고 • 위해요인의 제거★ • 정보 및 보안대상기관에 대한 조정★ • 행사참관 해외동포 입국자에 대한 동향파악 및 보안조치★ • 그 밖에 국내·외 경호행사의 지원
3. 외교부 의전기획관	• 입수된 경호 관련 첩보 및 정보의 신속한 전파·보고 • 방한 국빈의 국내 행사 지원 • 대통령과 그 가족 및 대통령 당선인과 그 가족 등의 외국방문 행사 지원 • 다자간 국제행사의 외교의전 시 경호와 관련된 협조 • 그 밖에 국내·외 경호행사의 지원
4. 법무부 출입국·외국인 정책본부장	• 입수된 경호 관련 첩보 및 정보의 신속한 전파·보고 • 위해용의자에 대한 출입국 및 체류관련 동향의 즉각적인 전파·보고★ • 그 밖에 국내·외 경호행사의 지원
5. 삭제	〈2020.4.21.〉
6. 삭제	〈2020.4.21.〉

제1장

제2장

제3장

제4장

제5장

제6장

7. 과학기술정보통신부 통신정책관	• 입수된 경호 관련 첩보 및 정보의 신속한 전파·보고 • 경호임무 수행을 위한 정보통신업무의 지원 • 정보통신망을 이용한 경호관련 위해사항의 확인 • 그 밖에 국내·외 경호행사의 지원
8. 국토교통부 항공안전정책관	• 입수된 경호 관련 첩보 및 정보의 신속한 전파·보고 • 민간항공기의 행사장 상공비행 관련 업무 지원 및 협조 • 육로 및 철로와 공중기동수단 관련 업무 지원 및 협조 • 그 밖에 국내·외 경호행사의 지원
8의2. 식품의약품안전처 식품안전정책국장	• 식품의약품 안전 관련 입수된 첩보 및 정보의 신속한 전파·보고 • 경호임무에 필요한 식음료 위생 및 안전관리 지원 • 식음료 관련 영업장 종사자에 대한 위생교육 • 식품의약품 안전검사 및 그 밖에 필요한 자료의 지원 • 그 밖에 국내·외 경호행사의 지원
9. 관세청 조사감시국장	• 입수된 경호 관련 첩보 및 정보의 신속한 전파·보고 • 출입국자에 대한 검색 및 검사★ • 휴대품·소포·화물에 대한 검색★ • 그 밖에 국내·외 경호행사의 지원
10. 대검찰청 공공수사정책관	• 입수된 경호 관련 첩보 및 정보의 신속한 전파·보고 • 위해음모 발견 시 수사지휘 총괄★ • 위해가능인물의 관리 및 자료수집★ • 국제테러범죄 조직과 연계된 위해사범의 방해책동 사전차단★ • 그 밖에 국내·외 경호행사의 지원
11. 경찰청 경비국장	• 입수된 경호 관련 첩보 및 정보의 신속한 전파·보고 • 위해가능인물에 대한 동향파악 • 행사 참석자 및 종사자의 신원조사 • 입국체류자 중 위해가능인물에 대한 동향파악 – 삭제 〈2020.4.21.〉 • 행사장·이동로 주변 집회 및 시위관련 정보제공과 비상상황 방지대책의 수립 • 우범지대 및 취약지역에 대한 안전조치 • 행사장 및 이동로 주변에 있는 물적 취약요소에 대한 안전조치 • 행차로 요충지 등에 정보센터 설치·운영 – 삭제 〈2020.4.21.〉 • 총포·화약류의 영치관리와 봉인 등 안전관리 • 불법무기류의 단속 및 분실무기의 수사 • 그 밖에 국내·외 경호행사의 지원
12. 해양경찰청 경비국장	• 입수된 경호 관련 첩보 및 정보의 신속한 전파·보고 • 해상에서의 경호·테러예방 및 안전조치★ • 그 밖에 국내·외 경호행사의 지원

13. 소방청 119구조구급국장	• 입수된 경호 관련 첩보 및 정보의 신속한 전파·보고 • 경호임무 수행을 위한 소방방재업무 지원★ • 그 밖에 국내외 경호행사의 지원
14. 합동참모본부 작전본부 소속 장성급 장교 중 위원장이 지명하는 1명	• 입수된 경호 관련 첩보 및 정보의 신속한 전파·보고 • 안전대책활동에 대한 육·해·공군업무의 총괄 및 협조★ • 그 밖에 국내·외 경호행사의 지원
15. 국군방첩사령부 소속 장성급 장교 또는 2급 이상의 군무원 중 위원장이 지명하는 1명	• 입수된 경호 관련 첩보 및 정보의 신속한 전파·보고 • 군내 행사장에 대한 안전활동 • 군내 위해가능인물에 대한 안전조치 • 행사 참석자 및 종사자의 신원조사★ • 경호구역 인근 군부대의 특이사항 확인·전파 및 보고 • 이동로 주변 군시설물에 대한 안전조치★ • 취약지에 대한 안전조치★ • 경호유관시설에 대한 보안지원 활동★ • 그 밖에 국내·외 경호행사의 지원
16. 수도방위사령부 참모장	• 입수된 경호 관련 첩보 및 정보의 신속한 전파·보고 • 수도방위사령부 관할지역 내 진입로 및 취약지에 대한 안전조치 • 수도방위사령부 관할지역의 경호구역 및 그 외곽지역 수색·경계 등 경호활동 지원 • 그 밖에 국내·외 경호행사의 지원

02 미국의 경호기관

1. 비밀경호국(Secret Service) 기출 21

① 비밀경호국의 연혁 : 미국의 대통령경호기관은 국토안보부 산하의 비밀경호국이며, 링컨 대통령이 재무성 내에 통화위조 단속기관의 설립을 명한 것이 비밀경호국(Secret Service)의 효시이다. 1898년에 발생한 미국과 스페인의 전쟁은 비밀경호국이 대통령 경호를 합법적으로 수행하게 되는 계기가 되었다. 1908년 대통령 당선자에 대한 경호임무가 추가되었다.

② 비밀경호국의 임무 기출 23

㉠ 대통령 및 요인의 경호

• 대통령 및 대통령 당선자, 그 직계가족
• 부통령 및 부통령 당선자, 그 직계가족
• 전직대통령과 배우자(퇴직 후 10년까지 → 평생) 및 그 자녀(16세에 달했을 때까지)

- 퇴직한 부통령과 배우자 및 그 자녀(16세 미만의 자녀는 퇴직한 날부터 6개월간)
- 미국을 방문 중인 외국원수 및 행정부의 수반과 동행 배우자, 기타 대통령이 지시한 사람
- 특정한 용무를 위해 외국을 방문 중인 미국정부의 사절(특사)로서 대통령이 지시한 사람
- 국가적으로 특별히 경호가 필요한 행사 시 국토안보부장관 등이 지정한 사람
- 대통령 선거 시 선거일 기준 120일 이내 주요 정당의 대통령 및 부통령 후보자
  ⓒ 백악관 및 외국대사관의 경비
  ⓒ 통화위조(화폐위조) 등 연방법위반의 범죄행위 수사
③ **비밀경호국의 조직** : 비밀경호국에는 국장 아래 부국장이 있고, 그 아래에 본부기관으로 6명의 국장보좌관이 있어 각각 행정처, 정부 및 공공업무처, 수사처, 경호처, 경호연구처, 인사교육처, 감사처를 담당하고 있다. 이외 국장 직속의 기관으로서 3명의 보좌관이 있어 홍보, 법률고문 임무를 수행하고 있다.
  ㉠ **행정처**
- 처장(국장보), 차장(국장보 대리) 아래 행정과, 재정관리과, 조달과, 조직관리과로 구성
- 비밀경호국의 조직, 인사, 회계 등 관리업무 전반을 담당
  ㉡ **정부 및 공공업무처** : 업무연락과, 국회업무과, 공공업무과로 구성
  ㉢ **수사처**
- 처장, 차장 아래에 위폐수사과, 과학수사과, 재정범죄과, 수사지원과로 구성
- 위폐수사과는 정부발행의 수표, 국채 등의 위조수사를 담당
- 과학수사과는 주로 조직범죄 소탕을 위해 지정된 범죄의 수사를 하고, 이를 위해 필요한 수사요원이 각지의 대도시에 배치되어 있음
  ㉣ **경호처**
- 대통령 및 기타 요인의 경호를 주임무로 함
- 경호운용담당국장보는 제복경찰의 부장을 겸임
- 경호운용담당국장보 아래 경호운영 사복담당과 제복경찰을 담당하는 2명의 차장이 있고, 담당차장 아래 대통령경호과, 부통령경호과, 요인경호과, 재무성 보호과, 특수업무과, 주요 사건과가 있음
  ㉤ **경호연구처** : 비밀경호국의 경찰작용이 원활하게 수행될 수 있도록 필요한 정보를 수집분석하는 부서로서 인력관리과, 정보과, 국가위협평가센터, 기술보안과로 구성
  ㉥ **인사교육처** : 인사업무와 직원의 보안업무를 담당하는 부서로서 인사과, 신임 및 직원 보안과, 훈련센터로 구성

ⓢ 제복경찰

- 1922년 9월 14일 백악관경비대 창설 → 1970년 3월 19일 요인경비본부(Executive Protective Service : EPS)로 개칭 → 1977년 11월 15일 제복경찰(SS, Uniformed Division)로 개칭
- 미국 대통령과 부통령 및 그 가족의 경비, 백악관 시설 및 부지경비, 워싱턴 소재 부통령 관저경비, 대통령 집무실 소재의 건조물 경비, 수도권 내의 외국 외교기관 및 대통령 명령에 의한 미국 내 동종 시설 및 재산경비 등을 임무로 함

ⓞ 지방지국

- 현재 50여개의 지방지국(출장소, 연락사무소 포함 132개)이 있음
- 미국 내 거의 모든 주의 대도시에 설치되어 있고, 그 외 파리 등의 미국대사관에 비밀경호국 대표가 근무 중임
- 통상 통화위조에 관한 수사를 임무로 하고, 본부와의 정기적 연락사항 중에는 수사관계 사항이 많기 때문에 수사처장의 지휘를 받음

〈출처〉 김두현, 「경호학개론」, 엑스퍼트, 2020, P. 124~125

2. 경호 유관기관 기출 17·14·13

① **연방범죄수사국(FBI ; Federal Bureau of Investigation)** : 미국 국내 테러·폭력·납치 및 범죄조직에 대한 첩보수집, 범죄 예방 및 수사와 기타 방첩을 통한 경호첩보 제공을 그 임무로 하는 비밀경찰기관이다.

② **중앙정보부(CIA ; Central Intelligence Agency)** : 대통령의 자문에 응하는 직속기관으로 국제 테러조직, 적성국 동향에 대한 첩보의 수집·분석·전파, 외국의 국빈 방문에 따른 국내 각급 정보기관의 조정을 통한 경호정보를 제공하는 등의 임무를 수행하며, 특수정보의 수집 및 특수공작의 수행을 담당한다.

③ **연방이민국(USCIS ; U.S. Citizenship and Immigration Services)** : 해외 불순인물의 출입국 동향파악 및 통제, 국내에 체류하고 있는 외국인 중 불순인물에 대한 첩보의 제공 등을 그 임무로 한다.★

④ **국무부(DS ; Department of State) 산하 요인경호과** : 영부인 및 그 가족 경호(대통령과 동행할 경우 비밀경호국이 경호함)와 국무장관, 차관, 외국대사 경호 기타 요인 경호를 그 주요 임무로 한다.★

⑤ **국가안전보장국(NSA ; National Security Agency)** : 국방부 소속 정보수집기관으로서 주된 업무는 통신 정보, 감청, 전자정보 등의 각종 수단을 사용하여 정보를 수집하고 정리하는 것이다.★

⑥ **국방부 육군성(Department of the Army)** : 군 관련 경호첩보의 수집·분석·전파와 국내의 외국정부 관련 경호 등의 임무를 수행한다.★

03 영국의 경호기관

1. 수도경찰청

영국의 (여)왕과 총리 등에 대한 경호는 국가경찰인 런던수도경찰청(MPS ; Metropolitan Police Service) 산하의 특별작전부(SO ; Special Operations, 요인경호본부)가 담당하고 있는데, 그 하위부서로 경호국 (Protection Command), 안전국(Security Command), 대테러작전국(Counter Terrorism Command)이 있다.

2. 경호국

경호국은 크게 왕실 및 특별요인 경호과(RaSP ; Royalty and Specialist Protection)와 의회 및 외교관 경호 과(PaDP ; Parliamentary and Diplomatic Protection)로 구분된다.

① 왕실 및 특별요인 경호과의 임무 : (여)왕 등 왕실가족에 대한 국내외 보호, 총리·각부의 장관, 해외파견 자국 외교관 및 고위인물 등의 보호, 런던 윈저궁, 스코틀랜드 왕실가족 거주지역의 경비 등

② 의회 및 외교관 경호과의 임무 : 영국 내 외교관과 사절단에 대한 경호, 국회의사당(웨스트민스터) 지역의 경호·경비 등에 대한 책임을 지고 관련 직무를 수행하기 위해 2015년 4월에 설치되었다.

3. 안전국

안전국은 수도 런던의 공항 보호, 대테러업무를 합동으로 수행하고 있다.

4. 대테러작전국

테러리즘의 위협으로부터 런던 및 영국을 보호하기 위하여 2006년에 설치되었다.

〈참고〉 최선우, 「경호학」, 박영사, 2021, P. 107~108

5. 경호 유관기관 〔기출 17·14·13〕

① **보안국(Security Service)** : 내무성 소속으로 국내 경호 관련 정보의 수집·분석·처리업무를 담당한다 (대간첩 및 대전복 업무수행). MI5라고도 불리며, 정식명칭은 보안정보국(보안국)이다.★

② **비밀정보국(부)(Secret Intelligence Service)** : 외무성 소속으로 국외 경호 관련 정보를 수집·분석·처리업무를 담당한다. MI6라고도 불리며, MI5와 함께 영국의 양대 보안정보기관이다.★

③ **정부통신본부(The Government Communications Headquarters)** : 외무성 소속으로 경호와 관련된 통신정보를 수집·분석·배포하는 업무를 수행한다.

④ **국방정보부(Defence Intelligences Staff)** : 국방성 소속으로 사회주의 국가의 동향에 대한 정보를 수집, 파악하여 처리 후 경호 유관관청에 지원하는 업무를 담당한다(국방 관련 정보의 수집 및 분석 수행).

1. 경찰청 직속의 황궁경찰본부

① 일본 천황의 경호기관으로 천황 및 황족에 대한 경호, 황궁경비 등을 담당한다. 기출 23

② 일본에서는 천황, 황족에 대한 보호를 경위라 하여 경찰청 직속의 황궁경찰본부가 전담하고, 정부요인이나 외국 중요인사에 대한 보호를 경호라 하여 경찰청에서 담당한다. 즉, 경위와 경호를 구분한다. ★

③ 황궁경찰본부는 경찰청 부속기관이지만 천황의 경호・황궁경비와 관련한 기밀 및 보안 유지를 위하여 경찰청장의 직접적인 통제를 받지 않는다. ★

2. 경찰청 경비국 공안 제2과 및 동경도 경시청 경호과(공안 제3과)

① 경찰청 경비국 공안 제2과는 내각총리대신(수상) 및 국내 요인과 국빈에 대한 경호를 담당한다. ★

② 구체적으로 경찰청 경비국 공안 제1과와 제3과는 경호정보의 수집・분석・평가의 업무를 수행하며, 공안 제2과는 내각총리대신(수상) 및 요인경호에 대한 지휘감독・조정 및 연락협조 업무・안전대책작용 등의 업무를 수행한다.

③ 반면 동경도 경시청 공안 제3과(경호과)는 요인경호대(SP : Security Police)로서 내각총리대신(수상) 및 국무대신 등에 대한 실질적인 경호업무(구체적인 경호계획의 수립과 근접경호)를 수행한다. ★ 기출 23

3. 경호 유관기관

① 내각정보조사실 : 내각의 중요 정책에 관한 정보를 수집 및 보고하고, 국내 치안정보를 취급하는 국가정보기관이다.

② 공안조사청 : 1952년 파괴활동방지법에 의해 창설되었으며, 문제성 있는 단체의 조사 및 해산 등의 업무를 수행, 특히 북한에 대한 정보활동을 수행한다.

③ 외무성 조사기획국 : 국제문제에 대한 첩보수집 및 분석, 특정 국가에 대한 조사・연구업무를 수행한다.

④ 방위청 정보본부 : 육・해・공의 군사정보를 다루는 정보기관이다.

05　프랑스의 경호기관

1. 내무부 산하 국립경찰청 소속의 요인경호국(SPHP, 구 V.O) [기출] 23

대통령과 그 가족의 경호, 수상・각부 장관, 기타 국내외 요인의 경호를 담당한다.

2. 국방부 산하 국립헌병대 소속의 공화국경비대(GSPR, 관저경비) [기출] 21

대통령과 그 가족, 특정 중요 인물(전직대통령, 대통령 후보 등)을 보호한다는 목적으로 1983년 설치되었으며, 대통령관저 및 영빈관 내곽 경비업무를 담당한다.

〈출처〉 최선우, 「경호학」, 박영사, 2021. P. 114~115

3. 경호 유관기관 [기출] 17・14・13

① 대테러조정통제실(UCLAT) : 국내외 대(對)테러 및 인질 난동에 대한 정보를 수집・종합 분석하여 처리하는 업무를 수행한다.★

② 경찰특공대(RAID) : VIP에 대한 신변을 보호하며 위해 발생 시 위해 제거를 위한 대테러작전 및 사전예방작전(검문, 검색)과 폭발물 처리업무를 행한다.

③ 내무성 일반정보국(RG) : 행사 관련 지역 주민들에 대한 사전 대테러 정보의 수집 및 방첩활동과 국내 모든 외국인과 외국기관 및 단체에 관한 정보 수집・분석・처리업무를 행한다.

④ 해외안전총국(DGSE) : 국방성 소속으로 해외 정보 수집 및 분석업무를 행한다.★

06　독일의 경호기관

1. 연방범죄수사국 경호안전과 [기출] 23・21

① 연방범죄수사국은 범죄수사의 중앙기구이며, 국제경찰(형사)기구의 연락본부이다. 경호요원은 경찰관이다.

② 연방범죄수사국 경호안전과는 독일의 대통령경호기관으로서, 경호 1단과 2단으로 나뉘어 있다.★★

　㉠ 경호 1단 : 연방 대통령, 수상, 연방 각료, 기타 헌법기관을 담당한다.

　㉡ 경호 2단 : 외국의 국빈 및 독일 대표의 경호와 정보 및 대인 감시를 수행한다.

2. 경호 유관기관 [기출] 17・14・13

① 연방경찰청(Bundespolizei : 구 연방국경수비대) : 국경 출입자 점검 및 요시찰 인물의 감시 및 대통령, 수상집무실, 연방헌법기관의 시설경비 및 경호지원과 첩보제공을 수행한다.★

② 연방정보부(BND) : 해외 정보의 수집・분석 및 국외 첩보제공의 임무를 수행한다.★

③ **연방헌법보호청(BFV)** : 국내의 정보, 극좌·극우 단체에 대한 동향을 감시한다.

④ **군방첩대(MAD)** : 군 관련 정보의 수집을 그 임무로 한다.

⑤ **주립경찰·지역경찰** : 외곽경비, 연도경비, 일반정보수집 등의 임무를 수행한다.

각국의 경호조직★ 기출 23·21·19·17·14·13

구 분	경호객체(대상자)	경호주체		유관기관(조직)
		경호기관	경호요원의 신분	
미 국	전·현직 대통령과 부통령 및 그 직계가족	국토안보부 산하 비밀경호국(SS)	특별수사관	• 연방수사국(FBI) • 중앙정보국(CIA) • 연방이민국(USCIS) • 국가안전보장국(NSA) • 국방정보국(DIA) 등
	영부인 및 그 가족 (대통령과 동행 시 SS가 경호), 국무부 장·차관, 외국대사, 기타 요인	국무부 산하 요인경호과	경호요원	
	미국 내 외국정부 관료	국방부 육군성	미육군 경호요원	
	민간인	경찰국, 사설 경호용역업체	경찰관, 사설 경호요원	
영 국	• (여)왕 등 왕실가족 • 총리, 각부의 장관 등	경호국 내 왕실 및 특별요인 경호과	경찰관	• 내무부 보안국(SS, MI5) • 외무부 비밀정보국(부) (SIS, MI6) • 정부통신본부(GCHQ) • 국방정보부(DIS) 등
	영국 내 외교관과 사절단, 의회(국회의사당)	런던수도경찰청 소속 요인경호본부 (경호국·안전국·대테러작전국) 경호국 내 의회 및 외교관 경호과		
독 일	대통령, 수상, 장관, 외국의 원수 등 국빈, 외교사절	연방범죄수사국(청)(BKA) 내 경호안전과	경찰관	• 연방경찰청(BPOL) • 연방정보국(BND) • 연방헌법보호청(BFV) • 군정보국(군방첩대, MAD)
프랑스	대통령과 그 가족, 수상, 각부 장관, 기타 국내외 요인	내무부 산하 국립경찰청 소속 요인경호국 (SPHP, 구 V.O)	별정직 국가공무원	• 대테러조정통제실 (UCLAT) • 경찰특공대(RAID) • 내무부 일반정보국(RG) • 국방부 해외안전총국 (DGSE) • 군사정보국(DRM) 등
	대통령과 그 가족, 특정 중요 인물(전직대통령, 대통령 후보 등)	국방부 산하 국립헌병대 소속 공화국경비대 (GSPR, 관저경비)	국가헌병경찰(군인)	
일 본	일본천황 및 황족	황궁경찰본부	경찰관	• 공안조사청 • 내각정보조사실 • 외무성 조사기획국 • 방위청 정보본부 등
	내각총리대신(수상) 등	경찰청 경비국 공안 제2과	경호요원	
	민간인	경찰청, 사설 경비업체	경찰관, 사설 경호요원	

3 경호의 주체와 객체 기출 19·17

01 경호의 주체

1. 경호주체의 개념

① **의미** : 경호의 목적을 달성하기 위하여 일정한 경호작용을 주도적으로 실시하는 당사자를 말한다.

> 경호는 경호대상자(경호의 객체)의 신변 안전에 위협이 되는 제반 경호환경(경호의 상대)을 경호원(경호의 주체)이 관리하고 통제하는 과정이다.
>
> 〈출처〉 이두석, 「경호학개론」, 진영사, 2018, P. 69

② **경호주체의 종류**

　㉠ **본래의 경호주체** : 국가(경호처·국가경찰), 공공단체(자치경찰)로서, 이들이 가지는 경호주체로서의 지위(地位)는 국가로부터 전래된다. 다만, 사인 또는 사법인(사설경호기관)은 법률이 정하는 바(인·허가 또는 특별법)에 따라 위임되는 범위 내에서 주체가 된다.★

　㉡ **신분상 성격에 따른 경호주체** : 공경호(정부종합청사 의무경찰, 공군부대 군무원, 경찰청 소속 공무원 등)와 사경호(인천공항 특수경비원 등)로 구분된다.

2. 경호공무원

① **경호처장 및 차장**(대통령 등의 경호에 관한 법률 제3조)

　㉠ 대통령경호처에 처장 1명을 두되, 처장은 정무직으로 한다(정부조직법 제16조 제2항).★★

　㉡ 대통령경호처장(이하 "처장"이라 함)은 대통령이 임명하고, 경호처의 업무를 총괄하며 소속 공무원을 지휘·감독한다.★ 기출 22

　㉢ 대통령경호처에 차장 1명을 둔다.★ 기출 23

　㉣ 차장은 1급 경호공무원 또는 고위공무원단에 속하는 별정직 국가공무원으로 보하며, 처장을 보좌한다.★★

> **경호업무 수행 관련 관계기관 간의 협조 등(대통령 등의 경호에 관한 법률 시행령 제3조의3)**
> ① 처장은 법 제4조에 규정된 경호대상에 대한 경호를 위하여 필요한 경우 대통령비서실, 국가안보실 및 경호·안전관리 업무를 지원하는 관계기관에 근무할 예정인 사람에게 신원진술서 및 「가족관계의 등록 등에 관한 법률」에서 정하는 증명서와 그 밖에 필요한 자료의 제출을 요구할 수 있다. 이 경우 처장은 제출된 자료의 내용을 확인하기 위하여 관계기관에 조회 또는 그 밖에 필요한 협조를 요청할 수 있다.

② 처장은 법 제5조 제3항에 따른 안전활동 등 경호업무를 효율적으로 수행하기 위하여 필요한 경우에는 관계기관에 대하여 경호구역에 출입하려는 사람의 범죄경력 조회 또는 사실 증명 등 필요한 협조를 요청할 수 있다.

③ 처장은 경호업무를 효율적으로 수행하기 위해 필요한 경우 관계기관의 장과 협의하여 법 제15조에 따라 <u>경호구역에서의 경호업무를 지원하는 인력·시설·장비 등에 관한 사항을 조정할 수 있다</u>. 〈신설 2023.5.16.〉

② **경호구역의 지정 등**(대통령 등의 경호에 관한 법률 제5조) 기출 17

ㄱ 처장은 경호업무의 수행에 필요하다고 판단되는 경우 <u>경호구역을 지정할 수 있다</u>.★

ㄴ 경호구역의 지정은 경호 목적 달성을 위한 <u>최소한의 범위로 한정되어야 한다</u>.★

ㄷ <u>소속 공무원과 관계기관의 공무원으로서 경호업무를 지원하는 사람은 경호 목적상 불가피하다고 인정되는 상당한 이유가 있는 경우에만 경호구역에서 질서유지, 교통관리, 검문·검색, 출입통제, 위험물 탐지 및 안전조치 등 위해 방지에 필요한 안전활동을 할 수 있다.</u>

경호등급(대통령 등의 경호에 관한 법률 시행령 제3조의2)

① 처장은 경호대상자의 경호임무를 수행하기 위하여 해당 경호대상자의 지위와 경호위해요소, 해당 국가의 정치상황, 국제적 상징성, 상호주의 측면, 적대국가 유무 등 국제적 관계를 고려하여 경호등급을 구분하여 운영할 수 있다.

② 경호등급을 구분하여 운영하는 경우에는 외교부장관, 국가정보원장 및 경찰청장과 미리 협의하여야 한다.★★
기출 17

③ 경호등급과 관련하여 필요한 사항은 처장이 따로 정한다.

경호구역의 지정(대통령 등의 경호에 관한 법률 시행령 제4조)★

법 제5조 제1항에 따라 경호구역을 지정할 때에는 경호업무 수행에 대한 위해요소와 구역이나 시설의 지리적·물리적 특성 등을 고려해 지정한다.

용어의 정의(대통령 등의 경호에 관한 법률 제2조)

1. 경호 : 경호대상자의 생명과 재산을 보호하기 위하여 신체에 가하여지는 위해를 방지하거나 제거(호위)하고, 특정 지역을 경계·순찰 및 방비(경비)하는 등의 모든 안전활동을 말한다. 기출 23·22·20

2. 경호구역 : 소속 공무원과 관계기관의 공무원으로서 경호업무를 지원하는 사람이 경호활동을 할 수 있는 구역을 말한다.
기출 19

3. 소속 공무원 : 경호처 직원과 경호처에 파견된 사람을 말한다.

4. 관계기관 : 경호처가 경호업무를 수행함에 있어 필요한 지원과 협조를 요청하는 국가기관, 지방자치단체 등을 말한다.

👤💬 출제 ^{Point} 빈칸 문제

경호구역의 지정 등

⋯ (❶)은 경호업무의 수행에 필요하다고 판단되는 경우 (❷)을 지정할 수 있다.

⋯ (❷)의 지정은 경호 목적 달성을 위한 (❸)의 범위로 한정되어야 한다.

⋯ (❹)과 (❺)의 공무원으로서 경호업무를 지원하는 사람은 경호 목적상 불가피하다고 인정되는 상당한 이유가 있는 경우에만 (❷)에서 질서유지, 교통관리, 검문·검색, 출입통제, 위험물 탐지 및 안전조치 등 위해 방지에 필요한 (❻)을 할 수 있다.

정답 ❶ 처장 ❷ 경호구역 ❸ 최소한 ❹ 소속 공무원 ❺ 관계기관 ❻ 안전활동

③ **다자간 정상회의의 경호 및 안전관리**(대통령 등의 경호에 관한 법률 제5조의2) 기출 19·17
  ㉠ 대한민국에서 개최되는 다자간 정상회의에 참석하는 외국의 국가원수 또는 행정수반과 국제기구 대표의 신변보호 및 행사장의 안전관리 등을 효율적으로 수행하기 위하여 대통령 소속으로 경호·안전 대책기구(경호안전통제단)를 둘 수 있다. ★
  ㉡ 경호·안전 대책기구의 장은 처장이 된다. ★
  ㉢ 경호·안전 대책기구는 소속 공무원 및 관계기관의 공무원으로 구성한다.
  ㉣ ㉠에 따른 경호·안전 대책기구의 구성시기, 구성 및 운영 절차, 그 밖에 필요한 사항은 대통령령(대통령 등의 경호에 관한 법률 시행령 제4조의2·3)으로 정한다.

> **경호·안전 대책기구의 구성시기 및 운영기간(대통령 등의 경호에 관한 법률 시행령 제4조의2)**
> ① 법 제5조의2 제1항에 따른 경호·안전 대책기구(이하 "경호·안전 대책기구"라 한다)의 구성시기 및 운영기간은 다자간 정상회의의 규모·성격, 경호 환경 등을 고려하여 처장이 정한다. ★
> ② 경호·안전 대책기구의 운영기간은 다자간 정상회의별로 1년 6개월을 초과할 수 없다. ★

  ㉤ 경호·안전 대책기구의 장은 다자간 정상회의의 경호 및 안전관리를 위하여 필요하면 관계기관의 장과 협의하여 국가중요시설과 불특정 다수인이 이용하는 시설에 대한 안전관리를 위하여 필요한 인력을 배치하고 장비를 운용할 수 있다.
④ **직원**(대통령 등의 경호에 관한 법률 제6조)
  ㉠ 경호처에 특정직 국가공무원인 1급부터 9급까지의 경호공무원과 일반직 국가공무원을 둔다. 다만, 필요하다고 인정할 때에는 경호공무원의 정원 중 일부를 일반직 국가공무원 또는 별정직 국가공무원으로 보할 수 있다. ★
  ㉡ 경호공무원 각 계급의 직무의 종류별 명칭은 대통령령(대통령 등의 경호에 관한 법률 시행령 제5조 관련 [별표 1])으로 정한다.

> **경호공무원의 계급별 직급의 명칭(대통령 등의 경호에 관한 법률 시행령 제5조)**
> 경호공무원의 계급별 직급의 명칭은 [별표 1]과 같다.
> **대통령 등의 경호에 관한 법률 [별표 1]**

계 급	직급의 명칭	계 급	직급의 명칭
1급	관리관	6급	경호주사
2급	이사관	7급	경호주사보
3급	부이사관	8급	경호서기
4급	경호서기관	9급	경호서기보
5급	경호사무관		

⑤ **임용권자**(대통령 등의 경호에 관한 법률 제7조)

　㉠ <u>5급 이상 경호공무원 및 5급 상당 이상 별정직 국가공무원은 처장의 제청으로 대통령이 임용한다.</u>

　㉡ <u>다만, 전보·휴직·겸임·파견·직위해제·정직 및 복직에 관한 사항은 처장이 이를 행한다.</u> ★

　㉢ <u>처장은 경호공무원 및 별정직 국가공무원에 대하여 ㉠ 외의 모든 임용권(6급 이하 경호공무원·6급 상당 이하 별정직 공무원)을 가진다.</u> ★

　㉣ 고위공무원단에 속하는 별정직 공무원의 신규채용에 관하여는 국가공무원법 제28조의6 제3항을 준용한다. ★

⑥ **직원의 임용자격 및 결격사유**(대통령 등의 경호에 관한 법률 제8조)

　㉠ 경호처 직원은 신체 건강하고 사상이 건전하며 품행이 바른 사람 중에서 임용한다.

　㉡ <u>다음에 해당하는 사람은 직원으로 임용될 수 없다.</u> ★

　　• 대한민국의 국적을 가지지 아니한 사람

　　• 국가공무원법 제33조(결격사유) 각호의 어느 하나에 해당하는 사람

　㉢ <u>직원이 ㉡</u>(국가공무원법 제33조 제5호 제외)<u>의 어느 하나에 해당하는 때에는 당연히 퇴직한다.</u> ★

결격사유(국가공무원법 제33조)

다음 각호의 어느 하나에 해당하는 자는 공무원으로 임용될 수 없다. 〈개정 2021.1.12., 2022.12.27., 2023.4.11.〉

　1. 피성년후견인

　2. 파산선고를 받고 복권되지 아니한 자

　3. 금고 이상의 실형을 선고받고 그 집행이 끝나거나(집행이 끝난 것으로 보는 경우를 포함한다) 집행이 면제된 날부터 5년이 지나지 아니한 자

　4. 금고 이상의 형의 집행유예를 선고받고 그 유예기간이 끝난 날부터 2년이 지나지 아니한 자

　5. 금고 이상의 형의 선고유예를 받은 경우에 그 선고유예 기간 중에 있는 자

　6. 법원의 판결 또는 다른 법률에 따라 자격이 상실되거나 정지된 자

　6의2. 공무원으로 재직기간 중 직무와 관련하여 「형법」 제355조 및 제356조에 규정된 죄를 범한 자로서 300만원 이상의 벌금형을 선고받고 그 형이 확정된 후 2년이 지나지 아니한 자

　6의3. 다음 각목의 어느 하나에 해당하는 죄를 범한 사람으로서 100만원 이상의 벌금형을 선고받고 그 형이 확정된 후 3년이 지나지 아니한 사람

　　가. 「성폭력범죄의 처벌 등에 관한 특례법」 제2조에 따른 성폭력범죄

　　나. 「정보통신망 이용촉진 및 정보보호 등에 관한 법률」 제74조 제1항 제2호 및 제3호에 규정된 죄

　　다. 「스토킹범죄의 처벌 등에 관한 법률」 제2조 제2호에 따른 스토킹범죄

　6의4. 미성년자에 대한 다음 각목의 어느 하나에 해당하는 죄를 저질러 파면·해임되거나 형 또는 치료감호를 선고받아 그 형 또는 치료감호가 확정된 사람(집행유예를 선고받은 후 그 집행유예 기간이 경과한 사람을 포함한다)

　　가. 「성폭력범죄의 처벌 등에 관한 특례법」 제2조에 따른 성폭력범죄

　　나. 「아동·청소년의 성보호에 관한 법률」 제2조 제2호에 따른 아동·청소년대상 성범죄

　7. 징계로 파면처분을 받은 때부터 5년이 지나지 아니한 자

　8. 징계로 해임처분을 받은 때부터 3년이 지나지 아니한 자

[헌법불합치, 2020헌마1181, 2022.11.24., 국가공무원법(2018.10.16. 법률 제15857호로 개정된 것) 제33조 제6호의4 나목 중 아동복지법(2017.10.24. 법률 제14925호로 개정된 것) 제17조 제2호 가운데 '아동에게 성적 수치심을 주는 성희롱 등의 성적 학대행위로 형을 선고받아 그 형이 확정된 사람은 국가공무원법 제2조 제2항 제1호의 일반직공무원으로 임용될 수 없도록 한 것'에 관한 부분은 헌법에 합치되지 아니한다. 위 법률조항들은 2024.5.31.을 시한으로 입법자가 개정할 때까지 계속 적용된다.]

⑦ **비밀엄수**(대통령 등의 경호에 관한 법률 제9조)

   ㉠ 소속 공무원(퇴직한 사람 및 원 소속 기관에 복귀한 사람을 포함)은 직무상 알게 된 비밀을 누설하여서는 아니 된다.

   ㉡ 소속 공무원은 경호처의 직무와 관련된 사항을 발간하거나 그 밖의 방법으로 공표하려면 미리 처장의 허가를 받아야 한다. ★

⑧ **직권면직**(대통령 등의 경호에 관한 법률 제10조)★

   ㉠ 임용권자는 직원(별정직 국가공무원은 제외)이 다음의 어느 하나에 해당하면 직권으로 면직할 수 있다.

      ㉮ 신체적·정신적 이상으로 6개월 이상 직무를 수행하지 못할 만한 지장이 있을 때

      ㉯ 직무수행능력이 현저하게 부족하거나 근무태도가 극히 불량하여 직원으로서 부적합하다고 인정될 때

      ㉰ 직제와 정원의 개폐 또는 예산의 감소 등에 의하여 폐직 또는 과원이 된 때

      ㉱ 휴직 기간이 끝나거나 휴직 사유가 소멸된 후에도 정당한 이유 없이 직무에 복귀하지 아니하거나 직무를 수행할 수 없을 때

      ㉲ 직무수행능력이 부족하거나 근무성적이 극히 불량하여 대통령령으로 정하는 바에 따라 대기 명령을 받은 사람이 그 기간 중 능력 또는 근무성적의 향상을 기대하기 어렵다고 인정될 때

      ㉳ 해당 직급에서 직무를 수행하는 데에 필요한 자격증의 효력이 상실되거나 면허가 취소되어 담당 직무를 수행할 수 없게 되었을 때

   ㉡ ㉠의 ㉯·㉲에 해당하여 면직하는 경우에는 대통령령(영 제27조)으로 정하는 바에 따라 고등징계위원회의 동의를 받아야 한다. ★

   ㉢ ㉠의 ㉰에 해당하여 면직하는 경우에는 임용 형태, 업무실적, 직무수행능력, 징계처분 사실 등을 고려하여 면직 기준을 정하여야 한다. 이 경우 면직된 직원은 결원이 생기면 우선하여 재임용할 수 있다.

   ㉣ ㉢의 면직 기준을 정하거나 ㉠의 ㉰에 따라 면직 대상자를 결정할 때에는 대통령령으로 정하는 바에 따라 인사위원회의 심의·의결을 거쳐야 한다.

⑨ **정년**(대통령 등의 경호에 관한 법률 제11조)

　ㄱ 경호공무원의 정년은 다음과 같다.★

　　㉮ 연령정년 : <u>5급 이상 58세</u>, <u>6급 이하 55세</u> `기출 23`

　　㉯ 계급정년 : 2급 : 4년, 3급 : 7년, 4급 : 12년, 5급 : 16년

　ㄴ 경호공무원이 강임된 경우에는 계급정년의 경력을 산정할 때에 강임되기 전의 상위계급으로 근무한 경력은 강임된 계급으로 근무한 경력에 포함한다.★

　ㄷ 경호공무원은 그 정년이 된 날이 1월부터 6월 사이에 있는 경우에는 6월 30일에, 7월부터 12월 사이에 있는 경우에는 12월 31일에 각각 당연히 퇴직한다.★

⑩ **징계**(대통령 등의 경호에 관한 법률 제12조)

　ㄱ 직원의 징계에 관한 사항을 심사·의결하기 위하여 경호처에 고등징계위원회와 보통징계위원회를 둔다.★

　ㄴ 각 징계위원회는 위원장 1명과 4명 이상 6명 이하의 위원으로 구성한다.★

　ㄷ 직원의 징계는 징계위원회의 의결을 거쳐 처장이 한다. 다만, 5급 이상 직원의 파면 및 해임은 고등징계위원회의 의결을 거쳐 처장의 제청으로 대통령이 한다.★

　ㄹ 징계위원회의 구성 및 운영 등에 필요한 사항은 대통령령으로 정한다.

징계위원회의 구성 등(대통령 등의 경호에 관한 법률 시행령 제29조)

① <u>고등징계위원회의 위원장은 차장이 되고, 위원은 3급 이상의 직원(고위공무원단에 속하는 직원을 포함한다)과 다음 각호의 어느 하나에 해당하는 사람 중에서 성별을 고려하여 처장이 임명 또는 위촉한다.</u>
　1. 법관·검사 또는 변호사로 10년 이상 근무한 사람
　2. 「고등교육법」 제2조에 따른 학교 또는 그 밖의 다른 법률에 따라 설립된 이에 준하는 교육기관(이하 "대학 등"이라 한다)에서 법률학·행정학 또는 경호 관련 학문을 담당하는 부교수 이상으로 재직 중인 사람
　3. 3급 이상의 경호공무원으로 근무하고 퇴직한 사람(퇴직일부터 3년이 지난 사람으로 한정한다)
② 법 제12조 제1항에 따른 <u>보통징계위원회</u>(이하 "보통징계위원회"라 한다)의 위원장은 기획관리실장이 되고, 위원은 4급 이상의 직원(고위공무원단에 속하는 직원을 포함한다)과 다음 각호의 어느 하나에 해당하는 사람 중에서 성별을 고려하여 처장이 임명 또는 위촉한다. 〈개정 2023.5.16.〉
　1. 법관·검사 또는 변호사로 5년 이상 근무한 사람
　2. 대학 등에서 법률학·행정학 또는 경호 관련 학문을 담당하는 조교수 이상으로 재직 중인 사람
　3. 경호공무원으로 20년 이상 근무하고 퇴직한 사람(퇴직일부터 3년이 지난 사람으로 한정한다)

출제 Point 빈칸 문제

징 계

⟶ 직원의 징계에 관한 사항을 심사·의결하기 위하여 경호처에 (❶)징계위원회와 (❷)징계위원회를 둔다.

⟶ 각 징계위원회는 위원장 (❸)명과 (❹)명 이상 (❺)명 이하의 위원으로 구성한다.

⟶ 직원의 징계는 징계위원회의 의결을 거쳐 (❻)이 한다. 다만, (❼)급 이상 직원의 파면 및 해임은 (❶)징계위원회의 의결을 거쳐 (❻)의 제청으로 (❽)이 한다.

③ 제1항 및 제2항에 따라 <u>위촉되는 위원의 수는 위원장을 제외한 위원 수의 각각 2분의 1 이상이어야 한다.</u>

④ 제1항 및 제2항에 따라 <u>위촉되는 위원의 임기는 3년으로 하며, 한 차례만 연임할 수 있다.</u>

⑤ <u>처장은 제1항 및 제2항에 따라 위촉되는 위원이 다음 각호의 어느 하나에 해당하는 경우에는 해당 위원을 해촉(解囑)할 수 있다. 다만, 제4호에 해당하는 경우에는 해촉하여야 한다.</u>

  1. 심신장애로 인하여 직무를 수행할 수 없게 된 경우

  2. 직무와 관련된 비위사실이 있는 경우

  3. 직무태만, 품위손상이나 그 밖의 사유로 인하여 위원으로 적합하지 아니하다고 인정되는 경우

  4. 「공무원 징계령」 제15조 제1항에 해당하는 데에도 불구하고 회피하지 아니한 경우

  5. 위원 스스로 직무를 수행하는 것이 곤란하다고 의사를 밝히는 경우

⑪ **보상**(대통령 등의 경호에 관한 법률 제13조)

<u>직원으로서 경호처 경호대상에 대한 경호업무 수행 또는 그와 관련하여 상이(傷痍)를 입고 퇴직한 사람과 그 가족 및 사망(상이로 인하여 사망한 경우를 포함)한 사람의 유족에 대하여는 대통령령으로 정하는 바에 따라 국가유공자 등 예우 및 지원에 관한 법률 또는 보훈보상대상자 지원에 관한 법률에 따른 보상을 한다.</u>

⑫ **국가공무원법과의 관계 등**(대통령 등의 경호에 관한 법률 제14조)

  ㉠ 직원의 신규채용, 시험의 실시, 승진, 근무성적평정, 보수 및 교육훈련에 관한 사항은 대통령령으로 정한다.

  ㉡ 직원에 대하여는 이 법에 특별한 규정이 있는 경우를 제외하고는 국가공무원법을 준용한다. ★

  ㉢ 직원에 대하여는 국가공무원법 제17조(인사에 관한 감사) 및 제18조(통계보고)의 규정을 적용하지 아니한다. ★

⑬ **국가기관 등에 대한 협조요청**(대통령 등의 경호에 관한 법률 제15조)

처장은 직무상 필요하다고 인정할 때에는 국가기관, 지방자치단체, 그 밖의 공공단체의 장에게 그 공무원 또는 직원의 파견이나 그 밖에 필요한 협조를 요청할 수 있다.

⑭ **대통령경호안전대책위원회**(대통령 등의 경호에 관한 법률 제16조)

  ㉠ <u>대통령 등 경호대상에 대한 경호업무를 수행할 때에는 관계기관의 책임을 명확하게 하고, 협조를 원활하게 하기 위하여 경호처에 대통령경호안전대책위원회를 둔다.</u> ★

  ㉡ <u>위원회는 위원장과 부위원장 각 1명을 포함한 20명 이내의 위원으로 구성한다.</u> ★ 기출 23

  ㉢ <u>위원장은 처장이 되고, 부위원장은 차장이 되며, 위원은 대통령령으로 정하는 관계기관의 공무원이 된다.</u>

  ㉣ 위원회는 다음의 사항을 관장한다.

    • 대통령 경호에 필요한 안전대책과 관련된 업무의 협의

    • <u>대통령 경호와 관련된 첩보·정보의 교환 및 분석</u>

    • 그 밖에 대통령 등 경호대상에 대한 경호에 필요하다고 인정되는 업무

⑮ **경호공무원의 사법경찰권**(대통령 등의 경호에 관한 법률 제17조)

    ㉠ <u>경호공무원(처장의 제청으로 서울중앙지방검찰청 검사장이 지명한 경호공무원을 말함)은 경호대상에 대한 경호업무 수행 중 인지한 그 소관에 속하는 범죄에 대하여 직무상 또는 수사상 긴급을 요하는 한도 내에서 사법경찰관리의 직무를 수행할 수 있다.</u>★★ `기출 22`

    ㉡ <u>㉠의 경우 7급 이상 경호공무원은 사법경찰관의 직무를 수행하고, 8급 이하 경호공무원은 사법경찰리의 직무를 수행한다.</u>★

> **사법경찰권이 없는 경호공무원의 현행범 체포**
> 사법경찰권이 없는 경호공무원도 직무수행상 요인을 위해하려는 현행범은 영장 없이도 체포할 수 있지만, 이 경우 즉시 검사 또는 사법경찰관리에게 인도하여야 한다.

⑯ **직권남용금지 등**(대통령 등의 경호에 관한 법률 제18조) `기출 20`

    ㉠ 소속 공무원은 직권을 남용하여서는 아니 된다.

    ㉡ 경호처에 파견된 경찰공무원은 대통령 등의 경호에 관한 법률에 규정된 임무 외의 경찰공무원의 직무를 수행할 수 없다.

⑰ **무기의 휴대 및 사용**(대통령 등의 경호에 관한 법률 제19조)

    ㉠ 처장은 직무를 수행하기 위하여 필요하다고 인정할 때에는 소속 공무원에게 무기를 휴대하게 할 수 있다.★

    ㉡ <u>무기를 휴대하는 사람은 그 직무를 수행할 때 필요하다고 인정하는 상당한 이유가 있을 경우 그 사태에 대응하여 부득이하다고 판단되는 한도 내에서 무기를 사용할 수 있다. 다만, 다음의 어느 하나에 해당할 때를 제외하고는 사람에게 위해를 끼쳐서는 아니 된다.</u>

      • 형법 제21조 및 제22조에 따른 정당방위와 긴급피난에 해당할 때

      • 대통령 등 경호대상에 대한 경호업무 수행 중 인지한 그 소관에 속하는 범죄로 사형, 무기 또는 장기 3년 이상의 징역 또는 금고에 해당하는 죄를 범하거나 범하였다고 의심할 만한 충분한 이유가 있는 사람이 소속 공무원의 직무집행에 대하여 항거하거나 도피하려고 할 때 또는 제3자가 그를 도피시키려고 소속 공무원에게 항거할 때에 이를 방지하거나 체포하기 위하여 무기를 사용하지 아니하고는 다른 수단이 없다고 인정되는 상당한 이유가 있을 때

      • 야간이나 집단을 이루거나 흉기나 그 밖의 위험한 물건을 휴대하여 경호업무를 방해하기 위하여 소속 공무원에게 항거할 경우에 이를 방지하거나 체포하기 위하여 무기를 사용하지 아니하고는 다른 수단이 없다고 인정되는 상당한 이유가 있을 때

출제 Point 빈칸 문제

직권남용금지 · 무기의 휴대 및 사용
  ⟼ 경호처에 파견된 (❶)은 대통령 등의 경호에 관한 법률에 규정된 임무 외의 (❶)의 직무를 수행할 수 없다.
  ⟼ 처장은 직무를 수행하기 위하여 필요하다고 인정할 때에는 (❷)에게 무기를 휴대하게 할 수 있다.

`정답` ❶ 경찰공무원 ❷ 소속 공무원

⑱ 벌칙(대통령 등의 경호에 관한 법률 제21조) 기출 20

    ㉠ 제9조 제1항(비밀엄수규정 중 비밀누설금지), 제18조(직권남용금지 등) 또는 제19조 제2항(무기의 휴대 및 사용)을 위반한 자는 5년 이하의 징역이나 금고 또는 1천만원 이하의 벌금에 처한다. ★

    ㉡ 소속 공무원이 경호처의 직무와 관련된 사항을 발간하거나 그 밖의 방법으로 공표하기 전에 미리 처장의 허가를 받지 않은 경우는 2년 이하의 징역·금고 또는 500만원 이하의 벌금에 처한다. ★

⑲ 경호원의 6대 의무(義務)

    ㉠ 성실의무 : 경호원은 성실히 직무를 수행하여야 한다.

    ㉡ 복종의무 : 경호원은 직무를 수행함에 있어서 소속 상관의 직무상의 명령에 복종하여야 한다.

복종의무에 대한 대법원 판례

상관의 적법한 직무상 명령에 따른 행위는 정당행위로서 형법 제20조에 의하여 그 위법성이 조각된다고 할 것이나, 상관의 위법한 명령에 따라 범죄행위를 한 경우에는 상관의 명령에 따랐다고 하여 부하가 한 범죄행위의 위법성이 조각될 수는 없다(대판 1997.4.17. 96도3376).

    ㉢ 친절공정의무 : 경호원은 국민전체의 봉사자로서 친절·공정(公正)히 집무하여야 한다.

    ㉣ 비밀엄수의무 : 경호원은 재직 중은 물론 퇴직 후에도 직무상 지득한 비밀을 엄수(嚴守)하여야 한다. ★

    ㉤ 청렴의무 : 경호원은 직무와 관련하여 직접 또는 간접을 불문하고 사례·증여 또는 향응을 수수할 수 없으며, 직무상의 관계 여하를 불문하고 그 소속 상관에 증여하거나 소속 경호원으로부터 증여를 받아서는 아니 된다. ★

    ㉥ 품위유지의무 : 경호원은 직무의 내외를 불문하고 그 품위를 손상하는 행위를 하여서는 아니 된다. ★

공무원의 일반적인 의무

- 선서의무
- 법령준수의무
- 직장이탈금지의무
- 영예제한의무
- 친절 및 봉사의무
- 청렴의무
- 직권남용금지의무 등

- 성실의무
- 복종의무
- 영리 및 겸직금지의무
- 집단행위금지의무
- 비밀엄수의무
- 품위유지의무

---

⑳ 대통령경호원의 5대 금지사항 : 직장이탈금지, 영리 및 겸직금지, 정치운동금지, 집단행동금지, 직권남용금지

경호원의 권리(權利)

- 신분상의 권리 : 직무집행시 대통령 등의 경호에 관한 법률과 형법상의 공무집행방해죄 등으로부터 보호
- 재산상의 권리 : 봉급, 수당(공로퇴직수당 포함), 보상, 연금, 실비변상 등의 보수를 받을 권리 → 직무수행 중 부상하였거나 사망하였을 때에는 국가유공자 등 예우 및 지원에 관한 법률에 의한 보상 실시

㉑ 경호 유관기관 : 국가정보원, 외교부, 법무부, 과학기술정보통신부, 국토교통부, 식품의약품안전처, 관세청, 대검찰청, 경찰청, 소방청, 해양경찰청, 합동참모본부, 국군방첩사령부 및 수도방위사령부 등이 있다(대통령경호안전대책위원회규정 제2조 참고).

3. 경찰청 경비국(국무총리 등의 경호기관)

① 조직 : 경비과, 경호과, 위기관리센터, 항공과(경찰청과 그 소속기관 직제 시행규칙 제10조 제1항)

② 임 무

　㉠ 경비1과 : 경호경비에 관한 사항, 일반경비·다중경비·혼잡경비 및 재해경비에 관한 사항 등

　㉡ 경비2과 : 경찰작전과 비상계획의 수립 및 운영지도 등

　㉢ 경호과 : 경호계획의 수립 및 지도, 요인의 보호에 관한 사항, 국무총리 등 경호 등

③ 경호대상 : 국무총리, 국회의장, 대법원장, 헌법재판소장, 외국국빈, 기타 경찰청장이 필요하다고 인정한 인사(대통령경호처의 경호 기간이 지난 전직대통령 등)

〈참고〉 김두현, 「경호학개론」, 엑스퍼트, 2020, P. 210~211

4. 경찰공무원

① 경찰관직무집행법에는 경찰관의 직무로 경비, 주요 인사(人士) 경호 및 대간첩·대테러 작전 수행이 명시되어 있다(경찰관직무집행법 제2조 제3호).

② 경호처에 파견된 경찰공무원은 대통령 등의 경호에 관한 법률에 규정된 임무 외의 경찰공무원의 직무를 수행할 수 없다(대통령 등의 경호에 관한 법률 제18조 제2항).

5. 민간인 경호기관

① 사설경호원(민간경호원) : 사설경비기관에서 연예인, 정치인, 기업인, 기타 일반인 등의 신변에 대하여 직·간접으로 가해지려는 위해를 방지하기 위하여 위험요소를 사전에 제거하고, 경호대상자의 안전을 도모하기 위하여 경호작용을 하는 자를 말한다.

② 청원경찰 : 기관의 장 또는 시설·사업장 등의 경영자가 경비(청원경찰경비)를 부담할 것을 조건으로 경찰의 배치를 신청하는 경우 그 기관·시설 또는 사업장 등의 경비를 담당하게 하기 위하여 배치하는 경찰을 말한다(청원경찰법 제2조).

출제 Point 빈칸 문제

한국의 국무총리 등의 경호기관
- ⇢ 국무총리 등 주요 요인의 경호 : (❶) 경비국
- ⇢ 경호대상 : 국무총리, 국회의장, 대법원장, 헌법재판소장, 외국국빈, 기타 (❶)장이 필요하다고 인정한 인사, (❷)의 경호 기간이 지난 전직대통령 등

정답 ❶ 경찰청 ❷ 대통령경호처

경호의 객체인 경호대상자는 경호원이 보호해야 하는 대상자를 말하며, '피경호인'이라고 표현하기도 한다. 경호업무 시 경호대상자를 단순하게 경호활동의 객체로 인식하여 경호활동과 분리시키려는 경향이 있으나, 경호대상자의 경호활동에 대한 관심이나 경호원과의 관계 등과 같은 것은 경호업무의 효율성에 커다란 영향을 미치게 된다.

1. 공경호의 대상

① **국가원수** : 국왕(國王), 대통령(大統領)

② 수상(首相)·국무총리(國務總理)

③ **전직대통령**

    ㉠ **미국** : 전직대통령 및 배우자는 현재 영구적인 경호의 대상이다(The Former Presidents Protection Act of 2012).★

    ㉡ **한국** : 본인의 의사에 반하지 아니하는 경우에 한하여 10년 이내의 전직대통령은 대통령경호처가, 그 이후의 전직대통령은 경찰청장이 필요하다고 인정할 때 경찰이 경호를 실시한다.★

경호대상(대통령 등의 경호에 관한 법률 제4조)★

① 경호처의 경호대상은 다음과 같다. 기출 23 · 22

  1. 대통령과 그 가족(배우자와 직계존비속)

  2. 대통령 당선인과 그 가족(배우자와 직계존비속)

  3. 본인의 의사에 반하지 아니하는 경우에 한정하여 퇴임 후 10년 이내의 전직대통령과 그 배우자. 다만, 대통령이 임기 만료 전에 퇴임한 경우와 재직 중 사망한 경우의 경호 기간은 그로부터 5년으로 하고, 퇴임 후 사망한 경우의 경호 기간은 퇴임일부터 기산(起算)하여 10년을 넘지 아니하는 범위에서 사망 후 5년으로 한다.

  4. 대통령권한대행과 그 배우자

  5. 대한민국을 방문하는 외국의 국가원수 또는 행정수반(行政首班)과 그 배우자

  6. 그 밖에 처장이 경호가 필요하다고 인정하는 국내외 요인(要人)

---

2. 사경호의 대상

사설경호기관의 대상으로 기업인, 정치인, 연예인, 종교지도자, 기타 일반인을 들 수 있다.

모든 일에 있어서, 시간이 부족하지 않을까를 걱정하지 말고,
다만 내가 마음을 바쳐 최선을 다할 수 있을지, 그것을 걱정하라.

– 정조 –

경호업무 수행방법

1 경호업무 수행절차는 경호업무의 전체적인 흐름을 파악하기 위해 반복하여 숙지하도록 한다.

2 사전예방경호(선발경호)의 일반사항과 경호안전작용 등에 대해 명확하게 학습하도록 한다.

3 근접경호(수행경호)의 세부 내용과 출입자 통제대책, 위기상황 발생 시 대처방법 등에 대해 학습한다.

4 가장 출제비중이 높고 학습량이 많은 CHAPTER이므로, 반드시 꼼꼼하게 학습해야 한다.

 경호업무 수행방법

01 경호업무 수행절차 중 다음이 설명하는 관리단계는 예방단계이다. `기출` `21 · 19 · 15 · 14`   (   )

> 주요 활동은 정보활동이며, 정보의 수집 및 평가가 나타난다. 위협의 평가 및 대응방안을 강구하는 세부활동이 수행된다.

02 경호자원의 효율적인 이용을 위한 분석 자료를 토대로 사전에 경호계획을 수립한다. `기출` `21`   (   )

03 경호임무의 단계별 절차는 준비단계 – 계획단계 – 행사단계 – 평가단계이다. `기출` `21`   (   )

04 사전예방경호에서 지휘체계는 외곽근무자와 내부근무자를 별도로 관리하는 것이 효율적이다. `기출` `21`   (   )

05 선발경호업무 시 출입통제의 범위는 촉수거리의 원칙을 적용하여 구역별 특성에 맞게 결정한다. `기출` `21`   (   )

06 다음에서 나타나지 않는 근접경호의 특성은 기만성이다. `기출` `21`   (   )

> 위드 코로나 시대를 맞아 다채로운 행사가 열렸다. A경호업체는 연예인 B양에 대한 경호의뢰를 받아 행사장에 근접경호를 하고 있었다. 운집된 팬들 사이에서 갑자기 위해기도자로 보이는 한 남성이 B양을 공격하려 하자 근접경호를 맡고 있던 P경호원은 자신의 몸으로 위해기도자를 막고 B양을 행사장 뒤로 신속히 이동시켰다.

07 경찰관서의 수와 위치 및 비상시 최기병원의 위치는 행사장 내 경호대상자를 근접경호할 때 도보대형 형성에 관해 고려해야 할 사항에 해당하지 않는다. `기출` `21 · 19`   (   )

08 같은 방향으로 2대의 경호차량이 교차로에 진입 시 방호차원에서 우측 경호차량이 우선 통과해야 한다. `기출` `21` (   )

09 비표는 혼잡방지를 위해 시간과 장소에 관계없이 미리 배포할수록 좋다. `기출` `21`   (   )

10 행사경호 시 차량통제의 경우 금속탐지기를 이용하여 탑승한 출입자를 차내에서 검측한다. `기출` `21`   (   )

11 비상계획 및 일반예비대를 운용하는 것은 출입통제 담당자의 업무이다. `기출` `21`   (   )

12 우발상황 시 대응기법으로 체위확장의 원칙과 촉수거리의 원칙이 적용될 수 있다. `기출` `23`   (   )

13 경호 우발상황의 대응기법 중 다음에서 설명하는 것은 방호이다. [기출] 21 　　　　　　　　　　　　　　　　(　)

> 우발상황 발생 시 위해상황을 처음 인지한 경호원이 경호대상자 주변의 근접경호원과 동시에 신속히 경호대상자를 보호하기 위하여 방벽을 형성한다.

14 검측활동은 검측인원의 책임구역을 명확하게 하여 중복되지 않게 계획적으로 검측하여야 한다. [기출] 21·16·11 　(　)

15 검식활동은 식재료의 조리 단계부터 시작된다. [기출] 21·16 　　　　　　　　　　　　　　　　　　　　(　)

16 검식활동은 안전대책작용으로 사전예방경호이면서 근접경호에 해당된다. [기출] 22 　　　　　　　　(　)

17 수류탄과 같은 폭발성 화기에 의한 공격을 받았을 때 경호원이 방어적 원형 대형으로 경호대상자를 방호하는 것은 올바른 대응이 아니다. [기출] 22 　　　　　　　　　　　　　　　　　　　　　　　　　　　　　　(　)

18 사주경계 시 시각의 한계를 고려하여 주위경계의 범위를 선정하고, 인접한 경호원과의 경계범위를 중복되지 않게 실시한다. [기출] 22 　　　　　　　　　　　　　　　　　　　　　　　　　　　　(　)

19 출입통제는 안전구역 설정권 내에 출입하는 인적·물적 제반 요소에 대한 안전활동을 말한다. [기출] 22 　(　)

20 근접경호 시 복도, 도로, 계단을 이동하는 경우에는 경호대상자를 공간의 중앙 쪽으로 유도하여 위해 발생 시 여유 공간을 확보해야 한다. [기출] 23 　　　　　　　　　　　　　　　　　　　　　　　　　(　)

▶ 정답과 해설 ◀　　01 ○　　02 ○　　03 ×　　04 ×　　05 ×　　06 ○　　07 ○　　08 ○　　09 ×　　10 ×
　　　　　　　　　　　11 ×　　12 ○　　13 ○　　14 ×　　15 ×　　16 ○　　17 ○　　18 ×　　19 ○　　20 ○

✔ 오답분석

03 경호임무의 단계별 절차는 계획단계 – 준비단계 – 행사단계 – 평가단계이다.

04 경호지휘단일성의 원칙상 명령과 지휘체계는 반드시 하나의 계통으로 구성해야 한다. 따라서 외곽근무자와 내부근무자를 별도로 관리하는 것은 지휘 및 통제의 이원화로 인해 비효율적이다.

05 촉수거리의 원칙은 우발상황 발생 시 위해기도자의 범행시도에 경호대상자 또는 위해기도자와 가장 가까이 위치한 경호원이 대응해야 한다는 근접경호원의 경호원칙이다.

09 비표 관리는 인적 위해요소의 배제를 목표로 하므로 행사 참석자에게 행사 당일 출입구에서 신원확인 후 비표를 배포하여야 한다.

10 금속탐지기(문형, 휴대용)를 이용하여 탑승한 출입자를 검측하는 경우에는 차량에서 하차시킨 후 검측 절차를 진행하여야 한다.

11 비상계획 및 일반예비대의 운용은 안전대책 담당자의 업무에 해당한다.

14 검측인원의 책임구역을 명확하게 하며, 중복되게 점검이 이루어져야 한다.

15 검식활동은 경호대상자에게 제공되는 음식물에 대하여 구매, 운반, 저장, 조리 및 제공되는 일련의 과정을 포함하므로, 식재료의 구매 단계부터 시작된다.

16 검식활동은 안전대책작용으로서 사전예방경호에 해당하나, 경호실시단계에서 이루어지는 근접경호에는 해당하지 않는다.

18 시각의 한계를 고려하여 사주경계(주위경계)의 범위를 선정해야 하고, 인접해 있는 경호원과의 경계범위를 중첩되게 설정하여야 한다.

03 경호업무 수행방법

1 경호임무의 수행절차(학자들 간 시각 차이나 용어의 차이가 존재)

01 경호작용의 기본요소

1. 경호작용의 기본적 고려요소 기출 23·22·21·20·18·16·15

경호작용에서 기본적으로 고려되어야 할 것으로 계획수립, 책임, 자원, 보안 등이 있다.

계획수립	• 경호활동에 있어 사전계획은 전체 경호활동의 성공 여부와도 관련된 중요한 요소이다. ★ • 모든 경호임무는 예기치 않은 변화의 가능성을 내포하고 있으므로 이에 대비하여 융통성 있게 사전계획을 수립해야 한다. • 경호대상자의 안전에 영향을 미칠 수 있는 경호환경을 극복하기 위하여 예비 및 우발계획이 준비되어야 한다. • 계획을 수립하는 일은 경호임무를 위해 선정된 요원들의 지원을 받는 계획전담요원의 기능이다.
책 임	• 경호활동은 단독기관의 작용이 아닌 다양한 기관 간의 유기적인 연계(경호기관단위작용의 원칙)가 필요하므로 경호임무는 명확하게 부여되어야 하며, 경호원들에게는 각각의 임무형태에 대한 책임이 부과되어야 한다. • 2인 이상의 경호대상자가 있을 때는 서열이 높은 경호대상자를 우선하여 경호한다.
자 원	• 성공적인 경호를 위해 다양한 자원을 효과적으로 이용하여 어떤 자원이 동원되고 어떻게 사용될지 결정하여야 한다. • 경호에 소요되는 자원은 경호대상자의 대중에 대한 노출이나 제반 여건, 경호대상자가 참여하는 행사 지속시간과 첩보수집으로 획득된 내재적인 위협분석의 결과에 따라 결정된다. ★ • 경호에 필요한 인적·물적 자원을 동원하기 위해서는 공식행사, 비공식행사 등 행사 성격이 아닌 사전에 획득한 내재적 위협분석에 따라 자원소요가 결정된다. ★
보 안	경호대상자, 수행원, 행사 세부일정, 적용되고 있는 경호경비상황 등의 보안은 인가된 자 이외는 엄격하게 통제되어야 한다.

> **경호계획서의 구성**
> • 제1항 상황에는 전반적인 행사 개요를 기술하여, 경호원들이 행사의 내용을 숙지하고 행사의 성격과 흐름에 따라 경호대책을 강구할 수 있도록 한다.
> • 제2항 임무에는 행사를 담당할 경호팀의 편성과 출동시간 등 경호팀의 조직과 운영에 관한 사항, 그리고 팀별 또는 개인별 임무를 명시하여 체계적이고 조직적인 경호를 도모한다.
> • 제3항 실시에서는 세부적인 경호인력 운용계획 및 세부 임무를 부여하며 현장답사, 관계관회의, 행사장 안전확보, 검측계획, 출입자 통제계획, 비표운용계획, 주차장 운영계획 등을 상세히 기술한다.
> • 제4항 행정 및 군수에는 경호 인력의 이동 및 철수, 식사 및 숙박, 복장 및 비표 등 행정지원에 관한 사항을 기술한다.
> • 제5항 지휘 및 통신에는 주요 연락망과 무전기 채널 운용에 관한 사항을 기술하여 지휘의 체계화 및 일원화를 도모한다.
>
> 〈출처〉 이두석, 「경호학개론」, 진영사, 2018, P. 227

2. 경호임무의 포함요소(수행절차)

① **통상 임무수행 단계** : 경호임무에 대한 연락을 받으면 진행 순으로 사건일지를 작성하며, 모든 정보사항을 기록·산출·보존한다.

② **행사일정획득** : 관계기관이나 행사주관기관으로부터 행사일정을 획득한다. 사전예방경호작용이 가능하도록 충분한 정보가 제공되고 있는지를 판단하는 데 필요한 행사일정 요소로는 출발 및 도착일시, 수행원의 수, 경호대상자에 대한 신상, 의전사항, 방문지역의 지리적 특성, 각 방문지역에서의 수행원이 유숙할 호텔 또는 숙소의 명칭과 위치, 기동방법 및 수단 등이 있다.

③ **유기적 연락 및 협조체제 구축** : 다른 행사관계 요원들과의 연락 및 협조가 유기적으로 이루어져야 한다.

④ **위해분석** : 행사일정이 획득되면 유관부서에 세부일정을 제공하여 위해첩보를 수집하여 분석한다.

위협평가(Threat Assessment) 기출 15

- **의의** : 위협평가는 경호대상자의 위협수준을 계량화하는 과정이자 경호원 및 경호대상자 모두에게 위협의 수준을 이해하도록 하여 효과적인 대응방안을 마련하기 위한 과정이다.
- **원칙** : 대통령과 같은 국가원수급 인물은 위협평가의 과정을 철저히 거쳐 외부행사 시 최고의 수준으로 경호작전을 시행하는 것이 원칙이다.★
- **목적** : 위협평가를 하는 목적은 경호지휘소를 통해 행사 성격에 맞는 경호 수준 및 경호작전의 규모를 결정하고 합리적인 경호작전요소를 결정하기 위해서이다.★

---

⑤ **계획수립 제2단계** : 계획수립의 2단계는 경호대상자가 방문할 지역의 사전예방 경호팀이 현장답사를 함으로써 이루어진다. 현장답사를 토대로 사전예방 경호팀에서 분석한 정보를 경호계획서에 추가 작성하기 위한 준비를 한다.

⑥ **경호실시** : 경호대상자가 경호임무 수행지역에 도착함으로써 시작된다. 경호실시에 있어서 경호지휘관은 관계정보의 자료화, 경호계획의 작성과 안전검측, 관내실태 파악 등에 유의하여야 한다.

⑦ **경호평가** : 임무가 완성된 직후에 설정된 기준과 실적을 비교평가한다.★

⑧ **행사결과보고서 작성** : 임무종료 직후 계획전담요원에 의해 경호임무 수행 간 주요 강조사항을 기록한다.

〈출처〉 김두현, 「경호학개론」, 엑스퍼트, 2020, P. 258~262

출제 Point 빈칸 문제

위협평가(Threat Assessment)

- ⟶ **의의** : 위협평가는 경호대상자의 위협수준을 (❶)하는 과정이자 경호원 및 경호대상자 모두에게 위협의 수준을 이해하도록 하여 효과적인 (❷)을 마련하기 위한 과정이다.
- ⟶ **원칙** : 대통령과 같은 국가원수급 인물은 위협평가의 과정을 철저히 거쳐 외부행사 시 (❸)으로 경호작전을 시행하는 것이 원칙이다.
- ⟶ **목적** : 위협평가를 하는 목적은 경호지휘소를 통해 행사 성격에 맞는 (❹) 및 (❺)를 결정하고 합리적인 (❻)를 결정하기 위해서이다.

1. 경호활동의 4단계(경호위기관리단계) 기출 23·22·21·20·19·18·17·15·14·11

① 예방단계(준비단계·정보활동단계)

ㄱ 법과 제도를 정비하여 우호적인 경호환경을 조성한다.

ㄴ 경호와 관련된 정보와 첩보를 수집·분석하여 경호위협을 평가한다.

ㄷ ㄱ과 ㄴ을 토대로 경호계획을 수립하는 경호준비과정이다.

② 대비단계(안전활동단계)

ㄱ 경호계획을 근거로, 행사보안의 유지와 위해정보의 수집을 위한 보안활동을 전개한다.

ㄴ 행사장의 취약요소에 대한 안전대책을 강구한다.

ㄷ 경호위기상황에 대비한 비상대책활동을 실시한다(대응단계로 분류하기도 한다).

ㄹ 위험요소에 대한 거부작전을 실시한다.

③ 대응단계(실시단계·경호활동단계)

ㄱ 경호인력을 배치하여 지속적인 경계활동을 실시한다(잠재적인 위해기도자의 공격기회 차단).

ㄴ 경호위기상황에 즉각적으로 대응하고 조치하는 즉각조치활동을 실시한다.

> 즉각조치활동이 한 치의 오차도 없이 계획하고 훈련한 대로 시행되기 위해서는 사전에 그에 대비한 준비가 철저해야 하는데, 이러한 사전 대비활동을 비상대책활동이라 한다. 비상대책활동에는 발생 가능한 각종 우발상황에 대비한 점검과 조치가 수반되어야 한다.
>
> 〈출처〉 이두석, 「경호학개론」, 진영사, 2018, P. 41

④ 학습단계(평가단계·학습활동단계)

ㄱ 경호 실시결과를 분석하고 평가하여 존안한다.

ㄴ 평가결과 대두된 문제점을 보완하기 위한 교육과 훈련을 실시한다.

ㄷ 평가결과를 차기 행사에 반영하기 위한 적용(Feedback)을 실시한다.

〈출처〉 이두석, 「경호학개론」, 진영사, 2018, P. 156~157

경호업무 수행절차의 4단계 (🔒 : 방 · 비 · 응 · 가)

예방단계	준비단계로서 발생할 수 있는 인적 · 물적 위해요소에 대한 예방책을 강구하는 단계이다.
대비단계	안전활동단계로서 발생 가능한 인적 · 물적 위해요소에 대한 대비책을 강구하는 단계이다.
대응단계	실시단계로서 경호대상자에게 발생하는 위해요소에 대한 출입요소의 통제, 근접경호 등으로 즉각적인 조치를 취하는 단계이다.
평가단계	평가(학습)활동단계로서 경호임무 수행결과를 분석하고 평가하여 존안하며, 평가결과 대두된 문제점을 보완하기 위한 교육과 훈련을 실시하여 결과를 차기 임무수행 시에 반영하기 위한 피드백(환류)을 실시하는 단계이다.

경호위기관리단계 및 세부 경호업무 수행절차★★

관리단계	주요 활동	활동 내용	세부 활동
1단계 예방단계 (준비단계)	정보활동	경호환경 조성	법과 제도의 정비, 경호지원시스템 구축, 우호적인 공중(公衆)의 확보(홍보활동)
		정보 수집 및 평가	정보네트워크 구축, 정보의 수집 및 생산, 위협의 평가 및 대응방안 강구
		경호계획의 수립	관계부서와의 협조, 경호계획서의 작성, 경호계획 브리핑
2단계 대비단계 (안전활동단계)	안전활동	정보보안활동	보안대책 강구, 위해동향 파악 및 대책 강구, 취약시설 확인 및 조치
		안전대책활동	행사장 안전확보, 취약요소 판단 및 조치, 검측활동 및 통제대책 강구
		거부작전	주요 감제고지 및 취약지 수색, 주요 접근로 차단, 경호 영향요소 확인 및 조치
3단계 대응단계 (실시단계)	경호활동	경호작전	모든 출입요소 통제 및 경계활동, 근접경호, 기동경호
		비상대책활동	비상대책, 구급대책, 비상시 협조체제 확립
		즉각조치활동	경고, 대적 및 방호, 대피
4단계 학습단계 (평가단계)	학습활동	평가 및 자료 존안	행사결과 평가(평가회의), 행사결과보고서 작성, 자료 존안
		교육훈련	새로운 교육프로그램 준비, 교육훈련 실시, 교육훈련의 평가
		적용(피드백)	새로운 이론의 정립, 전파, 행사에의 적용

〈출처〉이두석, 「경호학개론」, 진영사, 2018, P. 157

2. 경호임무의 단계별 절차 기출 21·20

① 계획단계

　　㉠ 경호임무 수령 후부터 선발대가 행사장에 도착하기 전의 경호활동이다.★

　　㉡ 기본적인 자료를 수집하여 경호행사 전반에 대한 상황을 판단하고 현장을 답사한다.

경호형성 및 준비작용 시 고려사항 기출 18·12	
행사일정 및 임무수령에 포함될 사항	• 출발 및 도착 일시, 지역(도착공항 등)에 관한 사항 • 공식 및 비공식 수행원에 관한 사항★ • 경호대상자의 신상에 관한 사항★ • 의전에 관한 사항 • 방문지역이나 국가의 특성(기후, 지리, 치안 등)에 관한 사항 • 방문지역에서 수행원 등이 숙박할 숙박시설의 명칭과 위치 등에 관한 사항 • 이동수단 및 방법에 관한 사항★ • 경호대상자가 참석해야 할 모든 행사와 활동범위에 관한 사항★ • 방문지에서 경호대상자와 접촉하게 되는 의전관계자, 관료, 기업인 등에 관한 사항 • 방문단과 함께 움직이는 취재진에 관한 사항 • 관련 소요비용에 관한 사항 • 경호안전에 영향을 줄 수 있는 행사주최나 방문국의 요구사항
연락 및 협조체제 구축 시 고려사항	• 기후변화 등의 악천후 시를 고려한 행사스케줄과 행사관계자의 시간계획에 관한 사항 • 모든 행사장소와 행사에 참석하는 사람, 진행요원, 관련 공무원, 행사위원 등의 명단★ • 경호대상자의 행사참석 범위, 행사의 구체적인 성격 등★ • 경호대상자와 수행원의 편의시설(휴게실, 화장실, 분장실 등)★ • 행사 시 경호대상자가 관여하는 선물증정식 등★ • 취재진의 인가 및 통제 상황

　　㉢ 답사 출발 전 가장 중요한 것은 관련정보의 획득을 통한 안전판단이 선행되어야 한다는 점이다.

> **현장답사 출발 전 준비사항**
> • 답사장소 우선순위 및 시간계획표를 작성한다.
> • 지리적 여건이나 취약요소에 대한 일반현황을 사전에 숙지한다.
> • 답사계획서를 작성한다.
> • 답사계획서, 지도, 사진기, VTR 등을 준비한다.

　　㉣ 답사 후에는 안전판단을 근거로 하여 보다 구체적으로 행사장에 대한 인적·물적·지리적 정보를 수집하여 이에 필요한 인원 및 물적 지원요소에 대한 수요를 판단한 후 세부계획을 수립한다.

　　㉤ 현장답사는 미리 행사장을 돌아보고 의전계획을 확인한 뒤 취약요소를 분석하여 대책을 강구하고 비상 및 안전대책을 수립하는 등 제반 경호조치를 판단하고 보완하는 활동이므로 반드시 실시한다.

ⓗ **경호 세부실시계획** : 경호실시를 위한 세부시행계획에는 안전대책을 반드시 명시하고 각 구역별 경호의 임무 등을 명확히 구별하여 완벽 경호를 실시할 수 있도록 작성한다.★

교통관리	주행차로와 비상통로 확보, 교통소통대책 수립
안전대책	안전검측 및 검식, 인적·물적·지리적 취약요소 제거, 단계별 사전 안전활동
행정 및 군수사항	경호이동 및 철수계획, 경호복장·장비·비표, 식사 및 숙박계획
연도경호	각 근무 위치별로 임무나 근무요령 등을 구체적으로 설명, 로프나 바리케이드를 필요한 곳에 설치
행사장경호	돌발적 상황대책 강구, 3선에 의한 경호실시

경호계획수립

- 경호준비 과정에서 전반적인 사항을 사전검토하고 준비하는 과정으로 시·도 경찰청장 등이 경호를 지휘하기 위하여 경호에 관한 기본계획이나 실시계획을 수립한다.
- 경호활동계획은 주로 행사주최 측에서 작성한 행사계획에 근거하여 작성한다.

종합계획의 수립

- 행사계획을 입수하면 가장 먼저 행사에 관련된 정보를 획득하여 필요한 인원과 장비, 선발대 파견 일정, 답사 일정 등을 계획한다.
- 선발대 각자의 준비 과정 및 행사 간 임무, 활동계획, 정보, 보안, 검측 등 각 기능별 활동계획 등에 대한 검토 및 확인 등 구체적 활동사항 등을 종합하여 현장답사, 취약요소의 분석, 출입통제계획 등을 종합하여 위해가능성을 최종 판단하고, 경호지휘소(C·P)를 통해 필요한 경호조치를 경호실시 부서에 하달한다.
- 비상사태 시 필요한 여러 요소들인 비상통로, 비상대피소, 비상대기차량, 예비병력의 운용 등의 준비계획도 수립된다.

경호계획수립 시 유의사항

경호규정, 표준 경호경비계획 및 연도경호지침 등을 완전히 숙지한 후 경호계획을 수립한다.
- 사전 현지답사는 가능한 한 도보로 하고 꼭 필요한 장소에 배치 예정될 병력을 표시한다.
- 안전 검측을 실시하여 완벽한 계획이 되도록 하며, 계획에 있어서의 통일을 기한다.
- 사전에 관계기관 회의를 개최하여 문제점을 검토한 후 현지 실정에 맞고 실현가능한 경호계획을 수립하며 경호계획의 실천·추진상황 등을 계속 확인·점검한다.
- 경호경비원의 수송, 급식 및 숙소에 관한 계획을 세운다.
- 검색장비, 통신장비, 차량 등의 동원 장비에 관한 계획을 검토한다.
- 행사계획의 변경이나 비상사태에 대비하여 예비병력을 확보하는 등 융통성 있는 계획을 세운다.
- 경호원에 대한 교양과 상황에 따른 예행연습의 실시계획을 세운다.
- 책임구역과 책임자를 지정하고 계획서 도면에 책임의 한계를 명시한다.
- 수립된 계획의 실천·추진사항을 계속적으로 확인하며, 미비한 사항은 즉각 보완하여 변경하여야 한다.
- 해안지역 행차 시의 경호경비에 있어서는 육·해·공의 입체적 경호경비가 이루어지도록 계획을 세운다.
- 경호경비계획에는 그 실시에 착오가 없도록 하며 주관 부서, 행사장 수용능력, 행사장 병력배치, 비상통로 확보, 비표 패용, 교통통제, 주차장의 관리, 예행연습 등을 포함시킨다.
- 안전에 영향을 미칠 수 있는 악천후 기상, 가능성 있는 위협, 어떤 사람의 불손행위 등과 같은 경호환경을 극복하기 위해서는 예비 및 우발계획이 준비되어야 한다.

② 준비단계

　　㉠ 경호원이 행사장에 도착한 후부터 행사 시작 전까지의 경호활동이다. ★★

　　㉡ 선발대는 도착 즉시 총괄기능을 담당하는 경호지휘소를 개설·운용하고, 현장답사를 통해 출발 전에 작성된 분야별 세부계획과 실시간 타당성 여부를 재검토한다. ★

> **경호작전지휘소 설치목적**
> • 경호정보의 수집과 배포, 경호통신시스템의 관리 및 유지
> • 경호작전요소의 통합 지휘(통솔의 일원화)
> • 타 기관과의 협조 및 연락임무를 수행하고 유무선통신망을 구축

　　㉢ 현장에 도착 후 2차 답사를 한 다음 행사 관련자들을 소집하여 계획과 실행 간의 문제점, 위해 및 취약요소별 예상 상황의 분석, 출입통제대책 강구, 안전구역의 검측 및 확보, 최종계획의 확인 및 변동사항 정리, 비상대책 확인 등 종합적인 경호활동을 점검하고, 경호지휘소를 중심으로 변동·특이사항을 총괄·집결시킨다.

③ 행사실시단계

　　㉠ 경호대상자가 집무실을 출발해서 행사장에 도착하여 행사를 진행한 후 출발지까지 복귀하는 단계이다. ★★

　　㉡ 경호요원이 출발지 또는 타 행사장을 출발하여 행사장에 도착하고 행사를 실시한 후, 경호요원이 그 행사장을 출발하여 출발지 또는 또 다른 행사장에 도착하기 전까지의 과정을 말한다.

④ 평가(결산)단계

　　㉠ 경호행사가 종료되고 경호요원이 행사장을 철수한 후, 결과를 보고하는 단계로서, 경호활동에 대한 평가가 이루어지는 단계이다.

　　㉡ 경호활동에 대한 자체 평가회의를 하고 이에 관한 제반 참고사항을 기록하여 다음 행사에 반영하는 자료의 보존 활동이 이루어진다. 일반적으로 경호평가와 행사결과보고서의 작성으로 구분된다. ★

〈출처〉 이상철, 「경호현장운용론」, 진영사, 2008

2 | 사전예방경호(선발경호)

01 | 사전예방경호방법

1. 사전예방경호의 개념

① 사전예방경호란 임무 수령과 행사 일정에 의해 경호작용이 형성된 후 현장답사 실시, 경호협조 및 행사 당일 경호대상자가 행사장에 도착하기 전까지 행하는 모든 사실적인 안전활동을 말한다.

② 경호대상자가 행사장에 도착하기 전에 미리 편성된 경호선발대를 행사장에 사전에 파견하여 제반 취약요소에 대한 안전조치(㉠ 경호정보작용, ㉡ 인적·물적·지리적 취약요소에 대한 대책, ㉢ 행사장에 대한 안전활동 및 검측 등)를 강구하고 가용한 전 경호요원을 운용하여 행사 당일에 경호대상자의 신변안전을 도모하는 일련의 작용을 의미한다. 기출 22·21

경호의 협조

- 대통령 등의 경호에 관한 법률 제15조 : 경호처장은 직무상 필요하다고 인정할 때에는 국가기관·지방자치단체 기타 공공단체의 장에게 그 공무원 또는 직원의 파견 기타 필요한 협조를 요청할 수 있다.
- 대통령경호안전대책위원회규정 : 대통령경호의 임무수행에 있어서 관계부처 간의 책임을 명확히 하고 최대한의 협조를 해야 한다고 하여, 관계부서 간의 책임과 협조를 규정하고 있다.

경호협조회의(= 경호관계관회의) 기출 17

- 경호협조회의란 완벽한 경호행사를 위하여 행사 실시 전 행사 유관부서 상호 간 협조 및 토의를 하고 행사 전반에 대한 정보 공유를 하는 회의를 말한다.
- 경호협조회의는 해당 지역의 경호업체 행사팀, 주최측 관계자, 행사장소 제공 관계자, 관할 경찰서 관계자 등 행사에 참여하는 다양한 부서와 합동으로 실시한다.
- 경호협조회의는 통상적으로 1회로 끝나지만 대규모 행사 또는 국제적인 행사 등 행사의 성격에 따라 수차례 반복적으로 시행하기도 하며, 필요시 실무자 간 세부사항을 협조하는 실무회의도 병행한다.
- 공경호 기관에서는 이를 "경호관계관회의"로 칭하며 보통 행사 1~2일 전에 실시한다.

〈출처〉 양재열, 「경호학원론」, 박영사, 2012, P. 255

신변보호의 예방작용단계

예견(예측)단계	신변보호 대상자에게 영향을 줄 수 있는 각종 장애요소 또는 위해요소에 대하여 정·첩보를 수집하고 분석하는 단계
인식(인지)단계	수집된 정·첩보 중에서 위해가능성이 있는지를 확인하고 판단하는 과정으로서 정확하고 신속하며 종합적인 고도의 판단력을 필요로 하는 단계
조사(분석)단계	위해가능성이 있다고 판단된 위해요소를 추적하고 사실 여부를 확인하는 단계로, 과학적이고 신중한 행동이 요구되는 단계
무력화(억제)단계	예방경호작용의 마지막 단계로서, 이전 단계에서 확인된 실제 위해요소를 차단하거나 무력화하는 단계

02 경호안전작용

1. 경호안전작용의 개념 [기출] 20

① 경호안전작용은 경호대상자의 절대안전을 도모하기 위하여 모든 수단과 방법을 이용하여 사전에 각종 위해요소를 탐지·봉쇄·제거하는 예방업무를 말한다.

② 경호안전작용에는 경호보안작용, 경호정보작용, 안전대책작용 등이 있다.★

2. 경호보안작용

① 보안작용(보안활동) : 경호대상자는 물론 경호와 관련된 인원, 문서, 시설, 지역 및 통신까지 모든 것에 대해 위해기도자로부터 완벽한 보호대책을 수립하여 보안을 유지해 나가는 것을 말한다. [기출] 20

> **국가적 차원의 보안작용**
> 국가의 안전보장과 관계되는 기밀이나 문서, 자재, 시설, 지역 등을 보호하고, 국가의 안전보장을 해치려는 간첩, 태업, 전복, 기타 불순분자를 경계하고 방지하기 위한 탐지, 조사, 차단, 제재 등의 소극적·적극적인 사전예방작용을 말한다.

② 보안업무의 원칙

ㄱ. **알 사람만 알아야 하는 원칙** : 보안의 대상이 되는 사실은 전파할 때 전파가 꼭 필요한가 또는 피전파자가 반드시 전달받아야 하는 것인가를 검토하여야 한다(꼭 필요한 사람에게만 전달되어야 한다).

ㄴ. **적당성의 원칙** : 사용자가 필요한 만큼 적당한 양의 정보를 전달하도록 하는 것으로, 정보가 부족하면 임무 수행에 장애가 되지만 정보가 너무 많아도 임무 수행에 혼란을 줄 수가 있다.

ㄷ. **부분화의 원칙** : 내용과 가치의 정도에 따라 다른 비밀과 관련되지 않게 독립시켜야 한다는 것으로, 한 번에 다량의 비밀이나 정보가 유출되지 않도록 하여야 한다.★

ㄹ. **보안과 능률의 원칙** : 보안을 지나치게 강조할 경우 생산된 정보가 사용자에게 제대로 전달되지 않아 정책결정에 사용하지 못할 수 있다는 것으로, 보안과 능률(업무효율)은 반비례관계가 있으므로 양자의 적절한 조화를 유지하는 방법을 강구해야 한다.★

③ 보안의 대상 및 방법

⊙ 인원보안 : 중요인물로 특히 보호가 필요한 사람이 보안의 대상에 해당한다.

⊙ 문서보안 : 보안의 대상이 되는 문서는 일반문서와 비밀문서 모두를 포함하는바, Ⅰ・Ⅱ・Ⅲ급 등의 비밀표지(시)가 되어 있지 않은 문서라도 국가기밀에 해당하는 문서는 보안의 대상에 해당한다. ★

ⓒ 시설 및 지역보안

㉮ 보호지역의 설치 : 각급 기관의 장과 관리기관 등의 장은 국가안전보장에 관련되는 인원・문서・자재・시설의 보호를 위하여 필요한 장소에 일정한 범위를 정하여 그 중요도에 따라 제한지역, 제한구역, 통제구역 등의 보호지역을 설정할 수 있으며, 보호지역을 관리하는 사람은 각급기관의 장 또는 관리기관 등의 장의 승인을 받지 않은 사람의 보호지역 접근이나 출입을 제한하거나 금지할 수 있다(보안업무규정 제34조 참고).

㉯ 보호지역의 구분(보안업무규정 시행규칙 제54조) 기출 17

제한지역	비밀 또는 국・공유재산의 보호를 위하여 울타리 또는 방호・경비인력에 의하여 영 제34조 제3항에 따른 승인을 받지 않은 사람의 접근이나 출입에 대한 감시가 필요한 지역★
제한구역	비인가자가 비밀, 주요시설 및 Ⅲ급 비밀 소통용 암호자재에 접근하는 것을 방지하기 위하여 안내를 받아 출입하여야 하는 구역★
통제구역	보안상 매우 중요한 구역으로서 비인가자의 출입이 금지되는 구역

3. 경호정보작용

① 개 념 기출 20

⊙ 정보활동은 경호작용의 원천적 사전지식을 생산・제공하는 것으로 경호대상자의 신변안전을 위협하는 인적・물적・지리적 취약요소를 사전에 수집・분석・예고함으로써 예방경호를 수행하는 업무이다.

⊙ 경호정보작용은 정확성, 적시성, 완전성의 요건(3대 요건)을 구비해야 하며, 경호 관련 기본적 정보, 기획정보, 분석정보, 판단정보, 예고정보 등을 작성하고 경호지휘소로 집결하여 전파한다. ★

정확성	사용자가 추구하는 가치의 달성을 위한 정책 수립과 수행에 있어 이용 가능한 사전지식으로 그 존재 가치가 정확해야 한다.
적시성	정확하고 완전한 정보라 하여도 사용자가 필요로 하는 시기에 사용하지 않으면 가치가 없게 된다.
완전성	절대적인 완전성이 아니더라도 시간이 허용되는 범위에서 가능한 한 사용자가 의도한 대상과 관련한 모든 상황이 작성되어야 한다.

ⓒ 경호정보는 어떻게 수집・평가・분석・실행되어야 하는가에 따라 경호활동의 기본적 방향이 결정되므로 신속하고 정확한 정보의 분석과 대책의 수립이 요구된다. ★

② 정보와 첩보

　㉠ 정보(Information)

　　㉮ **정보의 의의** : 특정한 상황에서 가치가 평가되고 체계화된 지식으로, 2차 정보 또는 지식이다.★

　　㉯ **정보의 가치에 대한 평가요소** : 적실성(정보가 정보 사용자의 사용목적에 부합된 것), 정확성, 적시성, 완전성, 필요성(관련 정보가 사용자에게 필요한 지식), 특수처리과정, 정보 제공의 빈도

　㉡ 첩보(Intelligence)

　　㉮ **첩보의 의의** : 목적성을 가지고 의도적으로 수집한 데이터로 가공되지 않은, 정보의 자료가 되는 1차 지식을 의미한다.★

　　㉯ **첩보의 질을 결정짓는 요소** : 첩보수집기법, 수집자의 자질, 망원의 자질

　㉢ 정보와 첩보의 관계★ 기출 16

구 분	정보(Information)	첩보(Intelligence)
정확성	객관적으로 평가된 정확한 지식	부정확한 견문지식
완전성	특정한 사용목적에 맞도록 평가 · 분석 · 종합 · 해석된 완전한 지식	기초적 · 단편적 · 불규칙적 · 미확인된 지식
적시성	정보사용자가 필요로 하는 때에 제공되어야 하는 적시성이 특히 요구됨	시간에 구애받지 않고 과거와 현재의 것을 불문
사용자의 목적성	사용자의 목적에 맞도록 작성된 지식	사물에 대해 보고 들은 상태 그 자체의 묘사이므로 목적성이 없음
생산과정의 특수성	첩보의 요구 · 수집 및 정보의 생산 · 배포 등의 과정을 거치면서 여러 사람의 협동 작업을 통하여 생산	단편적이고 개인의 식견에 의한 지식

③ **정보의 순환** : 정보의 순환과정은 <u>정보의 요구 → 첩보의 수집 → 정보의 생산 → 정보의 배포 과정</u>으로 구분할 수 있다.★

　㉠ **정보의 요구** : 정보의 사용자가 필요에 따라 첩보의 수집활동을 집중 지시하는 것으로 <u>정보요구자 측에서의 주도면밀한 계획과 수집범위의 적절성, 수집활동에 대한 감독 등이 요구되는 단계</u>이다.★

　　※ 정보요구의 소순환과정 : 첩보의 기본요소의 결정 → 첩보수집계획서 작성 → 명령하달 → 사후검토

　㉡ **첩보의 수집** : 첩보수집기관이 출처를 확보하여 첩보를 입수 · 획득하고 이를 지시 또는 요구한 사용자에게 제공하는 단계이다.

출제 Point 빈칸 문제

정보의 순환
　⟿ 정보의 순환과정은 정보의 요구 → (❶)의 수집 → 정보의 생산 → 정보의 배포 과정으로 구분할 수 있다.
　⟿ 정보의 (❷) : 정보의 사용자가 (❸)에 따라 (❶)의 수집활동을 집중 지시하는 것으로 (❹) 측에서의 주도면밀한 계획과 수집범위의 적절성, 수집활동에 대한 적절한 감독 등이 요구되는 단계이다.

❶ 첩보 ❷ 요구 ❸ 필요 ❹ 정보요구자 정답

ⓒ **정보의 생산** : 첩보를 종합적인 학문적 토대와 과학기술을 동원하여 정보로 산출하는 정보순환의 단계로, 정보사용자의 요구에 맞도록 생산기관에서는 첩보의 기록 및 보관, 첩보의 평가·분석·종합·해석의 과정을 거쳐 보고서를 작성하여 정보를 생산한다.

ⓔ **정보의 배포** : 생산한 정보를 필요로 하는 사용자에게 구두나 서면, 도식 등의 유용한 형태로 배포하는 단계이다.

경호정보의 분류

인물정보	• 위해를 기도하거나 기도할 가능성이 있는 개인·단체의 동향에 관한 정보이다. • 경호대상자 본인 및 우호·적대적인 주변인물, 비밀관계에 있는 인물에 대한 정보 등을 포함한다.
물질정보	• 자체적으로 위험성을 내포하고 있는 행사장 내의 시설물과 위해의 수단으로 사용되거나 사용될 가능성이 있는 물질의 움직임에 관한 정보이다. • 행사장 내의 가스·전기·공조시설과 승강기 등의 관리 및 안전상태, 그리고 총기류·폭발물·화학물질 등의 이동 및 거래, 소유자에 대한 정보 등이 포함된다.
지리정보	행사장이나 이동로에 관한 지리적 정보로, 지형적 위치, 도로망 및 주변 감제고지 등의 취약요소에 대한 정보가 포함된다.
교통정보	행사장에 이르는 행·환차로 및 예비도로, 구간별 교통상황 등에 대한 정보이다.
기상정보	• 기상보도, 일기예보, 기상주의보 등의 정보이다. • 이동수단 및 행사장의 결정, 행사 진행 및 준비 등에 영향을 미친다.
행사정보	행사진행순서, 의전계획, 참석자 입장계획 등 행사 전반에 걸친 정보를 말한다.

〈출처〉 이두석, 「경호학개론」, 진영사, 2018, P. 208~210

---

4. 안전대책작용 `기출` 18·17

① **의 의** `기출` 20

ⓐ 안전대책은 경호임무를 수행하면서 경호대상자 신변의 위해요소를 사전에 제거하는 활동으로, 행사장 내·외부에 산재한 인적·물적·지리적 취약요소에 대한 안전대책 강구, 행사장 내·외곽 시설물에 대한 폭발물 탐지·제거 및 안전점검, 검측작용, 경호대상자에게 제공되는 각종 음식물에 대한 검식작용 등 통합적 안전작용을 말한다.

ⓑ 안전대책활동으로는 단계별 사전안전활동, 안전검측 및 안전유지, 인적·물적 위해요소의 배제, 지리적인 취약요소의 배제 및 경호보안대책 등이 있다.

안전대책의 3대 작용원칙 `기출` 22·18
• 안전점검 : 폭발물 등 각종 유해물을 탐지하여 제거하는 활동
• 안전검사 : 이용하는 기구, 시설 등의 안전상태를 검사하는 것
• 안전유지 : 안전점검 및 검사가 이루어진 상태를 계속 유지하기 위해 통제하는 것

경호의 10대 기능

경 호	선발경호	행사장 내의 위험요소를 제거하고 행사장 내로의 위해요소의 접근을 거부하기 위한 것이다.
	수행경호	경호대상자의 신변을 보호하기 위하여 실시하는 근접호위활동을 말한다.
경 비		경호대상자의 숙소나 유숙지 및 집무실에 대한 경계, 순찰 및 방비활동을 통하여 위해요소의 침투를 거부하는 경호조치를 말한다.
기 동		경호대상자의 각종 이동수단을 운용하고 관리하며, 철도·항공기 등을 이용할 경우에도 각 기동수단의 특성에 따른 경호대책에 만전을 기하는 것이다.
검 측	안전검측 (시설물)	행사장 내의 물적위해요소 및 불안전요소를 탐지하여 안전조치를 취하고 비상대책을 강구하는 안전활동이다.
	검 색 (참석인원)	참석자의 위해물질 소지 여부를 확인하여 위험인물이나 위해물질의 침투를 거부하고 비인가자의 참석을 배제하기 위한 활동으로, 경호행사의 기본적인 선결과제이다.
안 전		행사장 내에서 경호에 영향을 미칠 수 있는 취약요소(전기·가스·소방·유류·승강기 등 포함)에 대한 점검 및 안전조치를 하는 기능을 말한다.
통 신		• 경호대상자가 사용하는 행사 음향의 안전성 확보는 경호대상자와 행사 참석자 간의 소통을 위해서 중요하다. • 경호원 상호 간의 유·무선망 확보와 경호요소 간의 통신망 구축 또한 중요한 임무이다.
정 보		경호대상자의 신변안전을 도모하는 데 필요한 정·첩보를 사전에 수집·평가·전파함으로써 예방경호를 실현하기 위한 활동을 말한다.
보 안		경호와 관련된 인원·문서·시설 및 통신 등에 대한 보호대책을 수립하여 불순분자에게 관련 정보가 유출되지 않도록 지속적으로 관리하는 활동을 말한다.
검 식		경호대상자에게 제공되는 음식물의 이상 유무(위해성, 위상상태 등)를 검사하고 확인하는 활동이다.
의 무		경호대상자를 각종 질병의 위험으로부터 보호하고 위급상황에 대비하는 경호활동을 말한다.

〈참고〉이두석, 「경호학개론」, 진영사, 2018, P. 56~68

② 인적 위해요소의 배제

　㉠ 의 의 [기출] 20
　　• 경호대상자에게 만약에 있을지 모르는 위험을 사전에 방지하고자 그러한 성향을 가진 자들을 감시하여 접근을 막고 경호행사 시 행사근무자 등의 신원을 조사하여 신원이 특이한 경우 배제하는 것을 의미한다.
　　• 공격성 정신질환자, 시국불만자 등 인적 위해분자의 행동을 감시하거나 VIP에 대한 접근을 차단하는 등 경호대상자의 안전을 도모하는 것을 말한다.
　㉡ **방법** : 요시찰인 및 우범자 동태 파악, 참석예정자 또는 행사종사자 신원 파악, 경호와 관련된 첩보·정보수집의 강화 등이 있다.
　㉢ 신원조사의 실시
　　• 신원조회를 해야 하는 대상자는 초청인사, 행사장 종사자, 숙소가 마련된 경우에는 투숙자 등이다.
　　• 신원조회는 행사가 시작되기 전에 마무리해야 하며 신원 이상자가 있는 경우 배제하도록 한다.

ⓛ 비 표 기출 21

   ㉮ **비표의 종류** : 리본, 명찰, 완장, 모자, 배지 등이 있으며, 대상과 용도에 맞게 적절히 운용한다. ★

   ㉯ **비표의 관리** : 경호대상자에게 위해를 가할 소지가 있는 사람으로서 시국불만자, 신원이 특이한 교포 및 외국인, 일반 요시찰인, 피보안처분자, 공격형 정신분자 등 인적 위해요소를 배제하기 위하여 비표 관리를 한다. ★

   ㉰ **비표의 운용** 기출 23·22·16

- 비표를 제작할 때부터 보안에 힘쓰도록 해야 하는데, 비표 분실사고 발생 시에는 즉각 보고하고 전체 비표를 무효화하며 새로운 비표를 해당자 전원에게 지급한다. ★
- 비표의 종류는 적을수록 좋고 행사 참석자를 위한 비표는 구역별로 그 색상을 달리하면 식별 및 통제가 용이하다. ★
- 비표는 모양이나 색상이 원거리에서도 식별이 용이하도록 단순하고 선명하게 제작하여 사용한다. ★
- 경호근무자의 경호안전활동 시에도 비표를 운영해야 한다. ★
- 행사장 근무자의 비표는 근무관련 경호 배치 전·교양 시작 후 지급하며, 행사 참석자에게도 행사 당일 배포하여야 한다. ★

③ **지리적 취약요소 배제**

   ㉠ 경호행사장 주변에 위해를 가할 위치에 대해 특별호구조사 실시, 위해광고물 일제정비 등 취약요인을 사전에 제거하는 활동을 통해 VIP의 안전을 도모하는 것을 말한다.

   ㉡ 행사장이 바로 직시되는 감제고지 등에 대해 지속적인 수색과 관찰을 한다.

④ **물적 위해요소의 배제** 기출 20·17 : 물적 위해요소는 경호대상자에게 직접적인 위해를 가할 수 있는 총기와 같은 위험한 물건이나 자연물 등을 의미한다. 음식물 등을 조리하는 근무자의 신원을 조사하여 신원이 특이한 경우 배제토록 하는 것은 인적 위해요소의 배제이며, 그러한 음식에 대해 안전확보를 하는 것은 물적 위해요소 배제활동이라 할 수 있다. 즉, VIP음식에 대한 독극물 투여 등에 대비한 검식활동은 물적 위해요소의 배제로 안전대책활동에 포함된다. ★

폭발사고 방지대책
- 폭탄은 차량에 의해 전달되거나 차량에 남겨지는 경우가 많기 때문에 주차는 엄격히 통제되어야 한다. ★
- 폭발사고를 막기 위해서 주차차량은 가능하다면 경호대상자의 건물이나 다른 종합건물로부터 100m 정도는 이격되어야 한다.
- 사제폭발물은 특정한 형태가 없고 테러리스트들이 필요한 형태로 자유롭게 제작하기 때문에 검측이 더욱 어렵다.
- 폭발물이 외부에서 내부로 유입될 수도 있으므로 환기구, 채광창은 막혀 있어야 한다. ★
- 보일러실, 승강기, 통제실 등의 접근통로는 사용하지 않을 때 잠겨 있어야 한다. ★

〈참고〉 이상철, 「경호현장운용론」, 진영사, 2008, P. 81

급조폭발물(IED) `기출` 17

- 정해진 규격이나 절차와는 무관하게 제작되어 설치한 폭발물을 일컫는다.
- 제작자의 능력 및 의도에 따라 다양한 종류 및 형태로 제작이 가능하나, 일회용으로서 재사용이 제한된다. ★
- 주변 생활 도구를 이용하여 다양한 형태와 크기로 제작하기 때문에 제조비용이 저렴하고 재료획득과 제작이 용이하다.
- 폭발물이라는 판단이 어렵고, 주로 플라스틱이나 액체폭약을 사용하기 때문에 금속탐지기에 의한 검색이 어렵다.
- 군용 폭발물에 비해 안정성이 매우 떨어져 폭발의 위험이 따르며, 제작방법의 다양성으로 인한 이동 및 처리에 많은 어려움이 있다.

ㄱ 안전조치활동 : 경호행사 시 경호대상자에게 직접적으로 위해를 줄 수 있는 총기류 및 화약류 등의 <u>위험물을 안전하게 관리하도록 하는 활동</u>을 말한다. ★ `기출` 22

ㄴ 안전검측활동 : 경호대상자에게 위해를 가할 가능성이 있는 모든 취약요소 및 위해물질을 사전에 탐지, 색출, 제거 및 안전조치하여 위해를 가할 수 없는 상태로 전환시키는 활동을 말한다. `기출` 22 안전검측은 은밀하게 실시하고, 가능한 한 현장 확보상태에서 점검하고 지속적인 안전유지를 해야 하는데, 이에는 기본지식이 없어도 수행할 수 있는 <u>일반검측</u>과 교육을 받은 전문검측담당으로서 행하는 <u>정밀검측</u>이 있다. ★

안전조치와 안전검측
안전조치는 행사 시 경호대상자에게 위해를 줄 수 있는 물질을 안전하게 관리하는 것이며, 안전검측은 경호대상자에게 위해를 가할 수 없는 상태로 전환시키는 작용을 말한다.

ㄷ 안전검측의 원칙 `기출` 23 · 22 · 21 · 20 · 19 · 18 · 17 · 15 · 13 · 12 · 11

- 검측은 타 업무보다 우선하여 예외를 불허하고 선 선발개념으로 실시하며, <u>인원 및 장소를 최대한 지원받아 활용</u>한다. ★
- 점검은 아래에서 위로, 좌에서 우로 등 일정한 방향으로 체계적으로 점검한다. ★
- <u>점과 선에서 실시하되 가까운 곳에서 먼 곳으로, 밖에서 안으로 끝까지 추적</u>한다. ★★
- <u>장비를 이용하되 오감을 최대한 활용</u>한다. ★★
- 회의실, 오찬장, 휴게실 등 경호대상자가 장시간 머물러 있는 곳을 먼저 실시하고, 통로, 현관 등 <u>경호대상자가 움직이는 경로를 순차적으로 실시</u>한다. ★★
- <u>검측은 경호계획에 의거하여 공식행사에서 실시함을 원칙으로 하며, 비공식행사에서는 비노출 검측활동을 실시</u>할 수 있다. ★★
- <u>검측대상은 외부, 내부, 공중지역, 연도로 구분 실시</u>한다. ★
- 행사 직전 반입되는 물품 등은 쉽게 소형 폭발물의 은폐가 가능하므로 계속적인 검측을 실시한다.

검측은 책임구역을 명확하게 구분하여 계속적으로 반복 실시하되, 중복해서 실시하여 통로에서는 양측을 중점 검측하고 아래보다는 높은 곳을, 능선이나 곡각지 등 의심나는 곳은 반복해서 검측한다. 그리고 전기선은 끝까지 추적해서 확인하고 전기제품 같은 물품은 분해해서 확인하며, 확인이 불가능한 물품은 원거리에 격리시키며 쓰레기통 같은 무질서한 분위기는 청소를 실시하여 정돈한다. 기출 23 · 18

〈출처〉 김두현, 「경호학개론」, 엑스퍼트, 2020. P. 270

검측활동 시에는 위해분자는 인간의 습성(위를 보지 않는 습성, 더러운 곳을 싫어하는 습성, 공기가 탁한 곳을 싫어하는 습성)을 최대한 활용한다는 점을 명심하고, 일정한 원칙(88p 심화박스 참고)에 입각하여 상하좌우 빠지는 부분이 없도록 반복 중첩되게 실시한다. 기출 23 · 18

〈출처〉 이두석, 「경호학개론」, 진영사, 2018. P. 270

ㄹ 정밀검측기법

- 꽉 채워진 비품의 경우 전부 꺼내 확인하여야 한다. ★
- 검측이 요구되는 벽, 천장, 마루 등의 반대편도 점검하고, 상하좌우의 방은 반드시 점검한다.
- 방안의 일정지점으로부터 검측을 시작하며, 방 주변을 따라 시계 방향으로 체계적인 검측을 실시한다. ★
- 가구의 문과 서랍은 열어보고 비밀공간이나 상단, 바닥 및 뒷부분을 점검한다.
- 특수시설이나 기술적 조치가 필요한 시설의 검측은 전문가를 초빙하여 검측조에 편성하고 자문을 통해 실시하며, 기술적 분야는 전문가가 직접 안전조치하여 하자가 발생하지 않도록 한다.
- 설계도 등의 자료를 비교하여 방의 통로, 밀폐된 공간, 천장 내부 등을 세밀히 검측한다.
- 보일러실이나 변전실, 유류나 가스저장 시설과 같은 취약시설은 안전검측이 필수적이며, 행사시작 전후 불필요한 인원을 통제한다.
- 양탄자 등은 뒤집어서 전선, 플라스틱 폭약 등의 유무를 검측한다.
- 사진틀, 그림 등은 내부의 공간여부, 부착상태 및 뒷면을 검측한다.

출제Point 빈칸 문제

정밀검측기법
⇢ 검측이 요구되는 벽, 천장, 마루 등의 반대편도 점검하고, (❶)의 방은 반드시 점검한다.
⇢ 방안의 일정지점으로부터 검측을 시작하며, 방 주변을 따라 (❷)으로 체계적인 검측을 실시한다.
⇢ (❸)이나 기술적 조치가 필요한 시설의 검측은 (❹)를 초빙하여 검측조에 편성하고 자문을 통해 실시하며, 기술적 분야는 (❹)가 직접 안전조치하여 하자가 발생하지 않도록 한다.
⇢ 양탄자 등은 (❺) 전선, 플라스틱 폭약 등의 유무를 검측한다.

ⓜ 주요 검측대상

건물 외부	• 외부 검측 시 침투 가능한 창문, 출입구, 개구부 등에 안전조치를 실시한다. • 건물 외부 검측은 승하차 지점 및 건물 외부벽으로 확산하면서 실시한다.★ • 어지럽혀진 비품 및 흔적 등 폭발물 용기나 부스러기가 산재해 있는가를 확인한다. • 주의력을 집중시키거나 산란케 하는 고의적(故意的)인 표시를 확인한다.★ • 움직일 수 있고 표면상 가치 있는 물건을 중점적으로 검측한다.★
건물 내부	• 창문, 커튼, 액자, 조명기구, 가구, 장식장, 서류함, 장식품 등을 중점으로 검측한다. • 건물 내부 검측은 아래층에서 위층으로 검측하는 것을 원칙으로 한다.★ • 실내(방)의 안전검측 순서 : 바닥 검측 → 눈높이(벽) 검측 → 천장높이 검측 → 천장 내부 검측 순으로 실시한다.★
기념식장	많은 사람이 모이는 곳으로 비상사태 시 비상대피소를 설치하고, 식장의 각종 부착물과 시설물에 대한 안전검측을 실시한다.
숙 소	기름 등과 같은 위험물에 대한 안전대책을 강구한다.
차 량	• 경호대상자의 차량뿐만 아니라 지원차량과 일반차량에 대한 출입통제조치와 차량 내 · 외부, 전기회로, 배터리 등에 대한 안전점검 시 운전사의 입회하에 철저히 검측하도록 한다.★ • 경호대상차량의 안전대책으로 무선원격시동장치를 사용하도록 한다.★ • 트렁크를 열 경우 5cm 이상 열지 않도록 한다.★ • 경호대상차량은 스틸 휠에 시각적인 효과를 위해 덧씌우는 휠캡을 사용해서는 안 된다.★★
운동장	구역을 세분화하여 책임구역을 설정하고, 외부, 내부, 소방, 직시고지 등에 대한 반복적인 검측과 출입자에 대한 통로를 단일화하여 반입물품에 대한 검색을 철저히 하도록 한다.

검측활동의 원칙	시설물에 대한 검측 시 수칙
• 건물 내부에서 외부로 실시한다.* • 건물 내부는 낮은 곳에서 높은 곳으로 실시한다. • 건물 외부는 가까운 곳에서 먼 곳으로 확산해서 실시한다.	• 모든 버튼은 눌러 본다. • 모든 물품은 육안으로 확인하고, 기기는 직접 조작해 본다. • 모든 선은 끝까지 추적하여 확인한다. • 시건장치는 열어서 확인하고 닫는다. • 모든 비품은 이동시켜 본다.

* 주의 : 과거 기출문제는 검측은 '밖에서 안으로' 실시한다는 것이 옳은 내용으로 출제되었다(2010년, 2009년 기출문제 등 참고).

〈출처〉 이두석, 「경호학개론」, 진영사, 2018, P. 270

 빈칸 문제

검측대상
→ 건물 외부 검측은 (❶)지점 및 건물 (❷)으로 확산하면서 실시한다.
→ 주의력을 집중시키거나 산란케 하는 (❸)인 표시를 확인한다.
→ 건물 내부 검측은 (❹)에서 (❺)으로 검측하는 것을 원칙으로 한다.
→ 실내(방)의 안전검측 순서 : 바닥 검측 → 눈높이(벽) 검측 → 천장높이 검측 → 천장 (❻) 검측 순으로 실시한다.

❶ 승하차 ❷ 외부벽 ❸ 고의적 ❹ 아래층 ❺ 위층 ❻ 내부 정답

검측의 일반절차

- 의심스러운 물건은 경찰 안전반이나 군 EOD(폭발물처리반)에 신고한다.★
- 위험물 발견 시 100m 이상 차단하고 대비 방벽을 설치한다.★
- 수색작업반과 통신대책을 수립하여 긴밀한 상호 연락을 취한다.
- 대피 및 후송·신호대책을 수립한다.

검측요소장비

드라이버, 펜치, 전등, 청진기, 반사경, 테이프, 리본, 방탄복, 금속탐지기, 폐쇄회로 텔레비전, X-Ray 탐지기, 탐침봉 등

ㅂ **검 식** `기출` 23·22·21·20·18·16

ⓐ **검식** : 행사장의 위생상태 점검, 수질검사, 전염병의 예방, 식중독의 예방대책을 포함한다.

ⓑ **검식업무** : 경호대상자에게 제공되는 음식물에 대하여 구매, 운반, 저장, 조리 및 제공되는 과정에서 위해요소를 제거하는 업무를 의미한다.★

ⓒ **검식활동**

- 음식물의 위해성, 위생상태는 물론이고 양과 맛, 모양까지도 확인 대상이다.
- 사전에 조리담당 종사자에 대한 신원조사를 실시하여 신원특이자는 배제한다.★
- 음식물 운반 시에도 철저하게 근접감시를 실시한다.★
- 행사 당일에는 경호원이 주방에 입회하여 조리사의 동향을 감시한다.★
- 음식물은 전문요원에 의한 검사를 실시한다.★
- 식재료는 신선도와 안전 여부에 대해 확인 및 점검한다.
- 각종 물품에 대해서도 철저히 검색하고 사용하기 전에는 열탕소독을 실시한다.
- 주방종사자들에 대해 위생검사를 실시하여 질병이 있는 자는 미리 제외시킨다.

검측활동에는 경호대상자에게 제공되는 음식료의 안전을 확인하고 점검하는 검식활동을 포함한다.

〈출처〉 이두석, 「경호학개론」, 진영사, 2018, P. 272

출제 Point 빈칸 문제

검식활동

⟶ 경호대상자에게 제공되는 (❶)에 대하여 구매, 운반, 저장, 조리 및 제공되는 과정에서 위해요소를 제거하는 업무를 의미한다.

⟶ 사전에 조리담당 종사자에 대한 (❷)조사를 실시하여 (❷)특이자는 배제한다.

⟶ 음식물 운반 시에도 철저하게 (❸)를 실시한다.

⟶ 행사 당일에는 경호원이 (❹)에 입회하여 조리사의 동향을 감시한다.

정답 ❶ 음식물 ❷ 신원 ❸ 근접감시 ❹ 주방

⑤ 검문검색(檢問檢索)

　㉠ 의의 : 일반적으로 경찰이나 경호원 등이 수상한 사람이나 그의 물건을 확인하여 위해요소를 찾아내는 활동을 의미한다.

　㉡ 검문검색의 사유

불심검문(경찰관직무집행법 제3조)

① 경찰관은 다음 각호의 어느 하나에 해당하는 사람을 정지시켜 질문할 수 있다.

　1. 수상한 행동이나 그 밖의 주위 사정을 합리적으로 판단하여 볼 때 어떠한 죄를 범하였거나 범하려 하고 있다고 의심할 만한 상당한 이유가 있는 사람

　2. 이미 행하여진 범죄나 행하여지려고 하는 범죄행위에 관한 사실을 안다고 인정되는 사람

③ 경찰관은 제1항 각호의 어느 하나에 해당하는 사람에게 질문을 할 때에 그 사람이 흉기를 가지고 있는지를 조사할 수 있다.

경호구역의 지정 등(대통령 등의 경호에 관한 법률 제5조)

③ 소속 공무원과 관계기관의 공무원으로서 경호업무를 지원하는 사람은 경호 목적상 불가피하다고 인정되는 상당한 이유가 있는 경우에만 경호구역에서 질서유지, 교통관리, 검문·검색, 출입통제, 위험물 탐지 및 안전조치 등 위해방지에 필요한 안전활동을 할 수 있다.

　㉢ 검문검색의 절차 : 경찰관 등은 질문을 하는 경우 자신의 신분을 표시하는 증표를 제시하면서 소속과 성명을 밝히고 질문의 목적과 이유를 설명하여야 한다(경찰관직무집행법 제3조 제4항 참고).

⑥ 보안검색(保安檢索)

　㉠ 의의 : 공항, 항만, 기관 등에서, 탑승객이나 출입자들이 휴대하거나 위탁하는 물건 가운데 위해요소를 찾아내는 활동을 의미한다. 항공보안법은 일반 보안검색(항공보안법 제2조 제9호)과 특별 보안검색(항공보안법 시행령 제13조)을 구분하여 규정하고 있다.

　㉡ 일반 보안검색의 대상 및 방법

　　• 항공기에 탑승하는 사람은 신체, 휴대물품 및 위탁수하물에 대한 보안검색을 받아야 한다(항공보안법 제15조 제1항).

　　• 위탁수하물의 경우 탑승수속 시 맡겨져 공항 시설 내 보안검색장비를 통해 검사가 이루어지며(항공보안법 시행령 제11조 제2항), 승객과 휴대수하물은 항공기 탑승 전 별도의 보안검색을 통과해야 한다(항공보안법 시행령 제10조 제1항).

　㉢ 특별 보안검색의 대상

　　• 승객의 경우 의료보조장치를 착용한 장애인, 임산부, 중환자 등이 해당한다(항공보안법 시행령 제13조 제1항).

　　• 화물(수하물 포함)의 경우에는 골수·혈액·조혈모세포 등 인체조직과 관련된 의료품, 생물학적 제제(製劑), 유전자재조합의약품, 세포배양의약품, 세포치료제, 유전자치료제 및 이와 유사한 바이오의약품, 유골, 유해, 이식용 장기, 살아 있는 동물, 의료용·과학용 필름 및 검색장비 등에 의하여 보안검색을 하는 경우 본래의 형질이 손상되거나 변질될 수 있는 것 등으로서 국토교통부장관의 허가를 받은 것, 외교행낭 등이 해당한다(항공보안법 시행령 제13조 제2항·제3항).

③ 특별 보안검색의 방법
- 임산부 또는 중환자 등에 대해서는 보안검색 장소 이외의 <u>별도의 장소</u>에서 보안검색을 할 수 있다(항공보안법 시행령 제13조 제1항).
- 물품에 대해서는 <u>개봉검색이나 증명서류 확인 및 폭발물 흔적탐지장비에 의한 검색</u> 등의 방법으로 보안검색을 실시할 수 있으며(항공보안법 시행령 제13조 제3항), 일정 요건을 갖춘 외교행낭에 대해서는 개봉검색이 제한된다(항공보안법 시행령 제13조 제2항).

⑦ 분야별 수행업무 `기출` 21·15·14·12

안전대책 담당	안전구역 확보계획 검토, 건물의 안전성 여부 확인, 상황별 비상대피로 구상, 행사장 취약시설물 파악, 비상 및 일반예비대 운용방법 확인, 최기병원(적정병원) 확인, 직시건물(고지)·공중 감시대책 검토 등
작전 담당	정보수집 및 분석을 통하여 작전구역별 특성에 맞는 인원 운용계획 작성, 비상대책체제 구축에 주력하며 부가적으로 시간사용계획 작성, 관계관 회의 시 주요 지침사항·예상문제점·참고사항(기상, 정보·첩보) 등을 계획하고 임무별 진행사항을 점검하여 통합 세부계획서 작성 등
출입통제 담당	행사 참석대상 및 성격분석, 출입통로 지정, 본인 여부 확인, 검문검색, 주차장 운용계획, 중간집결지 운용, 구역별 비표 구분, 안전 및 질서를 고려한 시차별 입장계획, 상주자 및 민원인 대책, 야간근무자 등의 통제계획을 작전 담당에게 전달 등
승·하차 및 정문 담당	진입로 취약요소 파악 및 확보계획 수립 후 주요 위치에 근무자 배치, 통행인 순간통제방법 강구, 비상 및 일반예비대 대기장소 확인, 안전구역 접근자 차단 및 위해요소 제거, 출입차량 검색 및 주차지역 안내 등
행정 담당	출장여비 신청 및 수령, 각 대의 숙소 및 식사장소 선정, 비상연락망 구성 등
차량 담당	출동인원에 근거하여 선발대 및 본대 사용차량 배정, 이동수단별 인원, 코스, 휴게실 등을 계획하여 작전 담당에게 전달 등
보도 담당	배치결정된 보도요원 확인, 보도요원 위장침투 차단, 행사장별 취재계획 수립 전파 등
주행사장 내부 담당	경호대상자 동선 및 좌석위치에 따른 비상대책 강구, 행사장 내의 인적·물적 접근 통제 및 차단계획 수립, 정전 등 우발상황에 대비한 각 근무자 예행연습, 행사장의 단일 출입 및 단상·천장·경호대상자 동선 등에 대한 안전도의 확인, 각종 집기류 최종 점검 등
주행사장 외부 담당	안전구역 내 단일 출입로 설정, 외곽 감제고지 및 직시건물에 대한 안전조치, 취약요소 및 직시지점을 고려한 단상 설치, 경호대상자 좌석과 참석자 간 거리 유지, 방탄막 설치 및 비상차량 운용계획 수립, 지하대피시설 점검 및 확보, 경비 및 경계구역 내에 대한 안전조치 강화, 차량 및 공중강습에 대한 대비책 강구 등

출제 Point 빈칸 문제

분야별 수행업무
→ (❶) 담당 : 건물의 안전성 여부 확인, 상황별 비상대피로 구상, 비상 및 일반예비대 운용방법 확인 등
→ (❷) 담당 : 정보수집 및 분석을 통하여 작전구역별 특성에 맞는 인원 운용계획, 비상대책체제 구축에 주력하며 부가적으로 시간사용계획, 관계관 회의 시 계획 및 임무별 진행사항을 점검하여 통합 세부계획서 작성 등
→ (❸) 담당 : 금속탐지기·주차장 운용계획, 구역별 비표구분, 안전 및 질서를 고려한 시차별 입장계획 등
→ (❹) 담당 : 승·하차 및 정문 담당 진입로 취약요소 파악 및 확보계획 수립 등
→ (❺) 담당 : 출장여비 신청 및 수령, 각 대의 숙소 및 식사장소 선정, 비상연락망 구성 등

`정답` ❶ 안전대책 ❷ 작전 ❸ 출입통제 ❹ 승·하차 및 정문 ❺ 행정

1. 선발경호의 개념

<u>학자들 간 일치된 개념 정의는 없으며, 아래와 같이 선발경호에 대한 시각 차이가 존재한다.</u>

① 일정 규모의 경호대가 행사장에 사전 파견되어 위해요소를 검색하여 피경호인이 행사장에 도착하기 전까지 이를 제거하고, 안전을 확보하여 <u>행사가 끝날 때까지 계속되는 일련의 경호활동을 의미한다</u>(위준혁, 경호경비에 관한 연구, 1968).★

② <u>경호대상자가 경호행사장에 도착하기 전에 현장조사를 실시하고 효과적인 경호 협조와 경호준비를 하는 활동을 의미한다</u>(김봉의, 1994; 이상철, 1988).

③ <u>경호대를 사전에 행사 지역에 파견하여 제반 위해요소에 대한 안전조치를 강구하는 모든 경호안전활동이다</u>(이두석, 경호학개론, 진영사).★

④ 행사 지역의 인적·물적·지리적 위험요소를 사전에 제거 또는 감소시킴으로써 행사장에 대한 안전성을 확보하고, <u>행사 종료 시까지 행사장의 안전을 유지하며, 선발활동을 통하여 경호 관련 정·첩보를 획득 및 전파함으로써 예방경호를 실현하는 것이다</u>(이두석, 경호학개론, 진영사).★

⑤ 선발경호는 예방적 경호요소를 포함하며 완벽한 경호를 위한 준비활동으로 볼 수 있으며, 각종 사고의 가능성을 최소화하는 노력을 의미한다.

〈출처〉송광호, 「패스플러스 경비지도사 2차 경호학」, 에듀피디, 2023, P. 239

선발경호의 의의 `기출` 23

- "예방이 최선의 방어"라는 격언을 구체화시키기 위한 작업이 선발경호이다.
- '1 : 10 : 100의 원리'라는 경영이론은 선발경호의 중요성을 시사하는 이론이다.
- <u>선발경호는 경호대를 사전에 행사 지역에 파견하여 제반 위해요소에 대한 안전조치를 강구하는 모든 경호안전활동을 말한다.</u>
- 예방경호는 위해기도자의 의도를 사전에 색출하여 그에 필요한 경호조치를 취함으로써 공격의 기회를 박탈하거나 공격의지를 무력화시키는 데에 그 의의가 있다.
- <u>선발경호는 행사 지역의 인적·물적·지리적 위험요소를 사전에 제거 또는 감소시킴으로써 행사장에 대한 안전성을 확보하고, 행사 종료 시까지 행사장의 안전을 유지하며, 선발활동을 통하여 경호 관련 정·첩보를 획득 및 전파함으로써 예방경호를 실현하는 것이다.</u>

〈출처〉이두석, 「경호학개론」, 진영사, 2018, P. 252~253

---

2. 선발경호의 역할 `기출` 19

① 행사장소와 주변시설에 대한 자료를 이용하여 행사장에 대한 잠재적 위해요소를 판단하고, 행사장에 대한 인적·물적·지리적 정보를 수집하여 지원요소의 소요를 판단한 후 세부계획을 수립한다.

② 각 근무지(자)별로 부여된 임무수행을 위한 활동계획을 세우고 점검활동을 위한 점검리스트를 작성하며, 근무지(자)별 세부 활동계획을 수립한다.

③ 경호계획서에 근거한 전체 일정과 행사장별 세부일정 등의 기본사항을 확인하고, 이동에 관한 기본계획을 수립한다.★

④ 행사장 폭발물에 대한 안전검측을 실시하고 제반 취약요소를 분석하며 최종적인 대안을 제시한다.

⑤ 기동수단 및 승·하차 지점을 판단하고 행사장의 취약요소를 분석하고 안전점검 및 안전대책 판단기준을 설정하며, 행사장 비표 운용, 비상대피로 선정 및 출입자를 통제한다.★

⑥ 경호계획 최종 확인 및 변동사항 정리, 비상대책 확인 등 종합적인 경호활동을 점검하고, 경호지휘소(상황실)를 운영하여 변동·특이사항을 점검한다.★

3. 선발경호의 특성 `기출` 23 · 22 · 20 · 19 · 17

예방성	• 선발경호의 임무이자 경호의 목표라 할 수 있는 예방경호는 위해요소를 사전에 발견해서 제거하고 침투가능성을 거부함으로써 경호행사의 안전을 확보하는 것이다. • 직접적인 위해행위의 가능성뿐만 아니라 간접적인 시설물의 불안전성 및 많은 참석자로 인한 혼잡과 사고의 개연성에 대비한다.
통합성	선발경호에 동원된 모든 부서는 각자의 기능을 100% 발휘하면서 하나의 지휘체계 아래에 통합되어 상호보완적으로 임무를 수행해야 한다.
안전성	• 선발경호의 임무는 당연히 행사장의 안전을 확보하는 일이다. 그러기 위해서는 3중 경호의 원리에 입각해서 행사장을 구역별로 구분하여 그 특성에 맞는 경호조치를 강구하여야 한다. • 행사와 관계가 없는 사람의 핵심구역 출입을 통제하고, 행사장 내 제반 시설물과 반출입물품에 대한 검측과 출입인원에 대한 검색을 실시하여야 한다. • 행사장의 안전상태는 행사가 종료될 때까지 지속될 수 있어야 한다.
예비성	경호행사가 항상 계획되고 예상된 대로만 진행되지는 않는다. 따라서 선발경호는 사전에 경호팀의 능력과 현지 지형과 상황에 맞는 비상대응계획과 비상대피계획을 수립하여 비상상황에 대비하여야 한다.

〈출처〉 이두석, 「경호학개론」, 진영사, 2018, P. 254~255

4. 선발경호업무 수행절차

선발경호활동은 행사장을 안전한 구역으로 확보하기 위한 안전활동으로, 사전에 준비한 경호계획을 행사장에 적용하는 과정이다. 선발경호활동은 경호상황실 구성, 현장답사, 관계관협조회의, 분야별 경호조치, 작전회의, 안전유지 등의 내용을 포함한다.

① 경호상황실 구성

ㄱ 선발경호팀은 행사장에 도착함과 동시에 경호상황실을 설치·운영하여 본부와 연락체계를 구성한다.

ㄴ 경호상황실 근무자는 행사에 동원되는 모든 작전요소에서 파견된 근무자로 구성되며, 경호행사 전반에 충분히 정통한 자이어야 한다.

ㄷ 경호상황실 근무자는 경호상황실장(경호처)과의 협조점이 되어 경호작전을 통제한다.

ㄹ 경호상황실에는 행사장이나 정문 등을 모니터링할 수 있는 CCTV가 설치되면 보다 효과적이다.

② 현장답사

　㉠ 현장답사는 경호 준비내용의 합리성 및 타당성을 판단하기 위하여 행사장 현장을 직접 확인하는 과정으로, 행사계획과 행사장의 상황이 일치하는지를 검토하여 행사 시의 시행착오나 계획의 차질을 최소화하기 위한 경호활동이다.

　㉡ 경호대상자의 동선을 중심으로, 인원 및 물품의 출입통제대책, 경호구역 설정 및 근무자 배치의 적절성, 비상대책 등을 판단한다.

　㉢ 근무지별로 각자의 임무에 따라 인적·물적·지리적 취약요소를 판단하고 그에 따른 경호방안을 검토한다.

　㉣ 현장답사를 통하여 경호계획의 미비점을 보완하고, 단계별 행사진행에 따른 행동절차를 검토하고, 근무자 상호 간의 협조체제를 확인하고 구축한다.

③ 관계관협조회의

　㉠ 관계관협조회의는 행사에 동원되는 모든 작전요소가 동일한 작전지침하에 경호작전을 수행하기 위하여 실시한다.

　㉡ 경호작전을 주관하는 부서의 작전방향을 전달하고, 현지에서 경호작전을 준비한 상황에 대한 업무협조를 실시한다.

④ 분야별 경호조치

　㉠ 행사장에 대한 경호안전조치가 실시되는 단계로, 임무별로 필요한 경호조치를 협조하여 실시한다.

　㉡ 세부적 내용

　　• 행사장에 대한 안전검측활동을 실시한다.

　　• 안전구역 대하여 출입통로를 단일화하고, 모든 출입요소에 대한 검측과 검색이 실시되는 등의 출입통제대책이 실시되며, 취약개소에 대한 안전조치가 강구된다.

　　• 정보활동 및 보안활동을 실시하며, 비상대책을 확인하고 조치한다.

⑤ 작전회의

　㉠ 작전회의는 행사 준비상태 및 경호조치 결과를 최종적으로 확인하고 협조하는 과정이다.

　㉡ 경호안전활동 과정에서 변경되거나 중요한 경호조치 내용을 전파하고, 근무자 상호 간이나 부서별로 협조할 내용들을 최종적으로 검토한다.

⑥ 안전유지

　㉠ 안전유지는 사전 안전활동을 통하여 안전이 확보된 경호 핵심지역에 대한 인원의 출입 및 물품의 반입을 확인하고 통제함으로써 행사 경호인력이 배치되어 행사를 시작할 때까지 행사장을 안전하게 관리하는 경호조치이다.

　㉡ 행사장에 출입하는 인적·물적 요소를 지정된 통로를 통하여 출입하게 하고, 출입요소를 확인하고 점검하는 과정에서 위해요소의 접근을 거부하고 색출해낸다.

〈출처〉 이두석, 「경호학개론」, 진영사, 2018, P. 257~259

5. 선발경호 작전의 중점

선발경호 작전은 크게 예방과 대응이라는 두 가지 방향으로 준비한다. 즉, 위험발생의 소지를 사전에 차단하여 예방경호를 실현하기 위한 경호조치를 강구하는 것과 발생한 위험에 효과적으로 대처하여 대응경호를 완성하기 위한 비상대책을 강구하는 것이다.

① **경호작전체계의 확립**

　　㉠ 경호에 동원되는 다양한 작전요소를 하나로 묶기 위한 시스템의 확립이 필요하다.

　　㉡ 위기에 대응하기 위한 지휘체계와 부서 간 협조체계가 조직화되어야 하고, 그에 따른 책임과 권한이 분명하게 주어져야 한다.

　　㉢ 경호업무의 효율성을 기하고 체계적이고 조직적인 임무수행을 위하여 경호구역을 설정·운용하여야 하며, 경호구역은 3중 경호의 원리에 입각해서 행사의 특성과 행사장의 구조 및 지형을 종합적으로 분석하여 설정한다.

② **경호안전대책의 수립**

　　㉠ 경호구역의 설정에 따라 각 구역에 대한 통제대책과 안전대책을 수립하고, 지속적인 정보·보안활동으로 위해분자의 위해기도 가능성을 줄이기 위한 노력을 경주하여야 한다.

　　㉡ 통제대책은 행사장의 인적·물적·지리적 취약요소에 대한 안전 및 거부대책을 포함한다.

　　㉢ 안전대책의 수립

　　　• 행사 참석자의 이동, 확인 및 검색계획을 수립하고, 행사장 내의 시설물과 행사장 내로 반입되는 물품에 대한 안전점검대책을 강구한다.

　　　• 행사장의 지형평가를 통하여 주변의 고충건물이나 감제고지에 대한 수색 및 감시대책, 주요 접근로와 목지점에 대한 차단 및 거부계획을 수립한다.

③ **비상대책의 강구**

　　㉠ 경호 자체가 만약의 사태, 즉 우발상황에 대비한 위험관리의 한 수단임을 고려하면, 우발상황에 대비한 비상대책의 강구는 경호팀의 기본적인 조치사항 중 하나이다.

　　㉡ 우발상황 발생 시 현장의 무질서를 통제할 수단을 강구하고, 경호요원 각자에게 우발상황 시 행동지침이 부여되고, 다양한 우발상황에 대비한 대응수단이 강구되어 경호대상자의 신변안전과 피해의 최소화를 도모한다.

　　㉢ 특히 우발상황 발생 시 경호대상자를 방호하고 대피하는 임무를 수행하는 사람들은 근접경호팀이므로 비상대책은 근접경호팀과 긴밀한 협조하에 수립되어야 한다.

〈출처〉 이두석, 「경호학개론」, 진영사, 2018, P. 259~261

3 근접경호(수행경호)

01 근접경호

1. 근접경호의 의의와 목적

① **근접경호의 의의** `기출 23` : 근접경호란 행사 시 각종 위해요소로부터 경호대상자의 신변을 보호하기 위하여 실내·외 행사장은 물론, 도보 이동, 차량, 선박, 항공기, 철도 등의 기동 간에서 실시하는 근접 호위활동이다.

② **근접경호의 목적** : 선발경호에서 충분한 안전계획을 세워 안전구역이 확보되었다 하더라도 범법자의 우발상황 시에는 경호대상자의 최근접에서 경호대상자를 안전하게 방호하고 대피시켜 보호하는 데 목적이 있다. 즉, 경호대상자를 안전하게 보호하는 데 있다.

> 선발경호가 일정한 지역의 안전을 확보하는 공간개념이라면, 근접경호는 경호대상자 주위에 경호막을 형성하여 동선을 따라 이동하는 선개념이라고 할 수 있다.
>
> 〈출처〉 이두석, 「경호학개론」, 진영사, 2018, P. 299

2. 근접경호요원의 일반적 근무요령

① **근접경호의 위치** : 경호요원은 경호대상자와 경호요원 사이에 암살자 등이 끼어들 수 없도록 상대적 위치와 경호 대형을 수시로 바꾸면서 항상 경호대상자와 근접해 있어야 한다. ★

② **신분확인** : 숙소 방문, 각종 행사 등에 참석하는 경우 접근하려는 사람의 신분 및 직위와 본인 여부 등을 사전에 점검하고 경호대상자에게 서비스를 제공하는 종사요원의 명단도 사전에 획득하여 점검해야 한다.

③ **가족동반 시 경호** : 경호대상자가 가족을 동반할 경우, 인력 및 차량지원에 관해 사전에 계획을 수립하는 등 가족에 대하여 경호나 에스코트 등을 제공할 수 있다. ★

④ **수행원 등의 안전** : 경호대상자뿐만 아니라 외부요인의 수행에 대해서도 안전에 대한 경호를 실시해야 한다. 이는 경호원의 부수적인 책임이다. 즉, 어떤 경우 수행원이 위해를 당하는 사건이 발생하면 전반적인 경호임무에 불리하게 영향을 미칠 수 있고 혹평을 받을 수 있다.

⑤ **근접경호책임자의 행동** : 근접경호요원은 경호에 관련 없는 언론 및 대중들과 가능한 한 불필요한 접촉 및 대화를 삼가고, 책임자는 근접경호요원에 대한 책임을 지며, 경호대상자를 항시 수행한다.

3. 경호원의 활동수칙 _{기출} 23 · 22 · 20 · 18

① 권위주의적 자세를 배제하고 의전과 예절에 입각한 친절하고 겸손한 자세를 견지한다. ★

② 일반인의 불편을 최소화하고 경호대상자와 국민과의 접촉을 보장할 수 있는 경호를 수행한다.

③ 경호대상자의 명성에 해가 가지 않도록 하며, 위해기도자와 타협적인 행동을 하지 말아야 한다. ★

④ 최대한의 비노출·은밀·유연한 자세로 정교한 경호기술을 발휘하기 위한 교육 훈련에 충실히 임한다. ★

⑤ 경호대상자의 정상적인 업무를 보장하고, 가능한 한 사생활을 침해하지 않도록 한다. ★

⑥ 위해기도자의 입장에서 경호상 취약성을 분석하여 위해 행위를 효과적으로 사전에 봉쇄할 수 있는 예방경호에 총력을 기울여야 한다. ★

⑦ 은밀, 엄호, 대피, 계속 근무의 지침이 습관화되도록 한다. ★

⑧ 경호원은 무기사용을 자제하고 순간적인 판단력과 융통성, 냉철한 이성과 상황판단능력 및 정보분석능력을 기른다.

⑨ 경호대상자가 참석할 장소와 지역에 사전에 선발대를 보내어 점검표를 작성하고 정보를 분석하여 위험요인을 사전에 제거한다.

⑩ 경호대상자에게는 스스로 안전에 대처할 수 있도록 일상적인 경호수칙을 만들어 숙지하게 함으로써 개인적인 위험에 대한 경각심을 높이게 해야 한다. ★

⑪ 경호대상자의 시간, 장소, 차량, 습관화된 행동을 변화시켜 위해기도자가 다음 행동을 예측할 수 없도록 변화를 주어야 한다. ★

⑫ 경호대상자와 비슷한 성격과 취미를 가진 경호원을 선발하여 인간적 친밀감과 경호원에 대한 신뢰도를 갖도록 한다.

⑬ 경호대상자가 여자일 경우 화장실이나 탈의실 등 남자 경호원이 접근할 수 없는 지역에는 여자 경호원이 임무를 수행할 수 있도록 한다.

⑭ 경호업무의 효율성을 높이기 위하여 경호대상자의 종교, 직업, 병력 및 건강상태, 신체장애 여부, 약물복용 여부, 선호하는 음식, 싫어하는 음식, 교우관계, 고향, 습관, 성격, 출신학교, 친인척 관계, 인기도, 업무추진 방법, 기타 특이사항 등에 대한 기본정보를 파악하여 숙지한다. ★

출제 Point 빈칸 문제

경호원의 활동수칙

⋯ 위해기도자의 입장에서 경호상 취약성을 분석하여 위해 행위를 효과적으로 사전에 봉쇄할 수 있는 (❶)에 총력을 기울여야 한다.

⋯ 일반인의 불편을 최소화하고 경호대상자와 국민과의 접촉을 (❷)할 수 있는 경호를 수행한다.

⋯ 경호대상자의 시간, 장소, 차량, 습관화된 행동을 변화시켜 위해기도자가 다음 행동을 (❸)할 수 없도록 변화를 주어야 한다.

정답 ❶ 예방경호 ❷ 보장 ❸ 예측

4. 사주경계(주위경계) [기출] 20

① **사주경계** [기출] 22 : 경호대상자를 중심으로 한 전 방향에 대한 감시로 직접적인 위해나 자연발생적인 위해요인을 사전에 인지하기 위한 경계활동을 말한다.

　　㉠ **인적 경계대상** : 경호대상자 주변의 모든 인원들이 해당되며, 경호대상자의 수행원이나 보도요원, 공무원, 종업원 등 신분이 확실한 사람들도 일단 경계의 대상이 된다.★

　　㉡ **물적 경계대상** : 외관상 안전하게 보이는 물체라도 폭발물이나 독극물이 숨겨져 있을 수 있으므로 긴장을 늦추지 말고 경계해야 한다.

　　㉢ **지리적 경계대상** : 은폐, 엄폐된 장소로서 감제고지, 열려진 창문, 옥상 등을 중점적으로 경계한다.

> 인적 경계대상은 경호대상자 주변의 모든 인원이 그 지위나 차림새 등에 상관없이 포함되어야 하고, 특히 행사 상황이나 분위기에 어울리지 않는 행동이나 복장을 착용한 사람들을 중점적으로 감시한다. 물적 경계대상은 행사장이나 주변의 모든 시설물과 물체가 그 대상이다. 또한 지리적 경계대상은 위해기도자가 은폐하기 좋은 장소나 공격하기 용이한 장소가 해당된다.
> 〈출처〉 이두석, 「경호학개론」, 진영사, 2018, P. 180

② **사주경계 요령** [기출] 23 · 22 · 19

　　㉠ 주위 사물에 대한 위기의식을 가지고 전체적인 상황과 어울리지 않는 부조화 상황을 찾아야 한다.★

　　㉡ 시각의 한계를 염두에 두고 사주경계의 범위를 선정해야 한다.★

　　㉢ 인접해 있는 경호원과 경계범위를 중첩되게 설정한다.★

　　㉣ 경호대상자로부터 가까운 곳에서 먼 곳 순으로 좌우 반복하여 경계를 실시한다.★

　　㉤ 주위경계 시 주위 사람들의 손과 눈을 집중하여 감시한다.★

　　㉥ 더운 날씨에 긴 코트를 입거나 추운 날씨에 단추를 푸는 등의 주변 환경과 어울리지 않는 복장을 착용하고, 주위상황과 어울리지 않게 행동하는 사람을 특히 주의 깊게 관찰한다.

　　㉦ 위해를 가하려는 자는 심리적으로 대중들 가운데 둘째 열이나 셋째 열에 위치하는 경우가 많다.★

　　㉧ 복도의 좌우측 문, 모퉁이, 창문 주위 등에 관심을 두고 경계한다.★

　　㉨ 우발상황을 제외하고는 고개를 심하게 돌리지 않는다.★

　　㉩ 위해자는 공격목표 설정 시 목표에 집중하며, 웃지도 않고 몸을 움직이지도 않는다.★

👥 출제 Point 빈칸 문제

사주경계 요령
- ⋯ 주위 사물에 대한 위기의식을 가지고 전체적인 상황과 어울리지 않는 (❶) 상황을 찾아야 한다.
- ⋯ (❷)의 한계를 염두에 두고 사주경계의 범위를 선정해야 한다.
- ⋯ 인접해 있는 경호원과 경계범위를 (❸)되게 설정한다.
- ⋯ 경호대상자로부터 가까운 곳에서 먼 곳 순으로 좌우 (❹)하여 경계를 실시한다.

❶ 부조화 ❷ 시각 ❸ 중첩 ❹ 반복 　정답

5. 근접경호원의 임무 `기출` 23 · 22 · 21 · 20 · 18 · 17 · 16 · 14 · 13

① 경호대상자 주위의 일반인에게 불편을 초래하지 않는 범위 내에서 경호원 자신의 활동 공간을 확보하고 경호원 각자 주어진 책임구역에 따라 사주경계를 실시한다. ★

② 돌발적인 위해 발생 시 인적 방벽을 형성하여 경호대상자를 완벽하게 보호하고, 대적 및 제압보다는 경호대상자를 방호하여 안전한 곳으로 대피시키는 것을 우선으로 해야 한다. ★

③ 우발적인 공격을 당했을 때는 경호대상자에게 위해를 가하지 않을 것이라는 명백한 확신이 서기 전까지는 누구도 경호대상자의 주위에 접근시켜서는 안 된다. ★

④ 경호대상자가 심리적 안정감을 느낄 수 있도록 항상 경호대상자가 볼 수 있는 최근접의 지점에 위치하여야 한다.

⑤ 항상 경호대상자 주위의 모든 사람들의 손을 주의해서 관찰하고, 흉기를 소지하고 있다는 가정하에 대비책을 구상해야 한다. ★

⑥ 복도, 도로, 계단 등으로 경호대상자를 수행할 때는 공간의 중간으로 유도하여 위해 발생 시 피난공간을 여유 있게 확보하도록 한다. ★

⑦ 위해자의 공격가능성을 줄이고, 공격 시 피해 정도를 최소화하기 위하여 이동 속도를 가능한 한 빠르게 하여야 한다. ★

⑧ 문을 통과할 경우에는 항상 경호원이 먼저 통과하여 안전을 확인한 후 경호대상자를 통과시켜야 하고, 경호원이 사전에 점검하지 않은 지역이나 장소에는 경호대상자가 절대 접근하지 않도록 한다. ★

⑨ 도로의 휘어진 부분이나 꺾인 부분, 보이지 않는 공간 등을 통과할 때는 항상 경호원이 먼저 안전을 확인하고 경호대상자가 통과하도록 하여야 한다. ★

⑩ 이동 속도는 경호대상자의 건강상태, 신장, 보폭 등을 고려하여 정하고, 상황에 따라 속도를 조절할 때는 경호원 상호 간에 연락하여 조절하도록 한다. ★

⑪ 타 지역으로 이동 전에 경호원은 이동로, 소요시간, 경호대형, 주위의 특이상황, 주의사항 및 경호대상자의 이동 위치를 사전에 경호대상자에게 알려 주어야 한다.

⑫ 경호대상자가 이동 시에는 항상 좌측 전방 경호원의 뒤쪽에서 이동할 수 있도록 사전에 알려 주어야 하고, 좌측 전방 경호원은 경호대상자의 시야를 가리지 않도록 하고 서로 손과 발이 부딪히지 않도록 주의해야 한다. ★

⑬ 경호대상자가 대중의 가운데 있을 때, 군중 속을 통과하여 걸을 때, 건물 내로 들어갈 때, 공공행사에 참석할 때, 승 · 하차할 때 특히 위험하다는 것을 염두에 둔다.

⑭ 이동 중 경호원 상호 간에 적절한 수신호나 무선으로 주위상황과 경호대상자의 상태 등을 연락할 수 있도록 한다.

⑮ 이동 중 무기 또는 위해기도자가 시야에 나타나면 위해요인과 경호대상자 사이로 움직여 시야를 차단하고 무기제압 시에는 총구의 방향에 주의하여 경호대상자 방향으로 향하지 않도록 한다. ★

6. 근접경호의 특성 `기출` 23 · 22 · 21 · 20 · 19 · 18

> **근접경호작용(호위작용)**
>
> 호위작용이란 경호대상자의 신체에 대하여 직접적으로 가해지는 위해를 근접에서 방지 또는 제거하는 활동을 말한다. 호위의 특성은 경호작용상 본질적으로 내재하는 특징을 말하는 것으로 일반적으로 노출성, 방벽성, 기만성, 기동성, 유동성, 방호 및 대피성 등을 들고 있다.

① **노출성** : 다양한 기동수단과 도보대형에 따라 경호대상자의 행차가 시각적으로 외부에 노출될 뿐만 아니라, 각종 매스컴에 의하여 행사일정과 장소 및 시간이 대외적으로 알려진 상태에서 업무를 수행해야 하는 특성이 있다.

② **방벽성** : 근접도보대형 시 근무자의 체위에 의한 인적 자연방벽 효과와 방탄복 및 각종 기동수단에 의해 외부의 공격으로부터 방벽을 구축해야 하는 특성이 있다.

③ **기동 및 유동성** : 근접경호는 주로 도보 또는 차량에 의해 기동 간에 이루어지며 행사 성격이나 주변 여건, 장비의 특성에 따라 유동성 있는 도보 또는 차량대형이 이루어지는 특성이 있다.★

④ **기만성** : 공식적이 아닌 <u>변칙적인 경호기법</u>으로 차량대형 기만, 기동시간 기만, 기동로 및 기동수단 기만, 승·하차지점 기만 등으로 <u>위해기도자로 하여금 행사상황을 오판하도록</u> 실제상황을 은폐하고 허위상황을 제공하여 행사의 효율성을 높이려는 특성이 있다.★

⑤ **방호 및 대피성** : 비상사태의 발생 시 범인을 대적하여 제압하는 것보다 반사적이고 신속·과감한 행동으로 경호대상자를 방호 및 대피시키는 것을 우선해야 한다는 특성이 있다.

 **빈칸 문제**

근접경호의 특성
- ➝ (❶) : 행사일정과 장소 및 시간이 대외적으로 알려진 상태에서 업무를 수행해야 한다.
- ➝ (❷) : 근무자의 인적 자연방벽 효과와 방탄복 및 각종 기동수단에 의해 방벽을 구축해야 한다.
- ➝ (❸) : 근접경호는 주로 도보 또는 차량에 의해 기동 간에 유동성 있게 이루어진다.
- ➝ (❹) : 위해기도자가 행사상황을 오판하도록 실제상황을 은폐하고 허위상황을 제공하여 행사의 효율성을 높인다.
- ➝ (❺) : 비상사태의 발생 시 범인을 대적하여 제압하는 것보다 반사적이고 신속·과감한 행동으로 경호대상자를 방호 및 대피시키는 것을 우선해야 한다.

❶ 노출성 ❷ 방벽성 ❸ 기동 및 유동성 ❹ 기만성 ❺ 방호 및 대피성 `정답`

7. 근접경호의 방법 `기출` 18·17

① 도보이동 간 근접경호의 원칙 `기출` 20·19·17

　㉠ 가능한 한 선정된 도보이동시기 및 이동로는 수시로 변경되어야 하고 이동 시 위험노출 정도를 최소화하기 위해 최단거리 직선통로를 이용하고 주변에 비상차량을 대기시켜 놓도록 한다. ★★ `기출` 21

　㉡ 근접경호요원은 경호대상자에게 이르는 모든 접근로를 차단하기 위하여 분산되어야 한다. ★

　㉢ 옥외에서 도보이동을 하는 동안 경호대상자의 안전을 위협할 수 있는 차량이나 돌발사태 등에 대비하여 경호대상자의 차량도 근접해서 주행해야 한다. ★ `기출` 18·17·14·13·11

　㉣ 도보대형 형성 시는 경호대상자의 성향(내성적·외향적, 은둔형·과시형), 주변 감시통제 건물의 취약도, 인적 취약요소의 이격도, 물적 취약요소의 위치, 행사장 사전예방경호 수준(안전도 및 취약성), 행사장 참석자 인원수 및 성향, 행사의 성격, 지리적 취약성 등을 우선적으로 고려한다. `기출` 22·21

　㉤ 도보이동 시 외부적인 노출도가 크고 방벽효과도 낮아서 불시의 위협이 있을 가능성이 많으므로 도보이동은 가급적 삼가는 것이 좋다. ★

　㉥ 근접경호대형은 전방위에 대한 사주경계와 신변안전을 담보할 수 있는 최소한의 인원으로 형성한다(근접에서 효과적으로 우발상황에 대처할 수 있는 최대한의 인원수는 5~6명이 적당하다).

도보이동 간 근접경호대형 `기출` 17·16

다이아몬드 (마름모) 대형	혼잡한 복도, 군중이 밀집해 있는 통로 등에서 적합한 대형으로 경호대상자의 전후좌우 전 방향에 대해 둘러싸고, 각각의 경호원에게는 기동로에 대해 360° 경계를 할 수 있도록 책임구역이 부여된다.
쐐기형 대형	무장한 위해자와 직면했을 때 적당한 대형으로, 다이아몬드 대형보다 느슨한 대형이 필요한 상황에서는 3명으로 쐐기형 대형을 형성하며, 다이아몬드 대형과 같이 각각의 경호원에게는 기동로를 향해 360° 지역 중 한 부분의 책임구역이 할당되어야 한다.
역쐐기형 (V자형) 대형	• 외부로부터 위협이 없다고 판단되며, 안전이 확보된 행사장 입장 시와 대외적인 이미지를 중시하는 경호대상자에게 적합한 도보대형이다. • 전방에는 아무런 위협이 없다는 가정하에 경호대상자를 바로 노출시켜 전방에 개방된 대형을 취한다. • 경호팀장만 경호대상자를 즉각 방호할 수 있는 위치에서 경호임무를 수행한다.
삼각형 대형	3명의 경호원이 삼각형 형태를 유지하여 이동하는 도보대형으로 행사와 주위 사람의 성격, 숫자, 주변환경의 여건에 따라서 이동한다.
역삼각형 대형	진행방향 전방에 위해가능성이 있는 경우 취하는 대형으로, 진행방향의 전방에 오솔길, 곡각지, 통로 등과 같은 지리적 취약점이 있는 경우 유용하다. ★
밀착형 대형	저격 등의 위험이 있는 경우에는 밀착형 대형으로 안전도를 높일 수 있으며, 우발상황 발생 시 개방대형에서 밀착형 대형으로 신속하게 전환되어야 한다. 반면에 경호대상자가 선호하지 않으며 일반인들에게는 위화감을 줄 수 있다는 단점이 있다. ★
사다리형 대형	경호대상자의 진행방향을 중심으로 양쪽에 군중이 운집해 있는 도로의 중앙을 이동할 때 적합한 대형으로, 경호대상자를 중심으로 4명의 경호원이 사다리 형태를 유지하며 이동하는 대형이다. ★
원형 대형	5~6명의 근접경호요원이 경호대상자를 중심으로 원의 형태를 유지한다. 경호대상자가 완전히 경호원에 의해 둘러싸여 있는 인상을 주게 되어 대외적인 이미지는 안 좋을 수 있으나 경호효과가 높다.

② 기동 간 경호 요령

㉠ 차량 이동 시 `기출` 23 · 21 · 20 · 19 · 18 · 17 · 16 · 13 · 12 · 11

- 경호대상자의 차량은 색상이 보수적이고 문이 4개인 차량으로 선정하며, 기사는 사전에 신원이 확인된 자로서 사복 무장경찰관이나 경호요원이어야 한다. ★
- 차량기동 간 사전준비 및 검토할 사항으로는 행차로와 환차로 등 주변 도로망 파악, 대피소 및 최기 병원 선정 등 주변 구호시설 파악, 주도로 및 예비도로 선정, 차량대형 및 차종 선택, 의뢰자 및 관계자의 차량번호 숙지, 현지에서 합류되는 차량번호 숙지 등이다. ★★

기동경호대형

차량대형 결정 시에는 행사 성격, 도로 및 교통상황, 경호대상자의 성향, 위협의 정도 등을 고려하여야 한다. ★

간편대형	• 구성 : 경호대상자차 – 경호차 • 후미경호차는 경호대상자차보다 차폭의 1/2 정도 우측을 주행하며, 간격은 전장의 1/2~2/3 정도로 유지한다.
기본대형	• 구성 : 선도경호차 – 경호대상자차 – 후미경호차 • 경호대상자차보다 차폭의 1/2 정도만큼 선도경호차는 좌측, 후미경호차는 우측을 주행한다. • 후미경호차는 기동 간 이동지휘소, 경호요원이나 의료진의 이동수단, VIP 예비차량의 임무를 수행한다.
확장대형 (날개대형)	• 구성(A) : 선도경호차 – 경호대상자차 – 좌/우 후미경호차 • 구성(B) : 좌/우 선도경호차 – 경호대상자차 – 좌/우 후미경호차 • 대규모의 국가행사 시에 사용하며, 경호지휘차량은 우측 후미경호차이다.

〈참고〉 이두석, 「경호학개론」, 진영사, 2018, P. 334~336

- 선도경호차량은 행·환차로를 안내하고, 행사시간에 맞게 주행속도를 조절하며, 전방의 각종 상황에 대한 경계임무를 수행하고, 후미경호차량은 기동 간 경호대상자 차량의 방호업무와 경호지휘 임무를 수행한다. 경호대상자 차량은 선도차량과 일정한 간격을 유지하면서 이동하며, 유사시 선도차량과 같은 방향으로 대피한다. `기출` 22
- 후미경호차량은 교차로에서 좌회전 시에는 경호대상자 차량의 우측 후미차선을, 우회전 시에는 좌측 후미차선을 이용하여 회전하면서 접근 차량에 대한 방호임무를 수행하여야 한다. `기출` 23
- 경호대상자 차량 운행 시 차문은 반드시 닫고, 선도차량과 일정한 간격을 유지하면서 이동한다.
- 주행 시 항상 차 문은 잠가 두어야 한다. ★
- 하차지점에 도착하기 위한 접근로는 가능한 한 변경하는 것이 좋다.
- 주차 장소는 자주 변경하는 것이 좋으며, 특히 야간에는 밝은 곳에 주차해야 한다. ★★
- 주차된 차량이나 차량대형을 감시할 때는 방호된 차 밖에서 사주경계를 실시하여야 한다. `기출` 23
- 승차 시 차량은 안전점검 후 시동이 걸린 상태에서 대기한다. ★ `기출` 23
- 목적지에 도착하면 경호책임자는 가장 먼저 하차하고 출발 시에는 가장 나중에 승차하며 경호대상자 승·하차 시 차량 문의 개폐와 잠금장치를 통제한다. ★

- 한 대의 경호차량을 운용할 경우 일반적으로 후미차로 운용하지만, 상황에 맞게 적절히 변형하여 운용할 수 있다.★
- 속도는 경호상 중요한 요소이므로 위해기도자의 표적에서 벗어날 수 있도록 빠르게 이동한다.
- 경호차량은 주차나 정차해 있는 차량 가까이에는 정지하지 않는다.
- 의심스러운 지점에서 멀리하고, 경호대상자의 승하차 시 눈에 잘 띄지 않는 지점을 선택한다.
- 경호대상자 차량의 문은 경호원이 정위치 상태에서 주변의 안전을 확인한 후 개방한다.★

경호차량 선정 시 고려사항 기출 19·14
- 충분한 기동성을 보유하여야 한다.
- 경호대상자의 차량과 색상과 성능, 외형이 비슷하고, 유리는 착색된 것이 좋다.★★
- 기만효과를 위해서는 경호대상자의 차량과 동종의 차종으로 선택하는 것이 좋다.
- 특별한 외부 부착물은 달지 않고, 안테나는 보이지 않는 것으로 한다.★
- 무기나 보호 장구는 일반인이 볼 수 없도록 조치한다.★
- 통신장비가 구비되어야 하고 경호대상자가 탑승한 차량은 볼륨을 낮게 조정한다.
- 차체가 강하고 방탄차량으로 하는 것이 좋다.★
- 방향전환이 쉽고 엔진의 성능과 가속장치가 좋은 차량을 선정한다.★
- 어느 정도까지는 클수록 좋지만, 대형차량(리무진 등)은 시선을 끌 수 있으며, 기동력이 떨어져 바람직하지 않다.
- 후미경호차량은 경호대상자 차량의 고장 시 VIP 예비차량의 임무를 수행할 수도 있으므로, 가급적 경호대상자 차량과 같은 차종을 선정하여야 한다.

차량기동경호의 목표
- 안락성(comfort) : 경호대상자가 차량을 이용하여 이동하는 동안 편안하게 시간을 보낼 수 있도록 하는 것이다.
- 편의성(convenience) : 정확한 시간 엄수로 업무스케줄에 차질이 생기지 않도록 하는 것이다.
- 안전성(safety) : 각종 사고로부터 경호대상자를 보호해야 한다는 것이다.
- 방비성(security) : 고의적이거나 계획적인 외부의 위해공격으로부터 경호대상자를 안전하게 보호하는 것을 말한다.

〈출처〉 이두석, 「경호학개론」, 진영사, 2018, P. 325

ⓒ 공중 이동 시
- 출발 및 도착 스케줄을 사전에 결정하여야 한다.★
- 경호대상자 및 수행원이 도착하기 전 교통통제, 항공기, 트럭 등의 지상운행통제, 통신설비, 비행장 내에서의 군중통제 및 안전대책사항 등에 대한 필요성을 결정하기 위한 합동안전검사 실시 등의 내용을 공항관리자, 관제요원 및 공항경찰당국과 협의하여야 한다.

ⓒ 철로 이동 시
- 승하차 지점, 승강시설, 편의시설, 안전서비스 및 통신기기 등에 관하여 결정하여야 한다.
- 근접경호요원을 위한 좌석 배정, 제한구역 설정, 바리케이드 사용, 폭발물 및 장애물의 검측과 거수자에 대한 검색 등의 합동안전검사 실시 등을 철도역장, 철도경찰과 사전에 협의하여야 한다.

② 해상 이동 시
  • 편리성, 접근가능성, 안전성 등을 고려하여 정박위치를 선정한다.★
  • 정박지역의 제한과 안전대책 적용을 위한 합동검사 등의 사항을 항만관리자, 해안경비대, 항만순찰대와 함께 사전에 협의하여야 한다.★
⑩ 교차로 진입 시 : 같은 방향으로 2대의 경호차량이 교차로에 진입하는 경우, 방호차원에서 우측 경호차량이 우선적으로 교차로를 통과해야 한다. 기출 21

8. 근접경호의 기법

① 육감경호
  ㉠ 위험을 예상하는 감각과 이 위험을 진압하기 위한 재빠른 조치를 취할 시점을 알아채는 능력 등을 말한다.
  ㉡ 경호기법이 아무리 발전해도 경호요원의 치밀한 주의력과 신속한 반응능력이야말로 성공적 경호를 위해 가장 효율적인 것이다.★
  ㉢ 신속한 반응이란 암살기도자의 공격과 동시에 즉각적으로 총을 뽑아 대응사격을 하는 것이 아니라 경호대상자를 보호하는 것이다. 경호요원이 총을 뽑아 공격자를 대응사격하는 시간은 암살범 입장에서 보면 그의 목적을 달성하기에 충분한 시간이기 때문이다.★

② 기만경호 기출 21·17·16·15·11 : 위해기도자에게 행사상황을 오판하도록 허위상황을 제공하여 위해기도자로 하여금 위해기도를 포기하거나 위해기도가 실패되도록 유도하는 계획적이고 변칙적인 경호기법을 말한다. 이는 행동의 관습성, 경호대상자의 일정노출, 위해기도자의 전문성 때문에 필요하다.★
  ㉠ 일반적 기만의 방법 : 일반인처럼 자연스러운 옷차림과 행동, 의도하지 않는 방향으로 이동, 허위흔적 표시, 시간을 앞당긴 기동 및 도착, 기만장애물 및 경비시설 설치, 소음 및 광채사용·연막차장, 기동대형 변형 등이 있다.
  ㉡ 기동 간 경호기만 : 경호대상자가 각종 기동수단을 이용하여 기동할 때 실시하는 경호기만으로, 기동차량의 기만에는 위장 경호대상자 차량을 사용, 경호대상자 차량의 위치를 수시로 변경, 다양한 대형을 변칙적으로 사용, 대중의 시야를 벗어났을 때 사용할 것 등이 있다.

③ 복제경호요원 운용 : 경호대상자와 얼굴이 닮은 사람을 경호요원 또는 비서관으로 임용하여 경호위해자의 눈을 기만하여 경호대상자를 보호하는 방법이다.

복제(複製)경호요원
이라크의 '사담 후세인' 전 대통령이 암살에 대비해 자신과 똑같이 닮은 사람을 경호요원으로 채용, 항상 대동하고 다니면서 때론 대역까지 시킨 바 있었으며, 바그다드의 새로운 실권자로 자리를 굳힌 그의 장남 '우데이'도 그와 비슷한 얼굴을 가진 '라티브 야히아'를 경호요원으로 채용해 암살에 대비하고 있었으나 '라티브 야히아'가 1992년에 이라크를 탈출함에 따라 그 전모가 탄로 나고 말았다. 북한에서도 김정일 외에도 대역을 맡은 두 명의 가짜 김정일이 수시로 대신해 공식행사 등에 참석했던 것으로 알려졌다.

〈출처〉 김두현, 「경호학개론」, 엑스퍼트, 2020. P. 288

④ **기동대형 기만** : 기동 간 대형을 수시로 변경하는 등 적을 기만함으로써 위해기도자의 공격을 감소시켜서 위해기도가 실패하도록 유도하는 방법이다.

⑤ **근접경호원의 임무수행방법** 기출 18 · 16 · 15 · 14

악수 시	• 경호대상자가 불특정 다수인과 악수하는 행위는 최근접 거리에서 신체적 접촉을 하는 관계로 위해의 기회가 가장 많이 노출된다. 따라서 경호원은 최근접하여 경계근무를 강화해야 한다. • 전방 경호원은 악수를 하기 위해 대기하고 있는 사람들의 수상한 행동, 눈빛, 손을 감시하면서 만일의 사태를 대비한다. 후방 경호원은 경호대상자의 최근접에서 악수하는 자와 악수를 마친 자들에 대한 경계근무를 수행하면서 우발상황 발생 시의 방어와 대적업무를 수행하여야 한다.
계단 이동 시	• 일반 도보대형과 동일한 대형을 취하되 경호대상자는 항상 계단의 중앙부에 위치하도록 한다.★ • 경호대상자가 노약자이거나 여성인 경우에는 계단 측면의 손잡이를 잡고 이동할 수 있도록 하며, 좌·우측 중 외부 노출이 적은 쪽의 손잡이를 이용하도록 유도한다.★ • 계단을 올라갈 때 전방 경호원은 계단이 끝나는 지점에서 평지에 대한 경계와 감시를 하고 안전이 확인된 후에 경호대상자가 올라오게 한 후 정상적인 도보대형을 형성한 후 이동하도록 한다.
에스컬레이터 이용 시	• 에스컬레이터는 사방이 노출되어 있고 이동속도가 느리기 때문에 우발상황 시 대피하기 어려운 면이 있으므로 가능하면 사용하지 않고 계단이나 엘리베이터를 이용하는 것이 안전하다.★ • 에스컬레이터에서도 걸음을 멈추지 않고 최대한 짧은 시간에 에스컬레이터를 벗어나도록 한다. • 전방 근무자는 이동로를 확보하여 에스컬레이터에서도 이동시간을 단축시킬 수 있도록 한다.
출입문 통과 시	• 문을 통과할 때는 항상 전방 경호원이 문의 상태를 파악하고, 미는 문일 경우 안으로 들어가서 문을 잡고 있어야 하며, 당기는 문일 경우에는 바깥에서 문을 잡아 경호대상자가 안전하게 통과할 수 있도록 하는 등 먼저 문의 안전상태나 위해여부를 확인한 후 통과한다. • 경호대상자가 문을 통과하기 전에 좌측방 경호원이 먼저 문을 통과하여 들어갈 때는 내부, 나올 때는 외부에 대한 안전도를 확인한 후 경호대상자를 통과시키도록 한다. • 가능하면 회전문을 사용하지 않는 것이 좋다.★★ • 내부 출입자는 내부의 일체 공간에 대한 위해자의 은닉 여부, 내부참석 인원, 독극물의 냄새, 시설상의 문제 등을 오각(五覺)을 통해 확인한다. • 경호대상자가 내부에 머물 때, 동석 이외의 경호원은 불순분자가 내부로 침입하지 않도록 외부에서 출입문에 대한 통제근무와 외부상황에 대한 경계업무를 수행하도록 한다.
엘리베이터 탑승 시	• 가능한 한 일반인과는 별도의 전용 엘리베이터를 이용하는 것이 좋다.★ • 전용 엘리베이터는 사전에 이동층 표시등, 문의 작동속도, 비상시 작동버튼, 이동속도, 창문의 여부, 정원, 비상용 전화기 설치여부와 작동상의 이상 유무를 조사해 두어야 한다. • 엘리베이터의 문이 열렸을 때 경호대상자가 외부인의 시야에 바로 노출되지 않는 지역에 위치하도록 하여야 한다.★ • 문이 열렸을 때 전방 경호원이 내부를 점검하고 목표층을 누르면 경호대상자를 내부 안쪽 모서리 부분에 탑승시킨 후 방벽을 형성하고 경계임무를 수행하도록 한다.★
공중화장실 이용 시	• 행사장이나 이동로 주변에 공중화장실을 사전에 파악해두어야 한다. • 공중화장실 이용의 경우 약간 멀더라도 일반인이 많지 않고 격리된 곳이 좋다.★ • 소변기를 사용할 경우는 문을 열었을 때 바로 경호대상자가 시야에 노출되지 않는 쪽을 사용하도록 하고, 대변기를 사용할 때는 끝 쪽의 벽면이 붙어 있는 곳을 사용하지 않도록 한다.★

02 행사장경호

1. 행사장경호의 의의

① 행사장경호란 경호대상자가 참석하는 행사장 등에 경호요원을 배치하여 경호상 취약지점을 경계하는 안전작용이다.

② 행사장에서는 경호대상자와 일반대중과의 거리가 매우 밀접하게 되므로 경호자의 고도의 안전대책이 요구되고 높은 수준의 경계를 요하며, 원활한 행사를 위하여 경호정보업무, 보안업무, 안전대책업무가 지원되어야 한다. ★ 기출 21

2. 행사장 공경호 업무수행 요령

① 정문 근무자는 행사 주최측과 협의하여 초청장 소지, 비표패용 여부를 확인하고 거동수상자를 검색하여야 한다.

② 근무자는 국민의례 등에 참석하지 않고 오로지 군중경계에 전념하여 돌발사태 발생 시 바로 대응할 수 있는 자세를 갖추고 있어야 한다.

③ 돌발사태에 대비하여 예비대·비상통로·소방차·구급차 등을 확보하여 대기하여야 한다. ★

3. 행사장 내부와 외부 담당자의 임무 기출 13·11

① 주행사장 내부 담당자의 임무

　㉠ 접견 예상에 따른 대책 및 참석자 안내계획을 수립한다.

　㉡ 경호대상자 동선 및 좌석위치에 따른 비상대책을 강구한다.

　㉢ 행사장 내 인적·물적 위해요인 접근통제 및 차단계획을 수립한다. ★

　㉣ 정전 등 우발상황을 대비하고 필요시 행사진행절차에 입각한 예행연습을 실시한다. ★

　㉤ 경호대상자의 휴게실 및 화장실의 위치를 파악하고 안전점검을 실시한다. ★

　㉥ 필요시 방폭요, 역조명, 랜턴, 손전등을 비치한다. ★

　㉦ 행사장 단일 출입 및 단상, 천장, 각종 집기류를 점검한다. ★

② 주행사장 외부 담당자의 임무

　㉠ 방탄막 설치 및 비상차량 운용계획을 수립한다. ★

　㉡ 경비 및 경계구역 내에 대한 안전조치를 강화한다. ★

　㉢ 차량 및 공중 강습에 대한 대비책을 수립한다. ★

　㉣ 안전구역에 대한 단일 출입로를 설정한다. ★

　㉤ 외곽 감제고지 및 직시건물에 대한 안전조치를 실시한다. ★

　㉥ 지하대피시설을 점검하고 확보한다. ★★

　㉦ 취약요소 및 직시시점을 고려하여 단상, 전시물을 설치한다. ★

03 연도경호

1. 연도경호의 의의

연도경호란 경호대상자의 행·환차로상에서 직·간접적으로 이루어질 수 있는 위해에 대한 적절한 경호조치를 말한다.

2. 연도경호 시 근무요령

① 정복근무자는 복장이 주는 이점을 살려 군중의 질서를 유지하고 거동수상자의 접근 여부를 감시한다.

② 사복근무자는 군중 속에 섞여 잠정적 위협요소에 비노출된 채로 끊임없는 감시활동을 한다.

③ 경호행사 도중 예상치 못한 사태의 발생을 대비하기 위하여 비상대기조를 운영하여 갑작스런 경호대상자의 신변에 위협이 닥쳤을 때 즉응적으로 대응할 수 있게 한다.★

④ 주위에 고층건물이 있는 경우 위협요소로 하여금 보다 용이하게 경호대상자를 주시할 수 있게 할 수 있으므로 건물에 있을 수 있는 인적·물적 위해요소를 제거하여 경호에 만전을 기해야 한다.

04 숙소경호

1. 숙소경호의 의의

① 경호대상자가 평소에 거처하는 관저뿐만 아니라 임시로 외지에서 머무는 장소에 대한 경호경비활동을 말하며, 안전도모를 위해 물적·인적 위해요소를 사전에 배제해야 한다.★ 기출 18

② 주로 단독주택과 호텔 등이 그 대상으로 경비계획수립 시 체류가 장기화된다는 점과 야간에도 경계를 해야 한다는 점을 고려하여야 한다.★

2. 숙소경호의 특성

① **혼잡성** : 숙소의 특성상 출입이 빈번하고 숙소를 이용하는 일반인 이용객들이 많아 통제가 용이하지 않다.

② **보안의 위험성** : 매스컴을 통한 경호대상자의 거취의 보도나 보안차량과 인원의 이동 시 주변에 알려지기 쉬워 보안상에 위험이 많다.

③ **방어의 취약성** : 호텔 등 유숙지의 시설물은 일반 업무용 숙박시설의 기능을 가지고 있어 숙소의 종류 및 시설물들이 복잡하고 많은 위험요소가 내포되어 있기 때문에 경호적 개념의 방어에 취약하다.

④ **고정성** : 경호대상자의 동일 장소 장기간 체류는 범행 기도자에게 기회와 시간을 제공하게 될 수 있다.

3. 숙소경호 시 근무요령

① 경비배치는 내부·내곽·외곽으로 구분해서 실시하며 숙소의 외곽은 1, 2, 3선으로 해서 경계망을 구축하고 출입문에 출입통제반을 설치해 방문자 통제체계를 확립한다.★

② 근무는 평상시, 입출 시, 비상시로 구분해서 실시하고, 도보순찰조와 기동순찰조를 운용한다.★

③ 출입구, 비상구와 통로, 주차장, 계단, 복도, 전기시스템, 엘리베이터 등을 확실히 점검하고 경계를 강화한다.

④ 정복근무자는 출입문 쪽에 배치하여 출입하는 인원의 경계를 강화하고 숙소 주위를 순찰하게 한다.★

⑤ 사복근무자는 숙소 주위에 유동적으로 배치하여 교대로 근무하게 한다.★

⑥ 주변 민가지역 내 위해분자 은거, 수림지역 및 제반 감제고지 고층건물의 불순분자 은신, 숙소주변 차량, 행·환차로 등의 위해요소를 확인한다.

⑦ 호텔 유숙 시 위해물 은닉이나 위장침투 등이 가능하기 때문에 일반인, 면담 요청자, 호텔업무종사자, 투숙객 등을 관리하여 위해기도에 대비한 안전대책을 면밀히 수행한다.

⑧ 경호에 만전을 기하기 위해서 숙소 주변의 인근 주민들도 경계대상에 포함시켜야 한다.★

4. 경호대상자를 경호하는 방법

① 숙소경호는 단독 주택과 호텔로 구분되며 3중 경호 개념과 경비 개념이 적용된다.★

② 경호지휘 및 통제에 필요한 경호상황실을 운영하여야 한다. 주로 경호대상자의 옆방이나 거실에 설치하게 된다. 호텔숙소인 경우 바로 옆방에 설치한다.

③ 호텔경호 시에 경호대상자가 묵고 있는 위·아랫방, 맞은편, 옆방은 수행원이나 경호원들이 사용하는 것이 좋다.★

④ 출입자 및 방문자 통제를 확실히 해야 하며 시설의 안전점검과 각종 사고예방에 유의한다.★

---

4 출입자 통제대책 기출 22·20·18·17·16·15·14·12

01 출입관리

1. 출입자 통제의 의의

출입자 통제란 안전구역 설정권 내에 출입하는 인적·물적 제반요소에 대한 안전활동을 의미한다. 기출 23·22

① **출입요소** : 행사 관련 참석자, 종사자, 상근자, 반입물품, 기동수단 등을 말한다.

② **출입통제** : 출입통로 지정, 시차입장, 본인 여부 확인, 비표운용, 검문검색, 주차관리 등을 하는 것을 의미한다.

02 | 출입자 통제업무 수행의 절차

1. 행사장 출입관리

① 인적 출입관리는 행사장의 모든 출입구에 대한 검색이나 수상한 자의 색출을 목적으로 한다.★ `기출` 22

② 인적 출입을 관리할 때에는 외투나 휴대품 등에 대해 주의 깊게 검색하고 관찰해야 한다.

③ 하절기에 불필요한 긴 외투를 걸친 사람이 있다면 그에 대해서는 반드시 검색을 해야 하며 휴대품이 행사장 참석에 있어서 불필요하게 크다면 그것도 역시 확인해야 한다.

④ 어린이를 동반한 참석자 중에 어린이용 무기류의 장난감이 있다면 그것도 정확히 확인해야 한다.★

⑤ 출입자 통제업무는 <u>안전구역 설정권</u> 내에 출입하는 인적·물적 대상에 대하여 행사의 성격, 규모, 참가자의 수, 행사장 구조, 좌석배치도, 주차관리 등을 파악한다.★ `기출` 23·22

⑥ <u>안전구역 설정권</u> 내에 출입하는 시차입장계획, 안내계획, 비표운용계획, 주차관리계획 등에 대하여 세부적 지침을 수립하여 임무를 수행하여야 한다.

2. 출입자 통제대책

① 행사장 안전확보와 참석인원 등에 대한 안전조치 수단으로서 중요한 것은 비표 운용과 금속탐지기 또는 X-Ray 검색기를 통한 검색활동이다.★

② 비표는 식별이 용이하도록 선명하여야 하며, 간단하게 제작한다.★ `기출` 23

③ 모든 출입요소는 지정된 출입통로를 사용하여야 하며 기타 통로는 폐쇄한다. `기출` 23·22

④ 대규모 행사 시에는 참석 대상별 또는 좌석별 구분에 따라 출입통로 선정 및 시차입장 계획을 수립하여 출입통제가 용이하도록 한다.★ `기출` 22

⑤ 출입증은 전 참가자에게 운용함을 원칙으로 한다. 단, 행사 성격을 고려하여 일부 제한된 행사에 대해서는 지침에 의거, 운용하지 않을 수 있다.★

⑥ 검색은 금속탐지기에 의한 방법, 휴대용 금속탐지기, 육안 및 촉수, 냄새 등 오각에 의한 방법 등을 이용하여 모든 출입요소를 대상으로 이상 유무 및 위해물품 반입여부의 확인을 실시한다.

⑦ 물품보관소를 운용하여 출입자의 위해 가능 물품 또는 검색불가 휴대품을 별도로 보관한다.

⑧ 경호원은 최신 불법무기와 사제 폭발물 제작 및 유통정보에도 정통하여야 한다.

출^{Point}제 빈칸 문제

출입자 통제대책
- ⋯ 행사장 안전확보와 참석인원 등에 대한 안전조치 수단으로서 중요한 것은 (❶) 운용과 (❷) 또는 (❸)를 통한 검색활동이다.
- ⋯ (❶)는 식별이 용이하도록 선명하여야 하며, 간단하게 제작한다.
- ⋯ 대규모 행사 시에는 참석 대상별·좌석별 구분에 따라 (❹) 선정 및 (❺) 계획을 수립하여 출입통제가 용이하도록 한다.

`정답` ❶ 비표 ❷ 금속탐지기 ❸ X-Ray 검색기 ❹ 출입통로 ❺ 시차입장

3. 시차입장 계획

① 모든 참석자는 <u>행사 시작 15분 전까지</u> 입장을 완료하도록 하며, <u>지연 참석자</u>에 대해서는 <u>검색 후 별도 지정된 통로로 출입을 허용</u>한다. ★★ `기출` 22

② 참석자의 지위, 연령, 단체, 기동수단, 참석자 수 등을 고려하여 시차간격을 조정하며 출입통로를 융통성 있게 지정하여 입장 대기 등 불편요소를 최소화한다.

③ 입장 소요시간 판단은 <u>1분에 30~40명을 기준으로</u> 하되, 행사 성격, 규모, 장소, 출입문의 수, 참석자 등을 고려하여 증감할 수 있다. ★

4. 안내 계획

① 안내요원은 행사 주최측 요원으로 지정하도록 조정·통제한다. ★

② 안내반 편성은 임무 및 장소에 따라 출입증 배부, 통로 및 좌석 안내, 기타 조로 구분하여 중간 집결지를 선정하여 단체 인솔 시는 차량 안내조를 추가한다.

③ 중간 집결지 운용은 행사 주최측에 일임하되 행사 참석자의 신원, 신분 등에 따라 경호 및 경비 안전요원을 운용한다. ★

④ 출입증 배부장소 안내요원은 가능한 한 참석자를 식별할 수 있는 각 부서별 실무자를 선발하여 운용한다. ★

⑤ 행사 중 업무수행을 위한 이동과 용변 등의 불가피한 이동요소에 대한 통제는 지양한다. ★

⑥ 입장 인원이 많을 경우 혼잡을 피하기 위하여 열을 지어 입장하게 하고 불순분자의 입장을 저지하기 위하여 하차지점에서부터 출입문까지 정복 차단조를 운영한다.

⑦ 참석자들이 소지하고 있는 금속류, 카메라 등 소지하여서는 안 되는 휴대품에 대하여 사전에 설명을 하고 차량에 보관 또는 물품보관소에 보관하도록 한다.

5. 출입통로 지정 `기출` 22·19

① <u>출입자의 출입통로는 가능한 한 단일 통로를 원칙으로</u> 하나, 행사장 구조, 참가자 수, 참석자 성분 등을 고려하여 <u>수개의 출입통로를 지정하여 불편요소를 최소화</u>할 수 있다. ★

② 출입통로는 참가자 누구나 쉽게 식별할 수 있는 통로를 지정한다. ★

출제 Point 빈칸 문제

시차입장 계획 및 안내 계획

⋯▶ 모든 참석자는 행사 시작 (❶)분 전까지 입장을 완료하도록 하며, 지연 참석자에 대해서는 검색 후 (❷) 통로로 출입을 허용한다.

⋯▶ 입장 소요시간 판단은 1분에 (❸)명을 기준으로 하되, 행사 성격, 규모, 장소, 출입문의 수, 참석자 등을 고려하여 증감할 수 있다.

❶ 15 ❷ 별도 지정된 ❸ 30~40 `정답`

6. 주차관리통제

① 행사장 및 행사 규모에 따라 참석 대상별 주차지역을 구분하여 선정하고 경호대상자 주차지역은 별도로 확보하여 운용한다.★

② 주최측은 효율적인 주차관리를 위해 승차입장카드에 대상별 주차지역을 사전에 고려하여야 하며 주차지역별로 안내요원을 배치한다.★

③ 주차관리는 참석자 등의 불편 최소화 및 입·퇴장의 질서유지 등 용이성을 고려해 적절한 행사장 인접지역을 선정하고 참석대상별로 구분해 운용한다.★

④ 주차장에 주차하는 승용차 등은 리스트에 등재되어 있는 차량인지 여부를 확인한다.

⑤ 트럭은 작업이나 기타 필요한 용무를 위해서만 주차를 허가하거나, 별도의 장소로 주차를 유도하는 방법도 고려한다.★

⑥ 택시는 방문객이 내리면 곧 퇴출시키고 주차를 금지하도록 한다.★

⑦ 경호원이 출입차량을 대리운전하거나 기타의 사유로 인해 지정된 장소에서 이탈해서는 안 된다.★

7. 주차장 선정 시 고려사항

① 행사장과 안전거리 사이의 충분한 주차 공간의 확보가 가능한 지역을 선정한다.★

② 장소 식별 및 주차가 용이한 지역을 선정한다.★

③ 전반적인 입·퇴장 계획과 연계하여 인원 및 차량의 출입통제가 용이한 지역을 선정한다.★

④ 가능한 한 일반 주차통제에 무리가 없는 공공기관 시설을 선정하여 운용한다.★

8. 경호인력 배치 시 고려사항

① 의심스러운 곳이나 견제해야 할 요소가 있는 곳은 중첩 배치하여 취약성을 보완하도록 한다.★

② 경호대상자가 직시되는 고층건물일 경우 완전히 장악할 수 있도록 배치한다.★

③ 주위 여건상 취약하다고 판단이 되는 곳은 중점적으로 배치하되, 주변환경과 예상치 못한 상황을 고려하여 전체적으로 배치하여야 한다.

출제 Point 빈칸 문제

경호인력 배치 시 고려사항
⋯⋯ 의심스러운 곳이나 견제해야 할 요소가 있는 곳은 (❶)하여 취약성을 보완하도록 한다.
⋯⋯ 경호대상자가 직시되는 (❷)일 경우 완전히 장악할 수 있도록 배치한다.
⋯⋯ 주위 여건상 취약하다고 판단이 되는 곳은 (❸)으로 배치하되, 주변환경과 예상치 못한 상황을 고려하여 (❹)으로 배치하여야 한다.

정답 ❶ 중첩 배치 ❷ 고층건물 ❸ 중점적 ❹ 전체적

④ 특별히 통제를 해야 할 곳은 전 구간이 통제되도록 배치한다. ★

⑤ 사전에 충분한 예행연습으로 정확한 위치를 선정한다.

통제대책 기출 23 · 22 · 21 · 20 · 19

출입통제	행사장에 대한 출입통제는 3선 경호개념에 의거한 경호구역의 설정에 따라 각 구역별 통제의 범위를 결정한다. 특히 1선인 안전구역은 행사와 무관한 사람들의 행사장 출입을 통제 또는 제한하고, 그 효과를 극대화하기 위해서 가능한 한 출입구를 단일화하거나 최소화한다. 출입구에는 금속탐지기 등을 설치하여 출입자와 반입물품을 확인한다. 2선인 경비구역은 행사 참석자를 비롯한 모든 출입요소의 1차 통제점이 되어, 상근자 이외에 용무가 없는 사람들의 출입을 가급적 제한한다. 안전구역에 대한 출입통제대책은 다음의 조치를 수반한다. • 모든 출입요소에 대한 인가여부를 확인한다. • 참석자가 시차별로 지정된 출입통로를 통하여 입장토록 한다. • 비표 운용을 통하여 비인가자의 출입을 통제한다. • MD(금속탐지기) 검색을 통하여 위해요소의 침투를 차단한다.
입장계획	• 현장에서의 혼잡 예방을 위해서는 중간집결지를 운영하여 단체로 입장토록 하는 방법이나 시차별 입장을 통하여 인원을 분산시킨다. • 차량출입문과 행사 참석자의 도보출입문을 구분하여 운영한다. • 참석자 입장계획은 철저한 신분확인 및 검색과 직결된 문제로 시차별 입장계획과 출입구별 인원 배분계획을 수립하여, 참석자가 일시에 몰리거나 특정 출입구로 몰리는 혼란을 미연에 방지한다.
주차계획	• 입장계획과 연계하여, 주차장별로 승차입장카드를 구분 운영하고, 참석자들이 하차하는 지점과 주차장소에 대한 안내표지판을 설치하고 안내한다. • 행사장에서의 혼잡상황을 예방하거나 행사장 주변에 주차장이 충분치 않을 경우에는 중간집결지를 운용하여 단체버스로 이동시키고, 개별 승용차의 행사장 입장을 가급적 억제한다.
비표 운용계획	• 비표의 종류에는 리본, 배지, 명찰, 완장, 모자, 조끼 등이 있으며, 비표는 대상과 용도에 맞게 적절히 운용한다. • 행사 참석자를 위한 명찰이나 리본은 구역별로 그 색상을 달리하여 식별 및 통제가 용이하도록 하면 효과적이다.
금속탐지기 운용계획	• 행사장의 배치, 행사 참석자의 규모 및 성향 등을 고려하여 통제가 용이하고 공간이 확보된 장소에 설치 운용한다. • 금속탐지기를 통한 검색능력은 대략 초당 1명 정도인 점을 감안하여 금속탐지기의 설치장소 및 대수를 판단하고, 행사의 성격에 따라 X-Ray나 물품보관소를 같이 운용한다.

통제수단	비 표	• 모든 인적 · 물적 출입요소의 인가 및 확인 여부를 표시하기 위하여 사용되는 중요한 수단이다. • 비표는 모양이나 색상이 원거리에서도 식별이 용이하도록 단순하고 선명하게 제작하여 사용함으로써 경호조치의 효율성을 증대시키고, 재생이나 복제가 되어서는 안 된다.
	금속탐지기	• 크게 문형 금속탐지기와 휴대용 금속탐지기로 구분할 수 있다. • 인적 · 물적 출입요소의 이상 유무와 위해물품 반입여부를 확인하기 위한 금속탐지기는 금속성 물질에만 제한적으로 반응하는 특징이 있다.

〈출처〉이두석, 「경호학개론」, 진영사, 2018, P. 265~267

5 우발상황(돌발사태) 대응방법 `기출` 18 · 17 · 16 · 15 · 14 · 13 · 12

01 우발상황의 의의 `기출` 20

우발상황이란 어떤 사건이 뜻하지 않게 발생하는 것으로, 경호임무를 수행하는 중에 경호대상자에 대한 직접적인 위해나 공격, 군중들에 의한 혼란상황의 야기, 예기치 못한 교통 및 화재사고 등 갑작스럽게 발생하는 각종 위해상황을 말한다.

우발상황의 유형
- 계획적 우발상황 : 위해기도자에 의해 의도되고 계획된 우발상황이다.
- 부주의에 의한 우발상황 : 실수로 전기스위치를 잘못 건드려 전기가 나간다거나, 엘리베이터 정지버튼을 눌러서 엘리베이터가 정지하는 등의 상황을 말한다.
- 자연발생적 우발상황 : 갑자기 소나기가 내려 군중이 한군데로 몰리면서 혼잡상황이 발생하거나, 차량의 고장 등으로 인하여 도로에 정체현상이 발생하는 경우 등을 말한다.
- 천재지변에 의한 우발상황 : 홍수 등으로 인하여 도로가 유실되거나, 폭설로 인하여 도로가 차단되는 경우 등을 말한다.

〈출처〉 이두석, 「경호학개론」, 진영사, 2018, P. 344

---

02 우발상황의 대응방법

1. 우발상황의 대응방법 순서

우발상황 시 <u>인지 → 경고 → 방벽 형성 → 방호 및 대피 → 대적 및 제압</u>의 순서로 행동한다. ★

2. 우발상황의 특성 `기출` 23 · 22 · 21 · 20 · 19 · 18 · 17

불확실성(사전예측의 곤란성)	우발상황의 발생 여부가 불확실하고 사전예측이 곤란하여 대비가 어렵다.
돌발성	우발상황은 사전예고 없이 돌발적으로 발생한다.
시간제약성	돌발성으로 인해 우발상황에 대처할 충분한 시간적 여유가 없다.
중대성(혼란 야기와 무질서, 심리적 불안정성)	우발상황은 경호대상자의 안전이나 행사에 치명적인 영향(무질서, 혼란, 충격, 공포 등)을 끼칠 수 있는 상황으로, 경호대상자의 신변에 중대한 결과를 초래할 수 있다.
현장성	우발상황은 현장에서 발생하고 이에 대한 경호조치도 현장에서 이루어져야 한다.
자기보호본능의 발동	• 우발상황 발생 시 일반인뿐만 아니라 경호원도 인간의 기본욕구인 자기자신을 보호하려는 보호본능이 발현된다. • 자기보호본능의 발현에도 불구하고 경호원으로서 본분을 망각하지 않기 위해 평소에 공격 방향으로 신속하고도 과감히 몸을 던지는 반복숙달 훈련과 심리적 훈련이 요구된다.

〈참고〉 이두석, 「경호학개론」, 진영사, 2018, P. 344

3. 우발상황 시 즉각조치 `기출` 23 · 22 · 21 · 19

① 즉각조치의 과정은 경고 – 방호 – 대피의 순서로 전개된다(동시에 이루어지는 일체적 개념이다).★
② 대적 시에는 경고와 동시에 위해자와 가장 가까이에 있는 경호원이 과감히 몸을 던져 공격선을 차단한다.
③ 총으로 공격하는 위해자를 제압할 경우, 위해자의 총을 아래로 눌러서 제압한다.★
④ 대적하는 경호원은 경호대상자를 등지고 위험발생지역으로 향한다.★

4. 우발상황 발생에 따른 범인의 대적 및 제압

① 공격 방향 전환 시 경호대상자보다 범인의 방향을 전환시키는 것이 효과적이다.★
② 대적과 제압 시 주위의 환경, 공격의 방향과 방법, 범인의 공격기술능력을 순간적으로 파악해야 한다.
③ 범인의 저항을 최소화하기 위하여 몸 전체를 최대한 밀착시켜 범인의 행동반경을 최소화한다.
④ 완전히 제압된 범인은 현장으로부터 이동시켜 주변의 질서를 유지시킨다.

5. 경호원의 행동요령 및 대응요령

① 경호원의 행동요령

㉠ 경호행사 중 뜻하지 않는 돌발사태가 발생할 경우에는 육성이나 무전기로 전 경호요원에게 우발상황의 위치나 위험의 종류, 성격 등의 상황 내용을 통보하여 경고한다.★

㉡ 가장 먼저 공격을 인지한 경호원이 경고를 함으로써 주변 경호원으로 하여금 신속하게 상황 대처를 하도록 하여야 한다.

㉢ 경호대상자를 대피시킬 때는 시간이 지체되어서는 안 되고, 신속하게 위험지역에서 대피시켜야 한다.

㉣ 우발상황이 발생했을 경우 신속한 대적행위보다 방호 및 대피가 우선되어야 한다.★

㉤ 대피 시에는 경호대상자를 신속하게 안전지대로 대피시키기 위해 경호대상자에게 신체적 무리가 뒤따르고 다소 예의를 무시하더라도 과감하게 행동을 하여야 한다.★ `기출` 22

㉥ 경호원의 주의력효과 면에서는 군중과의 거리가 가까울수록 유리하고, 대응효과 면에서는 군중과의 거리가 멀수록 유리하다.★ `기출` 22

㉦ 근접경호요원과 담당경호요원들 외에 경호요원들은 암살범을 체포하거나 부상자를 돕고 증거의 보존을 위해 현장을 봉쇄한다.

㉧ 완벽한 수사를 통해 범행의 성격·범위·공범 여부를 밝히고 단순 사건인가 국제테러조직의 계획적 음모인가 등의 진상 규명을 위해서는 암살 기도자를 반드시 생포해야 한다.★

② **우발상황 시 근접경호원의 대응요령** `기출` 23 · 22 · 20 · 18 · 17

　㉠ 자기희생의 원칙에 따라 체위를 확장하여 경호대상자의 노출을 최소화하고 최대의 방호벽을 형성한다.★

　㉡ 경호원은 자신의 생명을 보호하기 위하여 자세를 낮추거나 은폐 또는 은신해서는 안 되며, 자신보다 경호대상자를 먼저 육탄방어할 수 있는 자세로 임해야 한다.★

　㉢ 육성 경고와 동시에 비상조치계획에 따라 경호대상자를 우선 대피시킨다.★

　㉣ 대피 시 적 공격의 반대 방향이나 비상구 쪽으로 대피한다.★

　㉤ 공범에 의한 양동작전에 유념해야 하고, 경호원의 주의를 다른 곳으로 전환하도록 하기 위한 위해기도자의 전술에 휘말려서는 안 된다.

　㉥ 근접경호요원 이외의 경호요원들은 자기담당구역 책임의 원칙에 따라 맡은 지역에서 계속 임무를 수행하며 대적은 불가피한 경우에만 하고 보복공격을 하지 말아야 한다.★

　㉦ 우발상황 발생 시 <u>체위확장의 원칙</u>은 경호대상자를 방호하는 측면에서, <u>촉수거리의 원칙</u>은 위해기도자를 대적 및 제압하는 측면에서 적용될 수 있다. `기출` 23

방호 및 대피 대형 형성 시 고려사항 `기출` 17 · 16 · 14 · 11
- 경호대상자와 경호원 및 위해기도자와의 거리
- 행사장 주위 상황과 군중의 성격 · 수
- 범인 공격의 유형과 성격, 우발상황의 종류와 성격
- 대응 소요시간에 대한 판단
- 방어 및 대피 대형을 형성할 수 있는 경호원의 수

---

6. 우발상황 발생 시 비상대피소의 선정방법 `기출` 19

① 상황이 길어질 경우를 고려하여 잠시 동안 머물러 있을 수 있는 장소를 선정해야 한다.★

② 경호대상자의 노출을 최소화하고 <u>30초 이내의 시간이 소요되는 장소를 선정해야 한다.</u>★

③ 불필요한 출입자를 통제하기 용이한 장소로 미리 사전에 확보해 두는 것이 좋다.

④ 비상상황 시에는 <u>안전한 장소도 중요하지만 무엇보다 빨리 대피하는 것이 우선이다.</u>★

7. 우발상황 시 경호 대형 `기출` 23 · 22 · 20 · 17

① **함몰형 대형**

　㉠ 수류탄 또는 폭발물과 같은 폭발성 화기에 의한 공격을 받았을 때 사용되는 방호 대형으로 경호대상자를 지면에 완전히 밀착시키고 그 위에 근접경호원들이 밀착하며 포개어, 경호대상자의 신체가 외부에 노출되지 않도록 해야 한다.★

　㉡ 경호대상자에게는 근접경호원에 의해 신체적인 통제와 완력이 가해지는데, 경호대상자의 신변을 보호하기 위해서는 체면이나 예의를 고려치 않는 과감한 행동이 요구된다.★

② **방어적 원형 대형**

　㉠ 위해의 징후가 현저하거나 직접적인 위해가 가해졌을 때 형성하는 방어 대형이다.

　㉡ 경호행사 시 최소안전구역의 확보에 실패하여 경호대상자가 군중 속에 갇혀 있는 상황에서 현장 이탈
　　을 시도할 때 사용하는 대형으로, 경호원들이 각자의 왼쪽에 있는 경호원의 벨트 뒤쪽을 꽉 잡아서
　　원형의 인간고리를 형성하여 강력한 스크럼을 형성하는 대형이다.

최소안전구역
- 경호대상의 신변 안전 확보와 경호조치를 위한 최소한도의 공간을 말한다.
- 최소한 촉수거리 이상의 공간을 확보하여야 하며, 최소안전구역 확보 이전에 이동통로가 확보되고 질서가 유지되어야 한다.

〈참고〉 이두석, 「경호학개론」, 진영사, 2018, P. 320

　㉢ 군중심리에 따라 지지자들이 광적으로 변하거나 일순간에 적대적으로 변할 수도 있으므로 우발상황
　　발생 시 신속하게 현장에서 경호대상자를 이탈시켜야 한다.

무언가를 위해 목숨을 버릴 각오가 되어 있지 않는 한

그것이 삶의 목표라는 어떤 확신도 가질 수 없다.

− 체 게바라 −

경호복장과 장비

1 경호공무원, 경비원, 청원경찰의 복장과 관련된 내용을 학습한다.

2 각 장비의 분류와 운용 상황 및 특징 등을 정확하게 파악한다.

3 경찰장비관리규칙과 관련하여 관련 개념을 이해한다.

OX | 경호복장과 장비

01 경호원은 행사의 성격에 따라 주변 환경과 어울리는 복장을 착용한다. `기출` 23·22·21·18   (   )

02 경호원은 행사의 성격과 관계없이 경호대상자 품위를 높이기 위해 검정색 계통의 정장을 착용한다. `기출` 22·21·16·11   (   )

03 경호원으로서의 신분이 노출되지 않도록 화려한 복장을 착용한다. `기출` 21·18   (   )

04 경호원은 잠재적 위해기도자의 범행동기를 사전에 제거하기 위해 장신구를 착용한다. `기출` 21   (   )

05 총포의 이력추적관리 내역은 입국하는 국빈, 장관급 이상의 관료 등에 대한 경호를 목적으로 총포를 소지하고 입국하려는 사람이 총포의 일시 반출입 및 일시 소지 허가를 신청할 경우 경찰청장에게 신고하여야 할 내용이 아니다. `기출` 21   (   )

06 검측장비는 위해기도자의 침입이나 범죄행위를 감시하고, 거동수상자의 동태를 추적하는 장비를 말한다. `기출` 21   (   )

07 X-ray 검색기, 전자충격기, 금속탐지기, 폭발물탐지기 중 검측장비에 해당하지 않는 것은 전자충격기이다. `기출` 21   (   )

08 금속탐지기, X-Ray 수화물 검색기는 감시장비이다. `기출` 18   (   )

09 검측장비는 가스분사기, 전기방벽, 금속탐지기, CCTV 등이다. `기출` 20   (   )

10 다음의 검측장비 중 탐지장비가 아닌 것은 물포(Water Cannon)이다. `기출` 18   (   )

서치탭(Search Tap), 청진기, 검색경, 물포(Water Cannon)

11 호신장비는 자신의 생명과 신체가 위험한 상태에 놓였을 때 스스로 보호하는 데 사용하는 도구이다. `기출` 21·20·17   (   )

12 방호장비는 경호대상자가 사용하는 시설물을 보호하기 위한 장치를 말한다. `기출` 21   (   )

13 청원경찰, 호송경비원, 경호공무원, 특수경비원 중 업무수행 중 총기를 휴대할 수 없는 자는 호송경비원이다. `기출` 13

(   )

14 대통령경호처장은 직무를 수행하기 위하여 필요하다고 인정할 때에는 소속 공무원에게 무기를 휴대하게 할 수 있다. `기출` 23 · 20

(   )

15 검색장비의 운용 시 입장객을 통과시킬 때에는 개인 간 간격을 최소 1m 이내로 밀착시켜 빠른 걸음으로 통과시켜야 행사가 원만하게 진행될 수 있다. `기출` 11

(   )

16 유해물질 존재 여부의 검사, 시설물의 안전점검, 사람이 직접 확인할 수 없는 밀폐공간의 확인에 사용하는 경호장비는 검측장비이다. `기출` 22

(   )

17 경호현장에서 설치되는 바리케이드나 차량 스파이크 트랩은 인적 방호장비이다. `기출` 22

(   )

18 대통령경호처에 파견된 경찰공무원의 복제는 경찰청장이 정한다. `기출` 23 · 22

(   )

19 사람이 직접 확인할 수 없는 공간의 확인, 유해물질 존재 여부 등은 방호장비로 점검한다. `기출` 23

(   )

20 하부검색경으로 행사장 이동차량의 안전상태를 확인한다. `기출` 23

(   )

▸ **정답과 해설** ◂

01 ○	02 ×	03 ×	04 ×	05 ○	06 ×	07 ○	08 ×	09 ×	10 ○
11 ○	12 ○	13 ○	14 ○	15 ×	16 ○	17 ×	18 ×	19 ×	20 ○

✔ **오답분석**

02 경호원은 행사의 성격과 장소에 어울리는 복장을 착용하여야 하며, 어두운 색상일수록 위엄과 권위가 있다.

03 주위의 시선을 끌 만한 색상이나 디자인은 지양하며, 보수적인 색상과 스타일의 복장이 적합하다.

04 장신구의 착용과 잠재적 위해기도자의 범행동기의 사전 제거와는 인과성이 없다.

06 지문의 내용은 경호장비 중 감시장비에 관한 설명이다.

08 금속탐지기, X-Ray 수화물 검색기는 검측장비이다.

09 금속탐지기만 검측장비에 해당한다. 가스분사기는 호신장비, 전기방벽은 방호장비, CCTV는 감시장비이다.

15 검색장비의 운용 시 입장객을 통과시킬 때에는 개인 간 간격이 최소 1.5m 정도 떨어져 보통걸음으로 통과하도록 한다.

17 경호현장에서 설치되는 바리케이드나 차량 스파이크 트랩은 인적 방호장비가 아닌 물적, 즉 차량용 방호장비라 평가할 수 있다. 구체적으로는 물리적 방벽 중 시설방벽으로 분류할 수 있다.

18 대통령경호처에 파견근무하는 경찰공무원의 복제에 관하여는 경호처장이 정한다(경찰복제에 관한 규칙 제11조, 대통령 등의 경호에 관한 법률 시행령 제34조 제2항).

19 사람이 직접 확인할 수 없는 공간의 확인, 유해물질 존재 여부 등은 검측장비로 점검한다.

CHAPTER

04 경호복장과 장비

1 경호원의 복장과 장비

01 경호복장의 종류 및 착용 요령 `기출` 21 · 20 · 19 · 18

1. 경호복장의 착용

경호요원은 행사의 성격에 따라 보호색원리에 의한 경호현장의 주변환경과 조화되는 복장을 착용하여 신분이 노출되지 않도록 한다. → 노출경호 필요시 지정된 복장 착용★

2. 복장의 착용 요령

품위유지	근접 경호원은 예의 바른 언행뿐만 아니라 정장 차림처럼 단정한 복장을 착용하여 경호원으로서 품위를 유지하여야 한다.
주변환경과의 조화	복장은 행사 성격에 따라 주변환경과 조화되도록 착용해야 하며, 화려한 색상이나 새로운 패션의 스타일은 눈에 띄기 쉬우므로 보수적인 색상과 스타일의 복장이 적합하고, 행사의 성격, 장소와 시간 등 주변상황과 조화를 이루도록 하여야 한다.★
셔 츠	색상은 흰색 계통의 밝은 색으로 하고 면 함유율이 높은 것이 활동하기 용이하다.★
양복, 코트, 바지	양복은 잘 구겨지지 않고 짙은 색이 좋으며, 코트는 장비를 휴대할 것을 고려하여 약간 여유 있는 것이 좋고, 바지는 너무 길어서 걸려 넘어지지 않도록 해야 한다.★
신발, 양말	땀의 흡수가 좋은 면양말이 좋으며, 신발은 가죽 제품으로 발목 위로 올라와 발목을 보호하고 착용감이 좋고 편한 것을 선택한다. 여성 경호원의 경우 신발 뒷굽의 높이와 편의성을 고려하여 하이힐은 피하는 것이 좋다.★
보안경	업무수행 중 먼지가 들어가는 것을 막고 위해자의 스프레이, 화학물질로부터 눈을 보호하며, 눈의 피로를 방지하고 눈동자의 움직임이 외부로 노출되지 않도록 한다.
모 자	비, 눈, 태양광선, 바람을 피하고 눈의 움직임을 노출시키지 않기 위해서 착용한다.

> **경호복장 선택 시 고려사항** `기출 23·22`
> • 경호복장은 기능적이고 튼튼한 것이어야 한다.
> • 행사의 성격과 장소에 어울리는 복장을 착용한다.
> • 경호대상자보다 튀지 않아야 한다.
> • 어두운 색상일수록 위엄과 권위가 있어 보인다. 주위의 시선을 끌 만한 색상이나 디자인은 지양한다.
> • 셔츠는 흰색 계통이 무난하며, 면소재의 제품이 활동하기에 편하다.
> • 양말은 어두운 색으로, 발목 위로 올라오는 것을 착용한다.
> • 장신구의 착용은 지양한다. 여자 경호원의 경우 장신구를 착용한다면 평범하고 단순한 것으로 선택한다.
> • 신발은 장시간 서 있는 근무상황을 고려하여 편하고 잘 벗겨지지 않는 것을 선택한다.
>
> 〈출처〉 이두석, 「경호학개론」, 진영사, 2018, P. 247

3. 경호복장의 법제상 규정

① **대통령경호처 복제**(대통령 등의 경호에 관한 법률 시행령 제34조)

　㉠ 경호처장이 필요하다고 인정하는 경우에는 직원에게 제복을 지급할 수 있다.★

　㉡ 직원의 복제에 관하여 필요한 사항은 경호처장이 정한다.★

> 대통령경호처에 파견근무하는 경찰공무원의 복제에 대해서는 경찰복제에 관한 규칙 제11조에 따라 경호처장이 정한다.
>
> `기출 23`

② **경찰·군·헌병(군사경찰)기관의 경호원 복제**

　㉠ 법령으로 복제규정을 두어 정형화되어 있는 경우가 있다.

　㉡ 법령의 규정이 없는 경우는 일반인과 같이 평상복을 입는다.

③ **청원경찰의 복제**(청원경찰법 제8조, 동법 시행령 제14조)

　㉠ 청원경찰은 근무 중 제복을 착용하여야 하고, 복제와 무기휴대에 관하여 필요한 사항은 대통령령으로 정한다.★

　㉡ 청원경찰의 복제는 제복·장구 및 부속물로 분류하고, 제복·장구 및 부속물에 관하여 필요한 사항은 행정안전부령(청원경찰법 시행규칙 제9조)으로 정한다.★

　㉢ 청원경찰이 배치지의 특수성 등으로 특수복장을 착용할 필요가 있을 때에는 청원주는 시·도 경찰청장의 승인을 얻어 특수복장을 착용하게 할 수 있다.

출제 Point 빈칸 문제

대통령경호처 및 청원경찰의 복제
　⋯ 대통령경호처 직원의 복제에 관하여 필요한 사항은 (❶)이 정한다. (❶)이 필요하다고 인정하는 경우에는 직원에게 제복을 지급할 수 있다.

`정답` ❶ 경호처장

④ **경비원의 복장 등**(경비업법 제16조 제1항·제2항, 동법 시행규칙 제19조 제4항)

　　㉠ 경비업자는 경찰공무원 또는 군인의 제복과 색상 및 디자인 등이 명확히 구별되는 소속 경비원의 복장을 정하고 이를 확인할 수 있는 사진을 첨부하여 주된 사무소를 관할하는 시·도 경찰청장에게 행정안전부령으로 정하는 바에 따라 신고하여야 한다. ★★

　　㉡ 경비업자는 경비업무 수행 시 경비원에게 소속 경비업체를 표시한 이름표를 부착하도록 하고, ㉠에 따라 신고된 동일한 복장을 착용하게 하여야 하며, 복장에 소속 회사를 오인할 수 있는 표시를 하거나 다른 회사의 복장을 착용하게 하여서는 아니 된다. 다만, 집단민원현장이 아닌 곳에서 신변보호업무를 수행하는 경우 또는 경비업무의 성격상 부득이한 사유가 있어 관할 경찰관서장이 허용하는 경우에는 그러하지 아니하다. ★

　　㉢ 경비원은 경비업무 수행 시 이름표를 경비원 복장의 상의 가슴 부위에 부착하여 경비원의 이름을 외부에서 알아볼 수 있도록 하여야 한다. ★

02　경호장비

1. 경호장비의 개념

경호장비란 경호대상자를 보호하는 데 필요한 호신장비[경호총기 포함(多)], 방호장비, 감시장비, 검색장비, 통신장비, 기동장비 등을 말한다.

2. 호신장비 등과 관련된 관계법령

① 대통령 등의 경호에 관한 법률

> **무기의 휴대 및 사용(대통령 등의 경호에 관한 법률 제19조)** `기출` 22·20
> ① 처장은 직무를 수행하기 위하여 필요하다고 인정할 때에는 소속 공무원에게 무기를 휴대하게 할 수 있다. ★
> ② 제1항에 따라 무기를 휴대하는 사람은 그 직무를 수행할 때 필요하다고 인정하는 상당한 이유가 있을 경우 그 사태에 대응하여 부득이하다고 판단되는 한도 내에서 무기를 사용할 수 있다. 다만, 다음 각호의 어느 하나에 해당할 때를 제외하고는 사람에게 위해를 끼쳐서는 아니 된다. ★★
> 　1. 형법 제21조 및 제22조에 따른 정당방위와 긴급피난에 해당할 때
> 　2. 제4조 제1항 각호의 경호대상에 대한 경호업무 수행 중 인지한 그 소관에 속하는 범죄로 사형, 무기 또는 장기 3년 이상의 징역 또는 금고에 해당하는 죄를 범하거나 범하였다고 의심할 만한 충분한 이유가 있는 사람이 소속 공무원의 직무집행에 대하여 항거하거나 도피하려고 할 때 또는 제3자가 그를 도피시키려고 소속 공무원에게 항거할 때에 이를 방지하거나 체포하기 위하여 무기를 사용하지 아니하고는 다른 수단이 없다고 인정되는 상당한 이유가 있을 때
> 　3. 야간이나 집단을 이루거나 흉기나 그 밖의 위험한 물건을 휴대하여 경호업무를 방해하기 위하여 소속 공무원에게 항거할 경우에 이를 방지하거나 체포하기 위하여 무기를 사용하지 아니하고는 다른 수단이 없다고 인정되는 상당한 이유가 있을 때

② **청원경찰법령**

    ㉠ **무기휴대**(청원경찰법 제8조 제2항) : <u>시·도 경찰청장은 청원경찰이 직무수행을 위하여 필요하다고 인정할 때에는 <u>청원주의 신청에</u> 의하여 <u>관할 경찰서장으로 하여금</u> 청원경찰에게 무기를 대여하여 지니게 할 수 있다.★</u>

    ㉡ **분사기 휴대**(청원경찰법 시행령 제15조) : <u>청원주는</u> 「총포·도검·화약류 등의 안전관리에 관한 법률」에 의한 <u>분사기의 소지허가를 받아</u> 청원경찰로 하여금 그 분사기를 휴대하여 직무를 수행하게 할 수 있다.★

    ㉢ **탄약의 출납**(청원경찰법 시행규칙 제16조 제2항 제2호) : <u>소총의 탄약은 1정당 15발 이내, 권총의 탄약은 1정당 7발 이내로</u> 출납하여야 한다. 이 경우 생산된 후 오래된 탄약을 우선하여 출납하여야 한다.

③ **경비업법령**

    ㉠ **일반경비원**

        ㉮ **휴대장비**(경비업법 시행규칙 제20조 제1항) : <u>경비원은 근무 중 경적, 단봉, 분사기, 안전방패, 무전기 및 그 밖에 경비 업무 수행에 필요한 것으로서 공격적인 용도로 제작되지 아니하는 장비를 휴대할 수 있으며, 안전모 및 방검복 등 안전장비를 착용할 수 있다.★</u> **기출 19**

        ㉯ **분사기 휴대**(경비업법 제16조의2 제2항) : <u>경비업자가</u> 경비원으로 하여금 분사기를 휴대하여 직무를 수행하게 하는 경우에는 「총포·도검·화약류 등 단속법」에 따라 <u>미리 분사기의 소지허가를 받아야 한다.</u>★ **기출 19**

    ㉡ **특수경비원**

        ㉮ **무기휴대**(경비업법 시행령 제20조 제2항·제5항)

        • <u>시설주는 관할 경찰관서장으로부터 대여받은 무기를 특수경비원에게 휴대하게 하는 경우에는 관할 경찰관서장의 사전승인을 얻어야 한다.</u>

        • <u>특수경비원이 휴대할 수 있는 무기종류는 권총 및 소총으로 한다.</u> **기출 19**

        ㉯ **탄약의 출납**(경비업법 시행규칙 제18조 제3항 제2호) **기출 19** : <u>탄약의 출납은 소총에 있어서는 1정당 15발 이내, 권총에 있어서는 1정당 7발 이내로 하되,</u> 생산된 후 오래된 탄약을 우선적으로 출납하여야 한다.

01 **호신장비**

1. 의 의 기출 22 · 21 · 20

경호원 등이 자신의 생명 또는 신체가 위험에 처했을 때 자기 자신을 보호하는 데 사용하는 도구로, 경봉(단봉), 가스총(가스분사기), 가스봉 등의 소지가 허가된다.★★

2. 종 류 기출 19

① **청원경찰** : 경봉(단봉), 가스분사기, 총기 → 야구방망이, 곤봉의 휴대는 위법★
② **민간경비원** : 경봉(단봉), 가스분사기 → 특수경비원을 제외하고는 호신용 총이나 칼을 소지할 수 없음
③ **공경호원** : 법률이 정하는 바에 따라 소지 및 사용이 가능함★

3. 호신장비의 사용 · 관리

① **경봉(단봉)** : 소지할 때에는 우선 오른쪽 팔꿈치를 굽혀서 겨드랑이에 붙이고 팔을 수평으로 펴서 엄지손가락을 위로 하여 손바닥을 펴고, 경봉의 가죽끈을 엄지손가락에 걸어서 손바닥 면에서 가죽끈을 늘어뜨려 경봉을 떨어뜨린다.★

〈경 봉〉

② **휴대용 가스분사기(SG형)**

　㉠ **사용관리**

　　• 총기에 준하여 관리하여야 하고 공권력 행사나 정당방위, 화재 초기 진화 등에만 사용할 수 있으며, 자구행위 · 개인감정 · 시비 등의 목적에는 사용할 수 없다.★

　　• 분사기를 소지하려는 경우 주소지를 관할하는 경찰서장의 허가를 받아야 한다(총포 · 도검 · 화약류 등의 안전관리에 관한 법률 제12조 제1항 제3호).

〈가스건〉

　　• 휴대용 가스분사기 구입 시에는 분사기 구입신청서를 복사하여 관할 지구대 및 파출소에 신고해야 한다.★

　㉡ **사용방법** : 분사목적물(범인, 초기 발화물체)로부터 2~3m 거리에서 조준하고, 안전장치를 아래(On 위치)로 풀어준 후, 방아쇠를 당기면 약제통 안에 든 분말가스가 분출된다.

③ **휴대용 가스분사봉(SS2형)** : <u>분사목적물로부터 2~3m 거리에서 조준하고, 안전장치를 아래(On 위치)로 풀어준 후, 손잡이를 시계방향으로 반 바퀴 돌리면 약제통 안에 든 분말가스가 분출된다.</u>

④ **전자충격기** : 모델(SDJG-6)

〈SDJG-6〉

ⓐ SDJG-6의 특징

- 소형으로 휴대 및 사용이 편리하다.
- 1~2초 정도의 전기 충격으로 범인을 제압할 수 있다.
- 9volt 배터리로 1년간 사용이 가능하다.
- 배터리 교환 방식으로 반영구적인 사용이 가능하다.
- 검문, 검색 혹은 수사 활동 및 범인 체포 시 신변보호용으로 유용하다.
- 개인호신, 경호, 경비, 동물몰이 및 훈련용으로 적합하다.

ⓑ 주의사항

- 전기전열성이 높은 피복류(겨울 의류, 두꺼운 의류)에의 전자충격은 효과가 다소 떨어지며 공격자에게 최대의 충격효과를 주기 위해서는 신체의 피하조직이 얇은 부위, 즉 목덜미 아래, 허벅지 안쪽 등에 가격하는 것이 좋으나 안면부는 피해서 사용한다.★
- 컴퓨터, 정밀계측기 등의 기기 주변에서는 절대로 사용을 금한다.★
- 폭발의 위험이 있는 유류, 가스 등의 물질 주변에선 절대로 사용을 금한다.★

---

02 방호장비

1. 의 의

경호대상자가 사용하는 시설물 또는 경호대상자를 보호하는 장비이다. 기출 21

2. 방호장비의 종류 기출 22

① **방탄막(방패)·방탄가방** : 총검류에 의한 공격, 투척물(돌, 계란 등) 등에 유효하다.

② **방폭담요·방폭가방** : 폭발물로부터의 방호, 파편의 비산 방지 등에 효과적이다.

③ **방독면** : 유독가스 등에 의한 피해를 방지하는 데 효과적이다.

④ **선글라스(색안경)** : 태양광선, 가스분사기, 화학물질 등으로부터 눈을 보호하는 데 유효하며, 눈의 피로를 방지하고 경호원의 시선의 방향을 노출시키지 않는 효과가 있다.

⑤ **바리케이드·차량 스파이크 트랩** : 접근로 등에 설치하여 차량의 돌진을 차단하는 데 사용된다.

〈출처〉 이두석, 「경호학개론」, 진영사, 2018, P. 240

03 **기동장비** `기출` 21 · 19

경호대상자의 경호를 위하여 운용하는 차량·항공기·선박·열차 등의 기동수단을 말한다.

04 **검색장비**

1. 개 념

검색장비는 위해도구나 위해물질을 찾아내는 데 사용하는 장비를 말하고, 검측장비는 위해물질의 존재 여부를 검사하거나 시설물의 안전점검에 사용하는 도구를 말한다. 일반적으로 검측장비로 통칭한다. `기출` 23 · 22

2. 검색장비의 종류 `기출` 23 · 17

금속탐지기(휴대용 금속탐지기, 문형 금속탐지기, 봉형 금속탐지기), X-Ray 수화물 검색기, 차량하부 검색거울, 가스탐지기, 폭발물 탐지기 등이 있다.

검측장비의 구분 `기출` 21 · 20 · 19

탐지장비	금속탐지기	• 문형 금속탐지기 : 인원에 대한 검색 • 봉형 금속탐지기 : 지하 매설에 대한 탐지 • 휴대용 금속탐지기 : 대인 또는 대물용 검색
	X-Ray	• X-Ray 검색기 : 모니터를 통해 물품의 위해성 및 내부 확인 • 전신 검색기 : 화면을 통해 승객의 위험물 휴대여부를 확인
	폭약탐지기, 액체폭발물 탐지기	폭발물의 종류 및 폭발성 여부 식별
	방사능탐지기, 독가스탐지기	독가스 및 방사능 오염 여부 탐지
	독극물탐지기	음식물의 독극성 판단
	청진기	폭발물에 내장된 시한폭발장치 검색
	화이버스코프	육안 확인이 불가능하거나 시야가 제한된 좁은 공간의 점검
	서치탭(Search tap)	• 막대 끝에 소형 카메라가 장착된 장비 • 육안 확인이 불가능하거나 시야가 제한된 좁은 공간 및 차량 하부 등의 점검
	검색경	반사경을 통한 사각지역·차량 하부 등의 확인
	폭발물탐지견	개의 후각과 청각을 이용하여 폭발물·마약류 탐지
	소방점검장비	가스탐지기, 열감지시험기, 연기감지기 등

	폭발물처리키트	폭발물을 폭파시키거나 발화장치를 제거
처리장비	물포(Water cannon)	폭발물의 전기장치 제거
	X-Ray 촬영기	폭발물 의심물건을 원격 촬영, 내부 확인 및 발화장치 제거
검측공구	• 손으로 간편하게 검측 대상물품을 확인하고 제거하는 장비 • 탐침, 손전등, 거울, 개방공구, 다용도칼 등	

〈참고〉 이두석, 「경호학개론」, 진영사, 2018, P. 241~243

3. 검색요령

① 입장객 통과 시 <u>개인 간격은 최소 1.5m 거리를 유지</u>하여 보통 걸음으로 통과하도록 하고, 대상자가 소지한 휴대품은 별도로 검색한다. ★

② <u>금속탐지기를 2대 이상 운용할 때에는 최소 3m 이상의 간격을 확보해야 하며, 무전기와 같은 통신장비 등은 탐지기로부터 3m 이상 거리를 유지</u>하고, 대상자가 움직이거나 탐지기를 건드린 때에는 다시 검색한다.

③ 검색장비 설치 시에는 무리한 힘을 가하거나 충격을 주지 않아야 하며 고압전류가 흐르는 곳 및 전압변동이 심한 곳은 피해야 한다.

05 감시장비

1. 개 념

<u>경호임무에 있어서 인력부족으로 인한 경호 취약점을 보완하는 수단으로 침입 또는 범죄행위를 사전에 알아내는 역할을 하는 장비이다.</u> 전자파, 초음파, 적외선 등을 이용한 기계장비를 말한다. ★ 기출 21

2. 감시장비의 종류 기출 22

포대경(M65), 다기능 쌍안경, 고성능 쌍안망원경, TOD(영상감시장비), <u>드론</u> 등이 있다.

3. 드론(UAV ; Unmanned Aerial Vehicle 또는 UAS ; Unmanned Aircraft System)

① 개념 : 조종사 없이 무선 조종이 가능한 비행기와 헬기 형태의 무인항공기를 말한다.

현행 항공안전법에서 드론을 명시적으로 정의하고 있지는 않지만, 초경량비행장치 중 무인비행장치에 드론이 포함된다고 할 수 있다(항공안전법 제2조 제3호, 동법 시행규칙 제5조 제5호 참고).

② 분류 : 아직까지 표준화되거나 국제적으로 통용되는 기준은 없으며, 다양하게 분류되고 있다.

민간용 드론	개인용(취미용, 사진촬영용), 산업용(운송용, 보안용, 농업용, 화재진압용 등)
군용 드론	고고도용, 중고도용, 무인전투기, 전술무인기, 수직이착륙 무인기, 초소형 무인기 등

〈출처〉 김두현, 「경호학개론」, 엑스퍼트, 2020, P. 564

③ 활용유형

감시업무	감시·경계(시설침입, 행사장 질서위반·폭력), 순찰(주야간 순찰)
정보수집업무	위법·폭력행위·수상자 정보수집(영상촬영 등 실시간 데이터 수집)
안내 및 경고, 대피유도 업무	군중 한가운데에서 통제안내 방송 및 경고방송 실시, 적절한 대피안내 및 유도역할 수행
수색 및 관련물자 수송업무	재난 및 안전 분야에서 적극 활용(저렴한 유지비, 야간에도 활용 가능)
드론 위협에 대한 대응	테러 수단으로 드론이 이용되는 경우 이에 대응하는 업무

〈참고〉 김계원·서진석, 「민간경비에서 드론 활용과 법적 규제에 관한 연구」, 2017

④ 항공안전법령상의 주요 규정

　㉠ 초경량비행장치를 소유하거나 사용할 수 있는 권리가 있는 자(이하 "초경량비행장치소유자등"이라 한다)는 초경량비행장치의 종류, 용도, 소유자의 성명, 개인정보 및 개인위치정보의 수집 가능 여부 등을 국토교통부령으로 정하는 바에 따라 국토교통부장관에게 신고하여야 한다. 다만, 대통령령으로 정하는 초경량비행장치(군사목적 등)는 그러하지 아니하다(항공안전법 제122조 제1항).

　㉡ 동력비행장치 등 국토교통부령으로 정하는 초경량비행장치를 사용하여 비행하려는 사람은 국토교통부령으로 정하는 기관 또는 단체의 장으로부터 그가 정한 해당 초경량비행장치별 자격기준 및 시험의 절차·방법에 따라 해당 초경량비행장치의 조종을 위하여 발급하는 증명을 받아야 한다(항공안전법 제125조 제1항 전문).

　㉢ 군용·경찰용 또는 세관용 무인비행장치와 이에 관련된 업무에 종사하는 사람에 대하여는 이 법을 적용하지 아니한다(항공안전법 제131조의2 제1항).

　㉣ 국가, 지방자치단체, 공공기관으로서 대통령령으로 정하는 공공기관이 소유하거나 임차한 무인비행장치를 재해·재난 등으로 인한 수색·구조, 화재의 진화, 응급환자 후송, 그 밖에 국토교통부령(테러 예방 및 대응 등)으로 정하는 공공목적으로 긴급히 비행(훈련을 포함한다)하는 경우(국토교통부령으로 정하는 바에 따라 안전관리 방안을 마련한 경우에 한정한다)에는 제129조 제1항, 제2항, 제4항 및 제5항을 적용하지 아니한다(항공안전법 제131조의2 제2항).

> 현행 경비업법상 드론을 활용하고자 할 때에는 경비원의 장비사용 범위 위반, 경비원의 의무 위반(위력이나 물리력에 해당) 등의 문제에 직면할 가능성이 있으며, 드론의 활용을 위해서는 현행 항공안전법상의 드론 관련 규정의 위임규정과 자격기준, 교육, 준수사항 등에 대한 경비업법의 수용이 필요하다.
> 〈참고〉 김계원·서진석, 「민간경비에서 드론 활용과 법적 규제에 관한 연구」, 2017

1. 개 념

① 통신장비는 경호업무를 수행하는 데 필요한 보고 또는 연락을 위한 무선 또는 유선장비를 말한다.

② 통신장비에서 경호통신의 기본요소로 신속성, 신뢰성, 정확성, 안전성이 고려되어야 한다.★

2. 경호용 통신장비의 종류

① **유선통신장비** : 전화기, 교환기, IMTS 자동전화망, 직통전화망(Hot Line), 텔레타이프(TTY)망, 팩시밀리(FAX)망, 컴퓨터통신, CCTV 등이 있다.★

② **무선통신장비** : 휴대용무전기(워키토키 ; FM-1), 페이징, 차량용무전기(MR-40V, KSM-2510A, FM-5), 휴대용전자식교환기(Portable Electronic Telephone), 무선전화기, 인공위성 등이 있다.★

〈참고〉 김두현, 「경호학개론」, 엑스퍼트, 2020, P. 453

1. 경호화기의 개념

경호화기란 경호대상자의 신변안전을 보호하기 위하여 경호요원이 사용하는 총기를 말한다.

2. 경호화기의 종류 및 관리

① 경호화기의 종류

㉠ **권총** : 38구경 리볼버(노출공이치기식 격발), 9mm 권총, 45구경 권총 등 → 총열의 길이에 따라 2인치, 3인치, 4인치 권총

㉡ **기관총** : 이스라엘제인 우지(UZI), 독일제인 MP5, 국산인 K1, K1A1 등

② 경호화기의 관리

㉠ 직무를 수행하기 위해 필요하다고 인정되는 범위에서 총기를 사용할 수 있다.

㉡ 총기사용은 공공의 안녕과 질서유지를 위해 최종적으로 행사하는 비상수단이므로 관계법상 인정되는 엄격한 요건과 한계 내에서 이를 사용해야 한다.★

㉢ 총기는 보이지 않게 휴대하여야 하며, 사용하지 않을 때는 절대로 노출되어서는 안 된다.★

㉣ 경호대상자나 경호요원의 생명에 대한 위협을 격퇴시키는 데에 다른 수단이 없을 때만 총기가 사용되어야 한다.★

㉤ 항복의 표시가 보이면 화기를 사용하던 경호요원은 즉시 총기 사용을 중지해야 한다.

| 〈9mm 권총〉 | 〈38구경 리볼버〉 | 〈45구경 권총〉 | 〈MP5〉 | 〈K1〉 | 〈UZI〉 |

<참고> 김두현, 「경호학개론」, 엑스퍼트, 2020. P. 454~455

경호장비의 운용에 따른 분류	
개인장비	권총, 무전기, 가스총(가스분사기), 전자충격기, 삼단봉, 만능칼, 개인전화기, 방탄복, 색안경, 소형 플래시, 수첩 및 펜, 지갑, 개인 임무별 체크리스트, 경호대상자 관련사항이 기록된 임무카드 등
공용장비	방탄막, 방탄가방, 방독면, 쌍안경, 우산 및 우의, 스노 체인, 야간 투시장비, 예비 무전기 및 건전지, 비상용 전등, 소화기, 사진기, 삼각대 등의 안전표지판, 구급약품함, 통제용 로프, 공기호흡기, 도끼, 계획서나 보고서 작성 등에 필요한 서류가방 등

<참고> 이두석, 「경호학개론」, 진영사, 2018, P. 245

08 경찰장비관리규칙상 장비 규정

1. 검색 · 관찰장비

위해성 요소 및 범죄혐의 등을 검색 · 검측 · 관찰하는 장비를 말한다(경찰장비관리규칙 제140조).

검색장비	금속탐지기(문형 · 봉형 · 휴대용) 및 탐지기용 텐트, X-Ray 소화물검색기 등★
검측장비	차량 하부 검측거울, 탐침봉, 전압측정기, 레이저거리측정기 등
관찰장비	휴대용탐조등, 쌍안경, CCTV, 차량용 녹화카메라 등

2. 무기 · 탄약의 회수 및 보관(경찰장비관리규칙 제120조)★★ 〈개정 2023.10.4.〉

① 경찰기관의 장은 무기를 휴대한 자 중에서 다음에 해당하는 자가 발생한 때에는 즉시 대여한 무기 · 탄약을 회수해야 한다. 다만, 대상자가 이의신청을 하거나 소속 부서장이 무기 소지 적격 여부에 대해 심의를 요청하는 경우에는 무기 소지 적격 심의위원회(이하 '심의위원회'라 한다)의 심의를 거쳐 대여한 무기 · 탄약의 회수여부를 결정한다(제1항).

㉠ 직무상의 비위 등으로 인하여 중징계 의결 요구된 된 자(제1호)

㉡ 사의를 표명한 자(제2호)

② 경찰기관의 장은 무기를 휴대한 자 중에서 다음에 해당하는 자가 있을 때에는 심의위원회의 심의를 거쳐 대여한 무기·탄약을 <u>회수할 수 있다</u>. 다만, 심의위원회를 개최할 시간적 여유가 없거나 사고방지 등을 위해 신속한 회수가 필요하다고 인정되는 경우에는 대여한 무기·탄약을 즉시 회수할 수 있으며, 회수한 날부터 7일 이내에 심의위원회를 개최하여 회수의 타당성을 심의하고 계속 회수 여부를 결정한다(제2항).

ㄱ <u>직무상의 비위 등으로 인하여 감찰조사의 대상이 되거나 경징계의결 요구 또는 경징계 처분 중인 자</u>(제1호)

ㄴ <u>형사사건의 수사대상이 된 자</u>(제2호)

ㄷ 경찰공무원 직무적성검사 결과 고위험군에 해당되는 자(제3호)

ㄹ 정신건강상 문제가 우려되어 치료가 필요한 자(제4호)

ㅁ 정서적 불안 상태로 인하여 무기 소지가 적합하지 않은 자로서 소속 부서장의 요청이 있는 자(제5호)

ㅂ 그 밖에 경찰기관의 장이 무기 소지 적격 여부에 대해 심의를 요청하는 자(제6호)

③ 경찰기관의 장은 제1항과 제2항에 규정한 사유들이 소멸되면 직권 또는 당사자 신청에 따라 무기 소지 적격 심의위원회의 심의를 거쳐 무기 회수의 해제 조치를 할 수 있다(제3항).

④ 경찰기관의 장은 무기를 휴대한 자 중에서 다음에 해당하는 경우에는 대여한 무기·탄약을 무기고에 보관하도록 해야 한다(제4항).

ㄱ 술자리 또는 연회장소에 출입할 경우(제1호)

ㄴ 상사의 사무실을 출입할 경우(제2호)

ㄷ 기타 정황을 판단하여 필요하다고 인정되는 경우(제3호)

경호의전과 구급법

1 경호원의 자격과 윤리, 직원윤리의 정립 방안 등에 대하여 학습한다.

2 의전의 개념과 의전예절에 대하여 학습하고, 최근 출제빈도가 높은 경호행사 시의 국기게양요령에 대하여 꼼꼼히 학습한다.

3 응급처치 및 구급법(응급처치 활동 시 일반적 유의사항, 심폐소생술, 출혈, 쇼크, 신체 부위별 응급처치, 화상 등)의 내용을 살펴본다.

OX 경호의전과 구급법

01 경호원은 환자에게 맥박과 호흡이 없을 경우 빠른 시간에 보조호흡을 실시한다. `기출` 21 · 18 　　　　(　　)

02 경호원은 환자가 가슴 및 복부 손상 시 지혈을 하고 음료를 마시지 않게 한다. `기출` 21 · 18 · 17 · 13 　　(　　)

03 경호원은 환자가 심한 출혈 시 출혈 부위를 심장보다 높게 하여 안정한 상태를 유지한다. `기출` 21 · 18 · 13 　(　　)

04 경호원은 환자의 생사판정을 하지 않는 것을 원칙으로 한다. `기출` 21 · 18 　　　　　　(　　)

05 얼굴이 붉은 인사불성환자의 경우 머리와 어깨를 낮게 하여 안정시킨다. `기출` 19 　　　　(　　)

06 정부 의전행사에서 적용하고 있는 주요 참석인사에 대한 예우기준에 따라 공적 직위가 없는 인사 서열의 경우 직급, 기관장, 전직, 연령을 기준으로 한다. `기출` 18 　　　　　　　　　　　　　(　　)

07 비행기를 타고 내릴 때에는 상급자가 최우선하여 타고 내린다. `기출` 21 · 17 　　　　(　　)

08 선박 탑승 시 일반 선박일 경우 상급자가 먼저 타고, 하선할 때는 나중에 내리며, 함정일 경우는 상급자가 나중에 타고 먼저 내린다. `기출` 19 · 17 　　　　　　　　　　　　　(　　)

09 기차에서 두 사람이 나란히 앉는 좌석에서는 창가 쪽이 상석이며, 네 사람이 마주 앉을 경우에는 가장 상석은 진행방향의 창가 좌석, 다음이 맞은편 좌석, 다음은 가장 상석의 옆좌석, 그리고 그 앞좌석이 말석이 된다. `기출` 21 · 19 · 17 　(　　)

10 행사 주최자의 경우 손님에게 상석인 왼쪽을 양보한다. `기출` 18 　　　　　　(　　)

11 승강기[엘리베이터 탑승 시 안내자가 없는 경우(註)]를 타고 내릴 때에는 상급자가 나중에 타고, 먼저 내린다. `기출` 21 　　　　　　　　　　　　　　　　(　　)

12 에스컬레이터 탑승 시 올라갈 때는 남성이 먼저 올라가고, 내려올 때는 여성이 먼저 내려온다. `기출` 19 · 17 　(　　)

13 경호원 간 상하 지휘체계 확립을 위하여 권위주의적, 상호보완적 동료의식을 강조한다. `기출` 21 　(　　)

14 국기의 게양 위치는 옥외 게양 시 단독주택의 경우 집 밖에서 보아 대문의 오른쪽에 게양한다. _{기출} 20   (   )

15 차량용 국기 게양 시 차량의 본네트 앞에 서서 차량을 정면으로 바라볼 때 본네트의 왼쪽이나 왼쪽 유리창문에 단다.
_{기출} 20   (   )

16 심폐소생술 실시 중 자발적인 호흡으로 회복되어도 계속 흉부(가슴)압박을 실시한다. _{기출} 22   (   )

17 긴박한 상황에서 정확한 심장충격을 위해 환자를 붙잡은 상태에서 제세동을 실시한다. _{기출} 22   (   )

18 환자가 의식이 없을 때, 매스껍거나 토할 때, 배에 상처나 복통, 수술 전, 쇼크 상태에서는 마실 것을 주어서는 안 된다. _{기출} 23
    (   )

19 응급처치의 기본요소에는 상처보호, 지혈, 기도확보, 전문치료이다. _{기출} 23   (   )

20 공식적 국가 의전서열에서 헌법재판소장은 대법원장에 우선한다. _{기출} 23   (   )

▶ 정답과 해설 ◀

01 ×	02 ○	03 ○	04 ○	05 ×	06 ×	07 ×	08 ×	09 ○	10 ×
11 ○	12 ×	13 ×	14 ×	15 ○	16 ×	17 ×	18 ○	19 ×	20 ×

✔ 오답분석

01 맥박과 호흡이 없을 경우 빠른 시간에 심폐소생술(CPR)을 실시하여야 한다.

05 얼굴이 붉은 인사불성환자의 경우 머리와 어깨를 약간 높여 안정시킨다.

06 직급, 기관장 순위는 직위에 의한 서열기준이다.

07 비행기를 타고 내릴 때에는 상급자가 나중에 타고 먼저 내린다.

08 일반 선박의 경우 상급자가 나중에 타고 먼저 내린다. 그러나 함정의 경우에는 상급자가 먼저 타고 먼저 내린다.

10 우리나라에서는 일반적으로 오른편을 상위석으로 하는 것이 관례인데, 이 관례는 많은 나라에서 통용되고 있다.

〈출처〉 김두현, 「경호학개론」, 엑스퍼트, 2020, P. 321

12 일반적으로 여성이 남성보다 상급자로 취급되므로, 올라갈 때는 여성이 먼저 올라가고, 내려올 때는 남성이 먼저 내려온다.

13 경호원 간 상하 지휘체계 확립을 위해서는 책임과 업무의 분담, 명령과 복종의 지위·역할체계의 통일 등이 이루어져야 한다.

14 단독주택의 대문과 공동주택의 각 세대 난간에 국기를 게양하려는 경우 밖에서 바라보아 중앙이나 왼쪽에 국기를 게양하는 것을 원칙으로 하되, 부득이한 경우에는 그 위치를 달리할 수 있다(국기의 게양·관리 및 선양에 관한 규정 제10조 제1항).

16 심폐소생술 실시 중 환자의 맥박과 호흡이 회복된 경우에는 심폐소생술을 종료한다.

17 제세동 버튼(쇼크 버튼)을 누르기 전에는 반드시 다른 사람이 환자에게서 떨어져 있는지 확인하여야 하므로, 환자를 붙잡은 상태에서 제세동을 실시해서는 안 된다.

19 응급처치는 전문적인 치료를 받기 전까지의 임시적인 처치이므로, 전문치료는 응급처치의 기본요소에 해당하지 않는다. 응급처치의 구명 3요소는 지혈, 기도유지, 쇼크방지 및 치료이며, 응급처치의 구명 4요소는 여기에 상처보호가 포함된다.

20 대한민국은 국가 의전서열을 직접적으로 공식화하지는 않았다. 다만, 정부수립 이후부터 시행해 온 주요 국가행사를 통해 확립된 선례와 관행을 기준으로 한 공직자의 관례상의 서열은 있다. 외교부 의전실무편람상 의전서열은 '대통령 → 국회의장 → 대법원장 → 헌법재판소장 → 국무총리 → 중앙선거관리위원장' 순이다.

05 경호의전과 구급법

1 경호원의 자격과 윤리

01 경호원의 개념과 정의

경호원이란 경호대상이 되는 인물에 대하여 신변을 보호하고 아울러서 외부로부터의 위협에서 보호하는 것을 주요한 임무로 하는 사람이다.

> **경호공무원의 인재상**
> 경호원은 충(忠), 신(信), 지(智), 통(通)을 바탕으로 한 균형감 있는 능력을 요구한다. 인재상은 냉철한 판단력과 두뇌의 순발력을 갖춘 사람을 의미한다.★
>
> 〈출처〉 김두현, 「경호학개론」, 엑스퍼트, 2020, P. 414

02 경호원의 자격과 윤리 기출 22·21·20

1. 경호원의 자격

가치관	• 신의를 지킴으로써 경호대상자에게 충성을 다하고, 정직한 말과 행동으로 신뢰감을 주어야 한다. • 투철한 사명감과 희생정신이 필요하다.
유능성 (전문적 역량)	• 경호에 관한 전문적 지식과 함께 기본적 소양이 뒷받침되어야 한다. • 사회 각 분야에 걸친 다양한 식견과 정보를 갖추어야 한다.
헌신성	• 자신감으로 결연한 행동과 모습을 보이고, 책임감으로 헌신적인 자세를 보여야 한다. • 정보 및 기밀을 철저히 지키는 도덕적 신뢰도 획득하여야 한다.
신체적 능력	• 강인한 정신력과 체력 및 높은 주의력이 요구된다. • 고도로 단련되고 훈련된 신체 및 경호기술을 갖춰야 한다.

> **경호전문직의 특성**
> 경호전문직은 독점, 자율성, 권위, 이타성 등의 특성을 갖고 있다.
> 〈출처〉 김두현, 「경호학개론」, 엑스퍼트, 2020, P. 410
>
> **경호공무원의 의무·금지사항**
> • 6대 의무 : 성실의무, 복종의무, 친절공정의무, 비밀엄수의무, 청렴의무, 품위유지의무
> • 5대 금지사항 : 직장이탈금지, 영리 및 겸직금지, 정치운동금지, 집단행동금지, 권력남용금지
> 〈출처〉 김두현, 「경호학개론」, 엑스퍼트, 2020, P. 204~207

2. 경호·경비원의 직원윤리 정립 방안

경호윤리에 대한 문제점을 해결하기 위해서 다음과 같은 경호·경비원 및 경비지도사의 직업윤리 방안이 정립되어야 한다.

① 성희롱 유발요인 분석 철저 및 예방교육 강화

② 총기안전관리 및 정신교육 강화

③ 정치적 논리지양 등 경호환경 조성 및 탄력적 경호력 운영

④ 사전예방경호활동을 위한 경호위해 인지능력 배양

⑤ 경호 교육기관 및 경호 관련 학과의 '경호윤리' 과목 개설 운영

⑥ 경호지휘단일성의 원칙에 의한 경호임무수행과 위기관리대응력 구비

⑦ 집단지성 네트워크 사이버폴리스 자원봉사시스템 구축

　※ 사이버 및 경호위해 범죄에 실시간 대응할 수 있도록 각 사회분야의 집단지성이 자발적으로 참여할 수 있는 사회적 시스템을 구축하여 사이버공간에서의 범죄를 예방하고 사회적 공감대를 형성할 수 있는 대책방안이 강구되어야 한다.

⑧ 경호원 채용 시 인성평가 방법 강화 및 자원봉사 활성화

〈참고〉 김두현, 「경호학개론」, 엑스퍼트, 2020, P. 430~442

01 의전의 개념과 주요 내용 기출 20 · 18 · 16

1. 의전의 정의

의전은 좁게는 국가행사, 외교행사, 국가원수 및 고위급 인사의 방문과 영접에서 행해지는 국제적 예의를 의미하지만, 넓게는 사회구성원으로서 개개인이 지켜야 할 건전한 상식에 입각한 예의범절을 포함한다. ★

2. 정부 의전행사의 예우 기준 기출 22

① 3부(府)의 초청인사 집단별 좌석배치순서는 관행상 행정·입법·사법의 순이다.

② 실제 공식행사의 적용에 있어서는 그 행사의 성격, 경과보고, 기념사 등 참석인사의 행사의 역할과 당해 행사와의 관련성 등을 감안하여 결정하여야 한다.

직위에 의한 예우 기준	공적 지위가 없는 인사의 예우 기준
• 직급(계급) 순위 • 헌법 및 정부조직법상의 기관순위 • 상급기관 • 국가기관	• 전 직 • 연 령 • 행사 관련성 • 정부산하단체, 공익단체 협회장, 관련 민간단체장

〈출처〉 행정안전부, 2021 "정부의전편람", P. 68

의전서열 기출 23 · 22

대한민국은 국가 의전서열을 직접적으로 공식화하지는 않았다. 다만, 정부수립 이후부터 시행해 온 주요 국가행사를 통해 확립된 선례와 관행을 기준으로 한 공직자의 관례상의 서열은 있다. 외교부 의전실무편람상 의전서열은 '대통령 → 국회의장 → 대법원장 → 헌법재판소장 → 국무총리 → 중앙선거관리위원장' 순이다.

국가원수 취임식 관련 기관별 업무분장
• 행정안전부 : 취임식 관련 행사 기본계획 수립, 각종 행사 종합 조정, 취임식, 경축연회 주관, 초청범위 결정, 기념 메달 제작, 시내 경축 장식 설치 총괄 조정, 국기 게양 및 공휴일 지정, 경호, 경비, 주차관리, 지방 가두 장식 및 가로기 게양, 지방경축 행사 주관
• 외교부 : 외교단 경축연회 주관, 경축 사절 영접 안내
• 기획재정부 : 소요 경비의 예비비 지원 및 지출
• 과학기술정보통신부 : 기념우표 발행
• 법무부 : 특별사면 및 재소자 특별 급식
• 문화체육관광부 : 국내·외 홍보 및 특별 좌담, 경축 공연 주관, 각종 영문 인쇄물 준비, 고궁 및 공원 무료 공개
• 서울특별시 : 가로기 게양 및 가두 장식
• 각 부처 : 가두 장식 등 관련사항 협조

〈출처〉 김두현, 「경호학개론」, 엑스퍼트, 2020, P. 303

---

3. 외교관의 서열

① 공관장은 그 직책에 따라 서열이 정해지는데, 공관장인 대사 및 공사 상호 간의 서열은 신임장 제정 순서에 따른다. ★★

② 대사대리 상호 간의 서열은 그 계급에 관계없이 지명 통고가 외교부에 접수된 순서에 따른다. ★★

③ 공관장 이외의 외교관 서열도 외교관 계급에 따르고, 동일 계급 간에는 착임(着任, 취임) 순서에 따른다. ★★

④ 같은 계급에 있어 외교관은 무관보다 앞서고, 무관은 타 주재관보다 앞선다. ★★

⑤ 외빈 방문 시 같은 나라 주재 자국대사가 귀국하였을 때는 주재 외국대사 다음으로 할 수 있다. ★

⑥ 국가원수를 대행하여 참석하는 정부 각료는 외국대사보다 우선한다. ★

⑦ 우리가 주최하는 연회에서는 자국 측 빈객은 동급의 외국 측 빈객보다 하위에 둔다. ★ `기출 22`

⑧ 대사가 여자일 경우 대사의 남편은 공식행사 등에서는 예외에 속한다. ★

의전의 원칙 `기출 22`

원 칙	내 용
상대에 대한 존중(Respect)과 배려(Consideration)	의전의 바탕은 상대 생활양식 등의 문화와 상대방에 대한 존중과 배려에 있다. 의전의 출발점은 서로가 다름을 인정하는 것이며, 의전의 종결점은 다름을 효과적으로 조율하는 것이다.
문화의 반영(Reflecting Culture)	의전은 문화와 시대의 소산이며, 세상이 변화하면 문화도 변하고 의전 관행도 바뀔 수 있는 것이다. 그래서 의전의 기준과 절차는 때와 장소에 따라, 처해진 상황에 따라 늘 가변적이다.
상호주의(Reciprocity)	상호주의는 상호 배려의 다른 측면이기도 하다. 하지만 의전의 상호주의가 항상 등가로 작용되는 것은 아니며 엄격히 적용되기 어려운 측면도 많다. 상호주의에 대한 지나친 집착은 오히려 족쇄로 작용할 수 있다.
예우기준(Rank)	정부행사에서 공식적으로는 헌법, 정부조직법, 국회법, 법원조직법 등 법령에서 정한 직위 순서를 기준으로 하고, 관례적으로는 정부수립 이후부터 시행해 온 정부 의전행사를 통하여 확립된 선례와 관행에 따른다.
오른쪽(Right)이 상석	문화적, 종교적 이유로 오른쪽이 상석이라는 기준이 발전되었다. 행사 주최자의 경우 손님에게 상석인 오른쪽을 양보한다. 다만, 국기의 경우는 우리나라를 비롯한 대부분의 국가에서 상석을 양보치 않는 관행이 있다.

〈출처〉 행정안전부, 2021 "정부의전편람", P. 5~6

출제 Point 빈칸 문제

외교관의 서열

⟶ (❶)은 그 직책에 따라 서열이 정해지는데, (❶)인 대사 및 공사 상호 간의 서열은 신임장 제정 순서에 따른다.

⟶ 같은 계급에 있어 (❷)은 무관보다 앞서고, 무관은 타 (❸)보다 앞선다.

4. 국빈 행사 시 의전서열

① 국가원수급 외빈의 공식방문 환영행사 시 예포는 21발을 발사한다.★★

② 국빈 방문 시는 환영행사, 국가원수내외분예방, 국가원수내외주최 리셉션 및 만찬, 환송행사 순에 의한다.★

③ 외국 방문 시의 의전관행은 항상 자국 관행보다 방문국 관행을 우선한다.★

④ 좌석 서열 배치는 지위가 비슷한 경우 여자를 남자보다 우선한다.★

⑤ 지위가 비슷한 경우 연소자보다 연장자가, 내국인보다 외국인이 상위 서열이다.★

⑥ 여자들의 서열은 기혼부인, 미망인, 이혼부인 및 미혼자의 순위로 하고, 기혼부인 간의 서열은 남편의 지위에 따른다.★

⑦ 공식 서열은 신분별 지위에 따라 인정된 서열로 국제적으로 동일하게 적용하는 것이 아니고, 나라마다 의전관행과 관습에 따라 약간의 차이가 있다.★★

⑧ 비공식 서열의 경우 원만하고 조화된 좌석배치를 위해서 서열 결정상의 원칙은 다소 조정될 수도 있다.★

⑨ 한 사람이 2개 이상의 사회적 지위를 가지고 있을 경우 원칙적으로 상위직을 기준으로 적용하되, 행사의 성격에 따라 행사와 관련된 직위를 적용한 조정 등의 일반원칙이 적용된다.

---

02 **국기게양(대한민국국기법)** `기출` 18 · 17 · 12

---

1. 국기의 게양 `기출` 17

① 국기를 게양하여야 하는 날은 다음과 같다(대한민국국기법 제8조 제1항).

ㄱ 국경일(제1호)

ㄴ 기념일 중 현충일(조기 게양) 및 국군의 날(제2호)★

ㄷ 국가장기간(조기 게양)(제3호)★

ㄹ 정부가 따로 지정하는 날(제4호)

ㅁ 지방자치단체가 조례 또는 지방의회의 의결로 정하는 날(제5호)

② 국가, 지방자치단체 및 공공기관의 청사 등에는 국기를 연중 게양하여야 하며, 다음의 장소에는 가능한 한 연중 국기를 게양하여야 한다. 이 경우 야간에는 적절한 조명을 하여야 한다(대한민국국기법 제8조 제3항).

ㄱ 공항·호텔 등 국제적인 교류장소(제1호)★

ㄴ 대형건물·공원·경기장 등 많은 사람이 출입하는 장소(제2호)★

ㄷ 주요 정부청사의 울타리(제3호)★

ㄹ 많은 깃대가 함께 설치된 장소(제4호)

ㅁ 그 밖에 대통령령이 정하는 장소(제5호)

2. 국기의 게양 및 강하시간

① 국기는 24시간 게양할 수 있다(대한민국국기법 제8조 제2항). 이 경우 야간에는 되도록 적절한 조명을 하여야 한다(대한민국국기법 제8조 제3항). ★

② 각급 학교 및 군부대의 주된 게양대에는 국기를 낮에만 게양한다(대한민국국기법 제8조 제4항). ★

③ 국기를 낮에만 게양하고자 하는 경우 게양 및 강하 시각은 다음과 같다(대한민국국기법 시행령 제12조 제1항). ★

  ㉠ 게양 시각 : 오전 7시(제1호)

  ㉡ 강하 시각 : 3월부터 10월까지 오후 6시, 11월부터 다음해 2월까지 오후 5시(제2호)

④ 다음의 경우에는 국기의 게양 및 강하 시각을 변경할 수 있다(대한민국국기법 시행령 제12조 제2항).

  ㉠ 야간행사 등에 국기를 게양할 필요가 있는 경우(제1호)

  ㉡ 국가장 등 조기를 게양하여야 하는 경우(제2호)

  ㉢ 그 밖에 특별한 사유로 인하여 중앙행정기관의 장이 행정안전부장관과 협의하여 정한 경우(제3호)

⑤ 국기는 심한 눈·비와 바람 등으로 훼손이 우려되는 경우에는 이를 게양하지 아니한다(대한민국국기법 제8조 제5항). ★

3. 국기의 게양방법

① 게양방법(대한민국국기법 제9조 제1항)★

  ㉠ 경축일 또는 평일 : 깃봉과 깃면의 사이를 떼지 아니하고 게양함(제1호)

  ㉡ 현충일·국가장기간 등 조의를 표하는 날 : 깃봉과 깃면의 사이를 깃면의 너비만큼 떼어 조기(弔旗)를 게양함(제2호)

② 국기의 게양 및 강하 방법

  ㉠ 국기는 깃대 또는 국기게양대에 게양한다. 다만, 다음의 어느 하나에 해당하는 경우에는 국기를 벽면 등에 게시할 수 있다(대한민국국기법 시행령 제13조 제1항).

   • 실내 여건, 교육 목적 등으로 실내 벽면에 국기를 게시하는 경우(제1호)

   • 경축 등의 목적으로 건물의 벽면 등에 대형국기를 게시하는 경우(제2호)

  ㉡ 국기는 그 깃면의 건괘가 왼쪽 위로 오도록 하여 건괘와 이괘가 있는 쪽의 깃면 너비부분이 깃대에 접하도록 게양한다(대한민국국기법 시행령 제13조 제2항).

  ㉢ 조기의 게양 및 강하 순서는 다음의 방법에 따른다(대한민국국기법 시행령 제13조 제3항).

   • 게양 시에는 깃면의 왼쪽 윗 모서리가 깃봉에 닿을 때까지 깃면을 올렸다가 깃면 너비만큼 내려 게양한다(제1호).

   • 강하 시에는 깃면의 왼쪽 윗 모서리가 깃봉에 닿을 때까지 올렸다가 다시 내린다(제2호).

③ 국기의 깃면을 늘여서 게양하는 방법 : 국기의 깃면을 늘여서 게양할 때에는 이괘가 왼쪽 위로 오도록 한다. 다만, 가로변에 게양하는 국기로서 대칭하여 2개의 국기를 늘여서 게양하는 경우에는 왼쪽 국기의 건괘가 왼쪽 위에 오도록 한다(대한민국국기법 시행령 제14조).

④ **국기와 다른 기의 게양 및 강하 방법**(대한민국국기법 시행령 제15조)

 ㉠ 국기와 다른 기를 같이 게양할 때에는 국기를 가장 높은 깃대에 게양한다. 다만, 2개 이상의 게양대 높이가 동일할 때에는 게양하는 기의 수가 홀수인 경우에는 국기를 중앙에, 그 수가 짝수인 경우에는 앞에서 바라보아 왼쪽 첫 번째에 게양한다(제1항). ★★

 ㉡ 국기와 다른 기를 같이 게양할 경우에 다른 기는 국기게양과 동시에 또는 그 이후에 게양하며, 강하할 경우에는 다른 기는 국기강하와 동시에 또는 그 이전에 강하한다(제2항). ★

4. 국기의 게양위치(대한민국국기법 시행령 제18조)

① 단독주택의 대문과 공동주택 각 세대의 난간에는 중앙이나 앞에서 바라보아 왼쪽에 국기를 게양한다(제1항 제1호). 기출 20

② 건물(주택을 제외)에는 앞에서 바라보아 지면의 중앙이나 왼쪽, 옥상의 중앙, 현관의 차양시설 위 중앙 또는 주된 출입구의 위 벽면 중앙에 국기를 게양한다(제1항 제2호).

③ 건물 안의 회의장·강당 등에서는 그 내부의 전면을 앞에서 바라보아 그 전면의 중앙 또는 왼쪽에 국기가 위치하도록 한다.(제1항 제3호)★

 ㉠ 밖에서 보아 문의 왼쪽

 ㉡ 건물의 옥상에는 중앙에, 회의장이나 강당에서는 앞에서 보아 전면 중앙이나 왼쪽

④ 차량에는 그 전면을 앞에서 바라보아 왼쪽에 국기를 게양한다.(제1항 제4호)★ 기출 23·20

 ㉠ 차량에는 앞에서 보아 왼쪽 전면에 차량 전면보다 기폭만큼 높게 부착한다.

 ㉡ 외국의 원수가 방한, 우리 대통령과 동승 시 앞에서 보아 태극기는 왼쪽, 외국기는 오른쪽에 위치한다.

 ㉢ 양 국기를 부착할 경우 우리나라 국기를 운전자 중심으로 우측(조수석 방향)에 부착하고 상대국 국기는 좌측(운전석 방향)에 부착한다. ★

 ㉣ 차량용 국기게양의 경우에는 차량의 본네트(보닛) 앞에 서서 차량을 정면으로 바라볼 때 본네트(보닛)의 왼쪽이나 왼쪽 유리창문에 단다. ★

⑤ 건물 또는 차량의 구조 등으로 인하여 부득이한 경우에는 국기의 게양위치를 변경할 수 있다.

5. 국기와 외국기 등의 게양(대한민국국기법 시행령 제16조·제17조)

① 외국기는 우리나라를 승인한 나라만 게양한다(국제회의 또는 체육대회 등은 제외)(대한민국국기법 시행령 제16조 제1항).

② 국기와 외국기를 게양할 때에는 국기와 외국기는 그 크기와 높이를 같게 게양한다. 이 경우 외국기의 게양 순서는 외국 국가 명칭의 영문 알파벳 순서에 따른다(대한민국국기법 시행령 제16조 제2항). ★

③ 국기와 외국기를 교차시켜 게양하는 경우에는 앞에서 바라보아 국기의 깃면이 왼쪽에 오도록 하고, 그 깃대는 외국기의 깃대 앞쪽에 오도록 한다(대한민국국기법 시행령 제16조 제3항).

④ 국기와 유엔기를 게양할 경우에는 앞에서 바라보아 왼쪽에 유엔기를, 오른쪽에 국기를 게양한다(대한민국국기법 시행령 제17조 제1항). ★

⑤ 국기·유엔기 및 외국기를 함께 게양할 경우에는 유엔기·국기 및 외국기의 순서로 게양한다(대한민국국기법 시행령 제17조 제2항). ★

⑥ 국기와 함께 게양할 다른기(외국기, 단체기 또는 군집기)의 게양 순서는 다음과 같다(국기의 게양·관리 및 선양에 관한 규정 제6조 제3항).

   ㉠ **게양할 기의 총수가 홀수인 경우** : 앞에서 게양대를 바라보아 국기의 왼쪽이 차순위, 국기의 오른쪽이 차차순위로 하여 국기의 왼쪽이 오른쪽에 우선하여 번갈아 가면서 국기에서 멀어질수록 후순위가 되도록 한다(제1호). ★

   ㉡ **게양할 기의 총수가 짝수인 경우** : 앞에서 게양대를 바라보아 국기의 바로 오른쪽이 차순위, 그 다음이 차차순위로 하여 국기에서 오른쪽으로 멀어질수록 후순위가 되도록 한다. 다만, 국기게양대가 높게 설치된 경우에는 위의 방법을 따르되, 마지막 순서의 기는 오른쪽 끝에 위치하도록 하여 좌우 균형을 맞추도록 한다(제2호).

03 의전예절

1. 인사예절

① **악 수**

   ㉠ 초청 인사는 경호대상자의 왼쪽에서 오른쪽으로 이동하면서 악수한다. ★

   ㉡ 반드시 선 자세로 오른손을 내밀어 자연스럽고 가볍게 쥐는 것이 예의이다. ★

   ㉢ 신분이 높은 사람이 연소자일 경우에는 연장자라도 먼저 손을 내밀어서는 실례가 된다. ★

② **목례** : 목례는 가볍게 머리를 숙여 경의를 표하는 것으로 머리나 상반신을 굽히는 것은 상대방에 대한 존경의 정도에 따르는 것이 좋다.

③ **명함 예절**

   ㉠ 자기 명함을 줄 때는 반드시 일어서서 이름을 밝히면서 오른손으로 주고, 받을 때도 일어서서 두 손으로 받는다. ★

   ㉡ 상대가 다수일 때는 상대방 중 지위가 높은 사람부터 명함을 교환한다.

2. 소개예절

① 반드시 연소자나 하위자를 연로자나 상위자에게 소개시킨다.★

② 반드시 덜 중요한 사람을 더 중요한 사람에게 소개시킨다.★

③ 반드시 남성을 여성에게 소개한다. 그러나 상대가 성직자나 고관이라면 그들에게 여성을 소개하는 것이 올바른 예의이다.★

3. 탑승예절 `기출` 23 · 21 · 17 · 13 · 12

① 승용차

　㉠ 운전기사가 있을 경우 : 자동차 좌석의 서열은 뒷좌석 오른편이 상석이고 그 다음이 왼쪽, 앞자리, 가운데 순이다(뒷좌석 가운데와 앞자리의 서열은 바뀔 수 있다).★

　㉡ 자가 운전자의 경우 : 서양에서는 대부분 주인이 직접 자동차를 운전하고 있으며, 이 경우 운전석 옆자리, 즉 주인의 옆자리가 상석이며, 그리고 조수석의 뒷좌석, 운전석의 뒷좌석, 가운데 순이다(지프인 경우 운전자 옆자리가 언제나 상석임).★

　㉢ 여성과 동승할 경우 승차 시는 여성이 먼저 타고 하차 시에는 남성이 먼저 내려 문을 열어준다. 윗사람도 마찬가지이다.★

　㉣ 상급자와 하급자가 승용차에 동승할 때에는 상급자가 먼저 타고, 하차 시는 반대로 하급자가 먼저 내리는 것이 관습이다.★

② 기 차

　㉠ 두 사람이 나란히 앉는 좌석에서는 창가 쪽이 상석이다. 침대차에서는 아래쪽 침대가 상석이다.★

　㉡ 네 사람이 마주 앉는 자리에서는 기차 진행방향의 창가 좌석이 가장 상석이고 그 맞은편, 상석의 옆좌석, 그 앞좌석 순이다.★★

③ 비행기

　㉠ 비행기를 타고 내릴 때는 상급자가 마지막으로 타고 먼저 내리는 것이 순서이다.★

　㉡ 비행기에서는 객석 양측 창문가 좌석이 상석, 통로 쪽이 차석, 상석과 차석 사이가 말석이다.★

④ 선 박

　㉠ 보통 상급자가 나중에 타고 먼저 내린다(함정의 경우에는 상급자가 먼저 타고 먼저 내린다).

　㉡ 객실의 등급이 있다면 지정된 좌석에 타고, 그렇지 않다면 선체의 중심부가 상석이 된다.★

⑤ 엘리베이터

　㉠ 안내하는 사람이 있을 때 : 상급자가 먼저 타고 먼저 내린다.

　㉡ 안내하는 사람이 없을 때 : 하급자가 먼저 타서 엘리베이터를 조작하고 내릴 때는 상급자가 먼저 내린다.★★

⑥ 에스컬레이터 : 올라갈 때는 상급자가 먼저 올라가고 내려올 때는 하급자가 먼저 내려온다. 여성의 경우도 동일하다.★

4. 좌석 배열(Seating Arrangement)

① 좌석 배열은 연회 준비사항 중 가장 세심한 주의를 기울여야 하는 문제로서 참석자의 인원, 부부동반 여부, 주빈 유무, 장소의 규모 등 여러 가지 요소를 고려하여 결정한다. ★

② 주빈(Guest of Honor)이 입구에서 먼 쪽에 앉도록 하고 연회장에 좋은 전망(창문)이 있을 경우, 전망이 바로 보이는 좌석에 주빈이 앉도록 배치한다. ★

상위석

우리나라에서는 일반적으로 오른편을 상위석으로 하는 것이 관례인바, 이 관례는 많은 나라에서 통용되고 있다.

외국원수 공식 방문 시 행사장 좌석

5	3	1	국가원수 부인	우방국 원수	국가원수	우방국 원수부인	2	4	6

옥내 행사 시 단상 좌석(국가원수가 영부인의 오른편)

총리	국회의장	국가원수	국가원수 부인	대법원장	주재 외교단장

〈출처〉 김두현, 「경호학개론」, 엑스퍼트, 2020, P. 321

---

3 응급처치 및 구급법

01 응급처치의 정의·목적·범위 [기출 17]

1. 응급처치 [기출 20]

① 응급처치는 전문 의료진의 조치가 불가능한 상황에서 경호원이 시행하는 일시적인 구급행위이다.

② 경호원은 응급처치를 위해 항상 기본적인 의료장비와 약품을 준비해두어야 한다.

구급병원(최기병원)

행사장에서 가장 가까운 병원으로, 경호대상자를 치료하기에 충분한 시설과 의료진을 갖춘 병원을 최기병원으로 선정하여 응급상황 발생 시에 대비하여야 한다.

〈출처〉 이두석, 「경호학개론」, 진영사, 2018, P. 282

---

2. 응급처치를 실시하는 범위

① **즉각적·임시적인 적절한 처치와 보호** : 응급처치는 어디까지나 전문적인 치료를 받기 전까지의 즉각적이고 임시적인 적절한 처치와 보호이며, 전문적인 의료서비스 요원에게 인계한 후에는 모든 것을 그의 지시에 따라 행동한다. ★

> **응급처치 및 구조활동의 원칙(3C)**
> 위급상황에서 부상자나 환자에게 필요한 일을 신속하고 적절하게 실시하기 위한 원칙으로 현장조사(Check), 응급의료서비스 기관에 연락(Call), 처치 및 도움(Care)의 순서로 진행된다.

② **응급처치원이 지켜야 할 사항** 기출 23 · 21 · 18 · 16 · 14 · 13

ㄱ 응급처치를 실시하는 처치원 자신의 안전을 확보한다.

ㄴ 부상자의 상태를 확인하고 편안한 자세를 유지하도록 한다.

ㄷ 환자나 부상자에 대한 생사의 판정은 하지 않는다. ★

ㄹ 원칙적으로 의약품을 사용하지 않는다. ★

ㅁ 어디까지나 응급처치에 그치고, 그 다음은 전문 의료요원의 처치에 맡긴다. ★

ㅂ 병원에 이송되기 전까지 부상자의 2차 쇼크를 방지하고 생명을 유지하도록 한다.

> **응급처치에서의 ABC평가**
> • 기도유지(airway control) : 기도가 개방되어 있는지 여부와 숨을 쉬고 있는가를 먼저 확인해야 한다.
> • 호흡(breathing) : 환자의 기도를 확보하고 호흡상태를 통해 평가한다.
> • 순환(circulation) : 적절한 호흡운동을 확인한 후 순환상태를 평가한다.

---

02 출혈 및 쇼크(Shock)

1. 외부출혈 시 응급처치

① **출혈이 심하지 않은 경우** : 국소압박 등을 통해 지혈★

ㄱ 출혈이 심하지 않은 상처에 대한 처치는 병균의 침입을 막아 감염을 예방하는 것이다.

ㄴ 상처를 손이나 깨끗하지 않은 헝겊으로 함부로 건드리지 말고, 엉키어 뭉친 핏덩어리를 떼어내지 말아야 한다. ★

ㄷ 흙이나 더러운 것이 묻었을 때는 감염에 주의하면서 깨끗한 물로 상처를 씻어 준다. ★ 기출 23

ㄹ 소독한 거즈(Gauze)를 상처에 대고 드레싱(Dressing)을 한다. ★★

② 출혈이 심한 경우

　　㉠ 출혈이 심하면 즉시 지혈을 하고 출혈 부위를 심장부위보다 높게 하여 안정되게 눕히고 압박점을 강하게 압박한다. ★★ `기출` 23 · 21

　　㉡ 출혈이 멎기 전에는 음료를 주지 않는다. ★ `기출` 21

　　㉢ 지혈방법은 출혈부위에 대한 직접 압박, 지압점(압박점) 압박, 지혈대 이용, 부목 고정 등의 방법이 있다.

　　㉣ 소독된 거즈나 헝겊으로 강하게 직접 압박한다. ★★

　　㉤ 환자를 편안하게 눕히고 보온한다.

③ 외부출혈 응급구조방법

　　㉠ 국소압박 : 상처가 작거나 출혈이 많지 않은 경우 출혈된 곳을 국소압박으로 지혈한다. 압박은 손가락이나 붕대 등으로 할 수 있고 출혈이 계속된다고 현장에서 감은 붕대를 풀어서는 안 된다. ★

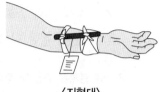

〈지혈대〉

　　㉡ 지혈대 이용 : 출혈을 멈추는 데는 효과적이나 합병증과 부작용을 초래할 수 있으므로 항상 최후의 수단이 되어야 한다.

지혈대 사용법
- 출혈부위 가까운 곳에 7~10cm 넓이의 띠를 2번 감는다.
- 띠를 묶어서 매듭을 짓고, 그 위에 막대를 놓는다.
- 막대를 매듭하고 출혈이 멈출 때까지 막대를 감는다.
- 출혈이 멈추면 막대 감는 것을 멈추고, 막대를 고정한다.

지혈대 사용 시 주의사항
- 가능하면 폭이 넓은 것을 사용하며, 지혈대는 무릎이나 팔꿈치 아래에는 착용하지 않는다. ★
- 지혈대를 착용시킨 시간을 환자 이마에 표기한다.
- 피부에 민감한 재료는 가급적 피한다.
- 지혈대는 일단 착용한 뒤에는 병원에 도착하기 전까지 느슨하게 하면 안 된다. ★

---

2. 내부 출혈 시 응급처치

① **증상과 징후** : 흉부 및 복강과 같은 신체 내부에서 출혈이 되는 것을 말하며 육안으로 관찰이 어렵기 때문에 신속하게 병원으로 이송하지 않으면 위험에 빠지는 수가 있다.

② **내부 출혈 시 현장응급처치**

　　㉠ 10분마다 환자 상태를 기록하며, 가능한 한 신속히 병원으로 옮긴다. ★

　　㉡ 충분한 산소를 투여하며, 뇌와 심장으로 많은 혈액이 순환될 수 있게 발을 지면보다 높게 이동한다.

3. 비출혈(Nose bleeds) 시 응급처치

① 원인 : 두개골 골절, 안면 손상, 출혈성 질환, 감염, 고혈압 등이 있다.

② 응급처치

㉠ 손가락으로 코끝을 잡아주거나 윗입술과 잇몸 사이에 붕대를 대고 지압한다.

㉡ 두개골 골절로 인하여 외상 후에 코나 귀로부터 출혈이 있으므로 골절 여부를 검사한다.

4. 쇼크(Shock) 시 응급처치

① 증상과 원인

㉠ 순간적인 혈액순환의 감퇴로 인하여 몸의 기능이 부진되고 허탈된 상태를 말한다.

㉡ 출혈에 의한 쇼크는 응급처치의 여부에 따라서 환자의 생사가 좌우되는 경우가 있다.

㉢ 대출혈, 심한 화상, 탄상(彈傷), 익수(溺水), 가슴 또는 머리의 부상 등이 원인이 된다.

쇼크와 관계된 증상 및 징후

- 얼굴이 창백해진다.★
- 식은땀이 나며 현기증을 일으킨다.★
- 메스꺼움을 느끼며 구토나 헛구역질을 한다.
- 맥박이 약하고, 때로는 빠르다.★
- 호흡이 불규칙하게 된다.★
- 심하면 의식이 없어진다.★
- 빛에 대한 동공반사가 느리다.
- 체액이 소실되어 갈증이 일어난다.

---

② 응급처치

㉠ 환자를 되도록 바로 눕히며, 기도를 유지하고 산소를 충분히 투여하고, 가능하면 지혈시킨다.

㉡ 체온의 손실을 방지하며, 환자에게 음식이나 음료수를 제공하지 말아야 한다.

㉢ 하지를 거상하고 골절부위에 부목을 대는 등 추가손상을 방지하여야 한다.

㉣ 5분 간격으로 혈압, 맥박 등 생체징후를 측정한다.

㉤ 과민성 쇼크 시에는 원인물질을 제거하면서 약물을 투여하여야 한다.

1. 원인불명의 인사불성환자에 대한 응급처치

① 얼굴이 붉은 인사불성환자

  ㉠ 주요 증상은 얼굴이 붉고 맥박이 강한 것이다.

  ㉡ 환자를 바로 눕히고 머리와 어깨를 약간 높여 안정시킨다.

  ㉢ 목의 옷깃을 늦추어(풀어) 주고 머리에 찬 물수건을 대어 열을 식혀 주어야 한다.

  ㉣ 환자를 옮길 필요가 있으면 눕힌 상태로 주의해서 운반한다.

  ㉤ 운반 중 환자가 구토를 하면 얼굴을 옆으로 돌려준다.

② 얼굴이 창백한 인사불성환자

  ㉠ 주요 증상은 얼굴이 창백하고 맥박이 약한 것이다.

  ㉡ 충격에 대한 응급처치를 하며, 환자를 옮길 필요가 있으면 눕힌 상태로 주의해서 조용히 운반한다.

  ㉢ 환자는 머리를 수평이 되게 하거나 다리를 높여 안정되게 하고 보온조치를 한다.

③ 얼굴이 푸른 인사불성환자

  ㉠ 얼굴이 창백한 인사불성환자의 증상 외에 호흡이 부전되어 얼굴색이 파래진 것이다.

  ㉡ 인공호흡(구조호흡)과 충격에 대한 처치를 실시한다.

2. 골절·탈구·염좌 등에 대한 응급처치

① 골절환자

  ㉠ 상처의 감염방지 처리를 하며, 골절부위를 조사하여 골절부위 상·하단에 부목을 대고 고정시킨다.

  ㉡ 단순골절에 있어서 가장 중요한 처치는 복잡골절이 되지 않게 예방하는 일이다. 다친 곳을 건드리거나 환자를 함부로 옮김으로써 부러진 뼈끝이 신경, 혈관 또는 근육을 손상케 하거나 피부를 뚫어 복잡골절이 되게 하는 일이 없도록 한다. ★

  ㉢ 복잡골절에 있어서 출혈이 있으면 직접 압박으로 출혈을 방지하고, 만약 출혈이 심하면 지압점 압박으로 지혈한다. 복잡골절은 피가 멈춘 후에 소독한 붕대를 감는다. ★

경추 골절환자 응급처치 시 주의사항
- 환자를 함부로 다루게 되면 오히려 손상을 가져오기 때문에 의료진이 도착할 때까지 그대로 두는 것이 낫다.
- 어떠한 경우에도 얼굴을 앞이나 뒤로 혹은 옆으로 돌려서는 안 된다. ★
- 머리를 부목 위에 놓은 후 머리의 양쪽을 고여서 얼굴이 위를 향하여 고정되게 한다.
- 머리 밑에는 아무것도 넣지 않으며, 양팔을 가슴에 얹고 부목 밑에 붕대를 부상자 위로 돌려서 부상자가 부목 위에서 움직이지 않도록 단단히 묶는다. ★
- 다리까지 잘 묶은 뒤에 부목을 들것이나 구급차 위에 얹어 부상자를 병원으로 운반한다. ★

---

② 뇌진탕 및 두개골 골절(두부 손상)

    ㉠ 두부 손상이 의심되면 상체를 높이고, 구토 등 이물질이 있는 경우 옆으로 눕힌다. ★

    ㉡ 환자에게 말을 하여 집중을 하게 하고 쇼크에 대비한다.

    ㉢ 뇌압의 상승을 방지하기 위해 머리를 다리보다 높게 들어올린다. ★

    ㉣ 의식이 명료하다가도 의식을 잃는 경우가 있으므로 신속한 이송을 해야 한다.

    ㉤ 두부 손상 시에는 체온이 상승하는 경향이 있으므로, 일정한 체온이 유지될 수 있도록 한다.

    ㉥ 경련을 일으키면 그냥 편하게 두고, 아무것도 먹이지 않는다.

    ㉦ 머리에 상처가 있으면 상처를 보호하고 귀나 코에서 흐르는 액체는 막지 않고 병원으로 이송한다.

두부 손상에서의 일반적인 응급처치의 원칙

• 충분한 산소를 공급한다.

• 일반적으로 두부가 손상되었다고 확인되면 기도확보, 경추·척추 고정, 산소 공급, 기타 외상처치를 실시한다.

• 환자의 의식상태를 평가하여 지속적으로 의식변화상태를 예의 주시한다.

• 두피손상의 경우 손상 입은 피부를 본래의 위치로 되돌려놓고 들것에 눕힌 상태에서 30° 정도 올려주고 머리의 손상부분을 직접 압박법으로 지혈하고 붕대를 고정시킨다. ★

두부 손상 증상별 응급처치 원칙

• 두피 열상 : 인체 중에서 얼굴 쪽에는 다른 부위에 비해 많은 양의 혈액이 공급되므로 조그만 상처에도 과출혈이 일어날 수 있다. 두피에서 출혈이 있는 경우 소독된 거즈를 상처부위에 대고 압박하여 지혈하고 피부가 벗겨나가는 결손이 있는 큰 상처일 경우 피부를 정상적인 위치로 가져다 놓고 압박드레싱을 하도록 한다.

• 두개 내출혈(뇌일혈) : 환자의 머리와 어깨를 높이고 목의 옷을 느슨하게 하고 찬 물수건이나 얼음주머니를 머리에 대어준다. 무엇보다도 뇌혈관에 열상으로 인해 두개 내 혈종을 유발하여 외과적인 수술 등이 필요하므로 신속히 병원에 후송하는 것이 중요하다. ★

---

③ 척추 골절

    ㉠ 충격을 예방하고 척추에 대한 그 이상의 손상을 막기 위한 응급처치를 한다.

    ㉡ 척추골절이 의심되는 부상자는 절대로 일으켜 앉히거나 세우거나 걷게 하여서는 안 된다. ★

    ㉢ 음료수를 먹이기 위하여 그의 목을 높이는 것조차도 하지 말아야 한다. 이러한 운동은 척추를 더 손상시키고 마비나 죽음의 원인을 만들기 때문이다. ★

    ㉣ 만약 경추, 흉추 및 요추에 동시 손상이 있으면 경추 손상의 처치는 언제나 튼튼한 전신부목 위에 바로 눕히고, 필요한 부분에 고임을 대고 삼각건으로 잘 고정시켜야 한다. ★

④ 흉부 및 복부 손상

    ㉠ 호흡기능을 유지하기 위해 기도 내의 이물질 등을 제거하고 외부출혈을 지혈시킨다.

    ㉡ 이물질이 삽입되어 있는 경우 그대로 유지시킨다.

    ㉢ 늑골이 골절된 경우 움직임을 줄이며 삼각건으로 고정시킨다. ★

    ㉣ 물을 마시지 않도록 하며, 젖은 거즈 등으로 입술을 적셔준다.

⑤ 탈구 : 관절이 어긋나 뼈가 제자리에서 물러난 상태

　　탈구는 빠르고도 정확한 처치를 필요로 한다. 그러나 특별한 비상시가 아니면 전문의료요원이 아닌 자가 탈구를 바로 잡으려 해서는 안 된다.★

⑥ 염좌 : 무리한 관절 운동으로 관절을 유지하는 인대가 손상된 경우 발생

　　염좌된 부위를 높이 올리고 손목이면 팔걸이를 하여 고정시키고 발목이면 환자를 눕히고 옷이나 베개 같은 것을 염좌부위 밑에 놓아 그 부위를 높이고 상처 입은 부위에 찬 찜질을 한다.

3. 화상·중독·교상 등에 대한 응급처치

① 화 상

　　㉠ 화상을 당한 후 하루나 이틀 사이에 죽는 것은 일반적으로 쇼크에 의한 것이며, 그 후에 죽는 것은 주로 감염이 원인이다.

　　㉡ 아픔을 덜어주고, 감염을 예방하고, 쇼크에 대한 처치를 하는 것으로써 화상부위의 열기와 통증이 가라앉을 정도로 찬물에 담근다.

　　㉢ 화재나 그 밖의 사고로 화상 환자가 생기면, 의복을 벗기려 애쓰지 말고 화상 입은 곳을 처치하고 담요 등으로 환자를 덮고 안정시켜 속히 병원으로 데려간다.★

　　㉣ 전문의료요원이 도착할 때까지 환자를 덮어 주어 따뜻하게 한다.★

　　㉤ 상처에 탈지면을 직접 대지 않는다. 탈지면이 상처에 붙어서 후에 떼어낼 때 상해를 입는다.★

　　㉥ 쇠붙이 등 상처에 붙어 있는 물건을 떼려고 애쓰지 말 것이며, 또 물집을 터뜨려서는 안 된다.★

② 약품화상

　　㉠ 즉시 그리고 계속적으로 많은 물로 피부에 묻은 약품을 씻어 내고 감염을 예방하도록 한다.★

　　㉡ 약품에 젖은 의복은 벗든가 떼어버리고 상처에는 소독된 거즈를 붙인 다음 병원에 보낸다.★

　　㉢ 알칼리성 약품에 의한 화상은 우유로 깨끗이 씻으면 효과적이다.★★

③ 전기화상(감전)

　　㉠ 질식된 듯한 모습을 보이고 화상을 동반하며 쇼크증상을 보일 수 있다.

　　㉡ 감전사고가 발생하면 절연성이 있는 고무장갑 등으로 전원을 차단시키고 전원이 있는 곳에서 대피시킨다. 기도를 유지하여 산소를 공급해 준다.

　　㉢ 심정지가 발생한 경우 끈기 있게 심폐소생술을 실시한다.★

　　㉣ 감전사고 후 아무 증상이 없는 듯 보여도 차후 내부 장기의 손상이 있는 경우가 많으므로 병원에 가서 진단을 받도록 한다.★

④ 약품 및 독극물 중독

　　㉠ 환자가 의식이 없을 때는 기도를 개방하고, 필요하면 구조호흡을 한다.

　　㉡ 환자가 의식이 있을 때는 흡수된 독극물을 희석시키거나, 독극물의 흡수를 지연시키기 위해 희석, 위세척, 해독 등을 실시한다.

ⓒ 중독물질에 의한 중독일 경우 구토시럽을 복용하게 하여 구토를 유발시킨다.

ⓔ 피부를 통해 독극물이 묻은 경우 오염된 의복은 즉시 제거하고 흐르는 물에 잘 씻어낸다.

⑤ **독사교상**

㉠ 더 이상의 동작을 멈추게 하고 조용히 안정시킨다. 교상 부위를 비누와 물로 부드럽게 닦아낸다.

㉡ 독이 퍼져 올라가는 것을 방지하기 위하여 상처부위의 위쪽을 묶는다(너무 꽉 묶으면 좋지 않다).

㉢ 물린 부위는 움직일수록 독이 더 빨리 퍼지므로 움직이지 않게 고정하고, 심장보다 아래에 위치시키어 독이 심장 쪽으로 퍼지는 것을 지연시킨다. ★

㉣ 흡수기로 독을 빨아낸다(입으로 흡입하는 것은 권장되지 않는다). ★

㉤ 가능한 한 빨리 의사에게 연락하여 항독 처치를 받도록 한다.

㉥ 뱀에 물린 환자는 구토, 복통 및 의식 저하가 발생할 수 있으므로 환자에게 입으로 어떤 것도 주지 않는다(음식과 음료수).

04 심폐소생술(CPR)

1. 심폐소생술의 정의

① 심폐소생술이란 <u>의식장애나 호흡, 순환기능이 정지되거나 현저히 저하된 상태로 인하여 사망의 위험이 있는 자에 대하여</u> 즉시 기도를 개방하고 인공호흡과 심장압박을 실시해서 즉각적으로 생명유지를 도모하는 처치방법이다. ★ 기출 21 특히 <u>질병관리청·대한심폐소생협회는</u> 인공호흡에 대해 거부감을 가진 경우에도 <u>인공호흡을 하지 않고 가슴압박만 하더라도</u> 아무것도 하지 않을 때보다 심장정지 환자의 생존율을 <u>높일 수 있으므로 2011년 가이드라인부터 '가슴압박소생술(Compression-Only CPR)'을 권장하였다.</u>

기출 22

〈출처〉 2020년 한국심폐소생술 가이드라인, 질병관리청·대한심폐소생협회, P. 67

② CPR은 크게 보아 병원 전(前)단계에서 많이 시행하는 기본 인명구조술(심폐소생술의 초기단계)과 병원에서 주로 시행하는 전문 인명구조술로 구분된다.

2. 심폐소생술을 실시할 경우 확인사항 기출 15·11

① 호흡운동이 없거나 발작성으로 호흡한다.

② 청색증이 나타난다.

③ 경련증과 간질이 나타난다.

④ 통증에 대한 반응이 없다.

⑤ 심폐소생술을 실시하는 가운데 출혈이 심하다면 심폐소생술 실시자 이외의 보호자는 지혈을 실시한다.

⑥ 심폐소생술을 실시할 때에는 쇼크를 예방하기 위해 가슴을 따뜻하게 해주어야 한다. ★

3. 심폐소생술의 시기와 적용 대상

① **적용 시기** : 심정지 환자의 경우 기본 인명구조술이 심정지 후 4분 이내에 시작되고, 전문 인명구조술이 8분 이내에 시작되어야 높은 소생율을 기대할 수 있다. ★ 기출 22

② **순서** : 가슴압박(Compression) → 기도유지(Airway) → 인공호흡(Breathing)

> **심폐소생술의 시행 순서**
> 성인의 심정지의 원인은 주로 심실세동이므로, 즉시 주변의 자동제세동기를 이용하여 응급조치를 취하거나 응급의료체계로 연락하여 조기에 전문적 인명구조술이 시행되도록 하여야 한다.
> ① 심정지 확인 : 환자의 반응이 없고 호흡이 없거나 비정상 호흡상태가 관찰될 경우 심정지로 판단한다.
> ② 119 신고 : 환자가 의식이 없으면 주변에 도움을 요청하거나 119로 즉시 신고한다.
> ③ 가슴압박 : 119 신고 후 즉시 가슴압박을 시행한다(속도 : 분당 100~120회, 깊이 : 5~6cm). 기출 22
> ④ 기도 유지 : 환자의 기도를 개방시켜야 한다.
> ⑤ 인공 호흡 : 30회의 가슴압박과 2회의 인공호흡을 구급대원이 현장에 도착할 때까지 반복해서 시행한다.
> ⑥ 회복자세 : 호흡이 회복되었으면 환자를 옆으로 돌려 눕히고, 정상 호흡이 없어지면 가슴압박과 인공호흡을 실시한다.
> ⑦ 제세동 : 제세동 성공률은 심실세동 발생 직후부터 1분마다 7~10%씩 감소되므로, 신속하게 시행하여야 한다.
> 〈참고〉 이두석, 「경호학개론」, 진영사, 2018, P. 284~288

③ **종료시기** : 의사의 지시가 있는 경우라든지 말기 암환자 등에게는 사용하지 않고 다음의 경우는 심폐소생술을 종료한다. ★★ 기출 22

　㉠ 환자의 맥박과 호흡이 회복된 경우

　㉡ 구조자(경호원)가 육체적으로 탈진하여 더 이상 할 수 없는 경우

　㉢ 다른 구조자(응급구조요원)와 교대한 경우

　㉣ 의사가 종료하라고 지시했을 경우

　㉤ 사고현장이 처치를 계속하기에는 위험할 때

　㉥ 심폐소생술의 실시 여부와 관계없이 30분 이상 심정지상태가 계속될 때(단, 심한 저체온증의 경우를 제외)★

④ **적용 대상** : 익사, 뇌졸중, 두부 외상, 감전 등

4. 심폐소생술 중 기도유지 방법

① **두부후굴 - 하악거상법** : 환자의 이마를 뒤로 젖히면서 동시에 턱을 잡고 윗니와 아랫니가 거의 닿을 정도로 턱을 앞으로 잡아당기는 방법이다.★

② **하악견인법** : 경추부분이 손상되었다고 의심되면 실시하는 기도유지 방법으로 머리와 목을 움직이게 해선 안 되고 머리를 자연스럽게 둔 상태로 실시한다.★

③ **3중기도 유지법** : 구조자는 환자의 머리를 향해 앉아서 네 손가락을 환자 턱의 각진 부분에 놓고 머리를 젖힌 뒤 엄지손가락으로 환자의 아랫입술을 아래쪽으로 향하게 하여 실시하는 방법이다.

경호의 환경

CHAPTER 06

최다 출제 POINT & 학습목표

1 일반적 경호 환경요인과 특수한 경호 환경요인을 살펴본다.

2 암살과 관련하여 암살범의 동기, 특징, 암살계획의 수립순서를 파악한다.

3 테러의 개념과 테러조직의 구조적 유형 등을 살펴보고, 각국의 대테러부대를 숙지한다.

4 우리나라의 대테러 방지대책(테러방지 관련 법령)에 대해 학습한다.

 OX 경호의 환경

01 우리나라 경호의 환경요인과 관련하여 사이버범죄 증가에 따라 경호방법 다변화의 일환으로 「개인정보보호법」은 적용하지 않는다. `기출` 21　　（　　）

02 우리나라 경호의 환경요인과 관련하여 사회와 국민의식 구조의 변화로 인한 시대적 요구사항을 반영하여 경호의 수단과 방법이 변화되고 있다. `기출` 21　　（　　）

03 우리나라 경호의 환경요인과 관련하여 드론 사용 범죄 등과 같은 신종위해가 증가하고 있다. `기출` 21　　　　　　（　　）

04 뉴테러리즘은 공격대상이 특정화되어 있고, 언론매체의 활용으로 공포확산이 빠르다. `기출` 21　　　　　　　（　　）

05 '외로운 늑대(Lone wolf)'와 같은 자생 테러가 증가하고 있다는 점은 뉴테러리즘의 특징이다. `기출` 21　　　　（　　）

06 과학화 및 정보화의 특성으로 조직이 네트워크화되고 있다는 점은 뉴테러리즘의 특징이다. `기출` 21　　　　　（　　）

07 전통적 테러에 비해 피해규모가 큰 양상을 띤다는 점은 뉴테러리즘의 특징이다. `기출` 23·21　　　　　　　（　　）

08 국민보호와 공공안전을 위한 테러방지법은 테러의 예방 및 대응 활동 등에 관하여 필요한 사항과 테러로 인한 피해보전 등을 규정함으로써 테러로부터 국민의 생명과 재산을 보호하고 국가 및 공공의 안전을 확보하는 것을 목적으로 한다. `기출` 20　　（　　）

09 국민보호와 공공안전을 위한 테러방지법상 테러위험인물이란 테러를 실행·계획·준비하거나 테러에 참가할 목적으로 국적국이 아닌 국가의 테러단체에 가입하거나 가입하기 위하여 이동 또는 이동을 시도하는 내국인·외국인을 말한다. `기출` 22·17　　（　　）

10 국민보호와 공공안전을 위한 테러방지법상 테러수사란 대테러활동에 필요한 정보나 자료를 수집하기 위하여 현장조사·문서열람·시료채취 등을 하거나 조사대상자에게 자료제출 및 진술을 요구하는 활동을 말한다. `기출` 22·17　　　（　　）

11 다음의 내용은 모두 국민보호와 공공안전을 위한 테러방지법상 대테러활동에 해당한다. `기출` 20　　　　　（　　）

○ 테러위험인물의 관리	○ 인원·시설·장비의 보호
○ 국제행사의 안전확보	○ 테러위협에의 대응 및 무력진압

12 다음 중 국민보호와 공공안전을 위한 테러방지법 시행령상 대테러특공대의 임무를 수행한 자는 A, B, C 모두이다.

기출수정 21   (   )

> A : 대한민국과 관련된 국내외 테러사건 진압작전을 수행하였다.
> B : 주요 요인경호 및 국가중요행사의 안전한 진행을 지원하였다.
> C : 테러사건과 관련한 폭발물을 탐색하고 처리하였다.

13 암살자가 극히 중요하다고 생각하는 사상을 암살대상자들이 위태롭게 하고 있다고 생각하는 것은 적대적 동기에 해당된다.

기출 23   (   )

14 국민보호와 공공안전을 위한 테러방지법상 테러위험인물에 대하여 출입국·금융거래 및 통신이용 등 관련 정보를 수집할 수 있는 자는 국가정보원장이다. 기출 18·17   (   )

15 국가대테러활동 세부운영 규칙상 다음은 테러경보의 경계단계의 내용이다. 기출수정 21   (   )

> 테러취약요소에 대한 경비 등 예방활동의 강화, 테러취약시설에 대한 출입통제의 강화, 대테러 담당공무원의 비상근무 등의 조치를 한다.

16 암살범의 적개심과 과대망상적 사고는 개인적 동기에 해당된다. 기출 22   (   )

17 암살은 뉴테러리즘의 일종으로 불특정 다수를 대상으로 한다. 기출 23·22   (   )

▸ **정답과 해설** ◂   01 ✕   02 ○   03 ○   04 ✕   05 ○   06 ○   07 ○   08 ○   09 ✕   10 ✕
                    11 ○   12 ○   13 ✕   14 ○   15 ○   16 ○   17 ✕

✔ **오답분석**

01 현재 사이버범죄와 관련된 우리나라의 법률체계는 「정보통신망 이용촉진 및 정보보호 등에 관한 법률(약칭 : 정보통신망법)」이 사이버범죄의 기본법적인 역할을 하고 있으나, 이외에도 「정보통신기반 보호법」, 「전기통신사업법」, 「위치정보의 보호 및 이용 등에 관한 법률(약칭 : 위치정보법)」, 「개인정보보호법」 등 다양한 법률이 적용되고 있다.

04 뉴테러리즘은 불특정 다수(공격대상의 불특정)에 대한 공격을 특징으로 한다.

09 외국인테러전투원에 대한 정의이다(국민보호와 공공안전을 위한 테러방지법 제2조 제4호).

10 대테러조사에 대한 정의이다(국민보호와 공공안전을 위한 테러방지법 제2조 제8호).

13 암살의 이념적 동기에 관한 설명이다. 적대적 동기는 전쟁 중이거나 적대관계에 있는 지도자를 제거하여 승전을 유도하거나 사회혼란을 조성하기 위해 암살이 이루어진다.

17 암살은 일반적으로 근대적 테러리즘의 전형이라 할 수 있으며, 특정한 지위에 있는 사람을 대상으로 한다.

CHAPTER

06 | 경호의 환경

---

1 경호의 환경요인 기출 22·21

---

01 일반적 경호 환경요인 기출 17

1. 경제발전

경제발전과 과학기술의 향상이 상대적으로 경호환경을 악화시킨다.

2. 생활환경의 악화

경제규모의 확대 등에 따라 경제범죄, 환경오염, 범죄의 도시화 현상이 증대되게 된다.

3. 동력 및 정보의 팽창

동력화의 진전과 정보의 팽창화는 범죄의 광역화 및 지능화를 유발한다.

> 앞으로 4차 산업혁명의 미래사회에서는 상당히 많은 변화가 있을 것이 예상된다. 제4차 산업혁명이란 로봇이나 인공지능 그리고 생명과학이 주도하여 실제와 가상이 통합되는 가상물리시스템이 구축되는 것이라고 볼 수 있다. 이 여파로 앞으로 10년 후 국내 일자리의 52%가 로봇이나 인공지능으로 대체될 것이라는 연구 결과가 나온 바 있다. 따라서 경호분야에 있어서도 로봇이나 인공지능 등을 이용한 범죄에 대응한 기술발달이 필요하다고 볼 수 있다.
>
> 〈출처〉 김두현, 「경호학개론」, 엑스퍼트, 2020, P. 460~461

4. 생활양식 및 국민의식의 변화

개인 중심의 생활양식 및 이기주의에 빠져 경호작용에 대한 비협조적 경향으로 나타날 우려가 있다.

5. 범죄의 다양화와 증가

범죄의 다양화와 증가는 암살과 테러의 국제화를 유발한다.

- 인구의 도시집중과 주거지역의 밀집화, 산업시설의 증대와 산업지역의 증가는 범죄유발요인을 낳게 하여 각종 범죄의 양적 증가와 범죄의 도시화·흉악화 등 질적 변화를 가져오게 된다.
- 교통수단의 발달과 1일 생활권의 확대는 범죄의 기동화·광역화 및 도시범죄의 지방 교류 등을 촉구하게 된다.
- 과학기술의 이용, 풍부한 정보의 활용은 범죄의 지능화·조직화 등 질적 변화를 초래하게 된다.
- 경제생활의 향상은 폭리범죄, 신용범죄, 특허범죄 등의 경제사범을 증가시킨다.
- 국제교역 및 교류의 증대는 범죄의 국제화를 초래하여 범죄조직의 국제화, 범죄수법의 국제교류뿐만 아니라 관세범죄, 외자범죄, 밀수범죄, 국제밀무역 등의 증가를 가져오게 된다.

〈출처〉 김두현, 「경호학개론」, 엑스퍼트, 2020, P. 461

02 특수적 경호 환경요인

1. 경제전쟁

세계는 군사전쟁에서 경제전쟁으로 탈바꿈하여 지역이기주의 또는 지역경제주의로 발전, 소수민족의 테러단체들의 투쟁이 증가되고 있다. 국제정세의 변화로 구주·중동·아시아 지역의 극좌 테러단체 대부분이 재정상 압박 등으로 활동이 크게 위축된 반면 각 지역의 소수민족분리주의 테러단체들에 의한 소모적 테러투쟁은 오히려 증가되고 있다.

2. 한국의 국제적 지위 향상 등

우리나라의 국제적 지위향상과 더불어 해외에서의 한국인 대상 납치·살해 등 테러 위협이 증가되고 있다. 또한 북한의 대남 위협에도 불구하고 국민들의 대공의식이 해이되었으며, 국내불법체류 외국인 증가, 마약관련 범죄 및 정신이상자 증가, 극단적 집단이기주의와 통제에 대한 반발 추세, 기타 선진사회로 가는 각종 병리현상 만연 등 많은 사회적 불안요소들이 국내 경호환경에 부정적으로 작용하고 있다.

3. 북한의 위협

북한의 경제적 곤궁과 정치적 불안정으로 인하여 테러 및 유격전의 유발이 우려되고 있다.

4. 증오범죄의 등장

소수인종 및 민족, 종교적 편견, 장애인, 노인 등 약자 층을 대상으로 이유 없는 증오심을 갖고 테러를 자행하는 증오범죄가 심각하게 등장하고 있다.

〈출처〉 김두현, 「경호학개론」, 엑스퍼트, 2020, P. 462~463

2 암 살

01 암살의 개념 및 동기 기출 23 · 22 · 15 · 14

암살은 일반적으로 근대적 테러리즘의 전형이라 할 수 있으며, 특정한 지위에 있는 사람을 대상으로 한다. 암살의 개념에 대해서는 "정치적·개인적 동기 등 각종 동기에 의해 공적인 지위에 있는 사람을 불법적으로 살해하는 행위"라고 할 수 있다. 이하에서는 암살의 동기에 대해 살펴본다.

개인적 동기	분노, 복수, 원한, 증오 등 극히 개인적 동기에 의해 암살이 이루어진다. ★
경제적 동기	금전적 보상 혹은 경제적 어려움을 해소하기 위하여 피암살자의 희생이 필요하다는 신념에 의해 암살이 이루어진다.
적대적(전략적) 동기	전쟁 중이거나 적대관계에 있는 지도자를 제거하여 승전을 유도하거나 사회혼란을 조성하기 위해 암살이 이루어진다.
정치적 동기	정권을 바꾸거나 교체하려는 욕망으로 암살이 이루어진다.
심리적 동기	정신분열증, 조울증, 편집증, 노인성 치매 등 정신병력 증세를 갖고 있는 사람들에 의해 암살이 이루어진다.
이념적 동기	어떠한 개인 혹은 집단이 주장·신봉하는 이념이나 사상을 탄압하거나 방해한다고 여겨지는 때 그 대상을 제거하기 위한 목표로 암살이 이루어진다.

암살범의 특징 기출 22 · 11 · 10

심리적 특징	• 대개 인내심이 부족하다. • 자기 자신을 학대하고 대개가 무능력자이다. • 심리적인 안정성을 갖지 못하고 공상 · 망상에 사로잡힌 상태에서 행동을 한다. • 적개심과 과대망상적인 사고를 소유한 자들이 많다.
신체적 특징	• 일반적인 신체적 특징은 없으나, 일반인과 식별하기 어려울 정도로 단정한 외모를 소유한 경우가 많다.★ • 진실한 이성친구가 없는 경우가 많고, 대략 30세 미만의 미혼이며 가정적으로 불안정하다.

03 **암살계획수립의 순서**

경호정보의 수집 → 무기 및 장비의 획득 → 공모자들의 임무할당(분배) → 범행의 실행 순으로 진행된다.

3 테 러

01 **개 관**

1. 테러의 정의

① 정치적 또는 사회적 영향력을 증대하기 위하여 조직적이고 계획적으로 폭력을 행사하거나 위협함으로써 불특정 다수에게 심리적인 공포심을 주는 행위★

② 아직 국가단계에 이르지 못한 단체나 어떤 국가의 비밀요원이 보통 대중에 영향을 미칠 정도로 비전투 목표물에 대해 자행하는 미리 계획되고 정치적 동기를 가진 폭력행위

③ 정치적 · 사회적 목적을 가진 집단이나 개인 또는 어떤 국가의 비밀공작원이 그 목적달성 또는 상징적 효과를 얻기 위한 수단으로 비전투요원인 타인의 생명 · 재산에 위해를 가하고자 사용하는 계획적인 폭력행위

④ 특정한 위협이나 공포로 인해 극도로 불안한 심리적 상태★

2. 테러리즘의 유형

① **이데올로기적 테러리즘** : 특정 이데올로기의 확산, 관철을 위한 테러리즘으로 좌익과 우익 테러리즘으로 구분된다.

② **민족주의적 테러리즘** : 특정 민족공동체를 기반으로 분리·독립 등을 주장하는 테러리즘으로 민족과 종교가 중첩되는 경우가 많다.

③ **국가 테러리즘** : 국가 자체가 테러의 주체가 되는 경우로 국가 테러리즘과 국가 간 테러리즘으로 구분하기도 한다. 경우에 따라 국가가 특정 테러집단을 지원하는 국가지원 테러리즘도 포함된다.

④ **사이버 테러리즘**

    ㉠ **의의** : 최근 들어 그 행위가 빈번하게 발생하는 것으로 인터넷을 통하여 정보망에 침입하여 정보시스템을 파괴하는 것으로 메일폭탄, 바이러스의 전송 등을 통하여 특정 사이트를 마비시키기도 한다. ★

    ㉡ **특 징**

      • 범행을 사전에 파악 및 방지하기가 어렵다.

      • 범행기도자의 죄의식이 희박하다. ★

      • 정보의 유출 등은 조직 내부인이거나 내부 직원과 결탁하여 이루어지는 경우가 많다. ★

      • 범행 후 그 흔적을 발견하기가 어렵다.

〈출처〉김순석 외,「신경향경호학」, 백산출판사, 2013, P. 235

3. 테러리즘의 특성

테러리즘은 제한된 물량과 소규모의 희생으로 큰 효과를 거둘 수 있으며, 그 대상에는 사람뿐만 아니라 공공 및 개인소유물, 시설물도 포함된다.

> 여러 학자들의 의견을 종합해 보면 테러는 ㉠ 많은 사회적 운동과는 달리 테러는 기본적으로 폭력적인 행위이며, ㉡ 다른 범죄행위와는 달리 테러는 계획이 철저히 되어 있으며 군사활동과 유사한 정확성을 지니고 있다. ㉢ 강제력을 사용하여 목적을 성취하기 위해서는 타의 복종을 요구하며, ㉣ 테러행위는 공공 및 개인소유물을 파괴하며, 인명피해를 초래한다. ㉤ 피해대상자에게 엄청난 공포감을 주고, 극적인 경향이 있다.
>
> 〈출처〉김두현,「경호학개론」, 엑스퍼트, 2020, P. 477~478

4. 꼭 알아두어야 할 테러리즘(Terrorism)

사이버 테러	상대방 컴퓨터나 정보기술을 해킹하거나 악성 프로그램을 의도적으로 깔아놓는 등 컴퓨터 시스템과 정보통신망을 무력화하는 새로운 형태의 테러리즘을 말한다.
백색 테러리즘	프랑스혁명 직후에 공포정치를 펴는 프랑스정부에 대한 공격행위를 가리키는 말이었는데, 현재는 우익에 의한 테러행위를 지칭한다.

흑색 테러리즘	무정부주의자에 의한 테러를 지칭하는 말이다.
적색 테러리즘	공산주의를 상징하는 빨간색과 관련하여 서방 자유세계에 대한 공산주의자들의 공격행위를 말한다.
슈퍼 테러리즘	21세기에 등장한 새로운 테러리즘으로 과거의 테러가 어떤 특정 목표나 명분을 가지고 이루어진 반면, 슈퍼 테러리즘은 불특정 다수인에 대한 무차별적인 살상을 특징으로 한다.
뉴테러리즘	일반대중들의 공포를 목적으로 적이 누구인지 모르고, 전선이나 전쟁규칙도 없으며, 대량살상무기나 사이버무기, 생물학무기, 생화학무기 등을 사용하며, 결국 사회나 국가전체의 혼란 및 무력화를 추구하는 새로운 테러리즘을 지칭한다. 기출 21·15
메가 테러리즘	최대한 많은 인명을 살상함으로써 사회 전체를 공포와 충격으로 몰아넣고자 하는 최근 테러리즘의 경향을 말한다.
테크노 테러리즘	사이버무기, 레이저무기, 생물·생화학무기, 전자무기 등 다양한 최첨단 공격무기가 동원되는 테러를 총칭한다.
바이오 테러리즘	박테리아, 바이러스, 독 등 생물학적 작용제를 고의적으로 살포하거나 보급해서 일으키는 테러이다.

테러리즘의 추세

고전적 테러리즘시대	테러리즘이란 용어가 등장하는 18세기 이전까지의 시기
근대적 테러리즘시대	근대국가의 형성과 더불어 반식민지투쟁이나 민족해방을 목표로 한 민족투쟁시기
현대적 테러리즘시대	냉전시대에 나타난 국가테러리즘이 빈발하던 시기
뉴테러리즘시대	1990년대 이후 대량살상무기를 이용하고 불특정다수인에 대한 무차별적 공격 양상을 보이는 시기

〈참고〉 이두석, 「경호학개론」, 진영사, 2018, P. 383

뉴테러리즘 기출 23

정 의	미국의 뉴욕 세계무역센터 테러사건처럼 공격 주체와 목적이 없으며, 테러의 대상이 무차별적인 새로운 개념의 테러리즘을 가리키는 용어이다.
주요 특징	• 불특정 다수를 공격대상으로 한다. • 동시다발적 공격이 가능하다. • 주체가 없고('얼굴 없는 테러') 요구 조건과 공격 조건이 없다. • 경제적·물질적 피해 규모가 천문학적인 수준이다. • 과학화·정보화의 특성을 반영하여 조직이 고도로 네트워크화되어 있다. 이에 따라 조직 중심이 다원화되어 조직의 무력화가 어렵다. • 테러행위에 소요되는 시간이 짧아 예방대책 수립이 어렵다. • 언론매체를 이용하여 공포가 쉽게 확산된다. • 사회적으로 지식층과 엘리트층이 테러리스트로 활동하여 테러가 보다 지능화되고 성공률이 높아지고 있다. • 증거인멸이 쉬운 대량살상 무기가 사용될 가능성이 많다.

5. 테러의 원인

① 사상적 원인

  ㉠ 민족사상 : 테러리즘은 종족 간의 갈등이나 민족주의가 높을 경우 발생할 수 있다. 한 국가 내에서도 인종, 종교에 의해 동질의식이 강화되고 이에 따른 불균형을 해소하기 위한 방법으로 테러를 사용하고 있다.

  ㉡ 폭력사상 : 폭력을 통해 불평등을 시정할 수 있고 지배층에 대한 열등감과 절망 등을 해소하는 수단으로 테러가 사용되고 있다.

  ㉢ 식민사상 : 제2차 세계대전을 겪으면서 식민주의에 반대하는 한 방법으로 테러가 사용되어 테러의 확산에 영향을 끼쳤다.

  ㉣ 정치사상 : 마르쿠제는 그의 저서에서 "고도의 선진산업사회에서 인간성 회복을 위한 폭력의 사용은 신성한 수단이다."라고 하여 폭력의 정당화를 용인하는 주장을 하였다.★

② 환경적 원인

  ㉠ 정치적 환경 : 정치적 부패, 정치참여의 박탈 등이 원인이 된다.

  ㉡ 경제적 환경 : 경제의 빈곤이 테러의 원인일 수 없으나 그러한 환경을 제공한 무능한 정부나 독재자 등에 대한 증오심 등이 원인이 될 수 있다.

  ㉢ 사회적 환경 : 산업사회의 역기능은 테러의 발생을 자극한다.

③ 심리적 원인

  ㉠ 유아기의 강렬한 증오심·복수·울분 등을 체험한 경우

  ㉡ 비인간화의 욕구

  ㉢ 어린 시절 심한 좌절로 자기도취증이나 편집증적인 성격을 소유한 자

  ㉣ 정치적 성향이 불분명한 경우 정신적 불안성이 강한 자

  ㉤ 자기 자신으로부터 도피

  ㉥ 폭력에 대한 강한 믿음

6. 테러의 수행단계(순서별)

① 제1단계(정보수집단계) : 위해대상자의 습관적 행동이나 행차에 대한 첩보 및 정보를 수집하기 위한 관찰활동을 실시

② 제2단계(계획수립단계) : 공격계획의 수립 및 공격방법의 선택

③ 제3단계(조직화단계) : 공격조를 편성

④ 제4단계(공격준비단계) : 은거지를 확보하고 공격을 준비

⑤ 제5단계(실행단계) : 계획된 공격방법에 의거하여 공격을 실시하고 현장을 이탈하는 단계

7. 테러조직의 구조적 유형★★ [기출 12 · 11]

테러조직은 지속력 있는 조직의 생존성을 갖기 위해 일반적으로 동심원적 구조에 의해 형성되어 있다.

지도자 조직	지휘부의 정책 수립, 계획, 통제 및 집행 임무수행, 테러조직의 정치적 또는 전술적 두뇌를 제공
행동 조직	폭발물 설치 등 공격현장에서 직접 테러행위를 실시, 실제적으로 테러행위에 있어 가장 중요한 요소
직접적 지원조직	대피소, 차고, 공격용 차량 준비, 핵심요원 훈련, 무기 · 탄약 지원, 테러대상(목표)에 대한 정보제공, 전술 및 작전 지원
전문적 지원조직	체포된 테러리스트 은닉 및 법적 비호, 기만, 의료지원 제공, 유리한 알리바이 제공
수동적 지원조직	테러집단의 생존기반, 정치적 전위집단, 후원자, 반정부 시위나 집단행동에서 다수의 위력 구성을 지원
적극적 지원조직	선전효과의 증대, 자금획득, 조직의 확대에 기여함으로써 테러활동에 주요한 역할 수행

〈참고〉 김두현, 「경호학개론」, 엑스퍼트, 2020, P. 484~485

테러리스트의 구분

순교적(순교형) 테러리스트	범죄적(전문적인 범죄형) 테러리스트	광적(광인형) 테러리스트
• 이념적으로 동기화되어 정치적 · 종교적 신념의 영향을 받는다. • 정치적으로는 극단주의자, 종교적으로는 근본주의자들이다.	이념보다는 개인적 이유로 인해 테러행위를 자행한다.	정신적 장애가 있는 사람들에 의한 테러행위이다.

〈참고〉 이두석, 「경호학개론」, 진영사, 2018, P. 382~383

8. 테러의 수법

① 테러의 수법에는 불법적인 폭력의 행사 또는 폭력행사의 위협 등이 있다.

② 행위가 성공적으로 완수되었을 때뿐만 아니라 미수에 그쳤을 때나 위협만으로도 성립된다.

테러의 공격방법

• 테러 공격방법은 암살, 폭파, 하이재킹, 유인납치, 방화, 매복공격, 습격, 원거리 로켓공격, 행글라이더 기구를 이용한 공격, 화학 및 생물무기 공격, 사이버 공격, 레이저 공격, 전자공격 등 다양한 방법이 동원되고 있다.
• 과학화 · 정보화 시대를 맞이하여 생물무기, 사이버, 레이저, 전자무기, 드론에 의해 공격하는 방법을 생각할 수 있다.

화학무기	평화적 또는 방호연구 등 허용된 목적 이외의 독성 화학물질 등 장비 일체를 말한다.
생물무기	사람이나 동식물에 해로운 병원성 미생물 등을 이용한 무기로서, 은밀성과 잠재성이 매우 크다.
사이버무기	가상공간에서의 정보마비를 추구하는 것으로, 미래의 테러에서는 그 중요성이 더욱 증대될 수 있다.
레이저무기	레이저광선을 이용하여 인명 살상 · 목표물 파괴 · 통신 · 탐지 등을 수행하는 무기이다.
전자무기	상대의 전자장비의 효율적인 사용을 방해하거나 그 기능을 감소시키기 위한 것이다.
드 론	무선 조종이 가능한 무인항공기로서 폭발물 · 유독물질 · 총기 등을 장착하여 테러를 가할 수 있다.

〈참고〉 김두현, 「경호학개론」, 엑스퍼트, 2020, P. 486~569

9. 각국의 대테러부대 기출 23 · 13 · 12 · 10

① 영국 SAS(Special Air Service)

    ㉠ 육군 소속 대테러 특수부대이며, 세계 최초의 전문화된 특수부대로서 오늘날 여러 다른 나라들의 비슷한 특수부대의 모델★

    ㉡ 현재 SAS는 유괴, 폭파, 암살 등의 테러 업무를 전담

② 미국 SWAT(Special Weapons Assault Team)

    ㉠ 대테러 임무를 수행하는 미국의 경찰 특수기동대

    ㉡ 미국의 각 주 경찰서에 위치하여 테러진압 활동★

    ㉢ 주요 요인의 신변경호, 인질구출 등의 고난이도 작전을 수행하는 전문테러진압부대

③ 독일 GSG-9

    ㉠ 1972년 뮌헨올림픽에서 검은 9월단 사건을 계기로 창설된 대테러 경찰특공대★

    ㉡ 연방내무부장관의 명에 의해 중대한 테러사건을 담당★

    ㉢ 부대 내에는 지휘반, 통신반, 전투반으로 편성

④ 프랑스 GIGN

    ㉠ 프랑스 국가헌병대 소속의 대테러부대로 1994년 에어프랑스 항공기 납치사건을 해결

    ㉡ VIP에 대한 경호, 주요 시설물 방어작전 수행

⑤ 이스라엘 13전대(Shayetet 13)

    ㉠ 해군 소속의 대테러 특수부대로 지중해에서 주로 활동하며, 육군 소속의 특수부대인 샤이렛 매트칼(Sayeret Matkal)과 더불어 이스라엘의 대테러부대임★

    ㉡ 자국 비행기 납치 예방, 아랍권 국가의 이스라엘에 대한 테러공격 방지 등의 임무 수행

출제 Point 빈칸 문제

각국의 대테러부대

  ⋯ 영국 SAS : (❶)소속 대테러 특수부대이며, 세계 (❷)의 전문화된 특수부대로서 오늘날 여러 다른 나라들의 비슷한 특수부대의 모델

  ⋯ 미국 SWAT : 대테러 임무를 수행하는 미국의 (❸) 특수기동대, 미국의 각 주 경찰서에 위치하여 테러진압 활동

  ⋯ 독일 GSG-9 : 1972년 뮌헨올림픽에서 검은 9월단 사건을 계기로 창설된 대테러 경찰특공대, (❹)의 명에 의해 중대한 테러사건을 담당

  ⋯ 프랑스 GIGN : 프랑스 (❺) 소속의 대테러부대로 1994년 에어프랑스 항공기 납치사건을 해결

❶ 육군 ❷ 최초 ❸ 경찰 ❹ 연방내무부장관 ❺ 국가헌병대 정답

⑥ 대한민국 KNP-868

　　㉠ 경찰특공대 KNP-868의 뜻은 "Korea National Police 86/88"로 86 아시아게임과 88 서울올림픽을 위해 만들어진 국립경찰 대테러부대를 의미하며, 1983년 10월 창설됨

　　㉡ 테러사건에 대한 예방활동 및 무력진압, 테러사건과 관련한 폭발물의 탐색 및 처리, 인질사건, 총기사건 등 중요범죄 예방 및 진압, 각종 재해, 재난 등 긴급상황 발생 시 인명구조 등의 임무 수행

10. 테러리즘의 증후군 　기출 23·10

① **스톡홀름 증후군(Stockholm Syndrome)★★** : 인질이 인질범에게 정신적으로 동화되어 자신을 인질범과 동일시하는 현상을 말한다.

② **리마 증후군(Lima Syndrome)★★** : 인질사건에서 인질범이 인질의 문화에 익숙해지고 정신적으로 동화되면서 자신을 인질과 동일시하고 결과적으로 공격적인 태도가 완화되는 현상으로, 1996년 12월 페루 리마(Lima)에서 발생한 일본대사관저 점거 인질사건에서 유래되었다.

③ **런던 증후군(London Syndrome)★** : 인질사건의 협상단계에서 통역이나 협상자와 인질범 사이에 생존 동일시 현상이 일어나는 것을 말한다.

④ **항공교통기피 증후군★** : 9·11 테러 이후 사람들이 항공기의 이용을 기피하는 사회적 현상을 말한다.

〈출처〉 김두현, 「현대테러리즘론」, 백산출판사, 2004

출제 Point 빈칸 문제

테러리즘의 증후군

⟶ (❶) 증후군 : 인질사건의 협상단계에서 통역이나 협상자와 인질범 사이에 생존 동일시 현상이 일어나는 것을 말한다.

⟶ (❷) 증후군 : 인질이 인질범에게 정신적으로 동화되어 자신을 인질범과 동일시하는 현상을 말한다.

정답 ❶ 런던 ❷ 스톡홀름

1. 총 칙

① **목적**(국민보호와 공공안전을 위한 테러방지법 제1조) 기출 20 : 이 법은 테러의 예방 및 대응 활동 등에 관하여 필요한 사항과 테러로 인한 피해보전 등을 규정함으로써 테러로부터 국민의 생명과 재산을 보호하고 국가 및 공공의 안전을 확보하는 것을 목적으로 한다.

> **다른 법률과의 관계(테러방지법 제4조)**
> 국민보호와 공공안전을 위한 테러방지법은 대테러활동에 관하여 다른 법률에 우선하여 적용한다.

② **용어의 정의**(테러방지법 제2조) 기출 22·20·17·16·12 : 이 법에서 사용하는 용어의 뜻은 다음과 같다.

ㄱ **테러** : 국가·지방자치단체 또는 외국 정부(외국 지방자치단체와 조약 또는 그 밖의 국제적인 협약에 따라 설립된 국제기구를 포함한다)의 권한행사를 방해하거나 의무 없는 일을 하게 할 목적 또는 공중을 협박할 목적으로 하는 일련의 행위★

ㄴ **테러단체** : 국제연합(UN)이 지정한 테러단체★★

ㄷ **테러위험인물** : 테러단체의 조직원이거나 테러단체 선전, 테러자금 모금·기부, 그 밖에 테러 예비·음모·선전·선동을 하였거나 하였다고 의심할 상당한 이유가 있는 사람★

ㄹ **외국인테러전투원** : 테러를 실행·계획·준비하거나 테러에 참가할 목적으로 국적국이 아닌 국가의 테러단체에 가입하거나 가입하기 위하여 이동 또는 이동을 시도하는 내국인·외국인★★

ㅁ **테러자금** : 「공중 등 협박목적 및 대량살상무기확산을 위한 자금조달행위의 금지에 관한 법률」 제2조 제1호에 따른 공중 등 협박목적을 위한 자금

ㅂ **대테러활동** : 테러 관련 정보의 수집, 테러위험인물의 관리, 테러에 이용될 수 있는 위험물질 등 테러수단의 안전관리, 인원·시설·장비의 보호, 국제행사의 안전확보, 테러위협에의 대응 및 무력진압 등 테러 예방과 대응에 관한 제반 활동★

ㅅ **관계기관** : 대테러활동을 수행하는 국가기관, 지방자치단체, 그 밖에 대통령령으로 정하는 기관

ㅇ **대테러조사** : 대테러활동에 필요한 정보나 자료를 수집하기 위하여 현장조사·문서열람·시료채취 등을 하거나 조사대상자에게 자료제출 및 진술을 요구하는 활동

③ **국가 및 지방자치단체의 책무** : 국가 및 지방자치단체는 테러로부터 국민의 생명·신체 및 재산을 보호하기 위하여 테러의 예방과 대응에 필요한 제도와 여건을 조성하고 대책을 수립하여 이를 시행하여야 한다(테러방지법 제3조 제1항).

2. 국가테러대책기구

① 국가테러대책위원회

㉠ **설치 및 목적**(테러방지법 제5조) 기출 15
- 대테러활동에 관한 정책의 중요사항을 심의·의결하기 위하여 국가테러대책위원회를 둔다(제1항).★
- 대책위원회는 국무총리 및 관계기관의 장 중 대통령령으로 정하는 사람으로 구성하고 위원장은 국무총리로 한다(제2항).★★
- 그 밖에 대책위원회의 구성·운영 등에 필요한 사항은 대통령령으로 정한다(제4항).★

㉡ **구성**(테러방지법 시행령 제3조) 기출 23·20·15
- 위원장 : 국무총리★
- 위원 : 기획재정부장관, 외교부장관, 통일부장관, 법무부장관, 국방부장관, 행정안전부장관, 산업통상자원부장관, 환경부장관, 국토교통부장관, 해양수산부장관, 국가정보원장, 국무조정실장, 금융위원회 위원장, 원자력안전위원회 위원장, 대통령경호처장, 관세청장, 경찰청장, 소방청장, 질병관리청장 및 해양경찰청장을 말한다.★
- 간사 : 대책위원회의 사무를 처리하기 위하여 간사를 두되, 간사는 대테러센터의 장이 된다.★★

㉢ **운영**(테러방지법 시행령 제4조)
- 대책위원회 회의는 위원장이 필요하다고 인정하거나 또는 위원 과반수의 요청이 있는 경우에 위원장이 소집한다(제1항).★
- 대책위원회는 재적위원 과반수의 출석으로 개의(開議)하고, 출석위원 과반수의 찬성으로 의결한다(제2항).★
- 대책위원회의 회의는 공개하지 아니하나, 공개가 필요한 경우 대책위원회의 의결로 공개할 수 있다(제3항).★
- 위에 규정한 사항 외에 대책위원회 운영에 관한 사항은 대책위원회의 의결을 거쳐 위원장이 정한다(제4항).

㉣ **주요 기능(심의 및 의결사항)**★★ 기출 17 : 대책위원회는 다음의 사항을 심의·의결한다(테러방지법 제5조 제3항).
- 대테러활동에 관한 국가의 정책 수립 및 평가(제1호)
- 국가 대테러 기본계획 등 중요 중장기 대책 추진사항(제2호)
- 관계기관의 대테러활동 역할 분담·조정이 필요한 사항(제3호)
- 그 밖에 위원장 또는 위원이 대책위원회에서 심의·의결할 필요가 있다고 제의하는 사항(제4호)

② 대테러센터(테러방지법 제6조)

　㉠ 설치 및 구성
- 대테러활동과 관련한 사항을 수행하기 위하여 국무총리 소속으로 관계기관 공무원으로 구성되는 대테러센터를 둔다(제1항).★★
- 대테러센터의 조직·정원 및 운영에 관한 사항은 대통령령으로 정한다(제2항).★
- 대테러센터 소속 직원의 인적사항은 공개하지 아니할 수 있다(제3항).★

　㉡ 주요 기능(제1항 각호) 기출 18
- 국가 대테러활동 관련 임무분담 및 협조사항 실무 조정★
- 장단기 국가대테러활동 지침 작성·배포★
- 테러경보 발령★
- 국가 중요행사 대테러안전대책 수립★
- 그 밖에 대책위원회에서 심의·의결한 사항 수행

③ 테러대책 실무위원회(테러방지법 시행령 제5조)

　㉠ 설치 및 목적 : 대책위원회를 효율적으로 운영하고 대책위원회에 상정할 안건에 관한 전문적인 검토 및 사전 조정을 위하여 대책위원회에 테러대책 실무위원회를 둔다(제1항).★

　㉡ 구 성
- 위원장 : 실무위원회의 위원장은 대테러센터장이 된다(제2항).★
- 위원 : 국가테러대책위원회의 위원이 소속된 관계기관 및 그 소속 기관의 고위공무원단에 속하는 일반직 공무원(이에 상당하는 특정직·별정직 공무원을 포함한다) 중 관계기관의 장이 지명하는 사람으로 한다(제3항).
- 위에서 규정한 사항 외에 실무위원회 운영에 관한 사항은 대책위원회의 의결을 거쳐 위원장이 정한다(제4항).

　㉢ 주요 기능(국가테러대책위원회 및 테러대책실무위원회 운영규정 제14조) : 실무위원회는 다음의 사항을 처리한다.
- 대책위원회 개최를 위한 사전 안건 검토·조정에 관한 사항(제1호)★
- 대책위원회 심의·의결 건에 대한 세부 이행에 관한 사항(제2호)★
- 테러 관련 현안 실무처리 방안에 관한 사항(제3호)★
- 테러경보 발령 심의에 관한 사항(제4호)★
- 그 밖의 실무위원장이 필요하다고 인정하는 사항(제5호)

ⓔ **소 집**(국가테러대책위원회 및 테러대책실무위원회 운영규정 제15조)

- 실무위원회 회의는 실무위원장이 필요하다고 인정한 때에 소집하며, 실무위원회 위원은 실무위원장에게 회의 소집을 건의할 수 있다(제1항).★
- 실무위원장은 회의를 개최하고자 할 때에는 회의 개최 7일 전까지 회의 안건, 일시, 장소를 각 실무위원회 위원에게 통보하여야 한다(제2항).★★
- 각 실무위원회 위원은 회의 개최 사실을 통보받은 후 소관 업무 관련 사안에 대해 검토하고 그 내용을 늦어도 회의 개최 3일 전까지 실무위원장에게 제출하여야 한다(제3항).★
- 회의를 긴급히 소집할 이유가 있거나 부득이한 사유가 있는 경우에는 제2항과 제3항의 절차에 따르지 않을 수 있다(제4항).★

3. 대테러 인권보호관

① **설치 및 구성**(테러방지법 제7조)

ⓐ 관계기관의 대테러활동으로 인한 국민의 기본권 침해 방지를 위하여 대책위원회 소속으로 대테러 인권보호관(이하 "인권보호관"이라 한다) 1명을 둔다(제1항).★

ⓑ 인권보호관의 자격, 임기 등 운영에 관한 사항은 대통령령으로 정한다(제2항).★

② **자격 및 임기**(테러방지법 시행령 제7조)

ⓐ 인권보호관은 다음의 어느 하나에 해당하는 대한민국 국민 중에서 위원장이 위촉한다(제1항).★★

- 변호사 자격이 있는 사람으로서 10년 이상의 실무경력이 있는 사람(제1호)
- 인권분야에 전문지식이 있고 고등교육법에 따른 학교에서 부교수 이상으로 10년 이상 재직하고 있거나 재직하였던 사람(제2호)
- 국가기관 또는 지방자치단체에서 3급 상당 이상의 공무원으로 재직하였던 사람 중 인권 관련 업무경험이 있는 사람(제3호)★
- 인권분야 비영리 민간단체·법인·국제기구에서 근무하는 등 인권 관련 활동에 10년 이상 종사한 경력이 있는 사람(제4호)

ⓑ 인권보호관의 임기는 2년으로 하고, 연임할 수 있다(제2항).★★

ⓒ 인권보호관은 다음의 경우를 제외하고는 그 의사에 반하여 해촉되지 아니한다(제3항).★★

- 「국가공무원법」 제33조 각호의 결격사유에 해당하는 경우(제1호)
- 직무와 관련한 형사사건으로 기소된 경우(제2호)
- 직무상 알게 된 비밀을 누설한 경우(제3호)
- 그 밖에 장기간의 심신쇠약으로 인권보호관의 직무를 계속 수행할 수 없는 특별한 사유가 발생한 경우(제4호)

4. 전담조직

① **설치 및 목적**(테러방지법 제8조)

    ㉠ 관계기관의 장은 테러 예방 및 대응을 위하여 필요한 전담조직을 둘 수 있다(제1항). ★

    ㉡ 관계기관의 전담조직의 구성 및 운영과 효율적 테러대응을 위하여 필요한 사항은 대통령령으로 정한다(제2항).

② **구 성**(테러방지법 시행령 제11조)★

    ㉠ 테러방지법 제8조에 따른 전담조직은 테러방지법 시행령 제12조부터 제21조까지의 규정에 따라 테러 예방 및 대응을 위하여 관계기관 합동으로 구성하거나 관계기관의 장이 설치하는 다음의 전문조직(협의체를 포함한다)으로 한다(제1항).

- 지역 테러대책협의회
- 공항·항만 테러대책협의회
- 테러사건대책본부
- 현장지휘본부
- 화생방테러대응지원본부
- 테러복구지원본부
- 대테러특공대
- 테러대응구조대
- 테러정보통합센터
- 대테러합동조사팀

    ㉡ 관계기관의 장은 ㉠에 따른 각 전담조직 외에 테러 예방 및 대응을 위하여 필요한 경우에는 대테러업무를 수행하는 하부조직을 전담조직으로 지정·운영할 수 있다(제2항).

③ **테러사건대책본부**(테러방지법 시행령 제14조) `기출` `12`

    ㉠ **설치 및 목적** : 외교부장관, 국방부장관, 국토교통부장관, 경찰청장 및 해양경찰청장은 테러가 발생하거나 발생할 우려가 현저한 경우(국외테러의 경우는 대한민국 국민에게 중대한 피해가 발생하거나 발생할 우려가 있어 긴급한 조치가 필요한 경우에 한한다)에는 다음 각호의 구분에 따라 테러사건대책본부(이하 "대책본부"라 한다)를 설치·운영하여야 한다(제1항). ★★

    ㉡ **구 성**★★

- 외교부장관 : 국외테러사건대책본부(제1호)
- 국방부장관 : 군사시설테러사건대책본부(제2호)
- 국토교통부장관 : 항공테러사건대책본부(제3호)
- 경찰청장 : 국내일반 테러사건대책본부(제5호)
- 해양경찰청장 : 해양테러사건대책본부(제6호)

④ 화생방테러대응지원본부 등(테러방지법 시행령 제16조)

　㉠ 설치 및 목적 : 환경부장관, 원자력안전위원회 위원장 및 질병관리청장은 화생방테러사건 발생 시 대책본부를 지원하기 위하여 ㉡에 따른 분야별로 화생방테러대응지원본부를 설치·운영한다(제1항).

　㉡ 구 성★★

　　• 환경부장관 : 화학테러 대응 분야(제1호)

　　• 원자력안전위원회 위원장 : 방사능테러 대응 분야(제2호)

　　• 질병관리청장 : 생물테러 대응 분야(제3호)

　㉢ 주요 기능(임무) : 화생방테러대응지원본부는 다음의 임무를 수행한다(제2항).

　　• 화생방테러 사건 발생 시 오염 확산 방지 및 독성제거(除毒) 방안 마련(제1호)

　　• 화생방 전문 인력 및 자원의 동원·배치(제2호)

　　• 그 밖에 화생방테러 대응 지원에 필요한 사항의 시행(제3호)

⑤ 테러복구지원본부(테러방지법 시행령 제17조)

　㉠ 설치 및 목적 : 행정안전부장관은 테러사건 발생 시 구조·구급·수습·복구활동 등에 관하여 대책본부를 지원하기 위하여 테러복구지원본부를 설치·운영할 수 있다(제1항).★★

　㉡ 주요 기능(임무) : 테러복구지원본부는 다음의 임무를 수행한다(제2항).

　　• 테러사건 발생 시 수습·복구 등 지원을 위한 자원의 동원 및 배치 등에 관한 사항(제1호)

　　• 대책본부의 협조 요청에 따른 지원에 관한 사항(제2호)

　　• 그 밖에 테러복구 등 지원에 필요한 사항의 시행(제3호)

⑥ 대테러특공대 등(테러방지법 시행령 제18조) 기출 22·21·16

　㉠ 설치 및 목적

　　• <u>국방부장관, 경찰청장 및 해양경찰청장</u>은 테러사건에 신속히 대응하기 위하여 대테러특공대를 설치·운영한다(제1항).★★

　　• <u>국방부장관, 경찰청장 및 해양경찰청장</u>은 대테러특공대를 설치·운영하려는 경우에는 대책위원회의 심의·의결을 거쳐야 한다(제2항).★★

　㉡ 주요 기능(임무) : 대테러특공대는 다음의 임무를 수행한다(제3항).

　　• 대한민국 또는 국민과 관련된 국내외 테러사건 진압(제1호)★

　　• 테러사건과 관련된 폭발물의 탐색 및 처리(제2호)★

　　• 주요 요인 경호 및 국가 중요행사의 안전한 진행 지원(제3호)

　　• 그 밖에 테러사건의 예방 및 저지활동(제4호)

⑦ 테러대응구조대(테러방지법 시행령 제19조)

　㉠ **설치 및 목적** : 소방청장과 시·도지사는 테러사건 발생 시 신속히 인명을 구조·구급하기 위하여 중앙 및 지방자치단체 소방본부에 테러대응구조대를 설치·운영한다(제1항). ★★

　㉡ **주요 기능(임무)** : 테러대응구조대는 다음의 임무를 수행한다(제2항). ★

　　• 테러발생 시 초기단계에서의 조치 및 인명의 구조·구급(제1호)

　　• 화생방테러 발생 시 초기단계에서의 오염 확산 방지 및 독성제거(제2호)

　　• 국가 중요행사의 안전한 진행 지원(제3호)

　　• 테러취약요인의 사전 예방·점검 지원(제4호)

⑧ 테러정보통합센터(테러방지법 시행령 제20조)

　㉠ **설치 및 목적** : 국가정보원장은 테러 관련 정보를 통합관리하기 위하여 관계기관 공무원으로 구성되는 테러정보통합센터를 설치·운영한다(제1항). ★★

　㉡ **주요 기능(임무)** : 테러정보통합센터는 다음의 임무를 수행한다(제2항).

　　• 국내외 테러 관련 정보의 통합관리·분석 및 관계기관에의 배포(제1호)★

　　• 24시간 테러 관련 상황 전파체계 유지(제2호)★

　　• 테러 위험 징후 평가(제3호)★

　　• 그 밖에 테러 관련 정보의 통합관리에 필요한 사항(제4호)

⑨ 대테러합동조사팀(테러방지법 시행령 제21조)

　㉠ **설치 및 목적**

　　• 국가정보원장은 국내외에서 테러사건이 발생하거나 발생할 우려가 현저할 때 또는 테러 첩보가 입수되거나 테러 관련 신고가 접수되었을 때에는 예방조치, 사건 분석 및 사후처리방안 마련 등을 위하여 관계기관 합동으로 대테러합동조사팀을 편성·운영할 수 있다(제1항). ★

　　• 국가정보원장은 합동조사팀이 현장에 출동하여 조사한 경우 그 결과를 대테러센터장에게 통보하여야 한다(제2항). ★

　㉡ **예외규정** : 제1항에도 불구하고 군사시설에 대해서는 국방부장관이 자체 조사팀을 편성·운영할 수 있다. 이 경우 국방부장관은 자체 조사팀이 조사한 결과를 대테러센터장에게 통보하여야 한다(제3항). ★

 **빈칸 문제**

테러 관련 전담조직

　⟶ (❶)은 테러 관련 정보를 통합관리하기 위하여 관계기관 공무원으로 구성되는 (❷)를 설치·운영한다.

❶ 국가정보원장　❷ 테러정보통합센터　정답

5. 테러 대응 절차 [기출] 17·13

① 테러경보의 발령(테러방지법 시행령 제22조)

　　㉠ 테러경보의 발령 절차 : 대테러센터장은 테러 위험 징후를 포착한 경우 테러경보 발령의 필요성, 발령 단계, 발령 범위 및 기간 등에 관하여 실무위원회의 심의를 거쳐 테러경보를 발령한다. 다만, 긴급한 경우 또는 ㉡에 따른 주의 이하의 테러경보 발령 시에는 실무위원회의 심의 절차를 생략할 수 있다(제1항).★★

　　㉡ 테러경보의 4단계 : 테러위협의 정도에 따라 관심·주의·경계·심각의 4단계로 구분한다(제2항).★

[기출] 23·21·17

테러경보의 4단계

경보발령 4단계	관 심 → 주 의 → 경 계 → 심 각

등급	발령기준	조치사항
관 심	실제 테러발생 가능성이 낮은 상태 • 우리나라 대상 테러첩보 입수 • 국제테러 빈발 • 동맹·우호국 대형테러 발생 • 해외 국제경기·행사 이국인 다수 참가	테러징후 감시활동 강화 • 관계기관 비상연락체계 유지 • 테러대상시설 등 대테러 점검 • 테러위험인물 감시 강화 • 공항·항만 보안 검색률 10% 상향
주 의	실제 테러로 발전할 수 있는 상태 • 우리나라 대상 테러첩보 구체화 • 국제테러조직·연계자 잠입기도 • 재외국민·공관 대상 테러징후 포착 • 국가중요행사 개최 D-7	관계기관 협조체계 가동 • 관계기관별 자체 대비태세 점검 • 지역 등 테러대책협의회 개최 • 공항·항만 보안 검색률 15% 상향 • 국가중요행사 안전점검
경 계	테러발생 가능성이 농후한 상태 • 테러조직이 우리나라 직접 지목·위협 • 국제테러조직·분자 잠입활동 포착 • 대규모 테러이용수단 적발 • 국가중요행사 개최 D-3	대테러 실전대응 준비 • 관계기관별 대테러상황실 가동 • 테러이용수단의 유통 통제 • 테러사건대책본부 등 가동 준비 • 공항·항만 보안 검색률 20% 상향
심 각	테러사건 발생이 확실시되는 상태 • 우리나라 대상 명백한 테러첩보 입수 • 테러이용수단 도난·강탈 사건 발생 • 국내에서 테러기도 및 사건 발생 • 국가중요행사 대상 테러첩보 입수	테러상황에 총력 대응 • 테러사건대책본부 등 설치 • 테러대응 인력·장비 현장 배치 • 테러대상시설 잠정 폐쇄 • 테러이용수단 유통 일시중지

〈출처〉 대테러센터 홈페이지, www.nctc.go.kr, 2024

② **상황 전파 및 초동 조치**(테러방지법 시행령 제23조) <u>기출 15</u>

　㉠ **상황 전파** : 관계기관의 장은 테러사건이 발생하거나 테러 위협 등 그 징후를 인지한 경우에는 관련 상황 및 조치사항을 관련기관의 장과 대테러센터장에게 즉시 통보하여야 한다(제1항).

　㉡ **초동 조치** : 관계기관의 장은 테러사건이 발생한 경우 사건의 확산 방지를 위하여 신속히 다음의 초동 조치를 하여야 한다(제2항).

　　• 사건 현장의 통제·보존 및 경비 강화(제1호)

　　• 긴급대피 및 구조·구급(제2호)

　　• 관계기관에 대한 지원 요청(제3호)

　　• 그 밖에 사건 확산 방지를 위하여 필요한 사항(제4항)

6. 테러예방을 위한 안전관리대책

① **테러예방을 위한 안전관리 대책의 수립**(테러방지법 제10조)

　㉠ 관계기관의 장은 대통령령으로 정하는 국가중요시설과 많은 사람이 이용하는 시설 및 장비(이하 "테러대상시설"이라 한다)에 대한 테러예방대책과 테러의 수단으로 이용될 수 있는 폭발물·총기류·화생방물질(이하 "테러이용수단"이라 한다), 국가 중요행사에 대한 안전관리대책을 수립하여야 한다(제1항).★

　㉡ ㉠에 따른 안전관리대책의 수립·시행에 필요한 사항은 대통령령으로 정한다(제2항).

② **테러대상시설 및 테러이용수단 안전대책 수립**(테러방지법 시행령 제25조)

　㉠ **국가중요시설 및 다중이용시설**(제1항) : "대통령령으로 정하는 국가중요시설과 많은 사람이 이용하는 시설 및 장비"(테러대상시설)란 다음의 시설을 말한다.

　　㉮ **국가중요시설** : 「통합방위법」에 따라 지정된 국가중요시설 및 「보안업무규정」에 따른 국가보안시설(제1호)★

　　㉯ **다중이용시설** : 다음의 시설과 장비 중 관계기관의 장이 소관업무와 관련하여 대테러센터장과 협의하여 지정하는 시설(제2호)★

　　　• 「도시철도법」에 따른 도시철도(가목)

　　　• 「선박안전법」에 따른 여객선(나목)

　　　• 「재난 및 안전관리 기본법 시행령」에 따른 건축물 또는 시설(다목)

　　　• 「철도산업발전기본법」에 따른 철도차량(라목)

　　　• 「항공안전법」에 따른 항공기(마목)

③ **외국인테러전투원에 대한 규제**(테러방지법 제13조) `기출 20`

ㄱ 관계기관의 장은 외국인테러전투원으로 출국하려 한다고 의심할 만한 상당한 이유가 있는 내국인·외국인에 대하여 일시 출국금지를 법무부장관에게 요청할 수 있다(제1항).★★

ㄴ ㄱ에 따른 일시 출국금지 기간은 90일로 한다. 다만, 출국금지를 계속할 필요가 있다고 판단할 상당한 이유가 있는 경우에 관계기관의 장은 그 사유를 명시하여 연장을 요청할 수 있다(제2항).★★

ㄷ 관계기관의 장은 외국인테러전투원으로 가담한 사람에 대하여 여권의 효력정지 및 재발급 제한을 외교부장관에게 요청할 수 있다(제3항).★★ 〈개정 2023.8.8.〉

7. 테러피해의 지원 및 특별위로금

① **테러피해의 지원**(테러방지법 제15조)

ㄱ 테러로 인하여 신체 또는 재산의 피해를 입은 국민은 관계기관에 즉시 신고하여야 한다. 다만, 인질 등 부득이한 사유로 신고할 수 없을 때에는 법률관계 또는 계약관계에 의하여 보호의무가 있는 사람이 이를 알게 된 때에 즉시 신고하여야 한다(제1항). `기출 22`

ㄴ 국가 또는 지방자치단체는 제1항의 피해를 입은 사람에 대하여 대통령령으로 정하는 바에 따라 <u>치료 및 복구에 필요한 비용의 전부 또는 일부를 지원할 수 있다</u>. 다만, 「여권법」 제17조 제1항 단서에 따른 <u>외교부장관의 허가를 받지 아니하고 방문 및 체류가 금지된 국가 또는 지역을 방문·체류한 사람에 대해서는 그러하지 아니하다</u>(제2항). `기출 22`

ㄷ 제2항에 따른 비용의 지원 기준·절차·금액 및 방법 등에 관하여 필요한 사항은 대통령령으로 정한다(제3항).

② **특별위로금**(테러방지법 제16조)

ㄱ 테러로 인하여 생명의 피해를 입은 사람의 유족 또는 신체상의 장애 및 장기치료가 필요한 피해를 <u>입은 사람에 대해서는 그 피해의 정도에 따라 등급을 정하여 특별위로금을 지급할 수 있다</u>. 다만, 「여권법」 제17조 제1항 단서에 따른 외교부장관의 허가를 받지 아니하고 방문 및 체류가 금지된 국가 또는 지역을 방문·체류한 사람에 대해서는 그러하지 아니하다(제1항). `기출 22`

ㄴ 제1항에 따른 특별위로금의 지급 기준·절차·금액 및 방법 등에 관하여 필요한 사항은 대통령령으로 정한다(제2항).

제1장
제2장
제3장
제4장
제5장
제6장

8. 범죄의 성립 및 처벌

① **테러단체 구성죄 등**(테러방지법 제17조)★★ 기출 23·18

ㄱ 테러단체를 구성하거나 구성원으로 가입한 사람은 다음의 구분에 따라 처벌한다(제1항).

- 수괴(首魁)는 사형·무기 또는 10년 이상의 징역(제1호)

- 테러를 기획 또는 지휘하는 등 중요한 역할을 맡은 사람은 무기 또는 7년 이상의 징역(제2호)

- 타국의 외국인테러전투원으로 가입한 사람은 5년 이상의 징역(제3호)

- 그 밖의 사람은 3년 이상의 징역(제4호)

ㄴ 테러자금임을 알면서도 자금을 조달·알선·보관하거나 그 취득 및 발생원인에 관한 사실을 가장하는 등 테러단체를 지원한 사람은 10년 이하의 징역 또는 1억원 이하의 벌금에 처한다(제2항).

ㄷ 테러단체 가입을 지원하거나 타인에게 가입을 권유 또는 선동한 사람은 5년 이하의 징역에 처한다(제3항).

ㄹ ㄱ 및 ㄴ의 미수범은 처벌한다(제4항).

ㅁ ㄱ 및 ㄴ에서 정한 죄를 저지를 목적으로 예비 또는 음모한 사람은 3년 이하의 징역에 처한다(제5항).

ㅂ 「형법」 등 국내법에 죄로 규정된 행위가 테러에 해당하는 경우 해당 법률에서 정한 형에 따라 처벌한다(제6항).

② **무고, 날조의 죄**(테러방지법 제18조)

ㄱ 타인으로 하여금 형사처분을 받게 할 목적으로 테러방지법 제17조의 죄에 대하여 무고 또는 위증을 하거나 증거를 날조·인멸·은닉한 사람은 「형법」 제152조부터 제157조까지에서 정한 형에 2분의 1을 가중하여 처벌한다(제1항).★

ㄴ 범죄수사 또는 정보의 직무에 종사하는 공무원이나 이를 보조하는 사람 또는 이를 지휘하는 사람이 직권을 남용하여 ㄱ의 행위를 한 때에도 ㄱ의 형과 같다. 다만, 그 법정형의 최저가 2년 미만일 때에는 이를 2년으로 한다(제2항).★

③ **세계주의**(테러방지법 제19조)★ : 테러방지법 제17조의 죄는 대한민국 영역 밖에서 저지른 외국인에게도 국내법을 적용한다.

SD에듀 경비지도사 독자지원 네이버카페(https://cafe.naver.com/sdsi)

경비지도사 독자지원카페

Naver Cafe

https://cafe.naver.com/sdsi 🔍

01 혜택

정상급 교수진의 명품강의!
SD에듀가 독자님의 학습을 지원해드립니다.

시험/자격정보

출제경향 및 합격전략

무료 기출문제 해설 특강(회원가입 필요)

02 혜택

SD에듀 경비지도사 편집팀이
독자님과 함께 소통하며 궁금증을
해결해드리겠습니다.

과목별 독자문의 Q&A

핵심요약/정리자료

과년도 기출문제

최신 법령정보

도서 정오표/추록

DAILY TEST

경비지도사
대표브랜드,
SD에듀

19년간 경비지도사 부문
누적판매 1위

[누적판매] 경비지도사 시리즈, 19년간 34만부 판매

2024

경비지도사 2차 [일반경비]

경호학

편저 | SD에듀 경비지도사 교수진

S

SUCCESS

문제편

안심도서
향균99.9%

SD에듀
(주)시대고시기획

SD에듀 최강교수진!

합격에 최적화된 수험서와 최고 교수진의 名品 강의를 확인하세요!

SD에듀만의 경비지도사 수강혜택

1:1 맞춤
학습 제공

모바일강의
서비스 제공

기출문제
특강 제공

한눈에 보이는 경비지도사 동영상 합격 커리큘럼

1차		2차	
기본이론	과목별 필수개념 수립	기본이론	과목별 필수개념 수립
문제풀이	예상문제를 통한 실력 강화	문제풀이	예상문제를 통한 실력 강화
모의고사	동형 모의고사로 실력 점검	모의고사	동형 모의고사로 실력 점검
기출특강	기출문제를 통한 유형 파악	기출특강	기출문제를 통한 유형 파악

※ 과정별 커리큘럼 및 강사진은 내부사정에 따라 변경될 수 있습니다.

경/비/지/도/사

경호학

확인문제 + 심화문제

경호학과 경호

1 경호의 정의

01 수업시간에 두 학생에게 경호의 개념에 대해 질문을 하였다. 각 학생이 대답한 경호의 개념은? 기출 18

> A학생 : "대통령 등의 경호에 관한 법률에 의한 대통령경호처가 담당하는 모든 작용이 경호의 개념이라 생각합니다."
> B학생 : "본질적인 입장에서 모든 위해요소로부터 경호대상자를 안전하게 보호하기 위한 제반활동을 말합니다."

① A학생 : 형식적 의미, B학생 : 형식적 의미
② A학생 : 실질적 의미, B학생 : 형식적 의미
③ A학생 : 형식적 의미, B학생 : 실질적 의미
④ A학생 : 실질적 의미, B학생 : 실질적 의미

01
A학생은 형식적 의미의 경호에 관한 입장이고, B학생은 실질적 의미의 경호에 관한 입장이다.

정답 ❸

핵심만콕	경호의 개념
형식적 의미의 경호	• 경호관계법규에 규정된 현실적인 경호기관을 기준으로 하여 정립된 개념이다. • 실정법상 경호기관의 권한에 속하는 일체의 경호작용을 의미한다. • 실정법·제도·기관 중심적 관점에서 이해한 것이다. • 「대통령 등의 경호에 관한 법률」에서의 경호는 형식적 의미의 경호개념이다.
실질적 의미의 경호	• 경호 활동의 본질·성질·이론적인 입장에서 이해한 것으로, 학문적인 측면에서 고찰된 개념이다. • 수많은 경호작용 중에서 공통적인 특성을 추상화한 개념이다. • 경호대상자의 절대적 신변안전을 보호하기 위하여 모든 사용 가능한 수단과 방법을 동원한다. • 경호대상자(피경호자)에 대한 신변 위해요인을 사전에 방지 또는 제거하기 위한 제반활동이다. • 경호주체(국가기관, 민간기관, 개인, 단체 불문)가 경호대상자를 보호하는 모든 활동을 말한다. • 모든 위험과 곤경(인위적·자연적 위해)으로부터 경호대상자를 안전하게 보호하기 위한 제반활동이다.

02 경호의 개념에 관한 설명으로 옳지 않은 것은? 기출 16

☑ 확인 Check!
○
△
×

① 형식적 의미의 경호는 실정법상 경호기관이 수행하는 일체의 경호작용이다.
② 실질적 의미의 경호는 경호대상자를 여러 가지 위해로부터 보호하는 모든 활동이다.
③ 대통령 등의 경호에 관한 법률에서의 경호는 호위와 경비 중 호위만을 포함하고 있다.
④ 본질적·이론적 입장에서 접근하여 학문적 측면에서 고찰된 개념은 실질적 의미의 경호이다.

02

대통령 등의 경호에 관한 법률 제2조 제1호는 "경호"란 경호대상자의 생명과 재산을 보호하기 위하여 신체에 가하여지는 위해를 방지하거나 제거하고(호위), 특정 지역을 경계·순찰 및 방비(경비)하는 등의 모든 안전활동을 말한다고 규정하고 있다. 따라서 경호란 경비와 호위가 포함되는 개념이다.★

정답 ❸

03 형식적 의미의 경호개념에 관한 설명으로 옳은 것은? 기출 15

☑ 확인 Check!
○
△
×

① 경호 주체가 국가, 민간에 관계없이 경호대상자를 보호하는 모든 활동을 말한다.
② 경호의 개념을 본질적·이론적 입장에서 이해한 것이다.
③ 현실적인 경호기관을 기준으로 정립된 개념이다.
④ 학문적 측면에서 고찰된 개념이다.

03

①·②·④는 실질적 의미의 경호개념에 관한 설명이고, ③만 형식적 의미의 경호개념에 해당한다.

정답 ❸

04 경호의 개념 및 정의로 옳지 않은 것은? 기출 14

☑ 확인 Check!
○
△
×

① 미국 비밀경호대(SS)는 '실질적이고 주도면밀한 범행의 성공기회를 최소화하는 것'이라고 정의한다.
② 대통령 등의 경호에 관한 법률에서 정의한 경호의 개념은 실질적 의미의 경호개념이다.
③ 일본의 요인경호대(SP)는 '신변에 위해가 있을 경우 국가와 공공의 안녕 및 질서에 영향을 줄 우려가 있는 자에 대하여 그 신변의 안전을 확보하기 위한 경찰활동'이라고 정의한다.
④ 실질적 의미의 경호개념은 이론적으로 '모든 위험과 곤경으로부터 경호대상자를 안전하게 보호하기 위한 제반활동'이라고 할 수 있다.

04

대통령 등의 경호에 관한 법률에서 정의한 경호의 개념은 '실정법에서 정의한 경호의 개념' 또는 '대통령경호처에서 정의한 경호의 개념'에 해당하므로 형식적 의미의 경호개념이다.

정답 ❷

제1장

제2장

제3장

제4장

제5장

제6장

05 각국 기관별 경호의 개념을 설명한 내용으로 옳지 않은 것은?

☑ 확인
Check!
○
△
×

① 미국 비밀경호국은 경호를 '실질적이고 주도면밀한 범행의 성공기회를 완전히 없애는 것'이라고 정의하고 있다.

② 한국의 대통령경호처는 '경호대상자의 생명과 재산을 보호하기 위하여 신체에 가하여지는 위해를 방지하거나 제거하고, 특정 지역을 경계·순찰 및 방비하는 등의 모든 안전활동'을 경호라고 정의한다.

③ 일본의 요인경호부대는 '신변에 위해가 있을 경우 국가와 공공의 안녕 및 질서에 영향을 줄 우려가 있는 자에 대하여 그 신변의 안전을 확보하기 위한 경찰활동'을 경호라고 정의한다.

④ 한국 경찰기관은 정부요인·국내외 주요 인사 등 경호대상자의 신변에 대하여 직·간접적으로 가해지려는 위해를 방지하기 위하여 위험요소를 사전에 제거하고 경호대상자의 안전을 도모하는 경찰작용을 경호라고 정의한다.

05
미국 비밀경호국이 정의하는 경호는 '실질적이고 주도면밀한 범행의 성공기회를 최소화하는 것'이다.

정답 ❶

06 다음 중 「대통령 등의 경호에 관한 법률」상 경호의 올바른 정의는?

기출 02·01·99

☑ 확인
Check!
○
△
×

① 경호대상자의 신변보호작용이다.

② 경호대상자의 생명과 재산을 보호하기 위한 모든 경비작용이다.

③ 경호대상자의 신체에 가하여지는 위해(危害)를 방지하거나 제거하는 활동에 국한되는 개념이다.

④ 경호대상자의 신체에 가하여지는 위해(危害)를 방지하거나 제거하고, 특정 지역을 경계·순찰 및 방비하는 등의 모든 안전활동을 말한다.

06
"경호"란 경호대상자의 생명과 재산을 보호하기 위하여 신체에 가하여지는 위해(危害)를 방지하거나 제거하고, 특정 지역을 경계·순찰 및 방비하는 등의 모든 안전활동을 말한다(대통령 등의 경호에 관한 법률 제2조 제1호).

정답 ❹

제1장
제2장
제3장
제4장
제5장
제6장

2 경호 및 경비의 분류

01 경호의 분류와 경호부처에 관한 내용으로 바르지 않은 것은?

☑ 확인
Check!
○
△
✕

① 대통령권한대행과 그 배우자는 갑호 대상에 해당한다.
② 경호처장은 경호가 필요한 국내 요인에 대해 국가정보원장, 경찰청장 등과 미리 협의한다.
③ 갑호 및 외빈(A・B・C・D등급)의 경호는 대통령경호처에서 경호를 주관한다.
④ 국무총리, 헌법재판소장, 국회의장, 대법원장 등은 경호처에서 경호한다.

01
국무총리, 헌법재판소장, 국회의장, 대법원장 등은 경찰에서 경호한다.
정답 ④

02 경호의 성격에 의한 분류 중 경호관계자의 사전 통보에 의해 계획・준비되는 경호활동은?

기출 16

☑ 확인
Check!
○
△
✕

① 공식경호
② 직접경호
③ 약식경호
④ 비공식경호

02
설문은 공식경호에 대한 내용이다.
② 행사장에 인원과 장비를 배치하여 인적・물적・지리적 위험요소를 예방하기 위한 경호★
③ 일정한 방식에 의하지 않는 경호(출・퇴근 시 일상적으로 실시하는 경호)
④ 비공식행사 시 사전에 통보나 협의 없이 이루어지는 경호
정답 ①

03 장소에 의한 경호의 분류가 아닌 것은?

기출 15

☑ 확인
Check!
○
△
✕

① 연도경호
② 숙소경호
③ 선발경호
④ 행사장경호

03
장소에 의한 경호의 분류가 아닌 것은 선발경호이다.
선발경호란 경호대상자가 도착하기 전에 현장조사를 실시하고, 효과적인 경호협조와 경호준비를 위한 사전작업을 의미하는 것으로, 경호대비단계의 경호이다.
정답 ③

04 경호 수준에 의한 분류 중 사전경호조치가 전무한 상황하의 각종 행사 시의 경호는? `기출 15`

☑확인 Check!
○
△
✕

① 1(A)급 경호
② 2(B)급 경호
③ 3(C)급 경호
④ 4(D)급 경호

04
경호 수준에 의한 분류와 경호 성격에 의한 분류가 많이 비슷하기 때문에 가끔씩 혼동이 된다. 실제 시험에서도 혼란스러운 문제가 간혹 출제되고 있으므로 일단 내용적으로 잘 구분을 해야 한다. 해당 문제는 3(C)급 경호를 묻고 있다.

`정답` ❸

핵심만콕	경호 수준에 의한 분류
1(A)급 경호	• 행차보안이 사전에 노출되어 경호 위해가 증대된 상황하의 각종행사의 경호 • 국왕 및 대통령 등 국가원수급의 1등급 경호대상으로 결정된 국빈행사의 경호
2(B)급 경호	• 행사준비 등의 시간적 여유 없이 갑자기 결정된 상황하의 각종행사의 경호 • 수상급의 경호대상으로 결정된 국빈행사의 경호
3(C)급 경호	• 사전에 행사준비 등 경호조치가 거의 전무한 상황하에서 이루어지는 경호 • 장관급의 경호대상으로 결정된 국빈행사의 경호

〈출처〉 김두현, 「경호학개론」, 엑스퍼트, 2020, P. 60

05 장소에 의한 경호의 분류가 아닌 것은? `기출 13`

☑확인 Check!
○
△
✕

① 숙소경호
② 연도경호
③ 행사장경호
④ 차량경호

05
숙소경호, 연도경호, 행사장경호 등은 '장소에 의한 분류'에 따른 것이고, 차량경호는 '이동수단에 의한 분류'에 따른 것이다. 이동수단에 의한 분류에는 이 밖에도 선박경호, 보행경호, 열차경호, 항공기경호 등이 있다.

`정답` ❹

06 경호행사를 형식적 기준에 의해 1호(A호), 2호(B호), 3호(C호)로 구분하는 경호의 분류는? `기출 13`

☑확인 Check!
○
△
✕

① 경호 수준에 의한 분류
② 성격에 의한 분류
③ 이동수단에 의한 분류
④ 대상에 의한 분류

06
② 성격에 의한 분류 : 공식경호(1호 · A호), 비공식경호(2호 · B호), 약식경호(3호 · C호)
① 경호 수준에 의한 분류 : 1(A)급 경호, 2(B)급 경호, 3(C)급 경호
③ 이동수단에 의한 분류 : 보행경호, 차량경호, 열차경호, 선박경호, 항공경호
④ 대상에 의한 분류 : 甲(A)호, 乙(B)호, 丙(C)호★

`정답` ❷

07 미국 대통령이 방한 행사 중 사전에 계획된 국립현충원 행사를 마치고 예정에 없던 한강 고수부지에서 산책을 하였을 때의 경호분류 순서로서 옳은 것은? 기출 09

① 갑호 경호, 비공식경호, 공식경호
② 갑호 경호, 공식경호, 비공식경호
③ 을호 경호, 공식경호, 비공식경호
④ 직접경호, 비공식경호, 행사장경호

07
미국 대통령은 외국 원수이기에 갑호 경호에 해당되고, 또한 사전에 계획된 행사에 참석하기에 공식경호가 되며, 사전에 예정이 없던 산책을 하였기에 비공식경호가 이루어진 것이다.

정답 ❷

08 다음 중 수상, 국회의장, 대법원장, 헌법재판소장, 이와 대등한 지위에 있는 외국인사 등에 대한 경호방법은? 기출 05

① 甲호 경호   ② 乙호 경호
③ 丙호 경호   ④ 丁호 경호

08
대통령 이외 국가중요인사나 수장인 경우는 乙호 경호이다.

정답 ❷

09 경호성격에 의한 분류로서 '2호 경호'에 해당되는 것은? 기출 04

① 행사준비 등의 시간적 여유 없이 갑자기 결정된 각종 행사와 수상급 경호대상으로 결정된 국빈행사의 경호
② 경호관계자의 사전통보에 의해 계획·준비되는 공식행사 때 실시하는 경호
③ 경호관계자 간의 사전통보나 협의절차 없이 이루어지는 비공식행사의 경호
④ 행사보안이 노출되어 경호 위해가 증대된 상황하의 국가원수급 국빈행사의 경호

09
2호 경호는 경호관계자 간의 사전 통보나 협의절차 없이 이루어지는 비공식행사 때의 경호를 말하며, 비공식경호 또는 B호 경호라고도 한다.

정답 ❸

10 경찰청장 또는 경호기관의 장이 필요하다고 인정하는 주요 인사에 대한 경호 수준의 분류로 맞는 것은? 기출 97

☑ 확인
Check!
○
△
×

① 甲호　　　　　　② 乙호
③ 丙호　　　　　　④ 丁호

10
丙호 경호 : 甲호·乙호 이외에 경찰청장 또는 경호기관의 장이 필요하다고 인정하는 주요 인사의 경호

정답 ❸

11 경호·경비의 분류에 관한 설명으로 옳지 않은 것은? 기출 10

☑ 확인
Check!
○
△
×

① 간접경호는 행사장에 인원과 장비를 배치하여 인적·물적·지리적 위험요소를 예방하기 위한 경호이다.
② 약식경호는 출·퇴근 시 일상적으로 실시하는 경호와 같이 일정한 방식에 의하지 않고 실시하는 경호이다.
③ 준(準)비상경계는 비상사태 발생의 징후는 희박하나 불안전한 사태가 계속되는 경우에 집중적인 경계가 요구될 때 실시하는 경계이다.
④ 1(A)급 경호는 행사보안이 사전에 노출되어 경호 위해가 증대된 상황하의 각종 행사와 국왕 및 대통령 등 국가원수급의 경호이다.

11
간접경호는 평상시의 치안 및 대공활동 등 안전대책작용 등의 경호를 말하며, 직접경호는 행사장에 인원과 장비를 배치하여 인적·물적·지리적 위험요소를 예방하기 위한 경호를 말한다.

정답 ❶

12 경비의 경계대상에 의한 분류의 내용으로 옳은 것은? 기출 10

☑ 확인
Check!
○
△
×

① 치안경비는 시설의 재산, 문서에 대한 비인가자의 접근을 방지하고 간첩, 태업, 절도 기타 침해행위를 예방, 경계, 진압하는 작용을 말한다.
② 특수경비는 총포, 도검, 폭발물, 기타 총기류에 의한 인질, 살상 등의 사태로부터 발생할 위해를 예방, 경계, 진압하는 작용을 말한다.
③ 중요시설경비는 경기대회, 기념행사 등의 미조직 군중의 혼란 또는 혼란에 의하여 발생하는 예측불가능한 사태를 예방, 경계, 진압하는 작용을 말한다.
④ 재해경비는 공공의 안녕과 질서를 문란케 하는 사태에 대하여 실시하는 활동으로서 예방, 경계, 진압하는 작용을 말한다.

12
경계대상에 의한 경비의 분류 내용 중 옳은 것은 ②이다. ①은 중요시설경비, ③은 혼잡경비, ④는 치안경비에 해당한다.

정답 ❷

13 다음 중 경계대상에 의한 경비분류로 옳게 연결된 것은?

기출 05

☑ 확인
Check!
○
△
✕

① 치안경비 – 총기류에 의한 인질, 사살 등 중요범죄의 위해방지
② 혼잡경비 – 경기대회, 기념행사 등의 미조직군중의 예측 불가능한 사태를 방지
③ 특수경비 – 천재, 홍수, 태풍, 지진 등에 의한 돌발사태를 방지
④ 중요시설경비 – 공공의 안녕과 질서를 문란하게 하는 사태에 대한 경비

14 경비업법에 의한 경비분류에 대한 설명으로 옳지 않은 것은?

기출 02

☑ 확인
Check!
○
△
✕

① 시설경비업무는 경비대상시설에서의 도난·화재 그 밖의 혼잡 등으로 인한 위험발생을 방지하는 경비업무이다.
② 호송경비업무는 운반 중에 있는 현금·유가증권·귀금속·상품 그 밖의 물건에 대하여 도난·화재 등 위험발생을 방지하는 경비업무이다.
③ 신변보호업무는 사람의 생명이나 신체에 대한 위해의 발생을 방지하고 그 신변을 보호하는 경비업무이다.
④ 혼잡경비업무는 경기대회, 기념행사, 시가행진, 기타 집회장소의 혼잡을 방지하고 질서를 확보하는 경비업무이다.

13
경비대상에 의한 경비분류 중 옳은 연결은 ②이다. ①은 특수경비, ③은 재해경비, ④는 치안경비에 해당한다.

정답 ❷

14
경비업법에 의한 경비는 시설경비업무, 호송경비업무, 신변보호업무, 기계경비업무, 특수경비업무로 분류된다. ④의 혼잡경비는 경계대상에 의한 분류에 해당한다.

정답 ❹

제1장
제2장
제3장
제4장
제5장
제6장

15 다음 ( )에 들어갈 내용을 순서대로 옳게 연결한 것은?

15

☑ 확인
Check!
○
△
×

> 경비 ( )에 의한 분류는 인력경비와 기계경비로 분류할 수 있고,
> 경비 ( )에 의한 분류는 자체경비와 계약경비로 분류할 수 있다.

① 성격 – 방식
② 대상 – 성격
③ 방식 – 성격
④ 성격 – 대상

15
( ) 안에 들어갈 내용은 순서대로 방식,
성격이다.

정답 ❸

16 다음 중 시설경비원의 기본적인 업무가 아닌 것은? 기출 07

☑ 확인
Check!
○
△
×

① 사고발생 시 경찰 및 소방기관에 신고
② 방범취약지역의 순회 및 점검
③ 시설물을 출입하는 사람 및 차량의 안내 및 통제
④ 시설물 내 침입자의 체포 및 수사활동

16
법집행(범죄조사, 수사, 범인체포)은 공
경비(경찰)의 주요임무이다.

정답 ❹

관계법령 **시설경비업무(경비업법 제2조 제1호 가목)**

경비를 필요로 하는 시설 및 장소(경비대상시설)에서의 도난·화재 그 밖의 혼잡 등으로 인한 위험발생을 방지하는 업무

17 다음의 내용 중에서 경비경찰의 개념에 가장 맞는 것은?

기출 97

☑ 확인
Check!
○
△
✕

① 경비경찰의 작용은 복합적인 기능이 없는 것이 특색이다.
② 개인적 또는 단체적 불법활동을 예방·경계·진압하는 것을 주
임무로 한다.
③ 경비경찰은 일정기간의 조직적인 활동이다.
④ 경비경찰의 특징은 조직적 부대활동이며 상향적인 지휘를 갖
는다.

17
경비경찰이란 국가비상사태·긴급중요사
태 등 경비사태가 발생하거나 발생우려가
있을 때 사회공공의 안녕과 질서를 해하는
개인적 또는 단체적인 불법행위를 예방·
경계·진압하는 것을 주요 임무로 하는 경
찰작용을 말한다.

정답 ❷

18 경비경찰의 활동으로 볼 수 없는 것은?

☑ 확인
Check!
○
△
✕

① 현상유지적 활동
② 직접적인 안녕 및 질서유지 활동
③ 복합기능적 활동
④ 상향적인 명령활동

18
경비경찰은 상향적인 명령활동이 아니라
하향적인 명령활동의 특징을 지닌다.

정답 ❹

19 다음의 내용에서 경비수단의 원칙에 대한 설명으로 적절하지 못한
것은?

기출 97

☑ 확인
Check!
○
△
✕

① 균형의 원칙 – 많은 경찰력으로 최소한의 효과를 생각하여 유
효적절하게 인원을 배치하는 것
② 위치의 원칙 – 경비상황 시에 대비하여 유리한 지점과 위치를
신속하게 확보, 유지하는 것
③ 적시성의 원칙 – 상대방의 허점에 대하여 총력적으로 강력한
실력행사를 시행하는 것
④ 안전의 원칙 – 시민의 안전과 경비에 동원된 경력에 대하여 안
전하게 임무를 완료하는 것

19
균형의 원칙은 최소한의 병력으로 최대
의 효과를 위한 인원배치가 필요함을 의
미한다.

정답 ❶

20 다음 중 경비수단에 관한 설명으로 옳지 않은 것은? 기출 02

① 경고와 제지는 경찰관직무집행법에 그 근거를 두고 있다.

② 경비수단이란 신속한 진압, 질서유지를 목적으로 한 실력행사를 말한다.

③ 체포는 형사소송법에 그 근거를 두고 있다.

④ 경고와 제지는 간접적 실력행사이고, 체포는 직접적 실력행사이다.

20
경비수단은 경비상황 시 신속한 진압과 질서유지를 목적으로 한 실력행사를 말하는 것으로, 물리적 충돌여부에 따라 직접적 실력행사와 간접적 실력행사로 나누어 볼 수 있다. 직접적 실력행사에는 제지와 체포가, 간접적 실력행사에는 경고가 있다.

정답 ❹

핵심만콕	경비수단의 종류★	
직접적 실력행사	경비사태 발생 시에 상대방에게 물리적인 힘을 가하여 범죄의 실행을 불가능하게 하는 것	
	제 지	• 즉시강제 • 경찰관직무집행법 제6조 근거(범죄의 예방과 제지) • 강제해산, 주동자 및 주모자 격리, 해산명령 등
	체 포	• 형사소송법에 근거
간접적 실력행사	경비부대를 면전에 배치 또는 진출시켜 상대방에게 심리적 압박을 주어 범죄실행의 의사를 포기하도록 하는 것	
	경 고	• 관련자에게 주의를 주고, 일정한 행위를 요구하는 임의처분 • 경찰관직무집행법 제5조·제6조에 근거(위험발생의 방지 등) • 일본 판례 "행동에 의한 경고"★

21 경비경찰의 조직운영에서 명령통일의 원칙에서 도출되는 원칙으로 효율적인 부대운영을 위해 지휘관은 한 사람만을 두어야 한다는 원칙은 무엇인가?

① 부대단위 활동의 원칙

② 체계통일성의 원칙

③ 치안협력성의 원칙

④ 지휘관단일성의 원칙

21
설문의 내용은 경비경찰의 조직운영의 원리에 관한 내용들 중 지휘관단일성의 원칙에 대한 설명이다.

정답 ❹

경호의 법원

01 경호경비 관련법의 제정 순서대로 옳게 나열한 것은? 기출 18

☑ 확인
Check!
○
△
×

ㄱ. 청원경찰법
ㄴ. 국민보호와 공공안전을 위한 테러방지법
ㄷ. 경찰관직무집행법
ㄹ. 대통령 등의 경호에 관한 법률

① ㄱ - ㄴ - ㄹ - ㄷ
② ㄱ - ㄷ - ㄴ - ㄹ
③ ㄷ - ㄱ - ㄹ - ㄴ
④ ㄷ - ㄹ - ㄱ - ㄴ

01
ㄷ. 경찰관직무집행법(1953년 12월 14일) → ㄱ. 청원경찰법(1962년 4월 3일) → ㄹ. 대통령 등의 경호에 관한 법률(1963년 12월 14일 '대통령경호실법' 제정, 2008년 2월 29일 '대통령 등의 경호에 관한 법률'로 명칭 변경) → ㄴ. 국민보호와 공공안전을 위한 테러방지법(2016년)

정답 ❸

02 경호 및 경비 관련 법률에 관한 설명으로 옳은 것은? 기출 13

☑ 확인
Check!
○
△
×

① 대통령 등의 경호에 관한 법률 : 2008년 개칭되었으며, 대통령 권한대행과 그 배우자에 대한 경호는 하지 않는다.
② 전직대통령 예우에 관한 법률 : 1969년 제정되었으며, 전직대통령이 형사처분을 회피할 목적으로 외국정부에 도피처 또는 보호를 요청한 경우 경호·경비를 제외한 예우는 하지 않는다.
③ 경비업법 : 1999년 개칭되었으며, 경비업은 법인 또는 개인이 영업을 할 수 있도록 정하고 있다.
④ 청원경찰법 : 1973년 제정되었으며, 국가가 일부 소요경비를 부담하여 국가중요시설 및 사업장에 인력을 배치한다.

02
1969년 1월 22일 제정된 전직대통령 예우에 관한 법률 제7조 제2항 제3호에 따르면 전직대통령이 형사처분을 회피할 목적으로 외국정부에 도피처 또는 보호를 요청한 경우 경호·경비를 제외한 전직대통령으로서의 예우를 하지 않는다.

정답 ❷

03 대통령 등에 대한 경호를 효율적으로 수행하기 위하여 경호의 조직·직무범위와 그 밖에 필요한 사항을 규정함을 목적으로 하는 법률은? `기출 08`

☑ 확인
Check!
○
△
✕

① 대통령경호안전대책위원회규정
② 대통령 등의 경호에 관한 법률
③ 대통령비서실직제
④ 전직대통령 예우에 관한 법률

03
경호 관련 법령의 입법목적은 가장 기본이 되는 내용이므로 잘 구별할 수 있어야 한다. 대통령 등의 경호에 관한 법률의 입법목적을 묻고 있는 문제이다.

`정답 ❷`

04 다음 중 공경호의 법원이 아닌 것은? `기출 08`

☑ 확인
Check!
○
△
✕

① 집회 및 시위에 관한 법률
② 대통령경호안전대책위원회규정
③ SOFA(한미행정협약)
④ 경비업법 시행령

04
경비업법 시행령은 사경호의 법원에 해당한다.

`정답 ❹`

핵심만콕 경호의 법원(경호의 법적 근거)

구 분	공경호	사경호
헌 법	헌 법	헌 법
법 률	• 대통령 등의 경호에 관한 법률 • 전직대통령 예우에 관한 법률 • 국가경찰과 자치경찰의 조직 및 운영에 관한 법률(약칭 : 경찰법) • 경찰관직무집행법 • 항공안전 및 보안에 관한 법률 • 국민보호와 공공안전을 위한 테러방지법 • 통합방위법 • 집회 및 시위에 관한 법률	• 경비업법 • 청원경찰법 • 민영교도소 등의 설치·운영에 관한 법률
조약 및 국제법규	• 헌법에 의해 체결·공포된 조약 • 일반적으로 승인된 국제법규 및 국제관습법 　예 한·미 행정협정(SOFA) 제3조 및 제25조를 근거로 체결된 한국군과 주한미군 간의 대통령경호에 대한 합의각서	–
명령·규칙	• 대통령 등의 경호에 관한 법률 시행령 • 대통령경호안전대책위원회규정 • 대통령경호처와 그 소속기관 직제 • 경호규정 • 대통령경호처 경호지침 • 경호규칙 • 연도경호지침 • 표준경호경비계획 • 기동경호요강	• 경비업법 시행령·시행규칙 • 청원경찰법 시행령·시행규칙 • 경비업체 보안업무규칙

05 경호 · 경비의 법적 근거에 관한 설명으로 틀린 것은? 기출 08

☑ 확인
Check!
○
△
✕

① 대통령 등의 경호에 관한 법률은 현 대통령과 대통령 당선이 확정된 자 및 그의 가족과 퇴임 후 10년 이내 전직대통령, 대통령경호처가 인정하는 경호대상자 및 대통령경호처의 활동에 관한 규정을 정하고 있다.

② 경찰관직무집행법에는 경찰관은 국민의 생명 · 신체 및 재산의 보호, 범죄의 예방 · 진압 및 수사, 경비 · 주요인사 경호 및 대간첩 · 대테러 작전 수행, 공공안녕에 대한 위험의 예방과 대응을 위한 정보의 수집 · 작성 및 배포, 교통의 단속과 교통 위해의 방지, 외국정부기관 및 국제기구와의 국제협력, 그 밖에 공공의 안녕과 질서유지 등의 직무를 규정하고 있다.

③ 청원경찰법은 청원경찰의 직무 · 임용 · 배치 · 보수 · 사회보장 기타 필요한 사항을 규정함으로써 청원경찰의 원활한 운영을 기함을 목적으로 한 법률로서 청원경찰은 청원경찰법에 의해서만 업무를 수행할 수 있다.

④ 경비업법에서 경비업은 규정된 업무를 도급받아 행하는 영업으로서, 법인이 아니면 영위할 수 없으며, 경비업자는 경비인력 · 자본금 · 시설 및 장비 등을 갖추고 경비업무를 특정하여 주사무소의 소재지를 관할하는 시 · 도 경찰청장의 허가를 받아야 한다고 규정하고 있다.

05

③에서 앞부분의 내용은 옳으나, 뒷부분에 틀린 내용이 포함되어 있다. 청원경찰은 청원경찰법뿐만 아니라 경찰관직무집행법이나 경비업법에 의해서도 업무를 수행할 수 있다. 좋은 예가 청원경찰법 제3조이다.

정답 ❸

관계법령 **청원경찰의 직무(청원경찰법 제3조)**

청원경찰은 제4조 제2항에 따라 청원경찰의 배치 결정을 받은 자(이하 "청원주"라 한다)와 배치된 기관 · 시설 또는 사업장 등의 구역을 관할하는 경찰서장의 감독을 받아 그 경비구역만의 경비를 목적으로 필요한 범위에서 경찰관직무집행법에 따른 경찰관의 직무를 수행한다.★

06 다음 중 경호경비 관련 법적 근거에 관한 내용으로 적합한 것은?

기출 07

☑ 확인
Check!
○
△
×

① 대간첩작전수행, 요인경호 등의 규정으로 포괄적 임무를 근거한 것은 대통령 등의 경호에 관한 법률 시행령이다.

② 대통령경호처지침과 경호규칙이 상이할 경우는 대통령경호처지침이 우선한다고 규정한 것은 안전대책법이다.

③ 대통령과 그 가족, 대통령으로 당선된 자와 그 가족에 대한 경호는 경호규칙에 근거한다.

④ 한국군과 주한미군 간의 대통령경호에 대한 합의각서에 대한 법적 근거는 SOFA조약이다.

06
경호경비 관련 법적 근거에 대한 내용으로 옳은 것은 ④이다.
① 대간첩작전수행, 요인경호 등의 규정으로 포괄적 임무를 근거한 것은 경찰관직무집행법이다(경찰관직무집행법 제2조).★★
② 대통령경호처지침과 경호규칙이 상이할 경우는 전자가 우선한다고 규정한 것은 경호규칙의 부칙이다.★
③ 대통령과 그 가족, 대통령당선인과 그 가족에 대한 경호는 대통령 등의 경호에 관한 법률에 근거한다.★

정답 ❹

핵심만콕 한국군과 주한미군 간의 대통령경호에 관한 합의각서

• 법적 근거 : 한·미 간의 SOFA협정 제3조(시설과 구역 – 보안조치) 및 제25조(보안조치)를 근거로 하여 대통령 경호경비에 관한 협조절차를 규정하기 위하여 본 합의각서가 1987년에 체결되었다.
• 목적 : 본 합의각서는 한국 및 외국의 국가원수가 주한미군 부대나 한·미연합군부대 그리고 그 인근지역 및 부대를 방문 시 적용하여, 원활한 업무 협조와 안전조치로 경호대상자에 대한 경호업무를 효과적으로 수행하기 위한 것이다.
• 합의각서상의 협조내용

> **협조체계(제3조)**
> ① 대통령 경호경비에 관한 협조는 한국 대통령경호처 및 한국군 보안부대와 주한미군 부대 간에 실시한다.
> ② 대통령경호경비 업무를 효과적으로 수행하기 위하여 한·미 관계관회의를 통하여 정보를 상호교환하고 아래 세부사항에 관하여 긴밀히 협조한다.
>   1. 경호경비 책임사령관의 임명
>   2. 안전조치 문제
>   1) 총기, 탄약, 화약류에 대한 안전조치
>   2) 대공화기 및 비행통제조치
>   3) 인원, 장비 및 시설에 관한 안전조치
>   3. 보안활동조치
>   4. 필요에 따라 추가 협의가 요구되는 사항

07 다음에 관한 필요한 사항을 규정하기 위한 법령은? 기출수정 05

☑ 확인
Check!
○
△
✕

- 대통령 경호에 필요한 안전대책과 관련된 업무의 협의, 대통령 경호와 관련된 첩보 및 정보의 교환과 분석, 그 밖에 대통령 등 경호대상에 대한 경호상 필요하다고 인정되는 업무관장
- 대통령 등 경호대상에 대한 경호업무를 수행함에 있어 관계기관의 책임을 명확하게 하고, 협조를 원활하게 하기 위하여 설치

① 경찰관직무집행법
② 대통령 등의 경호에 관한 법률
③ 대통령경호안전대책위원회규정
④ 전직대통령 예우에 관한 법률

08 다음 중 경호 및 경비 관련 법률과 그 제정 연·월·일의 연결이 올바르지 않은 것은? 기출 00

☑ 확인
Check!
○
△
✕

① 대통령경호안전대책위원회규정 – 1981년 3월 2일
② 경호규칙 – 1995년 7월 31일
③ 대통령 등의 경호에 관한 법률 – 1963년 12월 14일
④ 경찰관직무집행법 – 1953년 12월 14일

09 다음 내용 중에서 경찰청장이 경호업무에 관하여 제정·시행하고 있는 것은? 기출 97

☑ 확인
Check!
○
△
✕

① 경호규칙
② 경호규정
③ 대통령 등의 경호에 관한 법률
④ 경비업법 시행령

07

대통령 등 경호대상에 대한 경호업무를 수행함에 있어 관계기관의 책임을 명확하게 하고, 협조를 원활하게 하기 위하여 경호처에 대통령경호안전대책위원회를 둔다(대통령 등의 경호에 관한 법률 제16조 제1항). 그리고 이에 관한 필요한 사항을 규정한 법령은 대통령경호안전대책위원회규정이다(대통령경호안전대책위원회규정 제1조).★

정답 ❸

08

경호규칙은 경찰청장이 1991년 7월 31일 훈령 제12호로 제정·시행하고 있는 규정으로,★ 경호업무에 관한 포괄적이고 일반적인 사항을 규정함으로써 경찰경비계획수립 시 그 근거가 되고 있다. 다만 그 부칙에서 대통령경호처지침과 경호규칙이 상이할 경우 대통령경호처지침이 우선한다고 하여 경찰경비업무 수행에 관하여서는 대통령경호처지침이 최우선적으로 적용된다.★★

정답 ❷

09

경찰청훈령으로 경호규칙이 발효된다.

정답 ❶

제1장

제2장

제3장

제4장

제5장

제6장

4 경호의 목적과 원칙

01

신변보호의 일반적 원칙 중 신변보호대상자를 효과적으로 보호하고 공격자의 직·간접적인 공격행위를 사전에 봉쇄하기 위한 원칙은? **기출** 10

① 고도의 경계력 유지 원칙
② 신변보호작용기관 지휘통일의 원칙
③ 합리적 지역방어 원칙
④ 과학적 두뇌작용 원칙

01

합리적 지역방어의 원칙 : 신변보호대상자를 효과적으로 보호하고 공격자의 직·간접적인 공격행위를 사전에 봉쇄하기 위한 원칙으로, 위해분자에 대한 대적보다는 신변보호대상자의 대피를 통한 안전을 최우선으로 고려한다.

정답 ❸

02

1963년 11월 22일 미국의 케네디 대통령은 범인 오스왈드의 원거리 저격에 의해 암살되었다. 그 핵심원인은 대통령이 경호원에게 특정한 위치에 있지 말 것을 명령하였고, 당시 경호원은 그 명령을 받아들여 근무위치를 변경하였다. 이는 근접경호작전에서 어떤 원칙을 무시하였는가? **기출** 09

① 과학적인 두뇌작용의 원칙
② 지휘권 단일화 원칙
③ 고도의 집중력 유지의 원칙
④ 효과적인 지역방어의 원칙

02

미국의 케네디 대통령 암살 사건은 지휘권 단일화 원칙이 얼마나 중요한가를 단적으로 보여주는 좋은 예이다. 지휘권 단일화 원칙은 말 그대로 지휘 및 통제가 일사불란하게 일원화됨을 뜻한다. 민간경비론에서의 명령일원화의 원칙과 같은 의미이다.

정답 ❷

03

경호의 목적에 관한 설명으로 옳지 않은 것은? **기출** 10

① 국내외 요인에 대한 완벽한 경호는 국제적인 지위향상과 국위선양에 기여한다.
② 주요 요인과 정치지도자나 사회 저명인사 등의 체면 또는 기품 등을 유지시켜 준다.
③ 안전을 위하여 경호대상자와 환송자·환영자 간에 친화도모를 위한 활동은 배제하여야 한다.
④ 경호대상자에 대한 직접적인 위해를 방지 및 제거함으로써 신변안전을 도모한다.

03

경호대상자와 환송자·환영자 간에 친화도모를 위한 활동도 경호의 목적에 해당한다.

정답 ❸

04 경호의 이념에 관한 설명으로 옳지 않은 것은? `기출 11`

☑ 확인
Check!
○
△
✕

① 합법성 – 경호는 법적인 테두리 안에서 이루어져야 한다.

② 협력성 – 경호는 다수의 기관들이 참여하고, 국민들의 협조가 이루어져야 성공적으로 완수할 수 있는 활동이다.

③ 보안성 – 경호활동을 위해서는 위해요소로부터 경호대상자나 경호주체의 움직임을 전혀 모르도록 하는 것이 바람직하다.

④ 희생성 – 경호원은 정치적으로 반대 입장에 있는 요인(要人)을 경호해야 하는 상황이 있을 수 있으므로 정치적으로 중립을 유지하여야 한다.

04
④의 내용은 정치적 중립성에 관한 설명이다. 희생성이란 경호원은 경호를 위해서 자신의 생명과 신체의 위협을 감수할 수 있는 희생정신이 필요하다는 것이고, 이는 경호의 방어성에 기인한다.

`정답 ❹`

05 3중 경호의 원리에 관한 설명으로 옳지 않은 것은? `기출 15`

☑ 확인
Check!
○
△
✕

① 경호영향권역을 공간적으로 구분한 3중의 경호막을 통해 구역별로 동등한 경호조치로 위해요소에 대한 중첩확인이 이루어진다.

② 세계의 주요 경호기관이 3중 경호의 원리를 적용하고 있으나 적용범위와 방법 등에서는 차이가 존재한다.

③ 안전구역은 완벽한 통제가 이루어져야 하며, 경호원의 확인을 거치지 않은 인원의 출입은 금지한다.

④ 위해행위에 대한 조기경보체제를 확립하고 경호자원과 시간을 효율적으로 활용할 수 있는 여건을 제공한다.

05
3중 경호는 경호영향권역을 공간적으로 구분하여 해당 구역의 위해요소에 대해 상대적으로 차등화된 경호조치와 중첩된 통제를 통하여 경호의 효율화를 기하고자 하는 경호방책을 말한다.

`정답 ❶`

핵심만콕 **3중 경호의 원칙**

경호는 경호대상자의 위치를 중심으로 3선 개념에 따라 3중 경호체계에 의한 효율적인 경호가 실시되어야 한다는 원칙이다. 3중 경호는 국가마다 그 적용범위와 방법 등에서 차이가 존재한다.
• 1선 : 내부, 안전지역, 근접경호원에 의한 완벽한 통제(비인가자에 대한 절대적 출입통제)
• 2선 : 내곽, 경비지역, 근접경호원 및 경비경찰에 의한 부분적 통제
• 3선 : 외곽, 경계지역, 인적·물적·자연적 취약요소에 대한 첩보, 경계

〈참고〉 김계원, 「경호학」, 백산출판사, 2008, P. 65

06 경호활동 시 안전구역, 경비구역, 경계구역으로 구분하는 원칙은?

기출 13

① 3중 경호의 원칙
② 은밀경호의 원칙
③ 두뇌경호의 원칙
④ 방어경호의 원칙

06

3중 경호의 원칙은 행사장에 참석하는 경호대상자를 중심으로 가장 가까운 1선을 안전구역, 2선을 경비구역, 3선을 경계구역으로 정해 위해요소의 중복차단과 조기경보를 목적으로 한 지역방어이다.

정답 ❶

07 중첩경호에 관한 설명으로 옳지 않은 것은?

기출 09

① 경호대상자에 대한 위해요소를 최소화하기 위하여 행사장을 중심으로 일정간격을 유지하여 중첩보호막 또는 경계선을 설치·운용하는 것이다.
② 행사장에 참석하는 경호대상자를 중심으로 위해요소의 중복차단과 조기경보를 목적으로 한 지역방어 개념이다.
③ 중첩경호는 행사장을 중심으로 경호의 행동반경을 거리와 지역을 고려하여 설정한 것이다.
④ 미국 비밀경호국의 중첩경호는 근접과 중간경호보다 외곽경호에 더 비중을 두고 있다.

07

미국 비밀경호국의 중첩경호는 중간경호와 외곽경호보다 근접경호에 더 비중을 두고 있다(1981년 3월에 일어났던 레이건 미국대통령 저격사건 참고). ★

정답 ❹

08 경호대상자를 위해기도자로부터 분리시켜 놓는 경호의 원칙은?

기출 08

① 목표물 보존의 원칙
② 자기담당구역 책임의 원칙
③ 하나의 통제된 지점을 통한 접근의 원칙
④ 자기희생의 원칙

08
목표물 보존의 원칙이란, 경호대상자를 위해할 가능성이 있는 자들로부터 멀리 떼어 놓는 원칙을 말한다.

정답 ❶

09 경호를 실시함에 있어 사전에 치밀한 계획 준비를 철저히 하여 위험요소를 제거하는 데 중점을 둔다. 그래도 긴급하고 위험한 상황이 발생하였을 때는 고도의 예리하고 순간적인 판단력이 요구된다는 경호의 원칙은?

기출 05

① 방어경호의 원칙
② 은밀경호의 원칙
③ 근접경호의 원칙
④ 두뇌경호의 원칙

09
두뇌경호의 원칙에 대한 설명이다.

정답 ❹

10 경호행사 시 경호요원이나 경호를 위한 설비를 가능한 한 눈에 띄지 않고 경호대상자의 공적 기능이나 사적 기능이 방해되지 않도록 노력해야 한다는 원칙은?

기출 04

① 공격경호의 원칙
② 은밀경호의 원칙
③ 사전예방경호의 원칙
④ 총력경호의 원칙

10
설문은 은밀경호의 원칙에 대한 내용이다. 즉, 은밀경호의 원칙은 경호요원은 은밀하고 침묵 속에서 행동하며 항상 경호대상자의 신변을 보호할 수 있는 곳에 행동반경을 가지고 경호에 임해야 한다는 것이다.

정답 ❷

제1장

제2장

제3장

제4장

제5장

제6장

11 다음 중 행사장경호 시 제2선(내곽경비)에서 필요한 것은?

기출 01

☑ 확인
Check!

○
△
×

① 도보순찰조 운영
② 소방차 및 구급차 확보
③ 별도의 감시조 운영
④ 기동순찰조 운영

11

행사장경호 시 제2선(내곽경비)에는 바리케이드 등의 장애물이 설치되며, 소방차 및 구급차 등이 대기한다.

정답 ❷

12 위해기도자의 범행시도에 경호대상자 또는 위해기도자와 가장 가까이 위치한 경호원이 대응해야 한다는 경호원칙은?

기출 17

☑ 확인
Check!

○
△
×

① 체위확장의 원칙
② 주의력과 대응시간의 원리
③ 촉수거리의 원칙
④ 목표물 보존의 원칙

12

촉수거리의 원칙에 관한 설명이다.

정답 ❸

> **핵심만콕**
>
> • 체위확장의 원칙 : 우발상황 발생 시 경호원 자신의 체위를 최대한 확장·노출시켜 방어공간을 넓힘으로써 경호대상자에 대한 방호효과를 극대화하면서 공격 방향으로 대응해야 한다는 대응원칙을 말한다.
> • 주의력과 대응시간의 원리 : 주의력효과와 대응효과는 서로 역의 관계(상반된 관계)이다. 즉, 경호원이 군중(경계 대상)과 가까울수록 경호대상자와는 멀어지므로 주의력효과는 증가하나 대응효과는 감소한다. 반대로 경호원이 경호대상자와 가까울수록 군중(경계 대상)과는 멀어지므로 대응효과는 증가하나 주의력효과는 감소한다.
> • 목표물 보존의 원칙 : 경호대상자를 암살자 또는 위해를 가할 가능성이 있는 자(위해기도자)로부터 가능한 한 멀리 떼어 놓는 경호원칙을 말한다. 상호 격리의 원칙이라도 한다.

13 다음에서 설명하고 있는 경호활동의 원칙은? 기출 15

경호대상자에게 접근할 수 있는 출입구나 통로는 하나만 필요하고, 통제된 출입구나 통로라도 접근자는 경호원에게 허가 절차 등을 거쳐야 한다.

① 3중 경호의 원칙
② 방어경호의 원칙
③ 은밀경호의 원칙
④ 하나의 통제된 지점을 통한 접근의 원칙

13
경호의 일반원칙과 특별원칙을 구분하되, 시험에서는 이를 구별하지 않고 출제하는 경우도 많다. 각각의 원칙들의 개념을 필히 숙지하도록 해야 한다. 출입구나 통로는 하나만 필요하다는 내용에서 하나의 통제된 지점을 통한 접근의 원칙이라는 것을 알 수 있다.

정답 ❹

14 경호의 기본원리 및 경호기법에 관한 설명으로 옳지 않은 것은? 기출 15

① 위해기도자의 위치가 고정된 경우, 수평적 방벽효과는 경호원이 위해기도자와 가까이 위치할수록 감소한다.
② 위해기도 시 위해기도자와 가장 가까이 위치한 경호원이 위해기도자를 대적한다.
③ 위력경호는 위해기도자의 위해기도 의사를 제압할 수 있는 유형적·무형적 힘을 이용한다.
④ 위해기도 시 경호대상자를 방호해야 하는 경호원은 위해기도자의 공격선상에서 최대한 몸을 크게 벌려 공격을 막는다.

14
위해기도자의 위치가 고정된 경우, 수평적 방벽효과는 경호원이 위해기도자와 가까이 위치할수록 증가한다.

정답 ❶

핵심만콕

② 위해기도 시 위해기도자와 가장 가까이 위치한 경호원이 위해기도자를 대적한다. → 촉수거리의 원리
③ 경호의 노출 정도에 따른 분류

위력경호 (노출경호)	• 위력경호는 위해기도자의 위해기도 의사를 제압할 수 있는 유형적·무형적 힘을 이용하여 경호조치를 취하는 경호방식을 말한다. • 중무장 경호요원의 노출, 다수의 경호원 배치, 과도한 통제. 경호원의 동일 제복 착용 등의 방법을 취한다. • 경호조직의 위용이나 경호원의 위세를 과시하여 위해기도 자체를 사전에 분쇄시키기 위한 방법이다.
비노출경호	• 경호원이나 경호장비의 노출을 최대한 억제하여 거부감 없는 자연스러운 경호를 구현하기 위한 경호방식이다. • 위력경호의 부정적인 역효과를 완화하기 위한 대안이다.

④ 위해기도 시 경호대상자를 방호해야 하는 경호원은 위해기도자의 공격선상에서 최대한 몸을 크게 벌려 공격을 막는다. → 체위확장의 원칙

15 경호임무수행 중 우발상황 발생 시 대응에 관한 설명으로 옳지 않은 것은?

☑ 확인
Check!
○
△
×

① 위해기도자의 총기 공격에 대해 근접경호원이 총기로 응사하여 대응하는 것보다 자신의 몸을 이용하여 경호대상자를 보호하는 것이 보다 효과적이다.

② 경호원의 대응효과는 경호원이 군중과 가까울수록 증가하고, 주의력효과는 경호원이 경호대상자와 가까울수록 증가한다.

③ 위해기도자가 높은 위치에서 공격한다고 가정할 경우, 수직적 방벽효과는 근접경호원이 경호대상자와 가까이 위치할수록 증가한다.

④ 경호요원이 위해기도자의 접근을 효과적으로 제지하기 위해서 군중과 경호대상자는 최소한 4~5m의 거리를 유지해야 한다.

15
주의력효과는 군중과의 거리가 가까울수록 증가하고, 대응효과는 경호원이 경호대상자와 가까울수록 증가한다.

정답 ❷

16 연도경호 시에 위기상황 발생에 대한 대처방법 중 옳지 못한 것은?

☑ 확인
Check!
○
△
×

① 육성이나 또는 무전기로 전 경호요원에게 상황을 전파한다.

② 위해기도자가 경호대상자를 공격할 때 경호원은 자세를 낮추어 자신을 보호한 상태에서 범인과 대적한다.

③ 경호대상자를 신속하게 현장으로부터 이탈·대피시킨다.

④ 근접경호요원 이외의 다른 경호요원은 각자의 맡은 지역에서 자신의 행동순서를 염두에 두고 계속 책임 임무를 수행한다.

16
위기(우발)상황 발생 시에 경호원은 자신의 생명을 보호하기 위하여 자세를 낮추거나 은폐하거나 은신해서는 안 되며, 자신보다는 경호대상자를 먼저 육탄방어할 수 있는 자세로 임해야 한다(체위확장의 원칙).

정답 ❷

17 공경호와 민간경호의 특성에 관한 설명으로 옳지 않은 것은?

기출 15

☑ 확인
Check!
○
△
×

① 공경호는 경호대상이 관련법규에 근거하고, 민간경호는 의뢰인과의 계약에 의해 정해진다.

② 경호조직의 운영에 있어 공경호는 폐쇄성·보안성·기동성의 특성을 가지나, 민간경호는 이러한 특성을 갖지 않는다.

③ 공경호는 국가기관에 의해 행해지는 경호활동이고, 민간경호는 민간에 의해 행해지는 경호활동이다.

④ 공경호는 국가요인의 신변보호를 통해 국가안전에 기여하며, 민간경호는 의뢰인에 대한 안전 보장을 통해 영리를 추구한다.

17
경호조직의 특성에는 폐쇄성, 보안성, 기동성, 통합성과 계층성, 전문성, 대규모성 등이 있다. 이러한 특성들은 원칙적으로 경호조직이 경호대상자의 신변보호라는 목적을 달성하기 위해 필요한 것들로 공경호와 사경호에 모두 해당된다고 볼 수 있다.

정답 ❷

5 경호의 발달과정과 배경

01 다음 중 고구려의 경호기관은?

☑ 확인
Check!
○
△
×

① 5부, 5방
② 대모달, 말객
③ 시위부, 9서당
④ 도방, 서방

01
고구려의 경호기관은 대모달, 말객이다.
①은 백제, ③은 신라, ④는 고려(무신 집권기)의 경호기관이다.

정답 ❷

02 다음 중 신라시대의 경호기관이 아닌 것은?

☑ 확인
Check!
○
△
×

① 9서당
② 5부 · 5방
③ 10정
④ 금 군

02
5부 · 5방, 위사좌평은 백제시대의 경호기관이다.

정답 ❷

03 신라시대의 왕의 호종과 궁성의 숙위를 담당한 기관으로서 맞는 것은?

기출 97

☑ 확인
Check!
○
△
×

① 성중애마
② 대모달
③ 말 객
④ 시위부

03
시위부에 관한 설명이다. 시위부는 진덕여왕 5년에 설치된 무관부로서 궁성의 숙위(경비)와 왕 및 왕실세력 행차 시 호종(수행)하는 것이 주된 임무였다. 이 시위부는 조직의 임무가 점점 증가하면서 통일신라시대 신문왕 때에는 9서당으로 발전하여 궁성을 경비하는 큰 조직으로 발전하였다. ①은 고려 후기, ② · ③은 고구려시대의 경호기관이다.

정답 ❹

제1장

제2장

제3장

제4장

제5장

제6장

04 통일신라시대의 가장 핵심이 되는 지방군 조직으로 지방 통치상 요충지역에 설치하여 국방 및 치안을 담당하였던 기관은?

☑확인 Check!
○
△
×

① 위사좌평
② 10정
③ 내순검군
④ 삼별초

04

설문은 10정(十停)에 대한 설명이다. ① 은 백제시대, ③은 고려(전기)시대, ④는 고려(무신집권기)시대의 기관이다.

정답 ❷

---

05 다음 중 우리나라 최초 전문민간경호기관이 출현한 시기는?

기출 02

☑확인 Check!
○
△
×

① 조 선
② 삼 국
③ 통일신라
④ 고 려

05

최초의 민간경비형태를 지닌 조직의 출현은 통일신라시대이나, 최초의 전문민간경비기관의 출현은 고려시대이다. ★★

정답 ❹

---

06 다음에서 설명하는 고려시대의 기관은?

☑확인 Check!
○
△
×

○ 경대승이 자신의 신변보호를 위하여 자기 집에 결사대를 머물게 한 사병집단이 시초이다.
○ 사병을 조직화하여 하나의 최초의 전문민간경호기구로 만든 것이다.

① 중 군
② 9서당
③ 도 방
④ 성중애마

06

제시된 내용은 도방(都房)에 대한 설명이다. ①은 고려 전기 왕건의 친위군, ②는 신라시대의 궁성 경비조직, ④는 고려 후기 왕의 숙위를 담당한 기관이다.

정답 ❸

---

07 고려 무신집권기의 신변보호기관으로서 주로 문인들로 구성된 조직으로 맞는 것은?

기출 11

☑확인 Check!
○
△
×

① 서 방
② 도 방
③ 호위청
④ 의흥친군위

07

설문은 문인들로 구성된 최씨 정권의 숙위기관인 서방에 대한 설명이다.
② 경대승이 자신의 신변보호를 위하여 자기 집에 결사대를 머물게 한 사병집단이다.
③ 호위청은 조선 후기 인조 원년(1623)에 설립되었다.
④ 의흥친군위는 조선 건국과 같이 설립된 10위의 중앙군 가운데 하나로 궁성을 시위하고, 왕의 행차에 시종하는 임무를 수행하였다.

정답 ❶

08

고려 후기 원나라의 지배하에 몽고의 제도에 따라 설치한 기관으로 도적 방지, 무고자·포악자 등의 단속과 변방 수비 등을 담당한 기관은?

☑ 확인 Check!
○
△
✕

① 순마소
② 순군만호부
③ 성중애마
④ 겸사복

09

다음 중 고려시대의 경호기관은 어느 것인가? 기출 17 · 11 · 99

☑ 확인 Check!
○
△
✕

① 대모달과 말객
② 5부 5방
③ 시위부와 금군
④ 성중애마

10

조선 후기의 경호기관에 관한 설명으로 옳지 않은 것은?

기출 16

☑ 확인 Check!
○
△
✕

① 호위청 : 인조반정 후에 설립한 기관으로 왕의 호위를 담당하였다.
② 금군 : 국왕의 친위군으로 별시위, 겸사복, 충의위 등 내삼청으로 분리되었다.
③ 숙위소 : 정조 시대 존재하였던 궁궐 숙위기관이다.
④ 장용위 : 왕의 호위를 강화하기 위해 정조 때 설치한 전담부대이다.

11

조선시대 국왕의 호위 및 궁궐숙위를 담당하던 기관(관청)이 아닌 것은?

기출 09

☑ 확인 Check!
○
△
✕

① 순군만호부(巡軍萬戶府)
② 내금위(內禁衛)
③ 겸사복(兼司僕)
④ 호위청(扈衛廳)

08

설문은 순마소에 대한 설명이다.

정답 ❶

09

성중애마는 고려시대 대표적인 경호담당 기관으로서 왕을 측근에서 호위하는 특수부대였다.
①은 고구려, ②는 백제, ③은 신라의 경호기관에 해당한다.

정답 ❹

10

별시위, 겸사복, 충의위는 조선 전기의 경호기관이다. 금군은 국왕의 친위부대적 성격을 띤 군대로 신라·조선에서 모두 존재하였다. 조선의 경우 1666년(효종 6)에 내금위·겸사복·우림위 등이 3군영(내삼청)으로 통합되어 금군청을 설치함으로써 금군이라는 명칭이 붙게 되었다. ★★

정답 ❷

11

순군만호부(巡軍萬戶府)는 고려 후기의 경호기관이다.

정답 ❶

제1장
제2장
제3장
제4장
제5장
제6장

12 다음 중 구한말의 경호기관이 아닌 것은?   기출 11

① 무위소 ② 무위영
③ 내금위 ④ 친위대

12
구한말 경호기관으로는 무위소, 무위영, 친군용호영, 시위대, 친위대가 있다. 내금위는 조선 전기의 경호기관이다.

정답 ❸

13 대한민국 정부수립 이후 경호를 담당한 최초의 경호기관은? 기출 97

① 경무대경찰서
② 국가재건최고회의 의장경호대
③ 대통령경호실
④ 청와대 경찰관파견대

13
1949년 2월 23일 왕궁을 관할하고 있던 창덕궁경찰서가 폐지되고 경무대경찰서가 신설되면서 경찰이 대통령 경호임무를 담당하게 되었다.

정답 ❶

14 대한민국 정부수립 이후 경호제도의 변천에 관한 설명으로 옳지 않은 것은? 기출 15

① 1949년에는 그동안 구왕궁을 관할하고 있던 경복궁경찰대가 폐지되고 경무대경찰서가 신설되었다.
② 1960년에는 청와대 경찰관파견대가 대통령 경호 및 대통령관저의 경비를 담당하였다.
③ 1961년에는 군사혁명위원회가 국가재건최고회의로 발족되면서 국가재건최고회의 의장경호대가 임시로 편성되었다.
④ 1963년에는 박정희 대통령이 취임하면서 대통령경호실이 출범하였다.

14
1949년 2월 23일에는 그동안 구왕궁을 관할하고 있던 창덕궁경찰서가 폐지되고 경무대경찰서가 신설되면서 종로경찰서 관할인 중앙청 및 경무대 구내가 경무대경찰서의 관할구역이 되었다. ★

정답 ❶

구 분		경호기관
삼 국	고구려	대모달, 말객
	백 제	5부(部), 5방(坊), 위사좌평(경호처장), 병관좌평(국방부장관)
	신라 (통일신라)	시위부, 9서당, 10정, 금군(시위부 소속)
발 해		왕실과 궁중을 지키는 중앙 군사조직 10위(十衛)[남좌우위, 북좌우위를 각각 하나로 보고 8위제로 보는 견해도 있다], 각 위(衛)마다 대장군과 장군을 두어 통솔 • 좌우맹분위(左右猛賁衛), 좌우웅위(左右熊衛), 좌우비위(左右羆衛) : 궁성의 숙위(宿衛)를 담당 • 남좌우위(南左右衛), 북좌우위(北左右衛) : 각각 남위금병(南衛禁兵)과 북위금병(北衛禁兵)의 역할을 담당(추측)
고 려	전 기	중군, 순군부, 내군부 → 장위부·사위사·위사사, 내순검군, 중추원, 2군 6위
	무신 집권기	• 도방(경대승, 민간경호) → 육번도방(최충헌) → 내외도방(최우) • 교정도감(최충헌 이래 무신정권의 최고 정치기관) • 서방(최우, 공경호), 마별초(최우, 민간경호), 삼별초(최우, 공경호 → 민간경호)
	후 기	순마소, 순군만호부 → 사평순위부, 성중애마
조 선	전 기	• 갑사(왕실의 근위병), 의흥친군위(궁성의 시위와 왕의 시종임무) → 의흥삼군위(의흥삼군부), 10사(궁궐 시위와 성내의 순찰경비를 담당) • 충의위·충순위(특권층의 자제들로 구성된 특수부대로 시위임무를 담당) • 별시위·내금위·내시위(왕의 근시위 임무를 담당하던 친위부대) • 겸사복(주로 왕의 신변보호와 왕궁 호위 및 세자의 호위임무를 수행)
	후 기	• 호위청(인조), 어영군(인조), 어영청(인조) • 금군(효종), 금위영(숙종), 용호영(영조), 숙위소(정조), 장용위·장용영(정조)
한말 (갑오경장)	이 전	• 무위소(고종, 궁궐 수비, 친위군) → 무위영(고종, 친위군) • 친군용호영(왕의 호위부대) • 시위대(신식군대, 궁중시위가 주임무), 친위대(군)(신식군대, 궁궐과 왕의 시위임무를 담당)
	이 후	경위원, 황궁경위국
대한민국 정부수립	이 전	내무총장, 경무국(지방에는 경무사), 경호부
	이 후	• 경무대경찰서(1949) • 청와대 경찰관파견대(1960) • 중앙정보부 경호대(1961) • 대통령경호실(1963) • 대통령실장 소속 경호처(2008, 차관급) • 대통령경호실(2013, 장관급) • 대통령경호처(2017~, 차관급)

〈참고〉 김두현, 「경호학개론」, 엑스퍼트, 2020, P. 78~118 / 송광호, 「패스플러스 경비지도사 2차 경호학」, 에듀피디, 2023, P. 51~57

제1장
제2장
제3장
제4장
제5장
제6장

15 대한민국 광복 이후의 경호제도 발달과정에 대한 설명으로 옳지 않은 것은?

☑ 확인
Check!
○
△
✕

① 대통령경호실 체제가 출범되면서 최초로 경호라는 용어의 사용과 경호업무의 체제가 정비되었다.

② 1960년 제2공화국이 수립됨에 따라 서울시 경찰국 경비과에서 청와대 경찰관파견대를 설치하여 대통령의 경호경비를 담당하였다.

③ 1961년 군사혁명위원회가 국가재건최고회의로 발족되면서 국가재건최고회의 의장경호대가 임시로 편성된 후 중앙정보부로 예속되었다.

④ 2017년 정부조직법 개정으로 대통령경호실은 재개편되어 차관급 대통령경호처가 되었다.

15
1949년 12월 내무부훈령 제25호에 의하여 경호규정이 제정, 최초로 '경호(警護)'라는 용어를 사용하고 경호업무의 체제가 정비되었다. 대통령경호실은 1963년 박정희 대통령 취임과 동시에 출범하였다.

정답 ❶

16 대한민국 근대 이후 경호제도에 관한 설명으로 옳은 것은?

기출 06

☑ 확인
Check!
○
△
✕

① 창덕궁경찰서가 폐지되고 경무대경찰서가 신설되면서 대통령과 가족, 대통령당선이 확정된 자, 전직대통령 및 가족의 호위를 담당하였다.

② 대통령중심제에서 내각책임제로 변화되면서 대통령경호 및 관저경비는 경무대경찰서가 담당하였다.

③ 대통령경호실 체제가 출범되면서 최초로 경호라는 용어의 사용과 경호업무의 체제가 정비되었다.

④ 군사혁명위원회가 국가재건최고회의로 발족되면서 국가재건최고회의 의장경호대가 임시로 편성된 후 중앙정보부로 예속되었다.

16
④ 1961년에 있었던 일련의 일들로 옳다.
① 1949년 2월 창덕궁경찰서 폐지, 경무대경찰서 신설 → 종로경찰서 관할인 중앙청 및 경무대 구내가 경무대경찰서의 관할구역이 됨.★ 대통령당선이 확정된 자와 전직대통령 및 가족의 호위는 1981년 대통령경호처의 임무에 추가되었다.
② 1960년 3차 개헌을 통해 대통령중심제에서 내각책임제로 정부형태가 변화되면서 대통령경호를 서울시 경찰국 경비과에서 담당★
③ 1949년 12월 내무부훈령 제25호에 의하여 경호규정이 제정 → 최초로 '경호(警護)'라는 용어의 사용과 경호업무의 체제가 정비★

정답 ❹

01 경호학과 경호 심화문제

1 경호의 정의

01 경호의 개념에 관한 설명으로 옳은 것은 모두 몇 개인가?

☑ 확인
Check!
○
△
×

○ 경호의 본질적·이론적인 입장에서 이해한 것은 실질적 의미의
경호개념이다.
○ 경호기관을 기준으로 하여 정립한 개념은 형식적 의미의 경호개
념이다.
○ 경호대상자의 신변안전을 위하여 사용 가능한 모든 수단과 방법
을 동원하는 것은 실질적 의미의 경호개념에 해당한다.

① 없음
② 1개
③ 2개
④ 3개

쏙쏙 해설 ···

제시된 내용은 모두 경호의 개념에 관
한 설명으로 옳다.

정답 ④

핵심만콕	경호의 개념
형식적 의미의 경호	• 경호관계법규에 규정된 현실적인 경호기관을 기준으로 하여 정립된 개념이다. • 실정법상 경호기관의 권한에 속하는 일체의 경호작용을 의미한다. • 실정법·제도·기관 중심적 관점에서 이해한 것이다. • 「대통령 등의 경호에 관한 법률」에서의 경호는 형식적 의미의 경호개념이다.
실질적 의미의 경호	• 경호 활동의 본질·성질·이론적인 입장에서 이해한 것으로, 학문적인 측면에서 고찰된 개념이다. • 수많은 경호작용 중에서 공통적인 특성을 추상화한 개념이다. • 경호대상자의 절대적 신변안전을 보호하기 위하여 모든 사용 가능한 수단과 방법을 동원한다. • 경호대상자(피경호자)에 대한 신변 위해요인을 사전에 방지 또는 제거하기 위한 제반활동이다. • 경호주체(국가기관, 민간기관, 개인, 단체 불문)가 경호대상자를 보호하는 모든 활동을 말한다. • 모든 위험과 곤경(인위적·자연적 위해)으로부터 경호대상자를 안전하게 보호하기 위한 제반활동이다.

제1장

제2장

제3장

제4장

제5장

제6장

02 경호의 개념에 관한 설명으로 옳지 않은 것은? 기출 17

① 경호대상자의 생명과 재산을 보호하기 위하여 신체에 가하여지는 위해를 방지하거나 제거하고, 특정 지역을 경계·순찰 및 방비하는 등의 모든 안전활동을 말한다.

② 형식적 의미의 경호개념은 현실적인 경호기관을 기준으로 하여 정립된 개념이다.

③ 실질적 의미의 경호개념은 경호의 본질적·이론적인 입장에서 이해한 것이다.

④ 대통령 등의 경호에 관한 법률에서의 경호는 호위와 경비를 구분하여 새로운 경호개념으로 정의하고 있다.

03 실질적 의미의 경호개념에 관한 설명으로 옳지 않은 것은?

기출 13

① 경호의 개념을 본질적, 이론적인 입장에서 이해한 것으로 학문적 측면에서 고찰된 개념이다.

② 경호대상자의 절대적 신변안전을 보호하기 위하여 모든 사용가능한 수단과 방법을 동원한다.

③ 인위적 위해 및 자연적 위해요인을 사전에 방지 및 제거하기 위한 제반활동이다.

④ 실정법상 경호기관의 권한에 속하는 일체의 경호작용을 의미한다.

04 경호의 개념에 관한 설명으로 옳지 않은 것은? 기출 11

① 형식적 의미의 경호개념은 현실적인 경호기관을 기준으로 정립된 개념이다.

② 실질적 의미의 경호개념은 학문적 측면에서 고찰된 개념이다.

③ 형식적 의미의 경호개념은 경호의 개념을 본질적, 이론적인 입장에서 이해한 것이다.

④ 실질적 의미의 경호개념은 경호 주체가 국가, 민간에 관계없이 경호대상자를 보호하는 모든 활동을 말한다.

05 대통령 등의 경호에 관한 법률에 명시된 '경호'에 관한 정의이다. ( )에 들어갈 내용으로 옳은 것은? 기출 23

☑ 확인
Check!
○
△
✕

경호대상자의 생명과 재산을 보호하기 위하여 신체에 가하여지는 위해를 (ㄱ)하거나 (ㄴ)하고, 특정지역을 경계·순찰 및 방비하는 등의 모든 (ㄷ)활동을 말한다.

① ㄱ : 방어, ㄴ : 차단, ㄷ : 경비
② ㄱ : 방지, ㄴ : 차단, ㄷ : 경호
③ ㄱ : 방지, ㄴ : 제거, ㄷ : 안전
④ ㄱ : 방어, ㄴ : 제거, ㄷ : 경호

쏙쏙 해설 •••

제시문의 ( )에 들어갈 내용은 ㄱ : 방지, ㄴ : 제거, ㄷ : 안전이다(대통령 등의 경호에 관한 법률 제2조 제1호).

정답 ❸

관계법령 정의(대통령 등의 경호에 관한 법률 제2조)

이 법에서 사용하는 용어의 뜻은 다음과 같다.
1. "경호"란 경호대상자의 생명과 재산을 보호하기 위하여 신체에 가하여지는 위해(危害)를 방지하거나 제거하고, 특정 지역을 경계·순찰 및 방비하는 등의 모든 안전활동을 말한다.
2. "경호구역"이란 소속 공무원과 관계기관의 공무원으로서 경호업무를 지원하는 사람이 경호활동을 할 수 있는 구역을 말한다.
3. "소속 공무원"이란 대통령경호처 직원과 경호처에 파견된 사람을 말한다.
4. "관계기관"이란 경호처가 경호업무를 수행함에 있어 필요한 지원과 협조를 요청하는 국가기관, 지방자치단체 등을 말한다.

---

06 대통령 등의 경호에 관한 법률상 '경호'에 관한 정의이다. ( )에 들어갈 내용으로 옳은 것은? 기출 22

☑ 확인
Check!
○
△
✕

경호대상자의 생명과 재산을 보호하기 위하여 (ㄱ)에 가하여지는 (ㄴ)을/를 방지하거나 제거하고, (ㄷ)을 경계·순찰 및 방비하는 등의 모든 안전활동을 말한다.

① ㄱ : 신체, ㄴ : 위해, ㄷ : 특정 지역
② ㄱ : 신체, ㄴ : 손해, ㄷ : 모든 지역
③ ㄱ : 개인, ㄴ : 위해, ㄷ : 특정 지역
④ ㄱ : 개인, ㄴ : 위험, ㄷ : 모든 지역

쏙쏙 해설 •••

제시문의 ( )에 들어갈 내용은 ㄱ : 신체, ㄴ : 위해, ㄷ : 특정 지역이다(대통령 등의 경호에 관한 법률 제2조 제1호).

정답 ❶

제1장

제2장

제3장

제4장

제5장

제6장

07 대통령 등의 경호에 관한 법률상 (　)에 들어갈 용어로 옳은 것은?

☑ 확인
Check!
○
△
×

기출 20

"경호"란 (ㄱ)의 생명과 재산을 보호하기 위하여 신체에 가하여지는 (ㄴ)을 방지하거나 제거하고, (ㄷ)을 경계·순찰 및 방비하는 등의 모든 (ㄹ) 활동을 말한다.

① ㄱ : 경호원
② ㄴ : 안 전
③ ㄷ : 특정 지역
④ ㄹ : 특 수

쏙쏙 해설 •••

대통령 등의 경호에 관한 법률 제2조 제1호에 따르면 (　) 안에 들어갈 내용은 ㄱ : 경호대상자, ㄴ : 위해, ㄷ : 특정 지역, ㄹ : 안전이다.

정답 ❸

08 경호의 정의와 개념을 잘못 말한 자는?

☑ 확인
Check!
○
△
×

기출 19

A경호원 : 경호란 경호대상자의 생명과 재산을 보호하기 위하여 신체에 가하여지는 위해를 방지하거나 제거하고, 특정 지역을 경계·순찰 및 방비하는 등의 모든 안전활동을 말해.
B경호원 : 맞는데, 경호는 보안이 강조되므로 자신의 몸을 최대한 은폐, 엄폐하여 근무하는 습관이 필요해.
C경호원 : 경호는 경호대상자와 위해행위자 사이의 완충벽이라 볼 수 있어.

① A
② B
③ A, C
④ B, C

쏙쏙 해설 •••

제시된 내용 중 경호의 정의와 개념을 잘못 말한 자는 B이다.

정답 ❷

핵심만콕

A경호원 (○) 대통령 등의 경호에 관한 법률 제2조 제1호 경호개념으로 호위와 경비가 포함되는 개념이다.
B경호원 (×) 우발상황 발생 시 경호원 자신의 체위를 최대한 확장·노출시켜 방어공간을 넓힘으로써 경호대상자에 대한 방호효과를 극대화해야 한다.
C경호원 (○) 경호는 경호대상자와 위해행위자 사이의 완충벽이라 볼 수 있다.

09 각 경호기관의 경호개념에 관한 설명으로 틀린 것은?

① 한국 경찰기관에서의 경호·경비는 정부요인·국내외 주요 인사 등 경호대상자의 신변에 대하여 직·간접으로 가해지려는 위해를 방지하기 위하여 위험요소를 사전에 제거하고 경호대상자의 안전을 도모하는 경찰작용을 말한다.

② 일본 요인경호부대의 경호의 정의는 신변에 위해가 있을 경우 국가공공 안녕질서에 영향을 줄 우려가 있는 자에 대해 신변안전확보를 위한 경찰활동이다.

③ 미국 비밀경호국의 경호의 정의는 실제적이고 주도면밀한 범행의 성공기회를 최소화하는 것이다.

④ 한국 대통령경호처 경호의 정의는 경호대상자의 생명과 재산을 보호하기 위하여 신체에 가해지는 위해를 방지하거나 제거하는 안전활동에 국한한다.

> **쏙쏙 해설 •••**
>
> 한국 대통령경호처의 경호의 정의는 경호대상자의 생명과 재산을 보호하기 위하여 신체에 가하여지는 위해를 방지하거나 제거하고, 특정 지역을 경계·순찰 및 방비하는 등의 모든 안전활동을 말한다(대통령 등의 경호에 관한 법률 제2조 제1호). ★★
>
> **정답 ❹**

---

2 | 경호 및 경비의 분류

01 경호·경비의 분류에 관한 설명으로 옳은 것은? **기출** 23

① 「경비업법」에 의한 경비의 분류에서 특수경비업무는 공경비로 구분된다.

② 경호의 성격에 따른 분류에 따라 1급, 2급, 3급으로 구분할 수 있다.

③ 연도경호는 경호행사의 장소에 의한 분류에 따라 구분할 수 있다.

④ 「경비업법」에 의한 경비의 분류에 드론경비업무가 추가되었다.

> **쏙쏙 해설 •••**
>
> ③ 경호를 장소에 따라 분류하면 행사장경호, 숙소경호, 연도경호로 구분할 수 있다.
> ① 경비업법령은 공경비가 아닌 사경비의 법원에 해당하므로, 경비업법령상 특수경비업무는 사경비에 해당한다.
> ② 1급, 2급, 3급은 경호의 수준에 따른 분류이며, 경호의 성격에 따른 분류는 공식경호, 비공식경호, 약식경호이다.
> ④ 드론경비업무는 현행 경비업법상 경비업무로 규정되어 있지 않다.
>
> **정답 ❸**

경호 및 경비의 분류에 관한 설명으로 옳지 않은 것은? 기출 21

① 약식경호는 의전절차 없이 불시에 행사가 진행되고, 사전 경호 조치도 없는 상태에서 최대한의 근접경호만으로 실시하는 경호 활동을 말한다.

② 1(A)급 경호는 사전에 노출되어 경호위해가 증대된 상황하의 각종 행사와 대통령 등 국가원수급의 1등급 경호대상으로 결정 된 국빈행사의 경호이다.

③ 경호관계자의 사전 통보에 의해 계획·준비되는 경호활동은 경 호의 성격에 의한 분류 중에서 공식경호에 해당한다.

④ 장소에 따른 경호는 행사장경호, 숙소경호 등으로 분류되며 연 도경호도 이에 해당한다.

쏙쏙 **해설** •••

약식경호는 의전절차 없이 불시에 행사 가 진행되고, 사전 경호조치도 없는 상 태에서 최소한의 근접경호만으로 실시 하는 경호활동이다.

정답 ❶

핵심만콕 **경호의 분류(대상·장소·성격·경호 수준)★**

대 상	甲(A)호 경호	국왕 및 대통령과 그 가족, 외국의 원수 등
	乙(B)호 경호	수상, 국회의장, 대법원장, 헌법재판소장, 이와 대등한 지위에 있는 외국인사 등
	丙(C)호 경호	경찰청장 또는 경호기관의 장이 필요하다고 인정하는 주요 인사
장 소	행사장경호	행사장은 일반군중과 가까우므로 완벽한 경호가 필요
	숙소경호	체류기간이 길고, 야간경호를 해야 함
	연도경호(노상경호)	연도경호는 세부적으로 교통수단에 의해 분류됨(육로경호·철도경호)
성 격	공식경호(1호·A호)	경호관계자의 사전 통보에 의해 계획·준비되는 공식행사 때에 실시하는 경호
	비공식경호(2호·B호)	경호관계자 간의 사전 통보나 협의절차 없이 이루어지는 비공식행사 때의 경호
	약식경호(3호·C호)	일정한 방식에 의하지 않고 실시하는 경호(출·퇴근 시 일상적으로 실시하는 경우)
경호 수준	1(A)급 경호	행차보안이 사전에 노출되어 경호위해가 증대된 상황하의 각종 행사와 국왕 및 대통령 등 국가원 수급의 1등급 경호대상으로 결정된 국빈행사의 경호
	2(B)급 경호	행사 준비 등의 시간적 여유 없이 갑자기 결정된 상황하의 각종 행사와 수상급의 경호대상으로 결정된 국빈행사의 경호
	3(C)급 경호	사전에 행사준비 등 경호조치가 거의 전무한 상황하에서 이루어지는 것으로서 장관급의 경호대상 으로 결정된 국빈행사의 경호

〈출처〉 김두현, 「경호학개론」, 엑스퍼트, 2020, P. 57~61

03 경호·경비의 분류에 관한 설명으로 옳지 않은 것은? 기출 20

☑ 확인
Check!
○
△
✕

① 경호의 대상에 따라 갑(A)호, 을(B)호, 병(C)호 등으로 구분할 수 있다.
② 경호행사의 장소에 의한 분류에 따라 행사장경호, 숙소경호, 연도경호 등으로 구분할 수 있다.
③ 치안경비는 공공의 안녕과 질서를 문란하게 하는 경비사태에 대한 예방·경계·진압하는 작용이다.
④ 경호 수준에 따른 분류에 해당하는 비공식경호는 출·퇴근 시 일상적으로 실시하는 경호이다.

04 경호 및 경비의 분류에 관한 설명으로 옳은 것을 모두 고른 것은?

기출 17

☑ 확인
Check!
○
△
✕

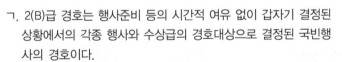

ㄱ. 2(B)급 경호는 행사준비 등의 시간적 여유 없이 갑자기 결정된 상황에서의 각종 행사와 수상급의 경호대상으로 결정된 국빈행사의 경호이다.
ㄴ. 약식경호는 의전절차 없이 불시에 행사가 진행되고, 사전 경호조치도 없는 상태에서 최소한의 근접경호만으로 실시하는 경호활동을 말한다.
ㄷ. 특수경비는 총포류, 도검류, 폭발물에 의한 중요 범죄 등의 사태로부터 발생할 위해를 예방하거나 경계하고 진압함으로써, 국민의 생명과 재산을 보호하고 공공의 안녕과 질서를 유지하는 경비활동이다.

① ㄱ
② ㄱ, ㄴ
③ ㄴ, ㄷ
④ ㄱ, ㄴ, ㄷ

05 다음을 경호로 분류할 때 해당하지 않는 것은?

대한민국을 방문한 K국 대통령의 시장 방문 시 경호 관계기관에서는 주변에 알리지 않고 경호를 하였다. 이때 시장에서 쇼핑 중 위해자에 의한 피습사건이 발생하여 B경호원은 몸을 날려 위해행위를 차단하였고, 동료 경호관들이 대통령을 안전한 곳으로 대피시켰다.

① A급 경호
② 비공식경호
③ 직접경호
④ 약식경호

쏙쏙 해설 •••

대한민국을 방문한 K국 대통령(A급 경호)의 시장 방문 시 경호 관계기관에서는 주변에 알리지 않고 경호를 하였다(비공식경호). 이때 시장에서 쇼핑 중 위해자에 의한 피습사건이 발생하여 B 경호원은 몸을 날려 위해행위를 차단하였고(직접경호), 동료 경호관들이 대통령을 안전한 곳으로 대피시켰다(방어경호의 원칙).

정답 ❹

핵심만콕	직접·간접(활동 형태) 여부에 의한 경호의 분류	
직접·간접	직접경호	행사장에 인원과 장비를 배치하여 물적·인적·자연적 위해요소를 배제하기 위한 경호
	간접경호	평상시의 치안 및 대공활동, 국제정세를 포함한 안전대책작용 등의 경호

〈출처〉 김두현, 「경호학개론」, 엑스퍼트, 2020, P. 57~61

06 경호의 분류와 소속이 옳게 연결된 것은?

(ㄱ) 국회의장과 (ㄴ) 헌법재판소장이 공식행사에 참석차 이동 중 (ㄷ) 예정에 없던 고궁에 들러 (ㄹ) 경호원을 대동하여 시민들과 대화를 하였다.

① ㄱ : 갑호, ㄴ : 갑호, ㄷ : 공식,   ㄹ : 대통령경호처
② ㄱ : 갑호, ㄴ : 을호, ㄷ : 공식,   ㄹ : 경찰청
③ ㄱ : 갑호, ㄴ : 갑호, ㄷ : 비공식, ㄹ : 대통령경호처
④ ㄱ : 을호, ㄴ : 을호, ㄷ : 비공식, ㄹ : 경찰청

쏙쏙 해설 •••

국회의장과 헌법재판소장은 경호대상을 기준으로 분류할 때 乙호 경호이고, 예정에 없던 고궁에 들리는 경우의 경호는 비공식행사로 사전에 통보나 협의 없이 이루어지는 비공식경호이다. 또한 이 경우의 경호원은 경찰청 소속이다(甲호 : 경호처, 乙호·丙호 : 경찰청).

정답 ❹

제1장

제2장

제3장

제4장

제5장

제6장

07 경호의 분류에 관한 설명으로 옳지 않은 것은 모두 몇 개인가?

기출 18

☑ 확인
Check!

○

△

✕

ㄱ. 직접경호는 평상시에 이루어지는 치안 및 대공활동, 국제정세를 포함한 안전대책작용이다.

ㄴ. 행사장경호는 경호대상자가 참석하거나 주관하는 행사에서의 경호업무를 말한다.

ㄷ. 국왕 및 대통령 등 국가원수급의 경호는 1(A)급 경호에 해당된다.

ㄹ. 숙소경호는 평소 거처하는 관저나 임시로 외지에서 머무는 장소에서의 경호업무를 말한다.

ㅁ. 약식경호는 일정한 방식에 의하지 않고 출·퇴근과 같이 일상적인 경호업무를 말한다.

① 1개

② 2개

③ 3개

④ 4개

 해설 •••

제시된 내용 중 옳은 것은 ㄴ, ㄷ, ㄹ, ㅁ이다.

ㄱ. (✕) 직접경호는 행사장 주변에 인원과 장비를 배치하여 인적·물적·자연적 위해요소를 배제하기 위한 경호작용이며, 간접경호는 평상 시의 치안 및 대공활동, 국제정세를 포함한 안전대책작용 등의 경호작용이다. ★

정답 ❶

08 다음 상황에 해당하는 경호의 분류로 옳은 것은?

기출수정 14

☑ 확인
Check!

○

△

✕

ㄱ. 영국 (여)왕의 방한
↓
ㄴ. A호텔에서 투숙
↓
ㄷ. 사전에 계획된 국제행사에 참여

① ㄱ : 을(B)호,　ㄴ : 행사장경호,　ㄷ : 공식경호

② ㄱ : 갑(A)호,　ㄴ : 행사장경호,　ㄷ : 비공식경호

③ ㄱ : 을(B)호,　ㄴ : 숙소경호,　　ㄷ : 비공식경호

④ ㄱ : 갑(A)호,　ㄴ : 숙소경호,　　ㄷ : 공식경호

 해설 •••

㉠ 영국 (여)왕에 대한 경호는 경호의 대상별 분류에서 갑(A)호 경호에 해당하고, ㉡ A호텔에서 투숙하므로 장소로 분류할 때 숙소경호에 해당하며, ㉢ 사전에 계획된 국제행사이므로 경호의 성격상 분류에서 공식경호에 해당된다.

정답 ❹

09 경호의 분류에 관한 설명으로 옳지 않은 것은?

① 현충일, 광복절 행사 등 국경일 행사에 참석하는 대통령에 대한 경호 수준은 1(A)급 경호에 해당한다.

② 공식경호행사를 마치고 귀가 중 환차코스를 변경하여 예정에 없던 행사장에 방문할 때의 경호는 비공식경호이다.

③ 행사장 주변에 경호장비 등을 배치하여 인적·물적·자연적 위해요소를 통제하는 활동은 간접경호에 해당된다.

④ 행사준비 등의 시간적 여유 없이 갑자기 결정된 상황하의 경호 수준은 2(B)급 경호라고 할 수 있다.

쏙쏙 해설 •••

행사장 주변에 경호장비 등을 배치하여 인적·물적·자연적 위해요소를 통제하는 활동은 직접경호에 해당된다. 간접경호는 평상시의 치안 및 대공활동 등 안전대책작용 등의 경호를 말한다.

정답 ❸

---

10 경호 수준에 의한 분류 중 행사준비 등의 시간적 여유 없이 갑자기 결정된 상황에서의 경호는? 기출 11

① 1(A)급 경호

② 2(B)급 경호

③ 3(C)급 경호

④ 4(D)급 경호

쏙쏙 해설 •••

설문은 2(B)급 경호에 관한 내용이다.

정답 ❷

---

11 경호의 성격에 의한 분류로서 '2호 경호'에 해당되는 것은? 기출 06

① 경호관계의 사전통보에 의해 계획·준비되는 공식행사 때 실시하는 경호

② 한국 경찰기관의 경호의 정의로 피경호인의 신변에 대하여 행사준비 등의 시간적 여유 없이 갑자기 결정된 각종 행사와 수상급 경호대상으로 결정된 국빈행사의 경호

③ 경호관계자 간의 사전통보나 협의절차 없이 이루어지는 비공식행사 때의 경호

④ 행사보안이 노출되어 경호 위해가 증대된 상황하의 국가원수급 국빈행사의 경호

쏙쏙 해설 •••

공식행사 시 사전통보에 의해 계획·준비하여 실시하는 경호가 1호 경호라면, 비공식행사 시 사전통보나 사전협의 없이 이루어지는 경호가 2호 경호이다. 1호 경호는 A호 경호 또는 공식경호라고도 하며, 2호 경호는 B호 경호 또는 비공식경호라고도 한다. ★

정답 ❸

12 경계대상에 의한 경비의 분류 중 총기, 폭발물 등에 의한 인질, 살상 등 사회적 이목을 끄는 중요범죄 등의 사태로부터 발생할 위해를 예방, 경계, 진압하는 경비는?

☑ 확인
Check!
○
△
×

① 재해경비　　　　② 특수경비
③ 중요시설경비　　④ 치안경비

기출 11

쏙쏙 해설 •••

설문은 특수경비에 관한 내용이다.

정답 ❷

핵심만콕 경계대상에 의한 경비의 분류

• 특수경비 : 총포·도검·폭발물 기타 총기류에 의한 인질, 살상 등 사회의 이목을 끄는 중요범죄 등의 사태로부터 발생할 위해를 예방·경계·진압하는 경비작용을 의미한다.★
• 중요시설경비 : 시설의 재산, 비인가자의 문서에 대한 접근을 방지하고 간첩, 태업, 절도 기타 침해행위에 대하여 예방·경계·진압하는 경비작용을 의미한다.★
• 치안경비 : 공공의 안녕과 질서를 문란케 하는 경비사태에 대하여 경비부대의 활동으로서 예방·경계·진압하는 경비작용을 의미한다.★
• 혼잡경비 : 대규모 국가행사, 경기대회 등에서 비조직적인 군중의 혼란에 의하여 발생하는 예측불가능한 사태를 예방·경계·진압하는 경비작용을 의미한다.
• 재해경비 : 천재·지변, 홍수, 화재, 태풍, 지진 등 재해에 의한 예측불허의 돌발사태로부터 발생할 위해를 예방·경계·진압하는 경비작용을 의미한다.

---

13 경호와 경비의 분류에 관한 설명 중 옳지 않은 것은?

☑ 확인
Check!
○
△
×

① 경호팀의 임무에 따라 선발경호와 수행경호로 분류한다.
② 경호를 행사 성격에 따라 분류할 때, 의전적 측면에서는 공식행사와 비공식행사로, 경호적 측면에서는 노출행사와 비노출행사로 분류할 수 있다.
③ 치안경비란 대규모 국가행사, 경기대회 등에서 비조직적인 군중의 혼란에 의하여 발생하는 예측불가능한 사태를 예방·경계·진압하는 경비작용을 의미한다.
④ 중요시설경비란 시설의 재산, 비인가자의 문서에 대한 접근을 방지하고 간첩, 태업, 절도, 기타 침해행위에 대하여 예방·경계·진압하는 경비작용을 의미한다.

쏙쏙 해설 •••

③은 혼잡경비에 관한 설명이다. 치안경비란 공공의 안녕과 질서를 문란케 하는 경비사태에 대하여 경비부대의 활동으로서 예방·경계·진압하는 경비작용을 의미한다.
② 행사 성격에 의한 경호의 분류는 의전적 측면과 경호적 측면을 동시에 고려하여 구분한 것으로, 의전적 측면에서의 구분은 공식행사와 비공식행사로, 경호적 측면에서의 구분은 노출행사와 비노출행사로 분류할 수 있다.
〈출처〉 이두석, 「경호학개론」, 진영사, 2018, P. 86

정답 ❸

14 우리나라 갑(A)호 경호대상인 대통령의 법적 지위 중 국가원수로서의 지위에 포함되지 않는 것은?

기출 13

① 대외적으로 국가를 대표할 지위
② 국가수호자로서의 지위
③ 헌법 기관 구성권자로서의 지위
④ 국민대표기관으로서의 지위

 해설 •••

'국가원수로서의 지위'에는 대외적으로 국가를 대표할 지위, 국가수호자로서의 지위, 국정의 통합·조정자로서의 지위, 헌법 기관 구성권자로서의 지위가 있다.★

정답 ❹

핵심만콕 대통령 및 국무총리의 지위

대통령의 지위	국무총리의 지위

• 국민대표기관으로서의 지위
• 국가원수로서의 지위
  – 대외적으로 국가를 대표할 지위
  – 국가수호자로서의 지위
  – 국정의 통합·조정자로서의 지위
  – 헌법 기관 구성권자로서의 지위
• 집행부 수반으로서의 지위
  – 집행에 관한 최고지휘권자·최고책임자로서의 지위
  – 집행부 조직권자로서의 지위
  – 국무회의 의장으로서의 지위
	• 대통령의 권한대행자로서의 지위
	• 대통령의 보좌기관으로서의 지위
	• 집행부 제2인자의 지위
	• 국무회의 부의장의 지위
	• 대통령 다음가는 상급행정관청의 지위

〈출처〉 김두현, 「경호학개론」, 엑스퍼트, 2020, P. 245~250

15 경비수단의 원칙 중 '한정된 경비력을 가지고 최대의 효과를 발휘할 수 있도록 상황과 대상에 따라서 유효·적절하게 인력을 배치, 실력 행사를 한다.'에 해당되는 것은?

기출 05

① 위치의 원칙
② 균형의 원칙
③ 안전의 원칙
④ 시점의 원칙

 해설 •••

경비수단의 원칙 중 하나인 균형의 원칙에 관한 설명이다. 균형의 원칙이란 한정된 경비력을 가지고 최대의 효과를 발휘할 수 있도록 대상과 상황에 따라서 유효적절하게 부대를 배치하여 실력 행사를 하는 원칙을 말한다.

정답 ❷

핵심만콕 경비수단의 원칙

• 위치의 원칙 : 경비사태 발생 시 상대방보다 유리한 지점과 위치를 신속하게 확보, 유지하는 원칙
• 균형의 원칙 : 상황과 대상에 따라서 유효적절하게 경찰력(부대)를 배치하여 실력행사를 한다는 원칙★
• 적시성의 원칙 : 상대방의 힘이 가장 허약한 시점을 포착하여 강력한 실력행사를 감행하는 원칙
• 안전의 원칙 : 경비사태 발생 시 경비병력이나 군중들을 사고 없이 안전하게 진압해야 한다는 원칙★

16 군중심리의 특성으로 알맞지 않은 것은?

① 과장성과 무의식성
② 충동성과 변이성
③ 신중성과 암시성
④ 편협성과 봉건성

 쏙쏙 해설 ···

군중심리의 특성은 신중성이 아니라 충동성이고, 암시성이 아니라 피암시성이다.

정답 ❸

핵심만콕 **군중심리의 일반적인 특징**

• 경신성과 피암시성 : 군중은 유언비어 등을 쉽게 믿고 사물에 대한 정확한 판단이 어려워져 타인의 암시에 따른 행위를 쉽게 하게 된다.
• 충동성과 변이성 : 군중은 충동적으로 행동하고, 외계의 자극을 행동에 반영한다.
• 감정의 과장성과 무의식성(단순성) : 감정의 암시에 의해서 급속히 전파되어 상호 간에 동일한 정서를 갖게 되므로 생각이 단순해지고, 감정이 강화·과장되어 나타난다.
• 편협성과 봉건성(전횡성) : 군중은 스스로 절대적인 힘을 가지고 있다고 생각하여 다른 사람의 반대의견을 허용하지 않는 등 편협성과 전횡성을 가지고 있다.

---

3 경호의 법원

01 경호의 법원(法源)에 관한 설명으로 옳지 않은 것은? 기출 21

① 「대통령 등의 경호에 관한 법률」은 대통령 등에 대한 경호를 효율적으로 수행하기 위하여 경호의 조직·직무범위와 그 밖에 필요한 사항을 규정함을 목적으로 한다.
② 경호의 성문법원으로 헌법·법률·조약·명령·판례법 등을 들 수 있다.
③ 우리나라는 전직대통령의 예우에 관하여 「전직대통령 예우에 관한 법률」에서 규정하고 있다.
④ 대통령경호안전대책위원회의 구성 및 운영에 관하여 필요한 사항은 「대통령경호안전대책위원회규정」에서 명시하고 있다.

쏙쏙 해설 ···

② 판례법은 관습법과 더불어 대표적인 경호의 불문법원에 해당한다.
① 대통령 등의 경호에 관한 법률 제1조
③ 전직대통령 예우에 관한 법률은 전직대통령(前職大統領)의 예우에 관한 사항을 규정함을 목적으로 한다(전직대통령 예우에 관한 법률 제1조).
④ 이 영은 「대통령 등의 경호에 관한 법률」 제16조에 따른 대통령경호안전대책위원회의 구성 및 운영에 관하여 필요한 사항을 규정함을 목적으로 한다(대통령경호안전대책위원회규정 제1조).

정답 ❷

02 경호의 법원(法源)에 관한 설명으로 옳지 않은 것은?

① 「대통령경호안전대책위원회규정」은 「경찰관직무집행법」 제16조에 따른 대통령경호안전대책위원회의 구성 및 운영에 관하여 필요한 사항을 규정한다.

② 「대통령 등의 경호에 관한 법률」은 대통령 등에 대한 경호를 효율적으로 수행하기 위하여 경호의 조직·직무범위와 그 밖에 필요한 사항을 규정한다.

③ 「전직대통령 예우에 관한 법률」은 전직대통령의 예우에 관한 사항을 규정한다.

④ 「대통령경호처와 그 소속기관 직제」는 대통령경호처와 그 소속기관의 조직과 직무범위, 그 밖에 필요한 사항을 규정한다.

쏙쏙 해설 ・・・

① 대통령경호안전대책위원회규정은 「대통령 등의 경호에 관한 법률」 제16조에 따른 대통령경호안전대책위원회의 구성 및 운영에 관하여 필요한 사항을 규정함을 목적으로 한다 (대통령경호안전대책위원회규정 제1조).

② 대통령 등의 경호에 관한 법률 제1조

③ 전직대통령 예우에 관한 법률 제1조

④ 대통령경호처와 그 소속기관 직제 제1조

정답 ❶

---

03 대한민국의 경호 관련 법제도에 관한 설명으로 옳지 않은 것은?

기출수정 20

① 대통령경호처장은 대통령이 임명한다.

② 대통령경호처에 기획관리실·경호본부·경비안전본부 및 지원본부를 둔다.

③ 대통령경호안전대책활동에 관하여는 위원회 구성원 전원과 그 구성원이 속하는 기관의 장이 공동으로 책임을 진다.

④ 전직대통령이 벌금 이상의 형이 확정된 경우 '필요한 기간의 경호 및 경비'의 예우를 하지 아니한다.

쏙쏙 해설 ・・・

④ 전직대통령 예우에 관한 법률 제7조 제2항에 따르면 전직대통령이 금고 이상의 형이 확정된 경우에도 필요한 기간의 경호 및 경비는 계속할 수 있다.

① 대통령 등의 경호에 관한 법률 제3조 제1항 전단

② 대통령경호처와 그 소속기관 직제 제5조 제1항

③ 대통령경호안전대책위원회규정 제4조 제1항 전단

정답 ❹

관계법령	권리의 정지 및 제외 등(전직대통령 예우에 관한 법률 제7조)

② 전직대통령이 다음 각호의 어느 하나에 해당하는 경우에는 제6조 제4항 제1호(필요한 기간의 경호 및 경비)에 따른 예우를 제외하고는 이 법에 따른 전직대통령으로서의 예우를 하지 아니한다.

1. 재직 중 탄핵결정을 받아 퇴임한 경우
2. 금고 이상의 형이 확정된 경우
3. 형사처분을 회피할 목적으로 외국정부에 도피처 또는 보호를 요청한 경우
4. 대한민국의 국적을 상실한 경우

04 경호경비 관련법의 제정년도를 순서대로 옳게 나열한 것은?

기출 16

ㄱ. 청원경찰법
ㄴ. 경찰관직무집행법
ㄷ. 경비업법
ㄹ. 대통령 등의 경호에 관한 법률

① ㄱ - ㄴ - ㄹ - ㄷ
② ㄱ - ㄷ - ㄴ - ㄹ
③ ㄴ - ㄱ - ㄹ - ㄷ
④ ㄴ - ㄹ - ㄷ - ㄱ

 쏙쏙 해설 •••

ㄴ. 경찰관직무집행법(1953년 12월 14일) → ㄱ. 청원경찰법(1962년 4월 3일) → ㄹ. 대통령 등의 경호에 관한 법률(1963년 12월 14일) → 당시에는 대통령경호실법이었으며, 2008년 2월 29일에 현재의 명칭으로 바뀌었다. → ㄷ. 경비업법(1976년 12월 31일)

정답 ❸

---

05 다음 중 대통령경호에 관하여 관계부서 간의 책임사항을 규정한 것은?

기출 01

① 경찰관직무집행법
② 전직대통령 예우에 관한 법률
③ 대통령 등의 경호에 관한 법률
④ 대통령경호안전대책위원회규정

 쏙쏙 해설 •••

대통령경호임무 수행에 있어서 관계부서의 책임을 명확히 하고, 관계부서 간의 협조를 원활히 함으로써 대통령경호임무 수행에 만전을 기하기 위하여 대통령경호안전대책위원회의 구성 및 운영을 규정하고 있다(대통령 등의 경호에 관한 법률 제16조).★

정답 ❹

---

06 경찰의 경호경비계획수립 시 근거하여야 하는 내용으로 맞는 것은?

기출 97

① 경찰관직무집행법
② 경호규칙
③ 대통령 등의 경호에 관한 법률
④ 안전대책법

 쏙쏙 해설 •••

경찰의 경호경비계획수립 시 구체적인 세부계획은 경호규칙에 의해서 수립하게 된다.★

정답 ❷

01 다음에서 설명하는 경호의 원칙은? 〔기출 22〕

☑ 확인
Check!
○
△
✕

> 경호대상자가 위치한 지역에서 가장 근거리부터 엄중한 경호를 취하는 순서로 근접경호, 중간경호, 외곽경호로 나누고 그에 따른 요원의 배치와 임무가 부여된다.

① 3중 경호의 원칙
② 두뇌경호의 원칙
③ 방어경호의 원칙
④ 은밀경호의 원칙

쏙 쏙 해설 •••

제시문이 설명하는 경호의 원칙은 3중 경호의 원칙이다.

〔정답〕 **❶**

핵심만콕	경호의 일반원칙과 특별원칙 ★	
일반 원칙	3중 경호의 원칙	• 경호대상자가 위치한 집무실이나 행사장으로부터 제1선(내부 – 안전구역), 제2선(내곽 – 경비구역), 제3선(외곽 – 경계구역)으로 구분하여 경호의 행동반경을 거리개념으로 논리전개하는 구조 • 경호대상자가 위치한 지역에서 가장 근거리부터 엄중한 경호를 취하는 순서로 근접경호, 중간경호, 외곽경호로 나누고 그에 따른 요원의 배치와 임무가 부여되는 원칙
	두뇌경호의 원칙	사전에 치밀한 계획을 세우고 준비를 철저히 하여 위험요소를 제거하는 데 중점을 두며, 경호임무 수행 중 긴급하고 위험한 상황이 발생하였을 때에는 고도의 예리하고 순간적인 판단력이 중요시 된다는 원칙
	은밀경호의 원칙	경호요원은 은밀하고 침묵 속에서 행동하며 항상 경호대상자의 신변을 보호할 수 있는 곳에 행동반경을 두고 경호에 임해야 한다는 원칙
	방어경호의 원칙	경호란 공격자의 위해요소를 방어하는 행위이지 공격하는 것이 아니라는 원칙
특별 원칙	자기담당구역 책임의 원칙	경호원이 배치된 자기담당구역 내에서 일어나는 사태에 대해서는 자신만이 책임을 지고 해결해야 한다는 원칙
	목표물 보존의 원칙	• 경호대상자를 암살자 또는 위해를 가할 가능성이 있는 자로부터 떼어놓아야 한다는 원칙 • 목표물을 안전하게 보존하기 위해서는 행차 코스의 비공개, 행차 장소의 비공개, 대중에게 노출되는 보행 행차의 가급적 제한 등이 요구됨
	하나의 통제된 지점을 통한 접근의 원칙	• 경호대상자에게 접근할 수 있는 출입구나 통로는 하나만 필요하다는 원칙 • 하나의 통제된 출입구나 통로라 하더라도 접근자는 경호요원에 의하여 인지되고 확인되어야 하며 허가절차를 거쳐 접근토록 해야 함
	자기희생의 원칙	• 경호대상자가 위기에 처했을 때 자기 몸을 희생하여 경호대상자를 보호해야 한다는 원칙 • 경호대상자는 어떠한 상황하에서도 절대적으로 보호되어야 한다는 의미

〈참고〉김두현, 「경호학개론」, 엑스퍼트, 2020, P. 64~69

02 3중 경호의 원칙에 해당하지 않는 구역은?

① 안전구역
② 경비구역
③ 경계구역
④ 방호구역

🔲 해설 •••

3중 경호의 원칙은 행사장을 안전구역, 경비구역, 경계구역으로 설정하므로, 방호구역은 이에 해당하지 않는다.

정답 ❹

---

03 3중 경호의 원칙에 관한 설명으로 옳지 않은 것은? 기출 21

☑ 확인
Check!
○
△
✕

① 3중 경호의 기본 구조는 경호대상자가 위치한 장소로부터 내부, 외부, 외곽으로 구분하여 경호 행동반경을 거리 개념으로 설명한 것이다.
② 1선은 완벽한 통제가 이루어져야 하며, 경호원의 확인을 거치지 않은 인원의 출입은 금지한다.
③ 2선은 부분적 통제가 실시되지만 경호원의 확인을 거치지 않은 인원 및 물품은 감시의 영역을 벗어나서는 안 된다.
④ 3중의 경호막을 통해 조기경보체제를 확립하여 위해행위에 대비할 수 있다.

🔲 해설 •••

3중 경호의 기본 구조는 경호대상자가 위치한 집무실이나 행사장으로부터 내부(근접경호), 내곽(중간경호), 외곽(외곽경호)으로 구분하여 경호 행동반경을 거리 개념으로 설명한 것이다.

정답 ❶

핵심만콕	3중 경호의 원칙	

경호대상자의 위치를 중심으로 3선 개념에 따라 체계적으로 실시되어야 한다.

1선	내부	안전구역	근접경호원에 의한 완벽한 통제, 권총 등의 유효사거리를 고려한 건물 내부구역
2선	내곽	경비구역	근접경호원 및 경비경찰에 의한 부분적 통제, 소총 등의 유효사거리를 고려한 울타리 내곽구역
3선	외곽	경계구역	인적·물적·자연적 취약요소에 대한 첩보·경계, 소구경 곡사화기의 유효사거리를 고려한 외곽구역

〈참고〉 이두석, 「경호학개론」, 진영사, 2018, P. 159~161

04 3중 경호에 관한 설명으로 옳은 것은? 기출 20

① 1선은 경비구역으로 소구경 곡사화기의 유효사거리를 고려한 개념이다.

② 2선은 경계구역으로 권총 등의 유효사거리를 고려한 건물 내부 구역으로 설정한다.

③ 경호대상자가 위치한 지역에서 경호를 취하는 순서로 근접경호 – 중간경호 – 외곽경호로 나눈다.

④ 위해자가 위치한 곳으로부터 내부 – 내곽 – 외곽으로 구분한다.

 쏙쏙 해설 •••

3중 경호는 경호대상자가 위치한 지역에서 가장 근거리부터 엄중한 경호를 취하는 순서를 따져 근접경호, 중간경호, 외곽경호로 나누고 그에 따른 요원의 배치와 임무가 부여되어 있는 것이다.

〈출처〉 김두현, 「경호학개론」, 엑스퍼트, 2020, P. 65

정답 ❸

05 다음 경호활동에 나타나지 않는 원칙은? 기출 19

> 평소 경호대상자는 어떠한 상황에서도 절대적으로 보호되어야 한다는 생각으로 근무하고 있는 K경호원은 경호대상자가 은행에 갈 때 차량과 이동로를 노출시키지 않고 근접경호활동을 하였다. 마침 은행 강도사건이 은행에서 발생하여 경호대상자를 우선 안전한 곳으로 대피시키고 강도사건 발생을 관할 경찰서에 알려 조속히 사건을 마무리할 수 있었다.

① 은밀경호의 원칙

② 중첩경호의 원칙

③ 목표물 보존의 원칙

④ 방어경호의 원칙

 쏙쏙 해설 •••

제시된 내용에서 나타나지 않는 경호의 원칙은 중첩경호의 원칙이다.

정답 ❷

06 경호의 원칙에 관한 설명으로 옳은 것을 모두 고른 것은?

☑ 확인
Check!
○
△
×

기출 19

> ㄱ. 경호행사장을 안전구역, 경비구역, 경계구역으로 설정한다.
> ㄴ. 고도의 순간 판단력과 치밀한 사전계획이 중요하다.
> ㄷ. 위해가능성이 있는 것으로부터 경호대상자를 격리시킨다.
> ㄹ. 위해행위 발생 시 방호 및 대피보다 위해자를 공격하여 무력화시키는 것이 우선이다.

① ㄱ, ㄹ
② ㄱ, ㄴ, ㄷ
③ ㄴ, ㄷ, ㄹ
④ ㄱ, ㄴ, ㄷ, ㄹ

쏙쏙 해설 •••

제시된 내용 중 옳은 것은 ㄱ, ㄴ, ㄷ이다.

정답 ❷

핵심만콕

ㄱ. (○) 경호행사장을 안전구역, 경비구역, 경계구역으로 설정한다. – 3중 경호의 원칙에 대한 설명이다.
ㄴ. (○) 고도의 순간 판단력과 치밀한 사전계획이 중요하다. – 두뇌경호의 원칙에 대한 설명이다.
ㄷ. (○) 위해가능성이 있는 것으로부터 경호대상자를 격리시킨다. – 목표물 보존의 원칙에 대한 설명이다.
ㄹ. (×) 위해행위 발생 시 방호 및 대피가 위해자를 공격하여 무력화시키는 것보다 우선이다. – 방어경호의 원칙에 대한 설명이다.

07 경호의 원칙에 관한 설명으로 옳은 것을 모두 고른 것은?

☑ 확인
Check!
○
△
×

기출 18

> ㄱ. 위해가능성이 있는 모든 것에서 경호대상자를 격리시킨다.
> ㄴ. 경호는 고도의 순간적인 판단력과 사전 치밀한 계획이 중요하다.
> ㄷ. 경호는 위해기도자를 공격하는 것이 아니라, 위해요소로부터 경호대상자를 방어하는 것이다.
> ㄹ. 행사장을 안전구역, 경비구역, 경계구역으로 설정한다.

① ㄱ, ㄷ
② ㄱ, ㄴ, ㄷ
③ ㄴ, ㄷ, ㄹ
④ ㄱ, ㄴ, ㄷ, ㄹ

쏙쏙 해설 •••

제시된 내용은 경호의 원칙에 대한 설명으로 모두 옳다.
ㄱ. (○) 목표물 보존의 원칙에 대한 설명이다.
ㄴ. (○) 두뇌경호의 원칙에 대한 설명이다.
ㄷ. (○) 방어경호의 원칙에 대한 설명이다.
ㄹ. (○) 3중 경호의 원칙에 대한 설명이다.

정답 ❹

08 다음 설명의 경호활동 원칙은?

☑ 확인
Check!
○
△
×

> 경호대상자가 위험한 상황에 처했을 경우에는 경호대상자의 머리를 숙이게 한다든지, 완력으로 안전한 곳으로 인도한다든지 하여 위험을 모면케 하는 경호활동으로 긴급상황 발생 시 경호대상자를 우선 안전한 곳으로 대피시키는 것이 바람직하다.

① 방어경호의 원칙
② 예방경호의 원칙
③ 두뇌경호의 원칙
④ 자기희생의 원칙

쏙쏙 해설 •••

경호의 원칙은 일반원칙과 특별원칙으로 구분된다. 그러나 시험에서는 이 두 개념을 구분하지 않고도 출제가 가능하다. "긴급상황 시 경호대상자를 우선 안전한 곳으로 대피시키 것이 바람직하다."라는 내용을 통해 방어경호의 원칙을 선택할 수 있다.

정답 ❶

핵심만콕

- 예방경호의 원칙 : 경호대상자가 행사현장에 도착하기 전에 미리 현장답사를 실시하고 효과적인 경호협조와 경호준비를 하는 것을 말한다.
- 두뇌경호의 원칙 : 경호임무 수행 중 긴급하고 위험한 상황이 발생하였을 때는 고도의 예리하고 순간적인 판단력이 중요하다는 것을 말한다.
- 자기희생의 원칙 : 경호대상자는 어떠한 상황에서도 절대적으로 보호되어야 한다는 것을 말한다. 이를 위해 경호요원은 자신의 몸을 희생하여서라도 경호대상자의 안전을 확보해야 한다.

09 경호의 원칙에 관한 설명으로 옳은 것은?

☑ 확인
Check!
○
△
×

① 3중 경호의 원칙 : 경호대상자가 위치한 지역으로부터 경호행동반경을 거리개념으로 전개한 원칙
② 은밀경호의 원칙 : 경호대상자는 어떠한 상황하에서도 절대적으로 보호되어야 한다는 원칙
③ 두뇌경호의 원칙 : 위해기도자로부터 경호대상자를 떼어 놓는다는 원칙
④ 하나의 통제된 지점을 통한 접근의 원칙 : 자신의 책임구역에 대해서는 자신이 책임을 져야 한다는 원칙

쏙쏙 해설 •••

제시된 내용 중 경호의 원칙에 대한 설명으로 옳은 것은 ①이다.
②는 자기희생의 원칙, ③은 목표물 보존의 원칙, ④는 자기담당구역 책임의 원칙에 관한 설명이다.

정답 ❶

10 경호의 일반원칙에 관한 설명으로 옳지 않은 것은? 기출 14

① 경호원은 신체적 조건도 중요하지만, 두뇌의 역할이 그 무엇보다도 중요하다.

② 경호란 위해기도자를 공격하는 것이 아니라 위해요소로부터 경호대상자를 방어하는 행위이다.

③ 경호원은 은밀하게 침묵 속에서 행동하며, 행동반경은 언제나 경호대상자의 신변을 엄호할 수 있는 곳에 둔다.

④ 3중 경호의 원칙은 행사장 내부(1선)를 안전구역으로, 내곽(2선)을 경계구역으로, 외곽(3선)을 경비구역으로 설정한다.

 쏙쏙 해설 •••

④ 3중 경호의 원칙은 행사장 내부(1선)를 안전구역으로, 내곽(2선)을 경비구역으로, 외곽(3선)을 경계구역으로 설정한다.
① 두뇌경호의 원칙
② 방어경호의 원칙
③ 은밀경호의 원칙

정답 ④

---

11 3중 경호의 원칙에 관한 설명으로 옳지 않은 것은? 기출 12

① 3중 경호는 경호영향권역을 공간적으로 구분하여 해당 구역의 위해요소에 대해 상대적으로 차등화된 경호조치와 중첩된 통제를 통하여 경호의 효율화를 기하고자 하는 경호방책이다.

② 3중 경호의 구조는 경호대상자가 위치한 장소로부터 1선(내부), 2선(내곽), 3선(외곽)으로 구분된다.

③ 1선은 안전구역으로 경호대상자에게 직접적인 위해를 가할 수 있는 위험지역으로서 소총의 유효사거리를 고려하여 설정된다.

④ 2선은 경비구역으로서 부분적 통제가 실시되나, 경호원의 확인을 거치지 않은 인원이나 물품도 감시의 영역을 벗어나서는 아니 된다.

 쏙쏙 해설 •••

1선은 안전구역으로 경호대상자에게 직접적인 위해를 가할 수 있는 위험지역으로서 통상 수류탄 투척 및 권총 유효사거리(50m)를 고려하여 설정된다.

정답 ③

핵심만콕 경호활동지역(직접경호지역)

제1선(내부 - 안전구역) **절대안전 확보구역**	• 경호대상자가 위치하는 내부로서 옥내일 경우에는 건물 자체를 말하며, 옥외일 경우 본부석이 통상적으로 해당. 이것은 요인의 승하차장 동선 등의 취약개소로 경호대상자에게 직접적으로 위해를 가할 수 있는 거리 내의 지역을 지칭★ • 통상 수류탄 투척 및 권총 유효사거리를 고려한 거리개념★ • 경호에 대한 주관 및 책임은 경호처에서 수립 실시하고 경찰은 경호처의 요청 시 경력 및 장비를 지원(출입자 통제관리, MD설치운용, 비표확인 및 출입자감시)★
제2선(내곽 - 경비구역) **주 경비지역**	• 소총의 유효사거리를 고려한 거리개념★ • 경호책임은 경찰이 담당하고 군부대 내일 경우에는 군이 책임(바리케이드 등 장애물 설치, 돌발사태에 대비한 예비대 운영 및 구급차, 소방차 대기)
제3선(외곽 - 경계구역) **조기 경보지역**	• 행사장 중심으로 적의 접근을 조기에 경보하고 차단하기 위하여 설정된 선 • 소구경 곡사화기의 유효사거리를 고려한 지역을 의미★ • 주변동향 파악, 직시 고층건물 및 감제고지에 대한 안전확보, 우발사태에 대비책을 강구하여 경호대상자에 대한 위해요소 제거★ • 통상 경찰이 책임(감시조 운영, 도보 등 원거리 기동순찰조 운영, 원거리 불심자 검문차단)

12 다음 중 행사장경호 시 제3선(외곽경비)에서 필요한 사항을 모두 고른 것은?

 확인
Check!
○
△
×

ㄱ. 기동순찰조 및 도보순찰조 운영
ㄴ. 군중경계
ㄷ. 별도의 감시조 운영
ㄹ. 소방차 및 구급차 확보
ㅁ. 출입구 및 연결통로 통제와 비표 확인

① ㄱ, ㄴ ② ㄱ, ㄷ
③ ㄴ, ㄹ ④ ㄹ, ㅁ

 쏙쏙 해설 •••

제3선(외곽경비)에서 필요한 사항은 ㄱ, ㄷ이다.

정답 ❷

핵심만콕	3중 경호의 구분
제1선(내부 – 안전구역) : 완벽 통제	• 경호대상자(피경호자)가 위치하는 구역 • 내부일 경우 건물 자체를 말하며, 외부일 경우는 본부석이 이에 해당 • 위해기도자가 경호대상자에게 직접적인 위해를 가할 수 있는 지역 • MD(금속탐지기) 설치·운용 • 비표 확인 및 출입자 감시 • 사전 폭발물 설치에 대비한 완벽한 검측
제2선(내곽 – 경비구역) : 부분 통제	• 소총 유효사거리 내의 취약지점 • 바리케이드 등의 장애물 설치 • 돌발사태를 대비한 비상통로 확보, 소방차나 구급차 등의 대기
제3선(외곽 – 경계구역) : 제한 통제	• 주변지역 동향 파악과 행사장을 직시할 수 있는 고층건물 및 주변 감제고지의 확보 • 행사장 주변 감시조 운영 • 도보순찰조 및 기동순찰조 운영 • 원거리 불심자 검문

13 경호활동의 원칙에 관한 설명으로 옳지 않은 것은?

① 하나의 통제된 지점을 통한 접근의 원칙이란 경호대상자에게 접근할 수 있는 출입구나 통로는 하나만 필요하고, 통제된 출입구나 통로라도 접근자는 경호원에게 허가 절차 등을 거쳐야 한다는 것이다.

② 3중 경호의 원칙이란 경호대상자가 위치한 집무실이나 행사장으로부터 내부, 내곽, 외곽으로 구분하여 경호 행동반경을 거리 개념으로 설명한 것이다.

③ 은밀경호의 원칙이란 경호대상자의 활동에 방해를 주지 않고 타인의 눈에 잘 띄지 않게 활동하여야 한다는 것이다.

④ 방어경호의 원칙이란 경호대상자를 암살자 또는 위해기도자로부터 가능한 한 멀리 떼어놓아야 하며, 경호대상자의 행사장소는 일반 대중에게 알려지지 않도록 해야 한다는 것이다.

14 경호의 원칙에 대한 설명으로 맞는 것은?

① 경호원이 배치된 자기담당구역 내에서 일어나는 사태에 대해서는 자신만이 책임을 지고 해결해야 한다는 원칙은 목표물보존의 원칙이다.

② 방어경호의 원칙이란 중심부를 안전구역으로, 내곽구역을 경비구역으로, 외곽을 경계구역으로 설정하여 경호를 실시하는 원칙이다.

③ 경호대상자를 암살자 또는 위해를 가할 가능성이 있는 자로부터 떼어 놓는 원칙은 자기희생의 원칙이다.

④ 경호임무 수행 중 긴급하고 위험한 상황이 발생하였을 때는 고도의 예리하고 순간적인 판단력이 중요시되는 원칙은 두뇌경호의 원칙이다.

15 경호의 행동원칙에 해당하는 것은 몇 개인가? 기출 23

- 다수의 지점을 통한 접근의 원칙
- 목표물 보존의 원칙
- 상황 발생구역 최우선의 원칙
- S(경고) – E(제압) – C(방어)의 원칙

① 1개
③ 3개
② 2개
④ 4개

쏙쏙 해설 •••

제시된 내용 중 경호의 행동원칙에 해당하는 것은 1개(목표물 보존의 원칙)이다. 일반적으로 경호의 행동원칙(특별원칙)에 해당하는 것은 자기담당구역 책임의 원칙, 목표물 보존의 원칙, 하나의 통제된 지점을 통한 접근의 원칙, 자기희생의 원칙이다.

정답 ❶

16 다음에서 설명하는 경호의 원칙은? 기출 22

경호대상자의 행차 코스는 원칙적으로 비공개되어야 하며, 행차 예정 장소도 일반 대중에게 비공개되어야 한다. 더불어 대중에게 노출되는 경호대상자의 보행 행차는 가급적 제한되어야 위해를 가할 가능성이 있는 위험으로부터 경호대상자를 보호할 수 있다.

① 목표물 보존의 원칙
② 자기담당구역 책임의 원칙
③ 하나로 통제된 지점을 통한 접근의 원칙
④ 자기희생의 원칙

쏙쏙 해설 •••

제시문이 설명하는 경호의 원칙은 목표물 보존의 원칙이다.

정답 ❶

핵심만콕	경호의 특별원칙★	
특별원칙	자기담당구역 책임의 원칙	경호원이 배치된 자기담당구역 내에서 일어나는 사태에 대해서는 자신만이 책임을 지고 해결해야 한다는 원칙
	목표물 보존의 원칙	• 경호대상자를 암살자 또는 위해를 가할 가능성이 있는 자로부터 떼어놓아야 한다는 원칙 • 목표물을 안전하게 보존하기 위해서는 행차 코스의 비공개, 행차 장소의 비공개, 대중에게 노출되는 보행 행차의 가급적 제한 등이 요구됨
	하나의 통제된 지점을 통한 접근의 원칙	• 경호대상자에게 접근할 수 있는 출입구나 통로는 하나만 필요하다는 원칙 • 하나의 통제된 출입구나 통로라 하더라도 접근자는 경호요원에 의하여 인지되고 확인되어야 하며 허가 절차를 거쳐 접근토록 해야 함
	자기희생의 원칙	• 경호대상자가 위기에 처했을 때 자기 몸을 희생하여 경호대상자를 보호해야 한다는 원칙 • 경호대상자는 어떠한 상황하에서도 절대적으로 보호되어야 한다는 의미

〈참고〉 김두현, 「경호학개론」, 엑스퍼트, 2020, P. 67~69

17 경호의 행동원칙에 관한 설명으로 옳지 않은 것은?

① '자기담당구역 책임의 원칙'에 의하면 경호원은 자신의 책임하에서 주어진 임무를 완수하고 담당구역을 지켜야 한다.
② '자기희생의 원칙'은 경호원 자신을 희생해서라도 경호대상자의 신변을 안전하게 보호해야 한다.
③ '하나의 통제된 지점을 통한 접근의 원칙'에 의하면 경호대상자에게 접근할 수 있는 출입구나 통로는 하나만 필요하고, 담당경호원의 허가 절차가 요구되지 않는다.
④ '목표물 보존의 원칙'은 경호대상자를 위해요소로부터 분리하는 것을 말한다.

'하나의 통제된 지점을 통한 접근의 원칙'은 경호대상자와 일반인을 분리하여, 경호대상자에게 접근할 수 있는 출입구나 통로는 하나만 필요하고 여러 개를 두어서 위해요소가 분산되도록 하여서는 안 된다는 원칙으로, <u>통제된 출입구나 통로라도 접근자는 경호요원에게 확인될 수 있어야 하고, 허가 절차 등을 거쳐 접근이 이루어지도록 해야 한다.</u>

정답 ❸

---

18 경호의 행동원칙에 관한 설명으로 옳은 것을 모두 고른 것은?

기출 17

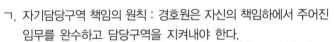

ㄱ. 자기담당구역 책임의 원칙 : 경호원은 자신의 책임하에서 주어진 임무를 완수하고 담당구역을 지켜내야 한다.
ㄴ. 자기희생의 원칙 : 경호원 자신을 희생해서라도 경호대상자의 신변을 안전하게 보호해야 한다.
ㄷ. 목표물 보존의 원칙 : 경호대상자를 위해요소로부터 떼어놓는 것이다.
ㄹ. 은밀경호의 원칙 : 경호대상자의 얼굴을 닮은 경호원 또는 비서관을 임명하여 경호위해자로부터 경호대상자를 은밀하게 보호하는 방법이다.

① ㄱ
② ㄱ, ㄴ
③ ㄱ, ㄴ, ㄷ
④ ㄱ, ㄴ, ㄷ, ㄹ

제시된 내용 중 옳은 것은 ㄱ, ㄴ, ㄷ이다.
ㄹ은 기만경호에 대한 설명이다. 은밀경호의 원칙이란 경호요원은 타인의 눈에 잘 띄지 않게 은밀하고 침묵 속에서 행동하며 항상 경호대상자의 공적·사적 업무활동에 방해를 주지 않고 신변을 보호할 수 있는 곳에 행동반경을 두고 경호에 임해야 한다는 것을 말한다.

정답 ❸

19 경호의 원칙에 관한 설명으로 옳지 않은 것은? 기출 12

☑ 확인
Check!
○
△
✕

① 하나의 통제된 지점을 통한 접근의 원칙이란 경호대상자에 접근할 수 있는 출입구(통로)는 하나만 필요하다는 원칙이다.

② 방어경호의 원칙이란 경호원은 공격자의 제압보다 경호대상자의 방어 및 대피를 우선해야 한다는 원칙이다.

③ 자기담당구역 책임의 원칙은 경호원 자신의 담당구역 안에서 발생하는 사태에 대해서 자신이 책임을 지고 해결해야 한다는 원칙이다.

④ 은밀경호의 원칙은 경호장비나 경호원이 경호대상자의 눈에 띄지 않게 은밀하게 경호임무를 수행하는 것을 말한다.

 쏙쏙 해설 •••

은밀경호는 경호대상자의 눈에 띄지 않아야 한다는 것이 아니라 위해기도자나 일반인의 눈에 띄지 않아야 한다는 의미가 강하다.

정답 ❹

핵심만콕 은밀경호의 원칙

은밀경호는 경호대상자의 존재뿐만 아니라 경호원의 노출을 최대한 억제하여 경호대상자에게 불필요한 주의가 끌리지 않도록 경호조치를 취하는 경호작전을 말한다.

〈참고〉이두석, 「경호학개론」, 진영사, 2018, P. 189~190

---

20 경호의 활동원칙에 관한 설명으로 옳지 않은 것은? 기출 09

☑ 확인
Check!
○
△
✕

① 우발상황 발생 시 경호대상자를 안전한 곳으로 대피시키고, 공격적 행동보다 방어 위주의 엄호행동이 요구된다.

② 행차코스는 원칙적으로 비공개로 하여야 하고, 행사장소는 가급적 변경하지 않는 것이 효율적이다.

③ 자기담당구역에서 일어나는 사태에 대해서는 자신만이 책임지고 해결해야 한다.

④ 경호요원은 은밀하고 침묵 속에서 행동하고 행동반경을 경호대상자의 신변을 엄호할 수 있는 곳에 한정시킨다.

 쏙쏙 해설 •••

행차코스는 원칙적으로 비공개로 하여야 하고, 행사장소는 가급적 변경하여야 불순분자, 암살기도자에게 테러, 저격, 기타 위해를 준비할 수 있는 기회를 주지 않아 경호대상자의 신변안전을 도모하게 된다.

정답 ❷

21 다음 중 경호대상자를 절대적으로 보호해야 한다는 원칙에 해당하는 것은?

☑ 확인
Check!
○
△
✕

① 목표물 보존의 원칙
② 자기희생의 원칙
③ 자기담당구역 책임의 원칙
④ 하나의 통제된 지점을 통한 접근의 원칙

 쏙쏙 해설 •••

자기희생의 원칙은 경호대상자는 어떠한 상황에서도 절대적으로 보호되어야 한다는 의미를 갖는다.★

정답 ❷

---

22 자연방벽효과의 원리에 관한 내용이다. (　)에 공통으로 들어갈 내용으로 옳은 것은?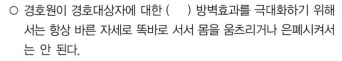

☑ 확인
Check!
○
△
✕

○ 위해기도자가 고층건물 등에서 공격을 시도할 경우 경호원의 신장 차이가 (　) 방벽효과에 큰 영향을 미친다.
○ 경호원이 경호대상자에 대한 (　) 방벽효과를 극대화하기 위해서는 항상 바른 자세로 똑바로 서서 몸을 움츠리거나 은폐시켜서는 안 된다.

① 공격적　　　　　　② 수직적
③ 회피적　　　　　　④ 함몰적

쏙쏙 해설 •••

(　) 안에 공통적으로 들어갈 내용은 수직적이다.

정답 ❷

핵심만콕	경호의 기본원리 - 자연방벽효과의 원리★
수평적 방벽효과	• 근접경호원이 경호대상자와 위해기도자의 중간에 위치하여 위해기도자의 공격을 차단할 때, 근접경호원의 위치에 따라 경호대상자의 보호범위와 위해기도자의 이동거리가 달라지는 효과를 말한다. • 위해기도자의 위치가 고정된 경우, 즉 위해기도자의 위치를 아는 경우 수평적 방벽효과는 근접경호원이 위해기도자와 가까이 위치할수록 증가한다. • 경호대상자의 위치가 고정된 경우 수평적 방벽효과는 근접경호원이 경호대상자와 가까이 위치할수록 증가한다.
수직적 방벽효과	• 위해기도자가 고층건물과 같이 높은 위치에서 공격한다고 가정할 경우, 수직적 방벽효과는 근접경호원이 경호대상자와 가까이 위치할수록 증가한다. • 경호원의 신장의 차이가 수직적 방벽효과에 큰 영향을 미치는 것이다. • 경호원이 경호대상자에 대한 수직적 방벽효과를 극대화하기 위해서는 항상 바른 자세로 똑바로 서서 근무에 임해야 하며, 결코 몸을 움츠리거나 어정쩡한 자세를 취해서는 안 된다.

〈참고〉 이두석, 「경호학개론」, 진영사, 2018, P. 162~164

23 경호행사 시 주의력효과와 대응효과에 관한 설명으로 옳지 않은 것은?

☑ 확인
Check!
○
△
×

기출 19

① 주의력은 위해자를 사전에 색출하기 위한 노력으로 예리한 사주경계가 요구된다.

② 주의력을 높이기 위해서는 경계대상과의 거리를 좁히는 것이 효과적이다.

③ 대응력은 경호대상자를 보호하고 대피시켜 신변을 보호하는 능력으로 경호대상자와의 거리를 넓히는 것이 효과적이다.

④ 주의력효과와 대응효과는 서로 상반된 개념이므로 위치 선정에 유의해야 한다.

 해설 •••

경호원의 주의력효과 면에서 군중(경계대상자)과의 거리가 가까울수록 유리하고, 대응효과 면에서 군중과의 거리가 멀수록 유리하다.

〈참고〉이두석, 「경호학개론」, 진영사, 2018, P. 165

정답 ❸

---

24 폭발과 총기공격 발생 시 우발상황 대처에 적용되지 않는 원칙은?

☑ 확인
Check!
○
△
×

기출 19

① SCE 원칙

② 체위확장의 원칙

③ 촉수거리의 원칙

④ 예방경호의 원칙

 해설 •••

예방경호의 원칙은 경호대상자가 행사현장에 도착하기 전에 미리 현장답사를 실시하고 효과적인 경호협조와 경호준비를 하는 원칙으로 우발상황 발생 시 기본원칙에 해당하지는 않는다.

정답 ❹

핵심만콕

① SCE원칙은 우발상황 발생 시 경호원의 행동절차로서 경고(Sound Off) → 방호(Cover) → 대피(Evacuate) → 계속 임무수행(Go On) 순으로 진행된다.

② 체위확장의 원칙은 우발상황 발생 시 경호원은 자신의 몸을 엄폐·은폐해서는 안 되고 최대한 확장·노출시켜 경호대상자에 대한 방호효과를 극대화해야 한다는 원칙이다.

③ 촉수거리의 원칙은 위해기도자가 범행시도 시 범인과 가장 가까이에 위치하고 있는 경호원이 대적해야 한다는 원칙이다.

01 다음 중 우리나라의 경호기관에서 역사적으로 두 번째로 설치된 것은?

기출 23

☑ 확인
Check!
○
△
✕

① 도 방
② 호위청
③ 시위부
④ 금위영

 해설 ···

도방, 호위청, 시위부, 금위영 중 설치 시기가 두 번째로 빠른 경호기관은 도방이다.
*시위부(신라) － 도방(고려 무신집권기) － 호위청(조선 후기, 1623년) － 금위영(조선후기, 1674년)

정답 ❶

핵심만콕	우리나라 시대별 경호기관

구 분		경호기관
삼 국	고구려	대모달, 말객
	백 제	5부(部), 5방(坊), 위사좌평(경호처장), 병관좌평(국방부장관)
	신라 (통일신라)	시위부, 9서당, 10정, 금군(시위부 소속)
발 해		왕실과 궁중을 지키는 중앙 군사조직 10위(十衛)[남좌우위, 북좌우위를 각각 하나로 보고 8위제로 보는 견해도 있다], 각 위(衛)마다 대장군과 장군을 두어 통솔 • 좌우맹분위(左右猛賁衛), 좌우웅위(左右熊衛), 좌우비위(左右羆衛) : 궁성의 숙위(宿衛)를 담당 • 남좌우위(南左右衛), 북좌우위(北左右衛) : 각각 남위금병(南衛禁兵)과 북위금병(北衛禁兵)의 역할을 담당(추측)
고 려	전 기	중군, 순군부, 내군부 → 장위부・사위사・위사사, 내순검군, 중추원, 2군 6위
	무신 집권기	• 도방(경대승, 민간경호) → 육번도방(최충헌) → 내외도방(최우) • 교정도감(최충헌 이래 무신정권의 최고 정치기관) • 서방(최우, 공경호), 마별초(최우, 민간경호), 삼별초(최우, 공경호 → 민간경호)
	후 기	순마소, 순군만호부 → 사평순위부, 성중애마
조 선	전 기	• 갑사(왕실의 근위병), 의흥친군위(궁성의 시위와 왕의 시종임무) → 의흥삼군위(의흥삼군부), 10사(궁궐 시위와 성내의 순찰경비를 담당) • 충의위・충순위(특권층의 자제들로 구성된 특수부대로 시위임무를 담당) • 별시위・내금위・내시위(왕의 근시위 임무를 담당하던 친위부대) • 겸사복(주로 왕의 신변보호와 왕궁 호위 및 세자의 호위임무를 수행)
	후 기	• 호위청(인조), 어영군(인조), 어영청(인조) • 금군(효종), 금위영(숙종), 용호영(영조), 숙위소(정조), 장용위・장용영(정조)
한말 (갑오경장)	이 전	• 무위소(고종, 궁궐 수비, 친위군) → 무위영(고종, 친위군) • 친군용호영(왕의 호위부대) • 시위대(신식군대, 궁중시위가 주임무), 친위대(군)(신식군대, 궁궐과 왕의 시위임무를 담당)
	이 후	경위원, 황궁경위국

제1장

제2장

제3장

제4장

제5장

제6장

| 대한민국
정부수립 | 이 전 | 내무총장, 경무국(지방에는 경무사), 경호부 |
| | 이 후 | • 경무대경찰서(1949)
• 청와대 경찰관파견대(1960)
• 중앙정보부 경호대(1961)
• 대통령경호실(1963)
• 대통령실장 소속 경호처(2008, 차관급)
• 대통령경호실(2013, 장관급)
• 대통령경호처(2017~, 차관급) |

〈참고〉 김두현, 「경호학개론」, 엑스퍼트, 2020, P. 78~118 / 송광호, 「패스플러스 경비지도사 2차 경호학」, 에듀피디, 2023, P. 51~57

02 다음 대한민국 경호역사에서 두 번째로 일어난 것은?

☑ 확인
Check!
○
△
✕

① 중앙정보부 경호대가 발족되었다.
② 경무대 경찰서가 신설되었다.
③ 치안본부 소속의 101경비대를 101경비단으로 변경하였다.
④ 대통령경호실을 대통령경호처로 변경하였다.

쏙쏙 해설 •••

답항의 대한민국의 경호역사를 순서대로 연결하면 ② 경무대 경찰서 신설(1949.2.23.) → ① 중앙정보부 경호대 발족(1961.11.8.) → ③ 치안본부 소속의 101경비대를 101경비단으로 변경(1976.3.29.) → ④ 대통령경호실을 대통령경호처로 변경(2008.2.29.) 순이다.

정답 ❶

03 다음 중 고려시대의 경호기관은? 기출 17

☑ 확인
Check!
○
△
✕

① 시위부
② 성중애마
③ 별시위
④ 호위청

쏙쏙 해설 •••

고려시대의 경호기관은 성중애마이다. 성중애마는 고려시대(충렬왕)에 상류층 자제들로 구성해 왕을 숙위토록 하였던 기관으로, '홀치'라 하였다.
①은 신라, ③은 조선 전기, ④는 조선 후기의 경호기관이다.

정답 ❷

04 고려시대의 경호 관련 조직이 아닌 것은?

① 2군 6위

② 삼별초

③ 내금위

④ 순군만호부

제1장

제2장

제3장

제4장

제5장

제6장

쏙쏙 **해설** •••

내금위는 태종 7년(조선 전기) 궁중숙위를 해오던 내상직을 개편하여 조직된 기관으로, 초기에는 무예를 갖춘 외관 자제로 충당되었으나 세종 5년부터는 시험에 의하여 선발하였고 장번(장기간 궁중 근무) 군사였다.

정답 ❸

05 다음에서 설명하고 있는 우리나라의 경호제도는?

> 최우가 고종 14년(1227)에 설치한 것으로서 최우의 문객 가운데 이름 난 선비들을 3번으로 나누어 교대로 당번 근무케 하였던, 문인들로 구성된 최씨 정권의 숙위기관이었다. 이는 최씨 정권이 문인들을 포섭하기 위한 방편이었을 뿐만 아니라 식견이 높은 문인들의 자문을 얻을 수도 있어서 결국 최씨 정권의 집권강화책으로 활용되었다.

① 육번도방(六番都房)

② 삼별초(三別抄)

③ 마별초(馬別抄)

④ 서방(書房)

쏙쏙 **해설** •••

문인들로 구성된 최씨 정권의 숙위기관은 서방이다.

정답 ❹

핵심만콕 고려 무신집권기의 경호제도

- 도방(都房) : 경대승이 처음 설치했고, 최충헌이 이를 부활시켰다.
- 육번도방(六番都房) : 최충헌은 문무관·한량·군졸을 막론하고 힘이 센 사람을 불러들여 6번으로 나누어 매일 교대로 그의 집을 지키게 했는데, 이를 도방 또는 육번도방이라 하였다.
- 내외도방(內外都房) : 최우는 집권하고 나서 그의 아버지 최충헌의 육번도방을 내외도방으로 확장·강화하였는데, 내외도방의 조직은 최우가 집권하기 전부터 거느리던 그의 사병으로 내도방을 조직하고, 그의 아버지 최충헌의 육번도방을 계승하여 외도방을 조직하였다.
- 서방(書房) : 문인들로 구성된 최씨 정권의 숙위기관이었다. 최우가 고종 14년(1227)에 설치한 것으로서 최우의 문객 가운데 이름난 선비들을 3번으로 나누어 교대로 당번 근무케 하였다.
- 마별초(馬別抄) : 몽고와의 관계가 긴장되어 시국의 긴박감을 느끼게 된 최우가 그의 집권체제의 강화를 도모하는 가운데 몽고의 제도를 참작하여 조직하였다.
- 삼별초(三別抄) : 고종 때 최우가 조직한 야별초가 좌별초, 우별초로 나누어지고, 여기에 신의군을 합하여 조직된 것이다.

06 조선 후기 정조 때 설치한 경호기관은? 기출 22

① 장용영
② 호위청
③ 내순검군
④ 삼별초

쏙쏙 해설 •••

장용영은 조선 후기 정조 17년에 장용위를 크게 확대하여 설치된 경호기관이다. ②는 조선 후기 인조 때 설치한 경호기관이며, ③은 고려 전기에 설치된 경호기관이다. 또한 ④는 고려 무신집권기에 설치된 경호기관이다.

정답 ❶

---

07 조선시대의 경호 관련 기관이 아닌 것은? 기출 15

① 내금위
② 겸사복
③ 도 방
④ 호위청

쏙쏙 해설 •••

도방은 고려 무신집권기의 경호 관련 기관이다. 내금위(조선 전기), 겸사복(조선 전기), 호위청(조선 후기)은 모두 조선시대의 경호 관련 기관들이다.

정답 ❸

---

08 조선시대 경호 관련 기관에 관한 설명으로 옳지 않은 것은?

기출 13

① 궁실을 숙위하는 특수부대로 성중애마를 두었으며 일반 군사들과 달리 상당한 교양을 필요로 하였다.
② 별시위, 내금위, 내시위는 근접(점)에서 왕을 시위하였다.
③ 호위청은 국왕호위의 임무를 맡았으며 일정 급료를 지급받았다.
④ 국왕의 친위군으로 금군을 두어 군사력을 강화시켰다.

쏙쏙 해설 •••

성중애마는 고려 후기의 기관으로 내시, 다방 등 근시의 임무를 띤 자들이 군사적 기능을 강화하여 이루어졌다.

정답 ❶

09 대한민국 정부수립 이후 경호기관에 관한 설명으로 옳지 않은 것은?

기출 19

① 경무대경찰서 : 1953년 경찰서 직제를 개정하여 관할구역을 경무대 구내로 제한하여 경호임무 담당

② 청와대 경찰관파견대 : 1960년 3차 개헌을 통해 내각책임제에서 대통령중심제로 바뀌면서 대통령의 경호와 경비 담당

③ 국가재건최고회의 의장경호대 : 1961년 중앙정보부 경호대로 정식 발족하여 최고회의의장 등의 신변보호 임무 수행

④ 대통령경호실 : 1963년 설립되어 대통령과 그 가족, 대통령으로 당선이 확정된 자 및 경호실장이 필요하다고 인정하는 요인에 대한 경호 담당

쏙쏙 해설 ···

제시된 내용 중 옳지 않은 설명은 ②이다. 청와대 경찰관파견대 : 1960년 4·19 혁명으로 제1공화국이 끝나고 3차 개헌을 통해 정부형태가 대통령 중심제에서 내각책임제로 바뀌면서 국무총리의 지위가 크게 강화됨에 따라 대통령 경호를 담당하던 경무대경찰서가 폐지되고 경무대 지역의 경비업무는 서울시 경찰국 경비과에서 담당하게 되었다.

정답 ❷

핵심만콕	대한민국 정부수립 이후의 경호기관★★
경무대경찰서 (1949)	• 1949년 2월 왕궁을 관할하고 있던 창덕궁경찰서가 폐지되고 경무대경찰서가 신설되면서 경찰이 대통령 경호임무를 담당하게 되었다. 이때, 종로경찰서 관할인 중앙청 및 경무대 구내가 경무대경찰서의 관할구역이 되었다.★ • 1949년 12월 내무부훈령 제25호에 의하여 경호규정이 제정되면서 최초로 경호라는 용어의 사용과 경호업무의 체제가 정비되었다.★ • 경무대경찰서는 신설 당시에는 종로경찰서 관할인 중앙청 및 경무대 구내가 관할구역이었으나, 1953년 3월 30일 경찰서직제의 개정으로 그 관할구역을 경무대 구내로 제한하였다.★
청와대 경찰관파견대 (1960)	• 1960년 4·19 혁명으로 제1공화국이 끝나고 3차 개헌을 통해 정부형태가 대통령 중심제에서 내각책임제로 바뀌면서 국무총리의 지위가 크게 강화됨에 따라 대통령 경호를 담당하던 경무대경찰서가 폐지되고 경무대 지역의 경비업무는 서울시 경찰국 경비과에서 담당하게 되었다.★ • 1960년 6월 제2공화국이 수립되면서 서울시경 소속으로 청와대 경찰관파견대를 설치하여 경비과에서 담당하던 대통령 경호 및 대통령관저의 경비를 담당케 하였다.★
국가재건최고회의 의장경호대 ↓ 중앙정보부 경호대 (1961)	• 1961년 5월 군사혁명위원회가 국가재건최고회의로 발족되면서 국가재건최고회의 의장경호대가 임시로 편성되었다가 중앙정보부로 예속되고, 그 해 9월 중앙정보부 내훈 제2호로 경호규정이 제정 시행되면서 11월 정식으로 중앙정보부 경호대가 발족되었다.★ • 중앙정보부 경호대의 주요 임무는 국가원수, 최고회의의장, 부의장, 내각수반, 국빈의 신변보호, 기타 경호대장이 지명하는 주요 인사의 신변보호 등이었다.
대통령경호실 (1963) ↓ 대통령실장 소속 경호처 (2008, 차관급) ↓ 대통령경호실 (2013, 장관급) ↓ 대통령경호처 (2017~, 차관급)	• 1963년 제3공화국이 출범하여 대통령경호실법을 제정·공포하고 박정희 대통령 취임과 동시에 대통령경호실을 출범시켰다.★ • 1974년 8·15사건을 계기로 '대통령경호경비안전대책위원회'가 설치되고, 청와대 외각경비가 경찰에서 군(55경비대대)으로 이양되었으며, 22특별경호대와 666특공대가 창설되고, 경호행사 시 3중 경호 원칙이 도입되는 등 조직과 제도가 대폭 보강되었다. • 1981년 '대통령 당선 확정자의 가족의 호위'와 '전직대통령과 그 배우자 및 자녀의 호위'가 임무에 추가되었다.★ • 2004년 대통령 탄핵안이 가결됨에 따라 대통령 권한대행에 대한 경호임무를 추가로 수행하였다.★ • 2008년 2월 29일 '대통령경호실법'은 '대통령 등의 경호에 관한 법률'로 개칭되고 소속도 대통령 직속기관인 대통령경호실에서 대통령실장 소속의 경호처를 두도록 변경되었다. • 2013년 2월 25일 경호처는 다시 대통령비서실과 독립된 대통령경호실로 환원되고, 지위도 장관급으로 격상되었다. • 2017년 7월 26일 정부조직법 개정으로 대통령경호실은 재개편되어 현재 차관급 대통령경호처가 되었다.

10 대한민국 정부수립 이후 경호기관 변천과정의 순서로 옳은 것은?

기출 18

☑ 확인
Check!
○
△
×

① 경무대경찰서 → 중앙정보부 경호대 → 청와대 경찰관파견대 → 대통령경호실
② 경무대경찰서 → 청와대 경찰관파견대 → 중앙정보부 경호대 → 대통령경호실
③ 대통령경호실 → 청와대 경찰관파견대 → 경무대경찰서 → 중앙정보부 경호대
④ 중앙정보부 경호대 → 청와대 경찰관파견대 → 대통령경호실 → 경무대경찰서

쏙쏙 해설 •••

경무대경찰서(1949) → 청와대 경찰관파견대(1960) → 중앙정보부 경호대(1961) → 대통령경호실(1963) 순이다.

정답 ❷

---

11 대한민국 정부수립 이후 경호기관에 관한 설명으로 옳은 것은 모두 몇 개인가?

기출 17

☑ 확인
Check!
○
△
×

○ 경무대경찰서는 주로 대통령 경호임무를 수행하였으며, 1953년 경찰서 직제를 개정하여 관할구역을 경무대 구내로 제한하였다.
○ 청와대 경찰관파견대는 1960년 3차 개헌을 통해 내각책임제에서 대통령 중심제로 정부형태가 변화되면서 종로경찰서 소속으로 대통령의 경호 및 대통령 관저의 경비를 담당하였다.
○ 국가재건최고회의 의장경호대는 1961년 중앙정보부 경호대로 정식발족하여 국가원수, 최고회의의장 등의 신변보호 임무를 수행하였다.
○ 대통령경호실은 1981년 대통령경호실법 개정으로 "전직대통령과 그 배우자 및 자녀"가 경호대상으로 추가되었다.

① 1개
② 2개
③ 3개
④ 4개

쏙쏙 해설 •••

청와대 경찰관파견대에 관한 설명만 틀리고 나머지 지문은 모두 옳다. 청와대 경찰관파견대는 3차 개헌을 통해 대통령 중심제에서 내각책임제로 정부형태를 채택한 제2공화국이 수립된 후 서울시경 소속으로 설치되어 대통령 경호 및 대통령관저의 경비를 담당하던 경호기관을 말한다. ★★

정답 ❸

12 대한민국 정부수립 이후 경호제도 변천과정의 순서로 옳은 것은?

기출 12

① 경무대경찰서 – 국가재건최고회의 의장경호대 – 청와대 경찰관파견대 – 대통령경호실

② 국가재건최고회의 의장경호대 – 청와대 경찰관파견대 – 대통령경호실 – 경무대경찰서

③ 대통령경호실 – 청와대 경찰관파견대 – 경무대경찰서 – 국가재건최고회의 의장경호대

④ 경무대경찰서 – 청와대 경찰관파견대 – 국가재건최고회의 의장경호대 – 대통령경호실

 쏙쏙 해설 •••

경무대경찰서(1949) → 청와대 경찰관 파견대(1960) → 국가재건최고회의 의장경호대(1961) → 대통령경호실(1963) → 대통령실장 소속 경호처(2008, 차관급) → 대통령경호실(2013, 장관급) → 대통령경호처(2017~, 차관급)

정답 ❹

---

13 한국의 경호제도 발달과정에 관한 설명으로 옳지 않은 것은?

기출 10

① 1949년 왕궁을 관할하고 있던 경무대경찰서가 폐지되고 창덕궁경찰서가 신설되었다.

② 1960년 제2공화국이 수립됨에 따라 서울시 경찰국 경비과에서 청와대 경찰관파견대를 설치하여 대통령의 경호경비를 담당하였다.

③ 1963년 제3공화국이 출범하여 대통령경호실법을 제정·공포하고 대통령경호실을 출범시켰다.

④ 2010년 이명박 정부의 경호처는 기획실, 경호본부, 안전본부, 지원본부 및 경호안전교육원으로 편성되었다.

 쏙쏙 해설 •••

1949년 2월 창덕궁경찰서 폐지, 경무대경찰서 신설 → 종로경찰서 관할인 중앙청 및 경무대 구내가 경무대경찰서의 관할구역이 됨

정답 ❶

14 한국 경호제도의 역사적 변천에 관한 설명으로 틀린 것은?

기출 08

① 신라시대의 시위부는 궁성의 숙위와 왕 및 왕실세력 행차 시 호위하는 것이 주된 임무였으며, 시위부 소속의 금군은 모반·반란 등을 평정하고 진압하는 임무를 수행하였다.

② 고려시대의 마별초는 묘청의 난을 계기로 도성의 치안유지를 위하여 좌·우 순금사를 두었으며, 의종 때 내금검이라 하여 숙위를 더욱 강화하였다.

③ 조선시대의 호위청은 인조반정으로 집권한 서인들이 거사에 동원되었던 군사를 해체하지 않고 있다가 계속되는 역모사건을 계기로 왕의 동의를 얻어 설치하였다.

④ 정부수립 이후 경무대경찰서는 1949년 2월 23일 창덕궁경찰서가 폐지되고 경무대경찰서가 신설되면서 종로경찰서 관할인 중앙청 및 경무대 구내가 경무대경찰서의 관할구역이 되었다.

해설・・・

고려시대 마별초는 무신집권기의 최우가 조직한 기병대이다. 고려시대의 내순검군은 묘청의 난을 계기로 도성의 치안유지를 위하여 좌·우 순금사를 두었으며, 의종 때 내금검이라 하여 숙위를 더욱 강화하였다.★★

정답 ❷

인생이란 결코 공평하지 않다.
이 사실에 익숙해져라.

- 빌 게이츠 -

경호의 조직

CHAPTER

02 경호의 조직 확인문제

1 경호조직의 의의 및 특성과 구성원칙

01 경호조직의 특성에 해당하지 않는 것은? 기출 17

① 기동성
② 통합성
③ 개방성
④ 전문성

01
경호조직은 폐쇄성을 특성으로 하기에 개방성은 그 특성이 아니다.

정답 ❸

02 경호조직의 특성에 관한 설명으로 틀린 것은? 기출 08

① 경호행사를 직접 담당하는 경호기관의 조직은 다른 조직에 비해 계층성이 강조되고 있다.
② 경호조직업무의 전문화와 과학적 관리를 필요로 하며, 경호조직 관리상 전문가의 채용 또는 양성을 필요로 한다.
③ 경호조직의 비공개와 경호기법의 비노출 등 폐쇄성의 특성을 갖는다.
④ 경호조직은 정치체제의 변화와 역사적 사건들로 인해 그 기구 및 인원 면에서 점차 소규모화되어 가고 있다.

02
경호조직은 대규모성을 특성으로 한다. ①은 통합성과 계층성, ②는 전문성, ③는 폐쇄성에 관한 설명이다.

정답 ❹

03 경호조직의 조직구조와 운영에 관한 설명으로 옳은 것은?

기출 15

☑ 확인
Check!
○
△
✕

① 경호조직은 모든 동원요소가 최상의 기능을 발휘할 수 있도록 수직적 구조가 아닌 수평적 구조를 이루어야 한다.

② 경호조직은 단위조직, 권한과 책임 등이 경호업무의 목적달성에 잘 기여할 수 있도록 통합되어야 한다.

③ 경호조직의 권위는 권력의 힘에 의존하는 데에서 탈피하여 경호의 전문성에서 찾아야 한다.

④ 현대 경호조직은 과거와 비교하여 규모가 축소되고 있다.

03

경호조직의 권위는 권력의 힘에 의존하는 데에서 탈피하여 경호의 전문성에서 찾아야 하고, 경호조치도 강압적이고 권위적인 통제 위주의 경호가 아니라 과학적이고 유연한 합리적 경호에 근거하여야 한다.

정답 ❸

---

04 다음 설명하는 경호조직의 원칙은?

기출 17

☑ 확인
Check!
○
△
✕

> 경호조직의 각 구성원은 오직 하나의 상급기관(지휘관)에게만 보고하고, 그의 명령지휘를 받고, 그에게만 책임을 진다는 것이다.

① 경호지휘단일성
② 경호체계통일성
③ 경호기관단위작용
④ 경호협력성

04

경호지휘단일성의 원칙에 관한 설명이다. 지휘단일성은 경호행위가 긴급성과 중대성을 요한다는 점에서, 또한 모순·중복·혼란 등을 피해야 한다는 점에서 요구된다.

정답 ❶

---

05 경호조직의 구성원칙 중 아래의 내용에 관한 설명으로 옳은 것은?

기출 13

☑ 확인
Check!
○
△
✕

> 경호조직이 비록 완벽하고 경호요원의 수가 많다고 하더라도 모든 위해요소를 직접 인지할 수 없을 뿐 아니라 모든 사태에 대응하기가 여의치 못하므로 완벽한 경호를 위해서는 국민의 절대적인 협력이 필요하다.

① 경호기관단위작용의 원칙
② 경호협력성의 원칙
③ 경호지휘단일성의 원칙
④ 경호체계통일성의 원칙

05

경호협력성의 원칙은 완벽한 경호를 위해서는 국민의 절대적인 협력이 필요하다는 원칙으로, 경호조직과 국민과의 협력을 의미한다.

정답 ❷

06 다음 중 일반기업의 책임과 분업원리와 연계되는 경호원칙은?

기출 02

☑ 확인
Check!
○
△
✕

① 경호지휘단일성의 원칙
② 경호체계통일성의 원칙
③ 경호협력성의 원칙
④ 경호기관단위의 원칙

06
최상급계급에서 최하급계급까지 계급 간에는 일정한 관계가 존재함으로써 경호기관은 책임과 분담이 이루어지고 명령과 복종의 지위와 역할에 있어서 체계적으로 통일되어야 하는데 이와 같은 경호원칙을 경호체계통일성의 원칙이라 한다. ★

정답 ❷

---

2 각국의 경호조직

01 대통령경호안전대책위원회규정상 대통령경호안전대책위원회의 위원이 아닌 자는?

기출 18

☑ 확인
Check!
○
△
✕

① 외교부 의전기획관
② 과학기술정보통신부 통신정책관
③ 소방청 119구조구급국장
④ 국무조정실 대테러센터장

01
국가정보원 테러정보통합센터장이 위원회 위원이다.

정답 ❹

02 대통령경호안전대책위원회의 구성원별 분장책임으로 옳은 것을 모두 고른 것은?

기출수정 14

☑ 확인
Check!
○
△
✕

> ㄱ. 법무부 출입국·외국인정책본부장 – 행사참관 해외동포 입국자에 대한 동향파악 및 보안조치
> ㄴ. 국토교통부 항공안전정책관 – 육로 및 철로와 공중기동수단 관련 업무 지원 및 협조
> ㄷ. 식품의약품안전처 식품안전정책국장 – 식음료 관련 영업장 종사자에 대한 위생교육
> ㄹ. 대검찰청 공공수사정책관 – 위해가능인물의 관리 및 자료수집
> ㅁ. 경찰청 경비국장 – 경호유관시설에 대한 보안지원활동

① ㄱ, ㄴ, ㄷ
② ㄱ, ㄷ, ㅁ
③ ㄴ, ㄷ, ㄹ
④ ㄴ, ㄹ, ㅁ

02
ㄱ. (✕) 행사참관 해외동포 입국자에 대한 동향파악 및 보안조치 – 국가정보원 테러정보통합센터장
ㅁ. (✕) 경호유관시설에 대한 보안지원활동 – 국군방첩사령부 소속 장성급 장교 또는 2급 이상의 군무원 중 위원장이 지명하는 1명

정답 ❸

03 대통령 등의 경호에 관한 법률상 대통령경호안전대책위원회 위원이 아닌 것은? [기출수정 13]

☑ 확인
Check!
○
△
×

① 국가정보원 테러정보통합센터장
② 대검찰청 공공수사정책관
③ 수도방위사령부 정보처장
④ 경찰청 경비국장

03
수도방위사령부 정보처장이 아니라 수도방위사령부 참모장이 대통령경호안전대책위원회의 위원이 된다.

정답 ❸

04 대통령경호안전대책위원회 위원 중 대검찰청 공공수사정책관의 임무가 아닌 것은? [기출수정 12]

☑ 확인
Check!
○
△
×

① 입수된 경호 관련 첩보 및 정보의 신속한 전파·보고
② 위해음모 발견 시 수사지휘 총괄
③ 국제테러범죄 조직과 연계된 위해사범의 방해책동 사전차단
④ 위해가능인물에 대한 동향파악

04
위해가능인물에 대한 동향파악은 경찰청 경비국장의 업무이고, 위해가능인물의 관리 및 자료수집이 대검찰청 공공수사정책관의 임무이다.

정답 ❹

05 대통령경호안전대책위원회 위원의 임무에 관한 내용으로 옳지 않은 것은? [기출수정 10]

☑ 확인
Check!
○
△
×

① 출입국·외국인정책본부장 – 출입국자에 대한 검색 및 검사
② 대검찰청 공공수사정책관 – 위해가능인물의 관리 및 자료수집
③ 관세청 조사감시국장 – 휴대품·소포·화물에 대한 검색
④ 국군방첩사령부 소속 장성급 장교 또는 2급 이상의 군무원 중 위원장이 지명하는 1명 – 행사 참석자 및 종사자의 신원조사

05
관세청 조사감시국장 – 출입국자에 대한 검색 및 검사

정답 ❶

제1장

제2장

제3장

제4장

제5장

제6장

06
다음 중 대통령경호안전대책위원회의 위원 또는 그 구성원인 자는?

① 국군방첩사령부 소속 장성급 장교 또는 2급 이상의 군무원 중 위원장이 지명하는 1명
② 국가정보원 1국장
③ 대통령경호처 경호본부장
④ 경찰청 보안국장

06

대통령경호안전대책위원회의 위원에 해당하는 자는 ①이다.
② 국가정보원 1국장(×) → 국가정보원 테러정보통합센터장(○)
③ 대통령경호처 경호본부장(×) → 대통령경호처 경호처장(○) : 위원장으로서 위원회의 구성원에 해당한다.
④ 경찰청 보안국장(×) → 경찰청 경비국장(○)

정답 ❶

07
다음의 임무를 갖는 대통령경호안전대책위원회의 위원은?

• 입수된 경호 관련 첩보 및 정보의 신속한 전파·보고
• 출입국자에 대한 검색 및 검사
• 휴대품·소포·화물에 대한 검색
• 그 밖에 국내·외 경호행사의 지원

① 국가정보원 테러정보통합센터장
② 수도방위사령부 참모장
③ 관세청 조사감시국장
④ 경찰청 경비국장

07

제시된 내용은 관세청 조사감시국장의 분장책임에 대한 설명에 해당한다.

정답 ❸

08
대통령경호안전대책위원회 위원의 임무에 관한 내용으로 옳지 않은 것은?

① 국토교통부 항공안전정책관 – 육로 및 철로와 공중기동수단 관련 업무 지원 및 협조
② 식품의약품안전처 식품안전정책국장 – 식음료 관련 영업장 종사자에 대한 위생교육
③ 법무부 출입국·외국인 정책본부장 – 방한 국빈의 국내 행사 지원
④ 수도방위사령부 참모장 – 입수된 경호 관련 첩보 및 정보의 신속한 전파·보고

08

방한 국빈의 국내 행사 지원은 외교부 의전기획관의 임무에 해당한다.

정답 ❸

09 다음 내용 중에서 미국 비밀경호국(Secret Service)의 임무라고 볼 수 없는 것은? 기출 12

☑ 확인
Check!
○
△
×

① 대통령 및 대통령 당선자의 경호
② 전직대통령과 그 부인 및 그 자녀의 경호
③ 국내테러, 폭력, 납치 및 범죄조직에 대한 경호첩보 제공
④ 통화위조 단속, 기타 재무법령의 집행

09
③은 FBI가 담당하고 있다.

정답 ❸

10 미국의 대표적인 경호기관인 비밀경호국의 주임무가 아닌 것은? 기출 01

☑ 확인
Check!
○
△
×

① 범죄예방 및 시위진압업무
② 백악관 및 외국대사관의 경비
③ 대통령 및 요인의 경호
④ 통화위조, 기타 재무법령의 집행

10
범죄예방 및 시위진압업무는 비밀경호국의 주임무가 아니다.

정답 ❶

11 다음 중 미국 비밀경호국의 경호대상자가 아닌 것은? 기출 99

☑ 확인
Check!
○
△
×

① 대통령
② 부통령 당선자
③ 미국을 방문 중인 외국원수 및 정부의 장
④ 외국대사

11
미국 국무성 산하 요인경호과는 영부인 및 가족 보호, 국무장관·차관, 외국대사, 기타 요인경호를 담당하고 있다.★

정답 ❹

12 다음의 미국 경호 유관기관 중 적성국 동향에 대한 첩보수집기관의 명칭은? 기출수정 01

☑ 확인
Check!
○
△
×

① 중앙정보국(CIA)
② 국방부육군성
③ 연방수사국(FBI)
④ 연방이민국(USCIS)

12
설문은 중앙정보국(CIA)의 임무에 대한 설명이다. 이 임무 외에 스파이 또는 연방에 대한 전복활동, 연방의 이해와 관계되는 문제의 정보탐지를 주요임무로 한다.

정답 ❶

13 다음 중 영국 (여)왕의 경호기관은 어느 것인가? 기출수정 99

☑ 확인
Check!

○
△
×

① 연방범죄수사국 경호안전과

② 연방수사국

③ 수도경찰청 특별작전부 산하 왕실 및 특별요인 경호과

④ 국토안보부 산하의 비밀경호국

13
수도경찰청 특별작전부 산하 왕실 및 특별요인 경호과가 영국 (여)왕의 경호기관에 해당한다.
①은 독일의 대통령 경호기관, ②는 미국의 경호유관기관인 FBI, ④는 미국의 대통령 경호기관에 해당한다.

정답 ❸

---

14 각국의 경호조직으로 옳은 것은? 기출 21

☑ 확인
Check!

○
△
×

> A : 비밀경호국(SS)
> B : 연방범죄수사국(BKA)
> C : 공화국경비대(GSPR)

① A : 미국,　B : 독일,　C : 프랑스

② A : 미국,　B : 프랑스,　C : 독일

③ A : 독일,　B : 미국,　C : 프랑스

④ A : 프랑스,　B : 미국,　C : 독일

14
비밀경호국(SS)은 미국, 연방범죄수사국(BKA)은 독일, 공화국경비대(GSPR)는 프랑스의 경호조직이다.

정답 ❶

---

15 각국의 경호 유관기관에 관한 설명으로 옳지 않은 것은?

☑ 확인
Check!

○
△
×

기출 17

① 미국 중앙정보국(CIA) : 국제 테러조직, 적성국 동향에 대한 첩보 수집, 분석 전파, 외국 국빈방문에 따른 국내 각급 정보기관 조정을 통한 경호정보 제공

② 영국 보안국(SS) : 외무성 소속으로 MI6으로 불리기도 하며, 국외경호 관련 정보의 수집·분석·처리 업무 담당

③ 독일 국방보안국(MAD) : 국방성 산하 정보기관으로 군 관련 첩보 및 경호 관련 첩보 제공 임무 수행

④ 프랑스 해외안전총국(DGSE) : 국방성 소속으로 해외 정보 수집 및 분석 업무 수행

15
영국 비밀정보부(SIS)에 대한 설명이다. 영국 보안국(SS)은 내무성 소속으로 MI5로 불리기도 하며, 국내경호 관련 정보의 수집·분석·처리 업무를 담당한다. ★★

정답 ❷

16 각국 경호 유관기관의 역할에 관한 설명으로 옳지 않은 것은?

기출 16

☑ 확인
Check!
○
△
×

① 미국 중앙정보국(CIA) : 적성국 동향에 대한 정보수집·분석 전파
② 영국 비밀정보부(SIS) : 국내 정보수집 및 분석
③ 독일 연방정보부(BND) : 해외 정보수집·분석·관리
④ 프랑스 해외안전총국(DGSE) : 해외 정보수집·분석

16
영국 비밀정보부(SIS)는 외무성 소속으로 국외 경호 관련정보를 수집·분석·처리 업무를 담당한다. 국내 정보수집 및 분석을 수행하는 기관은 내무성 소속의 보안 정보국에 해당한다.★

정답 ❷

17 각 나라별 경호 유관조직의 연결이 옳지 않은 것은?

기출 14

☑ 확인
Check!
○
△
×

① 영국 – 비밀정보부(SIS)
② 독일 – 해외안전총국(DGSE)
③ 미국 – 중앙정보국(CIA)
④ 일본 – 공안조사청

17
해외안전총국(DGSE) – 프랑스★

정답 ❷

18 다음 경호의 주체 중 각국의 국가원수 경호기관으로 잘못 설명한 것은?

기출수정 07

☑ 확인
Check!
○
△
×

① 독일 대통령경호기관은 연방범죄수사국 경호안전과이다.
② 일본 천황의 경호기관은 경찰청 경비국 예하 공안2과이다.
③ 프랑스 대통령경호기관은 국립경찰청 소속의 요인경호국 (SPHP, 구 V.O)이다.
④ 영국 (여)왕의 경호기관은 내무성 산하의 수도경찰청에 있는 특별작전부(요인경호본부)이다.

18
일본 천황의 경호기관은 황궁경찰본부 이다.

정답 ❷

핵심만콕 일본의 경호작용

• 경위 : 일본천황이나 황족에 대한 보호활동으로 경찰청 직속 황궁경찰본부가 담당하고, 황궁 내부에서는 황궁경찰본부가 담당하며 외부는 경찰청 경위과에서 담당하도록 하고 있다.
• 경호 : 정부요인과 외국요인에 대한 신변보호로서 경찰청이 담당한다.

19 각국의 국가원수 경호기관에 대한 설명으로 맞는 것은? 기출 06

☑ 확인
Check!
○
△
×

① 미국의 비밀경호국(Secret Service)은 1865년 위조지폐단속을 주목적으로 설립되었으며 이후 1906년 당시 여러 연방법집행기관 중 가장 능력을 인정받아 대통령경호를 담당하게 되었다.

② 프랑스는 장다르머리(Gendarmerie)라고 불리는 국가헌병경찰 산하 공화국경비대가 대통령숙소경호를 담당하는데 이들은 군인신분으로 소속은 국방부이다.

③ 독일은 내무부 장관의 직속하에 있는 수도경찰청 산하 특수작전국에서 대통령경호를 담당하는데 특수작전 VIP 경호과에서 근접경호 및 숙소경호를 담당한다.

④ 일본의 경우 경찰청 경비국 예하 공안3과에서 경호계획 수립 및 근접경호를 담당하며 공안1과는 경호정보의 수집, 분석, 평가를 담당한다.

19
프랑스의 국가헌병경찰 산하 공화국경비대는 평상시에는 내무부 장관의 지휘를 받으나 신분상 국방부 소속이다.

정답 ❷

핵심만콕

• 미국의 비밀경호국(Secret Service)은 1865년 위조지폐단속, 대통령 및 대통령가족, 대통령후보자의 경호를 담당하는 재무성 소속의 경찰기관이었다. 1906년 일반경비법(一般經費法)의 실행으로 화폐위조, 기타 범죄단속 대상의 예산을 미국대통령의 신변보호를 위하여 사용해도 좋다는 것이 명문화되었다. 현재는 국토안보부 소속이다.★

• 독일은 내무성장관 소속하의 연방범죄수사국의 경호안전과에서 주요인사의 경호를 담당하고 있다. 경호안전과는 연방대통령, 수상, 장관 등의 헌법기관 보호업무와 이를 위한 정보수집 및 평가업무를 관장한다.★

• 일본은 경찰청 경비국에서 총리대신(수상) 및 국가요인 등에 대한 경호를 담당하며, 공안 제1과 · 제3과는 경호정보의 수집 · 분석 · 평가를 하고 공안 제2과는 총리대신 및 요인경호에 대한 지휘 · 조정 · 감독 · 협조업무 유지, 안전대책작용 등을 수행한다.★

20 다음 중 일본 천황의 경호기관은 어느 것인가?　　　기출수정 99

① 황궁경찰본부

② 수도경찰청 특별작전부 산하 왕실 및 특별요인경호과

③ 국무성 산하 요인경호과

④ 국토안보부 산하 비밀경호국

20
① 황궁경찰본부가 일본 천황의 경호기관에 해당한다.
② 영국 (여)왕의 경호기관이다.
③ 미국(영부인 및 가족 보호, 국무장관·차관, 외국대사, 기타 요인경호를 담당)의 경호 유관기관이다.
④ 미국 대통령의 경호기관이다.

정답 ❶

21 다음 중 대통령과 수상의 경호를 동일기관에서 담당하고 있는 국가는?　　　기출 97

① 미 국　　　　② 독 일

③ 일 본　　　　④ 한 국

21
독일의 연방범죄수사국 경호안전과에서는 대통령과 수상의 경호를 담당하고 있다.

정답 ❷

22 다음의 경호 유관기관들 중 프랑스의 경호 유관기관에 해당하는 것은 모두 몇 개인가?

- 연방이민국(USCIS)
- 대테러조정통제실(UCLAT)
- 연방정보부(BND)
- 군방첩대(MAD)
- 연방헌법보호청(BFV)
- 내무성 일반정보국(RG)

① 1개　　　　② 2개

③ 3개　　　　④ 4개

22
연방이민국은 미국의 경호 유관기관이고, 연방정보부·군방첩대·연방헌법보호청은 독일의 경호 유관기관이다.

정답 ❷

3 경호의 주체와 객체

01 다음 중 신분상 성격이 다른 것은? 기출 15

☑ 확인
Check!
○
△
×

① 대통령경호처 직원
② 신변보호업무를 수행하는 일반경비원
③ 헌 병
④ 경찰공무원

01
①·③·④는 공경호에 해당하고, ②만 사경호에 해당한다.
정답 ❷

02 다음 경호의 주체 중 신분상 성격이 다른 것은? 기출 11

☑ 확인
Check!
○
△
×

① 정부종합청사 의무경찰
② 인천공항 특수경비원
③ 공군부대 군무원
④ 경찰청 소속 공무원

02
경호의 주체(신분상 성격)로 구분했을 때 ①·③·④는 공경호에 해당하고, ②만 사경호에 해당한다.
정답 ❷

03 대통령 등의 경호에 관한 법령상 다음 (   )안에 들어갈 내용으로 옳은 것은? 기출 15

☑ 확인
Check!
○
△
×

> 대통령경호처장은 「대통령 등의 경호에 관한 법률」에 따른 경호대상에 대한 경호를 위하여 필요한 경우 (   ), (   ) 및 경호·안전관리 업무를 지원하는 관계기관에 근무할 예정인 사람에게 신원진술서 및 「가족관계의 등록 등에 관한 법률」에서 정하는 증명서와 그 밖에 필요한 자료의 제출을 요구할 수 있다. 이 경우 대통령경호처장은 제출된 자료의 내용을 확인하기 위하여 관계기관에 조회 또는 그 밖에 필요한 협조를 요청할 수 있다.

① 대통령비서실, 국가안보실
② 대통령비서실, 국방부 조사본부실
③ 대검찰청 공안기획실, 국가안보실
④ 대검찰청 공안기획실, 국방부 조사본부실

03
(   ) 안에 들어갈 내용은 대통령비서실, 국가안보실이다(대통령 등의 경호에 관한 법률 시행령 제3조의3 제1항).
정답 ❶

04

대통령 등의 경호에 관한 법률상 대통령경호처에 관한 설명으로 옳지 않은 것은?　기출 11

① 경호처는 대통령비서실 소속으로 경호처장은 별정직 공무원에 보한다.

② 전직대통령에 대한 경호는 본인의 의사에 반하지 아니하는 경우는 퇴임 후 10년 이내로 한다.

③ 대통령이 퇴임 후 사망한 경우 그 배우자의 경호 기간은 퇴임일로부터 기산하여 10년을 넘지 아니하는 범위 내에서 사망 후 5년으로 한다.

④ 경호처의 경호대상에는 대통령권한대행과 그 배우자도 포함된다.

개정법에 의할 때 경호처는 대통령비서실과는 분리되었으며 경호처장은 정무직 공무원이다(정부조직법 제16조). ★

정답 ❶

관계법령　대통령경호처(정부조직법 제16조)

① 대통령 등의 경호를 담당하기 위하여 대통령경호처를 둔다.
② 대통령경호처에 처장 1명을 두되, 처장은 정무직으로 한다. ★
③ 대통령경호처의 조직·직무범위 그 밖에 필요한 사항은 따로 법률로 정한다.

05

대통령 등의 경호에 관한 법령상 경호구역에 관한 설명으로 옳지 않은 것은?　기출수정 17

① 대통령경호처장은 경호업무의 수행에 필요하다고 판단되는 경우 경호구역을 지정할 수 있다.

② 대통령경호처장이 경호구역을 지정할 경우 경호 목적 달성을 위한 최대한의 범위로 설정되어야 한다.

③ 경호구역을 지정할 때에는 경호업무 수행에 대한 위해요소와 구역이나 시설의 지리적·물리적 특성 등을 고려해 지정한다.

④ 대통령경호처 소속 공무원과 경호업무를 지원하는 사람은 경호 목적상 불가피하다고 인정되는 상당한 이유가 있는 경우에만 경호구역에서 안전활동을 할 수 있다.

② 경호구역의 지정은 경호 목적 달성을 위한 최소한의 범위로 한정되어야 한다(대통령 등의 경호에 관한 법률 제5조 제2항).
① 대통령 등의 경호에 관한 법률 제5조 제1항
③ 대통령 등의 경호에 관한 법률 시행령 제4조
④ 대통령 등의 경호에 관한 법률 제5조 제3항

정답 ❷

06

로마 가톨릭 교황 방한 시 대통령경호처장이 경호등급을 결정할 경우, 사전협의해야 하는 자가 아닌 것은? 기출 17

☑ 확인
Check!
○
△
✕

① 국가안보실장
② 외교부장관
③ 국가정보원장
④ 경찰청장

06
대통령 등의 경호에 관한 법률 시행령에 따르면 처장은 경호등급을 구분하여 운용하는 경우에는 외교부장관, 국가정보원장 및 경찰청장과 미리 협의하여야 한다(제3조의2 제2항)라고 규정하고 있어 이에 포함되지 않는 ①이 정답이 된다.
정답 ❶

07

대통령 등의 경호에 관한 법률상 경호등급 및 경호구역 지정에 관한 설명으로 옳지 않은 것은?

☑ 확인
Check!
○
△
✕

① 대통령집무실·대통령관저 등을 제외한 각종 행사장·유숙지 등에 대한 경호구역은 행사의 성격, 경호위해요소 등을 고려하여 처장이 지정한다.
② 경호처장은 경호업무의 수행에 필요하다고 판단되는 경우 경호구역을 지정할 수 있다.
③ 경호구역의 지정은 경호 목적 달성을 위한 최소한의 범위로 한정되어야 한다.
④ 경호등급을 구분하여 운영하는 경우에는 외교부장관, 국가정보원장 및 경찰청장과 미리 협의하여야 한다.

07
① 2022.5.9. 개정 전 대통령 등의 경호에 관한 법률 시행령 제4조 제2항의 내용이다.
② 대통령 등의 경호에 관한 법률 제5조 제1항
③ 대통령 등의 경호에 관한 법률 제5조 제2항
④ 대통령 등의 경호에 관한 법률 시행령 제3조의2 제2항
정답 ❶

08

대한민국에서 개최되는 다자간 정상회의의 경호 및 안전관리 업무를 효율적으로 수행하기 위하여 대통령 등의 경호에 관한 법률에 따라 설치되는 경호·안전 대책기구의 명칭은? 기출 17

☑ 확인
Check!
○
△
✕

① 경호안전종합본부
② 경호안전통제단
③ 경호안전대책본부
④ 경호처 특별본부

08
대통령 등의 경호에 관한 법률 제5조의2 제1항에 따른 경호·안전 대책기구의 명칭은 경호안전통제단(이하 "통제단"이라 한다)이라 한다(다자간 정상회의의 경호 및 안전관리 업무에 관한 규정 제2조 제1항).
정답 ❷

관계법령 경호·안전 대책기구의 명칭 및 기능(다자간 정상회의의 경호 및 안전관리 업무에 관한 규정 제2조)

① 「대통령 등의 경호에 관한 법률」 제5조의2 제1항에 따른 경호·안전 대책기구의 명칭은 경호안전통제단(이하 "통제단"이라 한다)이라 한다.
② 통제단은 다자간 정상회의의 경호 및 안전관리를 위한 경호·안전종합대책을 수립·시행한다.

09 대통령 등의 경호에 관한 법률의 내용으로 옳지 않은 것은?

기출 15

① 5급 이상 경호공무원은 대통령경호처장의 제청으로 대통령이 임용한다.

② 임용권자는 직원(별정직 국가공무원은 제외)이 신체적·정신적 이상으로 6개월 이상 직무를 수행하지 못할 만한 지장이 있으면 직권으로 면직할 수 있다.

③ 5급 이상 경호공무원의 정년은 58세이고, 6급 이하 경호공무원의 정년은 55세이다.

④ 대통령경호처장의 제청으로 서울중앙지방검찰청 검사장이 지명한 경호공무원은 일반범죄에 대하여 수사상 긴급을 요하는 한도 내에서 사법경찰관리의 직무를 수행할 수 있다.

09

대통령경호처장의 제청으로 서울중앙지방검찰청 검사장이 지명한 경호공무원은 경호대상에 대한 경호업무 수행 중 인지한 그 소관에 속하는 범죄에 대하여 직무상 또는 수사상 긴급을 요하는 한도 내에서 사법경찰관리의 직무를 수행할 수 있다(대통령 등의 경호에 관한 법률 제17조 제1항).

정답 ❹

10 대통령 등의 경호에 관한 법률상 직원에 대한 설명으로 옳지 않은 것은?

① 경호처에 특정직 국가공무원인 1급부터 9급까지의 경호공무원과 일반직 국가공무원을 둔다.

② 필요하다고 인정할 때에는 경호공무원의 정원 중 일부를 일반직 국가공무원 또는 별정직 국가공무원으로 보할 수 있다.

③ 경호공무원 각 계급의 직무의 종류별 명칭은 대통령령으로 정한다.

④ 경호공무원의 계급별 직급의 명칭은 1급 관리관, 2급 경호이사관, 3급 경호부이사관 등이다.

10

경호공무원의 계급별 직급의 명칭은 1급 관리관, 2급 이사관, 3급 부이사관 등이다(대통령 등의 경호에 관한 법률 시행령 [별표 1] 참고).

정답 ❹

11 경호공무원 중 5급 이상 경호공무원을 임용하는 임용권자는 누구인가?

기출 02

① 대통령
② 국무총리
③ 경호처장
④ 경호차장

11

5급 이상의 임용권자는 대통령이고, 6급 이하의 임용권자는 경호처장이다(대통령 등의 경호에 관한 법률 제7조).

정답 ❶

12 대통령 등의 경호에 관한 법률상 임용권자에 관한 설명으로 옳지 않은 것은?

☑ 확인
Check!
○
△
✕

① 5급 이상 경호공무원은 경호처장의 제청으로 대통령이 임용한다.
② 6급 이하 경호공무원은 경호처장이 임용한다.
③ 5급 이상 경호공무원의 전보 · 휴직 · 겸임 · 파견 · 직위해제 · 정직 및 복직에 관한 사항은 대통령이 행한다.
④ 경호처장은 6급 이하 별정직 국가공무원에 대하여 모든 임용권을 가진다.

12
5급 이상 경호공무원의 전보 · 휴직 · 겸임 · 파견 · 직위해제 · 정직 및 복직에 관한 사항은 경호처장이 행한다(대통령 등의 경호에 관한 법률 제7조 제1항 단서).
정답 ❸

13 경호공무원으로 임용될 수 있는 사람은? 기출수정 14

☑ 확인
Check!
○
△
✕

① 피성년후견인
② 파산선고를 받고 복권되지 아니한 자
③ 징계로 해임처분을 받은 때부터 4년이 지난 자
④ 법원의 판결 또는 다른 법률에 따라 자격이 상실되거나 정지된 자

13
징계로 해임처분을 받은 때부터 3년이 지나지 아니한 자가 임용결격자에 해당한다(국가공무원법 제33조 준용). 따라서 ③은 임용될 수 있다.
정답 ❸

14 대통령 등의 경호에 관한 법률상의 내용에 관한 설명으로 옳지 않은 것은? 기출 11

☑ 확인
Check!
○
△
✕

① 처장은 6급 이하 경호공무원과 6급 상당 이하 별정직 국가공무원에 대하여 모든 임용권을 가진다.
② 5급 이상 경호공무원의 전보 · 휴직 · 겸임 · 파견 · 직위해제 등에 관한 사항은 처장이 이를 행한다.
③ 소속 공무원이 경호처의 직무와 관련된 사항을 발간하려면 미리 대통령의 허가를 받아야 한다.
④ 경호공무원 각 계급의 직무의 종류별 명칭은 대통령령으로 정한다.

14
소속 공무원은 경호처의 직무와 관련된 사항을 발간하거나 그 밖의 방법으로 공표하려면 미리 처장의 허가를 받아야 한다(대통령 등의 경호에 관한 법률 제9조 제2항).
정답 ❸

15 대통령 등의 경호에 관한 법률상 비밀엄수규정의 적용을 받지 않는 사람은?

① 대통령 경호업무에 동원된 종로경찰서 소속 경찰관
② 대통령경호처에 파견근무 중인 서울특별시경찰청 소속 경찰관
③ 대통령경호처에서 퇴직 후 5년이 지난 전직 경호공무원
④ 대통령경호처에서 파견근무 후 원 소속으로 복귀한 국가정보원 직원

제1장 제2장 제3장 제4장 제5장 제6장

15
대통령 등의 경호에 관한 법률상 비밀엄수규정의 적용을 받는 사람은 소속 공무원, 퇴직한 사람, 원 소속 기관에 복귀한 사람이다. 여기서의 소속 공무원은 경호처 직원과 경호처에 파견된 사람을 말한다. 지문의 대통령 경호업무에 동원된 경찰관은 비밀엄수규정의 적용을 받지 않는다.

정답 **①**

16 대통령 등의 경호에 관한 법률에 의할 때, 3급 경호공무원의 연령정년과 계급정년을 바르게 묶은 것은?

① 50세 – 제한 없음
② 55세 – 10년
③ 58세 – 7년
④ 55세 – 6년

16
대통령 등의 경호에 관한 법률에 규정된 3급 경호공무원의 연령정년과 계급정년은 각각 58세, 7년이다.

정답 **③**

17 대통령 등의 경호에 관한 법률상 징계에 관한 설명으로 옳지 않은 것은?

① 직원의 징계에 관한 사항을 심사·의결하기 위하여 경호처에 고등징계위원회와 보통징계위원회를 둔다.
② 고등징계위원회와 보통징계위원회는 위원장 1명과 4명 이상 6명 이하의 위원으로 구성한다.
③ 6급 이하 직원의 징계는 징계위원회의 의결을 거쳐 경호처장이 한다.
④ 5급 이상 직원의 파면 및 해임은 고등징계위원회의 의결을 거쳐 경호처장이 한다.

17
5급 이상 직원의 파면 및 해임은 고등징계위원회의 의결을 거쳐 처장의 제청으로 대통령이 한다(대통령 등의 경호에 관한 법률 제12조 제3항).

정답 **④**

18 대통령 등의 경호에 관한 법률상 징계위원회의 구성 등에 대한 설명으로 옳지 않은 것은?

① 위촉되는 위원의 수는 위원장을 제외한 위원 수의 각각 2분의 1 이상이어야 한다.

② 위촉되는 위원의 임기는 3년으로 하며, 한 차례만 연임할 수 있다.

③ 고등징계위원회의 위원장은 처장이 된다.

④ 보통징계위원회의 위원장은 경호지원단장이 된다.

19 대통령 등의 경호에 관한 법률상 처장이 징계위원회의 해당 위원을 해촉할 수 있는 경우가 아닌 것은?

① 심신장애로 인하여 직무를 수행할 수 없게 된 경우

② 직무태만, 품위손상이나 그 밖의 사유로 인하여 위원으로 적합하지 아니하다고 인정되는 경우

③ 「공무원 징계령」 제15조 제1항에 해당하는데에도 불구하고 회피하지 아니한 경우

④ 위원 스스로 직무를 수행하는 것이 곤란하다고 의사를 밝히는 경우

20 대통령경호안전대책위원회에 관한 설명으로 옳지 않은 것은?

기출 09

① 대통령 등 경호대상에 대한 경호업무를 수행함에 있어 관계기관의 책임을 명확하게 하고, 협조를 원활하게 하기 위하여 경호처에 둔다.

② 위원회는 위원장과 부위원장 각 1명을 포함한 20명 이내의 위원으로 구성한다.

③ 부위원장은 처장, 위원은 대통령령으로 정하는 관계기관의 공무원이 된다.

④ 위원회의 구성 및 운영에 관하여 필요한 사항은 대통령령으로 정한다.

21 대통령경호안전대책위원회의 위원은 위원장과 부위원장을 포함하여 몇 명 이내로 구성하는가?　　기출 97

☑ 확인
Check!
○
△
✕

① 11명　　　　　　② 14명
③ 12명　　　　　　④ 20명

21
위원회는 위원장과 부위원장 각 1명을 포함한 20명 이내의 위원으로 구성한다. 위원장은 처장이 되고, 부위원장은 차장이 되며, 위원은 대통령령으로 정하는 관계기관의 공무원이 된다(대통령 등의 경호에 관한 법률 제16조 제2항).

정답 ❹

22 대통령 등의 경호에 관한 법률상 무기의 휴대 및 사용에 관한 설명이다. ( ) 안에 들어갈 내용으로 옳은 것은?　　기출 12

☑ 확인
Check!
○
△
✕

( )은 직무를 수행하기 위하여 필요하다고 인정할 때에는 ( )에게 무기를 휴대하게 할 수 있다.

① 경호차장, 소속 공무원
② 경호차장, 경호처 직원
③ 경호처장, 소속 공무원
④ 경호처장, 경찰공무원

22
( ) 안에 들어갈 내용은 순서대로 경호처장, 소속 공무원이다(대통령의 경호 등에 관한 법률 제19조 제1항).

정답 ❸

제1장
제2장
제3장
제4장
제5장
제6장

23 경호공무원이 무기를 사용할 때 사람에게 위해를 끼치지 않아야 하는 경우는?　　기출 11·97

☑ 확인
Check!
○
△
✕

① 형법상 정당방위에 해당할 때
② 형법상 정당행위에 해당할 때
③ 형법상 긴급피난에 해당할 때
④ 야간이나 집단을 이루거나 흉기 등을 휴대하여 경호업무를 방해하기 위하여 경호공무원에게 항거할 경우에 이를 방지하거나 체포하기 위하여 무기를 사용하지 아니하고는 다른 수단이 없다고 인정되는 상당한 이유가 있을 때

23
대통령 등의 경호에 관한 법률 제19조 제2항 단서에서 규정하는 형법상 위법성조각사유는 정당방위와 긴급피난에 한한다. 정당행위, 피해자승낙, 자구행위는 해당하지 않는다는 점을 유의하여야 한다.★

정답 ❷

24 대통령 등의 경호에 관한 법령상 다음 (　)에 들어갈 내용으로 옳은 것은? 기출 14

소속 공무원은 대통령경호처의 직무와 관련된 사항을 발간하거나 그 밖의 방법으로 공표하려면 미리 대통령경호처장의 허가를 받아야 한다. 이를 위반한 사람은 (　)년 이하의 징역·금고 또는 (　)만원 이하의 벌금에 처한다.

① 2 - 500
② 2 - 1,000
③ 3 - 500
④ 3 - 1,000

소속 공무원은 경호처의 직무와 관련된 사항을 발간하거나 그 밖의 방법으로 공표하려면 미리 처장의 허가를 받아야 한다. 위반한 사람은 2년 이하의 징역·금고 또는 500만원 이하의 벌금에 처한다(대통령 등의 경호에 관한 법률 제21조 제2항).★★

 정답 ❶

---

25 우리나라 경호공무원의 의무사항으로 옳지 않은 것은? 기출 13

① 소속 상관의 허가 없이 직장을 이탈할 수 없다.
② 영리목적으로 다른 직무와의 겸업을 할 수 없다.
③ 자신이 희망하는 종교와 정당가입은 가능하다.
④ 공무원으로서 집단행위를 할 수 없다.

③ 경호공무원은 종교를 갖는 것은 가능하나, 정당에 가입할 수는 없다.
① 국가공무원법 제58조(직장이탈금지)
② 국가공무원법 제64조(영리업무 및 겸직금지) 제1항
④ 국가공무원법 제66조(집단행위의 금지) 제1항

 정답 ❸

핵심만콕

자신이 희망하는 종교를 갖는 것은 가능하지만 국가공무원법 제59조의2(종교중립의 의무)에 따라 공무원은 종교에 따른 차별 없이 직무를 수행하여야 한다(제1항). 그러나 공무원은 소속 상관이 제1항에 위배되는 직무상 명령을 한 경우에는 이에 따르지 아니할 수 있다(제2항). 그리고 제65조(정치운동의 금지)에 따라 자신이 희망하는 정당에 가입하는 것은 금지된다.

관계법령 　국가공무원법과의 관계 등(대통령 등의 경호에 관한 법률 제14조)

① 직원의 신규채용, 시험의 실시, 승진, 근무성적평정, 보수 및 교육훈련에 관한 사항은 대통령령으로 정한다.
② 직원에 대하여는 이 법에 특별한 규정이 있는 경우를 제외하고는 국가공무원법을 준용한다.
③ 직원에 대하여는 국가공무원법 제17조(인사에 대한 감사) 및 제18조(통계보고)를 적용하지 아니한다.

26 대통령경호공무원에 대한 설명 중 틀린 것은?

기출 07

① 대통령경호처 직원 중 경호처장의 제청으로 서울중앙지방검찰청 검사장이 지명한 경호공무원만이 사법경찰권을 가진다.
② 사법경찰권이 없는 경호공무원이 현행범을 체포하였을 경우 즉시 사법경찰관리에게 인도하여야 한다.
③ 경호공무원이 직무와 관련하여 직·간접적으로 사례·증여 또는 향응을 받을 수 없도록 규정한 것은 일반공무원에게는 해당되지 않는 엄격한 청렴의무를 부과한 것이다.
④ 경호공무원이 직무수행 중 부상 또는 사망하였을 경우 국가유공자 등 예우 및 지원에 관한 법률 또는 보훈보상대상자 지원에 관한 법률상의 여러 가지 보상을 받을 수 있다.

26

경호처의 직원에 관하여 이 영에 특별한 규정이 있는 경우를 제외하고는 공무원임용령 및 국가공무원 복무규정을 준용한다(대통령 등의 경호에 관한 법률 시행령 제35조). 따라서 경호원은 직무와 관련하여 직접 또는 간접을 불문하고 사례·증여 또는 향응을 수수할 수 없으며, 직무상의 관계 여하를 불문하고 그 소속 상관에 증여하거나 소속 경호원으로부터 증여를 받아서는 아니 된다. 이러한 청렴의무는 공무원 모두에게 해당된다.

정답 ❸

27 경찰청 경비국장의 분장사항이 아닌 것은?

① 청원경찰의 운영 및 지도
② 경비에 관한 계획의 수립 및 지도
③ 국가중요시설 및 주요 인사의 안전·보호에 관한 정보활동
④ 대테러 예방 및 진압대책의 수립·지도

27

③은 2023.10.17 경찰청과 그 소속기관 직제 개정으로 치안정보국장의 분장사항에 해당한다.

정답 ❸

관계법령 **경비국(경찰청과 그 소속기관 직제 제13조)**

① 경비국에 국장 1명을 둔다.
② 국장은 치안감 또는 경무관으로 보한다.
③ 국장은 다음 사항을 분장한다. 〈개정 2023.4.18.〉
  1. 경비에 관한 계획의 수립 및 지도
  2. 경찰부대의 운영·지도 및 감독
  3. 청원경찰의 운영 및 지도
  4. 민방위업무의 협조에 관한 사항
  5. 경찰작전·경찰전시훈련 및 비상계획에 관한 계획의 수립·지도
  6. 중요시설의 방호 및 지도
  7. 예비군의 무기 및 탄약 관리의 지도
  8. 대테러 예방 및 진압대책의 수립·지도
  8의2. 안전관리·재난상황 및 위기상황 관리기관과의 연계체계 구축·운영
  9. 의무경찰의 복무 및 교육훈련
  10. 의무경찰의 인사 및 정원의 관리
  11. 경호 및 주요 인사 보호계획의 수립·지도
  12. 경찰항공기의 관리·운영 및 항공요원의 교육훈련
  13. 경찰업무수행과 관련된 항공지원업무

28 경호의 구성요소에 관한 설명으로 옳지 않은 것은? 기출 14

☑ 확인 Check!
○
△
×

① 경호는 경호대상자의 신변 안전에 위협이 되는 제반 경호환경을 경호원이 관리하고 통제하는 과정이다.
② 경호목적을 달성하기 위해 적극적으로 일정한 경호작용을 주도적으로 실시하는 당사자를 가리켜 경호주체라 한다.
③ 경호의 객체인 경호대상자는 경호원이 보호해야 하는 대상자를 말하며, '피경호인'이라고 표현하기도 한다.
④ 경호대상자의 경호에 대한 인식이나 관심은 경호의 결과에 영향을 미치지 않는다.

28
경호업무 시 경호대상자를 단순하게 경호활동의 객체로 인식하여 경호활동과 분리시키려는 경향이 있으나 경호대상자는 경호활동에 주요한 영향을 미치게 된다는 것을 인식할 필요가 있다. 즉, 경호대상자의 경호활동에 대한 관심이나 경호원과의 관계 등과 같은 것은 경호업무의 효율성에 커다란 영향을 미치게 된다.

정답 ❹

핵심만콕 경호대상자의 유형

• 정치학자 드와이트 테이즈(Dwight L. Tays)는 경호에 대한 대통령들의 반응 방식을 분석하여 역대 미국 대통령의 유형을 세 가지로 분류하였다.

경호 사절형	• 경호조치의 필요성을 거의 느끼지 않으며, 경호를 거의 무시하다시피 행동하는 유형 • 케네디, 루즈벨트, 존슨, 클린턴 대통령이 대표적이다.
소극적 협력형	• 경호의 필요성은 느끼지 않으나, 가능하면 경호부서와 불화를 일으키지 않으려 노력하는 유형 • 트루먼, 포드, 카터 대통령이 대표적이다.
적극적 지원형	• 경호조치에 수용적이고, 경호조치로 인한 대중과의 일정한 격리를 선호하는 유형 • 아이젠하워, 닉슨, 레이건, 부시 대통령이 대표적이다.

• 경호의 질과 방식은 대통령의 심리적 성향에 큰 영향을 받으며, 대통령들은 자신의 성격이나 정치스타일에 따라 경호에 관한 나름대로의 규칙을 정해놓고 있다.

〈참고〉 이두석, 「경호학개론」, 진영사, 2018, P. 76

29 경호의 주체 및 객체에 관한 설명으로 옳지 않은 것은? 기출 17

☑ 확인 Check!
○
△
×

① 경호주체는 경호목적을 달성하기 위해 적극적으로 일정한 경호작용을 주도적으로 실시하는 당사자를 말한다.
② 경호객체는 경호관계에서 경호주체의 상대방인 경호대상자를 말한다.
③ 경호대상자의 협조를 유도하기 위해서는 경호대상자의 심리적 성향을 이해하고 적합한 기법을 개발하여 신뢰감을 얻는 것이 중요하다.
④ 경호대상자가 경호에 협조적인 경우, 경호대상자 주위의 안전구역을 해제함으로써 유연한 경호임무를 완수해야 한다.

29
안전구역은 경호대상자가 위치하는 가장 중심부 내부로 어떠한 상황하에도 완벽한 통제가 이루어져야 한다. 경호대상자가 이러한 경호조치에 협조적인 경우라 하더라도 여전히 필연적인 위험은 잠재하기 때문에, 안전구역을 해제하여서는 아니 된다.

정답 ❹

30 대통령 등의 경호에 관한 법령상 경호대상 중 전직대통령과 그 배우자에 대한 경호 기간에 관한 설명으로 옳지 않은 것은?(단, 경호대상자의 의사에 반하지 않는 경우에 한정한다.) 기출 16

☑ 확인
Check!
○
△
✕

① 퇴임 후 10년 이내에서 제공한다.
② 대통령이 임기 만료 전에 퇴임한 경우와 재직 중 사망한 경우에는 그로부터 5년으로 한다.
③ 퇴임 후 사망한 경우에는 퇴임일부터 기산하여 5년을 넘지 아니하는 범위에서 사망 후 3년으로 한다.
④ 전직대통령 또는 그 배우자의 요청에 따라 대통령경호처장이 고령 등의 사유로 필요하다고 인정하는 경우에는 5년 범위에서 경호 기간을 연장할 수 있다.

31 대통령 등의 경호에 관한 법령상 대통령경호처의 경호대상으로 옳지 않은 것은? 기출 12

☑ 확인
Check!
○
△
✕

① 대통령당선인과 그의 배우자 및 직계존비속
② 대통령권한대행과 그의 배우자 및 직계존비속
③ 본인의 의사에 반하지 아니하는 경우에 한정하여 퇴임 후 10년 이내의 전직대통령
④ 대한민국을 방문하는 외국의 국가원수 또는 행정수반과 그 배우자

32 다음 중 대통령 등의 경호에 관한 법률상 경호의 대상이 아닌 것은? 기출 07

☑ 확인
Check!
○
△
✕

① 대통령 당선자와 그 가족
② 대통령후보
③ 대통령권한대행과 그 배우자
④ 방한하는 외국의 국가원수

30
본인의 의사에 반하지 아니하는 경우에 한정하여 퇴임 후 10년 이내의 전직대통령과 그 배우자는 경호처의 경호대상이다. 다만, 대통령이 임기 만료 전에 퇴임한 경우와 재직 중 사망한 경우의 경호 기간은 그로부터 5년으로 하고, 퇴임 후 사망한 경우의 경호 기간은 퇴임일부터 기산하여 10년을 넘지 아니하는 범위에서 사망 후 5년으로 한다(대통령 등의 경호에 관한 법률 제4조 제1항 제3호).
정답 ❸

31
대통령과 대통령당선인은 그 가족(= 배우자와 직계존비속)이 경호대상이지만, 대통령권한대행과 외국의 국가원수 등은 본인과 그 배우자만 경호대상이다.
정답 ❷

32
대통령 당선자는 대통령경호처의 경호대상이지만, 대통령후보는 경찰의 경호대상이다.
정답 ❷

33 전직대통령의 아들인 김○○ 씨가 본인의 부친 퇴임 후 10년 이내에 별거하고 있을 때의 경호는 어디서 하는가? 기출 01

☑ 확인
Check!
○
△
✕

① 대통령경호처
② 경찰청
③ 경호하지 않는다(경호대상에 해당되지 않는다).
④ 대통령경호처에서 때에 따라서는 경호할 수도 있고 경호하지 않을 수도 있다.

33
전직대통령의 자녀는 2013.8.13. 대통령 등의 경호에 관한 법률 개정 시 경호처의 경호대상에서 제외되었으며, 경찰청 경비국의 경호대상에도 해당하지 않는다.
정답 ❸

34 우리나라의 전직대통령의 경호에 대한 설명으로 맞지 않는 것은? 기출 97

☑ 확인
Check!
○
△
✕

① 대통령경호처는 본인의 의사에 반하지 아니하는 경우에 한정하여 10년 이내의 전직대통령의 호위를 담당한다.
② 경찰청장은 10년이 지난 전직대통령에 대하여 필요하다고 인정될 때 경호경비를 실시한다.
③ 전직대통령이 금고 이상의 형을 선고받은 경우에는 그 즉시 호위를 받을 수 없다.
④ 재직 중 탄핵을 받아 퇴임한 경우에는 본인의 의사에 반하지 않는 한 퇴임한 날로부터 5년간 호위를 받을 수 있다.

34
금고 이상의 형이 확정된 경우에 예우를 하지 않는 것이므로, 금고 이상의 형을 선고받은 경우에는 형이 확정될 때까지는 예우를 해야 한다. 그리고 전직대통령예우에 관한 법률 제7조 제2항의 사유가 발생하더라도 "필요한 기간의 경호 및 경비"는 계속 받게 된다. ★
정답 ❸

관계법령	권리의 정지 및 제외 등(전직대통령 예우에 관한 법률 제7조)

① 이 법의 적용 대상자가 공무원에 취임한 경우에는 그 기간 동안 제4조 및 제5조에 따른 연금의 지급을 정지한다.
② 전직대통령이 다음 각호의 어느 하나에 해당하는 경우에는 제6조 제4항 제1호(필요한 기간의 경호 및 경비)에 따른 예우를 제외하고는 이 법에 따른 전직대통령으로서의 예우를 하지 아니한다.
　1. 재직 중 탄핵결정을 받아 퇴임한 경우
　2. 금고 이상의 형이 확정된 경우
　3. 형사처분을 회피할 목적으로 외국정부에 도피처 또는 보호를 요청한 경우
　4. 대한민국의 국적을 상실한 경우

02 경호의 조직 심화문제

1 경호조직의 의의 및 특성과 구성원칙

01 경호조직의 특성에 관한 설명으로 옳은 것은?

① 기동성의 특성을 갖는다.
② 독립된 비협력성의 특성을 갖는다.
③ 폐쇄성보다는 개방성이 더욱 요구된다.
④ 가시적인 경호를 위해 보안성보다는 노출성이 더욱 요구된다.

☑ 확인
Check!
○
△
×

쏙쏙 해설 •••

① 경호조직의 특성에는 기동성, 통합성과 계층성, 폐쇄성(보안성), 전문성 및 대규모성 등이 있다.
② 하나의 경호조직이 단독으로 경호임무 수행에 필요한 모든 정보활동을 수행할 수는 없으므로, 효율적인 경호임무 수행과 조직관리를 위해 경호 유관기관과의 유기적인 협조(협력성)가 필수적이다.
③ 경호조직은 보안성을 높이는 폐쇄성의 특성이 요구된다.
④ 경호를 완전무결하게 수행하기 위해서는 경호조직의 비공개와 경호기법의 비노출 등 보안의 중요성이 강조될 수밖에 없다.

정답 ❶

핵심만콕	경호조직의 특성★
기동성	• 교통수단의 발달과 인구집중현상·환경보호, 더 나아가 세계공동체를 향한 외교활동 증대로 고도의 유동성을 띠게 되어 경호조직도 그에 대응하여 높은 기동성을 띤 조직으로 변해가고 있다. • 암살 및 테러의 고도화에 따라 경호장비의 과학화와 이를 지원하기 위한 행정업무의 자동화, 컴퓨터화 등 기동성이 요구되고 있다.
통합성과 계층성	• 경호조직은 전체 구조가 통일적인 피라미드형을 구성하면서 그 조직 내 계층을 이루고 지휘·감독 등을 통하여 경호목적을 실현하므로, 경호행사를 직접 담당하는 경호기관의 조직은 다른 부서에 비해 경호집행기관적 성격으로 계층성이 더욱 강조된다. • 경호조직은 기구단위 및 권한과 책임이 분화되어야 하며, 경호조직 내의 중추세력은 권한의 계층을 통하여 분화된 노력을 상호 조정하고 통제함으로써 경호의 목적을 달성할 수 있다.

폐쇄성 (보안성)	• 경호를 완전무결하게 수행하기 위해서는 경호조직의 비공개와 경호기법의 비노출 등 보안성을 높이는 폐쇄성의 특성을 가져야 한다. • 일반적인 공개주의 원칙에도 불구하고 암살자나 테러집단에 알려지지 않도록 기밀성을 유지한다. • 일반적으로 정부조직은 법령주의와 공개주의 원칙에 따르지만, 경호조직에서는 비밀문서로 관리하거나 배포의 일부제한으로 비공개로 할 수 있다.
전문성	• 테러행위의 수법이 지능화·고도화되고 있으므로 경호조직에 있어서도 기능의 전문화 내지 분화현상이 광범위하게 나타나고 있다. • 경호조직의 권위는 권력의 힘에 의존하는 데서 탈피하여 경호의 전문성에서 찾아야 한다. • 고도로 전문화된 경호전문가의 양성을 통해 경호조직의 권위를 확립하고, 국민의 이해와 협조 속에서 국민과 함께 하는 경호가 요구된다.
대규모성	• 경호조직은 과거에 비해서 그 기구 및 인원 면에서 점차 대규모화·다변화되고 있다. • 과학기술의 진보와 더불어 거대정부의 양상은 경호기능의 간접적인 대규모화의 계기가 되었다.

02 경호조직의 특성에 관한 설명으로 옳은 것은 모두 몇 개인가?

 기출 21

☑ 확인
Check!
○
△
✕

○ 경호조직은 기구단위, 권한과 책임 등이 경호업무의 목적 달성을 위해 분화되어야 한다.
○ 경호조직의 폐쇄성에는 경호기법의 비노출이 포함된다.
○ 경호조직은 과거에 비해 그 기구와 인원 면에서 다변화되고 있다.
○ 경호조직은 전문성보다는 권력에 기초를 두어야 한다.

① 1개   ② 2개
③ 3개   ④ 4개

쏙쏙 해설 •••

제시된 내용 중 경호조직의 특성에 관한 설명으로 옳은 것은 3개이다. 경호조직은 권력보다는 전문성에 기초를 두어야 한다.

정답 ③

03 경호조직의 특성에 관한 설명으로 옳은 것은? 기출 20

 ☑ 확인
Check!
○
△
✕

① 기구 및 인원의 측면에서 소규모화되고 있다.
② 전체 구조가 통일적인 피라미드형을 구성하면서 그 속에 서로 상하의 계층을 이루고 지휘·감독 등의 방법에 의해 경호목적을 통일적으로 실현한다.
③ 경호조직의 공개, 경호기법 노출 등 개방성을 가진다.
④ 테러행위의 비전문성, 위해수법의 고도화에 따라 경호조직은 비전문성이 요구된다.

쏙쏙 해설 •••

②는 경호조직의 특성 중 통합성과 계층성에 대한 설명으로 옳은 내용이다.

정답 ②

04 경호조직의 특성과 원칙에 관한 설명으로 옳은 것은?

① 경호조직은 기구단위, 권한과 책임 등이 경호업무의 목적 달성을 위해 통합되어야 한다.

② 경호조직은 계층성, 개방성, 기동성의 특징을 가진다.

③ 경호업무는 지휘권, 장비, 보급지원체계 등이 갖춰진 기관단위의 작용으로 이루어진다.

④ 경호업무의 모순, 중복, 혼란 등을 방지하여 신뢰성을 높이기 위해 복합 지휘체제를 구성하여야 한다.

05 경호조직의 운영에 관한 설명으로 옳은 것은?

① 위해수법의 고도화에 따라 현대의 경호조직은 경호의 전문성이 요구된다.

② 다수의 경호원이 운용될 경우에는 다수의 지휘체계를 운영해야 한다.

③ 현대의 경호조직은 과거에 비해 규모가 축소되고 있다.

④ 완벽한 방어 및 대응체계를 구축하기 위해서는 개인단위 작용으로 이루어져야 한다.

핵심만콕

② (×) 다수의 경호원이 운용될 경우에는 지휘 및 통제의 이원화로 인해 파생되는 문제들을 보완하기 위하여 명령과 지휘체계는 반드시 하나의 계통으로 구성해야 한다.

③ (×) 현대의 경호조직은 과거에 비해 규모가 확대되고 있다.

④ (×) 완벽한 방어 및 대응체계를 구축하기 위해서는 경호기관단위 작용으로 이루어져야 한다.

06 경호조직의 특성과 원칙에 관한 설명으로 옳지 않은 것은?

기출 18

① 경호조직은 경호기법 비노출 등 폐쇄성을 가진다.
② 경호업무의 성격상 기관단위작용으로 이루어진다.
③ 경호조직은 기구단위, 권한과 책임 등이 경호업무의 목적달성에 기여할 수 있도록 통합되어야 한다.
④ 경호조직은 과거와 비교하여 그 기구와 인원 면에서 대규모화되고 있다.

핵심만콕 경호조직의 특성과 구성원칙★

경호조직의 특성	경호조직의 구성원칙
• 경호조직의 기동성 • 경호조직의 통합성과 계층성 • 경호조직의 폐쇄성 ↔ 개방성(×) • 경호조직의 전문성 • 경호조직의 대규모성 ↔ 소규모성(×)	• 경호지휘단일성의 원칙 ↔ 경호지휘다양성의 원칙(×) • 경호체계통일성의 원칙 • 경호기관단위작용의 원칙 ↔ 개인단위작용의 원칙(×) • 경호협력성의 원칙

07 하나의 경호조직이 단독으로 경호임무 수행에 필요한 모든 정보활동을 수행할 수 없다는 특성과 가장 관련 있는 경호조직의 특성은?

기출 15

① 기동성
② 보안성
③ 통합성
④ 협력성

08 경호조직의 특성에 관한 설명으로 옳지 않은 것은? 기출 13

☑ 확인
Check!
○
△
✕

① 본질적으로 보안성을 높이는 폐쇄적 조직구조로 구성한다.
② 권력보다는 전문성에 기초를 두어야 한다.
③ 경호 집행기관적 성격으로 계층성의 특성이 있다.
④ 성격상 기관단위로 작용하지 않고 개인단위로 이루어지고 있다.

쏙쏙 해설 •••

경호업무는 성격상 개인이 아닌 기관단위의 작용으로 기관의 하명에 의해 이루어진다. → 경호기관단위작용의 원칙

정답 ❹

핵심만콕

① 경호를 완전무결하게 수행하기 위해서는 경호조직의 비공개와 경호기법의 비노출 등 폐쇄성의 특성을 가져야 한다.
② 경호조직의 특성 중 전문성에 해당한다.
③ 경호조직은 전체 구조가 통일적인 피라미드형을 구성하면서, 경호행사를 직접 담당하는 경호기관의 조직은 다른 부서에 비해 계층성이 더욱 강조된다.

---

 09 경호조직의 특성과 원칙에 관한 설명으로 옳은 것을 모두 고른 것은? 기출 12

☑ 확인
Check!
○
△
✕

ㄱ. 하나의 경호조직은 한 사람만의 지휘를 받아야 하는 것이 아니라, 각 분화된 단위별로 여러 사람의 지휘를 받아야 한다.
ㄴ. 경호업무의 성격상 경호는 개인단위작용으로 이루어진다.
ㄷ. 경호조직은 조직의 비공개, 경호기법 비노출 등 폐쇄성을 가진다.
ㄹ. 경호조직은 기구단위, 권한과 책임 등이 경호업무의 목적달성에 기여할 수 있도록 분화되어야 한다.
ㅁ. 경호조직은 과거와 비교하여 소규모화되고 있다.

① ㄴ, ㄹ
② ㄷ, ㄹ
③ ㄱ, ㄷ, ㄹ
④ ㄱ, ㄷ, ㅁ

쏙쏙 해설 •••

제시된 내용 중 옳은 것은 ㄷ, ㄹ이다.
ㄱ. (✕) 하나의 경호조직은 한 사람만의 지휘를 받아야 한다. → 경호지휘단일성의 원칙
ㄴ. (✕) 경호업무의 성격상 경호는 경호기관단위 작용으로 이루어진다. → 경호기관단위작용의 원칙
ㅁ. (✕) 경호조직은 대규모화되고 있다. → 경호조직의 대규모성

정답 ❷

10 경호조직의 특성과 원칙에 대한 내용으로 적합하지 않은 것은?

기출 07

확인
Check!
○
△
×

① 경호업무가 긴급성을 요하고 모순, 중복, 혼란성을 피하기 위해 지휘단일성이 요구된다.
② 경호조직은 기구단위, 권한과 책임 등이 경호업무에 기여할 수 있도록 통합되어야 한다.
③ 경호기관은 책임과 업무의 분담이 이루어지고, 명령과 복종의 지위와 역할의 체계가 통일되어야 한다.
④ 경호임무 시는 경호조직의 비공개와 경호기법의 비노출 등 폐쇄성의 특성을 가지고 있다.

쏙쏙 해설 •••

경호조직은 기구단위, 권한과 책임이 분화되어야 하며, 경호조직 내의 중추세력은 권한의 계층을 통하여 분화된 노력을 상호 조정하고 통제함으로써 경호의 목적을 달성할 수 있다.

정답 ❷

---

11 다음에서 설명하는 경호조직의 원칙은?

기출 23

확인
Check!
○
△
×

> 경호조직은 명령과 지휘체계가 이원화되지 않아야 하며, 경호업무 자체가 긴급성을 요한다는 점에서 더욱 필요한 원칙이다.

① 경호지휘단일성의 원칙
② 경호체계통일성의 원칙
③ 경호기관단위작용의 원칙
④ 경호협력성의 원칙

쏙쏙 해설 •••

제시된 내용은 경호지휘단일성의 원칙에 관한 설명이다.

정답 ❶

핵심만콕 경호조직의 (구성)원칙 ★

경호지휘 단일성의 원칙	• 지휘 및 통제의 이원화로 인해 파생되는 문제들을 보완하기 위해 명령과 지휘체계는 반드시 하나의 계통으로 구성해야 한다는 원칙으로, 경호업무가 긴급성을 요한다는 점에서도 요청된다. • 지휘가 단일해야 한다고 하는 것은 경호기관(요원)은 한 사람의 지휘를 받아야 한다는 뜻이다. 한 걸음 더 나아가서 지휘의 단일이란 「하나의 지휘자」라는 의미 외에 하급경호요원은 하나의 상급기관에 대해서만 책임을 진다는 의미가 포함된다.
경호체계 통일성의 원칙	경호기관 구조의 정점으로부터 말단까지 상하계급 간에 일정한 관계가 이루어져 책임과 업무의 분담이 이루어지고, 명령(命令)과 복종(服從)의 지위와 역할의 체계가 통일되어야 한다는 원칙이다.
경호기관 단위작용의 원칙	• 경호의 업무는 성격상 개인적 작용으로 이루어지지 않고 기관단위의 작용으로 기관의 하명에 의해서 이루어진다는 원칙이다. • 기관단위라는 것은 그 경호기관을 지휘하는 지휘자가 있고, 지휘를 받는 하급자가 있으며, 하급자를 관리하기 위한 지휘권과 장비가 편성되며 임무수행을 위한 보급지원체계를 갖추고 있어야 한다는 의미이다. • 기관단위의 관리와 임무의 수행을 위한 결정은 지휘자만이 할 수 있고, 경호의 성패는 지휘자만이 책임을 지는 것이다.
경호협력성의 원칙	경호조직과 국민과의 협력을 의미하며 완벽한 경호를 위해서는 국민의 절대적인 협력이 필요하다는 원칙이다.

〈참고〉 이두석, 「경호학개론」, 2018, P. 114~116 / 김두현, 「경호학개론」, 엑스퍼트, 2020, P. 184~187

12 다음에서 설명하는 경호조직의 원칙은? 〔기출 22〕

하나의 기관에는 반드시 한 사람의 지휘자만이 있어야 한다. 지휘자가 여러 명이 있을 경우 이들 사이의 의견의 합치는 어렵게 되고 행동도 통일되기가 쉽지 않다. 상급감독자나 하급보조자가 지휘자의 권한을 침해한다면 전체 경호기구는 혼란에 빠지게 되어 경호조직은 마비상태가 될 우려가 있다.

① 경호체계통일성의 원칙
② 경호지휘단일성의 원칙
③ 경호기관단위작용의 원칙
④ 경호협력성의 원칙

> **쏙쏙 해설** •••
>
> 제시문은 경호지휘단일성의 원칙에 관한 설명이다.
>
> 〔정답〕 ❷

13 다음이 설명하는 경호조직의 구성원칙은? 〔기출 21〕

경호기관의 구조는 전체의 다양한 조직수준을 통해 상하계급 간의 일정한 관계가 성립되어, 책임과 업무의 분담이 이루어져야 함을 의미한다.

① 경호지휘단일성의 원칙
② 경호체계통일성의 원칙
③ 경호기관단위작용의 원칙
④ 경호협력성의 원칙

> **쏙쏙 해설** •••
>
> 제시된 내용은 경호체계통일성의 원칙에 관한 설명에 해당한다.
>
> 〔정답〕 ❷

14 경호조직의 원칙에서 협력성에 해당하지 않는 것은? 〔기출 21〕

① 경호조직과 일반 국민과의 유기적인 상호작용을 의미한다.
② 국민이 경호업무에 협조하여 조직화가 필요할 경우 이런 조직은 임의성보다는 강제성이 수반되어야 한다.
③ 전국적으로 배치된 경비지도사를 통하여 경호정보를 신속하게 수집하는 것도 경호협력성과 관련된다.
④ 경호조직은 유관기관과의 상호협력을 통해 지속적인 정보 및 보안활동을 바탕으로 한 경호대응력을 강화해야 한다.

> **쏙쏙 해설** •••
>
> <u>국민이 경호업무에 협조하여 조직화가 필요할 경우 이런 조직은 어디까지나 임의적이어야 하고 강제성을 띠어서는 아니 된다.</u>
>
> 〈참고〉 김두현, 「경호학개론」, 엑스퍼트,
> P. 186
>
> 〔정답〕 ❷

15 경호지휘단일성의 원칙에 관한 설명으로 옳지 않은 것은?

기출 20

☑ 확인
Check!
○
△
✕

① 다수의 경호원이 있어도 지휘는 단일해야 한다.
② 하나의 기관에는 한 사람의 지휘자만 있어야 한다.
③ 경호조직은 지위와 역할의 체계가 통일되어야 한다.
④ 경호업무가 긴급성을 요한다는 점에서도 필요하다.

쏙쏙 해설 •••

③의 내용은 경호체계통일성의 원칙에 대한 설명에 해당한다.

정답 ③

16 다음이 설명하는 경호조직의 원칙은?

기출 20

☑ 확인
Check!
○
△
✕

○ 경호업무의 성격상 개인적 작용으로 이루어지지 않는다.
○ 하급자를 관리하기 위한 지휘권, 장비, 보급지원체제를 갖추고 있어야 한다.

① 경호협력성의 원칙
② 경호기관단위작용의 원칙
③ 경호체계통일성의 원칙
④ 조정의 원칙

쏙쏙 해설 •••

제시된 내용은 경호기관단위작용의 원칙에 대한 설명에 해당한다. 조정의 원칙은 분업화된 각 업무 사이의 마찰을 해결함으로써 조직의 효율성을 높여야 한다는 경영의 원칙이다.

정답 ②

17 경호조직의 구성원칙 중 아래의 내용과 관계가 있는 원칙은?

기출 18

☑ 확인
Check!
○
△
✕

국제행사의 안전한 진행을 위하여 전국적으로 배치된 경비지도사를 통하여 경호정보를 신속하게 수집하였다.

① 경호지휘단일성의 원칙
② 경호체계통일성의 원칙
③ 경호기관단위작용의 원칙
④ 경호협력성의 원칙

쏙쏙 해설 •••

경호협력성의 원칙은 경호조직과 국민과의 협력을 의미하며 완벽한 경호를 위해서는 국민의 절대적인 협력이 필요하다는 원칙이다.

정답 ④

18 경호체계통일성의 원칙에 해당하는 것은? 기출 18

☑ 확인
Check!
○
△
✕

① 테러의 수법이 지능화·고도화되어감에 따라 경호조직에 있어서도 기능의 전문화 내지 분화현상이 나타난다.

② 상하 계급 간의 일정한 관계가 이루어져 책임과 업무의 분담이 이루어지고 명령과 복종의 지위와 역할의 체계가 통일되어야 한다.

③ 완벽한 경호를 위해서는 국민의 절대적인 협력을 통하여 총력경호를 추구한다.

④ 경호임무 수행 중 긴급사태에 대처하기 위해서는 지휘자의 신속한 판단력과 지휘명령이 요구된다.

 쏙쏙 해설 •••

경호체계통일성의 원칙에 대한 내용은 ②이다.
① 경호조직의 특성 중 전문성에 대한 내용이다.
③ 경호협력성의 원칙에 대한 내용이다.
④ 경호지휘단일성의 원칙에 대한 내용이다.

정답 ❷

---

19 경호조직의 원칙 중 체계통일성의 원칙에 관한 것은? 기출 16

☑ 확인
Check!
○
△
✕

① 조직의 각 구성원은 오직 하나의 상급기관에게만 보고하고 명령지휘를 받고 그에게만 책임을 진다는 것이다.

② 임무수행에는 일반 국민의 협조가 필수적이며 국민의 협력을 얻지 못하면 경호 임무는 실패할 확률이 높다.

③ 업무의 성격상 개인적 작용으로 이루어지지 않고 기관단위 작용으로 이루어진다는 것을 말한다.

④ 구조의 정점으로부터 말단에 이르는 무수한 수준을 통하여 상하계급 간의 일정한 관계가 이루어져야 한다.

쏙쏙 해설 •••

④ 경호체계통일성의 원칙
① 경호지휘단일성의 원칙
② 경호협력성의 원칙
③ 경호기관단위작용의 원칙

정답 ❹

20 경호체계통일성의 원칙에 관한 설명으로 옳은 것은?

① 상하 계급 간의 일정한 관계가 이루어져 책임과 업무의 분담이 이루어지고 명령과 복종의 지위와 역할의 체계가 통일되어야 한다.

② 과학기술의 발달에 따라 테러의 수법이 지능화·고도화되어감에 따라 경호조직에 있어서도 기능의 전문화 내지 분화현상이 나타난다.

③ 경호조직은 과거와 비교해 볼 때 기구 및 인원 면에서 점차 대규모화되고 있다.

④ 경호조직은 자신의 업무상 필요에 따라 국민 속에서 적당한 대상을 선택하여 이를 조직화한다.

쏙쏙 해설 ···

경호체계통일성의 원칙에 관한 설명으로 옳은 것은 ①이다.
②는 경호조직의 특성 중 전문성, ③은 대규모성에 관한 설명이다. 또한 ④는 경호조직의 구성원칙 중 경호협력성의 원칙에 관한 설명이다.

정답 ❶

21 경호조직의 원칙에 대한 설명으로 옳은 것을 모두 고른 것은?

> ㄱ. 명령과 지휘체계는 반드시 하나의 계통으로 구성해야 한다.
> ㄴ. 명령과 복종의 지위와 역할의 체계가 통일되어야 한다.
> ㄷ. 경호의 업무는 성격상 기관단위의 작용으로 기관의 하명에 의해서 이루어지며, 기관단위의 임무결정은 지휘자만이 할 수 있고 경호의 성패는 지휘자뿐만 아니라 그 구성원 모두가 책임을 진다.
> ㄹ. 경호조직이 비록 완벽하다 하더라도 모든 위해요소와 사태에 대응하기가 여의치 못하므로 완벽한 경호를 위해서는 국민의 절대적인 협력이 필요하다.
> ㅁ. 하나의 경호조직은 단독으로 경호임무 수행에 필요한 모든 정보활동을 수행할 수 있으므로 국민의 협력은 필요하지 않다.

① ㄱ, ㄴ, ㄹ

② ㄱ, ㄷ, ㄹ

③ ㄴ, ㄷ, ㅁ

④ ㄷ, ㄹ, ㅁ

쏙쏙 해설 ···

제시된 내용 중 옳은 설명은 ㄱ, ㄴ, ㄹ이다.
ㄷ. (×) 경호의 업무는 성격상 개인이 아닌 기관단위의 작용으로 기관의 하명에 의해서 이루어진다는 원칙으로, 기관단위의 임무결정은 지휘자만이 할 수 있고 경호의 성패는 지휘자만이 책임을 진다.
ㅁ. (×) 하나의 경호조직이 단독으로 경호임무 수행에 필요한 모든 정보활동을 수행할 수 없으므로, 국민의 협력이 필요하다.

정답 ❶

01 대통령경호안전대책위원회규정상 다음의 분장책임을 지는 구성원은?

☑ 확인
Check!
○
△
✕

`기출 20`

○ 입수된 경호 관련 첩보 및 정보의 신속한 전파·보고
○ 방한 국빈의 국내 행사 지원
○ 대통령과 그 가족 및 대통령 당선인과 그 가족 등의 외국방문 행사 지원

① 국토교통부 항공안전정책관
② 외교부 의전기획관
③ 국가정보원 테러정보통합센터장
④ 해양경찰청 경비국장

 해설 •••

해당 내용은 모두 외교부 의전기획관의 분장책임에 해당한다(대통령경호안전대책위원회규정 제4조 제2항 제3호).

`정답 ❷`

핵심만콕	각 구성원의 분장책임(대통령경호안전대책위원회규정 제4조 제2항)
2. 국가정보원 테러정보통합센터장	• 입수된 경호 관련 첩보 및 정보의 신속한 전파·보고 • 위해요인의 제거 • 정보 및 보안대상기관에 대한 조정 • 행사참관 해외동포 입국자에 대한 동향파악 및 보안조치 • 그 밖에 국내·외 경호행사의 지원
3. 외교부 의전기획관	• 입수된 경호 관련 첩보 및 정보의 신속한 전파·보고 • 방한 국빈의 국내 행사 지원 • 대통령과 그 가족 및 대통령 당선인과 그 가족 등의 외국방문 행사 지원 • 다자간 국제행사의 외교의전 시 경호와 관련된 협조 • 그 밖에 국내·외 경호행사의 지원
8. 국토교통부 항공안전정책관	• 입수된 경호 관련 첩보 및 정보의 신속한 전파·보고 • 민간항공기의 행사장 상공비행 관련 업무 지원 및 협조 • 육로 및 철로와 공중기동수단 관련 업무 지원 및 협조 • 그 밖에 국내·외 경호행사의 지원
12. 해양경찰청 경비국장	• 입수된 경호 관련 첩보 및 정보의 신속한 전파·보고 • 해상에서의 경호·테러예방 및 안전조치 • 그 밖에 국내·외 경호행사의 지원

대통령경호안전대책위원회규정상 다음의 업무분장에 해당하는
자는?

기출수정 16

- 입수된 경호 관련 첩보 및 정보의 신속한 전파·보고
- 위해요인의 제거
- 정보 및 보안대상기관에 대한 조정
- 행사참관 해외동포 입국자에 대한 동향파악 및 보안조치
- 그 밖에 국내·외 경호행사의 지원

① 국군방첩사령부 소속 장성급 장교 또는 2급 이상의 군무원 중
  위원장이 지명하는 1명
② 국가정보원 테러정보통합센터장
③ 외교부 의전기획관
④ 법무부 출입국·외국인정책본부장

핵심만콕 각 구성원의 분장책임(대통령경호안전대책위원회규정 제4조 제2항)

2. 국가정보원 테러정보통합센터장	• 입수된 경호 관련 첩보 및 정보의 신속한 전파·보고 • 위해요인의 제거 • 정보 및 보안대상기관에 대한 조정 • 행사참관 해외동포 입국자에 대한 동향파악 및 보안조치 • 그 밖에 국내·외 경호행사의 지원
3. 외교부 의전기획관	• 입수된 경호 관련 첩보 및 정보의 신속한 전파·보고 • 방한 국빈의 국내 행사 지원 • 대통령과 그 가족 및 대통령 당선인과 그 가족 등의 외국방문 행사 지원 • 다자간 국제행사의 외교의전 시 경호와 관련된 협조 • 그 밖에 국내·외 경호행사의 지원
4. 법무부 출입국·외국인정책본부장	• 입수된 경호 관련 첩보 및 정보의 신속한 전파·보고 • 위해용의자에 대한 출입국 및 체류 관련 동향의 즉각적인 전파·보고 • 그 밖에 국내·외 경호행사의 지원
15. 국군방첩사령부 소속 장성급 장교 또는 2급 이상의 군무원 중 위원장이 지명하는 1명	• 입수된 경호 관련 첩보 및 정보의 신속한 전파·보고 • 군내 행사장에 대한 안전활동 • 군내 위해가능인물에 대한 안전조치 • 행사 참석자 및 종사자의 신원조사★ • 경호구역 인근 군부대의 특이사항 확인·전파 및 보고 • 이동로 주변 군시설물에 대한 안전조치★ • 취약지에 대한 안전조치★ • 경호유관시설에 대한 보안지원 활동★ • 그 밖에 국내·외 경호행사의 지원

03 대통령 등의 경호에 관한 법령상 대통령경호안전대책위원회에 관한 설명으로 옳지 않은 것은? 기출 15

☑ 확인
Check!
○
△
✕

① 대통령경호처의 경호대상에 대한 경호업무를 수행할 때에는 관계기관의 책임을 명확하게 하고, 협조를 원활하게 하기 위하여 비서실에 대통령경호안전대책위원회를 둔다.

② 대통령경호안전대책위원회는 위원장과 부위원장 각 1명을 포함한 20명 이내의 위원으로 구성한다.

③ 위원장은 처장이 되고, 부위원장은 차장이 되며, 위원은 대통령령으로 정하는 관계기관의 공무원이 된다.

④ 대통령경호안전대책위원회는 대통령 경호와 관련된 첩보·정보의 교환 및 분석업무를 관장한다.

쪽쪽 해설 •••

① 경호처에 대통령경호안전대책위원회를 둔다(대통령 등의 경호에 관한 법률 제16조 제1항).★

② 대통령 등의 경호에 관한 법률 제16조 제2항

③ 대통령 등의 경호에 관한 법률 제16조 제3항

④ 대통령 등의 경호에 관한 법률 제16조 제4항 제2호

정답 ❶

관계법령 **대통령경호안전대책위원회(대통령 등의 경호에 관한 법률 제16조)**

① 제4조 제1항 각호의 경호대상에 대한 경호업무를 수행할 때에는 관계기관의 책임을 명확하게 하고, 협조를 원활하게 하기 위하여 경호처에 대통령경호안전대책위원회(이하 "위원회"라 한다)를 둔다.★★

② 위원회는 위원장과 부위원장 각 1명을 포함한 20명 이내의 위원으로 구성한다.★

③ 위원장은 처장이 되고, 부위원장은 차장이 되며, 위원은 대통령령으로 정하는 관계기관의 공무원이 된다.★

④ 위원회는 다음 각호의 사항을 관장한다.★
  1. 대통령 경호에 필요한 안전대책과 관련된 업무의 협의
  2. 대통령 경호와 관련된 첩보·정보의 교환 및 분석
  3. 그 밖에 제4조 제1항 각호의 경호대상에 대한 경호에 필요하다고 인정되는 업무

⑤ 위원회의 구성 및 운영에 필요한 사항은 대통령령으로 정한다.

---

04 대통령경호안전대책위원회의 위원이 아닌 자는? 기출수정 11

☑ 확인
Check!
○
△
✕

① 관세청 조사감시국장

② 국토교통부 항공안전정책관

③ 대검찰청 공공수사정책관

④ 경찰청 정보국장

쪽쪽 해설 •••

대통령경호안전대책위원회의 위원은 경찰청 정보국장이 아니라 경찰청 경비국장이다.

정답 ❹

관계법령 **구성(대통령경호안전대책위원회규정 제2조)**

대통령경호안전대책위원회(이하 "위원회"라 한다)의 위원은 국가정보원 테러정보통합센터장, 외교부 의전기획관, 법무부 출입국·외국인정책본부장, 과학기술정보통신부 통신정책관, 국토교통부 항공안전정책관, 식품의약품안전처 식품안전정책국장, 관세청 조사감시국장, 대검찰청 공공수사정책관, 경찰청 경비국장, 소방청 119구조구급국장, 해양경찰청 경비국장, 합동참모본부 작전본부 소속 장성급 장교 중 위원장이 지명하는 1명, 국군방첩사령부 소속 장성급 장교 또는 2급 이상의 군무원 중 위원장이 지명하는 1명, 수도방위사령부 참모장과 위원장이 임명 또는 위촉하는 자로 구성한다. 〈개정 2022.11.1.〉

제1장
제2장
제3장
제4장
제5장
제6장

05 각국 경호기관에 관한 설명으로 옳은 것은?

☑ 확인
Check!
○
△
✕

① 미국 – 비밀경호국의 경호대상은 부통령과 그 직계가족도 포함된다.

② 프랑스 – 대통령 경호를 담당하는 기관은 경찰청 경호안전과이다.

③ 독일 – 경찰국 요인경호과의 경호대상은 대통령과 수상을 포함한다.

④ 일본 – 황궁경찰본부의 경호대상은 내각총리 및 대신의 경호를 포함한다.

쏙쏙 해설 •••

비밀경호국(SS)의 경호대상에는 부통령 및 부통령 당선자와 그 직계가족이 포함된다.

정답 ❶

핵심만콕 | **일본 경찰청 경비국**

② 프랑스의 경우 대통령 경호를 담당하는 기관은 내무부 산하 국립경찰청 소속의 요인경호국(SPHP, 구 V・O)이다.
③ 독일의 경우 연방범죄수사국(BKA) 경호안전과에서 대통령과 수상의 경호를 담당한다.
④ 일본의 경우 내각총리대신(수상) 및 국무대신의 경호는 황궁경찰본부의 경호대상이 아니다. '황궁경찰본부'는 경찰청의 부속기관으로서 황궁 내에 위치하며, 천황・황후 및 황태자 기타 황족의 호위, 황궁 및 어소(御所)의 경비, 기타 황궁경찰에 관한 사무를 관장한다. 반면 '경찰청 경비국 공안 제2과'에서 내각총리대신(수상) 및 요인경호에 대한 지휘감독・조정, 연락 협조, 안전대책작용 등을 관장하고, '동경도 경시청 공안부 공안 제3과(경호과)'에서 요인경호대(SP ; Security Police)로서 내각총리대신(수상) 및 국무대신 등의 실질적인 경호업무(구체적인 경호계획의 수립 및 근접경호)를 수행한다.

---

06 각국의 경호조직으로 옳은 것은?

☑ 확인
Check!
○
△
✕

A : 비밀경호국(SS)
B : 연방범죄수사국(BKA)
C : 공화국경비대(GSPR)

① A : 미국,　　B : 독일,　　C : 프랑스
② A : 미국,　　B : 프랑스,　C : 독일
③ A : 독일,　　B : 미국,　　C : 프랑스
④ A : 프랑스,　B : 미국,　　C : 독일

쏙쏙 해설 •••

비밀경호국(SS)은 미국, 연방범죄수사국(BKA)은 독일, 공화국경비대(GSPR)는 프랑스의 경호조직이다.

정답 ❶

07 국가 - 경호기관 - 경호대상자의 연결이 옳지 않은 것은?

기출 19

확인
Check!

○
△
×

① 대한민국 - 대통령경호처 - 대통령과 국무총리 및 그 가족
② 미국 - 비밀경호국 - 대통령과 부통령 및 그 가족
③ 영국 - 수도경찰청 - 왕과 수상
④ 독일 - 연방범죄수사청 - 대통령과 수상

쏙쏙 해설 •••

대통령경호처의 경호대상에 국무총리
는 포함되지 않는다(대통령 등의 경호
에 관한 법률 제4조 제1항).

정답 ❶

---

08 각국 국가원수의 경호기관을 잘못 연결한 것은?

기출수정 08

확인
Check!

○
△
×

① 일본 - 경찰청 경비국 공안 제2과
② 독일 - 연방범죄수사국 경호안전과
③ 프랑스 - 내무부 산하 국립경찰청 소속의 요인경호국
④ 영국 - 수도경찰청 특별작전부 산하 왕실 및 특별요인 경호과

쏙쏙 해설 •••

일본 국가원수의 경호기관은 황궁경찰
본부이다.★

정답 ❶

핵심만콕 일본 경찰청 경비국

경찰청의 경비공안 경찰업무를 담당하는 부서는 경비국이며 그 하부조직으로 공안 제1과, 공안 제2과, 공안 제3과, 경비과, 외사
제1과, 외사 제2과를 두고 있다.
• 공안 제1・3과 : 경호정보 수집・분석・평가
• 공안 제2과
  - 수상 및 요인경호에 대한 지휘・조정・감독・연락・협조업무 유지
  - 안전대책작용, 극좌파, 폭력단 동향 감시
  - 국빈경호의 업무협조
• 외사 제1・2과 : 일반 외사작용(조총련계 동향 파악)

〈참고〉 김두현, 「경호학개론」, 엑스퍼트, 2020, P. 153

제1장

제2장

제3장

제4장

제5장

제6장

09 일본의 경호체제에 대한 설명 중 옳지 않은 것은?

☑ 확인
Check!

○
△
×

① 경찰청에서 경호경비 업무를 담당하는 부서는 경비국이며, 경찰청에서는 전반적인 경호업무의 계획·조정·통제와 외국 경호기관과의 업무협조를 실시하고, 행사장 경비는 도도부현 경찰본부에서 담당한다.

② 경시청은 일본의 실질적인 경호의 책임부서로, 경비부에서 경호경비 임무를 수행한다.

③ 경시청의 경비부 경호과는 SP(Security Police)라 불리는 경호의 주무부서로 경호계획 수립 및 근접경호를 담당한다.

④ 경시청의 경비부 경비과는 황족 경호와 황거에 대한 경비를 지원하고, 경위과는 중요시설과 행사장에 대한 경비임무를 담당한다.

 쏙쏙 해설 •••

경시청의 경비부 경비과는 중요시설과 행사장에 대한 경비임무를 담당하고, 경위과는 황족 경호와 황거에 대한 경비를 '지원'한다.

정답 ❹

핵심만콕 | **일본 동경도 경시청**

• 경시청은 일본의 실질적인 경호의 책임부서로, 경비부에서 경호경비 임무를 수행한다. 경비부 경호과는 SP(Security Police)라 불리는 경호의 주무부서로 경호계획 수립 및 근접경호를 담당한다. (중략) 경비과는 중요시설과 행사장에 대한 경비임무를 담당하고, 경위과는 황족 경호와 황거에 대한 경비를 지원한다. 또한 공안부 공안과에서는 경호 첩보 수집 및 위해인물에 대한 동향파악 등의 임무를 수행하고, 외사과에서는 외교관과 외국인 보호임무를 수행한다.

• 경시청의 주요 경호대상은 내각총리대신과 국빈, 양원의장, 최고재판소장, 국무대신, 외교사절단장, 내각 관방장관, 정당의 고위간부 및 경찰청장관이 지정하는 자이다.

〈출처〉 이두석, 「경호학개론」, 진영사, 2018, P. 141

01 대통령 등의 경호에 관한 법률상 다음(ㄱ~ㄷ)에 해당하는 숫자의 합은?

☑ 확인
Check!
○
△
✕

기출 23

ㄱ. 대통령경호처 차장의 인원 수
ㄴ. 5급 이상 경호공무원의 정년연령
ㄷ. 대통령경호안전대책위원회에서 위원장과 부위원장을 포함하여 최대 가능한 위원의 수

① 76
② 77
③ 78
④ 79

쏙쏙 해설 •••

제시된 내용에 해당하는 숫자의 합은 79이다[ㄱ(1) + ㄴ(58) + ㄷ(20) = 79].

정답 ❹

핵심만콕

ㄱ. 대통령경호처에 <u>차장 1명을 둔다</u>(대통령 등의 경호에 관한 법률 제3조 제2항).
ㄴ. <u>5급 이상</u> 경호공무원의 <u>정년연령은 58세이다</u>(대통령 등의 경호에 관한 법률 제11조 제1항 제1호 가목).
ㄷ. 대통령경호안전대책위원회는 <u>위원장과 부위원장 각 1명을 포함한 20명 이내의 위원</u>으로 구성한다.

제1장
제2장
제3장
제4장
제5장
제6장

02 대통령 등의 경호에 관한 법률상 경호공무원에 대한 사법경찰권 지명권자는?

☑ 확인
Check!
○
△
✕

기출 22

① 검찰총장
② 서울중앙지방검찰청 검사장
③ 경찰청장
④ 서울특별시경찰청장

 쏙쏙 해설 •••

경호대상에 대한 경호업무 수행 중 인지한 그 소관에 속하는 범죄에 대하여 직무상 또는 수사상 긴급을 요하는 한도 내에서 <u>사법경찰관리의 직무를 수행할 수 있는 경호공무원은 경호처장의 제청으로 서울중앙지방검찰청 검사장이 지명한다</u>(대통령 등의 경호에 관한 법률 제17조 제1항).

정답 ❷

03 다음이 설명하는 자는? 기출 19

☑ 확인
Check!
○
△
✕

> 대한민국에서 개최되는 다자간 정상회의에 참석하는 외국의 국가원수 또는 행정수반과 국제기구 대표의 신변보호 및 행사장의 안전관리 등을 효율적으로 수행하기 위하여 대통령 소속으로 설치하는 경호·안전 대책기구의 장

① 국무총리
② 경찰청장
③ 국가정보원장
④ 대통령경호처장

쏙쏙 해설 •••

제시된 내용이 설명하는 자는 대통령 등의 경호에 관한 법률 제5조의2 제2항의 경호처장이다.

정답 ❹

04 대통령경호공무원에 관한 설명으로 옳지 않은 것은? 기출 16

☑ 확인
Check!
○
△
✕

① 대통령경호처장은 경호공무원 및 별정직 국가공무원에 대하여 모든 임용권을 가진다.
② 대통령경호처장의 제청으로 서울중앙지방검찰청 검사장이 지명한 경호공무원은 사법경찰권을 가질 수 있는 경우가 있다.
③ 대통령경호처장은 경호업무의 수행에 필요하다고 판단되는 경우, 경호 목적 달성을 위한 최소한의 범위로 한정하여 경호구역을 지정할 수 있다.
④ 대통령경호처장은 정무직 공무원으로 대통령이 임명한다.

5급 이상 경호공무원과 5급 상당 이상 별정직 국가공무원은 처장의 제청으로 대통령이 임명한다. 다만, 전보·휴직·겸임·파견·직위해제·정직 및 복직에 관한 사항은 처장이 행한다(대통령 등의 경호에 관한 법률 제7조 제1항). 처장은 경호공무원 및 별정직 국가공무원에 대하여 제1항 외의 모든 임용권을 가진다(동조 제2항). ★★

정답 ❶

05 경호공무원의 사법경찰권에 관한 내용이다. 다음 (　)에 들어갈 내용이 옳게 짝지어진 것은? 기출 14

☑ 확인
Check!
○
△
✕

（　）의 제청으로 서울중앙지방검찰청 검사장이 지명한 경호공무원은 대통령 경호업무 수행 중 인지한 그 소관에 속하는 범죄에 대하여 직무상 또는 수사상 긴급을 요하는 한도 내에서 사법경찰관리의 직무를 수행할 수 있다. 여기서 （　） 이상 경호공무원은 사법경찰관의 직무를 수행하고, （　） 이하 경호공무원은 사법경찰리의 직무를 수행한다.

① 대통령경호처장, 7급, 8급
② 대통령경호처 차장, 5급, 6급
③ 대통령경호처장, 5급, 6급
④ 대통령경호처 차장, 7급, 8급

쏙쏙 해설 •••

（　） 안에 순서대로 들어갈 알맞은 말은 각각 대통령경호처장, 7급, 8급이다.

정답 ❶

관계법령 경호공무원의 사법경찰권(대통령 등의 경호에 관한 법률 제17조)

① 경호공무원(처장의 제청으로 서울중앙지방검찰청 검사장이 지명한 경호공무원을 말한다. 이하 이 조에서 같다)은 제4조 제1항 각호의 경호대상에 대한 경호업무 수행 중 인지한 그 소관에 속하는 범죄에 대하여 직무상 또는 수사상 긴급을 요하는 한도 내에서 사법경찰관리의 직무를 수행할 수 있다.
② 제1항의 경우 7급 이상 경호공무원은 사법경찰관의 직무를 수행하고, 8급 이하 경호공무원은 사법경찰리의 직무를 수행한다.

CHAPTER 02 | 경호의 조직 **113**

06 대통령경호처에 파견된 사람에게 직무수행을 위하여 필요하다고 인정할 때 무기를 휴대하게 할 수 있는 사람은?

① 경찰청장
② 대통령경호처장
③ 대통령경호처 차장
④ 국가정보원장

쏙 쏙 해설 •••

처장은 직무를 수행하기 위하여 필요하다고 인정할 때에는 소속 공무원(대통령경호처 직원과 경호처에 파견된 사람을 말한다)에게 무기를 휴대하게 할 수 있다(대통령 등의 경호에 관한 법률 제19조 제1항).

정답 ❷

---

07 대통령경호처에 관한 설명으로 옳지 않은 것은?

① 경호처장은 별정직으로 보하고, 차장은 정무직으로 보한다.
② 5급 이상 경호공무원과 5급 상당 이상 별정직 국가공무원은 처장의 제청으로 대통령이 임용한다.
③ 6급 이하의 경호공무원은 처장이 임용한다.
④ 소속 공무원은 직무와 관련된 사항을 발간하거나 그 밖의 방법으로 공표하려면 미리 경호처장의 허가를 받아야 한다.

쏙 쏙 해설 •••

경호처장은 정무직으로 보하고, 차장은 1급 경호공무원 또는 고위공무원단에 속하는 별정직 국가공무원으로 보한다(대통령 등의 경호에 관한 법률 제3조).★

정답 ❶

핵심만콕

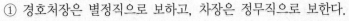
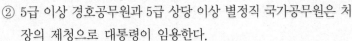

② 5급 이상 경호공무원과 5급 상당 이상 별정직 국가공무원은 처장의 제청으로 대통령이 임용한다. 다만, 전보·휴직·겸임·파견·직위해제·정직 및 복직에 관한 사항은 처장이 행한다(대통령 등의 경호에 관한 법률 제7조 제1항).★
③ 처장은 경호공무원 및 별정직 국가공무원에 대하여 제1항 외의 모든 임용권을 가진다(대통령 등의 경호에 관한 법률 제7조 제2항). 따라서 6급 이하의 경호공무원은 처장이 임용한다.
④ 소속 공무원은 직무와 관련된 사항을 발간하거나 그 밖의 방법으로 공표하려면 미리 경호처장의 허가를 받아야 한다(대통령 등의 경호에 관한 법률 제9조 제2항).★

08 대통령 등의 경호에 관한 법률상 다음 ( )에 들어갈 내용은?

☑ 확인
Check!
○
△
✕

소속 공무원과 관계기관의 공무원으로서 경호업무를 지원하는 사람은 경호 목적상 불가피하다고 인정되는 상당한 이유가 있는 경우에만 ( )에서 질서유지, 교통관리, 검문·검색, 출입통제, 위험물 탐지 및 안전조치 등 위해 방지에 필요한 안전활동을 할 수 있다.

① 안전구역　　　　　② 경계구역
③ 통제구역　　　　　④ 경호구역

🔴🔴 **해설** •••

( ) 안에 들어갈 내용은 경호구역이다(대통령 등의 경호에 관한 법률 제2조 제2호).

정답 ❹

핵심만콕

① 안전구역 : 3중 경호의 원칙에 따른 구분으로, 행사장에 참석하는 경호대상자를 중심으로 가장 가까운 1선을 의미한다. 권총의 평균 유효사거리 및 수류탄 투척거리를 기준으로 50m 반경 이내에 설정되고, 비인가자의 절대적 출입 통제가 실시된다.
② 경계구역 : 안전구역과 마찬가지로 3중 경호의 원칙에 따른 구분으로, 행사에 직·간접적으로 영향을 미칠 수 있어 경찰·군 등 각 분야의 다양한 경호지원기관이나 인력들이 인적·물적·자연적 취약요소에 대한 첩보수집, 위험인물 파악 등을 실시하는 지역이다. 소구경 곡사화기의 유효사거리를 기준으로 일반적으로 600m 반경 이상에 설정되며, 수색 및 사찰활동이 중점 실시된다.
③ 통제구역 : 보호지역의 구분 중 하나로 보안상 매우 중요한 구역이므로 비인가자의 출입이 금지되는 구역이다.

관계법령 정의(대통령 등의 경호에 관한 법률 제2조)

이 법에서 사용하는 용어의 뜻은 다음과 같다.
2. "경호구역"이란 소속 공무원과 관계기관의 공무원으로서 경호업무를 지원하는 사람이 경호활동을 할 수 있는 구역을 말한다.

제1장
제2장
제3장
제4장
제5장
제6장

09 대통령 등의 경호에 관한 법령상 다음에서 설명하는 구역은?

기출 15

☑ 확인
Check!
○
△
✕

소속 공무원과 관계기관의 공무원으로서 경호업무를 지원하는 사람이 경호 활동을 할 수 있는 구역으로, 대통령경호처장이 경호업무의 수행에 필요하다고 판단되는 경우 지정할 수 있는 구역

① 안전구역　　　　　② 경비구역
③ 경호구역　　　　　④ 통제구역

 해설 •••

제시문이 설명하는 구역은 경호구역이다.

정답 ❸

관계법령 경호구역의 지정 등(대통령 등의 경호에 관한 법률 제5조)

① 처장은 경호업무의 수행에 필요하다고 판단되는 경우 경호구역을 지정할 수 있다.
② 제1항에 따른 경호구역의 지정은 경호 목적 달성을 위한 최소한의 범위로 한정되어야 한다.
③ 소속 공무원과 관계기관의 공무원으로서 경호업무를 지원하는 사람은 경호 목적상 불가피하다고 인정되는 상당한 이유가 있는 경우에만 경호구역에서 질서유지, 교통관리, 검문·검색, 출입통제, 위험물 탐지 및 안전조치 등 위해 방지에 필요한 안전활동을 할 수 있다.

---

10 대통령 등의 경호에 관한 법률의 내용으로 옳지 않은 것은?

기출 14

☑ 확인
Check!
○
△
✕

① 경호처에 특정직 국가공무원인 1급부터 9급까지의 경호공무원과 일반직 국가공무원을 둔다. 다만, 필요하다고 인정할 때에는 경호공무원의 정원 중 일부를 일반직 국가공무원 또는 별정직 국가공무원으로 보할 수 있다.
② 경호처에 파견된 경찰공무원은 이 법에 규정된 임무 외의 경찰공무원의 직무를 수행할 수 없다.
③ 대한민국의 국적을 가지지 아니한 사람은 경호처 직원으로 임용될 수 없다.
④ 경호처장은 경호업무에 필요하다고 판단되는 경우 경호목적 달성을 위해 필요한 최대한의 범위를 경호구역으로 지정할 수 있다.

 해설 •••

④ 경호구역의 지정은 경호 목적 달성을 위한 최소한의 범위로 한정되어야 한다(대통령 등의 경호에 관한 법률 제5조 제2항).
① 대통령 등의 경호에 관한 법률 제6조 제1항
② 대통령 등의 경호에 관한 법률 제18조 제2항
③ 대통령 등의 경호에 관한 법률 제18조 제2항 제1호

정답 ❹

11 대통령 등의 경호에 관한 법률상 경호구역 지정에 관한 설명으로 옳지 않은 것은?

☑ 확인
Check!
○
△
✕

① 경호처장은 경호업무의 수행에 필요하다고 판단되는 경우 경호구역을 지정할 수 있다.

② 경호처장이 경호구역을 지정할 때 대통령의 승인을 받을 필요는 없다.

③ 경호구역의 지정은 경호목적 달성을 위한 최대한의 범위로 지정되어야 한다.

④ 소속 공무원과 관계기관의 공무원으로서 경호업무를 지원하는 사람은 경호목적상 불가피하다고 인정되는 상당한 이유가 있는 경우에만 경호구역에서 질서유지, 교통관리, 검문·검색, 출입통제, 위험물 탐지 및 안전조치 등 위해방지에 필요한 안전활동을 할 수 있다.

쏙쏙 해설 •••

③ 경호구역의 지정은 경호 목적 달성을 위한 최소한의 범위로 한정되어야 한다(대통령 등의 경호에 관한 법률 제5조 제2항).

①·② 대통령 등의 경호에 관한 법률 제5조 제1항

④ 대통령 등의 경호에 관한 법률 제5조 제3항

정답 ❸

---

12 대통령 등의 경호에 관한 법률상 비밀엄수 규정의 적용을 받지 않는 사람은?

☑ 확인
Check!
○
△
✕

① 대통령 경호업무에 동원된 종로경찰서 소속 경찰관

② 대통령경호처에 파견근무 중인 서울특별시경찰청 소속 경찰관

③ 대통령경호처에서 퇴직 후 5년이 지난 전직(前職) 경호공무원

④ 대통령경호처 파견근무 후 원소속으로 복귀한 국가정보원 직원

쏙쏙 해설 •••

대통령 등의 경호에 관한 법률상 비밀엄수 규정의 적용을 받는 사람은 소속 공무원, 퇴직한 사람, 원(原) 소속 기관에 복귀한 사람이다. 소속 공무원은 대통령경호처 직원과 경호처에 파견된 사람을 말한다(동법 제2조 제3호). 따라서 ②는 소속 공무원 중 경호처에 파견된 사람, ③은 퇴직한 사람, ④는 원(原) 소속 기관에 복귀한 사람이다. ①은 여기에 해당하지 않으므로 비밀엄수 규정의 적용을 받지 않는다.

정답 ❶

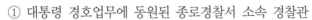

관계법령 비밀의 엄수(대통령 등의 경호에 관한 법률 제9조)

① 소속 공무원[퇴직한 사람과 원(原) 소속 기관에 복귀한 사람을 포함한다. 이하 이 조에서 같다]은 직무상 알게 된 비밀을 누설하여서는 아니 된다.★

② 소속 공무원은 경호처의 직무와 관련된 사항을 발간하거나 그 밖의 방법으로 공표하려면 미리 처장의 허가를 받아야 한다.★

제1장
제2장
제3장
제4장
제5장
제6장

13 대통령 등의 경호에 관한 법령상 대통령경호처의 경호대상에 해당하는 것은? 기출 23

☑ 확인
Check!
○
△
×

① 대통령당선인과 직계존비속
② 퇴임 후 7년이 된 전직대통령과 그 가족
③ 퇴임 후 10년이 된 전직대통령과 그 가족
④ 대통령권한대행과 직계존비속

 해설 •••

대통령당선인과 그 가족(배우자와 직계존비속)은 대통령 등의 경호에 관한 법령상 대통령경호처의 경호대상에 해당한다(대통령 등의 경호에 관한 법률 제4조 제1항 제2호·제2항, 동법 시행령 제2조).

정답 ❶

핵심만콕

② 본인의 의사에 반하지 아니하는 경우에 한정하여 퇴임 후 10년 이내의 전직대통령과 그 배우자가 대통령경호처의 경호대상이다(대통령 등의 경호에 관한 법률 제4조 제1항 제3호 본문). 즉, 전직대통령의 직계존비속은 대통령 경호처의 경호대상이 아니다.
③ 대통령 등의 경호에 관한 법률 제4조 제3항의 경우를 제외하면, 퇴임 후 10년이 된 전직대통령과 그 배우자는 원칙적으로 대통령 경호처의 경호대상에 해당하지 아니한다. 또한 전직대통령의 직계존비속도 대통령 경호처의 경호대상이 아니다.
④ 대통령권한대행의 경우 대통령경호처의 경호대상은 대통령권한대행과 그 배우자에 한정된다(대통령 등의 경호에 관한 법률 제4조 제1항 제4호).

관계법령 경호대상(대통령 등의 경호에 관한 법률 제4조)★

① 경호처의 경호대상은 다음과 같다.
1. 대통령과 그 가족
2. 대통령 당선인과 그 가족
3. 본인의 의사에 반하지 아니하는 경우에 한정하여 퇴임 후 10년 이내의 전직대통령과 그 배우자. 다만, 대통령이 임기 만료 전에 퇴임한 경우와 재직 중 사망한 경우의 경호 기간은 그로부터 5년으로 하고, 퇴임 후 사망한 경우의 경호 기간은 퇴임일부터 기산(起算)하여 10년을 넘지 아니하는 범위에서 사망 후 5년으로 한다.
4. 대통령권한대행과 그 배우자
5. 대한민국을 방문하는 외국의 국가원수 또는 행정수반(行政首班)과 그 배우자
6. 그 밖에 처장이 경호가 필요하다고 인정하는 국내외 요인(要人)
② 제1항 제1호 또는 제2호에 따른 가족의 범위는 대통령령으로 정한다.

> **가족의 범위(대통령 등의 경호에 관한 법률 시행령 제2조)**
> 「대통령 등의 경호에 관한 법률」(이하 "법"이라 한다) 제4조 제1항 제1호 및 제2호에 따른 가족은 대통령 및 대통령 당선인의 배우자와 직계존비속으로 한다.

③ 제1항 제3호에도 불구하고 전직대통령 또는 그 배우자의 요청에 따라 처장이 고령 등의 사유로 필요하다고 인정하는 경우에는 5년의 범위에서 같은 호에 규정된 기간을 넘어 경호할 수 있다.

14 대통령 등의 경호에 관한 법령상 전직대통령과 그 배우자에 대한 경호의 조치로 옳은 것은?

☑ 확인
Check!
○
△
✕

① 요청이 있는 경우 헬리콥터를 제외한 대통령전용기 및 차량 등 기동수단의 지원
② 현거주지 및 별도주거지에 경호를 위한 인원의 배치
③ 요청이 있는 경우 대통령전용기를 제외한 헬리콥터 및 차량 등 기동수단의 지원
④ 대통령경호처장이 관계기관에 통보하여 정한 사항 수행

쏙쏙 **해설** •••

② 대통령 등의 경호에 관한 법률 시행령 제3조 제2호
① 요청이 있는 경우 헬리콥터를 포함한 대통령전용기 및 차량 등 기동수단을 지원한다(대통령 등의 경호에 관한 법률 시행령 제3조 제3호).
③ 요청이 있는 경우 대통령전용기를 포함한 헬리콥터 및 차량 등 기동수단을 지원한다(대통령 등의 경호에 관한 법률 시행령 제3조 제3호).
④ 대통령경호처장이 관계기관과 협의하여 정한 사항의 조치를 포함한다(대통령 등의 경호에 관한 법률 시행령 제3조 제4호).

정답 ❷

관계법령 전직대통령 등의 경호(대통령 등의 경호에 관한 법률 시행령 제3조)

법 제4조 제1항 제3호에 따라 전직대통령과 그 배우자의 경호에는 다음 각호의 조치를 포함한다.
1. 경호안전상 별도주거지 제공(별도주거지는 본인이 마련할 수 있다)
2. 현거주지 및 별도주거지에 경호를 위한 인원의 배치, 필요한 경호의 담당
3. 요청이 있는 경우 대통령전용기, 헬리콥터 및 차량 등 기동수단의 지원
4. 그 밖에 대통령경호처장(이하 "처장"이라 한다)이 관계기관과 협의하여 정한 사항

---

15 우리나라 경호에 관한 설명으로 옳지 않은 것은? 기출 22

☑ 확인
Check!
○
△
✕

① 소방청 119구조구급국장은 대통령경호안전대책위원회의 위원이다.
② 대통령경호처장은 대통령이 임명하고, 경호처의 업무를 총괄하며 소속 공무원을 지휘·감독한다.
③ 대통령 당선인은 경호의 대상이지만 대통령 당선인의 가족은 경호대상이 아니다.
④ 경호의 성문법원에는 헌법, 법률, 조약, 명령을 들 수 있다.

쏙쏙 **해설** •••

③ 대통령 당선인과 그 가족은 모두 대통령경호처의 경호대상이다(대통령 등의 경호에 관한 법률 제4조 제1항 제2호).
① 대통령경호안전대책위원회규정 제2조
② 대통령 등의 경호에 관한 법률 제3조 제1항
④ 경호의 성문법원에는 헌법, 법률, 조약 및 국제법규, 명령·규칙 등이 있다.

정답 ❸

제1장

제2장

제3장

제4장

제5장

제6장

16 대통령 등의 경호에 관한 법률상 '경호대상'에 관한 내용이다. ( )에 들어갈 숫자는?

☑ 확인
Check!
○
△
✕

기출 22

> 본인의 의사에 반하지 아니하는 경우에 한정하여 퇴임 후 (ㄱ)년 이내의 전직대통령과 그 배우자. 다만, 대통령이 임기 만료 전에 퇴임한 경우와 재직 중 사망한 경우의 경호 기간은 그로부터 (ㄴ)년으로 하고, 퇴임 후 사망한 경우의 경호 기간은 퇴임일부터 기산(起算)하여 (ㄷ)년을 넘지 아니하는 범위에서 사망 후 (ㄹ)년으로 한다.

① ㄱ : 5, ㄴ : 5, ㄷ : 10, ㄹ : 5
② ㄱ : 5, ㄴ : 10, ㄷ : 10, ㄹ : 5
③ ㄱ : 10, ㄴ : 5, ㄷ : 5, ㄹ : 5
④ ㄱ : 10, ㄴ : 5, ㄷ : 10, ㄹ : 5

쏙쏙 해설 •••

제시문의 ( )에 들어갈 숫자는 ㄱ : 10, ㄴ : 5, ㄷ : 10, ㄹ : 5이다(대통령 등의 경호에 관한 법률 제4조 제1항 제3호).

정답 ④

관계법령 **경호대상(대통령 등의 경호에 관한 법률 제4조)**

① 경호처의 경호대상은 다음과 같다.
1. 대통령과 그 가족
2. 대통령 당선인과 그 가족
3. 본인의 의사에 반하지 아니하는 경우에 한정하여 퇴임 후 10년 이내의 전직대통령과 그 배우자. 다만, 대통령이 임기 만료 전에 퇴임한 경우와 재직 중 사망한 경우의 경호 기간은 그로부터 5년으로 하고, 퇴임 후 사망한 경우의 경호 기간은 퇴임일부터 기산(起算)하여 10년을 넘지 아니하는 범위에서 사망 후 5년으로 한다.
4. 대통령권한대행과 그 배우자
5. 대한민국을 방문하는 외국의 국가원수 또는 행정수반(行政首班)과 그 배우자
6. 그 밖에 처장이 경호가 필요하다고 인정하는 국내외 요인(要人)
② 제1항 제1호 또는 제2호에 따른 가족의 범위는 대통령령으로 정한다.
③ 제1항 제3호에도 불구하고 전직대통령 또는 그 배우자의 요청에 따라 처장이 고령 등의 사유로 필요하다고 인정하는 경우에는 5년의 범위에서 같은 호에 규정된 기간을 넘어 경호할 수 있다.

17 대통령 등의 경호에 관한 법률상 다음 ( )에 들어갈 내용은?

기출 21

대통령이 임기 만료 전에 퇴임한 경우와 재직 중 사망한 경우의 경호 기간은 그로부터 (ㄱ)년으로 하고, 퇴임 후 사망한 경우의 경호 기간은 퇴임일부터 기산(起算)하여 (ㄴ)년을 넘지 아니하는 범위에서 사망 후 (ㄷ)년으로 한다.

① ㄱ : 5, ㄴ : 5, ㄷ : 5
② ㄱ : 5, ㄴ : 10, ㄷ : 5
③ ㄱ : 10, ㄴ : 5, ㄷ : 10
④ ㄱ : 10, ㄴ : 10, ㄷ : 10

 쏙쏙 해설 •••

( )에 들어갈 내용은 순서대로 5, 10, 5이다.

정답 ❷

---

18 대통령 등의 경호에 관한 법률상 대통령경호처의 경호대상이 아닌 자는?(단, 단서조항은 고려하지 않음)

기출 21

① 대통령 당선인의 아들
② 대통령권한대행의 배우자
③ 대통령 퇴임 후 5년이 지난 전직대통령
④ 대통령경호처 차장이 필요하다고 인정하는 국외 요인(要人)

쏙쏙 해설 •••

대통령경호처 처장이 경호가 필요하다고 인정하는 국내외 요인(要人)이 대통령경호처의 경호대상에 해당한다(대통령 등의 경호에 관한 법률 제4조 제1항 제6호).

정답 ❹

---

19 대통령 등의 경호에 관한 법률상 경호의 주체와 객체에 관한 설명으로 옳지 않은 것은?

기출 20

① 대통령 당선인의 직계존비속은 대통령경호처의 경호대상이다.
② 대한민국을 방문하는 외국 행정수반의 배우자는 대통령경호처의 경호대상이다.
③ 대통령경호처에 파견된 경찰공무원은 이 법에 규정된 임무 외의 경찰공무원의 직무를 수행할 수 없다.
④ 소속 공무원이 직무상 알게 된 비밀을 누설한 경우 7년 이하의 징역이나 금고 또는 5천만원 이하의 벌금에 처한다.

쏙쏙 해설 •••

④ 대통령 등의 경호에 관한 법률 제9조(비밀의 엄수) 제1항을 위반한 경우 5년 이하의 징역이나 금고 또는 1천만원 이하의 벌금에 처한다(대통령 등의 경호에 관한 법률 제21조 제1항).
① 대통령 등의 경호에 관한 법률 제4조 제1항 제2호
② 대통령 등의 경호에 관한 법률 제4조 제1항 제5호
③ 대통령 등의 경호에 관한 법률 제18조 제2항

정답 ❹

20 경호의 객체(A)와 주체(B)는?

기출 19

☑ 확인
Check!
○
△
✕

퇴임한 지 8년 된 대한민국 전직대통령, 배우자 및 그 자녀가 생활하는 공간에서 경찰관과 대통령 경호원이 함께 경호임무를 수행하고 있다.

① A : 전직대통령, 배우자,　　　　B : 경찰관
② A : 전직대통령, 배우자, 자녀,　B : 대통령 경호원
③ A : 전직대통령, 배우자,　　　　B : 경찰관, 대통령 경호원
④ A : 전직대통령, 배우자, 자녀,　B : 경찰관, 대통령 경호원

쏙쏙 해설 •••

제시된 내용에서 경호의 객체(A)는 전직대통령, 배우자이고, 경호의 주체(B)는 경찰관, 대통령 경호원이다.

정답 ❸

핵심만콕

- 경호의 객체 : 퇴임한 전직대통령이므로 자녀는 경호의 대상이 아니다. 따라서 경호의 객체는 전직대통령, 배우자이다.
- 경호의 주체 : 퇴임한 지 8년이 된 경우를 전제로 하는 경호처의 경호는 본인의 의사에 반하지 않는 경우에 한정된다. 사안의 경우 본인의 의사에 반하지 않는지 유무를 확인할 수 없기에 원칙적으로 경찰관이 경호의 주체이나, 본인의 의사에 반하지 않는 경우는 대통령 경호원이 경호의 주체가 될 수 있다. 따라서 경호의 주체는 경찰관, 대통령 경호원이다.

21 경호의 객체에 관한 설명으로 옳지 않은 것은? 기출 18

☑ 확인
Check!
○
△
×

① 경호객체는 경호임무를 제공받는 경호대상자를 말한다.
② 대통령 당선인과 그 가족은 대통령 등의 경호에 관한 법률에 따라 대통령경호처의 경호대상이다.
③ 대통령 등의 경호에 관한 법률에 따라 대한민국을 방문하는 외국의 국가원수 또는 행정수반과 그 배우자는 대통령경호처의 경호대상이다.
④ 재직 중 탄핵 결정을 받아 퇴임한 전직대통령의 경우 전직대통령 예우에 관한 법률에 따라 필요한 기간의 경호 및 경비의 예우를 하지 아니한다.

 쏙쏙 해설 •••

④ 재직 중 탄핵 결정을 받아 퇴임한 전직대통령의 경우에는 필요한 기간의 경호 및 경비에 대한 예우를 제외하고 이 법에 따른 전직대통령으로서의 예우를 하지 아니한다(전직대통령 예우에 관한 법률 제7조 제2항 제1호). ★
① 경호관계에서 경호주체의 상대방, 즉 경호대상자를 경호객체라고 말한다.
② 대통령 등의 경호에 관한 법률 제4조 제1항 제2호
③ 대통령 등의 경호에 관한 법률 제4조 제1항 제5호

정답 ❹

22 각국 경호기관의 경호대상자에 관한 설명으로 옳지 않은 것은? 기출 13

☑ 확인
Check!
○
△
×

① 미국 국토안보부 비밀경호국의 경호대상은 대통령 및 부통령과 직계가족을 포함한다.
② 우리나라 대통령경호처의 경호대상은 퇴임 후 10년 이내의 전직대통령과 그 배우자 및 자녀를 포함한다.
③ 일본 황궁경찰본부의 경호대상은 천황 및 황족의 경호를 포함한다.
④ 독일 연방범죄수사국 경호안전과의 경호대상은 대통령과 수상의 경호를 포함한다.

 쏙쏙 해설 •••

대통령경호처의 경호대상은 "본인의 의사에 반하지 아니하는 경우에 한정하여 퇴임 후 10년 이내의 전직대통령과 그 배우자"이다(대통령 등의 경호에 관한 법률 제4조 제1항 제3호). ★

정답 ❷

CHAPTER 03

경호업무 수행방법

1 경호임무의 수행절차

01 경호작용에서 고려되어야 할 기본적인 요소에 관한 설명으로 옳지 않은 것은?

기출 11

① 모든 경호임무는 예기치 않은 변화의 가능성을 내포하고 있으므로 신중한 사전계획보다 신속한 사후대응이 더욱 중요하다.

② 경호대상자를 경호하는 데 소요되는 자원은 행차의 지속시간과 첩보수집으로 획득된 내재적인 위협분석에 따라 결정된다.

③ 경호임무는 명확하게 부여되어야 하며, 경호원들에게는 각각의 임무형태에 대한 책임이 부과되어야 한다.

④ 경호대상자와 수행원, 행사 세부일정, 적용되고 있는 경호경비 상황에 관한 보안의 유출은 엄격히 통제되어야 한다.

01
모든 경호임무는 예기치 않은 변화의 가능성을 내포하고 있으므로 신중하면서도 융통성 있는 사전계획이 이루어져야 한다.

정답 ❶

02 2인 이상의 경호대상자가 있을 때는 서열이 높은 경호대상자를 우선하라는 것은 경호작용의 기본요소 중 어느 것에 해당하는가?

기출 99

① 계획수립
② 책 임
③ 자 원
④ 보 안

02
경호작용의 기본적인 고려요소 중 각각의 임무형태에 대한 책임을 명확하게 부여하는 것으로, 책임에 해당한다.

정답 ❷

핵심만콕 **경호작용의 기본 고려요소(🔑 : 계 · 책 · 자 · 보)**

계획수립	모든 형태의 경호임무는 사전에 신중하게 계획되어야 하며, 예기치 않은 변화의 가능성 때문에 경호임무를 계획함에 있어 융통성 있게 수립되어야 한다.
책 임	경호임무는 명확하게 부여되어야 하며, 경호요원들은 각각의 임무형태에 대한 책임이 부과되어야 한다.
자 원	경호대상자를 경호하는 데 소요되는 자원은 경호대상자의 행차, 즉 경호대상자의 대중 앞에서의 노출이나 제반여건에 의해서 필연적으로 노출을 수반하는 행차의 지속시간과 사전 위해첩보 수집 간 획득된 내재적인 위협분석에 따라 결정된다.
보 안	경호대상자와 수행원, 행사 세부일정, 경호경비상황에 관한 보안[정보(註)]의 유출은 엄격히 통제되어야 한다. 경호요원은 이러한 정보를 인가된 자 이외의 사람에게 유출하거나 언급해서는 안 된다.

〈참고〉 김두현, 「경호학개론」, 엑스퍼트, 2020, P. 258~259

---

03 **다음 중 경호임무의 수행절차가 맞는 것은?** 기출 06 · 99

① 행사일정 → 연락 및 협조 → 경호실시 → 위해분석 → 경호 평가

② 행사일정 → 위해분석 → 연락 및 협조 → 경호실시 → 행사결 과보고서 작성

③ 행사일정 → 연락 및 협조 → 위해분석 → 경호실시 → 행사결 과보고서 작성

④ 연락 및 협조 → 경호실시 → 위해분석 → 경호평가 → 행사결 과보고서 작성

03
경호임무의 수행절차는 행사일정획득 → 연락 및 협조체제 구축 → 위해분석 → 계획수립단계 → 경호실시 → 경호평가 → 행사결과보고서 작성 순이다.

정답 ❸

---

04 **경호작용 중 위협평가(위해평가)에 관한 설명으로 옳지 않은 것은?**

기출 15

① 모든 수준의 위협으로부터 경호대상자를 경호하려는 시도는 효 과적이지도 않고 능률적이지도 않기 때문에 위협평가가 선행되 어야 한다.

② 위협의 실체를 정확히 인식하고 가용자원의 효율적인 분배를 통하여 불필요한 인력과 자원의 낭비를 최소화하기 위함이다.

③ 경호대상자는 위협평가 후 경호대안 수립에 있어 자신이 경호 업무의 일부분이 되어야 한다는 점을 인식할 필요는 없다.

④ 보이지 않는 적의 실체를 파악하여 그에 대한 경호방책을 강구 하기 위한 첫걸음이다.

04
경호대상자는 위협평가 후 경호대안 수립에 있어 자신도 경호업무의 일부분이 되어야 한다는 점을 인식해야 한다.

정답 ❸

05 경호활동을 '예방 – 대비 – 대응 – 평가'의 4단계로 분류할 경우 대비단계의 활동에 해당되지 않는 것은? 기출 11

☑ 확인
Check!
○
△
×

① 행사장에 대한 안전검측과 안전유지
② 경호위기상황에 대한 즉각적인 조치
③ 행사장 취약요소에 대한 안전조치와 협조
④ 행사보안유지와 지리적 취약요소에 대한 거부작전 실시

05
2단계 대비단계는 안전활동단계이다. 안전활동에는 정보보안활동, 안전대책활동, 거부작전 등이 있는데, ①·③·④가 안전활동에 해당한다. 즉각조치활동은 3단계 대응단계에 포함된다.

정답 ❷

핵심만콕

경호위기관리단계 및 세부 경호업무 수행절차★★

관리단계	주요 활동	활동 내용	세부 활동
1단계 예방단계 (준비단계)	정보활동	경호환경 조성	법과 제도의 정비, 경호지원시스템 구축, 우호적인 공중(公衆)의 확보(홍보활동)
		정보 수집 및 평가	정보네트워크 구축, 정보의 수집 및 생산, 위협의 평가 및 대응방안 강구
		경호계획의 수립	관계부서와의 협조, 경호계획서의 작성, 경호계획 브리핑
2단계 대비단계 (안전활동단계)	안전활동	정보보안활동	보안대책 강구, 위해동향 파악 및 대책 강구, 취약시설 확인 및 조치
		안전대책활동	행사장 안전확보, 취약요소 판단 및 조치, 검측활동 및 통제대책 강구
		거부작전	주요 감제고지 및 취약지 수색, 주요 접근로 차단, 경호 영향요소 확인 및 조치
3단계 대응단계 (실시단계)	경호활동	경호작전	모든 출입요소 통제 및 경계활동, 근접경호, 기동경호
		비상대책활동	비상대책, 구급대책, 비상시 협조체제 확립
		즉각조치활동	경고, 대적 및 방호, 대피
4단계 학습단계 (평가단계)	학습활동	평가 및 자료 존안	행사결과 평가(평가회의), 행사결과보고서 작성, 자료 존안
		교육훈련	새로운 교육프로그램 준비, 교육훈련 실시, 교육훈련의 평가
		적용(피드백)	새로운 이론의 정립, 전파, 행사에의 적용

〈출처〉이두석, 「경호학개론」, 진영사, 2018, P. 157

실제적인 경호행사의 흐름	
준비단계	일정 접수(임무 수령) → 행사장 답사 → 정보 수집·분석 및 경호적 판단 → 경호계획의 수립 → 경호계획 브리핑
대비단계	선발대 출동 → 경호지휘소 설치·현장답사·관계관 협조(회의) → 안전활동(검측 및 안전확보) → 기능별 및 임무별 행사준비
대응단계	경호인력 배치 → 참석자 입장(비표교부 및 검색) → 행사 실시(경호대상자 도착 – 출발 : 사주경계 및 근접경호) → 정리 및 철수
평가단계	경호평가회의 → 경호결과보고서 작성 및 보고 → 자료 존안 및 교리 반영

〈출처〉이두석, 「경호학개론」, 진영사, 2018, P. 158

06 경호임무의 포함요소 중 행사일정 계획 시 고려되지 않는 사항은?

기출 18

☑ 확인 Check!
○ △ ✕

① 출발 및 도착 일시
② 기동방법 및 수단
③ 행사에 참석하는 공무원의 명단
④ 방문지역의 지리적 특성

06
행사에 참석하는 공무원의 명단은 연락 및 협조체제 구축 시 고려사항이다.

정답 ❸

07 행사장 비상대책 수립 시 우선적으로 고려해야 하는 요소가 아닌 것은?

기출 17

☑ 확인 Check!
○ △ ✕

① 비상장비   ② 비상통로
③ 비상대피소   ④ 비상대기차량

07
비상상황 발생 시 가장 이상적인 즉각 조치의 방법은 경호대상자를 안전지대로 얼마나 신속하게 대피시키느냐에 달려 있다 할 것이다. 이러한 측면에서 문제에 접근한다면 ②·③·④ 정도가 적당하다.

정답 ❶

핵심만콕 비상대책

비상대피계획		비상대응계획	
비상대피로	위험 발생 현장을 벗어나기 위한 대피통로	소방대책	화재 경보 및 진압을 위한 장비 및 계획
비상대피소	비상시 잠시 안전하게 머무를 수 있는 장소	전기대책	정전 시 대비책(비상전원, DC등, 플래시 등)
비상대기차량	비상시 별도로 사용할 수 있는 예비차량	구조대책	승강기 고장 또는 고층건물로부터의 탈출계획
예비도로	주도로 사용 불가 시 사용할 수 있는 우회도로	구급대책	응급처치를 위한 의료장비와 약품 및 최기병원

〈출처〉이두석, 「경호학개론」, 진영사, 2018, P. 280

08 경호계획수립 시 유의해야 할 사항으로 옳지 않은 것은?

기출 09

① 사전현지답사를 실시하여 완벽한 계획이 되도록 한다.

② 예비병력을 확보하는 등 융통성 있는 계획을 수립한다.

③ 수립된 계획의 실천 추진사항을 지속적으로 확인해야 하며, 일관된 업무수행을 위해 수립된 계획은 변경하지 않는다.

④ 검측 및 통신장비, 차량 등의 동원계획을 검토한다.

08
경호대상자의 신변안전을 보호하는 데 경호계획수립의 궁극적인 목적이 있다. 경호담당자는 수립된 계획의 실천 추진사항을 지속적으로 확인해야 하며, 미비한 사항은 즉각 보완하여야 한다. 만약에 행사계획의 변경이나 비상사태가 발생할 경우에는 수립된 계획을 경호대상자의 신변안전차원에서 즉각 변경하여야 한다.

정답 ❸

---

09 경호행사장 현장답사 시 고려사항이 아닌 것은?

기출 08

① 행사장과 그 주변은 물론 교통과 관련된 시설이나 행·환차코스가 포함되어야 한다.

② 대규모행사가 예상되는 장소라면 지역의 집회나 공연관련관계법, 조례 등을 살펴보고 관계기관에 신고한다.

③ 주최 측과 협조하여 행사의전계획서를 확보하고 행사장의 기상, 특성, 구조, 시설 등에 대한 여건을 판단한다.

④ 행사장에 CP를 설치하고 미리 유·무선망 설치를 완료한다.

09
현장답사 시에 지휘소(CP ; Command Post)를 설치하고 유·무선망 설치를 완료한다는 것은 너무 성급하다고 볼 수 있다. 행사장이 경호하기에 적당한지, 주변에 취약요소는 없는지 등 행사의전계획서에 맞춰 미리 확인하는 것이 현장답사의 임무이다.★

정답 ❹

> **핵심만콕** 현장답사 시 고려사항★★
>
> • 주최측과 협조하여 행사의전계획서를 확보★
> • 행사장의 기상, 특성, 구조, 시설 등에 대한 여건 판단
> • 취약요소를 분석하고 안전대책에 대한 판단기준 설정
> • 출입과 통제 범위 및 병력동원 범위 판단★
> • 헬기장 선정(안전공간, 주변여건), 진입로, 주통로, 주차장 등을 고려하여 기동수단 및 승·하차지점 판단★

10 경호임무 수행절차에 관한 설명으로 틀린 것은? 기출 08

☑ 확인
Check!
○
△
×

① 경호대상자가 행사장에 도착한 후부터 행사시작 전까지의 경호활동은 준비단계이다.
② 계획단계는 경호임무 수령 후부터 선발대가 행사장에 도착하기 전의 경호활동이다.
③ 경호행사 종료부터 철수 및 결과를 보고하는 단계는 평가단계이다.
④ 경호대상자가 집무실을 출발해서 행사장에 도착하여 행사를 진행한 후 출발지까지 복귀하는 단계는 행사실시단계이다.

10
준비단계는 '경호원'이 행사장에 도착한 후부터 행사시작 전까지의 경호활동을 말한다. 즉, 행사장 안전검측, 취약요소 분석, 최종적인 대안이 제시되는 단계이다.
정답 ❶

11 경호작전지휘소(Command Post) 운영에 대한 설명으로 틀린 것은? 기출 06

☑ 확인
Check!
○
△
×

① 행사 간 경호정보의 터미널
② 행사 간 경호작전요소의 통제
③ 행사 간 경호통신시스템의 관리 및 유지
④ 행사 간 우발사태 발생 시 근접경호에 대한 즉각 대응체계를 통합지휘

11
경호작전지휘소는 경호작전요소의 통합지휘 및 경호정보의 수집과 배포, 경호통신시스템의 관리 및 유지를 목적으로 설치한다. 행사 간 우발사태 발생 시 근접경호에 대한 대응체계는 경호작전지휘소의 통제보다 즉각적으로 이루어져야 한다.★
정답 ❹

12 다음 중 사전경호계획의 올바른 순서는? 기출 01

☑ 확인
Check!
○
△
×

① 경호법규 숙지 → 경호대상자의 신상파악 → 현지답사 → 경호계획수립
② 경호계획수립 → 경호대상자의 신상파악 → 현지답사 → 경호법규 숙지
③ 경호법규 숙지 → 경호계획수립 → 현지답사 → 경호대상자의 신상파악
④ 경호대상자의 신상파악 → 현지답사 → 경호법규 숙지 → 경호계획수립

12
사전경호계획은 경호대상자의 신상파악 → 현지답사 → 경호법규 숙지 → 경호계획수립 순으로 진행된다.★
정답 ❹

13 신변보호의 예방작용 단계별 순서로 옳은 것은? 기출 18

☑ 확인
Check!
○
△
✕

ㄱ. 조사단계
ㄴ. 무력화단계
ㄷ. 인지단계
ㄹ. 예견단계

① ㄷ - ㄱ - ㄹ - ㄴ
② ㄷ - ㄹ - ㄱ - ㄴ
③ ㄹ - ㄱ - ㄷ - ㄴ
④ ㄹ - ㄷ - ㄱ - ㄴ

13

신변보호의 예방경호작용은 ㄹ. 예견단계 – ㄷ. 인지단계 – ㄱ. 조사단계 – ㄴ. 무력화단계의 순서로 진행된다.

정답 ❹

14 신변보호의 예방작용 단계에 관한 설명으로 옳지 않은 것은? 기출 13

☑ 확인
Check!
○
△
✕

① 예방작용은 예측단계 – 인지단계 – 분석단계 – 억제단계로 구성된다.
② 정보 및 첩보의 수집범위가 확대될 수 있으며, 이에 대한 인력, 장비, 예산의 증가가 요구되는 과정은 예측단계이다.
③ 수집·분석된 정보 및 첩보 내용 중에 위해가능성이 있는지 확인하고 판단하는 과정은 분석단계이다.
④ 위해요인을 차단하고 무력화시키는 과정은 억제단계이다.

14

수집·분석된 정보 및 첩보 내용 중에 위해가능성이 있는지 확인하고 판단하는 과정은 인지단계이다.

정답 ❸

2 사전예방경호(선발경호)

01 사전예방경호에 관한 설명으로 옳은 것은? 기출 13

☑ 확인
Check!
○
△
✕

① 경호대상자가 도착하기 전에 현장답사를 실시하고 효과적인 경호협조와 경호준비를 하는 것을 말한다.
② 가능한 한 최소의 인원으로 최소한의 활동이 사전예방경호활동이다.
③ 보안노출을 예방하기 위해 현장답사는 하지 않는다.
④ 사전예방경호는 제복경찰관을 반드시 대동하고 실시한다.

01
① 사전예방경호에 관한 설명으로 옳다.
② 사전예방경호란 <u>가용한 전 경호요원</u>을 동원하여 경호대상자의 신변을 보호하는 활동을 말한다.
③ <u>현장답사</u>는 미리 행사장을 돌아보고 의전계획을 확인한 뒤 취약요소를 분석하여 대책을 강구하고 비상 및 안전대책을 수립하는 등 제반 경호조치를 판단하고 보완하는 활동이므로 <u>반드시 실시해야</u> 한다.
④ 제복경찰관을 반드시 대동해야 하는 것은 아니며, 오히려 보안유지나 출입 통제를 위해 비표를 사용하는 경우가 많다.

정답 **❶**

02 다음 중 경호관계관회의에 대한 설명으로 타당하지 않은 것은? 기출 02

☑ 확인
Check!
○
△
✕

① 경호준비 기간이나 행사 중 필요시 개최한다.
② 경호업무 전반에 대한 검토 및 토의를 실시한다.
③ 참석자는 경호실 선발부, 경찰 주요지휘관, 안전검측 관련자, 행사주관처 담당관 등이다.
④ 각 기능별 세부적, 구체적인 상황에 대하여 점검을 실시한다.

02
경호관계관회의에서는 일반적인 사항에 대한 검토, 확인, 토론을 실시하며, 각 기능별 세부적인 내용을 검토, 보완하는 내용은 소실무회의에서 한다. ★

정답 **❹**

03 경호의 안전작용에 관한 설명으로 옳지 않은 것은? 기출 11

☑ 확인
Check!
○
△
✕

① 내부경비는 입장자와 입장 중인 자에 대해 입장표지 패용여부 등을 확인하고 계속적인 경계를 유지한다.
② 출입자 통제관리를 위하여 차량 출입문과 도보 출입문은 단일화시킨다.
③ 내곽경비는 돌발사태에 대비하여 예비대·비상통로·소방차·구급차 등을 확보한다.
④ 외곽경비는 행사장 주변의 취약요소를 봉쇄·감시할 수 있는 위치를 선정하여 감시조를 운용한다.

04 사전예방경호작용에서 경호안전작용의 기본내용에 해당하지 않는 것은? 기출 08 · 06

☑ 확인
Check!
○
△
✕

① 경호보안작용
② 경호평가작용
③ 안전대책작용
④ 경호정보작용

05 경호임무 시 사전예방활동의 기본요소 중 경호대상자는 물론 인원, 문서, 시설, 지역 및 통신까지 관련된 모든 것을 위해자로부터 차단하는 것을 무엇이라 하는가? 기출 09

☑ 확인
Check!
○
△
✕

① 보안활동
② 정보활동
③ 협조체제
④ 안전대책

06 경호보안활동에서 '보안과 능률의 원칙'에 관한 설명인 것은?

기출 12

① 보안을 지나치게 강조할 경우 생산된 정보가 사용자에게 제대로 전달되지 않아 정책결정에 사용하지 못할 수 있다.

② 사용자가 필요한 만큼 적당한 양의 정보를 전달하도록 한다.

③ 알 필요성이 없는 사람은 경호대상자에 관한 정보에 접근해서는 안 된다.

④ 내용과 가치의 정도에 따라 다른 비밀과 관련되지 않게 독립시켜야 한다.

06

보안과 능률의 원칙에 관한 설명은 ①이다. ②는 적당성의 원칙, ③은 알 필요성의 원칙, ④는 부분화의 원칙에 해당한다.

정답 ❶

---

07 보안업무규정상 보호지역에 관한 설명으로 옳은 것을 모두 고른 것은?

기출 17

ㄱ. 보호지역은 제한지역, 제한구역, 통제지역, 통제구역으로 구분할 수 있다.

ㄴ. 제한구역은 비밀 또는 국·공유재산의 보호를 위하여 울타리 또는 방호·경비인력에 의하여 승인을 받지 않은 사람의 접근이나 출입에 대한 감시가 필요한 구역을 말한다.

ㄷ. 제한지역은 비인가자가 비밀, 주요시설 및 Ⅲ급 비밀 소통용 암호자재에 접근하는 것을 방지하기 위하여 안내를 받아 출입하여야 하는 지역을 말한다.

ㄹ. 통제구역은 보안상 매우 중요한 구역으로서 비인가자의 출입이 금지되는 구역을 말한다.

① ㄹ   ② ㄱ, ㄹ
③ ㄴ, ㄷ   ④ ㄴ, ㄷ, ㄹ

07

ㄹ. (○) 보안업무규정 시행규칙 제54조 제1항 제3호

ㄱ. (×) 보호지역은 그 중요도에 따라 제한지역, 제한구역 및 통제구역으로 나눈다(보안업무규정 제34조 제2항).

ㄴ. (×) 제한구역은 비인가자가 비밀, 주요시설 및 Ⅲ급 비밀 소통용 암호자재에 접근하는 것을 방지하기 위하여 안내를 받아 출입하여야 하는 구역을 말한다(보안업무규정 시행규칙 제54조 제1항 제2호).

ㄷ. (×) 제한지역은 비밀 또는 국·공유재산의 보호를 위하여 울타리 또는 방호·경비인력에 의하여 승인을 받지 않은 사람의 접근이나 출입에 대한 감시가 필요한 지역을 말한다(보안업무규정 시행규칙 제54조 제1항 제1호).

정답 ❶

08 경호정보작용에 관한 설명으로 옳지 않은 것은? 기출 09

① 정확성, 완전성, 적시성의 요건을 구비해야 한다.

② 경호대상자의 신변안전을 위협하는 취약요소를 사전수집, 분석 및 예고하는 예방경호를 수행하는 업무이다.

③ 경호대상자의 행사일정과 경로 및 이동방법 등을 노출시키지 않는 사전예방작용이다.

④ 경호작용의 원천적 사전 지식을 생산, 제공하는 것이다.

08

경호대상자의 행사일정과 경로 및 이동 방법 등을 노출시키지 않는 것은 경호정보작용의 내용이 아니고, 경호보안의 사전예방작용을 말하는 것이다.★

정답 ❸

---

09 다음 중 경호정보작용의 3대 요건에 속하지 않는 것은? 기출 04 · 99

① 정확성 ② 완전성
③ 적시성 ④ 적극성

09

정보활동은 경호활동의 원천적 사전지식을 생산, 제공하는 것으로 정확성, 적시성, 완전성을 갖추어야 한다.

정답 ❹

---

10 경호정보와 첩보에 관한 설명으로 옳지 않은 것은? 기출 16

① 경호첩보는 가공되지 않은 정보의 자료가 되는 2차적인 지식을 의미한다.

② 경호정보의 분류에는 인적정보, 물적정보, 지리정보, 교통정보, 기상정보 등이 있다.

③ 경호정보는 사용자가 필요로 하는 시기에 제공되어야 하는 적시성이 있어야 한다.

④ 경호정보는 시간이 허용되는 범위에서 사용자가 의도한 대상과 관련한 모든 사항을 망라하여 작성해야 하는 완전성이 있어야 한다.

10

경호첩보는 가공되지 않은 정보의 자료가 되는 1차적인 지식을 말하며, 정보는 가공된 2차적인 지식을 말한다.

정답 ❶

11 다음에서 설명하는 정보순환과정의 단계는? 기출 12

| 정보요구자 측에서의 주도면밀한 계획과 수집범위의 적절성, 수집활동에 대한 적절한 감독 등이 요구되는 단계 |

① 정보요구단계
② 첩보수집단계
③ 정보생산단계
④ 정보배포단계

11

정보요구자 측에서의 주도면밀한 계획과 수집범위의 적절성, 수집활동에 대한 적절한 감독 등이 요구되는 단계로, 정보활동의 기초가 되는 정보순환과정은 정보요구단계이다.

정답 ❶

핵심만콕 **경호정보순환과정**

정보요구단계	정보요구자 측에서의 주도면밀한 계획과 수집범위의 적절성, 수집활동에 대한 적절한 감독 등이 요구되는 단계, 정보요구자(정보사용자)가 필요성의 결정에 따라 첩보의 수집활동을 집중 지시하는 단계로서 정보활동의 기초가 된다.
첩보수집단계	수집기관의 수집지시 및 요구에 의해 첩보를 수집하고 이를 지시 또는 요구한 사용자에게 제공하는 단계이다. 즉, 첩보를 수집ㆍ제공하는 단계이다.
정보생산단계	수집된 첩보를 기록ㆍ평가ㆍ조사ㆍ분석ㆍ결론 도출과정을 통해 정보로 전환하여 처리하는 단계로서 학문적 성격이 가장 많이 지배되는 단계이다. 즉, 첩보를 정보로 바꾸는 단계이다.
정보배포단계	생산된 정보가 정보를 필요로 하는 정보의 사용권자에게 구두ㆍ서면ㆍ도식 등의 유용한 형태로 배포되는 단계이다.

〈참고〉 공병인, 「경찰학개론」, 배움, 2011, P. 626

12 경호활동 시 정보순환과정의 단계를 옳게 나열한 것은? 기출 10

① 첩보수집단계 → 정보요구단계 → 정보생산단계 → 정보배포단계
② 정보요구단계 → 첩보수집단계 → 정보생산단계 → 정보배포단계
③ 정보요구단계 → 정보생산단계 → 첩보수집단계 → 정보배포단계
④ 정보배포단계 → 정보요구단계 → 첩보수집단계 → 정보생산단계

12

경호활동 시 정보순환과정은 정보요구단계 → 첩보수집단계 → 정보생산단계 → 정보배포단계 순이다.

정답 ❷

13 다음 ( )에 들어갈 알맞은 용어는? [기출] 18

☑ 확인
Check!
○
△
×

> • (ㄱ) : 폭발물 등 각종 유해물을 탐지하는 활동
> • (ㄴ) : 경호대상자가 이용하는 물품과 시설 등의 안전상태를 확인하는 활동

① ㄱ : 안전검사, ㄴ : 안전점검
② ㄱ : 안전점검, ㄴ : 안전검사
③ ㄱ : 안전유지, ㄴ : 안전검사
④ ㄱ : 안전검사, ㄴ : 안전유지

13
안전대책의 3대 작용원리는 안전점검, 안전검사, 안전유지이다. 안전점검은 폭발물 등 각종 유해물을 탐지하여 제거하는 활동이고, 안전검사는 경호대상자가 이용하는 기구, 시설 등의 안전상태를 검사하는 것이며, 안전유지는 안전점검 및 검사가 이루어진 상태를 유지하는 것이다. ★

정답 ❷

14 경호임무 활동절차에 관한 설명으로 옳지 않은 것은? [기출] 16

☑ 확인
Check!
○
△
×

① 계획수립은 행사에 관련된 정보를 획득하여 필요한 인원과 장비, 선발대 파견 일정 등을 결정하는 활동이다.
② 안전대책작용이란 행사지역 내·외부에 산재한 취약요소 안전대책 강구, 행사장 시설물 폭발물 탐지 제거 등 통합적 안전작용을 말한다.
③ 보안활동은 경호대상자에 대한 위해기도의 기회를 최소화하여 신변안전을 도모하는 활동이다.
④ 안전대책의 3대 작용원리는 안전점검, 안전검사, 안전조치를 말한다.

14
안전대책의 3대 작용원리는 안전점검, 안전검사, 안전유지를 말한다.

정답 ❹

15 경호상의 안전대책 중 인적 위해대상자의 배제와 관련이 적은 것은? [기출] 04

☑ 확인
Check!
○
△
×

① 요시찰인 및 우범자 동태 파악
② 참석예정자, 행사종사자 신원 파악
③ 특별방범심방 실시
④ 경호와 관련된 첩보·정보 수집의 강화

15
특별방범심방은 지리적 위해요소 배제와 관련이 있다.

정답 ❸

16 경호 비표 운용에 관한 내용으로 옳은 것은?　기출 16

① 행사장의 혼잡방지를 위해 비표는 행사일 전에 배포한다.
② 비표는 식별이 용이하도록 단순·선명하게 제작하여 재활용이
　가능하도록 한다.
③ 행사 구분별 별도의 비표 운용은 금지사항이다.
④ 비표에는 리본, 명찰, 완장, 모자, 배지(Badge) 등이 있다.

16
비표의 종류에는 리본, 명찰, 완장, 모자,
배지(Badge) 등이 있으며, 대상과 용도
에 맞게 적절히 운용한다.
정답 ❹

> **핵심만콕**
>
> 비표는 행사 참석자를 비롯한 출입 인원, 장비 및 차량 등의 모든 인적·물적 출입요소의 인가 및 확인 여부를 표시하기 위하여
> 사용되는 중요한 식별수단으로, 인적 위해요소의 배제활동에 해당한다.
> • 비표는 행사 당일에 출입구에서 신원 확인 후 바로 배포한다.
> • 비표는 원거리에서도 식별이 용이하도록 단순하고 선명하게 제작하여 사용함으로써 경호조치의 효율성을 증대시킬 수 있다.
> 　한 번 사용된 비표의 재활용은 보안과 관련하여 문제가 될 소지가 있다.
> • 행사구분별 별도의 비표를 운용한다. 즉, 행사 참석자를 위한 비표는 구역별로 그 색상을 달리하면 식별 및 통제가 용이하다.

17 경호 비표운용에 관한 설명으로 옳지 않은 것은?　기출 14

① 비표의 종류에는 리본, 명찰, 완장, 모자, 배지 등이 있으며,
　대상과 용도에 맞게 적절히 운용한다.
② 행사 참석자를 위한 비표는 구역별로 그 색상을 달리하면 식별
　및 통제가 용이하다.
③ 비표는 모양이나 색상이 원거리에서도 식별이 용이하도록 단순
　하고 선명하게 제작하여 사용한다.
④ 비표는 행사 참석자에게 초대장, 주차카드와 함께 행사일 전에
　배포하여 행사 시 출입구의 혼잡을 방지하여야 한다.

17
비표는 행사 당일 배포하여야 한다.★
정답 ❹

제1장

제2장

제3장

제4장

제5장

제6장

18 안전대책활동에 대한 설명으로 틀린 것은? 기출 06

① 안전점검은 폭발물 등 각종 유해물을 탐지 제거하는 것이고, 안전검사는 이용하는 기구시설의 안전상태를 검사하는 것이며, 안전점검과 안전검사가 이루어진 상태를 계속 유지하기 위해 통제하는 것을 안전유지라고 한다.

② 공격성 정신질환자, 시국 불만자 등 인적 위해분자의 행동을 감시하거나 VIP에 대한 접근을 차단하는 등 경호대상자의 안전을 도모하는 것은 인적 위해요소 배제작용이다.

③ 특별호구조사 실시, 위해광고물 일제정비 등 취약요인을 사전 제거하는 활동을 통해 VIP의 안전을 도모하는 것을 물적 위해요소 배제작용이라고 한다.

④ VIP음식에 대한 독극물 투여 등에 대비한 검식활동은 안전대책활동에 포함된다.

18
경호행사장 및 연도 주변의 지리적 여건이 경호대상자에게 위해를 가할 수 있는 근거를 제공하는 경우에 사전에 제거하는 경우로서 특별호구조사 실시, 주변취약지 수색, 위해광고물 일제정비 등 경호의 취약요소를 제거하는 것은 지리적 취약요소 배제작용이라 한다.★
정답 ❸

19 폭발물에 관한 설명으로 옳지 않은 것은? 기출 17

① 폭약은 파괴적 폭발에 사용될 수 있는 것으로서 액체산소폭약, 다이너마이트 등이 있다.

② 급조폭발물은 다양한 형태로 제작 가능하며, 재사용이 가능한 장점이 있다.

③ 뇌관에 사용되는 기폭제는 폭발력은 약하나 작은 충격이나 마찰, 정전기 등에 폭발하는 특성이 있다.

④ 폭발물의 폭발효과는 폭풍, 진동, 열, 파편효과 등이 나타난다.

19
급조폭발물(=사제폭발물, IED)은 다양한 형태로 제작이 가능하지만, 일회용으로서 재사용이 제한된다.
정답 ❷

20 폭발사고 방지대책에 관한 설명으로 옳은 것은? 기출 12

① 사제폭발물은 규격화된 형태로 제작되기 때문에 검색이 용이하다.

② 폭발물이 외부에서 내부로 유입될 수도 있으므로 환기구, 채광창은 열려 있어야 한다.

③ 폭탄은 차량에 의해 전달되거나 차량에 남겨지는 경우가 많기 때문에 주차는 엄격히 통제되어야 한다.

④ 보일러실, 승강기, 통제실 등의 접근통로는 미사용 시에도 긴급상황에 대비하여 열려져 있어야 한다.

20
③ 폭발사고 방지대책으로 옳다.
① 사제폭발물은 비규격화된 형태로 제작되기 때문에 검색이 용이하지 못하다.
② 폭발물이 외부에서 내부로 유입될 수도 있으므로 환기구, 채광창은 막혀 있어야 한다.
④ 보일러실, 승강기, 통제실 등의 접근통로는 사용하지 않을 때 잠겨 있어야 한다.
정답 ❸

21 안전검측의 원칙상 항목별(ㄱ~ㄷ) 검측 시 우선으로 중점 검측할 대상을 옳게 선택한 것은? 기출 18

☑ 확인
Check!
○
△
✕

> ㄱ. 통로의 양 측면, 통로의 중앙
> ㄴ. 높은 곳, 낮은 곳
> ㄷ. 깨끗한 장소, 더러운 장소

① ㄱ : 통로의 양 측면,　ㄴ : 낮은 곳,　ㄷ : 깨끗한 장소
② ㄱ : 통로의 양 측면,　ㄴ : 높은 곳,　ㄷ : 더러운 장소
③ ㄱ : 통로의 중앙,　　ㄴ : 낮은 곳,　ㄷ : 깨끗한 장소
④ ㄱ : 통로의 중앙,　　ㄴ : 높은 곳,　ㄷ : 더러운 장소

21
ㄱ. 통로에서는 통로의 중앙보다는 양 측면을 중점 검측한다.
〈출처〉 김두현, 「경호학개론」, 엑스퍼트, 2020, P. 270
ㄴ. 아래보다는 높은 곳을 중점 검측한다.
〈출처〉 김두현, 「경호학개론」, 엑스퍼트, 2020, P. 270
ㄷ. 검측활동 시 위해분자는 인간의 습성(위를 보지 않는 습성, 더러운 곳을 싫어하는 습성, 공기가 탁한 곳을 싫어하는 습성)을 최대한 활용한다는 점을 명심하고, 상하좌우 빠지는 부분이 없도록 반복 중첩되게 실시한다.
〈출처〉 이두석, 「경호학개론」, 진영사, 2018, P. 270
정답 ❷

22 안전검측활동에 관한 설명으로 옳은 것은? 기출 17

☑ 확인
Check!
○
△
✕

① 비공식 행사에서는 실시하지 않는다.
② 오감을 배제하고, 장비를 이용하여 실시한다.
③ 경호대상자가 장시간 머물러 있는 곳을 먼저 실시한 후 경호대상자의 동선에 따라 순차적으로 실시한다.
④ 전자제품은 분해하여 확인하되 확인이 불가능한 것은 현장에 보존한다.

22
③ 안전검측활동에 대한 설명으로 옳다.
① 안전검측은 비공식 행사에서도 비노출 검측활동을 실시할 수 있다.
② 장비를 이용하되 오감을 최대한 활용한다.
④ 전자제품은 분해하여 확인하고, 확인이 불가능한 것은 현장에서 제거한다.
정답 ❸

23

경호대상자에 위해를 가할 가능성이 있는 모든 취약요소 및 위해물질을 사전에 탐지, 색출, 제거 및 안전조치하여 위해를 가할 수 없는 상태로 전환시키는 활동은? [기출] 12

① 경호보안　　　　　　② 안전검사
③ 안전검측　　　　　　④ 안전유지

23

안전검측이란 행사장의 제반시설물에 대한 안전점검을 실시하여 경호대상자에 위해를 가할 가능성이 있는 모든 취약요소 및 위해물질을 사전에 탐지, 색출, 제거 및 안전조치하여 위해를 가할 수 없는 상태로 전환시키는 활동을 말한다.★

[정답] ❸

24

전문 검측담당이 실시하는 정밀검측기법으로 옳지 않은 것은? [기출] 12

① 꽉 채워진 비품의 경우 손가락으로 조심스럽게 점검하고, 전부 꺼내 확인할 필요는 없다.
② 검측이 요구되는 벽, 천장, 마루 등의 반대편도 점검하고, 상하좌우의 방은 반드시 점검한다.
③ 방안의 일정 지점으로부터 검측을 시작하며, 방 주변을 따라 시계 방향으로 체계적인 검측을 실시한다.
④ 가구의 문과 서랍은 열어보고 비밀공간이나 상단, 바닥 및 뒷부분을 점검한다.

24

꽉 채워진 비품의 경우에도 전부 꺼내 확인하여야 한다.

[정답] ❶

25

실내(방)의 안전검측 순서로 옳은 것은? [기출] 11

① 바닥 검측 – 눈높이 검측 – 천장높이 검측 – 천장 내부 검측
② 천장 내부 검측 – 천장높이 검측 – 눈높이 검측 – 바닥 검측
③ 바닥 검측 – 눈높이 검측 – 천장 내부 검측 – 천장높이 검측
④ 눈높이 검측 – 천장높이 검측 – 천장 내부 검측 – 바닥 검측

25

실내(방)는 바닥 검측 – 눈높이(벽) 검측 – 천장높이 검측 – 천장 내부 검측 순으로 안전검측한다.

[정답] ❶

26 안전검측에 관한 설명으로 틀린 것은?

기출 08

① 기념식장은 많은 사람이 모이는 곳으로 비상사태 시 비상대피소를 설치하고, 식장의 각종 부착물과 시설물에 대한 안전검측을 실시한다.

② 숙소는 극도의 보안을 유지하고 불필요한 인원을 통제하며 전기, 소방, 냉·난방, 소음 등에 대한 점검으로 최적 상태를 유지하고, 가스·기름 등과 같은 위험물에 대한 안전대책을 강구한다.

③ 차량검측은 경호대상자의 차량뿐만 아니라 지원차량과 일반차량에 대한 출입통제조치와 차량 내·외부, 전기회로, 배터리 등에 대한 안전점검 시 운전사의 접근을 통제하고 철저히 검측하도록 한다.

④ 운동장은 구역을 세분화하여 책임구역을 설정하고, 외부, 내부, 소방, 직시고지 등에 대한 반복적인 검측과 출입자에 대한 통로를 단일화하여 반입물품에 대한 검색을 철저히 하도록 한다.

26
차량검측은 운전사의 입회하에 실시하여야 하므로 운전사의 접근을 통제한다는 표현은 옳지 않다.

정답 ❸

27 검식활동에 관한 설명으로 옳지 않은 것은?

기출 18

① 음식료 운반 시에도 근접감시를 실시한다.

② 경호대상자에게 제공되는 음식료의 이상 유무를 검사하는 검식활동은 근접경호의 임무이다.

③ 식재료의 구매·운반·저장과정에서의 안전성 확보, 조리과정의 위생상태 점검 등 경호대상자에게 음식료가 제공될 때까지의 안전 상태를 지속적으로 확인한다.

④ 경호대상자에게 제공되는 음식료의 안전을 점검하는 검식활동은 검측활동에 포함된다.

27
검식활동은 경호대비단계 중 경호안전대책에 해당한다. 즉, 사전예방경호방법이다. 근접경호는 경호실시단계에서 이루어진다.

정답 ❷

28 검식활동에 관한 설명으로 옳은 것은?　기출 16

☑ 확인
Check!
○
△
×

① 검식활동은 식재료의 조리 과정 단계부터 시작한다.
② 음식물 운반 시 원거리 감시를 실시한다.
③ 검식은 경호대상자에게 제공되는 음식물의 위생상태를 검사하는 과정을 포함한다.
④ 조리가 완료된 후에는 검식활동이 종료된다.

28 ③ 검식활동에 대한 설명으로 옳다.
① 검식활동은 경호대상자에 제공되는 음식물에 대하여 구매, 운반, 저장, 조리 및 제공되는 과정에서 위해요소를 제거하는 활동을 의미한다.
② 음식물 운반 시에도 철저하게 근접감시를 실시하여야 한다.
④ 조리가 완료된 후 제공되는 과정에서 위해요소를 제거하는 업무도 포함된다.

정답 ❸

29 검측 및 검식에 관한 설명으로 옳지 않은 것은?　기출 14

☑ 확인
Check!
○
△
×

① 검식업무란 경호대상자에 제공되는 음식물에 대하여 구매, 운반, 저장, 조리 및 제공되는 과정에서 위해요소를 제거하는 업무를 의미한다.
② 검식은 행사장의 위생상태 점검 및 수질검사, 전염병의 예방 및 식중독의 예방대책을 포함하는 활동이다.
③ 검측은 위해기도자의 입장에서 실시한다.
④ 건물 내부의 검측은 위층에서 아래층으로 실시하는 것을 원칙으로 한다.

29
건물 내부의 검측은 아래층에서 위층으로 실시하는 것을 원칙으로 한다.

정답 ❹

30 사전예방경호활동의 설명으로 틀린 것은?　기출 06 · 02

☑ 확인
Check!
○
△
×

① 안전검측이나 검식활동은 반드시 행사 당일에 실시해야 한다.
② 안전을 저해하는 위해요소를 사전수집, 분석, 예고하는 활동이다.
③ 인원, 문서, 자재, 지역, 통신 등 경호와 관련된 보안활동이 포함된다.
④ 인적 · 물적 · 지리적인 취약요소에 대한 안전대책 내용이 주로 이루어진다.

30
안전검측이나 검식활동을 반드시 행사 당일에만 실시할 필요는 없다.

정답 ❶

31 다음의 내용이 설명하는 것은 무엇인가?

> 일반적으로 경찰이나 경호원 등이 수상한 사람이나 그의 물건을 확인하여 위해요소를 찾아내는 활동을 의미한다.

① 안전조치　　　　② 안전검측
③ 검문검색　　　　④ 안전점검

31
제시된 내용은 검문검색에 관한 설명에 해당한다.

정답 ❸

32 항공보안법상 다음의 내용이 설명하는 것은 무엇인가?

> 항공기의 안전운항을 저해할 우려가 있거나 운항을 불가능하게 하는 일정한 불법방해행위(항공보안법 제2조 제8호)를 하는 데에 사용될 수 있는 무기 또는 폭발물 등 위험성이 있는 물건들을 탐지 및 수색하기 위한 행위이다.

① 안전조치　　　　② 안전검측
③ 검문검색　　　　④ 보안검색

32
제시된 내용은 항공보안법상 일반적인 보안검색에 관한 설명에 해당한다(항공보안법 제2조 제9호).

정답 ❹

관계법령 정의(항공보안법 제2조)

이 법에서 사용하는 용어의 뜻은 다음과 같다. 다만, 이 법에 특별한 규정이 있는 것을 제외하고는 「항공사업법」·「항공안전법」·「공항시설법」에서 정하는 바에 따른다.

　1~7. 생략
　8. "불법방해행위"란 항공기의 안전운항을 저해할 우려가 있거나 운항을 불가능하게 하는 행위로서 다음 각목의 행위를 말한다.
　　가. 지상에 있거나 운항 중인 항공기를 납치하거나 납치를 시도하는 행위
　　나. 항공기 또는 공항에서 사람을 인질로 삼는 행위
　　다. 항공기, 공항 및 항행안전시설을 파괴하거나 손상시키는 행위
　　라. 항공기, 항행안전시설 및 제2조에 따른 보호구역(이하 "보호구역"이라 한다)에 무단 침입하거나 운영을 방해하는 행위
　　마. 범죄의 목적으로 항공기 또는 보호구역 내로 제21조에 따른 무기 등 위해물품(危害物品)을 반입하는 행위
　　바. 지상에 있거나 운항 중인 항공기의 안전을 위협하는 거짓 정보를 제공하는 행위 또는 공항 및 공항시설 내에 있는 승객, 승무원, 지상근무자의 안전을 위협하는 거짓 정보를 제공하는 행위
　　사. 사람을 사상(死傷)에 이르게 하거나 재산 또는 환경에 심각한 손상을 입힐 목적으로 항공기를 이용하는 행위
　　아. 그 밖에 이 법에 따라 처벌받는 행위
　9. "보안검색"이란 불법방해행위를 하는 데에 사용될 수 있는 무기 또는 폭발물 등 위험성이 있는 물건들을 탐지 및 수색하기 위한 행위를 말한다.
　10~11. 생략

33 선발경호에서 다음의 업무를 수행하는 담당은? 기출 14

> 안전구역 확보계획 검토, 행사장 취약시설물, 최기병원, 비상 및 일반
> 예비대 운용방법, 공중 감시대책 등 사실적 관계를 확인한다.

① 작전 담당
② 안전대책 담당
③ 출입통제 담당
④ 승·하차 및 정문 담당

33
제시된 내용은 안전대책 담당의 임무에
대한 설명에 해당한다.

정답 ❷

핵심만콕 경호원의 분야별 업무분담

- **작전 담당** : 정보수집 및 분석을 통하여 작전구역별 특성에 맞는 인원 운용계획 작성, 비상대책체제 구축에 주력하며 부가적으로 시간사용계획 작성, 관계관 회의 시 주요 지침사항·예상문제점·참고사항(기상, 정보·첩보) 등을 계획하고 임무별 진행사항을 점검하여 통합 세부계획서 작성 등
- **출입통제 담당** : 행사 참석대상 및 성격분석, 출입통로 지정, 본인 여부 확인, 검문검색, 주차장 운용계획, 중간집결지 운용, 구역별 비표 구분, 안전 및 질서를 고려한 시차별 입장계획, 상주자 및 민원인 대책, 야간근무자 등의 통제계획을 작전 담당에게 전달 등
- **안전대책 담당** : 안전구역 확보계획 검토, 건물의 안전성 여부 확인, 상황별 비상대피로 구상, 행사장 취약시설물 파악, 비상 및 일반예비대 운용방법 확인, 최기병원(적정병원) 확인, 직시건물(고지)·공중 감시대책 검토 등
- **행정 담당** : 출장여비 신청 및 수령, 각 대의 숙소 및 식사장소 선정, 비상연락망 구성 등
- **차량 담당** : 출동인원에 근거하여 선발대 및 본대 사용차량 배정, 이동수단별 인원, 코스, 휴게실 등을 계획하여 작전 담당에게 전달 등
- **승·하차 및 정문 담당** : 진입로 취약요소 파악 및 확보계획 수립 후 주요 위치에 근무자 배치, 통행인 순간통제방법 강구, 비상 및 일반예비대 대기장소 확인, 안전구역 접근자 차단 및 위해요소 제거, 출입차량 검색 및 주차지역 안내 등
- **보도 담당** : 배치결정된 보도요원 확인, 보도요원 위장침투 차단, 행사장별 취재계획 수립 전파 등
- **주행사장 내부 담당** : 경호대상자 동선 및 좌석위치에 따른 비상대책 강구, 행사장 내의 인적·물적 접근 통제 및 차단 계획 수립, 정전 등 우발상황에 대비한 각 근무자 예행연습, 행사장의 단일 출입 및 단상·천장·경호대상자 동선 등에 대한 안전도의 확인, 각종 집기류 최종 점검 등
- **주행사장 외부 담당** : 안전구역 내 단일 출입로 설정, 외곽 감제고지 및 직시건물에 대한 안전조치, 취약요소 및 직시지점을 고려한 단상 설치, 경호대상자 좌석과 참석자 간 거리 유지, 방탄막 설치 및 비상차량 운용계획 수립, 지하대피시설 점검 및 확보, 경비 및 경계구역 내에 대한 안전조치 강화, 차량 및 공중 강습에 대한 대비책 강구 등

34 선발경호 시 다음의 업무를 수행하는 담당은? 기출 12

☑ 확인
Check!
○
△
×

> 정보수집 및 분석, 인원 운용계획, 시간사용계획, 관계관 회의 시 주요 지침사항, 예상문제점, 참고사항 등 계획 및 임무별 진행사항을 점검, 통합 세부계획서 작성

① 작전 담당
② 출입통제 담당
③ 안전대책 담당
④ 행정 담당

34
작전담당은 모든 작전정보를 수집하여 분석 후 작전구역별 특성에 맞도록 병력 운용계획 및 각 대별 비상대책체제 구축에 주력하며 부가적으로 시간사용계획, 관계관 회의 시 주요지침사항, 예상문제점, 참고사항(기상, 정·첩보) 등을 계획하고 임무별 진행사항을 점검, 통합 세부계획서를 작성한다.

정답 ❶

35 경호원의 분야별 업무담당에 관한 연결이 옳지 않은 것은? 기출 10

☑ 확인
Check!
○
△
×

① 출입통제 담당 – 참석대상, 주차장 운용계획, 구역별 비표 구분
② 안전대책 담당 – 건물의 안전성 여부, 행사장 취약시설물 파악
③ 승·하차 및 정문 담당 – 진입로 취약요소 파악 및 확보계획 수립
④ 행정 담당 – 시간사용계획, 관계관 회의 시 주요 지침사항 계획

35
시간사용계획, 관계관 회의 시 주요 지침사항 계획 등은 작전 담당의 업무에 해당한다.

정답 ❹

36 다음 중 선발경호 시에 비표 발급, 야간근무자 배치 등의 임무를 수행하는 자는? 기출 02

☑ 확인
Check!
○
△
×

① 안전대책 담당
② 작전 담당
③ 출입통제 담당
④ 행정 담당

36
출입통로 지정, 시차입장, 본인 여부 확인, 비표운용, 검문검색, 주차관리, 야간근무자 배치 등의 임무는 출입통제 담당자의 임무이다. ★

정답 ❸

37 선발경호에 관한 설명으로 옳지 않은 것은? 기출 16

☑ 확인
Check!
○
△
✕

① 사전예방경호활동이다.
② 행사장의 취약요소를 판단하여 필요한 안전조치를 강구한다.
③ 행사장을 안전하게 확보하고 유지하는 경호활동이다.
④ 예방적 경호조치는 위해자의 입장이 아닌 경호원의 입장에서 면밀히 분석되고 조치되어야 한다.

37
예방적 경호조치는 위해자의 입장에서 면밀히 분석되고 조치되어야 한다.

정답 ❹

38 선발경호의 특성에 관한 설명으로 옳지 않은 것은? 기출 17

☑ 확인
Check!
○
△
✕

① 경호임무에 동원된 모든 부서는 각자의 기능을 발휘하면서 서로 다른 각각의 지휘체계 아래 상호보완적 임무를 수행해야 한다.
② 예방경호는 위해요소를 발견, 제거, 거부함으로써 경호행사의 안전을 확보하는 것이다.
③ 선발경호는 3중 경호의 원리에 입각해서 행사장을 구역별로 구분, 특성에 맞는 경호조치를 강구한다.
④ 선발경호의 특성 중 예비성이란 현지 지형과 상황에 맞는 대응계획과 대피계획을 수립·대비함을 말한다.

38
선발경호의 임무는 경호임무에 동원되는 제 요소를 하나의 지휘체계로 통합하여 경호력을 증대시키고, 경호대상자의 안전이나 행사에 영향을 주는 상황이 발생하지 않도록 필요한 예방적 경호조치를 통하여 행사장의 안전성을 확보하고, 비상상황에 대비한 각종 조치를 강구하는 것이다.
〈참고〉 이두석, 「경호학개론」, 진영사, 2018, P. 254

정답 ❶

핵심만콕	선발경호의 특성
예방성	• 선발경호의 임무이자 경호의 목표라 할 수 있는 예방경호는 위해요소를 사전에 발견해서 제거하고 침투가능성을 거부함으로써 경호행사의 안전을 확보하는 것이다. • 직접적인 위해행위의 가능성뿐만 아니라 간접적인 시설물의 불안전성 및 많은 참석자로 인한 혼잡과 사고의 개연성에 대비한다.
통합성	선발경호에 동원된 모든 부서는 각자의 기능을 100% 발휘하면서 하나의 지휘체계 아래에 통합되어 상호보완적으로 임무를 수행해야 한다.
안전성	• 선발경호의 임무는 당연히 행사장의 안전을 확보하는 일이다. 그러기 위해서는 3중 경호의 원리에 입각해서 행사장을 구역별로 구분하여 그 특성에 맞는 경호조치를 강구하여야 한다. • 행사와 관계가 없는 사람의 핵심구역 출입을 통제하고, 행사장 내 제반 시설물과 반출입물품에 대한 검측과 출입인원에 대한 검색을 실시하여야 한다. • 행사장의 안전상태는 행사가 종료될 때까지 지속될 수 있어야 한다.
예비성	경호행사가 항상 계획되고 예상된 대로만 진행되지는 않는다. 따라서 선발경호는 사전에 경호팀의 능력과 현지 지형과 상황에 맞는 비상대응계획과 비상대피계획을 수립하여 비상상황에 대비하여야 한다.

〈출처〉 이두석, 「경호학개론」, 진영사, 2018, P. 254~255

3 근접경호(수행경호)

01 근접경호원의 경호요령에 관한 설명으로 옳지 않은 것은?

기출 12

☑ 확인
Check!
○
△
×

① 도보대형을 장소와 상황에 따라 융통성 있게 변화시킨다.
② 경호원은 경호대상자에 이르는 모든 접근로를 차단하기 위하여 분산되어야 한다.
③ 옥외에서 도보이동 시 경호대상자 차량도 근접에서 주행해야 한다.
④ 선정된 근접경호원의 위치는 수시로 변화시키지 않는다.

핵심만콕 근접경호원의 경호요령

- 도보대형을 장소와 상황에 따라 융통성 있게 변화시킨다.
- 경호원은 경호대상자에 이르는 모든 접근로를 차단하기 위하여 분산되어야 한다. ★★
- 선정된 도보 이동시기 및 이동로는 수시로 변경한다.
- 선정된 근접경호원의 위치는 수시로 변화시킨다.
- 이동 시는 최단거리 노선을 선택한다.

〈참고〉김계원, 「경호학」, 진영사, 2012, P. 244

01
선정된 근접경호원의 위치는 수시로 변화시켜야 한다.

정답 ❹

02 다음 중 근접수행 경호의 기본적 근무요령으로 가장 거리가 먼 것은?

기출 01

☑ 확인
Check!
○
△
×

① 근접경호요원은 상대적 위치를 수시로 변화한다.
② 경호대상자나 그의 비서관들의 인가 없이 낯선 사람들의 방문이 허용되어서는 아니 된다.
③ 경호대상자에게 접근하려는 사람의 신분 및 직위와 본인 여부를 사전 점검하여야 한다.
④ 경호요원은 언론 등 대중과의 불필요한 대화도 때로는 필요하다.

02
근접경호원은 언론 등 대중과 불필요한 대화를 삼가해야 한다.

정답 ❹

03 경호원의 활동수칙에 관한 내용으로 옳지 않은 것은? `기출 22`

☑ 확인
Check!

○
△
✕

① 경호대상자에게 스스로 안전에 대처할 수 있도록 일상적 경호수칙을 만들어 경각심을 높이게 한다.

② 경호업무 효율성 향상을 위해 경호대상자의 종교, 병력, 복용하는 약물에 대해서도 파악한다.

③ 위해자와 타협적인 행동을 하지 않는다.

④ 최대한 비노출경호를 위해 권위주의적 자세를 가진다.

03
경호원은 권위주의적 자세를 배제하고 의전과 예절에 입각한 친절하고 겸손한 자세를 견지해야 한다.

`정답 ④`

04 경호원의 활동수칙에 관한 설명으로 틀린 것은? `기출 09`

☑ 확인
Check!

○
△
✕

① 위해기도자의 입장에서 경호상 취약성을 분석하여 사전에 차단할 수 있는 예방경호에 총력을 기울여야 한다.

② 경호대상자를 안전하게 보호해야 하며, 위해기도자와 타협적인 행동을 하지 말아야 한다.

③ 가능하면 경호대상자의 사생활을 침해하지 않도록 하는 것이 좋다.

④ 경호원은 친절한 경호서비스를 제공해야 하며, 권위주의적인 자세를 견지해야 한다.

04
경호의 목적으로 '경호대상자의 권위유지'가 있으나, 경호원이 권위주의적인 자세를 견지하는 것은 잘못된 내용이다. 혼동하지 않도록 한다.

`정답 ④`

05 근접경호 임무수행 절차 중 임무분석단계에 해당하지 않는 것은?

기출 10

① 행사 성격 및 특성 고려
② 답사계획 수립
③ 출동준비상태 점검
④ 근접경호계획 수립

05
근접경호 임무수행 절차 중 임무분석단계에는 행사 성격 및 특성 고려, 답사계획 수립, 근접경호계획 수립, 행사장 위치 파악, 행·환차로 결정 등이 있다. 출동준비상태 점검은 경호실시단계에서 이루어진다.

정답 ❸

핵심만콕 근접경호원의 임무수행 절차 ★★

출동준비단계	24시간 출동태세 유지, 근무 편성, 출동차량 점검, 기상 및 특이사항 확인 및 전파
임무분석단계	행사 성격 및 특성 고려, 답사계획 수립, 근접경호계획 수립, 행사장 위치 파악, 행·환차로 결정
명령하달단계	행사 일반계획, 경호환경, 차량대형, 행·환차 코스 등을 하달하고, 개인별 임무를 부여하며, 행사장 비상대책을 마련하고, 예행연습을 실시한다.
경호실시단계	근접경호원의 출동, 출동준비상태 점검, 기동 간 및 행사장 근접경호 실시
복귀 후 정리단계	차량 및 장비 확인, 행사결과에 대한 토의, 행사결과보고서 작성

〈참고〉 이상철, 「경호현장운용론」, 진영사, 2008, P. 117

06 근접경호 임무수행 중 주위경계(사주경계) 방법으로 옳지 않은 것은?

기출 12

① 주위경계는 경호대상자를 중심으로 360° 전 방향을 감시하면서 위해요인을 사전에 인지하기 위한 경계활동이다.
② 주위경계 시 주위 사람들의 손을 집중하여 감시한다.
③ 따뜻한 날씨에 긴 코트를 입고 있는 등 주변 환경과 어울리지 않는 복장을 한 경우 특히 주의한다.
④ 경호대상자 주변에서 신분이 확실한 공무원, 수행원, 기자, 종업원 등을 제외한 모든 인원이 경계의 대상이 된다.

06
인적 경계대상은 경호대상자 주변의 모든 인원들이 해당되며, 신분이 확실한 수행원이나 보도요원들도 일단 경계의 대상이 된다.

정답 ❹

07 근접경호 시 사주경계 요령으로 틀린 것은? 기출 04

☑ 확인
Check!
○
△
✕

① 인접해 있는 경호원과 경계범위는 중복되지 않게 명확히 구분한다.
② 시각의 한계를 고려하여 사주경계의 범위를 선정한다.
③ 위해자는 심리적으로 대중들 가운데 둘째 열에 위치하는 경우가 많다는 것을 참고한다.
④ 복도의 좌우측 문, 모퉁이, 창문주위 등에 관심을 두고 경계한다.

07
근접경호 시 사주경계는 인접해 있는 경호원과 경계범위를 중복해야 경호의 만전을 기할 수 있다.

정답 ❶

---

08 근접경호 업무가 아닌 것은? 기출 22

☑ 확인
Check!
○
△
✕

① 차량대형 형성
② 우발상황 발생 시 대피
③ 행사장에 대한 현장답사
④ 돌발상황 발생 시 경호대상자 방호

08
행사장에 대한 현장답사는 사전예방경호활동(선발경호활동)의 내용이다.

정답 ❸

---

09 근접경호 수행방법에 관한 설명으로 옳지 않은 것은? 기출 18

☑ 확인
Check!
○
△
✕

① 에스컬레이터를 이용하여 이동하는 것은 다른 이동수단으로 이동하는 것에 비해 상대적으로 취약하다.
② 주위경계 시 경호대상자로부터 먼 곳에서 가까운 곳으로 좌우 반복해서 실시하되 인접경호원과 중첩되지 않도록 한다.
③ 외부에 노출되어 있는 개방형 계단을 오르내릴 때는 경호대상자를 계단 중앙에 위치하도록 하여야 한다.
④ 건물 밖에서 안으로 문을 통과할 때는 미는 문일 경우 전방경호원이 안으로 들어가서 문을 잡아 경호대상자가 통과할 수 있도록 하여야 한다.

09
주위경계 시 경호대상자로부터 가까운 곳에서 먼 곳 순으로 좌우 반복하여 경계를 실시하고, 인접해 있는 경호원과 경계범위를 중첩되게 설정한다. ★

정답 ❷

10 근접경호원의 임무수행에 관한 설명으로 옳지 않은 것은?

기출 18

① 위해기도자의 공격가능성을 줄이고, 피해 정도를 최소화하기 위해서 이동 속도를 가능한 한 천천히 해야 한다.

② 근접경호 시 경호원의 위치와 경호 대형에 수시로 변화를 주어야 한다.

③ 경호대상자에게 위해를 가하지 않을 것이라는 확신이 있기 전까지는 누구도 경호대상자의 주위에 접근하게 해서는 안 된다.

④ 이동 시 이동속도는 경호대상자의 건강상태 등을 고려하여 정하여야 한다.

10
위해자의 공격가능성을 줄이고, 공격 시 피해 정도를 최소화하기 위하여 이동속도를 가능한 한 빠르게 하여야 한다.

정답 ❶

11 근접경호원의 임무에 해당하지 않는 것은?

기출 16

① 경호대상자에게 위해를 가하지 않을 것이라는 확신이 있기 전까지는 누구도 경호대상자의 주위에 접근시켜서는 안 된다.

② 경호원은 항상 경호대상자의 최근접에서 움직여야 한다.

③ 위해자의 공격가능성을 줄이고, 공격 시 피해 정도를 최소화하기 위하여 이동속도를 가능한 한 빠르게 하여야 한다.

④ 행사장의 제반 취약요소에 대한 안전조치를 강구하고 가용한 모든 경호원을 운용하여 경호대상자의 신변안전을 도모한다.

11
④는 선발경호 중 행사장 안전검측에 대한 설명이다.

정답 ❹

12 근접경호원의 임무에 관한 설명으로 옳지 않은 것은?

기출 15

① 경호대상자가 심리적 안정감을 느낄 수 있도록 경호대상자가 볼 수 있는 지점에 위치한다.

② 이동속도는 경호대상자의 건강상태, 신장, 보폭 등을 고려하지 않고 최대한 빠르게 하여야 한다.

③ 경호대상자 주위의 모든 사람들의 손을 주의해서 관찰하고, 흉기를 소지하고 있다는 가정하에 대비책을 구상한다.

④ 타 지역으로 이동하기 전에 이동로, 경호대형, 특이상황, 주의사항 등을 경호대상자에게 알려 주어야 한다.

12
이동속도는 경호대상자의 건강상태, 신장, 보폭 등 여러 사항을 종합적으로 고려하여 정하여야 한다.

정답 ❷

13 근접경호의 특성 중 기만성에 관한 설명으로 옳은 것은?

☑ 확인
Check!
○
△
✕

① 행사일정과 장소 및 시간이 대외적으로 알려진 상태에서 업무를 수행하여야 한다.

② 행사 성격이나 주변 여건, 장비의 특성에 따라 도보대형 및 기동수단에 있어서 유동성이 있어야 한다.

③ 허위정보를 제공하여 위해기도자로 하여금 행사상황을 오판하도록 하기 위한 변칙적인 경호기법이다.

④ 기동수단, 기동로, 기동시기, 기동대형 등 노출의 취약성을 최대화하기 위하여 경호기법에 변화를 주어야 한다.

13
③ 기만성에 대한 설명으로 옳다.
① 노출성에 대한 설명이다.
② 도보대형 및 기동수단에 대한 유동성에 관한 설명이다.
④ 기동수단, 기동로, 기동시기, 기동대형 등 노출의 취약성을 최소화하기 위하여 경호기법에 변화를 주어야 한다.

정답 ❸

---

14 근접경호의 특성이 아닌 것은?

☑ 확인
Check!
○
△
✕

① 방벽성
② 기동 및 유동성
③ 방호 및 대피성
④ 비노출성

14
근접경호는 노출성, 방벽성, 기만성, 기동 및 유동성, 방호 및 대피성 등의 특성을 갖고 있다.

정답 ❹

---

15 경호임무 수행 중 근접경호업무의 특성으로 적합하지 않은 것은?

☑ 확인
Check!
○
△
✕

① 우발상황 시 범인을 제압하는 것보다 경호대상자의 안전을 위한 방호 및 대피성이 우선된다.

② 인적 방벽효과와 방탄복 및 기동수단에 의한 외부공격으로부터 방벽성이 요구된다.

③ 기동수단 및 도보대형에 의한 시각적 노출과 각종 매스컴에 의해 행사내용이 알려지는 노출성이 있다.

④ 행사의 성격이 위해요소를 최소화하기 위해 정적 상태가 요구되는 고정성의 특성이 있다.

15
근접경호는 주로 행사장 참석 시, 도보나 차량에 의해 이동 중에 이루어진다. 따라서 행사 성격이나 주변 여건, 장비의 특성에 따라 경호활동 자체가 유동성, 기동성을 띠게 된다.

정답 ❹

16 도보이동 간 근접경호에 관한 설명으로 옳지 않은 것은?

① 도보대형은 장소와 상황에 따라 융통성 있게 변화시켜야 한다.
② 근접경호원의 위치를 고수하여야 한다.
③ 이동 시 위험노출 정도를 최소화하기 위해 최단거리 노선을 선택하여야 한다.
④ 경호대상자에게 이르는 모든 접근로는 통제하여야 한다.

16

근접경호원은 고정된 위치와 대형을 고수해서는 안 되고, 장소나 상황에 따라 다변해야 한다.

정답 ❷

---

17 도보이동 간 근접경호대형에 대한 설명으로 틀린 것은? 기출 04

① 도보대형 형성 시는 주변 감제건물의 취약도, 인적·물적 취약요소 등을 고려하여야 한다.
② 다이아몬드 대형은 혼잡한 복도, 군중이 밀집해 있는 통로 등에서 적합하다.
③ 쐐기형 대형은 무장한 위해자와 직면했을 때 적당한 대형이다.
④ 기본 경호대형은 페어 대형(5인), 웨즈 대형(4인), 다이아몬드 대형(3인), 펜터건 대형(2인) 등으로 구분할 수 있다.

17

페어 대형은 2인, 웨즈(쐐기) 대형은 3~4인, 다이아몬드(마름모) 대형은 4~6인, 펜터건 대형은 5인 이상으로 형성된다.

정답 ❹

핵심만콕

경호대형의 분류

경호학 일반 용어	이두석 교수의 기본대형	
• 2인 대형 : Pair work	• 1인 경호	• 2인 대형
• 3인 대형 : Wedge formation	• 쐐기(Wedge) 대형 : 3~4인	• 마름모(Diamond) 대형 : 4~6인
• 4인 대형 : Diamond formation	• 사각(Box) 대형	• 원형(Circle) 대형 : 5~6인
• 5인 대형 : Pentagon formation	• V자 대형	• 2중 대형

근접경호대형

• 기본대형은 경호원의 수에 따라 1인 대형, 2인 대형, 3인 대형, 4인 대형, 5인 또는 6인 대형 등으로 운용이 가능하며, 경호원이 형성하는 경호대형의 모양에 따라 쐐기 대형, 마름모 대형, 사각 대형과 원형 대형으로 부르기도 한다.
• 응용대형은 정상적인 기본대형의 형성이 곤란한 상황에서 장소나 행사상황에 맞는 변형된 경호대형을 말하는 것으로 접견 대형, 연설 대형(단상 대형), 현황보고 대형, 골프 대형, 하차 대형, 복도 대형 등이 있다.
• 방호대형은 구체적인 위험의 징후가 있거나 위험이 발생한 상황에서 경호대상자를 보호하기 위하여 취하는 대형을 말하며 좁힌 대형(밀착 대형), 방어적 원형 대형, 대피 대형 및 함몰 대형 등이 있다.

〈참고〉 이두석, 「경호학개론」, 진영사, 2018, P. 299~323

18 경호차량에 관한 설명으로 옳지 않은 것은? 기출 19

① 경호차량은 외부의 시선을 집중시키는 차종이나 색상은 지양한다.
② 경호차는 경호대상자 차량의 성능에 필적할 만한 차량을 선정해야 한다.
③ 승하차가 용이하며, 튼튼한 차체와 높은 가속력을 갖춘 차량을 선정한다.
④ 기만효과를 달성하기 위해 경호대상자 차량과 다른 차종을 선정한다.

핵심만콕 **경호차량의 일반적 선정기준(선정방법)**

- 경호차는 경호대상자 차량의 성능에 필적할 만한 차량을 선정해야 한다.
- 경호대상자 차량은 물론이고, 경호차량도 외부의 시선을 집중시키는 차종이나 색상은 지양한다.
- 튼튼한 차체와 가속력을 갖춘 차량이어야 한다.
- 방향전환이 쉽고 엔진의 성능과 가속장치가 좋은 고성능 차량을 선정한다.
- 차체가 강하고 방탄능력이 있는 차량을 선정한다.
- 기만효과를 거두기 위해서는 경호대상자의 차량과 색상 및 외형이 동일하고 유리는 착색하는 것이 좋다.

---

19 경호차량 선정방법으로 옳지 않은 것은? 기출 14

① 경호대상자의 권위를 고려하여 최고급 차종의 차량을 선정한다.
② 방향전환이 쉽고 엔진의 성능과 가속장치가 좋은 차량을 선정한다.
③ 차체가 강하고 방탄능력이 있는 차량을 선정한다.
④ 경호대상자의 차량과 성능·모양이 비슷한 차량을 선정한다.

20 경호차량 운용에 관한 설명으로 옳지 않은 것은? 〔기출 18〕

☑ 확인
Check!
○
△
×

① 주차 장소는 자주 변경하는 것이 좋다.
② 야간에는 차량을 밝은 곳에 주차한다.
③ 규칙적인 출발 및 도착시간을 가능한 한 피한다.
④ 주차 차량의 후면부가 차량출입로를 향하게 주차한다.

20
주차 시에는 차량의 전면부가 차량출입로를 향하게 주차한다.
〔정답〕 ❹

핵심만콕 경호차량 운전요원의 준수사항

• 주차장소는 가능한 한 자주 변경하여 계획된 위해상황과 불심분자의 관찰로부터 벗어나게 한다.
• 주차 시에는 <u>차의 정면이</u> 출입로를 향하게 한다.★
• 출발 전에는 수시로 차의 상태를 점검한다.
• <u>적색신호등으로 차가 정지했을 경우 변속기를 출발상태에 위치시킨다.</u>★
• 신호대기 때나 회전 시에는 좌·우차량을 경계하며 운행한다.
• 긴급사태에 대비하여 소화기와 구급약품 등을 준비한다.★
• 비상시 차량을 급히 출발시킬 수 있는 여유 공간을 확보하고 정차한다.★

---

21 기동경호대형 중 차량대형 결정 시 고려사항이 아닌 것은? 〔기출 14〕

☑ 확인
Check!
○
△
×

① 도로 및 교통상황
② 행사장의 주차장 운용계획
③ 경호대상자의 성향
④ 행사 성격

21
행사장의 주차장 운용계획은 출입통제 담당업무에 해당된다.★ 차량대형 결정 시에는 도로 및 교통상황, 경호대상자의 성향, 행사의 성격 등을 고려하여야 한다.
〔정답〕 ❷

---

22 차량경호 임무수행에 관한 설명으로 옳지 않은 것은? 〔기출 11〕

☑ 확인
Check!
○
△
×

① 선도경호차량은 행·환차로를 안내하고, 행사시간에 맞게 주행속도를 조절하며, 전방의 각종 상황에 대한 경계임무를 수행한다.
② 경호대상자 차량운행 시 차문은 우발상황 시 긴급히 대피하기 위하여 열어 두어야 하며, 도로의 중앙차선을 이용한다.
③ 경호대상자는 가장 먼저 차량의 뒷좌석 오른쪽에 탑승하고 경호책임자의 안내에 따라 가장 마지막에 하차한다.
④ 목적지에 도착하면 경호책임자는 가장 먼저 하차하고 출발 시에는 가장 나중에 승차하며 경호대상자 승·하차 시 차량문의 개폐와 잠금장치를 통제한다.

22
경호대상자 차량 운행 시 차문은 반드시 닫아야 하고, 선도차량과 일정한 간격을 유지하면서 이동한다. 주행 시 운전은 항상 도로의 중앙차선을 이용하고 차 문은 항상 잠가두어야 한다.★
〔정답〕 ❷

23 기동 간 차량 운전방법에 관한 설명으로 옳지 않은 것은?

기출 10

☑ 확인
Check!

○
△
×

① 회전 시에는 길 바깥쪽으로 원심력이 작용하여 차량이 전복되거나 전도되는 사고 등의 가능성에 유의해야 한다.

② 회전 시에는 진입하기 전에 충분히 감속해서 커브에 맞는 속도로 조절하면서 직선에 가까운 코스를 유지하는 것이 바람직하다.

③ 회전 시 선도차량은 중앙선에 접근하여 회전하면서 반대방향의 과속차량에 대한 견제 임무를 수행하고 경호대상자 차량과 간격을 유지하며 속도를 조절한다.

④ 후미 경호차량은 좌회전 시에는 경호대상자 차량의 좌측 후미차선, 우회전 시에는 우측 후미차선을 이용하여 회전하면서 접근차량에 대한 방호임무를 수행한다.

23

후미 경호차량은 좌회전 시에는 경호대상자 차량의 우측 후미차선, 우회전 시에는 좌측 후미차선을 이용하여 회전하면서 접근 차량에 대한 방호임무를 수행한다.

정답 ❹

핵심만콕 교차 회전 시의 기동차량 운전방법

• 회전 시에는 길 바깥쪽으로 원심력이 작용하여 차량이 전복되거나 전도되는 사고 등의 가능성에 유의해야 한다.
• 회전 시에는 진입하기 전에 충분히 감속해서 커브에 맞는 속도로 조절하면서 직선에 가까운 코스를 유지하는 것이 바람직하다.
• 회전 시 선도차량은 중앙선에 접근하여 회전하면서 반대방향의 과속차량에 대한 견제 임무를 수행하고 경호대상자 차량과 간격을 유지하며 속도를 조절한다.
• 경호대상자 차량은 선도차량과 일정 간격을 유지하면서 좌·우회전 시 각각 선도차량의 후미 우측이나 좌측 차선을 이용하여 회전한다.
• 후미 경호차량은 좌회전 시에는 경호대상자 차량의 우측 후미차선, 우회전 시에는 좌측 후미차선을 이용하여 회전하면서 접근 차량에 대한 방호임무를 수행한다. → 회전 시에는 경호대상자 차량의 회전방향의 반대쪽 옆으로 접근하여 경호를 펼쳐야 한다.

〈참고〉 이상철, 「경호현장운용론」, 진영사, 2008, P. 207

---

24 다음 중 경호기만 방법으로 옳지 않은 것은?

기출 17

☑ 확인
Check!

○
△
×

① 일관성 있는 차량 및 기동로

② 허위흔적 표시

③ 일반인처럼 자연스러운 옷차림과 행동

④ 연막차장

24

위해기도자는 경호대상자의 제한적이고, 일상적인 패턴을 노린다. 따라서 경호기만 방법으로서 ①과 같은 방법은 옳지 않다. 위장 차량을 사용한다거나, 사전에 미리 여러 기동로를 선정하였다가 상황에 맞게 한 가지를 선택하도록 하는 방법 등을 이용하는 것이 바람직하다.

정답 ❶

25 3명의 경호원이 의뢰자로부터 근접경호를 의뢰받아 임무를 수행하게 되었다. 다음 중 옳게 수행한 자는?(단, 각 경호대상자는 다르며, 경호원은 1인 단독 경호로 한다.) 기출 18

> A경호원은 시민의 불편을 초래하지 않는 범위 내에서 자신의 활동공간을 확보하며 근접경호를 수행하였고, B경호원은 엘리베이터 안에서 신속한 이동을 위하여 경호대상자를 자신 앞의 출입문 쪽에 위치하게 하였다. C경호원은 우발상황이 발생하여 자신의 대피보다 경호대상자의 대피를 최우선으로 실시하였다.

① A
② A, C
③ B, C
④ A, B, C

25
제시된 내용 중 경호임무를 옳게 수행한 자는 A와 C이다.
B경호원(×) : 엘리베이터의 문이 열렸을 때 경호대상자가 외부인의 시야에 바로 노출되지 않는 지역에 위치하도록 하여야 한다.

정답 ❷

---

26 근접경호기법에 관한 설명으로 옳지 않은 것은? 기출 16

① 근접경호원은 공격자가 경호대상자와 경호원 사이에 끼어들지 못하도록 위치를 계속 조정한다.
② 위해기도자가 위해기도를 포기하거나 실패하도록 유도하는 계획적이고 변칙적인 경호기법을 육감경호라 한다.
③ 도보이동 간 근접경호에서 이동 시에는 위험에 노출되는 정도를 최소화하기 위하여 단거리 직선통로를 이용해야 한다.
④ 차량기동 간 근접경호에서는 차량, 행·환차로, 대형의 구성 및 간격, 속도 등의 사항을 고려하여야 한다.

26
기만경호에 대한 설명이다. 육감경호는 위험을 예상하는 감각과 위험을 진압하기 위한 재빠른 조치를 취할 시점을 알아채는 능력 등을 활용하는 경호를 말한다.
정답 ❷

---

27 근접경호 방법에 관한 설명으로 옳지 않은 것은? 기출 14

① 엘리베이터는 가능한 한 별도의 전용 엘리베이터를 이용하는 것이 좋다.
② 경호대상자가 공중화장실을 이용할 경우 약간 멀더라도 일반인이 많지 않은 곳을 이용한다.
③ 경호대상자가 조깅을 즐기는 경우 코스 및 시간을 자주 변경하는 것이 좋다.
④ 출입문 통과 시 가급적 회전문을 사용하는 것이 좋다.

27
회전문은 이용하지 않는다. 항상 먼저 문의 안전상태나 위해여부를 확인한 후 통과한다.
정답 ❹

28 근접경호기법에 관한 설명으로 옳은 것은? 기출 08 · 06

☑ 확인
Check!
○
△
✕

① 기동 간 경호기만은 경호대상자가 도보수단을 이용하여 이동할 때 실시하는 경호기법이다.

② 복제경호요원 운용은 경호대상자의 얼굴을 닮은 사람을 경호요원 또는 비서관으로 임용하여 경호대상자의 눈을 기만하는 방법이다.

③ 육감경호는 위험을 예상하는 능력과 이 위험을 진압하기 위한 재빠른 조치를 취할 시점을 알아채는 능력이다.

④ 기동대형 기만은 적을 기만함으로써 위해기도자의 공격을 증가시켜서 위해기도가 실패하도록 유도하는 방법이다.

28
③ 근접경호기법 중 육감경호에 대한 설명으로 옳다.
① 기동 간 경호기만은 도보이동에 국한되는 경호기법이 아니다. ★
② 복제경호요원 운용은 '위해기도자'의 눈을 기만하는 방법이다.
④ 기동대형 기만은 위해기도자의 공격을 '감소'시키기 위함이다.
정답 ❸

---

29 행사장 공경호 업무수행 요령에 관한 설명으로 옳지 않은 것은? 기출 13

☑ 확인
Check!
○
△
✕

① 정문 근무자는 초청장 등을 확인하고 거동수상자를 검문검색한다.

② 국민의례 등에 참여하지 않고 군중경계에 전념하여 돌발사태 대비자세를 갖춘다.

③ 돌발사태 대비, 비상통로 확보, 소방차, 구급차 등을 대기시킨다.

④ 외곽경비 시는 행사장 주변의 취약요소를 봉쇄감시하고 참석자들의 비표패용 여부를 확인한다.

29
참석자들의 비표패용 여부를 확인하는 것은 출입자 통제관리의 요령이다. ★
정답 ❹

---

30 경호임무 수행 시 상황별 경호요령으로 적절하지 않은 것은? 기출 12

☑ 확인
Check!
○
△
✕

① 계단 이동 시 경호대상자는 계단의 중앙부에 위치하도록 한다.

② 에스컬레이터 이동 시 경호대상자의 안전을 위하여 디딤판이 끝나는 지점까지 경호원은 걸음을 멈추고 주위경계를 실시한다.

③ 경호대상자가 문을 통과하기 전에 경호원이 먼저 문의 안전상태나 위해여부를 확인한 후 경호대상자를 통과시키도록 한다.

④ 가능하면 회전문을 사용하지 않는 것이 좋다.

30
에스컬레이터는 사방이 노출되어 있으므로 가능하면 사용하지 않고 계단이나 엘리베이터를 이용하는 것이 안전하다. 에스컬레이터에서도 걸음을 멈추지 않고 최대한 짧은 시간에 에스컬레이터를 벗어나도록 한다. 대형의 전방 근무자는 이동로를 확보하여 에스컬레이터에서도 이동시간을 최소한 단축시킬 수 있도록 한다. ★
정답 ❷

31

경호행사 시 주행사장 외부 담당자의 업무내용이 아닌 것은?

기출 10

① 차량 및 공중 강습에 대한 대비책을 수립한다.

② 외곽 감제고지, 직시건물에 대한 안전조치를 한다.

③ 경호대상자 동선 및 좌석 위치에 따른 비상대책을 강구한다.

④ 경비 및 경계구역 내에 대한 안전조치를 강화한다.

31

경호대상자 동선 및 좌석 위치에 따른 비상대책을 강구하는 것은 주행사장 내부 담당자의 업무내용이다.

정답 ❸

32

경호임무 수행 시 행사장 내부 담당자의 임무수행 내용과 거리가 먼 것은?

기출 07

① 경비 및 경계구역에 대한 안전조치를 강화한다.

② 경호대상자의 휴게실 및 화장실의 위치를 파악한다.

③ 행사장 내 각종 집기류를 최종 점검한다.

④ 행사장 내 인·물적 접근 통제계획을 수립한다.

32

①은 행사장 외부 담당자의 임무이다.

정답 ❶

33

숙소경호에 관한 설명으로 옳지 않은 것은?

기출 12

① 주민들의 불편을 최소화하기 위해 인근 주민들은 경계대상에서 제외한다.

② 호텔 유숙 시 위해물 은닉이나 위장침투 등이 가능하기 때문에 일반인, 호텔업무종사자 등의 위해기도에 대비한 안전대책이 필요하다.

③ 호텔 등 유숙지의 시설물은 일반 업무용 숙박시설의 기능을 가지고 있기 때문에 경호적 개념의 방어에 취약하다.

④ 주변 민가지역 내 위해분자 은거, 감제고지의 불순분자 은신, 숙소주변 차량, 행·환차로 등의 위해요소를 확인한다.

33

경호에 만전을 기하기 위해서 인근 주민들도 경계대상에 포함시켜야 한다. 즉, 호텔이나 유숙지 주변의 행사 전 출입자 파악 및 동향감시를 실시하도록 하고 거주 동향주민 외의 유동인원에 대한 유동순찰 및 검문, 검색을 강화한다.

정답 ❶

34 경호대상자가 숙소나 그 외 지역에서 유숙하기 위하여 머물고 있을 때 실시되는 숙소경호의 특징이 아닌 것은? 기출 06

① 보안성이 취약하다.

② 동일한 장소에 경호대상자가 장시간 체류하게 되므로 고정성이 있다.

③ 숙소의 종류 및 시설물들이 복잡하고 많은 위험요소가 내포되어 있어 취약성이 있다.

④ 자택을 제외한 지방숙소, 호텔, 해외 행사 시 유숙지 등은 경호적 방어 환경이 뛰어나다.

34
자택이 아닌 숙소인 경우에는 상대적으로 경호적 방어 환경이 취약하다.
정답 ④

---

35 숙소경호에 대한 설명으로 틀린 것은? 기출 05

① 숙소의 시설물에는 많은 위험요소가 내포되어 있으나 지역 내 출입하는 인원의 통제는 용이하다.

② 근무요령은 평상시, 입출 시, 비상시로 구분하여 운용한다.

③ 경비배치는 내부, 내곽, 외곽으로 실시하고 외곽은 1, 2, 3선으로 경계망을 구성한다.

④ 수림지역 및 제반 감제고지 고층건물에 대한 접근로 봉쇄 및 안전확보를 한다.

35
숙소의 시설물에는 많은 위험요소가 내포되어 있으며, 지역 내 출입하는 인원을 통제하기가 사실상 어렵다.
정답 ①

---

36 다음 숙소경호 중 경호대상자를 경호하는 방법으로 틀린 것은? 기출 02

① 호텔경호 시에 경호대상자가 묵고 있는 위·아랫방, 맞은편, 옆방은 수행원이나 경호원들이 사용하는 것이 좋다.

② 경호대상자가 거처하는 공관, 관저뿐만 아니라 모든 머무는 장소를 경호하며 야간근무가 이루어지는 특징이 있다.

③ 숙소경호는 단독주택과 호텔로 구분되며 3중 경호 개념과 경비 개념이 적용된다.

④ 출입자 및 방문자 통제를 확실히 해야 하며 시설의 안전점검과 각종 사고예방에 유의한다.

36
숙소경호란 경호대상자가 평소에 거처하는 관저뿐만 아니라 임시로 외지에서 머무는 장소를 경호하는 것을 말한다. ★
⟨출처⟩ 김두현, 「경호학개론」, 엑스퍼트, 2020, P. 58 / 이두석, 「경호학개론」, 진영사, 2018, P. 86
정답 ②

4 출입자 통제대책

01 다음을 총칭하는 개념은?　　　　기출 18

☑ 확인
Check!
○
△
×

> 출입통로 지정, 시차입장, 본인여부 확인, 비표 운용, 검문검색, 주차
> 관리

① 수행경호
② 안전검측
③ 출입통제
④ 안전조사

01
출입통로 지정, 시차입장, 본인여부 확인, 비표 운용, 검문검색, 주차관리 등을 총칭하는 개념은 출입통제이다.

정답 ❸

02 출입자 통제업무 수행에 관한 설명으로 옳지 않은 것은?

기출 18

☑ 확인
Check!
○
△
×

① 출입통로는 가능한 한 단일화 또는 최소화하도록 한다.
② 지연 참석자에 대해서는 검색 후 출입을 허용하지 않도록 한다.
③ 참석자의 지위, 참석자 수 등을 고려하여 시차입장계획을 수립한다.
④ 행사장 및 행사규모에 따라 참석대상별 주차지역을 구분하여 설정한다.

02
지연 참석자에 대해서는 검색 후 별도 지정된 통로로 출입을 허용한다.

정답 ❷

03 출입자 통제업무 내용으로 옳지 않은 것은? 기출 17

☑ 확인
Check!
○
△
✕

① 인적 출입관리는 행사장의 모든 출입구에 대한 검색이나 수상한 자의 색출을 목적으로 한다.
② 비표는 식별이 어렵게 하여 보안성을 강화한다.
③ 참석자가 시차별로 지정된 출입통로를 통하여 입장토록 한다.
④ 모든 출입요소는 지정된 출입통로를 사용하여야 하며 기타 통로는 폐쇄한다.

03
비표는 식별이 용이하도록 단순하고 선명하게 제작하여 사용함으로써 경호조치의 효율성을 증대시킬 수 있다.

정답 ❷

04 출입자 통제대책의 방침에 관한 설명으로 옳은 것은 모두 몇 개인가? 기출 16

☑ 확인
Check!
○
△
✕

- 행사장 내 모든 인적·물적 요소의 인가 여부를 확인한다.
- 모든 출입요소는 지정된 출입통로를 사용하고 기타 통로는 폐쇄한다.
- 출입통로 선정 및 일괄입장 계획을 수립하여 통제가 용이하도록 한다.
- 출입증은 전 참가자에게 운용함을 원칙으로 하되, 행사 성격을 고려하여 일부 제한된 행사에서는 지침에 의거 출입증을 운용하지 않을 수 있다.
- 검색은 육감에 의한 방법으로 출입요소를 대상으로 실시하고 경호대상자와 수행원은 예외로 한다.

① 2개   ② 3개
③ 4개   ④ 5개

04
제시된 내용 중 옳은 것은 모두 3개이다.
세 번째 보기 (✕) : '대규모 행사 시에는 참석 대상별 또는 좌석별 구별에 따라 출입통로 선정 및 시차입장 계획을 수립하여 출입통제가 용이하도록 한다'가 옳은 지문이다.
다섯 번째 보기 (✕) : 원칙적으로 경호대상자를 제외한 모든 사람이 검색대상에 해당한다.

정답 ❷

05 행사장 출입통제에 관한 설명으로 옳은 것은? 기출 16

확인
Check!
○
△
×

① 각 구역별 출입통로를 다양화하여 통제의 범위를 정한다.

② 1선(안전구역)은 모든 출입요소의 1차 통제점이 되어야 한다.

③ 1선(안전구역)은 행사와 무관한 사람들의 행사장 출입을 통제 또는 제한한다.

④ 2선(경비구역)은 출입구에 금속탐지기 등을 설치하여 출입자와 반입물품을 확인한다.

05
③ 행사장 출입통제에 관한 설명으로 옳다.
① 출입통로는 가능한 한 단일 통로를 원칙으로 하나, 행사장 구조, 참가자 수, 참석자 성분 등을 고려하여 수개의 출입통로를 지정하여 불편요소를 최소화한다.
② 2선인 경비구역은 행사 참석자를 비롯한 모든 출입요소의 1차 통제점이 된다.
④ 금속탐지기(MD)를 설치하는 곳은 1선(안전구역)이다. ★

정답 ❸

06 출입자 통제업무에 관한 설명으로 옳지 않은 것은? 기출 14

확인
Check!
○
△
×

① 지연 참석자에 대해서는 검색 후 별도 지정된 통로로 출입을 허용한다.

② 안내요원은 행사 주최측 요원으로 지정하도록 조정·통제한다.

③ 행사장 및 행사 규모에 따라 참석 대상별 주차지역을 구분하여 선정하고, 본대 주차지역은 행사 참석자 주차장을 이용한다.

④ 출입통로는 가능한 한 단일 통로를 원칙으로 한다.

06
행사장 및 행사 규모에 따라 참석 대상별 주차지역을 구분하여 선정하고, 경호대상자의 주차지역은 별도로 확보·운용한다.

정답 ❸

07 경호임무 수행 시 출입자 통제대책으로서 적절하지 못한 것은? 기출 07

확인
Check!
○
△
×

① 경호대상자와 참석자는 가능하면 동일 출입문 이용

② 확인이 곤란한 물품의 반입차단

③ 불필요한 인원의 행사장 출입통제

④ 출입문은 가능한 한 최소화

07
경호대상자는 주차장과 출입문을 일반참석자와 별도로 이용하도록 한다.

정답 ❶

제1장
제2장
제3장
제4장
제5장
제6장

08 행사장 경호업무에 대한 설명으로 틀린 것은? 기출 04

① 정문에는 차량출입문과 도보출입문을 통합하여 입장토록 한다.
② 입장비표를 부착하지 않은 자는 어떤 경우에도 입장을 금지시킨다.
③ 행사진행 시 묵념을 할 때에도 군중경계에 전념한다.
④ 행사장 주변 취약요소 건물을 감시할 수 있는 위치를 선정하여 감시조를 운용한다.

09 경호인력 배치 시 고려할 사항 중 틀린 것은? 기출 06·04

① 주변환경으로 보아 취약하다고 판단되는 곳은 인력을 중점적으로 배치한다.
② 특별히 통제해야 할 곳은 전체구간이 통제되도록 배치하여야 한다.
③ 피경호자를 직시할 수 있는 고층건물은 완전히 장악해야 한다.
④ 의심스럽거나 견제해야 할 요소가 많은 곳만 중점배치하여 취약성을 제거한다.

10 다음 중 경호원 배치에 관한 내용 중 옳지 않은 것은? 기출 02

① 통제해야 할 지역 중에서 가장 중요한 곳에 병력을 배치한다.
② 직시 고층건물을 완전 장악한다.
③ 취약하다고 판단되는 곳에 병력을 집중배치한다.
④ 사전에 충분한 예행연습으로 정확한 위치를 선정한다.

5 우발상황(돌발사태) 대응방법

01 우발상황의 특성이 아닌 것은? 기출 18

☑ 확인
Check!
○
△
✕

① 사전 예측의 가능
② 무질서와 혼란 야기
③ 자기보호본능 기제의 발동
④ 즉각조치의 요구

01
우발상황은 사전 예측이 곤란하다는 특성이 있다.
정답 ❶

02 우발상황의 특성에 관한 설명으로 옳은 것을 모두 고른 것은? 기출 15

☑ 확인
Check!
○
△
✕

> ㄱ. 그 발생 여부가 불확실하다.
> ㄴ. 상황에 대처할 충분한 시간적 여유가 없다.
> ㄷ. 경호대상자의 신변에 중대한 결과를 초래할 수 있다.

① ㄱ, ㄴ
② ㄱ, ㄷ
③ ㄴ, ㄷ
④ ㄱ, ㄴ, ㄷ

02
제시된 보기의 내용은 우발상황의 특성에 관해 모두 옳은 설명을 하고 있다. 우발상황은 일반적으로 그 발생 여부가 불확실하여 예측이 곤란하고, 어떠한 사전 예고 없이 돌발적으로 발생하기 때문에 대비가 어렵다는 특성을 지닌다. 또한, 경호대상자의 신변에 중대한 결과를 초래할 수 있어 이러한 상황들에 대한 적절한 대응 훈련이 필요하다.
정답 ❹

03 즉각조치에 관한 설명으로 옳지 않은 것은? 기출 14

☑ 확인
Check!
○
△
✕

① 즉각조치의 과정은 경고 - 방호 - 대피의 순서로 전개된다.
② 대적 시에는 경고와 동시에 위해자와 가장 가까이에 있는 경호원이 과감히 몸을 던져 공격선을 차단한다.
③ 총으로 공격하는 위해자를 제압할 경우, 위해자의 총을 위로 편향시키고 제압한다.
④ 대적하는 경호원은 경호대상자를 등지고 위험발생지역으로 향한다.

03
총으로 공격하는 위해자를 제압할 경우, 무기와 팔을 제압하기 쉽게 위해자의 총을 아래로 눌러서 제압한다.
정답 ❸

04 우발상황의 대응순서가 바르게 연결된 것은? <samp>기출 09·04</samp>

☑ 확인 Check!
○
△
×

① 인지 → 경고 → 방벽 형성 → 대적 및 제압 → 방호 및 대피
② 인지 → 경고 → 방벽 형성 → 방호 및 대피 → 대적 및 제압
③ 인지 → 방벽 형성 → 경고 → 대적 및 제압 → 방호 및 대피
④ 인지 → 방벽 형성 → 경고 → 방호 및 대피 → 대적 및 제압

04
우발상황의 대응순서는 상황인지 → 경고 → 방벽 형성 → 방호 및 대피 → 대적 및 제압 순이다.

<samp>정답 ❷</samp>

05 경호임무 수행 시 우발상황 발생에 따른 범인의 대적 및 제압에 관한 설명으로 틀린 것은? <samp>기출 06</samp>

☑ 확인 Check!
○
△
×

① 공격 방향 전환 시 범인보다 경호대상자의 방향을 전환시키는 것이 효과적이다.
② 대적과 제압 시 주위의 환경, 공격의 방향과 방법, 범인의 공격 기술능력을 순간적으로 파악해야 한다.
③ 범인의 저항을 최소화하기 위하여 몸 전체를 최대한 밀착시켜 범인의 행동반경을 최소화해야 한다.
④ 완전히 제압된 범인은 현장에서 이동시켜 주변의 질서를 유지시킨다.

05
공격 방향 전환 시 경호대상자보다 범인의 방향을 전환시키는 것이 효과적이다.★

<samp>정답 ❶</samp>

06 경호원의 행동수칙으로 옳지 않은 것은? <samp>기출 23</samp>

☑ 확인 Check!
○
△
×

① 신속하고 과감한 대처능력이 필요하다.
② 위해가해자에게 위압감을 줄 수 있어야 한다.
③ 예리하고 정확한 판단력을 갖춰야 한다.
④ 숙련된 사후적 방어조치는 사전예방경호보다 우선시한다.

06
경호활동은 기본적으로 공격이 아닌 방어적 개념이므로, 효과적인 방어는 숙련된 사후적 방어조치보다는 사전적 예방 경호활동이 우선시된다.

<samp>정답 ❹</samp>

07 우발상황 발생 시 경호원의 대처 자세로 옳지 않은 것은?

☑ 확인
Check!
○
△
×

기출 15

① 근접경호원은 경호대상자의 주변에 방벽을 형성하여 방어한다.
② 위해기도자가 단독범이 아니고 공범이 있을 경우를 예상하여 다른 방향에서의 공격에 대비한다.
③ 위해기도자의 위치파악과 대응 및 제압으로 사태가 안정된 후 경호대상자를 대피시킨다.
④ 위해기도자들의 계략이나 공격 여건을 조성하기 위해 유도하는 전술에 휘말려서는 안 된다.

07
우발상황 발생 시 경호요원은 경호대상자를 대피시킬 때는 시간이 지체되어서는 안 되고, 신속하게 위험지역에서 대피시켜야 한다.

정답 ❸

08 우발상황 시 근접경호원의 대응요령으로 옳지 않은 것은?

☑ 확인
Check!
○
△
×

기출 14

① 체위를 확장하여 최대의 방호벽을 형성한다.
② 가급적 빠른 시간 내 범인을 제압하고 현장을 보존한다.
③ 육성 경고와 동시에 비상조치계획에 따라 경호대상자를 우선 대피시킨다.
④ 공범에 의한 양동작전에 유념해야 하고, 경호원의 주의를 다른 곳으로 전환하도록 하는 위해기도자의 전술에 휘말려서는 안 된다.

08
대적 및 제압보다는 경호대상자를 방호하여 안전한 곳으로 대피시키는 것이 우선이다.

정답 ❷

09 우발상황 대응기법에 관한 설명으로 옳지 않은 것은? 기출 12

☑ 확인
Check!
○
△
✕

① 우발상황 대응은 공격의 인지 – 경고 – 방호 – 대피 – 대적의 순으로 이루어진다.
② 경호원의 대응효과 면에서는 군중과의 거리가 멀수록 유리하다.
③ 가장 먼저 공격을 인지한 경호원이 경고를 함으로써 주변 경호원으로 하여금 신속하게 상황대처를 하도록 하여야 한다.
④ 수류탄에 의한 공격을 받았을 때에는 방어적 원형 대형으로 경호대상자를 에워싸는 형태를 유지한다.

09
수류탄에 의한 공격을 받았을 때에는 함몰형 대형으로 경호대상자를 에워싸는 형태를 유지한다.

정답 ④

10 경호업무 수행 중 우발상황 대응 시 고려해야 할 사항으로 옳지 않은 것은? 기출 09

☑ 확인
Check!
○
△
✕

① 경호원과 위험발생지점과의 거리
② 우발상황의 종류와 성격
③ 행사장 참석 인원의 수 및 대응 소요시간
④ 제2공격 대비를 위한 위해기도자 색출

10
제2공격 대비를 위한 위해기도자를 색출하는 것보다, 경호대상자를 신속하게 위험지역으로부터 대피시키는 것이 중요한 고려사항이다.

정답 ④

11 우발상황 발생 시 비상대피소의 선정 방법으로 틀린 것은?
기출 04·02

☑ 확인
Check!
○
△
✕

① 상황이 길어질 경우를 고려하여 잠시 동안 머물러 있을 수 있는 장소를 선정해야 한다.
② 경호대상자의 노출을 최소화하고 30초 이내의 시간이 소요되는 장소를 선정해야 한다.
③ 불필요한 출입자를 통제하기 용이한 장소로 사전에 확보해 두는 것이 좋다.
④ 경호대상자를 잠시 대피시킬 수 있는 장소보다는 시간이 많이 소요되더라도 안전한 장소를 선정하는 것이 좋다.

11
비상상황 시에는 안전한 장소도 중요하지만 빨리 대피하는 것이 목적이다.

정답 ④

03 경호업무 수행방법 심화문제

1 경호임무의 수행절차

01 경호작용의 기본요소에 관한 설명으로 옳은 것은 모두 몇 개인가?

☑ 확인
Check!
○
△
✕

 기출 23

- 경호환경을 극복하기 위한 예비 및 우발계획 준비
- 경호임무는 명확하게 부여하고 각각의 임무형태에 책임 부과
- 경호경비상황에 관한 보안 유출에 대한 엄격한 통제
- 대중 앞에서의 노출이나 제반 여건에 의해서 필연적으로 노출을 수반하는 행차의 지속시간과 사전 위해첩보 수집 간 획득된 내재적인 위협을 분석

① 1개
② 2개
③ 3개
④ 4개

쏙쏙 해설 •••

제시된 내용은 모두 경호작용의 기본요소에 관한 설명으로 옳다.

정답 ④

핵심만콕 경호작용의 기본 고려요소(두 : 계·책·자·보)

계획수립	모든 형태의 경호임무는 사전에 신중하게 계획되어야 하며, 예기치 않은 변화의 가능성 때문에 경호임무를 계획함에 있어 융통성 있게 수립되어야 한다.
책 임	경호임무는 명확하게 부여되어야 하며, 경호요원들은 각각의 임무형태에 대한 책임이 부과되어야 한다.
자 원	경호대상자를 경호하는 데 소요되는 자원은 경호대상자의 행차, 즉 경호대상자의 대중 앞에서의 노출이나 제반여건에 의해서 필연적으로 노출을 수반하는 행차의 지속시간과 사전 위해첩보 수집 간 획득된 내재적인 위협분석에 따라 결정된다.
보 안	경호대상자와 수행원, 행사 세부일정, 경호경비상황에 관한 보안[정보(註)]의 유출은 엄격히 통제되어야 한다. 경호요원은 이러한 정보를 인가된 자 이외의 사람에게 유출하거나 언급해서는 안 된다.

〈참고〉 김두현, 「경호학개론」, 엑스퍼트, 2020, P. 258~259

02 경호작용의 기본 고려요소에 관한 설명으로 옳지 않은 것은?

기출 22

☑ 확인
Check!
○
△
×

① 자원 – 기본적으로 고려되어야 할 사항에 포함된다.
② 계획수립 – 변화의 가능성 때문에 융통성 있게 한다.
③ 책임 – 경호임무는 명확하게 부여하고, 각각의 임무형태에 대한 책임이 부과된다.
④ 보안 – 수행원과 행사 세부일정은 공개하고, 경호경비상황은 보안을 유지한다.

쏙쏙 해설 •••

경호대상자와 수행원, 행사 세부일정, 적용되고 있는 경호경비상황에 관한 정보의 유출은 엄격히 통제되어야 한다.

정답 ❹

03 다음 4명의 경호원 중 경호작용에 관하여 옳게 판단하고 있는 자는?

기출 21

☑ 확인
Check!
○
△
×

① A경호원 – 경호자원의 효율적인 이용을 위한 분석 자료를 토대로 사전에 경호계획을 수립한다.
② B경호원 – 경호임무는 사전에 신중하게 계획되어야 하며 융통성은 배제되어야 효과적이다.
③ C경호원 – 모든 경호임무는 예기치 않은 변화 가능성을 내포하고 있으므로 사전대응보다 신속한 사후대응이 더 중요하다.
④ D경호원 – 경호임무는 명확하게 부여하되 임무형태에 대한 책임은 경호책임자에게 국한되어야 한다.

쏙쏙 해설 •••

경호계획은 사전에 수립되어야 하는데, 이때 자원의 효율적인 이용을 위해서는 위해분석 자료를 토대로 자원동원 체계가 구축되어야 한다.

정답 ❶

04 경호작용에 관한 설명으로 옳지 않은 것은?

기출 20

☑ 확인
Check!
○
△
×

① 모든 형태의 경호업무는 사전에 신중하게 계획되어야 하며 융통성은 배제되어야 한다.
② 경호대상자에 대한 완벽한 경호를 보장하기 위해서는 각각의 임무가 명확하게 부여되어야 한다.
③ 자원의 효율적인 이용을 위해서 사전에 위해분석 자료를 토대로 자원동원 체계를 구축하도록 한다.
④ 경호와 관련된 정보는 비인가된 자에게 제공해서는 안 된다.

쏙쏙 해설 •••

모든 형태의 경호임무는 사전에 신중하게 계획되어야 하며, 예기치 않은 변화의 가능성 때문에 융통성 있게 수립되어야 한다.

정답 ❶

05 다음 〈보기〉는 경호작용의 기본 고려요소에 관한 설명이다. 〈보기〉의 내용과 기본 고려요소와의 연결이 옳은 것은? 기출 18

☑ 확인
Check!
○
△
×

> a. 경호대상자와 수행원, 행사 세부일정, 적용되고 있는 경호경비상황에 관한 정보의 유출은 엄격히 통제되어야 한다.
> b. 모든 형태의 경호임무는 사전에 신중하게 계획되어야 하며, 각각의 임무는 명확하게 부여되어야 한다.

> ㄱ. 계획수립　　　　　　ㄴ. 보 안
> ㄷ. 책 임　　　　　　　ㄹ. 자 원

① a − ㄴ, ㄹ　　　　　② a − ㄹ
③ b − ㄱ, ㄷ　　　　　④ b − ㄱ, ㄴ, ㄹ

 쏙쏙 해설 •••

a. 보안유지와 관련된 설명이다.
b. 「모든 형태의 경호임무는 사전에 신중하게 계획되어야 하며」 부분은 계획수립과 관련된 설명이며, 「각각의 임무는 명확하게 부여되어야 한다」는 부분은 책임분배와 관련된 설명이다.

정답 ❸

---

06 다음에서 설명하는 경호작용의 기본 고려요소는? 기출 16

☑ 확인
Check!
○
△
×

> 경호대상자의 필연적인 노출을 수반하는 행차의 지속시간과 사전 위해 첩보수집 간 획득된 내재적인 위협분석에 따라 결정되어지는 요소

① 계획수립　　　　　② 책 임
③ 자 원　　　　　　④ 보 안

쏙쏙 해설 •••

제시된 내용은 자원에 대한 설명에 해당한다.
① 모든 경호임무는 예기치 않은 변화의 가능성을 내포하고 있으므로 이에 대비하여 융통성 있게 사전 계획을 수립하여야 한다.
② 각각의 임무형태에 대한 책임은 명확하게 부여하여야 한다.
④ 경호대상자, 수행원, 행사 세부일정, 적용되고 있는 경호·경비상황 등의 보안은 인가된 자 이외에는 엄격하게 통제되어야 한다.

정답 ❸

07 경호작용의 기본요소에 관한 설명으로 옳은 것은 모두 몇 개인가?

기출 15

- 우발상황에 대처할 수 있는 계획이 수립되어야 한다.
- 경호임무는 명확하게 부여되어야 하며, 각각의 임무형태에 대한 책임이 부여되어야 한다.
- 인적자원뿐만 아니라 다양한 물적자원의 적절한 이용이 중요하다.
- 경호대상자와 수행원, 행사 세부일정에 대한 보안의 유출은 엄격히 통제되어야 한다.

① 1개   ② 2개
③ 3개   ④ 4개

 쏙쏙 해설 •••

경호작용의 기본요소는 계획수립, 책임분배, 자원동원, 보안유지의 4가지로 되어 있는데, 지문들은 모두 기본요소의 내용들로 옳다.

정답 ❹

08 학습활동이 주요 활동이며 행사에 대한 결과보고서를 작성하는 경호업무 수행단계는?

기출 23

① 예방단계   ② 대응단계
③ 대비단계   ④ 평가단계

쏙쏙 해설 •••

평가단계에 관한 설명이다.

정답 ❹

핵심만콕 경호위기관리단계 및 세부 경호업무 수행절차★★

관리단계	주요 활동	활동 내용	세부 활동
1단계 예방단계 (준비단계)	정보활동	경호환경 조성	법과 제도의 정비, 경호지원시스템 구축, 우호적인 공중(公衆)의 확보(홍보활동)
		정보 수집 및 평가	정보네트워크 구축, 정보의 수집 및 생산, 위협의 평가 및 대응방안 강구
		경호계획의 수립	관계부서와의 협조, 경호계획서의 작성, 경호계획 브리핑
2단계 대비단계 (안전활동단계)	안전활동	정보보안활동	보안대책 강구, 위해동향 파악 및 대책 강구, 취약시설 확인 및 조치
		안전대책활동	행사장 안전확보, 취약요소 판단 및 조치, 검측활동 및 통제대책 강구
		거부작전	주요 감제고지 및 취약지 수색, 주요 접근로 차단, 경호 영향요소 확인 및 조치
3단계 대응단계 (실시단계)	경호활동	경호작전	모든 출입요소 통제 및 경계활동, 근접경호, 기동경호
		비상대책활동	비상대책, 구급대책, 비상시 협조체제 확립
		즉각조치활동	경고, 대적 및 방호, 대피
4단계 학습단계 (평가단계)	학습활동	평가 및 자료 존안	행사결과 평가(평가회의), 행사결과보고서 작성, 자료 존안
		교육훈련	새로운 교육프로그램 준비, 교육훈련 실시, 교육훈련의 평가
		적용(피드백)	새로운 이론의 정립, 전파, 행사에의 적용

〈출처〉 이두석, 「경호학개론」, 진영사, 2018, P. 157

09 경호임무 수행절차에 관한 설명으로 옳지 않은 것은?

① 예방단계 – 안전활동단계로 발생 가능한 인적·물적 위해요소에 대한 대비책을 강구하는 단계이다.

② 대비단계 – 정보보안활동, 안전대책활동, 위험요소에 대한 거부작전을 실시하는 단계이다.

③ 대응단계 – 실시단계로 경호대상자에게 발생하는 위해요소에 대한 출입요소의 통제, 근접경호 등의 즉각조치활동을 하는 단계이다.

④ 학습단계 – 행사결과에 대한 평가, 교육훈련 실시 및 평가, 새로운 이론의 정립과 행사에의 적용을 하는 단계이다.

쏙쏙 해설 •••

안전활동단계로 발생 가능한 인적·물적 위해요소에 대한 대비책을 강구하는 단계는 대비단계이다.

정답 **❶**

제1장
제2장
제3장
제4장
제5장
제6장

10 경호임무의 수행절차에 관한 설명으로 옳은 것은?

① 예방단계 : 평가단계로 경호 실시 결과 분석

② 대비단계 : 정보활동단계로 법제를 정비하여 우호적 경호환경 조성

③ 대응단계 : 경호활동단계로 경호인력을 배치하여 지속적인 경계활동 실시

④ 학습단계 : 안전활동단계로 위해정보 수집을 위한 보안활동 전개

쏙쏙 해설 •••

3단계 대응단계(실시단계)는 경호활동단계로 경호작전(경호인력을 배치하여 지속적인 경계활동 실시)을 내용으로 한다.

정답 **❸**

핵심만콕

① 평가단계로 경호 실시 결과를 분석하는 단계는 1단계 예방단계(준비단계)가 아닌 <u>4단계 학습단계</u>이다.

② 정보활동단계로 법제를 정비하여 우호적 경호환경을 조성하는 단계는 2단계 대비단계(안전활동단계)가 아닌 <u>1단계 예방단계(준비단계)</u>이다.

④ 안전활동단계로 위해정보 수집을 위한 보안활동을 전개하는 단계는 4단계 학습단계(평가단계)가 아닌 <u>2단계 대비단계(안전활동단계)</u>이다.

11 경호임무 수행절차에 관한 설명으로 옳지 않은 것은?

① 계획단계는 경호임무 수령 후부터 선발대가 행사장에 도착하기 전까지의 경호활동이다.

② 행사단계는 경호대상자가 집무실을 출발해서 행사장에 도착하여 행사가 진행된 이후 복귀 시까지의 경호활동이다.

③ 평가단계에서는 경호 실시결과를 분석하고 평가하여 이를 보완한다.

④ 경호임무의 단계별 절차는 준비단계 – 계획단계 – 행사단계 – 평가단계이다.

12 경호업무 수행절차에 관한 내용이다. 다음이 설명하는 관리단계는? 기출 21

> 주요 활동은 정보활동이며, 정보의 수집 및 평가가 나타난다. 위협의 평가 및 대응방안을 강구하는 세부활동이 수행된다.

① 예방단계　　　　② 대비단계
③ 대응단계　　　　④ 학습단계

13 경호업무의 수행절차에 관한 설명이다. ( )에 들어갈 내용으로 옳은 것은? 기출 20

> 정보활동은 (ㄱ)단계, 안전활동은 (ㄴ)단계, 경호활동은 (ㄷ)단계, 학습활동은 학습단계에 해당된다고 할 수 있다.

① ㄱ : 예방, ㄴ : 대비, ㄷ : 대응
② ㄱ : 예방, ㄴ : 대응, ㄷ : 대비
③ ㄱ : 대비, ㄴ : 예방, ㄷ : 대응
④ ㄱ : 대비, ㄴ : 대응, ㄷ : 예방

14 경호업무 수행절차에 관한 설명으로 옳은 것은? 기출 19

① 예방단계인 정보활동단계에서는 정·첩보를 수집하고 분석하여 경호위협을 평가한다.

② 학습단계인 안전활동단계에서는 행사장 취약요소에 대한 안전대책을 강구한다.

③ 대비단계인 경호활동단계에서는 경호 인력을 배치하여 지속적인 경계활동을 실시한다.

④ 대응단계에서는 경호 실시결과를 분석하고 평가하여 보완한다.

 해설 •••

① 경호와 관련된 정보와 첩보를 수집·분석하여 경호위협을 평가하는 단계는 예방단계이다.
② 대비단계
③ 대응단계
④ 학습단계

정답 ❶

핵심만콕	경호업무 수행절차
예방단계	법과 제도를 정비하여 우호적인 경호환경을 조성하고, 경호와 관련된 정보와 첩보를 수집·분석하여 경호위협을 평가하고 이를 통하여 경호계획을 수립하는 경호준비과정이다.
대비단계	발생가능성이 있는 위해요소에 대비하기 위해 사전에 준비하는 단계이다. 이 단계에서는 정보보안활동, 안전대책활동, 거부작전을 수행한다.
대응단계	경호대상자의 신변에 문제가 닥치거나 위해요소가 현실화되었을 때 즉각적인 조치를 취하는 단계이다. 이 단계에서는 경호작전, 즉각조치 활동을 수행한다.
학습(평가)단계	경호활동의 종결 이후 각 단계에 대한 분석과 반성을 하고 그 결과를 향후에 있을 경호활동에 반영하기 위한 단계이다. 이 단계에서는 평가 및 자료 존안, 교육훈련, 피드백을 실시한다.

〈출처〉 이두석, 「경호학개론」, 진영사, 2018, P. 156∼158

15 경호업무 수행절차의 4단계에 관한 설명으로 옳지 않은 것은?

기출 17

① 예방단계는 준비단계로서 발생할 수 있는 인적·물적 위해요소에 대한 예방책을 강구하는 단계이다.

② 대비단계는 안전활동단계로서 발생 가능한 인적·물적 위해요소에 대한 대비책을 강구하는 단계이다.

③ 평가단계는 위험분석단계로서 경호효과를 평가·분석하여 경호계획을 수립하기 위한 단계이다.

④ 대응단계는 실시단계로서 경호대상자에게 발생하는 위해요소에 대한 출입요소의 통제, 근접경호 등으로 즉각적인 조치를 취하는 단계이다.

 해설 •••

위험분석단계로서 경호효과를 평가·분석하여 경호계획을 수립하기 위한 단계는 예방(능동적 위기관리)단계이다.
★ 평가단계는 평가(학습)활동단계로서 경호임무 수행결과를 분석하고 평가하여 존안하며, 평가 결과 대두된 문제점을 보완하기 위한 교육과 훈련을 실시하여 결과를 차기 임무수행 시에 반영하기 위한 피드백(환류)을 실시하는 단계를 말한다.

정답 ❸

16 경호활동을 '예방 – 대비 – 대응 – 평가'의 4단계로 분류할 경우, 대응단계의 활동에 해당하지 않는 것은?

① 모든 출입요소에 대한 통제 및 경계

② 정보의 수집 및 생산

③ 기동경호

④ 근접경호

17 다음에서 설명하고 있는 경호위기관리단계는?

법과 제도를 정비하여 우호적인 경호환경을 조성하고, 경호와 관련된 정보와 첩보를 수집·분석하여 경호위협을 평가하고 이를 통하여 경호계획을 수립하는 경호준비과정

① 예방단계　　　　　② 대비단계

③ 대응단계　　　　　④ 학습단계

18 경호업무 수행절차를 순서대로 옳게 나열한 것은?

ㄱ. 정보수집·분석　　　ㄴ. 검측활동
ㄷ. 위협평가　　　　　　ㄹ. 경호계획 수립
ㅁ. 근접경호

① ㄱ → ㄷ → ㄴ → ㄹ → ㅁ

② ㄱ → ㄷ → ㄹ → ㄴ → ㅁ

③ ㄱ → ㄹ → ㄴ → ㄷ → ㅁ

④ ㄱ → ㄹ → ㄷ → ㄴ → ㅁ

19 경호작전 시 위협분석(Threat Assessment)을 하는 목적이 아닌 것은?

기출 04

① 항상 가용한 최고의 경호 수준을 유지하기 위해
② 경제성을 도모하기 위해
③ 행사 성격에 맞는 경호 수준을 결정하기 위해
④ 합리적인 경호작전요소를 결정하기 위해

쏙쏙 해설 •••

경호작전 시 위협분석은 행사 시 각자의 준비과정 및 행사 간 임무, 활동계획, 정보, 보안, 검측 등 각 기능별 활동계획 등에 대한 검토 및 확인 등 구체적 활동사항 등을 종합하여 현장답사, 취약요소분석, 출입통제계획 등을 종합하여 위해가능성을 최종 판단하고, 경호지휘소를 통해 행사 성격에 맞는 경호 수준을 결정하고, 합리적인 경호작전요소를 결정하기 위해서이다.

정답 ❶

20 미국 국토안보부(DHS)에서는 위협수준을 5단계로 구분하여 경고하고 있다. 다음 중 낮은 위험(Low risk of terrorist attacks)을 뜻하는 색상은?

① 노란색(Yellow)
② 초록색(Green)
③ 파란색(Blue)
④ 흰색(White)

쏙쏙 해설 •••

미국의 국토안보부 경보체계(Homeland Security Advisory System)에서 낮은 위험에 해당하는 색상은 Green이다.

정답 ❷

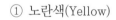

핵심만콕 위협수준의 평가

위협수준	미국(국토안보부)	영국(종합테러분석센터)
LEVEL 1	Severe(Red) : 심각한 위험	Critical – 공격 임박
LEVEL 2	High(Orange) : 높은 위험	Severe – 공격 가능성 높음
LEVEL 3	Elevated(Yellow) : 중대한 위험	Substantial – 공격 가능성 상당함
LEVEL 4	Guarded(Blue) : 일반적인 위험	Moderate – 공격 가능하나, 실제 가능성 낮음
LEVEL 5	Low(Green) : 낮은 위험	Low – 공격 가능성 낮음

〈출처〉 이두석, 「경호학개론」, 진영사, 2018, P. 219

제1장
제2장
제3장
제4장
제5장
제6장

21 위협의 평가에 따른 경호 대응 방안에는 5가지가 있다. 위험의 발생 횟수나 발생 규모를 줄이려는 기법이나 도구 또는 전략을 의미하는 것은?

① 위험의 감소
② 위험의 회피
③ 위험의 제거
④ 위험의 통제

핵심만콕	위협의 평가에 따른 경호 대응 방안
위험의 회피	위험으로 인한 손실가능성을 회피하면 위험관리 수단이 필요 없게 되므로 가장 이상적인 위험관리 방법이라 할 수 있다. 정보활동·기만전술·은밀경호작전 등이 위험회피수단으로 활용된다.
위험의 통제	위험의 발생 횟수나 발생 규모를 줄이려는 기법이나 도구 또는 전략을 의미한다.
위험의 제거	위험요소를 우세한 경호력으로 무력화시키거나 검측활동을 비롯한 안전활동을 통하여 사전에 제거함으로써 행사장·연도·숙소 등에 대한 안전을 확보하는 것이다.
위험의 감소	특정한 사건이나 사고로부터 피해를 입을 수 있는 재산이나 인명의 수와 규모를 줄이는 데 초점을 둔다.
위험의 보유	장래의 손실을 스스로 부담하는 방법으로, 의도적으로 위험을 보유하기로 결정한 적극적 위험보유와 부득이 보유하게 되는 소극적 위험보유가 있다.

〈출처〉 이두석, 「경호학개론」, 진영사, 2018, P. 220~223

22 경호임무의 포함요소 중 행사일정에서 고려할 요소로 옳지 않은 것은?

기출 14

① 방문지역의 지리적 특성
② 수행원이 유숙할 숙소의 명칭과 위치
③ 기동방법 및 수단
④ 언론의 보도여부 및 제한사항

23 경호형성 및 준비작용에서 연락 및 협조체제 구축 시의 고려사항
이 아닌 것은? 　기출 12

☑ 확인
Check!
○
△
×

① 공식 및 비공식 수행원에 관한 사항
② 경호대상자와 수행원의 편의시설
③ 경호대상자의 행사참석 범위, 행사의 구체적인 성격
④ 취재진의 인가 및 통제 상황

쏙쏙 해설 ···

공식 및 비공식 수행원에 관한 사항은
행사일정 및 임무수령에 포함될 사항
이다.

정답 ❶

핵심만콕	경호형성 및 준비작용 시 고려사항★★	
행사일정 및 임무수령에 포함될 사항	• 출발 및 도착 일시, 지역(도착공항 등)에 관한 사항 • 공식 및 비공식 수행원에 관한 사항★ • 경호대상자의 신상에 관한 사항 • 의전에 관한 사항★ • 방문지역이나 국가의 특성(기후, 지리, 치안 등)에 관한 사항 • 방문지역에서 수행원 등이 숙박할 숙박시설의 명칭과 위치 등에 관한 사항 • 이동수단 및 방법에 관한 사항★ • 경호대상자가 참석해야 할 모든 행사와 활동범위에 관한 사항 • 방문지에서 경호대상자와 접촉하게 되는 의전관련자, 관료, 기업인 등에 관한 사항 • 방문단과 함께 움직이는 취재진에 관한 사항 • 관련 소요비용에 관한 사항★ • 경호안전에 영향을 줄 수 있는 행사주최나 방문국의 요구사항
연락 및 협조체제 구축 시 고려사항	• 기후변화 등의 악천후 시를 고려한 행사스케줄과 행사관계자의 시간계획에 관한 사항 • 모든 행사장소와 행사에 참석하는 손님, 진행요원, 관련 공무원, 행사위원 등의 명단 • 경호대상자의 행사참석 범위, 행사의 구체적인 성격 등 • 경호대상자와 수행원의 편의시설(휴게실, 화장실, 분장실 등) • 행사 시 경호대상자가 관여하는 선물증정식 등 • 취재진의 인가 및 통제 상황 • 기타 행사참석에 영향을 줄 수 있는 요인★

24 경호 현장답사 시 고려사항이 아닌 것은? 　기출 19

☑ 확인
Check!
○
△
×

① 행사장의 기상, 특성, 시설 등에 대한 취약여건 판단
② 행사장 출입, 통제범위 및 경호인력 규모 판단
③ 행사장의 직시고지와 직시건물 등에 대한 경호환경 판단
④ 개인별 사전임무 및 비상상황 시 개인별 임무

쏙쏙 해설 ···

④는 경호 현장답사 시 고려사항이 아
니다.

정답 ❹

25 현장답사 사항에 관한 설명으로 옳지 않은 것은?

① 행사장에 도착한 후 행사시작 전까지의 경호활동으로서 준비하는 단계를 말한다.

② 경호조치를 위한 취약요소 분석, 병력운용 규모판단, 기동수단 및 거리를 산정한다.

③ 행사장의 승·하차지점, 직시고지, 건물 등 경호환경 및 주요 장소를 최종 판단한다.

④ 주최측과 협조하여 지리적 여건을 고려하고 진입로, 주통로, 기동수단 및 승·하차지점을 판단한다.

 해설 •••

①은 경호임무 수행절차 중 준비단계에 관한 설명이다.

정답 ❶

핵심만콕	현장답사 시 고려사항★★

- 주최측과 협조하여 행사의전계획서를 확보★
- 행사장의 기상, 특성, 구조, 시설 등에 대한 여건 판단
- 취약요소를 분석하고 안전대책에 대한 판단기준 설정
- 출입과 통제 범위 및 병력동원 범위 판단★
- 헬기장 선정(안전공간, 주변여건)
- 진입로, 주통로, 주차장 등을 고려하여 기동수단 및 승·하차지점 판단★

---

26 행사장 현장답사 시 고려해야 할 사항으로 해당되지 않는 것은?

① 행사장 진입로, 주통로 등을 고려하여 기동수단 및 승·하차지점을 확인한다.

② 행사장 통제범위 및 경호원 동원범위를 판단한다.

③ 행사장 출입자에 대한 시차입장계획을 수립한다.

④ 행사장의 특성, 구조, 시설 등에 대한 취약여건을 판단한다.

해설 •••

행사장 출입자에 대한 시차입장계획 수립은 행사장 출입자통제 시 고려할 사항이다.

 정답 ❸

27 경호계획수립 시 행정 및 군수사항에 포함되는 내용이 아닌 것은?

☑ 확인
Check!
○
△
✕

① 경호이동 및 철수계획
② 경호복장, 장비, 비표
③ 식사 및 숙박계획
④ 주차장 운영계획

쏙쏙 해설 •••

주차장 운영계획은 출입통제 담당에 해당한다.

정답 ❹

---

28 예방경호작용 수행단계의 순서를 옳게 나열한 것은? 기출 10

☑ 확인
Check!
○
△
✕

① 조사단계 → 예견단계 → 무력화단계 → 인식단계
② 인식단계 → 무력화단계 → 조사단계 → 예견단계
③ 무력화단계 → 조사단계 → 예견단계 → 인식단계
④ 예견단계 → 인식단계 → 조사단계 → 무력화단계

쏙쏙 해설 •••

예방경호작용은 예견단계 → 인식단계 → 조사단계 → 무력화단계 순으로 진행된다.

정답 ❹

핵심만콕 예방경호작용 수행단계★★(두 : 예 · 인 · 조 · 무)

- 예견(예측)단계 : 신변보호대상자에게 영향을 줄 수 있는 각종 장애요소 또는 위해요소에 대하여 정 · 첩보를 수집하고 분석하는 단계
- 인식(인지)단계 : 수집된 정 · 첩보 중에서 위해가능성이 있는지를 확인하고 판단하는 과정으로서 정확하고 신속하며 종합적인 고도의 판단력을 필요로 하는 단계★
- 조사(분석)단계 : 위해가능성이 있다고 판단된 위해요소를 추적하고 사실 여부를 확인하는 단계로, 과학적이고 신중한 행동이 요구되는 단계★
- 무력화(억제)단계 : 예방경호작용의 마지막 단계로서, 이전 단계에서 확인된 실제 위해요소를 차단하거나 무력화하는 단계

---

29 다음은 사전경호활동 중 어느 단계에 관한 설명인가? 기출 09

☑ 확인
Check!
○
△
✕

수집된 정 · 첩보 중에서 위해가능성이 있는지를 확인하고 판단하는 과정으로서 정확하고 신속하며 종합적인 고도의 판단력을 필요로 하는 단계

① 예견단계
② 인식단계
③ 조사단계
④ 무력화단계

쏙쏙 해설 •••

인식단계는 수집된 정 · 첩보 중에서 위해가능성이 있는지를 확인하고 판단하는 과정으로서 정확하고 신속하며 종합적인 고도의 판단력을 필요로 하는 단계이다.

정답 ❷

제1장
제2장
제3장
제4장
제5장
제6장

01 사전예방경호에 관한 설명으로 옳지 않은 것은? 기출 21

☑ 확인
Check!
○
△
×

① 내부근무자는 출입자의 비표를 확인하고, 행사 진행 중 계획에 없는 움직임을 통제한다.
② 원활한 행사 준비를 위해 경호정보·보안·안전대책 업무 수행을 지원한다.
③ 경호대상자가 도착하기 전에 현장답사를 실시하여 효과적인 경호를 준비한다.
④ 지휘체계는 외곽근무자와 내부근무자를 별도로 관리하는 것이 효율적이다.

쏙쏙 해설 •••

경호지휘단일성의 원칙상 명령과 지휘 체계는 반드시 하나의 계통으로 구성해야 한다. 따라서 외곽근무자와 내부근무자를 별도로 관리하는 것은 지휘 및 통제의 이원화로 인해 비효율적이다.

정답 ❹

02 다음은 무엇에 관한 설명인가? 기출 13

☑ 확인
Check!
○
△
×

모든 수단과 방법을 이용하여 각종 위해요소를 사전에 탐지·제거·봉쇄하여 경호대상자의 절대안전을 위한 예방업무

① 경호안전작용
② 경호평가활동
③ 경호실시활동
④ 경호호위작용

쏙쏙 해설 •••

제시된 내용은 경호안전작용에 대한 설명이다. 경호안전작용은 크게 경호정보작용, 경호보안작용, 안전대책작용으로 구분할 수 있다.★

정답 ❶

03 사전예방경호작용에 포함되지 않는 것은? 기출 12

☑ 확인
Check!
○
△
×

① 호위작용
② 안전대책작용
③ 경호정보작용
④ 경호보안작용

쏙쏙 해설 •••

사전예방경호작용에는 경호보안작용, 경호정보작용, 위해평가 및 경호 수준 결정, 경호계획수립, 경호팀의 편성 및 배치, 선발경호작용, 안전대책작용 등이 포함된다. 호위작용은 근접경호작용에 해당한다.

정답 ❶

04 사전예방경호에 관한 설명으로 옳지 <u>않은</u> 것은? 기출 12

확인
Check!
○
△
×

① 출입자 통제를 위해 정문 근무자는 행사 주최측과 협조하여 초청장발급·비표패용 여부 등을 확인한다.

② 내부근무자는 입장자의 비표를 확인하고 행사진행 중 계획에 없는 움직임을 통제한다.

③ 외곽근무자는 돌발사태에 대비하여 예비대, 비상통로, 소방·구급차 및 운용요원을 확보하고 비상연락망을 유지한다.

④ 원활한 행사를 위하여 경호정보업무, 보안업무, 안전대책업무가 지원되어야 한다.

쏙쏙해설 •••

내곽근무자는 돌발사태에 대비하여 예비대, 비상통로, 소방·구급차 및 운용요원을 확보하고 비상연락망을 유지한다.

정답 ❸

---

05 경호임무수행에 관한 설명으로 옳지 <u>않은</u> 것은? 기출 11

확인
Check!
○
△
×

① 안전점검 및 검사가 이루어진 상태를 계속 유지하기 위하여 통제작용을 하는 것을 안전유지라고 한다.

② 안전대책작용은 행사장 내·외곽 시설물에 대한 폭발물 탐지제거 및 안전점검, 각종 음식물에 대한 검식작용 등 통합적 안전작용이다.

③ 정보활동 분야는 경호 관련 인원, 문서, 시설, 지역, 자재, 통신 등에 대하여 모든 불순분자로부터 완벽한 보호대책을 수립하여 이를 지속적으로 보완·유지하는 것이다.

④ 행사결과보고서는 평가 직후 계획전담요원에 의해 요원들의 메모, 일지 등의 의견을 참고하여 직면했던 문제들과 제시된 해결책에 중점을 두고 작성된다.

쏙쏙해설 •••

경호 관련 인원, 문서, 시설, 지역, 자재, 통신 등에 대하여 모든 불순분자로부터 완벽한 보호대책을 수립하여 이를 지속적으로 보완·유지하는 것은 경호보안작용을 말한다. 경호정보작용은 경호작용의 원천적 사전정보를 생산·제공하는 것으로 경호대상자의 신변안전을 위협하는 인적·물적·지리적 취약요소를 사전에 수집·분석·예고함으로써 예방경호를 수행하는 작용을 말한다. ★

정답 ❸

06 다음 중 경호정보작용을 설명한 내용으로 적절한 것은?

① 경호와 관련된 인원, 문서, 시설, 지역, 자재 등에 대한 보호대책을 수립하여 보안을 유지해 나가는 작용이다.

② 경호작용의 원천적 사전 지식을 생산 및 제공하는 작용이다. 이러한 업무는 정확성, 적시성, 완전성의 요건을 구비해야 한다.

③ 경호대상지역 내·외부의 인적·물적·지리적 취약요소에 대한 안전대책강구 등의 안전작용을 말한다.

④ 경호행사 시 경호대상자에게 위해를 줄 수 있는 위해물질을 안전하게 관리하는 작용이다.

 해설 •••

경호정보작용은 경호작용의 원천적 사전 지식을 생산 및 제공하는 작용으로, 이러한 업무는 정확성, 적시성, 완전성의 요건을 구비해야 한다.

정답 ❷

핵심만콕 경호정보작용

• 경호정보작용은 정확성, 적시성, 완전성의 요건을 구비해야 하며 기본정보, 기획정보, 분석정보, 판단정보, 예고정보 등으로 구분하여 작성 활용한다.

• 경호정보작용은 경호작용의 원천적 사전 지식을 생산·제공하는 것으로 경호대상자의 신변안전을 위협(威脅)하는 인적·물적·지리적 취약요소를 사전 수집·분석·예고함으로써 예방경호를 수행하는 업무이다.

---

07 다음 (　)에 들어갈 경호의 안전대책은?

• (ㄱ) : 경호대상자가 이용하는 기구와 물품, 시설 등의 안전상태를 확인하는 활동

• (ㄴ) : 경호대상자에게 위해를 가할 수 있는 위해물질을 안전하게 관리하는 활동

• (ㄷ) : 폭발물 등 각종 유해물을 탐지, 제거하는 활동

① ㄱ : 안전검사, ㄴ : 안전조치, ㄷ : 안전점검

② ㄱ : 안전조치, ㄴ : 안전점검, ㄷ : 안전검사

③ ㄱ : 안전점검, ㄴ : 안전검사, ㄷ : 안전조치

④ ㄱ : 안전조치, ㄴ : 안전검사, ㄷ : 안전점검

 해설 •••

제시문의 (　)에 들어갈 경호안전대책작용은 ㄱ : 안전검사, ㄴ : 안전조치, ㄷ : 안전점검이다.

정답 ❶

- 의의 : 행사장 내·외부에 산재한 인적·물적·지리적 취약요소에 대한 안전대책 강구, 행사장 내·외곽 시설물에 대한 폭발물 탐지·제거 및 안전점검, 경호대상자에게 제공되는 각종 음식물에 대한 검식작용 등 통합적 안전작용을 말한다.
- 안전대책의 3대 작용원칙
  - 안전점검 : 폭발물 등 각종 유해물을 탐지·제거하는 활동
  - 안전검사 : 이용하는 기구, 시설 등의 안전상태를 검사하는 것
  - 안전유지 : 안전점검 및 검사가 이루어진 상태를 계속 유지하기 위해 통제하는 것
- 위해요소
  - 인적위해요소 : 경호대상자에게 위해를 가할 소지가 있는 사람
  - 물적취약요소 : 경호대상지역 주변에 위치하면서 경호대상자에게 직접 위해를 가할 수 있는 인공물이나, 경호대상자에게 위해를 가할 수 있도록 여건을 제공할 수 있는 자연물
- 안전조치 : 경호행사 시 경호대상자에게 위해를 줄 수 있는 위해물질을 안전하게 관리하는 것
- 안전검측 : 경호대상자에게 위해 여건을 제공할 수 있는 자연 및 인공물에 대하여 위해를 가할 수 없는 상태로 전환시키는 작용

〈출처〉 김두현, 「경호학개론」, 엑스퍼트, 2020, P. 269~270

08 안전대책작용에 관한 내용이다. (   )에 들어갈 용어로 옳은 것은?

☑ 확인
Check!
○
△
×

기출 20

> 경호행사 시 경호대상자에게 위해를 줄 수 있는 위해물질을 안전하게 관리하는 것을 (ㄱ)(이)라 하고, 경호대상자에게 위해를 가할 소지가 있는 사람의 접근을 차단하는 것을 (ㄴ)이라 하며, 경호대상자에게 위해여건을 제공할 수 있는 자연 및 인공물에 대하여 위해를 가할 수 없는 상태로 전환시키는 작용을 (ㄷ)(이)라 한다.

① ㄱ : 안전점검, ㄴ : 물적취약요소 배제작용, ㄷ : 안전조치
② ㄱ : 안전조치, ㄴ : 물적취약요소 배제작용, ㄷ : 안전검측
③ ㄱ : 안전점검, ㄴ : 인적위해요소 배제작용, ㄷ : 안전조치
④ ㄱ : 안전조치, ㄴ : 인적위해요소 배제작용, ㄷ : 안전검측

쏙쏙 해설 •••

(   ) 안에 들어갈 용어는 순서대로 ㄱ : 안전조치, ㄴ : 인적위해요소 배제작용, ㄷ : 안전검측이다.

정답 ❹

09 경호안전대책에 관한 설명으로 옳은 것은?

☑ 확인
Check!

○
△
×

① 행사장의 인적·물적·지리적 위해요소에 대한 비표운용을 통하여 행사장의 안전을 도모한다.

② 인적 위해요소에 대해서는 행사장 주변 수색 및 위해광고물 일제정비 등을 통해 경호 취약요소를 제거한다.

③ 물적 위해요소에 대해서는 금속탐지기 등을 이용한 검색을 통하여 위해물품이 행사장 내로 반입되지 못하도록 한다.

④ 지리적 위해요소에 대해서는 입장 및 주차계획, 본인여부 확인을 통하여 불순분자의 행사장 내 침투 및 접근을 차단한다.

쏙쏙해설 •••

① 비표운용은 경호안전대책 중 인적 위해요소의 배제활동에 해당한다.
② 인적 위해요소의 배제를 위한 세부 활동으로는 신원조사, 비표 관리, 요시찰인 동향감시, 경호첩보수집의 강화 등을 들 수 있다.
④ 지리적 취약요소의 배제 활동에는 행사장 주변 수색 및 위해광고물 일제정비 등이 있다.

정답 ❸

핵심만콕	위해요소별 분류 및 안전대책
인적 위해요소의 배제	• 인적 위해요소는 경호대상자에게 위해를 가할 소지가 있는 자를 말하는 것으로, 시국불만자, 신원이 특이한 교포 및 외국인, 일반 요시찰인, 피보안처분자, 공격형 정신분자 등이 있으며, 인적 위해요소의 배제활동이란 이를 색출함과 동시에 사전에 차단하기 위한 일련의 활동을 의미한다. • 행사장경호의 참관인이나 경호원 등의 신원을 명확히 하여 신원특이자를 배제하는 활동 등을 통하여 경호대상자의 안전을 도모한다. • 인적 위해요소의 배제를 위한 세부적 활동으로는 경호 관련 단체의 동향감시, 신원조사 대상자의 조사, 행사 전 비표 관리 등의 수단이 있다. ★
물적 위해요소의 배제	물적 취약요소는 경호대상자에게 직접 위해를 가할 수 있는 제반 위험물이나 위해의 원인이 되는 위험물, 자연물 및 인공물을 의미하는 것으로 경호행사 전에 경호대상지역의 총기류, 위험물 등에 대하여 관리를 철저히 하여 위험을 방지하고, 검측을 실시하여 안전을 확보하는 활동을 말한다. **예** 안전조치활동, 안전검측활동, 검식활동 등★
지리적 위해요소의 배제	경호행사장 및 연도 주변의 지리적 여건이 경호대상자에게 위해를 가할 수 있는 근거를 제공하는 경우 사전에 제거하는 것으로, 행사장 주변의 수색 및 연도주변의 위해요소(위해광고물 등)를 제거와 행사장 및 숙소가 직시 또는 감제되는 산악, 연도 양측이 직시되는 감제고지 등의 취약지역 수색활동 등이 이에 해당한다. ★

10 경호의 사전안전대책 3대 작용원칙이 아닌 것은?

① 안전검사
② 안전점검
③ 안전판단
④ 안전유지

 해설 •••

경호의 사전안전대책 3대 작용원칙은 안전점검, 안전검사, 안전유지이다.

정답 ❸

---

11 경호작용에 관한 설명으로 틀린 것은?

① 안전대책작용은 행사지역 내·외부의 취약요소에 대한 안전대책을 강구하고, 안전점검, 검측작용 등 통합적인 안전작용을 말한다.
② 경호와 관련된 인원, 문서, 시설, 지역, 통신 등에 대해 위해기도자로부터 완벽한 보호대책을 수립하여 보안을 유지해 나가는 것을 경호정보작용이라고 한다.
③ 안전조치는 경호행사 시 경호대상자에게 위해를 줄 수 있는 위해물질을 안전하게 관리하는 것을 말한다.
④ 안전조치가 이루어진 상태를 계속 유지하기 위하여 통제작용을 하는 것을 안전유지라고 한다.

해설 •••

보안을 유지해 나가는 것은 경호보안작용이다.

정답 ❷

핵심만콕

안전대책작용	행사지역 내·외부의 취약요소에 대한 안전대책을 강구하고, 안전점검, 검측작용 등 통합적인 안전작용★
경호보안작용	경호와 관련된 인원, 문서, 시설, 지역, 통신 등에 대해 위해기도자로부터 완벽한 보호대책을 수립하여 보안을 유지해 나가는 작용★
경호정보작용	경호작용의 원천적 사전정보를 생산·제공하는 것으로 경호대상자의 신변안전을 위협하는 인적·물적·지리적 취약요소를 사전에 수집·분석·예고함으로써 예방경호를 수행하는 작용★
안전조치	경호행사 시 경호대상자에게 위해를 줄 수 있는 위해물질을 안전하게 관리하는 작용
안전유지	안전조치가 이루어진 상태를 계속 유지하기 위하여 통제작용을 하는 작용

12 경호의 기능에 대한 다음 설명 중 ( ) 안의 ㄱ~ㄴ에 들어갈 내용으로 옳은 것은?

쏙쏙 해설 •••

( ) 안에 들어갈 내용은 ㄱ : 검색, ㄴ : 정보이다.

정답 ❹

- (ㄱ) : 참석자의 위해물질 소지 여부를 확인하여 위험인물이나 위해물질의 침투를 거부하고 비인가자의 참석을 배제하기 위한 활동
- (ㄴ) : 경호대상자의 신변안전을 도모하는 데 필요한 정·첩보를 사전에 수집·평가·전파함으로써 예방경호를 실현하기 위한 활동

① ㄱ : 검측, ㄴ : 통신
② ㄱ : 안전, ㄴ : 정보
③ ㄱ : 검색, ㄴ : 보안
④ ㄱ : 검색, ㄴ : 정보

핵심만콕 경호의 10대 기능

경 호	선발경호	행사장 내의 위험요소를 제거하고 행사장 내로의 위해요소의 접근을 거부하기 위한 것이다.
	수행경호	경호대상자의 신변을 보호하기 위하여 실시하는 근접호위활동을 말한다.
경 비		경호대상자의 숙소나 유숙지 및 집무실에 대한 경계, 순찰 및 방비활동을 통하여 위해요소의 침투를 거부하는 경호조치를 말한다.
기 동		경호대상자의 각종 이동수단을 운용하고 관리하며, 철도·항공기 등을 이용할 경우에도 각 기동수단의 특성에 따른 경호대책에 만전을 기하는 것이다.
검 측	안전검측 (시설물)	행사장 내의 물적위해요소 및 불안전요소를 탐지하여 안전조치를 취하고 비상대책을 강구하는 안전활동이다.
	검 색 (참석인원)	참석자의 위해물질 소지 여부를 확인하여 위험인물이나 위해물질의 침투를 거부하고 비인가자의 참석을 배제하기 위한 활동으로, 경호행사의 기본적인 선결과제이다.
안 전		행사장 내에서 경호에 영향을 미칠 수 있는 취약요소(전기·가스·소방·유류·승강기 등 포함)에 대한 점검 및 안전조치를 하는 기능을 말한다.
통 신		• 경호대상자가 사용하는 행사 음향의 안전성 확보는 경호대상자와 행사 참석자 간의 소통을 위해서 중요하다. • 경호원 상호 간의 유·무선망 확보와 경호요소 간의 통신망 구축 또한 중요한 임무이다.
정 보		경호대상자의 신변안전을 도모하는 데 필요한 정·첩보를 사전에 수집·평가·전파함으로써 예방경호를 실현하기 위한 활동을 말한다.
보 안		경호와 관련된 인원·문서·시설 및 통신 등에 대한 보호대책을 수립하여 불순분자에게 관련 정보가 유출되지 않도록 지속적으로 관리하는 활동을 말한다.
검 식		경호대상자에게 제공되는 음식물의 이상 유무(위해성, 위생상태 등)를 검사하고 확인하는 활동이다.
의 무		경호대상자를 각종 질병의 위험으로부터 보호하고 위급상황에 대비하는 경호활동을 말한다.

〈출처〉 이두석, 「경호학개론」, 진영사, 2018, P. 56~68

13

☑ 확인
Check!

○
△
✕

안전검측의 원칙상 항목별(ㄱ~ㅌ) 검측 시 (   )에서 우선으로 중점 검측할 대상을 옳게 선택한 것은?

기출 23

(ㄱ. 통로의 중앙, ㄴ. 통로의 양 측면)
(ㄷ. 높은 곳, ㄹ. 낮은 곳)
(ㅁ. 깨끗한 곳, ㅂ. 더러운 곳)
(ㅅ. 좌측, ㅇ. 우측)
(ㅈ. 가까운 곳, ㅊ. 먼 곳)
(ㅋ. 밝은 곳, ㅌ. 어두운 곳)

① ㄱ, ㄷ, ㅂ, ㅅ, ㅈ, ㅋ
② ㄱ, ㄹ, ㅁ, ㅇ, ㅊ, ㅋ
③ ㄴ, ㄷ, ㅁ, ㅇ, ㅊ, ㅌ
④ ㄴ, ㄹ, ㅂ, ㅅ, ㅈ, ㅌ

 쏙쏙 해설 •••

2020년도 A형 70번 문제의 경우 '통로에서는 양 측면을 중점 검측하고, 높은 곳보다는 아래를 중점적으로 실시한다'는 내용이 옳지 않은 것으로 출제되었고, 2018년도 A형 71번 문제의 경우에도 '높은 곳을 낮은 곳보다 중점 검측한다'는 내용이 옳은 내용으로 출제되었음에도 불구하고 이번에 실시된 제25회 시험에서는 '높은 곳보다는 낮은 곳을 중점 검측한다'고 보아 최종정답을 ④로 확정한 것은 일관성이 부족한 선택이다. 이는 신뢰보호의 원칙에도 어긋나는 결정으로, 추후 행정심판 등의 논란이 계속될 것으로 보인다.

정답 ❹

핵심만콕

ㄱ. (✕), ㄴ. (○) 통로에서는 통로의 중앙보다는 양 측면을 중점 검측한다.

〈출처〉 김두현, 「경호학개론」, 엑스퍼트, 2020, P. 270

ㄷ. (○), ㄹ. (✕) 아래보다는 높은 곳을 중점 검측한다.

〈출처〉 김두현, 「경호학개론」, 엑스퍼트, 2020, P. 270

ㅁ. (✕), ㅂ. (○) 깨끗한 곳보다는 더러운 곳을 중점 검측한다. 검측활동 시 위해분자는 인간의 습성(위를 보지 않는 습성, 더러운 곳을 싫어하는 습성, 공기가 탁한 곳을 싫어하는 습성)을 최대한 활용한다는 점을 명심하고, 상하좌우 빠지는 부분이 없도록 반복 중첩되게 실시한다.

〈출처〉 이두석, 「경호학개론」, 진영사, 2018, P. 270

ㅅ. (○), ㅇ. (✕) 검측의 순서가 좌에서 우로 실시되므로, 우측보다는 좌측을 중점 검측한다.

ㅈ. (○), ㅊ. (✕) 건물 외부에서 검측은 가까운 곳부터 확산하여 실시하므로, 먼 곳보다는 가까운 곳을 중점 검측한다.

ㅋ. (✕), ㅌ. (○) 밝은 곳보다는 어두운 곳을 중점 검측한다.

14 안전검측활동의 내용으로 옳지 않은 것은?

기출 23

① 안전점검, 안전검사, 안전조치 등을 포함한 포괄적인 활동이다.
② 책임구역을 명확히 구분하고 세부실시계획을 세워 의심나는 곳은 반복해서 실시한다.
③ 경호대상자가 장시간보다 단시간 머물 곳을 먼저 실시한 후 경호대상자의 동선에 따라 순차적으로 실시한다.
④ 타 업무보다 우선하며 원칙에 예외를 불허하고, 원격조정형 폭발물은 전문검측장비를 이용한다.

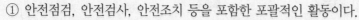

쏙쏙 해설 •••

검측의 순서는 회의실, 오찬장, 휴게실 등 경호대상자가 장시간 머물러 있는 곳을 먼저 실시하고, 통로, 현관 등 경호대상자가 움직이는 경로를 순차적으로 실시한다.

정답 ❸

핵심만콕 | **안전검측 원칙★★**

• 검측은 타 업무보다 우선하며, 예외를 불허하고 선 선발개념으로 실시한다.
• 가용 인원 및 장소는 최대한 지원받아 활용한다.
• 범인(적)의 입장에서 설치장소를 의심하며 추적한다.
• 점검은 아래에서 위로, 좌에서 우로 등 일정한 방향으로 체계적으로 점검한다.
• 점과 선에서 실시하되 가까운 곳에서 먼 곳으로, 밖에서 안으로 끝까지 추적한다.
• 통로보다는 양측면을 점검하고 책임구역을 명확히 구분하여 의심나는 곳은 반복하여 실시한다.
• 검측대상은 외부, 내부, 공중지역, 연도로 구분하여 실시한다.
• 장비를 이용하되 오감(오관)을 최대한 활용한다.
• 전자제품은 분해하여 확인하고, 확인이 불가능한 것은 현장에서 제거한다.
• 검측인원의 책임구역을 명확하게 하며, 중복되게 점검이 이루어져야 한다.
• 검측은 경호계획에 의거하여 공식행사에서 실시함을 원칙으로 하되, 비공식행사에서는 비노출 검측활동을 실시할 수 있다.
• 검측 실시 후 현장 확보상태에서 지속적인 안전유지를 한다.
• 행사 직전 반입되는 물품 등은 쉽게 소형 폭발물의 은폐가 가능하므로 계속적인 검측을 실시한다.

---

15 안전검측 방법에 관한 설명으로 옳은 것은?

기출 23

① 전기제품은 분해하지 않고 검측하고, 비금속물체는 장비를 활용하여 금속반응을 확인한다.
② 경호계획에 의거 공식행사에는 검측을 원칙으로 하나, 비공식행사에는 비노출 검측활동을 하지 아니한다.
③ 가용 인원의 최대 범위에서 서로 중복이 되지 않도록 검측하여 시간의 효율성을 높인다.
④ VIP 탑승차량 및 주변 지원차량의 경우, 운전요원 입회하에 외부와 내부의 장치를 철저히 검측한다.

쏙쏙 해설 •••

VIP 탑승차량 및 주변 지원차량을 검측하는 경우, 운전요원 입회하에 차량 외부와 내부의 장치를 철저히 검측하여야 한다.

정답 ❹

16 안전검측활동에 관한 설명으로 옳은 것은?

① 위해기도자의 입장보다는 경호대상자의 입장에서 검측을 실시한다.

② 가용 인원의 최대 범위에서 중복이 되지 않도록 철저히 실시한다.

③ 경호대상자가 짧은 시간 머물 곳을 실시한 후 장시간 머물 곳을 체계적으로 검측한다.

④ 비공식행사에서도 비노출 검측활동을 실시할 수 있다.

쏙쏙 해설 •••

검측은 경호계획에 의거하여 공식행사에서 실시함을 원칙으로 하되, 비공식행사에서도 비노출 검측활동을 실시할 수 있다.

정답 ❹

17 검측활동에 관한 설명으로 옳지 않은 것은?

① 위해물질의 존재 여부를 검사하거나 시설물의 안전점검에 사용되는 도구를 검측장비라고 한다.

② 검측인원의 책임구역을 명확하게 하여 중복되지 않게 계획적으로 검측한다.

③ 시설물의 불안전요소를 제거하는 것은 검측활동에 해당된다.

④ 검측활동은 행사장과 경호대상자의 이동로를 중심으로 구역을 나눠 실시한다.

쏙쏙 해설 •••

검측인원의 책임구역을 명확하게 하며, 중복되게 점검이 이루어져야 한다.

정답 ❷

18 안전검측활동의 요령에 관한 설명으로 옳지 않은 것은? 기출 20

① 검측은 책임구역을 명확하게 구분하여 계속적으로 반복 실시한다.

② 인간의 싫어하는 습성을 감안하여 사각지점이 없도록 철저한 검측을 실시한다.

③ 통로에서는 양 측면을 중점 검측하고, 높은 곳보다 아래를 중점적으로 실시한다.

④ 확인이 불가능한 물품은 원거리에 격리시킨다.

쏙쏙 해설 •••

통로의 중앙보다는 양 측면을 중점 검측하고, 아래보다는 높은 곳을 중점 검측한다.

〈출처〉 김두현, 「경호학개론」, 엑스퍼트, 2020, P. 270

정답 ❸

핵심만콕

검측은 책임구역을 명확하게 구분하여 계속적으로 반복 실시하되, 중복해서 실시하여 통로에서는 양측을 중점 검측하고 아래보다는 높은 곳을, 능선이나 곡각지 등 의심나는 곳은 반복해서 검측한다. 그리고 전기선은 끝까지 추적해서 확인하고 전기제품 같은 물품은 분해해서 확인하며, 확인이 불가능한 물품은 원거리에 격리시키며 쓰레기통 같은 무질서한 분위기는 청소를 실시하여 정돈한다.

〈출처〉 김두현, 「경호학개론」, 엑스퍼트, 2020, P. 270

---

19 경호임무 활동에 관한 설명으로 옳은 것은? 기출 20

① 연례적이고 반복적인 행사장의 사전답사는 생략할 수 있다.

② 안전대책작용에는 행사장 내외부에 산재한 인적·물적·지리적 취약요소에 대한 안전대책을 포함한다.

③ 경호정보작용은 경호작용의 원천적 사전 지식을 생산, 제공하는 것으로 경호대상자의 신변안전을 위한 근접경호 임무이다.

④ 경호보안작용은 위해기도자의 인원, 문서, 시설, 지역, 자재, 통신 등의 정보를 정확하게 생산하는 활동이다.

쏙쏙 해설 •••

안전대책작용이란 경호임무를 수행하면서 경호대상자 신변의 위해요소를 사전에 제거하는 활동으로, 행사장 내·외부에 산재한 인적·물적·지리적 취약요소에 대한 안전대책 강구, 행사장 내·외곽 시설물에 대한 폭발물 탐지·제거 및 안전점검, 검측작용, 경호대상자에게 제공되는 각종 음식물에 대한 검식작용 등 통합적 안전작용을 말한다.

정답 ❷

핵심만콕

① 행사장 사전답사(현장답사)는 미리 행사장을 돌아보고 의전계획을 확인한 뒤 취약요소를 분석하여 대책을 강구하고 비상 및 안전대책을 수립하는 등 제반경호조치를 판단하고 보완하는 활동이므로 비록 연례적이고 반복적이더라도 생략할 수는 없고 반드시 실시해야 한다.

③ 경호정보작용은 경호작용의 원천적 사전 지식을 생산·제공하는 것으로, 경호대상자의 신변안전을 위협하는 인적·물적·지리적 취약요소를 사전 수집·분석·예고함으로써 예방경호를 수행하는 업무이다.

④ 경호보안작용은 경호와 관련된 인원, 문서, 시설, 지역, 자재, 통신 등에 대하여 불순분자로부터 완벽한 보호대책을 수립하여 지속적으로 보안을 유지하는 활동을 말한다.

20 안전검측의 원리에 관한 설명으로 옳지 않은 것은?

① 점검은 아래에서 위로, 좌에서 우로 일정한 방향으로 체계적으로 점검이 이루어져야 한다.

② 주변의 흩어져 있는 물건은 그대로 두고, 확인 불가능한 것은 먼 거리로 이격 제거한다.

③ 점검인원의 책임구역을 명확히 하며, 중복적 점검이 이루어져야 한다.

④ 범인의 입장에서 설치 장소를 의심하며 추적한다.

쏙쏙 해설 •••

주변에 흩어져 있는 물건은 완벽하게 정리 정돈하며, 확인 불가능한 것은 현장에서 제거한다.

정답 ❷

---

21 안전검측활동의 요령에 관한 설명으로 옳지 않은 것은? 기출 16

① 실내 방에서 천장 내부 – 천장높이 – 눈높이 – 바닥 검측 순으로 실시한다.

② 검측인원의 책임구역을 명확하게 하며 중복되게 점검이 이루어져야 한다.

③ 점검은 1, 2차 점검 후 경호인력이 배치 완료된 행사 직전에 최종검측을 실시한다.

④ 인간의 싫어하는 습성을 감안하여 사각지점이 없도록 철저한 검측을 실시한다.

쏙쏙 해설 •••

실내 검측은 바닥 검측 – 눈높이(벽) 검측 – 천장높이 검측 – 천장 내부 검측 순으로 실시한다.

정답 ❶

---

22 검측에 관한 내용으로 옳지 않은 것은? 기출 16

① 검측장비란 위해물질의 존재 여부를 검사하거나 시설물의 안전점검에 사용되는 도구를 말한다.

② 검측장비에는 금속 탐지기, 폭발물 탐지기 등이 있다.

③ 검측활동은 사고로 이어질 수 있는 시설물의 불안전요소를 제거하기 위함이다.

④ 검측은 행사의 원활한 진행을 고려하여 최소한의 요원을 투입해서 한 번에 철저하게 실시한다.

쏙쏙 해설 •••

검측은 타 업무보다 우선하여 예외를 불허하고 선 선발개념으로 실시하며, 인원 및 장소를 최대한 지원받아 활용한다.

정답 ❹

23 검측활동에 관한 설명으로 옳지 않은 것은? 기출 15

☑ 확인
Check!
○
△
✕

① 화재나 정전 등을 이용한 행사 방해행위를 예방한다.
② 경호계획에 의거하여 공식행사에서 실시함을 원칙으로 하며, 비공식행사에서는 실시할 수 없다.
③ 폭발물 매설 등으로 인한 의도된 위해행위를 거부한다.
④ 행사장과 경호대상자의 이동로를 중심으로 구역을 명확히 구분하여 담당구역별로 실시한다.

쏙쏙 해설 •••

검측은 경호계획에 의거하여 공식행사에서 실시함을 원칙으로 하며, 비공식행사에서는 비노출 검측활동을 실시할 수 있다.

정답 ❷

---

24 안전검측의 원칙에 관한 설명으로 옳지 않은 것은? 기출 15

☑ 확인
Check!
○
△
✕

① 주요 인사가 임석하는 장소를 중심으로 이동하는 통과지점의 상, 하, 좌, 우를 중점 점검한다.
② 위해기도자의 입장에서 설치장소를 의심하며 추적한다.
③ 주변에 흩어져 있는 물건은 완벽하게 정리 정돈하며, 확인 불가능한 것은 현장에서 제거한다.
④ 한 번 점검한 지역은 인간의 오관을 이용하지 않고, 장비에 의거하여 재점검한다.

쏙쏙 해설 •••

장비를 이용하되 오감을 최대한 활용하여야 한다.

정답 ❹

---

25 안전검측원칙에 관한 설명으로 옳지 않은 것은? 기출 13

☑ 확인
Check!
○
△
✕

① 범인의 입장에서 설치장소를 의심하며 추적한다.
② 점검은 아래에서 위로, 좌에서 우로 등 일정한 방향으로 체계적으로 점검한다.
③ 점검인원의 책임구역을 공동으로 설정하여 계속적으로 반복하여 실시한다.
④ 점과 선에서 실시하되 가까운 곳에서 먼 곳으로 끝까지 추적한다.

쏙쏙 해설 •••

책임구역을 명확히 구분하여 의심나는 곳은 반복하여 실시한다.

정답 ❸

26 검측활동의 원칙과 방법에 관한 설명으로 옳지 않은 것은?

기출 12

① 검측은 타 업무보다 우선하여 예외를 불허하고 선 선발개념으로 실시하며, 인원 및 장소를 최대한 지원받아 활용한다.

② 책임구역을 명확히 구분하고 아래에서 위로, 좌에서 우로, 가까운 곳에서 먼 곳으로 체계적인 안전점검을 실시한다.

③ 전자제품은 분해하여 확인하고, 확인이 불가능한 것은 현장에서 제거한다.

④ 검측은 경호계획에 의거하여 공식행사에서 실시함을 원칙으로 하며, 비공식행사에서는 실시할 수 없다.

쏙쏙 해설 •••

검측은 경호계획에 의거하여 공식행사에서 실시함을 원칙으로 하며, 비공식행사에서는 비노출 검측활동을 실시할 수 있다.★

정답 ❹

---

27 경호현장의 안전검측활동에 관한 설명으로 옳지 않은 것은?

기출 11

① 특수시설이나 기술적 조치가 필요한 시설의 검측은 전문가를 초빙하여 검측조에 편성하고 자문을 통해 실시하며, 기술적 분야는 전문가가 직접 안전조치하여 하자가 발생하지 않도록 한다.

② 검측작용에서 오감을 최대한 활용하나, 장비에 대한 신뢰감을 가지고 의존하여야 한다.

③ 검측은 기본지식이 없어도 수행할 수 있는 일반검측과 교육을 받은 전문검측담당으로서 행하는 정밀검측이 있다.

④ 검측인원의 책임구역을 명확하게 하며 중복되게 점검이 이루어져야 한다.

쏙쏙 해설 •••

'장비를 이용하되 오감을 최대한 활용한다'가 올바른 표현이다.

정답 ❷

28 안전검측의 기본적 요령에 관한 설명으로 옳지 않은 것은?

기출 10

① 검측의 순서는 통로 등 경호대상자가 움직이는 경로를 먼저 실시하고, 오찬장 등 경호대상자가 장시간 머물러 있는 곳으로 순차적으로 실시한다.

② 검측은 적의 입장에서 실시한다.

③ 검측은 책임구역을 구분하여 실시하되, 가까운 곳에서 먼 곳으로, 좌에서 우로, 밖에서 안으로 계속 중복하여 실시한다.

④ 검측대상은 외부, 내부, 공중지역, 연도로 구분 실시한다.

쏙쏙 해설 •••

검측의 순서는 회의실, 오찬장, 휴게실 등 경호대상자가 장시간 머물러 있는 곳을 먼저 실시하고, 통로, 현관 등 경호대상자가 움직이는 경로를 순차적으로 실시한다.

정답 ❶

---

29 안전검측의 방법에 관한 설명으로 옳지 않은 것은?

기출 10

① 일반적으로 검측은 방의 모든 표면을 촉각을 통한 더듬거림으로 점검해야 한다.

② 검측은 책임구역을 명확하게 구분하여 반복 및 중복 실시한다.

③ 건물 외부 검측은 승하차 지점 및 건물 외부 벽으로부터 확산하면서 실시한다.

④ 건물 내부 검측은 위층에서 아래층으로 검측하는 것을 원칙으로 한다.

쏙쏙 해설 •••

건물 내부 검측은 아래층에서 위층으로 검측하는 것을 원칙으로 한다.

정답 ❹

---

30 안전검측원칙에 관한 설명으로 옳지 않은 것은?

기출 09

① 책임구역은 명확히 구분하고 안에서 밖으로, 위에서 아래로, 우에서 좌로 체계적으로 실시한다.

② 통로보다는 양 측면, 아래보다는 높은 곳, 의심나는 곳은 반복해서 실시한다.

③ 안전검측은 은밀하게 실시하고, 가능한 한 현장 확보상태에서 점검하고 지속적인 안전유지를 해야 한다.

④ 장비를 이용하되 오감을 최대한 활용한다.

쏙쏙 해설 •••

안전검측순서는 외부에서 내부로, 좌에서 우로, 하부에서 상부로 실시한다 (또한 지역을 분할하고 높이도 분할하여 실시한다).

정답 ❶

31 다음 중 검측방법 및 실시요령으로 틀린 것은? 기출 05

① 양탄자 등은 뒤집어서 전선, 플라스틱 폭약 등의 유무를 검측한다.

② 사진틀, 그림 등은 내부의 공간여부, 부착상태 및 뒷면을 검측한다.

③ 행사 직전 반입되는 물품 등은 쉽게 소형 폭발물의 은폐가 가능하므로 계속적인 검측을 실시한다.

④ 방을 검측할 때에는 천장 내부 → 천장면 → 벽 → 바닥 순으로 한다.

쏙쏙 해설 •••

방을 검측할 때는 바닥 → 벽 → 천장면 → 천장 내부 순으로 검측해야 한다.

정답 ❹

---

32 검측의 원칙 및 방법에 관한 설명으로 맞는 것은? 기출 04 · 02

① 내부검측 시 위층에서 아래층으로 확산하여 실시한다.

② 검측 시 경호요원의 오감은 무시하고 장비만 이용하도록 한다.

③ 검측은 먼 곳에서 가까운 곳으로 실시한다.

④ 외부검측 시 침투가능한 창문, 출입구, 개구부 등에 안전조치를 실시한다.

쏙쏙 해설 •••

④ 외부검측 시 안전조치에 관한 설명으로 옳다.

① 아래층에서 위층으로 실시한다.

② 검측장비를 이용하되 오감의 작용을 최대한 이용한다.

③ 점과 선에서 실시하되 가까운 곳에서 먼 곳으로 실시한다.

정답 ❹

---

33 검식활동에 관한 설명으로 옳은 것은? 기출 23

① 조리가 완료된 후에는 검식활동이 종료된다.

② 경호대상자에게 제공되는 식음료의 안전을 점검하는 활동이다.

③ 경호대상자에게 식음료 운반 시 원거리 감시를 실시한다.

④ 검식활동의 시작은 식재료의 조리과정 단계부터이다.

쏙쏙 해설 •••

검식활동은 경호대상자에게 제공되는 음식물의 이상 유무를 검사하고 확인하는 과정이다.

정답 ❷

핵심만콕

① 검식활동은 경호대상자에게 제공되는 음식물에 대하여 구매, 운반, 저장, 조리 및 제공되는 일련의 과정을 포함한다. 따라서 조리가 완료된 후에도 검식활동은 종료되지 않는다.

③ 경호대상자에게 식음료 운반 시에도 근접감시를 실시한다.

④ 검식활동은 식재료의 구매 단계부터 시작된다.

34 검식활동에 관한 설명으로 옳지 않은 것은?

기출 22

☑ 확인
Check!

○
△
✕

① 음식물은 전문요원에 의한 검사를 실시한다.

② 음식물 운반 시에도 근접감시를 실시한다.

③ 안전대책작용으로 사전예방경호이면서 근접경호에 해당된다.

④ 식재료의 구매, 운반, 저장과정, 조리 등 경호대상자에게 음식물이 제공될 때까지 모든 과정의 위해요소를 제거하는 것이다.

쏙쏙 해설 •••

검식활동은 안전대책작용으로서 사전예방경호에 해당하나, 경호실시단계에서 이루어지는 근접경호에는 해당하지 않는다.

정답 ❸

---

35 검식활동에 관한 설명으로 옳지 않은 것은?

기출 21

☑ 확인
Check!

○
△
✕

① 조리가 완료된 후에도 검식활동은 지속되어야 한다.

② 검식활동은 식재료의 조리 단계부터 시작된다.

③ 행사장의 위생상태 점검, 전염병 및 식중독의 예방대책 등을 포함한다.

④ 경호대상자에게 제공하는 음식물에 대하여 구매, 운반, 저장, 조리 및 제공되는 일련의 과정을 포함한다.

쏙쏙 해설 •••

검식활동은 경호대상자에게 제공되는 음식물에 대하여 구매, 운반, 저장 및 제공되는 일련의 과정을 포함하므로, 식재료의 구매 단계부터 시작된다.

정답 ❷

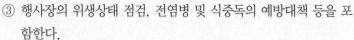

핵심만콕	검식활동의 내용

- 사전에 조리담당 종사자에 대한 신원조사를 실시하여 신원특이자는 배제한다.
- 음식물은 전문요원에 의한 검사를 실시한다.
- 행사 당일에는 경호원이 주방에 입회하여 조리사의 동향을 감시한다.
- 음식물 운반 시에도 철저하게 근접감시를 실시한다.
- 식재료는 신선도와 안전 여부를 확인 및 점검한다.
- 각종 기물은 철저하게 검색하고 사용하기 전에는 열탕소독을 실시한다.
- 주방종사자는 위생검사를 실시하고, 질병이 있는 자는 미리 제외시킨다.

〈출처〉 김계원, 「경호학」, 백산출판사, 2008, P. 211

36 검식활동에 관한 설명으로 옳지 않은 것은?

① 경호대상자에게 제공되는 음식물의 이상유무를 검사하고 확인하는 과정이다.

② 행사장의 위생상태 점검 및 수질검사, 전염병 및 식중독의 예방대책을 포함한다.

③ 검식활동은 근접경호의 임무이다.

④ 경호대상자에게 제공되는 음식물에 대하여 구매, 운반, 저장, 조리 및 제공되는 과정을 포함한다.

37 선발경호에 관한 설명으로 옳은 것은 모두 몇 개인가?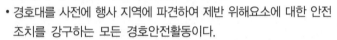

- 행사 지역의 인적·물적·지리적 위해요소를 사전에 제거 및 감소를 통해 행사장에 대한 안전성을 확보한다.
- 경호대를 사전에 행사 지역에 파견하여 제반 위해요소에 대한 안전조치를 강구하는 모든 경호안전활동이다.
- 경호관련 정·첩보를 획득 및 전파함으로써 예방경호 실현을 통해 행사장의 안전을 확보하는 행사 직전까지의 업무이다.
- 위해가해자의 의도를 사전에 색출하여 그에 필요한 경호조치를 취함으로써 공격기회를 박탈하거나 공격의지를 무력화시키는 것이다.

① 1개 ② 2개
③ 3개 ④ 4개

핵심만콕 선발경호의 의의

- "예방이 최선의 방어"라는 격언을 구체화시키기 위한 작업이 선발경호이다.
- '1 : 10 : 100의 원리'라는 경영이론은 선발경호의 중요성을 시사하는 이론이다.
- 선발경호는 경호대를 사전에 행사 지역에 파견하여 제반 위해요소에 대한 안전조치를 강구하는 모든 경호안전활동을 말한다.
- 예방경호는 위해기도자의 의도를 사전에 색출하여 그에 필요한 경호조치를 취함으로써 공격의 기회를 박탈하거나 공격의지를 무력화시키는 데에 그 의의가 있다.
- 선발경호는 행사 지역의 인적·물적·지리적 위험요소를 사전에 제거 또는 감소시킴으로써 행사장에 대한 안전성을 확보하고, 행사 종료 시까지 행사장의 안전을 유지하며, 선발활동을 통하여 경호 관련 정·첩보를 획득 및 전파함으로써 예방경호를 실현하는 것이다.

〈출처〉 이두석, 「경호학개론」, 진영사, 2018, P. 254~255

38 선발경호원의 기본임무에 관한 설명으로 옳지 않은 것은?

기출 20

☑ 확인
Check!
○
△
✕

① 행사장의 보안상태 조사를 위해 내외부의 경호여건을 점검한다.
② 책임구역에 따라 사주경계를 실시하고 우발상황 발생 시 인적방벽을 형성하여 경호대상자를 보호한다.
③ 경계구역은 행사장 주변의 취약요소를 봉쇄, 감시할 수 있는 위치를 선정하고 기동순찰조를 운영한다.
④ 출입자 통제관리를 위하여 초청장발급, 출입증착용 여부를 확인한다.

쏙쏙 해설 •••

주어진 책임구역에 따른 사주경계를 실시하고 우발상황에 대응하여 인적방벽을 형성하여 경호대상자를 보호하는 것은 선발경호가 아니라 근접경호의 기본임무이다.

정답 ❷

---

39 선발경호업무가 아닌 것은?

기출 19

☑ 확인
Check!
○
△
✕

① 행사장 사전답사
② 도보 및 차량대형 형성
③ 위해가능자 동향 파악
④ 출입증 확인 및 물품 검색

쏙쏙 해설 •••

도보 및 차량대형 형성은 근접경호의 방법과 관련된 논의이다.

정답 ❷

---

40 선발경호 단계의 활동으로 옳지 않은 것은?

기출 18

☑ 확인
Check!
○
△
✕

① 비표를 운용한다.
② 현장을 사전답사한다.
③ 비상대피로를 선정한다.
④ 경호대상자 중심으로 사주경계를 한다.

쏙쏙 해설 •••

경호대상자를 중심으로 사주경계를 하는 것은 근접호위작용이며, 근접경호에 해당한다.

정답 ❹

41

선발경호에 해당되지 않는 것은? 기출 18

☑ 확인
Check!
○
△
✕

① 경호대상자가 도착하기 전에 효과적인 경호협조와 경호준비를 하는 사전예방경호활동이다.

② 행사장에 대한 인적·물적·지리적 정보를 수집하여 필요한 지원요소 소요 판단 후 세부계획을 수립한다.

③ 행사장 취약시설물과 최기병원 등 사실적 관계 확인은 안전대책 담당이다.

④ 사전에 점검하지 않은 지역이나 장소에 접근하지 않도록 경호대상자 측근에서 수행한다.

쏙쏙 해설 •••

기동 간 및 행사장에서 실시하는 근접 호위작용을 근접경호라 하며, 선발경호는 경호대상자보다 먼저 경호행사장에 도착하여 위해요소를 점검하고 안전을 확보하는 활동을 말한다.

정답 ④

42

선발경호활동의 내용으로 옳지 않은 것은? 기출 17

☑ 확인
Check!
○
△
✕

① 출입통제대책 강구 후 안전검측활동과 안전유지가 이루어져야 한다.

② 출입자 통제대책으로 비표운용, 주차장 지정, 검색대 운용 등을 할 수 있다.

③ 경호협조회의는 해당 지역 경찰서 관계자 등 행사에 참여하는 다양한 부서와 합동으로 실시하며 보안유지를 위해 1회로 제한한다.

④ 선발경호안전활동의 주요요소는 출입자 통제대책 강구, 검측 및 안전확보, 비상안전대책의 강구 등이다.

쏙쏙 해설 •••

보안유지를 위해 1회로 제한한다고 기술된 부분이 틀렸다. 경호협조회의는 1회로 끝나는 것이 보통이나 행사의 성격에 따라 수차례 반복적으로 시행되기도 한다.

정답 ③

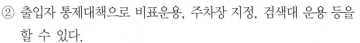

핵심만콕 **경호협조회의(=경호관계관회의)**

• 경호협조회의란 완벽한 경호행사를 위하여 행사 실시 전 행사 유관부서 간 상호 협조 및 토의를 하고 행사 전반에 대한 정보 공유를 하는 회의를 말한다.

• 경호협조회의는 해당 지역의 경호업체 행사팀, 주최측 관계자, 행사장소 제공 관계자, 관할 경찰서 관계자 등 행사에 참여하는 다양한 부서와 합동으로 실시한다.

• 경호협조회의는 통상적으로 1회로 끝나지만 대규모 행사 또는 국제적인 행사 등 행사의 성격에 따라 수차례 반복적으로 시행하기도 하며, 필요시 실무자 간 세부사항을 협조하는 실무회의도 병행한다.★

• 공경호 기관에서는 이를 "경호관계관회의"로 칭하며 보통 행사 1~2일 전에 실시한다.★

〈출처〉 양재열, 「경호학원론」, 박영사, 2012, P. 255

43 선발경호원의 기본임무에 해당하지 않는 것은? 기출 16

☑ 확인
Check!
○
△
✕

① 경호원 각자 주어진 책임구역에 따라 사주경계를 실시하고 우발상황 발생 시 인적 방벽을 형성하여 경호대상자를 보호한다.
② 출입자 통제관리를 위하여 초청장 발급, 출입증 착용 여부를 확인한다.
③ 내부경비(안전구역) 근무자는 경호대상자의 입장이 완료되면 복도, 화장실, 로비, 휴게실 등을 통제한다.
④ 외곽경비(경계구역)는 행사장 주변의 취약요소를 봉쇄, 감시할 수 있는 위치를 선정하고 기동순찰조를 운용하여 불순분자 접근을 차단한다.

주어진 책임구역에 따른 사주경계 및 발생한 우발상황에 대응하여 인적 방벽을 형성하고 경호대상자를 보호하는 것은 선발경호가 아니라 근접경호의 기본임무에 해당한다.

정답 ❶

---

44 선발경호활동에 해당하는 것은? 기출 16

☑ 확인
Check!
○
△
✕

① 차량 경호대형 선정
② 기동 간 경호기만
③ 경호지휘소(C・P) 운용
④ 복제(複製) 경호원 운용

선발경호는 경호대상자보다 먼저 경호행사장에 도착하여 위해요소를 점검하고 안전을 확보하는 활동으로, 경호계획 최종 확인 및 변동사항 정리, 비상대책 확인 등 종합적인 경호활동 점검 및 경호지휘소(C・P)를 운영하여 변동・특이사항을 점검하는 역할 등을 한다.

정답 ❸

---

45 선발경호의 목적으로 옳지 않은 것은? 기출 15

☑ 확인
Check!
○
△
✕

① 발생한 위험에 대응하여 경호대상자를 보호한다.
② 우발상황에 대응하기 위한 비상대책을 강구한다.
③ 사전에 각종 위해요소를 제거하거나 최소화한다.
④ 행사지역의 경호관련 정보를 수집・제공한다.

발생한 위험에 대응하여 경호대상자를 보호하는 것은 선발경호가 아니라 근접경호의 목적이다.

정답 ❶

핵심만콕 선발경호의 개념과 목적

• 선발경호는 경호대상자보다 먼저 경호행사장에 도착하여 위해요소를 점검하고 안전을 확보하는 활동이다.
• 선발경호는 우발상황에 대응하기 위한 비상대책을 강구하고, 경호관련 정보를 수집・제공하기도 한다.
• 선발경호는 예방적 경호요소를 포함하며 완벽한 경호를 위한 준비활동으로 볼 수 있으며, 각종 사고의 가능성을 최소화하는 노력을 의미한다.

46 선발경호에 관한 설명으로 옳지 않은 것은? 기출 11

☑ 확인
Check!
○
△
✕

① 선발경호는 경호대상자보다 먼저 경호행사장에 도착하여 위해요소를 점검하고 안전을 확보하는 활동이다.
② 선발경호활동은 시간적 여유를 가질 수 없기 때문에 점검리스트는 간단하게 작성 및 점검하는 것이 좋다.
③ 경호계획서에 근거한 전체 일정과 행사장별 세부일정 등의 기본사항을 확인하고, 이동에 관한 기본계획을 수립한다.
④ 각 근무자별로 부여된 임무수행을 위한 활동계획을 세우고 점검활동을 위한 점검리스트를 작성한다.

쏙쏙 해설 •••

선발경호활동은 미리 점검리스트를 작성하여 점검해야 하는데, 시간적 여유가 없다고 간단하게 작성한다는 것은 틀린 설명이다.

정답 ❷

47 선발경호에 관한 설명으로 옳지 않은 것은? 기출 11

☑ 확인
Check!
○
△
✕

① 행사장에 대한 인적·물적·지리적 정보를 수집하여 이에 필요한 지원요소 소요 판단 후 세부계획을 수립한다.
② 행사장 폭발물에 대한 안전검측을 실시하고 제반 취약요소를 분석하며 이에 대한 최종적인 대안을 제시하는 단계이다.
③ 경호계획 최종 확인 및 변동사항 정리, 비상대책 확인 등 종합적인 경호활동을 점검하고, 경호지휘소를 중심으로 변동·특이사항을 점검하는 단계이다.
④ 경호대상자가 집무실을 출발해서 행사장에 도착하여 행사를 진행한 후 출발지까지 복귀하는 단계이다.

쏙쏙 해설 •••

해당 내용들은 선발경호 임무단계에 대한 설명으로 ①은 계획단계, ②·③은 준비단계, ④는 행사실시단계에 대한 내용이다. 선발경호라는 본래적 의미에 한정하여 해당 문제를 검토하면 행사실시단계는 엄밀히 말하면 선발경호에 해당한다고 할 수 없다.

정답 ❹

48 다음 중 선발경호업무의 범위가 아닌 것은? 기출 07

☑ 확인
Check!
○
△
✕

① 행사장 안전점검
② 행사장 비표운용
③ 차량점검 및 차량대형 운용
④ 출입자통제

쏙쏙 해설 •••

차량점검 및 차량대형 운용은 근접경호의 임무수행에 해당한다.

정답 ❸

제1장
제2장
제3장
제4장
제5장
제6장

49 선발경호의 특성에 관한 설명으로 옳지 않은 것은?

☑ 확인
Check!
○
△
✕

① 예비성 – 우발상황에 신속히 대처하고, 만약의 상황에 대비한 비상대책 수립이 있어야 한다.
② 예방성 – 선발경호의 임무이자 경호의 목표이다.
③ 안전성 – 행사장의 안전을 사전에 확보하는 일이다.
④ 통합성 – 현지 지형에 맞는 대응계획과 대피계획을 수립·대응하는 것이다.

쏙쏙 해설 •••

예비성에 관한 설명이다.

정답 ❹

핵심만콕	선발경호의 특성
예방성	• 선발경호의 임무이자 경호의 목표라 할 수 있는 예방경호는 위해요소를 사전에 발견해서 제거하고 침투가능성을 거부함으로써 경호행사의 안전을 확보하는 것이다. • 직접적인 위해행위의 가능성뿐만 아니라 간접적인 시설물의 불안전성 및 많은 참석자로 인한 혼잡과 사고의 개연성에 대비한다.
통합성	선발경호에 동원된 모든 부서는 각자의 기능을 100% 발휘하면서 하나의 지휘체계 아래에 통합되어 상호보완적으로 임무를 수행해야 한다.
안전성	• 선발경호의 임무는 당연히 행사장의 안전을 확보하는 일이다. 그러기 위해서는 3중 경호의 원리에 입각해서 행사장을 구역별로 구분하여 그 특성에 맞는 경호조치를 강구하여야 한다. • 행사와 관계가 없는 사람의 핵심구역 출입을 통제하고, 행사장 내 제반 시설물과 반출입물품에 대한 검측과 출입인원에 대한 검색을 실시하여야 한다. • 행사장의 안전상태는 행사가 종료될 때까지 지속될 수 있어야 한다.
예비성	경호행사가 항상 계획되고 예상된 대로만 진행되지는 않는다. 따라서 선발경호는 사전에 경호팀의 능력과 현지 지형과 상황에 맞는 비상대응계획과 비상대피계획을 수립하여 비상상황에 대비하여야 한다.

〈출처〉 이두석, 「경호학개론」, 진영사, 2018, P. 254~255

50 선발경호의 특성에 관한 설명으로 옳지 않은 것은?

☑ 확인
Check!
○
△
✕

① 예방성 : 선발경호의 임무로 위해요소를 사전에 발견하여 제거하고 거부함으로써 경호행사의 안전을 확보하는 것이다.
② 통합성 : 경호임무에 동원된 모든 부서는 각자의 기능을 완벽하게 발휘하면서, 하나의 지휘체계 아래에 통합되어 상호 보완적 임무를 수행한다.
③ 안전성 : 확보한 행사장의 안전상태가 행사 종료 시까지 지속될 수 있도록 임무를 수행한다.
④ 예비성 : 경호임무는 최상의 상황을 염두에 두고 수행한다.

쏙쏙 해설 •••

경호임무는 경호행사가 항상 계획되고 예상된 대로만 진행되지는 않는다는 점을 고려하여야 한다. 즉, 최악의 비상상황을 염두에 두고 수행되어야 한다.

정답 ❹

51 선발경호의 특성으로 옳지 않은 것은?　기출 19

☑ 확인
Check!
○
△
×

① 경호팀의 능력에 부합하는 비상대응계획을 수립한다.
② 3중 경호 원리에 입각해 구역별 특성에 맞는 경호조치를 한다.
③ 경호임무에 동원된 부서는 각각의 지휘체계 하에 상호보완적으로 임무를 수행한다.
④ 위해요소를 사전에 발견해서 제거하고 위해요소의 침투 가능성을 거부한다.

52 선발경호의 특성이 아닌 것은?　기출 19

☑ 확인
Check!
○
△
×

① 예방성　　　　② 통합성
③ 안전성　　　　④ 유동성

53 선발경호 임무단계에 관한 설명으로 옳지 않은 것은?　기출 10

☑ 확인
Check!
○
△
×

① 계획단계는 경호임무 수령 후 선발대가 행사장에 도착하기 전의 단계이다.
② 행사단계는 경호원이 행사장에 도착한 후부터 행사시작 전까지의 단계이다.
③ 준비단계는 행사장 안전검측, 취약요소 분석, 최종적인 대안이 제시되는 단계이다.
④ 결산단계는 경호행사 종료부터 철수 및 결과 보고하는 단계이다.

핵심만콕　경호임무 수행단계

• 계획단계 : 경호임무 수령 후 선발대가 행사장에 도착하기 전까지의 단계
• 준비단계 : 경호원이 행사장에 도착한 후부터 행사가 시작되기 전까지의 경호활동으로, 행사장 안전검측, 취약요소 분석, 최종적인 대안이 제시되는 단계★
• 행사(실시)단계 : 경호대상자가 집무실을 출발해서 행사장에 도착하여 행사를 진행한 후 출발지까지 복귀하는 단계★
• 결산단계(평가단계) : 경호행사 종료부터 철수 및 결과를 보고하는 단계

제1장

제2장

제3장

제4장

제5장

제6장

54 출입통제 담당자의 업무로 옳지 않은 것은?

① 참석대상의 입장계획을 세운다.

② 비상계획 및 일반예비대를 운용한다.

③ 출입구의 원활한 소통을 위해 출입통로를 지정한다.

④ 위해기도자와 위험물품 확인을 위한 검문검색을 한다.

쏙쏙 해설 •••

비상계획 및 일반예비대의 운용은 안전대책 담당자의 업무에 해당한다.

정답 ❷

핵심만콕 경호원의 분야별 업무분담

- **작전 담당** : 정보수집 및 분석을 통하여 작전구역별 특성에 맞는 인원 운용계획 작성, 비상대책체제 구축에 주력하며 부가적으로 시간사용계획 작성, 관계관 회의 시 주요 지침사항·예상문제점·참고사항(기상, 정보·첩보) 등을 계획하고 임무별 진행사항을 점검하여 통합 세부계획서 작성 등
- **출입통제 담당** : 행사 참석대상 및 성격분석, 출입통로 지정, 본인 여부 확인, 검문검색, 주차장 운용계획, 중간집결지 운용, 구역별 비표 구분, 안전 및 질서를 고려한 시차별 입장계획, 상주자 및 민원인 대책, 야간근무자 등의 통제계획을 작전 담당에게 전달 등
- **안전대책 담당** : 안전구역 확보계획 검토, 건물의 안전성 여부 확인, 상황별 비상대피로 구상, 행사장 취약시설물 파악, 비상 및 일반예비대 운용방법 확인, 최기병원(적정병원) 확인, 직시건물(고지)·공중 감시대책 검토 등
- **행정 담당** : 출장여비 신청 및 수령, 각 대의 숙소 및 식사장소 선정, 비상연락망 구성 등
- **차량 담당** : 출동인원에 근거하여 선발대 및 본대 사용차량 배정, 이동수단별 인원, 코스, 휴게실 등을 계획하여 작전 담당에게 전달 등
- **승·하차 및 정문 담당** : 진입로 취약요소 파악 및 확보계획 수립 후 주요 위치에 근무자 배치, 통행인 순간통제방법 강구, 비상 및 일반예비대 대기장소 확인, 안전구역 접근차 차단 및 위해요소 제거, 출입차량 검색 및 주차지역 안내 등
- **보도 담당** : 배치결정된 보도요원 확인, 보도요원 위장침투 차단, 행사장별 취재계획 수립 전파 등
- **주행사장 내부 담당** : 경호대상자 동선 및 좌석위치에 따른 비상대책 강구, 행사장 내의 인적·물적 접근 통제 및 차단 계획 수립, 정전 등 우발상황에 대비한 각 근무자 예행연습, 행사장의 단일 출입 및 단상·천장·경호대상자 동선 등에 대한 안전도의 확인, 각종 집기류 최종 점검 등
- **주행사장 외부 담당** : 안전구역 내 단일 출입로 설정, 외곽 감제고지 및 직시건물에 대한 안전조치, 취약요소 및 직시지점을 고려한 단상 설치, 경호대상자 좌석과 참석자 간 거리 유지, 방탄막 설치 및 비상차량 운용계획 수립, 지하대피시설 점검 및 확보, 경비 및 경계구역 내에 대한 안전조치 강화, 차량 및 공중강습에 대한 대비책 강구 등

55 선발경호 시 다음의 업무를 수행하는 담당은? 기출 15

주최 측의 행사진행계획을 면밀히 검토하여 참석대상, 성격분석, 시차별 입장계획 등을 작전담당에게 전달

① 승·하차 및 정문 담당
② 안전대책 담당
③ 주 행사장 담당
④ 출입통제 담당

쏙쏙 해설 •••

참석대상, 성격분석, 시차별 입장계획, 주차장 운용계획, 구역별 비표 구분 등은 모두 출입통제 담당의 업무이다.

정답 ❹

56 경호임무수행에 따른 안전대책담당관의 임무가 아닌 것은?

기출 11

① 안전구역 확보계획 검토
② 비상 및 일반예비대 운용방법 확인
③ 최기병원 확인
④ 병력운용계획 및 비상대책체제 구축

쏙쏙 해설 •••

병력운용계획 및 비상대책체제 구축은 작전담당관의 임무에 해당한다.

정답 ❹

57 사전경호활동 시 시간사용계획, 관계관 회의 시 주요지침사항, 예상문제점, 참고사항 등을 계획하고 임무별 진행사항 등을 점검하는 담당자는?

기출 09

① 출입통제 담당자
② 작전·담당자
③ 안전대책 담당자
④ 승·하차 및 정문 담당자

쏙쏙 해설 •••

작전 담당은 모든 작전정보를 수집하여 분석 후 작전구역별 특성에 맞도록 병력운용계획 및 각 대별 비상대책체제 구축에 주력하며 부가적으로 시간사용계획, 관계관 회의 시 주요지침사항, 예상문제점, 참고사항(기상, 정·첩보) 등을 계획하고 임무별 진행사항을 점검, 통합 세부계획서를 작성한다.

정답 ❷

58 다음 중 경호원의 분야별 업무담당 연결이 틀린 것은? 기출 08

☑ 확인
Check!
○
△
✕

① 작전 담당 – 작전정보 수집 및 분석, 통합 세부계획서 작성
② 차량 담당 – 건물 안전성 여부 확인, 최기병원 선정
③ 행사장 내부 담당 – 경호대상자 동선 및 좌석 위치 강구, 초청 좌석 사복요원 배치
④ 행사장 외부 담당 – 안전구역 내 단일 출입로 선정, 경비 및 경계구역 내 안전조치 강화

 쏙쏙 해설 •••

안전대책 담당은 안전구역 확보계획 검토, 건물의 안전성 여부, 상황별 비상대피로 구상, 행사장 취약시설물, 최기병원, 비상 및 일반예비대 운용방법, 직시건물(고지), 공중감시 대책 등 사실적 관계를 확인 및 관계 부서 협의 후 참고사항을 작전 담당에게 조언한다. 또 차량 담당은 수행원의 요구에 맞는 차량선택(보수적인 색상을 가진 차량으로 4개의 문이 달린 차량선택), 수행원을 위한 차량의 수량, 사이즈, 형식 등을 고려한다. ★

정답 ❷

59 선발경호 시 참석대상, 성격분석, 시차별 입장 계획, 주차장 운용 계획, 금속탐지기, 비표 설치장소(안전, 질서 고려), 중간 집결지 운용 등을 담당하는 부서는? 기출 07

☑ 확인
Check!
○
△
✕

① 작전 담당
② 행정 담당
③ 출입통제 담당
④ 주행사장 담당

 쏙쏙 해설 •••

출입통제 담당자는 주최측의 행사진행계획을 면밀히 검토하여 참석대상, 성격분석, 구역별 비표구분, 시차별 입장계획, 주차장 운용 계획, 비표 설치장소(안전, 질서 고려), 중간 집결지 운용, 상주자 및 민원인 대책, 야간근무자 등의 통제 계획을 작전 담당에 전달한다.

정답 ❸

핵심만콕

• 작전 담당은 모든 작전정보를 수집하여 분석 후 작전구역별 특성에 맞도록 병력운용계획 및 각 대별 비상대책체제 구축에 주력하며 부가적으로 시간사용계획, 관계관 회의 시 주요 지침사항, 예상문제점, 참고사항(기상, 정·첩보) 등을 계획하고 임무별 진행사항을 점검, 통합 세부계획서를 작성한다.
• 행정 담당은 출장여비 신청, 수령하고 각 대의 숙소, 식사장소를 선정, 선발부의 방 배정, 연락망 구성을 한다.

60 다음은 경호의 업무분담 중 무엇에 관한 설명인가? 기출 05

☑ 확인
Check!
○
△
×

안전구역 확보계획 검토, 건물의 안전성 여부, 상황별 비상 대피로 구상, 행사장 취약시설물, 직시건물, 공중감시 대책 등 사실적 관계 확인 등

① 작전 담당
② 출입통제 담당
③ 안전대책 담당
④ 행사장 내부 담당

쏙쏙 해설 •••

안전대책 담당의 업무 : 안전대책 및 검측활동이란 행사장 내·외부에 산재한 인적·물적·지리적 취약요소에 대한 안전대책 강구, 행사장 내·외곽 시설물에 대한 폭발물 탐지제거 및 안전 점검, 경호대상자에게 제공되는 각종 음식물에 대한 검식작용 등 통합적 안전작용을 말한다.

정답 ❸

61 행사장 출입자의 통제와 관리를 위한 담당 경호원의 임무로 틀린 것은? 기출 04

☑ 확인
Check!
○
△
×

① 행사 참석자가 소지한 위해물품 등을 물품보관소에 보관한다.
② 승차입장 차량과 승차자를 확인하고 주차관리계획을 수립한다.
③ 행사장 내·외곽 시설물에 대한 폭발물의 탐지, 안전점검을 실시한다.
④ 행사주최측과 협조하여 출입증을 발급한다.

쏙쏙 해설 •••

행사장 내·외곽 시설물에 대한 폭발물의 탐지, 안전점검 실시는 행사장 출입자 통제관리를 위한 담당 경호원의 임무가 아니고 행사장 외곽담당 경호원의 임무이다. ★

정답 ❸

01 근접경호의 원칙에 관한 설명으로 옳은 것은? 기출 23

☑ 확인
Check!
○
△
✕

① 안전구역, 위험구역, 경계구역으로 3중 경호의 원칙을 적용한다.
② 경호대상자와 함께 이동하면서 변화하는 주변상황에 비주체적으로 대처해야 한다.
③ 복도, 도로, 계단 이동 시에는 경호대상자를 공간의 중앙 쪽으로 유도하여 위해 발생 시 여유 공간을 확보한다.
④ 위해가해자의 공격가능성을 줄이고, 위해 발생 시 경호대상자의 피해정도를 최소화하기 위하여 이동속도는 가급적 느리게 하여야 한다.

쏙쏙 해설 •••

복도, 도로, 계단 등으로 경호대상자를 수행할 때에는 공간의 중간으로 유도하여 위해 발생 시 피난공간을 여유 있게 확보하도록 하여야 한다.

정답 ❸

핵심만콕

① 경호대상자의 위치를 중심으로 안전구역(내부) – 경비구역(내곽) – 경계구역(외곽)으로 구분하여 3중 경호의 원칙이 적용된다.
② 근접경호원은 경호대상자와 함께 이동하면서 변화하는 주변상황에 주체적으로 대처해야 한다.
④ 위해가해자의 공격가능성을 줄이고, 위해 발생 시 경호대상자의 피해정도를 최소화하기 위하여 이동속도를 가능한 한 빠르게 하여야 한다.

---

02 근접경호의 원칙에 관한 설명으로 옳지 않은 것은? 기출 22

☑ 확인
Check!
○
△
✕

① 출입문 통과 시 경호원이 먼저 통과하여 안전을 확인한다.
② 이동 속도는 경호대상자의 보폭 등을 고려한다.
③ 복도, 계단, 보도를 이동할 때에는 경호대상자를 공간의 가장자리로 유도하여 위해 발생 시 여유공간을 확보한다.
④ 경호원은 경호대상자의 최근접에서 움직이도록 한다.

쏙쏙 해설 •••

근접경호원은 복도, 계단, 보도를 이동할 때에는 경호대상자를 공간의 중간으로 유도하여 위해 발생 시 여유공간을 확보해야 한다.

정답 ❸

03 근접경호원의 기본 요건 및 임무에 관한 설명으로 옳은 것은?

☑ 확인
Check!
○
△
✕

① 도보이동 간 근접경호에서 단거리 직선통로를 이용하는 것은 이동 시 위험에 노출되는 정도를 최소화하기 위함이다.

② 계획에 없던 지역으로 이동하기 전 이동로, 경호대형, 특이사항은 경호대상자에게도 비밀로 해야 한다.

③ 경호원은 주변 모든 사람들이 위험한 무기를 소지할 수 있다는 가정하에 표정을 주의 깊게 관찰해야 한다.

④ 경호원은 위해발생 시 경호대상자의 방호보다 위해기도자의 제압을 우선해야 한다.

쏙쏙 해설 •••

도보이동 간 근접경호원은 위험에 노출되는 정도를 최소화하기 위해 단거리 직선통로를 이용한다.

정답 ❶

핵심만콕

② 계획에 없던 지역으로 이동 전에 경호원은 <u>이동로</u>, 소요시간, <u>경호대형</u>, 주위의 특이상황, 주의사항 및 경호대상자의 이동 위치 <u>등을 사전에 경호대상자에게 알려 주어야 한다.</u>

③ 경호원은 주변 모든 사람들이 위험한 무기를 소지할 수 있다는 가정하에 경호대상자 주위 모든 사람들의 <u>손을 주의 깊게 관찰해야 한다.</u>

④ 경호원은 위해발생 시 <u>위해기도자의 제압보다는 경호대상자를 방호하여 안전한 곳으로 대피시키는 것을 우선해야 한다.</u>

04 경호활동에 관한 설명으로 옳지 않은 것은?

☑ 확인
Check!
○
△
✕

① 3중 경호는 위해기도 시 시간 및 공간적으로 지연시키거나 피해의 범위를 최소화하기 위한 방어전략이다.

② 선발 및 근접경호의 구분 운용은 효과적으로 위해기도를 봉쇄하려는 예방경호와 방어경호의 작용이다.

③ 경호원은 위해발생 시 경호대상자의 방호 및 대피보다 위해기도자의 제압이 우선이다.

④ 경호임무의 단계별 절차는 계획단계 – 준비단계 – 행사단계 – 평가단계이다.

쏙쏙 해설 •••

경호원은 위해발생 시 경호대상자의 방호 및 대피가 위해기도자의 제압보다 우선이다.

정답 ❸

05 경호임무의 활동수칙에 관한 설명으로 옳지 않은 것은? 23

① 개인보다는 전체의 능력을 우선적으로 한다.

② 경호원에게 가장 중요한 수칙은 자기희생과 살신성인이다.

③ 경호원을 중심으로 내부, 내곽, 외곽으로 구분하여 경호구역을 설정한다.

④ 경호대상자의 사생활 보호를 책임져야 한다.

쏙쏙 해설 •••

'경호대상자를 중심으로' 경호대상자가 위치한 집무실이나 행사장으로부터 내부, 내곽, 외곽으로 구분하여 경호구역을 설정하여야 한다.

정답 ❸

---

06 경호활동의 기본원칙으로 옳지 않은 것은? 기출 19

① 경호대상자가 참석할 장소와 지역에 대한 정보를 분석하여 위험요인을 사전에 제거한다.

② 경호대상자의 이동시간, 이동경로, 이용차량 등에 변화를 주어 위해기도자가 다음 행동을 예측할 수 없도록 한다.

③ 경호대상자를 제외한 모든 사람이 검색대상이며 모든 인적 · 물적 · 지리적 위해요소에 대해 경호조치가 이루어져야 한다.

④ 일반인의 불편을 최소화하면서 경호대상자와 국민의 접촉을 차단하여 완벽한 임무를 수행한다.

쏙쏙 해설 •••

경호활동은 일반인의 불편을 최소화하고 경호대상자와 국민과의 접촉을 보장할 수 있는 방법으로 수행되어야 한다.

정답 ❹

핵심만콕

① 예방경호에 대한 내용이다.

② 경호대상자의 시간, 장소, 차량, 습관화된 행동을 변화시켜 위해기도자가 다음 행동을 예측할 수 없도록 변화를 주어야 한다.

③ 원칙적으로 경호대상자를 제외한 모든 사람이 검색대상이고, 경호구역 내 모든 물품과 시설물이 철저히 검측되어야 한다.

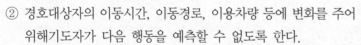

07 경호임무의 활동수칙에 관한 설명으로 옳지 않은 것은? 기출 18

☑ 확인
Check!
○
△
✕

① 경호원을 중심으로 내부, 내곽, 외곽으로 구분하여 경호구역을 설정한다.
② 위해상황이 발생하면 최초발견자에 의한 빠른 대응이 필요하다.
③ 경호원은 위해가해자와 타협적인 행동을 하지 않아야 한다.
④ 경호원은 경호대상자의 정상적인 업무 및 사생활을 침해하지 않는 범위에서 임무를 수행하여야 한다.

쏙쏙 해설 •••

경호대상자가 위치한 집무실이나 행사장으로부터 내부, 내곽, 외곽으로 구분하여 경호구역을 설정한다. 경호구역의 지정은 경호처장이 경호업무의 수행에 필요하다고 판단되는 경우 지정할 수 있다(대통령 등의 경호에 관한 법률 제5조 제1항).

정답 ❶

08 근접경호 시 사주경계 요령으로 옳지 않은 것은? 기출 23

☑ 확인
Check!
○
△
✕

① 시각의 한계를 염두에 두고 주위경계의 범위를 설정한다.
② 위해가해자는 군집된 인파 가운데 맨 앞 열에 서서 경호대상자를 주시하는 경우가 많다.
③ 전체적인 분위기와 조화되지 않는 부자연스럽고 불균형한 사항에 경계를 하여야 한다.
④ 경호대상자의 주변에 있는 모든 사람의 눈과 손을 감시하여야 한다.

쏙쏙 해설 •••

위해가해자는 심리적으로 첫째 줄보다 둘째 줄이나 셋째 줄에 서려는 경향이 있다.

정답 ❷

09 사주경계에 관한 설명으로 옳지 않은 것은? 기출 22

☑ 확인
Check!
○
△
✕

① 시각의 한계를 고려하여 주위경계의 범위를 선정하고, 인접한 경호원과의 경계범위를 중복되지 않게 실시한다.
② 돌발상황을 제외하고는 고개를 심하게 돌리거나 완전히 뒤돌아보는 등의 사주경계를 하지 않는다.
③ 경호대상자의 주위 사람들의 눈과 손, 표정, 행동에 주목하여 경계한다.
④ 사주경계의 대상은 인적·물적·지리적 취약요소들을 총망라해야 한다.

쏙쏙 해설 •••

시각의 한계를 고려하여 사주경계(주위경계)의 범위를 선정해야 하고, 인접해 있는 경호원과의 경계범위를 중첩되게 설정하여야 한다.

정답 ❶

제1장
제2장
제3장
제4장
제5장
제6장

10 사주경계에 관한 설명으로 옳은 것은 모두 몇 개인가? 기출 20

○ 행사장이나 주변의 모든 시설물과 물체가 경계대상이다.
○ 위해기도자가 은폐하기 좋은 장소나 공격하기 용이한 장소가 경계대상이다.
○ 경호대상자 주변의 모든 인원 중 행사상황에 어울리지 않는 행동을 하는 사람들이 중점감시대상이다.
○ 경호행사 시 영향을 미칠 수 있는 간접적 위해요인도 경계대상이다.

① 1개   ② 2개
③ 3개   ④ 4개

쏙쏙 해설 •••

사주경계란 경호대상자를 중심으로 한 전 방향에 대한 감시로 직접적인 위해나 자연발생적인 위해요인을 사전에 인지하기 위한 경계활동을 말한다. 사주경계의 대상은 흔히 말하는 인원(인적 취약요소), 물건(물적 취약요소), 장소(지리적 취약요소)를 불문한다. 제시된 내용은 모두 사주경계에 대한 설명으로 옳다.

정답 ❹

핵심만콕

인적 경계대상은 경호대상자 주변의 모든 인원이 그 지위나 차림새 등에 상관없이 포함되어야 하고, 특히 행사 상황이나 분위기에 어울리지 않는 행동이나 복장을 착용한 사람들을 중점적으로 감시한다. 물적 경계대상은 행사장이나 주변의 모든 시설물과 물체가 그 대상이다. 또한 지리적 경계대상은 위해기도자가 은폐하기 좋은 장소나 공격하기 용이한 장소가 해당된다.

〈출처〉 이두석, 「경호학개론」, 진영사, 2018, P. 180

---

11 근접경호에서 사주경계에 관한 설명으로 옳지 않은 것은? 기출 19

① 시각, 청각 등 오감과 육감을 활용한다.
② 위험 감지에 대한 단계와 구조를 이해해야 한다.
③ 인적경계대상은 위해 가능한 인원으로 제한하며 사회적 권위와 지위를 고려한다.
④ 경호대상자를 중심으로 360도 전 방향을 감시해야 한다.

쏙쏙 해설 •••

인적경계대상은 경호대상자 주변의 모든 인원들이 그 지위나 차림새 등에 상관없이 포함되어야 한다.

〈참고〉 이두석, 「경호학개론」, 진영사, P. 180

정답 ❸

12 사주경계에 관한 설명으로 옳지 않은 것은? 기출 15

☑ 확인
Check!
○
△
✕

① 행사 상황이나 분위기에 어울리지 않는 복장을 착용하거나 수상한 행동을 하는 사람을 중점 감시한다.
② 사주경계의 대상은 인적·물적·지리적 취약요소를 망라한다.
③ 사람들의 손, 표정, 행동을 전체적으로 경계한다.
④ 육감에 의지하지 말고 직접 보고 들은 것에만 집중해서 관찰한다.

쏙쏙 해설 •••

육감경호도 경호기법의 하나이다. 육감과 직접 보고 들은 것들을 종합해서 관찰한다.

정답 ❹

13 근접경호임무 수행 시 주위경계(사주경계) 방법으로 옳지 않은 것은? 기출 14

☑ 확인
Check!
○
△
✕

① 주위 사물에 대한 위기의식을 가지고 전체적인 상황에 어울리지 않는 부조화 상황을 찾아야 한다.
② 시각의 한계를 염두에 두고 사주경계의 범위를 선정해야 한다.
③ 경호대상자로부터 먼 곳에서 가까운 곳 순으로 좌우 반복해서 실시한다.
④ 인접해 있는 경호원과의 경계범위를 중첩되게 설정한다.

쏙쏙 해설 •••

경호대상자로부터 가까운 곳에서 먼 곳 순으로 좌우 반복해서 경계를 실시한다.

정답 ❸

핵심만콕 사주경계(주위경계)의 방법 및 요령

- 근접경호 시 사주경계는 인접해 있는 경호원과 경계범위를 중복해야 경호의 만전을 기할 수 있다.
- 시각의 한계를 고려하여 사주경계의 범위를 선정한다.
- 경호대상자로부터 가까운 곳에서 먼 곳 순으로 좌우 반복해서 경계를 실시한다.★
- 복도의 좌우측 문, 모퉁이, 창문주위 등에 관심을 두고 경계한다.
- 위해자는 심리적으로 군중들의 두 번째 열에 위치해 기도하려고 한다.★
- 전체적으로 보아 주위 사물과 어울리지 않는 부조화에 주의한다.
- 경호대상자 주변의 군중들의 손과 눈을 주시한다.
- 시각적으로 움직임과 정황들에 대해 의문점을 제기하고 정리, 분석하도록 한다.
- 위험감지의 단계를 주위관찰, 문제제기, 위기의식, 대응조치 계획의 순서로 수립한다.
- 경호대상자에게 접근하는 사람의 거리, 위치, 복장, 손의 움직임을 관찰한다.
- 공격목표를 설정한 사람은 대개 웃지 않고 몸을 움직이지 않으며 목표를 집중하여 주시한다는 점을 알아야 한다.
- 더운 날씨나 추운 날씨 등의 주변환경과 어울리지 않는 복장을 착용하고, 주위상황과 어울리지 않게 행동하는 사람을 특히 주의 깊게 관찰한다.

제1장
제2장
제3장
제4장
제5장
제6장

14 수행경호원의 도보이동 간 및 정지 간 사주경계방법에 관한 설명으로 틀린 것은?

기출 08

① 팀 단위 경호 시 각 개인의 책임감시구역을 중첩되게 설정한다.

② 적응 시와 이원 시의 원리를 고려하여, 먼 곳에서 가까운 곳으로, 좌에서 우로 우에서 좌로 중첩 감시한다.

③ 경호원의 시선이 한 곳에 고정되면 좋지 않으므로 시선의 방향에 적절한 변화를 주는 것이 좋다.

④ 경호원은 잔상효과를 최대한 활용하며, 감시구역 내 인적 취약요소의 행동변화를 기억하도록 집중력을 가져야 한다.

 쏙쏙 해설 •••

가까운 곳에서 먼 곳으로 감시하여야 한다.

정답 ❷

---

15 행사장 경호임무 중 위험감지를 위한 사주경계방법으로 적당하지 않은 것은?

기출 07 · 05

① 시각적으로 움직임과 정황들에 대해 의문점을 제기하고 정리, 분석하도록 한다.

② 시각의 한계를 두고 경계범위를 설정하되, 인접 경호원과 중복되지 않게 한다.

③ 위험감지의 단계를 주위관찰, 문제제기, 위기의식, 대응조치계획의 순서로 수립한다.

④ 경호대상자에게 접근하는 사람의 거리, 위치, 복장, 손의 움직임을 관찰한다.

쏙쏙 해설 •••

근접경호 시 사주경계는 인접해 있는 경호원과 경계범위를 중복해야 경호의 만전을 기할 수 있다.

정답 ❷

---

16 근접경호원의 임무에 관한 설명으로 옳지 않은 것은? 기출 14

① 경호대상자 주변 일반인의 불편을 초래하지 않는 범위에서 경호원 자신의 활동공간을 확보하여야 한다.

② 우발공격 시에는 대적 및 제압보다는 방호와 대피를 우선한다.

③ 위해자의 공격가능성을 줄이고 피해를 최소화하기 위해 이동속도를 가능한 한 빠르게 한다.

④ 타 지역으로 이동하기 전에 보안을 고려하여 이동로, 경호대형, 특이상황 등을 경호대상자에게 알려주지 않는다.

 쏙쏙 해설 •••

타 지역으로 이동 전에 경호원은 이동로, 소요시간, 경호대형, 주위의 특이상황, 주의사항 및 경호대상자의 이동 위치를 사전에 경호대상자에게 알려 주어야 한다.

정답 ❹

17 다음에서 설명하는 근접경호의 특성은?

기출 23

테러기도자가 경호대상자의 행차로 및 기타 경호대상자의 모든 활동을 알았을 것으로 판단하게 하여 기 설정된 행차로 및 행사장 방문 예정시간을 이원화하여 경호계획을 수립·운영

① 기만성
② 방벽성
③ 노출성
④ 기동 및 유동성

쏙쏙 해설 •••

제시된 내용은 근접경호의 특성 중 기만성에 관한 설명이다.

정답 ❶

핵심만콕	근접경호의 특성★
노출성	다양한 기동수단과 도보대형에 따라 경호대상자의 행차가 시각적으로 외부에 노출될 뿐만 아니라, 각종 매스컴에 의하여 행사 일정과 장소 및 시간이 대외적으로 알려진 상태에서 업무를 수행해야 하는 특성을 의미
방벽성	근접 도보대형 시 근무자의 체위에 의한 인적 자연방벽 효과와 방탄복 및 각종 방호장비를 이용하여 외부의 공격으로부터 방벽을 구축해야 하는 특성을 의미
기동 및 유동성	근접경호는 주로 도보 또는 차량에 의해 기동 간에 이루어지며 행사 성격이나 주변 여건, 장비의 특성에 따라 능동적(유동적)으로 대처해야 하는 특성을 의미
기만성	변칙적인 경호기법으로 차량대형 기만, 기동시간 기만, 기동로 및 기동수단 기만, 승·하차 지점 기만 등으로 위해기도자로 하여금 행사 상황을 오판하도록 실제 상황을 은폐하고 허위 상황을 제공하여 경호의 효율성을 높이려는 특성을 의미
방호 및 대피성	비상사태 발생 시 범인을 대적하여 제압하는 것보다 반사적이고 신속·과감한 행동으로 경호대상자의 방호 및 대피를 우선해야 한다는 특성을 의미

18 근접경호에 관한 설명으로 옳지 않은 것은?

기출 23

① 노출성과 유동성이라는 특성을 갖고 있다.
② 행사 성격이나 주변상황에 유연하게 대처할 수 있어야 한다.
③ 경호원들이 직접적으로 경호대상자에 대한 경호를 실시한다는 점에서 경호대비단계라고 한다.
④ 경호대상자의 신변을 보호하기 위하여 경호대상자 최근거리에서 실시하는 호위활동이다.

쏙쏙 해설 •••

근접경호는 경호원들이 직접적으로 경호대상자에 대한 경호를 실시한다는 점에서 경호실시단계에 해당한다.

정답 ❸

19 근접경호의 특성 중 기만성에 해당하는 것은?

① 경호대상자의 안전확보를 위해 경고 후 즉각 대피를 실시한다.

② 경호원의 체위를 통한 방벽을 구축하였다.

③ 차량대형, 기동시간 등을 변칙적으로 운영하여 위해기도자가 상황을 오판하도록 한다.

④ 기동수단, 도보대형이 노출되고, 매스컴에 의해 행사일정 등이 알려진다.

쏙쏙 해설 •••

③ 근접경호의 특성 중 변칙적인 경호 기법인 기만성에 관한 설명에 해당한다.
①은 근접경호의 특성 중 대피성, ②는 방벽성, ④는 노출성에 관한 설명이다.

정답 ❸

---

20 경호의 특성을 올바르게 구분한 것은?

ㄱ. 예방성	ㄴ. 통합성
ㄷ. 노출성	ㄹ. 예비성
ㅁ. 안전성	ㅂ. 유동성

① 선발경호 : ㄱ, ㄴ, ㄹ, ㅁ, 근접경호 : ㄷ, ㅂ

② 선발경호 : ㄱ, ㄷ, ㅂ, 근접경호 : ㄴ, ㄹ, ㅁ

③ 선발경호 : ㄴ, ㄷ, ㅂ, 근접경호 : ㄱ, ㄹ, ㅁ

④ 선발경호 : ㄷ, ㅂ, 근접경호 : ㄱ, ㄴ, ㄹ, ㅁ

쏙쏙 해설 •••

선발경호의 특성은 예방성, 통합성, 안전성, 예비성 등이고, 근접경호의 특성은 노출성, 방벽성, 기동 및 유동성, 기만성, 방호 및 대피성 등이다. 이에 따라 ㄱ, ㄴ, ㄹ, ㅁ은 선발경호의 특성, ㄷ, ㅂ은 근접경호의 특성에 해당한다.

정답 ❶

---

21 다음은 근접경호를 의뢰받아 임무를 수행하고 있는 상황이다. 다음에서 나타나지 않는 근접경호의 특성은?

위드 코로나 시대를 맞아 다채로운 행사가 열렸다. A경호업체는 연예인 B양에 대한 경호의뢰를 받아 행사장에 근접경호를 하고 있었다. 운집된 팬들 사이에서 갑자기 위해기도자로 보이는 한 남성이 B양을 공격하려 하자 근접경호를 맡고 있던 P경원은 자신의 몸으로 위해기도자를 막고 B양을 행사장 뒤로 신속히 이동시켰다.

① 노출성　　　　　② 방벽성

③ 대피성　　　　　④ 기만성

쏙쏙 해설 •••

제시문에서 나타난 근접경호의 특성은 노출성, 방벽성, 대피성이다.

정답 ❹

22 근접경호의 특성 중 방벽성에 관한 설명으로 옳은 것은?

기출 20

☑ 확인
Check!
○
△
✕

① 경호대상자와 경호행위에 대한 일거수일투족은 외부에 노출될 수밖에 없다.

② 경호대상자를 따라 항상 이동하거나 움직이면서 변화하는 경호상황에 능동적으로 대처해야 한다.

③ 위해기도자에게 허위정보 제공이나 허위상황 연출 등 기만전술을 구사하여 경호의 효과성을 높인다.

④ 경호원은 자신의 신체를 이용하여 외부의 공격으로부터 경호대상자를 근접에서 보호한다.

쏙쏙 해설 •••

근접경호의 특성 중 ①은 노출성, ②는 기동 및 유동성, ③은 기만성, ④는 방벽성에 대한 설명이다.

정답 ❹

제1장
제2장
제3장
제4장
제5장
제6장

---

23 근접경호의 특성으로 옳지 않은 것은?

기출 19

☑ 확인
Check!
○
△
✕

① 위해기도자의 추적을 회피하는 기만전술을 적절히 구사하여 경호의 효과성을 높인다.

② 근접경호원의 신체로 방벽을 형성하여 경호대상자의 시야를 제한하고 공격선을 차단한다.

③ 근접경호원은 대적보다는 경호대상자의 안전한 방호 및 대피에 중점을 둔다.

④ 경호대상자를 따라 이동하거나 변화하는 경호상황에 능동적으로 대처해야 한다.

쏙쏙 해설 •••

경호대상자의 시야가 아니라 경호위해자의 시야를 제한하고 공격선을 차단한다.

정답 ❷

24 근접경호의 특성에 관한 설명으로 옳지 않은 것은?　기출 13

① 기만성 : 공식적이 아닌 변칙적인 경호기법으로 차량대형 기만, 기동시간 기만, 승·하차지점 기만 등으로 위해기도자로 하여금 행사상황을 오판하도록 실제 상황을 은폐하고 허위상황을 제공하여 행사의 효율성을 높이려는 특성이 있다.

② 비노출성 : 행사일정과 장소 및 시간이 대외적으로 알려져 있는 상태에서 경호업무를 수행해야 하는 특성이 있다.

③ 방벽성 : 근접 도보대형 시 근무자의 체위에 의한 인적방벽 효과와 각종 위해수단으로부터 방벽을 구축해야 하는 특성이 있다.

④ 기동 및 유동성 : 근접경호는 주로 도보 또는 차량에 의해 기동 간에 이루어지며 행사 성격이나 주변 여건, 장비의 특성에 따라 유동성 있는 도보 또는 차량대형이 이루어지는 특성이 있다.

쏙쏙 해설 •••

②는 노출성에 관한 설명이다. 근접경호의 일반적인 특성에는 노출성, 방벽성, 기동 및 유동성, 기만성, 방호 및 대피성을 꼽을 수 있는데, 여기서 방호 및 대피성이란 비상사태의 발생 시 범인을 대적하여 제압하는 것보다 반사적이고 신속·과감한 행동으로 경호대상자를 방호 및 대피시키는 것을 우선해야 한다는 것을 말한다.

정답 ❷

---

25 근접경호 방법에 관한 설명으로 옳지 않은 것은?　기출 21

① 신체에 의한 방호벽을 형성하되 경호대상자 행동의 성향을 고려해야 한다.

② 근접경호원의 신체조건을 충분히 활용하여 경호대상자의 시야를 제한하고 공격선을 차단한다.

③ 경호대상자를 따라 이동하여 변화하는 경호상황에 능동적으로 대처해야 한다.

④ 위해기도자의 추적을 회피하는 기만전술을 구사하여 경호 효과를 높일 수 있다.

쏙쏙 해설 •••

근접경호원의 신체조건을 충분히 활용하여 위해기도자의 시야를 제한하고 공격선을 차단한다.

정답 ❷

---

26 도보이동 간 근접경호의 원칙으로 옳지 않은 것은?　기출 17

① 근접경호원은 상황변화에도 고정된 대형을 고수해야 한다.

② 근접경호원은 경호대상자에 이르는 모든 접근로를 차단하기 위하여 분산 배치되어야 한다.

③ 위험노출 정도를 최소화하기 위해 최단거리 직선통로를 이용한다.

④ 근접경호대형은 전 방위에 대한 사주경계와 신변안전을 담보할 수 있도록 행사장 여건을 고려하여 최소한의 인원으로 형성한다.

쏙쏙 해설 •••

근접경호원은 도보대형을 장소와 상황에 따라 융통성 있게 변화시켜야 한다.

정답 ❶

27 경호기법 중 기만경호에 관한 설명으로 옳지 않은 것은?

기출 15

① 위해기도자에게 행사상황을 오판하도록 허위 흔적을 제공한다.
② 위해기도자로부터 공격행위를 포기하게 하거나 실패하도록 유도하는 비계획적이고 정형적인 경호기법이다.
③ 경호대상자의 차량위치, 차량의 종류를 수시로 바꾼다.
④ 경호대상자와 용모가 닮은 사람을 경호요원이나 수행요원으로 선발하여 배치한다.

쏙쏙 해설 •••

기만경호란 위해기도자에게 행사상황을 오판하도록 허위상황을 제공하여 위해기도자로 하여금 위해기도를 포기하거나 위해기도가 실패되도록 유도하는 계획적이고 변칙적인 경호기법을 말한다.

정답 ❷

28 경호기법 중 기만경호에 관한 설명으로 옳지 않은 것은?

기출 11

① 위해기도자에게 행사상황을 오판하도록 허위상황을 제공하는 경호기법이다.
② 기만경호에는 인물, 기동, 장소, 시간 등을 기만하는 작전을 주로 사용한다.
③ 비노출 경호작전으로 경호대상자에게 불필요한 주의가 쏠리지 않게 하는 방법이다.
④ 경호대상자의 차량 위치 또는 차량의 종류를 수시로 바꾸는 방법이 있다.

쏙쏙 해설 •••

기만경호는 노출 경호작전에 해당한다.

정답 ❸

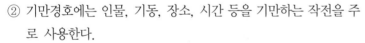

핵심만콕 기만경호기법의 특징 및 종류

• 기만경호는 위해기도자로 하여금 행사상황을 오판하도록 유도하여 위해기도가 실패하도록 실제상황을 은폐하고 허위상황을 제공하는 계획적이고 변칙적인(비정형적인) 경호기법이다. ★
• 현대사회는 경호대상자에 대한 정보가 대부분 공개되어 있기 때문에 기만경호의 필요성과 중요성이 더욱 높아지고 있다.
• 기만경호는 인물기만, 기동기만, 장소기만, 시간기만 등으로 나눌 수 있다. ★

29 경호기만에 대한 설명으로 맞는 것은?

① 기동 간 경호기만이라 함은 경호대상자가 각종 기동수단을 이용하여 기동할 때 실시하는 경호기만이다.

② 가능한 한 현저한 위해정보를 인지한 공식행사의 경우에만 사용한다.

③ 건물의 출입구는 변경시켜서는 안 된다.

④ 경호계획수립 시에는 기만계획을 고려하지 않는다.

30 근접도보경호 기법에 관한 설명으로 옳지 않은 것은?

① 근접경호대형은 전방위에 대한 사주경계와 신변안전을 담보할 수 있도록 최대한의 인원으로 형성한다.

② 근접도보경호는 차량경호에 비해 위해자가 범행을 가할 수 있는 기회가 많다.

③ 밀착대형은 경호대상자가 선호하지 않으며, 일반인들에게는 위화감을 줄 수 있는 단점이 있다.

④ 우발상황 발생 시 개방대형에서 밀착대형으로 신속하게 전환되어야 한다.

31 근접경호원의 자세에 관한 설명으로 옳은 것은?　기출 20

☑ 확인
Check!
○
△
✕

> ㄱ. 순간적인 경호상황을 정확히 판단하고 대응하기 위한 명석한 판단력을 갖춰야 한다.
> ㄴ. 행사의 성격 및 상황을 직시하여 그에 맞는 적절한 자세를 견지한다.
> ㄷ. 급박한 상황 외에는 경호대상자의 활동에 방해를 해서는 안 된다.
> ㄹ. 경호대상자와 경호환경에 어울리지 않는 복장을 착용한다.

① ㄱ, ㄴ, ㄷ
② ㄱ, ㄴ, ㄹ
③ ㄱ, ㄷ, ㄹ
④ ㄴ, ㄷ, ㄹ

🔲🔲 **해설** •••

ㄱ, ㄴ, ㄷ은 근접경호원의 자세에 대한 설명으로 옳다. 다만, ㄹ은 옳지 않다. 근접경호원은 경호대상자 및 경호환경과 조화되는 복장을 착용하여 신분이 노출되지 않도록 하여야 한다.

정답 ❶

핵심만콕　**경호복장**

- 경호요원은 행사의 성격에 따라 보호색원리에 의한 경호현장의 주변환경과 조화되는 복장을 착용하여 신분이 노출되지 않도록 한다.
- 경호원의 복장은 경호대상자의 복장에 맞추어 정장이나 캐주얼 복장을 상황에 따라 입고, 두발상태도 경호대상자의 두발상태와 비슷하게 관리한다.
- 경호원의 복장은 주위의 시선을 빼앗는 화려한 색상이나 새로운 패션의 스타일은 눈에 띄기 쉬우므로 착용해서는 안 되고, 보수적인 색상과 스타일의 복장이 적합하다.

〈출처〉 이두석, 「경호학개론」, 진영사, 2018, P. 246~247

32 근접경호원의 업무에 관한 설명으로 옳지 않은 것은?　기출 13

☑ 확인
Check!
○
△
✕

① 경호대상자 주위의 일반인에게 불편을 초래하지 않는 범위 내에서 경호원 자신의 활동공간을 확보하여야 한다.
② 위해자의 공격가능성을 줄이고 공격 시 피해 정도를 최소화하기 위하여 이동속도를 가능한 한 느리게 하여야 한다.
③ 곡각지나 보이지 않는 공간을 통과할 때에는 항상 경호원이 먼저 안전을 확인하고 경호대상자를 통과하게 하여야 한다.
④ 경호대상자에게 위해를 가하지 않을 것이라는 명백한 확신이 있기 전에는 누구도 경호대상자의 주위에 접근시켜서는 안 된다.

 해설 •••

위해자의 공격가능성을 줄이고, 공격 시 피해 정도를 최소화하기 위하여 이동 속도를 가능한 한 빠르게 하여야 한다.

정답 ❷

33 근접경호원의 임무수행방법으로 틀린 것은? 기출 08

① 경호대상자의 건강상태, 주위 상황, 위험도 등에 따라 이동속도를 적절하게 조절하고, 이동 전에 경호대상자에게 이동로, 이동시간, 경호대형 및 경호대상자의 위치 등은 보안을 위해 알려주지 않도록 한다.

② 경호대상자가 대중의 가운데 있을 때, 군중 속을 통과하여 걸을 때, 건물 내로 들어갈 때, 공공행사에 참석할 때, 승·하차할 때 특히 위험하다는 것을 염두에 둔다.

③ 이동 중 경호원 상호 간에 적절한 수신호나 무선으로 주위 상황과 경호대상자의 상태 등을 연락할 수 있도록 한다.

④ 이동 중 무기 또는 위해기도자가 시야에 나타나면 위해요인과 경호대상자 사이로 움직여 시야를 차단하고 무기제압 시에는 총구의 방향에 주의하여 경호대상자 방향으로 향하지 않도록 한다.

쏙쏙 해설 •••

이동로, 이동시간, 경호대형 및 경호대상자의 위치 등은 보안을 철저히 유지하여야 할 것이나, 경호대상자에게는 이를 알려야 한다.

정답 ❶

---

34 근접경호요원의 임무수행방법으로 적합한 내용은? 기출 07

① 출입문을 통과할 때는 경호대상자의 안전을 위하여 경호원보다 우선하여 통과시킨다.

② 경호원은 경호대상자의 활동범위 보장을 위해 항상 원거리에서 이동해야 한다.

③ 위해 상황 시 제2공격을 방지하기 위해 대피보다 범인제압을 우선한다.

④ 근접도보대형의 이동속도는 경호대상자의 건강상태, 신장, 보폭 등을 고려하여 정한다.

쏙쏙 해설 •••

④ 근접도보대형의 이동속도에 대한 설명으로 옳다.
① 문을 통과할 경우에는 항상 경호원이 먼저 통과하여 안전을 확인한 후 경호대상자를 통과시켜야 한다.
② 경호대상자 주위에서 경호활동 공간을 확보하여야 하고 항상 근거리에서 이동해야 한다.
③ 위해 상황 시 범인제압보다는 경호대상자를 방호, 대피시키는 것을 우선으로 한다.

정답 ❹

35 근접경호작용에 대한 설명으로 맞는 것은? 기출 05

☑ 확인
Check!
○
△
✕

① 경호대상자의 차량기사는 사전 신원이 확인된 자로서 사복의 무장경찰관이나 경호요원이어야 한다.
② 도보이동 간 경호시 가능하다면 최초 결정된 이동시기 및 이동로를 고수한다.
③ 경호대상자가 이동 시에는 위험에 노출되는 정도를 최소화하기 위하여 지그재그식으로 이동, 적을 기만한다.
④ 경호대상자의 차량은 유사시 신속한 식별을 위하여 가능하면 다른 차량과 구별되는 특이한 색상으로 한다.

 쏙쏙 해설 •••

① 경호대상자의 차량기사에 대한 설명으로 옳다.
② 가능한 한 선정된 도보이동시기 및 이동로는 변경되어야 한다.
③ 위험에 노출되는 정도를 최소화하기 위해 단거리 직선코스를 이용한다. ★
④ 다른 차량과 구별되는 색은 표적의 대상이 된다. 경호대상자의 차량은 보수적인 색상을 가진 문이 4개인 차량으로 선정한다.

정답 ❶

---

36 근접경호원의 일반적 근무요령이 아닌 것은? 기출 13

☑ 확인
Check!
○
△
✕

① 사전에 행사장의 안전점검을 실시하여 위해물질의 색출 및 제거활동을 수행한다.
② 근접경호 시 경호원의 위치와 경호대형에 수시로 변화를 주어야 한다.
③ 경호에 관련 없는 언론 및 대중과의 불필요한 접촉을 차단하여야 한다.
④ 근접경호원은 예상되는 손님, 방문객, 보도요원 및 경호대상자에게 서비스를 제공하는 종사요원의 명단을 사전에 획득하여야 한다.

 쏙쏙 해설 •••

안전대책 및 검측활동 분야에 해당하는 것으로 사전예방경호작용 중의 하나이다.

정답 ❶

핵심만콕	근접경호원의 일반적 근무 요령
근접경호의 위치	경호요원은 경호대상자와 경호요원 사이에 암살자 등이 끼어들 수 없도록 상대적 위치를 수시로 바꾸면서 항상 경호대상자와 근접해 있어야 한다.
신분확인	숙소 방문, 각종 행사 등에 참석하는 경우 접근하려는 사람의 신분 및 직위와 본인 여부 등을 사전에 점검해야 한다.
가족동반 시 경호	인력 및 차량지원에 관해 사전에 계획수립 등 가족에 대하여 경호나 에스코트를 제공하는 것은 필수사항이다. ★
수행원 등의 안전	경호대상자뿐만 아니라 외부요인의 수행에 대해서도 안전에 대한 경호를 실시해야 한다. 이는 경호원의 부수적인 책임이다. 즉, 어떤 경우 수행원이 위해를 당하는 사건이 발생하면 전반적인 경호임무에 불리하게 영향을 미칠 수 있고 혹평을 받을 수 있다.
근접경호책임자의 행동	근접경호요원은 언론 및 대중들과 가능한 한 대화를 삼가고, 책임자는 근접경호요원에 대한 책임을 지며, 경호대상자를 항시 수행한다.

37 다음에서 설명하는 경호의 방호대형은?

기출 22

☑ 확인
Check!
○
△
✕

○ 위해의 징후가 현저하거나 직접적인 위해가 가해졌을 때 형성하는 방어대형
○ 경호원들이 강력한 스크럼을 형성하여 경호대상자를 에워싸는 형태로 보호하면서 군중 속을 헤치고 나가기 위한 방법

① 개방 대형
② 함몰 대형
③ 일렬 세로 대형
④ 방어적 원형 대형

쏙쏙 해설 •••

제시된 내용은 방어적 원형 대형에 관한 설명이다.

정답 ④

핵심만콕

① 개방 대형은 전방에 아무런 위협이 없다는 가정하에 경호대상자와의 간격을 충분히 유지한 채 경호대상자를 노출시키는 대형이다.
② 함몰 대형은 수류탄 혹은 폭발물과 같은 폭발성 화기에 의한 공격을 받았을 때 사용되는 방호대형으로 경호대상자를 지면에 완전히 밀착시키고 그 위에 근접경호원들이 밀착하며 포개어, 경호대상자의 신체가 외부에 노출되지 않도록 이중 삼중으로 방호한다.
③ 일렬 세로 대형은 복도나 통로 등의 좁은 곳에서 이동 시 유리한 대형으로 정면 방향의 공격에 대해 방어가 유리하다는 장점이 있으나, 전방 시야 확보와 대응 화력 면에서 불리하다는 단점이 있다.

38 근접경호대형에 관한 설명으로 옳지 않은 것은? 기출 20

☑ 확인
Check!
○
△
✕

① 경호대상자의 성격이나 성향에 따라 경호대형이 결정될 수 있다.
② 도보대형은 장소나 상황에 따라 융통성 있게 변화시킨다.
③ 도보경호는 이동속도가 빠르기 때문에 외부노출시간이 짧아 위해자가 위해를 가할 기회가 줄어들게 된다.
④ 경호대상자 주위에 경호방패막을 형성하여 동선을 따라 이동하는 선(線)개념이다.

쏙쏙 해설 •••

도보경호는 차량이동 등에 비하여 이동속도가 느리기 때문에 외부노출시간이 길어지게 되고, 결국 위해자가 위해를 가할 수 있는 기회가 많아지게 된다.

정답 ③

39 아래 설명하는 근접경호대형은?

☑ 확인
Check!
○
△
×

> 외부로부터 위협이 없다고 판단되며 안전이 확보된 행사장 입장 시와 대외적인 이미지를 중시하는 경호대상자에게 적합한 도보대형

① 마름모 대형
② V자(역쐐기) 대형
③ 원형 대형
④ 쐐기 대형

쏙쏙 해설 •••

외부로부터 위협이 없다고 판단되며 안전이 확보된 행사장 입장 시와 대외적인 이미지를 중시하는 경호대상자에게 적합한 도보대형은 역쐐기 모양의 'V'자 대형이다.

정답 ❷

핵심만콕 | 근접경호대형

• 다이아몬드(마름모) 대형 : 혼잡한 복도, 군중이 밀집해 있는 통로 등에서 적합한 대형으로 경호대상자의 전후좌우 전 방향에 대해 둘러싸고, 각각의 경호원에게는 기동로에 대해 360° 경계를 할 수 있도록 책임구역이 부여된다.
• 쐐기형 대형 : 무장한 위해자와 직면했을 때 적당한 대형으로, 다이아몬드 대형보다 느슨한 대형이 필요한 상황에서는 3명으로 쐐기형 대형을 형성하며, 다이아몬드 대형과 같이 각각의 경호원에게는 기동로를 향해 360° 지역 중 한 부분의 책임구역이 할당되어야 한다.
  – 대중이 별로 없는 장소 통과 시, 인도와 좁은 통로 이동 시 유용하다.
  – 한쪽에 인위적·자연적 방벽이 있을 때 유용하다.
• 역쐐기형(V자) 대형 : 외부로부터 위협이 없다고 판단되며 안전이 확보된 행사장 입장 시와 대외적인 이미지를 중시하는 경호대상자에게 적합한 도보대형이다.
  – 전방에는 아무런 위협이 없다는 가정하에 경호대상자를 바로 노출시켜 전방에 개방된 대형을 취한다.
  – 후미의 경호원들은 자연스럽게 수행원과 뒤섞여 노출이 되지 않는다.
  – 경호팀장만 경호대상자를 즉각 방호할 수 있는 위치에서 경호 임무를 수행한다.
• 삼각형 대형 : 3명의 경호원이 삼각형 형태를 유지하여 이동하는 도보대형으로 행사와 주위 사람의 성격, 숫자, 주변환경의 여건에 따라서 이동한다.
• 역삼각형 대형 : 진행방향 전방에 위해가능성이 있는 경우 취하는 대형으로, 진행방향의 전방에 오솔길, 곡각지, 통로 등과 같은 지리적 취약점이 있는 경우 유용하다.
• 원형 대형 : 경호대상자가 완전히 경호원에 의해 둘러싸여 있는 인상을 주게 되어 대외적인 이미지는 안 좋을 수 있으나 경호효과가 높은 대형으로, 평상시에는 잘 사용하지 않으나, 군중이 밀려오거나 군중에 둘러싸여 있을 경우와 같은 위협이 예상될 경우에 적합한 대형이다.
• 사다리형 대형 : 경호대상자의 진행방향을 중심으로 양쪽에 군중이 운집해 있는 도로의 중앙을 이동할 때 적합한 대형으로, 경호대상자를 중심으로 4명의 경호원이 사다리 형태를 유지하며 이동하는 대형이다.

제1장
제2장
제3장
제4장
제5장
제6장

40 경호대상자가 완전히 경호원에 의해 둘러싸여 있는 인상을 주게 되어 대외적인 이미지는 안 좋을 수 있으나 경호효과가 높은 대형은? 기출 16

☑ 확인
Check!
○
△
✕

① V자 대형 　　　　② 일렬 대형
③ 쐐기 대형 　　　　④ 원형 대형

쏙쏙 해설 •••

경호효과가 높으나 경호대상자가 완전히 경호원에 의해 둘러싸여 있는 인상을 주게 되는 근접경호대형은 원형 대형이다.

정답 ❹

41 근접도보경호에 관한 설명으로 옳지 않은 것은? 기출 12

☑ 확인
Check!
○
△
✕

① 저격 등의 위험이 있을 경우에는 밀착형 대형으로 안전도를 높일 수 있다.
② 근접도보경호 대형을 형성하여 이동할 경우 이동속도가 느리더라도 신중하게 천천히 이동하는 것이 더 안전하다.
③ 근접도보경호 대형 이동 시 이동코스는 최단거리 직선로를 이용하는 것이 좋으며, 주변에 비상차량을 대기시켜 놓도록 한다.
④ 근접도보경호 대형 자체가 외부적으로 노출이 크고 방벽 효과도 낮아지므로, 가급적 도보이동을 통한 경호는 지양하는 것이 좋다.

쏙쏙 해설 •••

근접도보경호 대형을 형성하여 이동할 경우는 경호에 취약하기 때문에 이동속도를 빨리하여 이동하는 것이 좋다.

정답 ❷

42 근접경호 수행방법에 관한 설명으로 옳지 않은 것은? 기출 09

☑ 확인
Check!
○
△
✕

① 근접도보대형은 장소와 상황 등 행사장 환경에 따라 유연하게 적용시켜야 한다.
② 근접경호는 신체에 의한 방호벽을 형성하되 경호대상자 행동의 자유와 프라이버시를 존중해야 한다.
③ 근접경호원은 종사요원, 경호대상자와 친숙한 방문객, 수행원을 신속하게 익혀야 한다.
④ 도보이동 간 근접경호원의 체위확장은 위기 시 방호효과를 극대화할 수 있으나 평시 노출 및 위력과시의 부정적 효과로 지양해야 한다.

쏙쏙 해설 •••

체위확장의 원칙은 예측이 불가능한 우발상황 특성상 상황 발생 시 경호 대형 내 최근접 경호원이 경호대상자의 보호를 위해 적용해야 할 행동을 결정케 하는 일반적인 원칙 중 하나로 지문에서 언급한 부정적 효과에도 불구하고 지양해야 할 것이 아니라 항시 염두에 두어야 하는 경호원칙에 해당한다.★

정답 ❹

- 경호대상자 주위의 일반인에게 불편을 초래하지 않는 범위 내에서 경호원 자신의 활동 공간을 확보하고 경호원 각자 주어진 책임구역을 따라 사주경계를 실시한다.
- 돌발적인 위해 발생 시 인적 방벽을 형성하여 경호대상자를 완벽하게 보호하고, 대적 및 제압보다는 경호대상자를 방호하여 안전한 곳으로 대피시키는 것을 우선으로 해야 한다.★
- 우발적인 공격을 당했을 때는 경호대상자에게 위해를 가하지 않을 것이라는 명백한 확신이 서기 전까지는 누구도 경호대상자의 주위에 접근시켜서는 안 된다.★
- 경호대상자가 심리적 안정감을 느낄 수 있도록 항상 경호대상자가 볼 수 있는 최근접의 지점에 위치하여야 한다.
- 항상 경호대상자 주위의 모든 사람들의 손을 주의해서 관찰하고, 흉기를 소지하고 있다는 가정하에 대비책을 구상해야 한다.
- 위해자의 공격가능성을 줄이고, 공격 시 피해 정도를 최소화하기 위하여 이동속도를 가능한 한 빠르게 하여야 한다.★
- 문을 통과할 경우에는 항상 경호원이 먼저 통과하여 안전을 확인한 후 경호대상자를 통과시켜야 하고, 경호원이 사전에 점검하지 않은 지역이나 장소에는 경호대상자가 절대 접근하지 않도록 한다.★
- 곡각지나 보이지 않는 공간을 통과할 때는 항상 경호원이 먼저 안전을 확인하고 경호대상자를 통과하도록 하여야 한다.★
- 이동속도는 경호대상자의 건강상태, 신장, 보폭 등을 고려하여 정하고, 상황에 따라 속도를 조절할 때는 경호원 상호 간에 연락하여 조절하도록 한다.★
- 타 지역으로 이동 전에 경호원은 이동로, 소요시간, 경호대형, 주위의 특이상황, 주의사항 및 경호대상자의 이동 위치를 사전에 경호대상자에게 알려주어야 한다.★
- 경호대상자가 이동 시에는 항상 좌측 전방 경호원의 뒤쪽에서 이동할 수 있도록 사전에 알려주어야 하고, 좌측 전방 경호원은 경호대상자의 시야를 가리지 않도록 하고 서로 손과 발이 부딪히지 않도록 주의해야 한다.
- 복도, 도로, 계단 등을 이동 시 우발상황에 대비한 여유공간 확보를 위해 통로의 중간을 이용한다.★
- 위험에 노출되는 정도를 최소화하기 위해 단거리 직선통로를 이용하고 주통로, 예비통로와 비상대피로를 적절히 선정한다.★

43 도보대형 형성 시 고려사항은 모두 몇 개인가?

○ 행사장의 안전도
○ 선발경호의 수준
○ 행사의 성격
○ 참석자의 성향
○ 경호대상자의 취향
○ 근접경호원의 인원수

① 3개
② 4개
③ 5개
④ 6개

 해설 •••

제시된 내용은 모두 도보대형 형성 시 고려사항에 해당한다.

정답 ❹

핵심만콕	근접경호에서 도보대형 형성 시 고려사항★

- 경호대상자의 취향(내성적·외향적·은둔형·과시형)
- 행사장 주변 감제건물의 취약성
- 행사장 사전예방경호 수준(행사장의 안전도 및 취약성)
- 행사의 성격(공식적·비공식적)
- 행사 참석자의 수 및 성향(우호적 또는 배타적)
- 근접경호원의 수
- 인적 취약요소와의 이격도
- 물적 취약요소의 위치

〈참고〉 이두석, 「경호학개론」, 진영사, 2018, P. 298 / 김두현, 「경호학개론」, 엑스퍼트, 2020, P. 273

---

44 행사장 내 경호대상자를 근접경호할 때 도보대형 형성에 관해 고려해야 할 사항으로 옳지 않은 것은?

☑ 확인
Check!
○
△
×

① 행사의 형태와 종류
② 경찰관서의 수와 위치
③ 경호대상자의 노출시간
④ 인적 취약요소와의 갭(Gap)

쏙쏙 해설 ···

경찰관서의 수와 위치는 근접경호에서 도보대형 형성 시 고려사항에 해당하지 않는다.

정답 **②**

---

45 근접경호 도보대형을 검토할 때 고려사항이 아닌 것은? 기출 19

☑ 확인
Check!
○
△
×

① 경호대상자의 성향
② 행사장의 취약요인
③ 비상시 최기병원 위치
④ 공식, 비공식행사 등 행사 성격

쏙쏙 해설 ···

비상시 최기병원의 위치는 차량기동 간 사전준비 및 검토할 사항에 해당한다.

정답 **③**

핵심만콕	차량기동 간 사전준비 및 검토할 사항

- 행차로와 환차로 등 주변 도로망 파악
- 대피소 및 최기병원 선정 등 주변 구호시설의 파악
- 주도로 및 예비도로의 선정
- 차량대형 및 차종의 선택
- 의뢰자 및 관계자의 차량번호 숙지
- 현지에서 합류되는 차량번호 숙지 등
- 경호대상자의 성향 및 행사 성격 등

46 근접경호의 도보대형 형성 시 고려사항이 아닌 것은?

① 인적 취약요소와의 이격도
② 행사장의 안전도
③ 경호행사의 성격
④ 경호원의 성향과 근접경호의 수준

47 근접경호의 도보대형 형성 시 고려사항이 아닌 것은?

① 주변 감제건물의 취약도
② 행사장 기후
③ 행사장 사전예방경호 수준
④ 인적 취약요소와의 이격도

48 근접경호에서 도보대형 형성 시 우선적으로 고려할 사항이 아닌 것은?

① 행사 성격
② 인적 취약요소와의 이격도
③ 행사장 사전예방경호 수준
④ 이동시간 및 노면상태

49 근접경호기법 중 도보대형 형성 시 고려해야 할 사항에 해당되지 않는 것은?

기출 09

☑ 확인
Check!
○
△
✕

① 인적 취약요소와의 이격도

② 경호책임자와 근접경호요원의 취향

③ 참석자의 성향과 행사장 주변 건물의 취약성

④ 행사장 사전예방경호 수준

쏙쏙 해설 •••

경호책임자와 근접경호원의 취향이 아니라 경호대상자의 취향이 도보대형 형성 시의 고려사항이다. ★

정답 ❷

50 도보대형 이동 시 경호원의 근무방법으로 옳은 것은?

기출 14

☑ 확인
Check!
○
△
✕

① 이동 시 경호대상자와 자주 신체를 접촉하여 경호대상자가 안심할 수 있도록 한다.

② 경호대상자의 체력, 건강상태에 따라 이동속도와 보폭을 적절하게 조절한다.

③ 경호대상자가 군중 속을 통과할 때나 승·하차할 때가 가장 안전하다는 것을 염두에 두어야 한다.

④ 위험에 노출되는 정도를 최소화하기 위해 장거리 우회통로를 이용한다.

쏙쏙 해설 •••

② 도보대형 이동 시 경호원의 근무방법으로 옳다.

① 이동 시 경호대상자와 자주 신체를 접촉하는 것을 삼가야 한다.

③ 경호대상자가 군중 속을 통과할 때나 승·하차할 때가 가강 위험하다는 것을 염두에 두고 돌발사태에 대비하여야 한다.

④ 이동 시 위험에 노출되는 정도를 최소화하기 위해 단거리 직선통로를 이용한다.

정답 ❷

51 민간경호원의 근접도보대형 이동 시 근무방법으로 적절하지 않은 것은?

기출 07

① 이동 전에는 경호대상자에게 이동로, 경호대형 및 특이사항에 대해 보안을 유지하기 위해 사전에 알려 주지 않도록 한다.

② 이동 시 위험에 노출되는 정도를 최소화하기 위해 단거리 직선 통로를 이용한다.

③ 이동에 따른 주통로, 예비통로와 비상대피로를 적절히 선정해 두는 것이 좋다.

④ 복도, 도로, 계단 등을 이동할 때는 위해 시 방어와 대피를 위한 여유 공간 확보를 위해 통로의 중앙으로 이동한다.

 쏙쏙 해설 ···

타 지역으로 이동 전에 경호원은 이동로, 소요시간, 경호대형, 주위의 특이상황, 주의사항 및 경호대상자의 이동 위치를 사전에 경호대상자에게 알려 주어야 한다.

정답 ❶

---

52 차량경호를 맡고 있는 3명의 경호원 중에서 대응이 옳은 사람은?

기출 23

- A경호원 : 경호대상 차량의 주차장소를 수시로 변경하고, 주차된 차량이나 차량대형을 감시할 때는 방호된 차 밖에서 사주경계를 실시하였다.
- B경호원 : 경호대상 차량을 안전점검 실시한 후 행사장에서 시동을 켠 상태에서 대기하였다가 경호대상자의 탑승과 동시에 출발하여 주행상태를 유지하도록 노력하였다.
- C경호원 : 후미경호차량은 교차로에서 좌회전 시에는 경호대상 차량의 좌측 안쪽에서, 우회전 시에는 우측 안쪽에서 후미차선을 이용하여 회전하면서 외부접근차량에 대한 방호임무를 수행했다.

① A
② A, B
③ B, C
④ A, B, C

쏙쏙 해설 ···

제시된 내용 중 옳은 대응을 한 경호원은 A경호원과 B경호원이다.

정답 ❷

핵심만콕

- A경호원(○) : 주차장소는 가능한 한 자주 변경하여 계획된 위해상황과 불순분자의 관찰로부터 벗어나게 하여야 한다. 또한 주차된 차량이나 차량대형을 감시할 때는 방호된 차 안이 아닌 차 밖에서 감시해야 한다.
- B경호원(○) : 경호대상자 차량에 대한 안전점검을 실시한 후 시동이 걸린 상태로 대기하여야 하며, 경호대상자가 차량에 탑승하면 문을 시건한 후, 안전하고 빠르게 운행하여야 한다.
- C경호원(×) : 후미경호차량은 교차로에서 좌회전 시에는 경호대상자 차량의 우측 후미차선을, 우회전 시에는 좌측 후미차선을 이용하여 회전하면서 접근 차량에 대한 방호임무를 수행하여야 한다.

53 차량경호에 관한 일반적인 상황에 관한 내용이다. 다음 차량의 순서(앞-중간-뒤)로 옳은 것은? 기출 22

☑ 확인
Check!
○
△
✕

> A차량 : 기동 간 경호대상자 차량의 방호업무와 경호 지휘업무를 수행하고 있다.
> B차량 : 비상사태 시 비상도로를 확보하고 전방에 나타나는 각종 상황에 대한 경계업무를 수행한다.
> C차량 : 선도차량과 일정한 간격을 유지하고 유사시 선도차량과 같은 방향으로 대피하며, 경호대상자의 최안전을 위해 문은 잠가 둔다.

① A － B － C ② A － C － B
③ B － C － A ④ C － A － B

🔴🔴 **해설** •••

기동경호 대형 시 차량의 순서는 B차량(선도경호차량) － C차량(경호대상자 차량) － A차량(후미경호차량) 순이다.

정답 ❸

---

54 선도경호차량 － VIP차량 － 후미경호차량으로 구성된 차량대형에서 선도경호차량의 역할이 아닌 것은? 기출 19

☑ 확인
Check!
○
△
✕

① 전방 교통 및 도로 상황을 전파한다.
② 행차코스 개척 및 차량대형을 선도한다.
③ 선도경호차량이 기동 간 이동지휘소 역할을 한다.
④ 계획된 시간에 목적지에 도착할 수 있도록 속도를 조절한다.

🔴🔴 **해설** •••

기동 간 이동지휘소 역할은 후미경호차량이 한다. 이 경우 팀장은 앞좌석 우측에 탑승해서 기동 간 차량대형의 운용이나 속도 등을 통제하고 지휘한다.
〈출처〉 이두석, 「경호학개론」, 진영사, 2018, P. 335

정답 ❸

---

55 차량경호에 관한 설명으로 옳은 것은? 기출 21

☑ 확인
Check!
○
△
✕

① 운전요원은 경호대상자의 위험지역 하차 후 즉시 그 지역을 신속히 벗어나야 한다.
② 같은 방향으로 2대의 경호차량이 교차로에 진입 시 방호차원에서 우측 경호차량이 우선 통과해야 한다.
③ 공격받을 위험성은 정차하고 있는 차량보다 주행하고 있는 차량이 더 높다.
④ 근접도보경호에 비해 차량경호는 위해자가 범행을 가할 수 있는 기회가 더욱 많다.

🔴🔴 **해설** •••

같은 방향으로 2대의 경호차량이 교차로에 진입하는 경우, 방호차원에서 우측 경호차량이 우선적으로 교차로를 통과해야 한다.

정답 ❷

56 차량경호에 관한 설명으로 옳지 않은 것은?

☑ 확인
Check!
○
△
✕

① 경호 차량으로 방호대형을 형성하여 경호대상자 차량을 보호하기 위한 경호활동이다.

② 기동 간 경호대상자 차량과 경호 차량 사이에 다른 차량이 끼어들지 못하도록 차량 간격을 유지한다.

③ 교차로, 곡각지 등을 기동할 때와 같이 속도를 줄여야 하는 상황은 경호원이 방어하기 가장 좋은 여건을 제공하게 된다.

④ 경호대상자 차량의 문은 급하게 열지 않도록 하고, 경호원이 정위치 상태에서 주변에 위험요소가 없는 것이 확인되고 난 후에 개방한다.

쏙쏙 해설 •••

교차로, 곡각지 등을 기동할 때와 같이 속도를 줄여야 하는 상황은 위해기도자가 공격하기에 좋은 여건을 제공하게 된다.

정답 ❸

---

57 차량경호에 관한 설명으로 옳지 않은 것은?

☑ 확인
Check!
○
△
✕

① 주차장소는 가능한 한 자주 변경하며 야간 주차 시 위해기도자로부터 은닉하기 위해 어두운 곳에 주차한다.

② 차량이 주행 중일 때보다 정차 시에 경호상 위험도가 증가한다.

③ 경호대상자 차량은 선도차량과 일정간격을 유지하며 유사시 선도차량과 같은 방향으로 대피한다.

④ 주도로를 사용할 수 없는 우발상황에 대비하여 예비도로를 선정한다.

쏙쏙 해설 •••

주차장소는 가능한 한 자주 변경하는 것이 좋으며, 특히 야간에는 밝은 곳에 주차해야 한다. ★

정답 ❶

58 차량경호업무 내용으로 옳지 않은 것은? 기출 15

☑ 확인
Check!
○
△
✕

① 차량이동 시 속도를 평상시보다 빠르게 하는 것이 경호에 유리한 여건을 조성한다.
② 차량이 하차지점에 도착하면 제일 먼저 차량 문을 개방하여 경호대상자가 하차하도록 해야 한다.
③ 경호책임자는 경호대상자 승·하차 시 차량 문의 개폐와 잠금장치를 통제한다.
④ 운전요원은 경호대상자가 하차 후 안전한 곳으로 이동 시까지 차량에 대기해야 한다.

 해설 •••

차량이 하차지점에 도착하면 정차 후 운전석 옆에 탑승한 경호요원(보통 경호팀장)이 차에서 내려 먼저 주변 안전을 확인하여야 하고, 차량 문을 먼저 개방해서는 안 된다. 경호팀장은 준비가 완료되면 경호대상자 차의 잠금장치를 풀고 경호대상자를 차에서 내리게 한 후 경호대상자가 신속하게 건물 안으로 이동할 수 있도록 한다.
〈출처〉 김계원, 「경호학」, 진영사, 2012, P. 249~250
정답 ❷

59 차량경호 계획 시 사전준비 사항이 아닌 것은? 기출 13

☑ 확인
Check!
○
△
✕

① 행차로 및 환차로 선택
② 행사장 내 취약요소 확인
③ 대피소 및 최기병원 선정
④ 주도로 및 예비도로의 선정

 해설 •••

차량기동 간 경호 시 고려해야 할 사항으로는 차량 차종 선택, 행·환차로 선택, 주·예비코스 선정, 비상대피소 및 최기병원 선정, 차량대형의 결정 등이 있다.
정답 ❷

60 차량경호 시 고려할 사항에 관한 설명으로 옳지 않은 것은? 기출 10

☑ 확인
Check!
○
△
✕

① 속도는 경호상 중요한 요소이므로 위해기도자의 표적에서 쉽게 벗어날 수 있도록 가능한 한 빠르게 이동한다.
② 경호차량의 효과적인 은폐, 엄폐환경을 제공하기 용이하도록 주차나 정차해 있는 차량 가까이에 정지한다.
③ 의심스러운 지점에서 멀리하고, 경호대상자가 차를 타고 내릴 때 눈에 잘 띄지 않는 지점을 선정한다.
④ 경호대상자가 차량을 수시로 바꾸어 타면 위해기도자를 혼란시킬 수 있다.

해설 •••

위해기도자는 주차나 정차를 하여 은폐, 엄폐를 할 가능성이 많으므로 주차나 정차해 있는 차량 가까이에는 정지하지 않는다.
정답 ❷

61 차량기동 간 경호 시 검토할 사항이 아닌 것은? 기출 09

① 차량대형의 결정

② 주위상황과 군중의 성격과 수

③ 행·환차로의 선택

④ 비상대피소 및 최기병원 선정

쓱 쓱 해설 •••

주위상황과 군중의 성격과 수는 근접경호 시에 검토할 중요한 사항이다.

정답 ❷

핵심만콕 차량기동 간 우선적 착안 사항

• 의뢰자 및 관계자 차량번호 숙지
• 현지에서 합류하는 차량번호 숙지
• 주변 도로망 사전 파악(행·환차로의 선택 등)
• 주변 구호시설 파악 숙지(기동 간 비상대피로 및 대피소 등)
• 차량대형 및 차종의 선택

---

62 기동 간 경호대책의 원칙에 관한 내용으로 옳은 것은? 기출 07

① 적절한 차량대형을 형성하여 방어태세를 유지한다.

② 교통흐름에 맞게 자연스런 차량운행을 한다.

③ 저격에 대비하여 혼잡하거나 곡선인 도로를 이용한다.

④ 기동 간 경계력 분산을 방지하기 위해 전방 경계에 집중한다.

쓱 쓱 해설 •••

① 기동 간 경호대책의 원칙으로 옳다.
② 가급적 교통흐름이 원활한 최단거리의 대로를 사용하는 것이 바람직하다.★
③ 교통이 혼잡하거나 곡선도로 등이 많은 도로는 피한다. 또한 주 기동로와 연결된 예비도로를 확인하여 우발상황 시에 대비한다.
④ 기동 간 철저한 사주경계로 위험에 대비한다.

정답 ❶

63 차량경호기법에 관한 설명으로 옳지 않은 것은? 기출 12

☑ 확인
Check!
○
△
✕

① 승차 시 차량은 안전점검 후 시동이 걸린 상태에서 대기한다.
② 주행 시 경호대상자의 신속한 대피를 위해 차문을 잠그지 않도록 한다.
③ 하차지점에 도착하기 위한 접근로는 가능한 한 변경하는 것이 좋다.
④ 주차장소는 자주 변경하는 것이 좋으며, 특히 야간에는 밝은 곳에 주차한다.

 해설 •••

경호대상자 차량 운행 시 차문은 반드시 닫아야 하고, 선도차량과 일정한 간격을 유지하면서 이동한다. 주행 시 운전은 항상 도로의 중앙차선을 이용하고 차 문은 항상 잠가 두어야 한다.

정답 ②

핵심만콕

• 승차 시 경호요령에 있어서 차량은 안전점검 후 시동이 걸린 상태에서 대기한다.
• 하차지점에 도착하기 위한 접근로는 가능한 한 변경하는 것이 좋다.
• 주차장소는 가능한 한 자주 변경하여 계획된 위해상황과 불순분자의 관찰로부터 벗어나게 한다. 야간 주차 시에는 시야확보를 위해 밝은 곳에 주차시켜야 한다.★

---

64 경호운전기법에 관한 설명으로 틀린 것은? 기출 08

☑ 확인
Check!
○
△
✕

① 가능하면 이동로를 수시로 변경하고 빠른 속도로 운전한다.
② 가능하면 어두운 시간대에 운전한다.
③ 적색신호등으로 차가 정지했을 경우 변속기를 출발상태에 위치시킨다.
④ 사고와 같은 비정상적인 상황을 피한다.

 해설 •••

경호운전은 어두운 시간대를 피하고 가능하면 밝은 시간대에 하여야 한다.★

정답 ②

---

65 경호차량 운전요원 준수사항으로 옳은 것은? 기출 16

☑ 확인
Check!
○
△
✕

① 규칙적인 출발과 도착시간을 준수한다.
② 위기상황 시에는 대피를 위하여 창문과 문을 열어둔다.
③ 연료주입구는 항상 잠겨 있도록 해야 한다.
④ 차의 후면이 출입로를 향하게 하여 경호대상자가 바로 탑승할 수 있도록 한다.

해설 •••

③ 경호차량 운전요원의 준수사항으로 옳다.
① 출발과 도착시간을 변칙적으로 하여 예측 가능성을 두지 않도록 해야 한다.
② 항상 잠가두어야 한다.
④ 주차 시에는 차의 정면이 출입로를 향하게 한다.

정답 ③

66 다음 중 경호차량 운전요원의 준수사항으로 적절하지 않은 것은?

기출 07

☑ 확인
Check!
○
△
×

① 신호대기 때나 회전 시에는 좌·우 차량을 경계하며 운행한다.
② 위급한 차량의 추적이 있을 경우 정차하여 검문·검색한다.
③ 긴급사태에 대비하여 소화기와 구급약품 등을 준비한다.
④ 주차 시에는 차량의 정면이 출입구로 향하게 하여 신속히 출발
할 수 있는 상태를 유지한다.

쏙쏙 해설 •••
위급한 차량의 추적이 있을 경우에는 다른 방향으로 유도하거나 다른 차량으로 바꿔 타거나 하여 안전하게 대피해야 한다.
정답 ❷

67 경호차량의 주차 시 경호차량 운전요원의 준수사항으로 틀린 것은?

기출 05

☑ 확인
Check!
○
△
×

① 주차장소는 가능한 한 자주 변경하여 계획된 위해상황과 불심
분자의 관찰로부터 벗어나게 한다.
② 야간 주차 시에는 어두운 곳에 주차하도록 한다.
③ 차의 정면이 출입로를 향하게 한다.
④ 출발 전에 수시로 차의 상태를 점검한다.

쏙쏙 해설 •••
야간 주차 시에는 시야확보를 위해 밝은 곳에 주차시켜야 한다.
정답 ❷

68 승차와 하차의 경호방법으로 틀린 것은?

기출 06

☑ 확인
Check!
○
△
×

① 하차지점의 상황을 경계하면서 서행으로 접근하도록 한다.
② 승차 시는 경계임무를 수행하면서 하차 시보다 좀 더 천천히
이동한다.
③ 하차 시 운전사는 시동을 건 상태에서 경호대상자가 건물 내로
들어갈 때까지 차내에서 대기한다.
④ 비상시 차량을 급히 출발시킬 수 있는 여유 공간을 확보하고
정차한다.

쏙쏙 해설 •••
승차는 하차보다 빠르게 한다.
정답 ❷

69 차량 승·하차 시 경호방법에 관한 설명으로 맞는 것은?

기출 04

① 경호대상자가 모두 하차하면 운전사는 바로 출발한다.

② 신속한 차량탑승을 위해 1명의 경호요원이 차문을 열어주면 경호요원의 공백을 초래하게 된다.

③ 운전요원이 직접 차문을 열고 닫는 것이 최선의 방법이다.

④ 하차지점에 도착하면 상황을 경계하면서 고속으로 접근한다.

② 차량 승·하차 시 경호방법으로 옳다.

① 운전요원은 경호대상자가 하차 후 안전한 곳으로 이동 시까지 차량에 대기해야 한다.

③ 운전요원이 직접 차문을 열고 닫으면 위해 상황 시 신속히 차량을 이동시킬 수 없으므로 자리를 고수한다.

④ 하차지점에 도착하면 상황을 경계하면서 서서히 접근해야 한다.

정답 ❷

핵심만콕	차량 운행(이동) 시의 경호기법
동승 경호	• 경호대상자의 자동차 등에 동승하여 차내 및 행선지에서의 보호 임무 수행 • 유사시 안전지역으로 대피시키는 일을 기본 임무로 하며 차량 이동 간에는 정차, 서행, 신호대기, 회전 시 경계 강화 • 경호대상자의 승하차 시 방어벽을 구축하여 근접경호 • 4인 1조 : 경호대상자가 뒷좌석 중앙 위치에 타고 경호원이 좌우 양옆에 앉고, 운전석과 조수석에 각각 경호원이 탑승함
조 경호 (4인 1조 3개조)	• 1조는 선탑경호를 함 • 2조, 3조는 앞뒤로 위치하여 경호대상자가 타고 있는 차에 선도, 추수(=뒤쫓아 따름) • 안전거리는 20~30m 내외가 적당하나, 주행 속도 등에 따라 다름
운행 시 주의할 지점	• 승하차 지점(정지된 목표) • 좌·우회전 시(감속으로 인한 목표) • 언덕이나 내리막길(저속과 가속으로 인한 위험) • 지하터널, 다리 또는 절벽, 대형건물 밀집지역, 협곡 및 산림지역

---

70 다음은 경호차량 기동 간 운전방법에 대한 설명이다. 옳지 못한 것은?

기출 02

① 건널목 통과 시에는 변속기어를 중립에 놓고 출발 시에는 고속기어를 사용하여 신속히 빠져나간다.

② 오르막 급경사 2차선 도로에서는 내려가는 차가 우선이고, 빈 차는 화물을 많이 실은 차에게 양보해야 한다.

③ 교차로에서 교차 폭이 상이할 경우 폭이 넓은 도로에 있는 차의 통행이 우선이다.

④ 회전 교차로에서는 회전 정점을 지나면 가속 페달을 밟아서 천천히 빠져나간다.

건널목 앞에서 잠깐 정차한 후 출발 시에는 저속기어를 사용하여 천천히 빠져나간다. ★

정답 ❶

71 다음은 차량기동경호의 네 가지 목표 중 어느 것에 해당하는 설명인가?

☑ 확인
Check!
○
△
✕

> 고의적이거나 계획적인 외부의 위해공격으로부터 경호대상자를 안전하게 보호하는 것

① 보호성　　　　　② 안전성
③ 방호성　　　　　④ 방비성

쏙쏙 해설 •••

차량기동경호의 네 가지 목표에는 안락성, 편의성, 안전성, 방비성이 있으며, 제시문은 방비성에 관한 내용이다.

정답 ❹

핵심만콕　**차량기동경호의 목표**

- 안락성(Comfort) : 경호대상자가 차량을 이용하여 이동하는 동안 편안하게 시간을 보낼 수 있도록 하는 것이다.
- 편의성(Convenience) : 정확한 시간 엄수로 업무스케줄에 차질이 생기지 않도록 하는 것이다.
- 안전성(Safety) : 각종 사고로부터 경호대상자를 보호해야 한다는 것이다.
- 방비성(Security) : 고의적이거나 계획적인 외부의 위해공격으로부터 경호대상자를 안전하게 보호하는 것을 말한다.

〈출처〉 이두석, 「경호학개론」, 진영사, 2018, P. 325

---

72 근접경호에서 경호대상자가 엘리베이터에 탑승할 경우의 경호기법에 관한 설명으로 옳지 않은 것은?

☑ 확인
Check!
○
△
✕

① 가능한 한 별도의 전용 엘리베이터를 이용한다.
② 경호대상자를 먼저 신속히 탑승시킨 후 경호원은 내부 안쪽에 방호벽을 형성하고 경호대상자를 엘리베이터 문 가까이 위치하도록 하여야 한다.
③ 전용 엘리베이터는 이동층 표시등, 문의 작동속도, 작동상 이상유무를 점검해 두어야 한다.
④ 엘리베이터를 타고 내리는 지점과 경비구역을 사전에 철저히 점검해야 한다.

쏙쏙 해설 •••

문이 열리면 경호대상자를 먼저 신속히 탑승시킨 후 경호대상자를 내부 안쪽 모서리 부분에 탑승시킨 후 방벽을 형성하고 경계임무를 수행하도록 한다. 경호대상자는 엘리베이터 문으로부터 멀리 위치하도록 하여야 한다.

정답 ❷

핵심만콕　**엘리베이터 탑승 시 경호기법**

- 가능한 한 일반인과는 별도의 전용 엘리베이터를 이용하는 것이 좋다. ★
- 전용 엘리베이터는 사전에 이동층 표시등, 문의 작동속도, 비상시 작동버튼, 이동속도, 창문의 여부, 정원, 비상용 전화기 설치여부와 작동상의 이상 유무를 조사해 두어야 한다.
- 엘리베이터의 문이 열렸을 때 경호대상자가 외부인의 시야에 바로 노출되지 않는 지역에 위치하도록 하여야 한다. ★
- 문이 열렸을 때 전방 경호원이 내부를 점검하고 목표층을 누르면 경호대상자를 내부 안쪽 모서리 부분에 탑승시킨 후 방벽을 형성하고 경계임무를 수행하도록 한다. ★

73 에스컬레이터 이용 시 도보대형에 관한 설명으로 옳지 않은 것은?

기출 14

① 전방 근무자는 이동로를 확보하여 에스컬레이터에서도 이동시간을 단축시킬 수 있도록 한다.

② 이동속도가 느리기 때문에 우발상황 시 신속하게 대피하기가 어려운 면이 있다.

③ 계단이나 엘리베이터로 이동하는 것보다는 상대적으로 안전하다.

④ 될 수 있는 한 걸음을 멈추지 않고 이동하는 것이 바람직하다.

에스컬레이터는 사방이 노출되어 있으므로 가급적이면 계단이나 엘리베이터로 이동하는 것이 상대적으로 더 안전하다.

정답 ❸

74 경호업무 시 행사장 외부 담당자의 업무내용으로 옳지 않은 것은?

기출 13

① 취약요소 및 직시시점을 고려하여 단상을 설치한다.

② 경비 및 경계구역 내에 대한 안전조치를 강화한다.

③ 안전구역에 대한 단일 출입로를 설정한다.

④ 접견예상에 따른 대책 및 참석자 안내계획을 수립한다.

④는 주행사장 내부 담당자의 임무에 해당한다.

정답 ❹

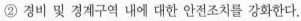

핵심만콕 **주행사장 외부 담당자의 임무★★**

• 방탄막 설치 및 비상차량 운용계획을 수립한다.
• 경비 및 경계구역 내에 대한 안전조치를 강화한다.
• 차량 및 공중 강습에 대한 대비책을 수립한다.
• 안전구역 내 단일 출입로를 설정한다.
• 외곽 감제고지 및 직시건물에 대한 안전조치를 실시한다.
• 지하대피시설을 점검하고 확보한다.
• 단상, 전시물, 동선상 취약점에 대한 안전점검을 실시한다.

75 경호행사에서 주행사장 내부 담당자의 임무로 옳은 것은?

기출 11

① 차량 및 공중강습에 대한 대비책을 수립한다.

② 접견예상에 따른 대책 및 참석자 안내계획을 수립한다.

③ 경비 및 경계구역 내에 대한 안전조치를 강화한다.

④ 방탄막 설치 및 비상차량 운용계획을 수립한다.

쏙쏙 해설 •••

①·③·④는 주행사장 외부 담당자의 임무에 해당한다.

정답 ❷

핵심만콕 | 주행사장 내부 담당자의 임무

• 경호대상자 동선 및 좌석 위치에 따른 비상대책을 강구한다(출입통로도 확인). ★
• 근무자 위치선정(좌석 협조) 및 외부 영향지역에 대한 경비병력을 확인한다.
• 각종 집기류를 최종 점검한다. ★
• 행사장 내의 인적·물적 접근 통제 및 차단 계획을 수립한다(진행순서, 시설물 보수 현황 파악). ★
• 정전 등 우발상황에 대비한 각 근무자 예행연습을 수립한다(필요시 방폭요, 역조명, 손전등 준비).
• 행사장의 단일 출입 및 단상, 천장, 경호대상자 동선 등에 대한 안전도를 확인한다(행사장 좌석 배치가 초청자 구분에 따른 인원에 비례여부 판단). ★
• 초청좌석의 사복요원 배치 및 중첩된 감시 및 정확한 임무에 대한 교육을 실시한다.
• 필요시 행사진행절차에 입각한 예행연습을 실시한다.
• 접견 예상에 따른 대책 및 참석자 안내계획을 수립한다.
• 행사장의 상·하층, 좌·우 사무실에 대한 검측 후 근무자를 확보한다.
• 경호대상자의 휴게실 및 화장실의 위치를 파악한다. ★

〈출처〉 이상철, 「경호현장운용론」, 진영사, 2008, P. 42 / 김계원, 「경호학」, 백산출판사, 2008, P. 202

---

76 다음 중 경호행사 시 주행사장 내부 담당경호원의 업무수행 내용과 거리가 먼 것은?

기출 06

① 행사장 내 접근통제 및 차단계획을 수립한다.

② 경비 및 경계구역에 대한 안전조치를 강화한다.

③ 각종 집기류를 최종 점검한다.

④ 행사장의 단일 출입 및 경호대상자의 동선에 대한 안전도를 확인한다.

 쏙쏙 해설 •••

②는 주행사장 외부 담당자의 임무이다.

 정답 ❷

77 경호임무 수행 시 행사장 내부 담당자의 임무에 해당되지 않는 것은?

① 차량공격 및 직시건물에 대한 안전조치를 강화한다.
② 행사장 내 단상, 천장, 각종 집기류를 점검한다.
③ 경호대상자 동선 및 좌석 위치에 따른 비상대책을 강구한다.
④ 경호대상자의 휴게실 및 화장실에 대한 안전점검을 실시한다.

쏙쏙 해설 •••
차량공격 및 직시건물에 대한 안전조치를 강화하는 것은 행사장 외부 담당자의 임무이다.

정답 ❶

---

78 경호업무 시 행사장 외부 담당자의 업무내용으로 옳지 않은 것은?

① 취약요소 및 직시지점을 고려하여 단상을 설치한다.
② 경비 및 경계구역 내에 대한 안전조치를 강화한다.
③ 안전구역에 대한 단일 출입로를 설정한다.
④ 접견예상에 따른 대책 및 참석자 안내계획을 수립한다.

쏙쏙 해설 •••
④는 행사장 내부 담당자의 임무에 해당한다.

정답 ❹

핵심만콕 주행사장 내부 담당자 및 외부 담당자의 임무(업무)

내부 담당자	외부 담당자
• 접견예상에 따른 대책 및 참석자 안내계획 수립	• 방탄막 설치 및 비상차량 운용계획 수립★
• 경호대상자 동선 및 좌석위치에 따른 비상대책 강구	• 경비 및 경계구역 내에 대한 안전조치 강화
• 행사장 내 인적·물적 위해요인 접근통제 및 차단계획 수립	• 차량 및 공중 강습에 대한 대비책 수립
• 정전 등 우발상황을 대비, 필요시 행사진행절차에 입각한 예행연습 실시	• 안전구역 내 단일 출입로 설정★
• 경호대상자의 휴게실, 화장실 위치 파악 및 안전점검 실시	• 외곽 감제고지 및 직시건물에 대한 안전조치 실시
• 필요시 방폭요, 역조명, 랜턴, 손전등을 비치	• 지하대피시설 점검·확보★
• 행사장 단상, 천장, 각종 집기류를 최종점검	• 취약요소, 직시지점을 고려하여 단상, 전시물 등을 설치★

01 출입자 통제대책에 관한 설명으로 옳은 것은? [기출] 23

① 비표는 식별이 용이·선명해야 하고, 위조 또는 복제를 고려하여 복잡하게 제작한다.

② 모든 출입요소는 지정된 출입통로를 사용하여야 하며 기타 통로는 폐쇄하도록 한다.

③ 행사일 전에 배포된 초대장과 비표가 분실될 경우, 해당 초대장과 비표는 모두 무효화 한다.

④ 보안성 강화를 위해 비표의 종류는 많을수록 좋다.

쏙 쏙 해설 •••

효율적인 출입통제를 위하여 모든 출입요소는 지정된 출입통로를 사용하여야 하며, 기타 통로는 폐쇄한다.

[정답] ❷

핵심만콕

① 비표는 모양이나 색상이 원거리에서도 식별이 용이하도록 단순하고 선명하게 제작하여 사용함으로써 경호조치의 효율성을 증대시키고, 재생이나 복제가 되어서는 안 된다.

〈출처〉 이두석, 「경호학개론」, 진영사, 2018, P. 268

③ 분실사고 발생 시 즉각 보고하고 전체를 무효화하며, 새로 전원에게 지급해야 하는 것은 비표이다. 초청장을 배부한 경우 행사장 입구에서 본인확인 과정을 거쳐 초청장과 비표를 교환하게 함으로써 비표운용의 신뢰도를 높일 수 있다.

④ 비표의 종류는 적을수록 좋고, 행사 참석자를 위한 비표는 구역별로 그 색상을 달리하면 식별 및 통제가 용이하다.

---

02 출입자 통제에 관한 설명으로 옳은 것은? [기출] 22

① 안전구역 설정권 내에 출입하는 인적·물적 제반 요소에 대한 안전활동을 말한다.

② 오관에 의한 검색은 지양하고, 문형 금속탐지기와 휴대용 금속탐지기 등 기계에 의한 검색을 실시한다.

③ 참석자들의 안전을 고려하여 모든 출입통로를 사용하여 출입통제를 실시한다.

④ 행사장으로부터 연도경호의 안전거리를 벗어난 주차장일지라도 통제범위에 포함시켜 운영한다.

쏙 쏙 해설 •••

① 안전구역 설정권 내에 출입하는 인적·물적 제반 요소에 대한 안전활동을 출입자 통제라고 한다.

② 검색은 각종 장비와 오관과 육감 등을 이용하여 실시한다.

③ 행사와 무관한 사람들의 행사장 출입을 통제하고, 그 효과를 극대화하기 위하여 가능한 한 출입구를 단일화하거나 최소화하여 출입자들을 확인·통제하여야 한다.

④ 출입자 통제업무는 안전구역 설정권 내에 출입하는 인적·물적 제반 요소에 대한 안전활동이므로, 행사장으로부터 연도경호(노상호)의 안전거리를 벗어난 주차장이라면 통제범위에 포함되지 않는다고 보아야 한다.

[정답] ❶

03 출입자 통제에 관한 설명으로 옳은 것은? 기출 20

✅ 확인
Check!
○
△
✕

① 행사장의 허가되지 않은 출입요소를 발견하여 통제·관리하는 사전예방차원의 경호방법이다.

② 지연참석자에 대해서는 검색 후 출입을 허용하지 않는다.

③ 금속탐지기 검색을 통하여 위해요소의 침투를 차단하고, 비표를 운용하여 인가자의 출입을 통제한다.

④ 행사와 무관한 사람들의 행사장 출입을 통제하고, 그 효과를 극대화하기 위해서 다양한 통로를 통해 출입자를 확인한다.

 쏙쏙 해설 •••

출입자 통제는 행사장의 허가되지 않은 출입요소를 발견하여 통제·관리하는 사전예방차원의 경호방법이다.

정답 ❶

핵심만콕

② 지연참석자에 대해서는 검색 후 별도로 지정된 통로를 통해 출입을 허용할 수 있다.

③ 비표 운용을 통하여 비인가자의 출입을 통제하여야 한다.

〈출처〉 이두석, 「경호학개론」, 진영사, 2018, P. 266

④ 행사와 무관한 사람들의 행사장 출입을 통제하고, 그 효과를 극대화하기 위하여 가능한 한 출입구를 단일화하거나 최소화하여 출입자들을 확인·통제하여야 한다.

---

04 출입자 통제대책에 관한 설명으로 옳지 않은 것은? 기출 20

✅ 확인
Check!
○
△
✕

① 출입자 통제업무 시 지정된 통로를 사용하고 기타 통로는 폐쇄한다.

② 주차 계획은 입장 계획과 연계하여 주차동선과 입장동선에 혼잡상황이 발생하지 않도록 한다.

③ 참석자 통제에 따른 취약요소를 판단함에 있어 경호 기관의 입장에서 행사장의 혼잡을 방지할 수 있는 방안을 강구한다.

④ 비표 운용 시 명찰이나 리본은 모든 구역의 색상을 단일화하여 식별이 용이하도록 하면 효과적이다.

 쏙쏙 해설 •••

행사 참석자를 위한 명찰이나 리본은 구역별로 그 색상을 달리하여 식별 및 통제가 용이하도록 하면 효과적이다.

정답 ❹

05 행사경호 시 차량통제에 관한 설명으로 옳지 않은 것은?

① 입장계획과 연계하여 운영되어야 한다.
② 주차장별로 승차입장카드를 구분한다.
③ 금속탐지기를 이용하여 탑승한 출입자를 차내에서 검측한다.
④ 행사장 주변 주차장이 충분하지 않을 경우 중간집결지를 운영한다.

쏙쏙 해설 •••

금속탐지기(문형, 휴대용)를 이용하여 탑승한 출입자를 검측하는 경우에는 차량에서 하차시킨 후 검측 절차를 진행하여야 한다.

정답 ❸

핵심만콕 | 통제대책

출입통제	행사장에 대한 출입통제는 3선 경호개념에 의거한 경호구역의 설정에 따라 각 구역별 통제의 범위를 결정한다. 특히 1선인 안전구역은 행사와 무관한 사람들의 행사장 출입을 통제 또는 제한하고, 그 효과를 극대화하기 위해서 가능한 한 출입구를 단일화하거나 최소화한다. 출입구에는 금속탐지기 등을 설치하여 출입자와 반입물품을 확인한다. 2선인 경비구역은 행사 참석자를 비롯한 모든 출입요소의 1차 통제점이 되어, 상근자 이외에 용무가 없는 사람들의 출입을 가급적 제한한다. 안전구역에 대한 출입통제대책은 다음의 조치를 수반한다. • 모든 출입요소에 대한 인가 여부를 확인한다. • 참석자가 시차별로 지정된 출입통로를 통하여 입장토록 한다. • 비표 운용을 통하여 비인가자의 출입을 통제한다. • MD(금속탐지기) 검색을 통하여 위해요소의 침투를 차단한다.
입장계획	• 현장에서의 혼잡 예방을 위해서는 중간집결지를 운영하여 단체로 입장토록 하는 방법이나 시차별 입장을 통하여 인원을 분산시킨다. • 차량출입문과 행사 참석자의 도보출입문을 구분하여 운영한다. • 참석자 입장계획은 철저한 신분확인 및 검색과 직결된 문제로 시차별 입장계획과 출입구별 인원 배분계획을 수립하여, 참석자가 일시에 몰리거나 특정 출입구로 몰리는 혼란을 미연에 방지한다.
주차계획	• 입장계획과 연계하여, 주차장별로 승차입장카드를 구분 운영하고, 참석자들이 하차하는 지점과 주차장소에 대한 안내 표지판을 설치하고 안내한다. • 행사장에서의 혼잡상황을 예방하거나 행사장 주변에 주차장이 충분치 않을 경우에는 중간집결지를 운용하여 단체버스로 이동시키고, 개별 승용차의 행사장 입장을 가급적 억제한다.
비표 운용계획	• 비표의 종류에는 리본, 배지, 명찰, 완장, 모자, 조끼 등이 있으며, 비표는 대상과 용도에 맞게 적절히 운용한다. • 행사 참석자를 위한 명찰이나 리본은 구역별로 그 색상을 달리하여 식별 및 통제가 용이하도록 하면 효과적이다.
금속탐지 운용계획	• 행사장의 배치, 행사 참석자의 규모 및 성향 등을 고려하여 통제가 용이하고 공간이 확보된 장소에 설치 운용한다. • 금속탐지기를 통한 검색능력은 대략 초당 1명 정도인 점을 감안하여 금속탐지기의 설치장소 및 대수를 판단하고, 행사의 성격에 따라 X-RAY나 물품보관소를 같이 운용한다.
통제수단	**비표** • 모든 인적 · 물적 출입요소의 인가 및 확인 여부를 표시하기 위하여 사용되는 중요한 수단이다. • 비표는 모양이나 색상이 원거리에서도 식별이 용이하도록 단순하고 선명하게 제작하여 사용함으로써 경호조치의 효율성을 증대시키고, 재생이나 복제가 되어서는 안 된다. **금속탐지기** • 크게 문형 금속탐지기와 휴대용 금속탐지기로 구분할 수 있다. • 인적 · 물적 출입요소의 이상 유무와 위해물품 반입 여부를 확인하기 위한 금속탐지기는 금속성 물질에만 제한적으로 반응하는 특징이 있다.

〈출처〉 이두석, 「경호학개론」, 진영사, 2018, P. 265~267

06 출입자 통제업무 수행에 관한 설명으로 옳은 것은?

☑ 확인
Check!
○
△
✕

① 혼잡방지대책의 취약요소는 출입자 통제에 따른 판단을 경호기관의 입장에서 대처할 수 있는 방안으로 강구한다.

② 출입통제대책의 강구 수단으로 구역별 주차장 운용으로 위해가해자의 발각, 색출될 수 있는 경호계획이 수립되어야 한다.

③ 행사장으로부터 연도경호의 안전거리를 벗어난 주차장일지라도 통제범위에 포함시켜 운영하는 것이 효율적이다.

④ 모든 출입요소의 1차 통제지점은 안전구역이다.

핵심만콕

① 참석자 통제에 따른 취약요소를 판단함에 있어서는, 경호 측[경호기관(註)] 입장에서 행사장에서의 혼잡을 방지할 수 있는 방안을 강구하고, 행사 참석자의 입장에서 동선의 원활성을 검토할 필요가 있다.

〈출처〉 이두석, 「경호학개론」, 진영사, 2018, P. 266

※ 2020년도 경호학(A형) 59번 출입자 통제대책에 관한 문제에서는 '③ 참석자 통제에 따른 취약요소를 판단함에 있어 경호기관의 입장에서 행사장의 혼잡을 방지할 수 있는 방안을 강구한다'가 옳은 내용으로 출제되었다. 이에 따라 문항 ①도 옳은 내용으로 보는 것이 타당해 보이나, 한국산업인력공단의 최종정답은 ②로 확정되었다.

③ 출입자 통제업무는 안전구역 설정권 내에 출입하는 인적·물적 제반 요소에 대한 안전활동이므로, <u>행사장으로부터 연도경호(노상경호)의 안전거리를 벗어난 주차장이라면 통제범위에 포함되지 않는다</u>고 보아야 한다.

④ 행사 참석자를 비롯한 <u>모든 출입요소의 1차 통제점은 2선인 경비구역이다.</u>

---

07 출입자 통제업무에 관한 설명으로 옳지 않은 것은?

☑ 확인
Check!
○
△
✕

① 인적 출입관리는 행사장의 모든 출입구에 대한 검색이나 수상한 자의 색출을 목적으로 한다.

② 지연참석자에 대해서는 검색 후 별도 지정된 통로로 출입을 허용한다.

③ 참석자가 시차별로 지정된 출입통로를 통하여 입장하도록 한다.

④ 출입통로 지정은 구역별 통로를 다양화하여 통제의 범위를 넓혀 관리의 효율성을 높인다.

08 선발경호업무 시 출입통제에 관한 설명으로 옳지 않은 것은?

 기출 21

☑ 확인
Check!
○
△
✕

① 경호능력에 부합한 비상대응계획을 수립한다.
② 위해요소를 사전에 발견 및 제거하여 위해요소의 침투 가능성을 차단한다.
③ 통제의 범위는 촉수거리의 원칙을 적용하여 구역별 특성에 맞게 결정한다.
④ 행사와 무관한 사람들의 행사장 출입을 통제 또는 제한하는 구역을 설치·운영해야 한다.

09 출입자 통제업무 수행에 관한 설명으로 옳은 것은?

기출 20

☑ 확인
Check!
○
△
✕

① 3중 경호에 의거한 경호구역의 설정에 따라 각 구역별 통제의 범위를 결정한다.
② 안전구역은 행사 참석자를 비롯한 모든 출입요소의 1차 통제지점이 된다.
③ 대규모 행사 시 참석대상과 좌석을 구분하지 않고 시차입장계획을 수립한다.
④ 행사장 및 행사 규모에 따라 참석 대상별 주차지역을 구분·운용하지 않는다.

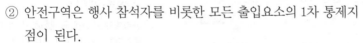

핵심만콕

② 2선 경비구역은 행사 참석자를 비롯한 모든 출입요소의 1차 통제점이 되어, 상근자 이외에 용무가 없는 사람들의 출입을 가급적 제한한다.

〈출처〉 이두석, 「경호학개론」, 진영사, 2018, P. 266

③ 대규모 행사 시에는 참석 대상별 또는 좌석별 구분에 따라 출입통로 선정 및 시차입장계획을 수립하여 출입통제가 용이하도록 한다.
④ 행사장 및 행사 규모에 따라 참석 대상별 주차지역을 구분하여 선정하고 경호대상자 주차지역은 별도로 확보하여 운용하여야 한다.

제1장
제2장
제3장
제4장
제5장
제6장

10 출입자 통제방법에 관한 설명으로 옳지 않은 것은? ^{기출} 19

① 출입증은 모든 참가자에게 운용함을 원칙으로 한다.

② 모든 출입요소는 지정된 출입통로를 사용하며 기타 통로는 폐쇄한다.

③ 대규모 행사 시 참석대상과 좌석을 구분하지 않고 시차입장계획을 수립한다.

④ 행사장 내 출입요소에 대해서는 인가된 인원 및 인가차량 여부를 확인한다.

11 선발경호업무 시 출입통제에 관한 설명으로 옳지 않은 것은?

^{기출} 19

① 출입통제 효과를 극대화하기 위해 출입구를 다양화한다.

② 안전구역은 행사와 무관한 사람들의 행사장 출입을 통제 또는 제한해야 한다.

③ 경호구역 설정에 따라 각 통제의 범위를 결정한다.

④ 2선 경비구역은 모든 출입요소에 대한 실질적인 1차 통제점이 된다.

핵심만콕

② 1선인 안전구역은 행사와 무관한 사람들의 행사장 출입을 통제 또는 제한해야 한다.

③ 3선 경호개념에 의거한 경호구역의 설정에 따라 각 구역별 통제의 범위를 결정한다.

④ 2선 경비구역은 행사 참석자를 비롯한 모든 출입요소의 1차 통제점이 되어, 상근자 이외에 용무가 없는 사람들의 출입을 가급적 제한한다.

〈출처〉이두석, 「경호학개론」, 진영사, 2018, P. 266

12 출입자 통제대책에 관한 설명으로 옳지 않은 것은?

☑ 확인
Check!
○
△
✕

① 보안성 강화를 위해 리본, 조끼, 넥타이를 비표로 운용하지 않는다.
② 출입자의 위해 가능 물품의 보관을 위해 물품보관소를 운용한다.
③ 행사장 내 모든 출입요소에 대해서는 인가된 인원의 본인여부를 확인해야 한다.
④ 주차관리는 참석자들의 불편 최소화, 입·퇴장 질서유지 등을 고려한다.

쏙쏙 해설 •••

보안성 강화를 위해 사용하는 비표의 종류는 리본, 명찰, 완장, 모자, 배지, 조끼, 승차입장카드 및 스티커 등이 있으며, 비표는 대상과 용도에 맞게 적절히 운용한다.

정답 ❶

핵심만콕 출입자 통제대책★

• 행사장 안전확보와 참석인원 등에 대한 안전조치 수단으로서 중요한 것은 비표 운용과 금속탐지기 또는 X-Ray 검색기를 통한 검색활동이다.
• 비표는 식별이 용이하도록 선명하여야 하며, 간단하게 제작한다.
• 모든 출입요소는 지정된 출입통로를 사용하여야 하며 기타 통로는 폐쇄한다.
• 대규모 행사 시에는 참석 대상별 또는 좌석별 구분에 따라 출입통로 선정 및 시차입장 계획을 수립하여 출입통제가 용이하도록 한다.
• 출입증은 전 참가자에게 운용함을 원칙으로 한다. 단, 행사 성격을 고려하여 일부 제한된 행사에 대해서는 지침에 의거, 운용하지 않을 수 있다.

제1장
제2장
제3장
제4장
제5장
제6장

---

13 출입자 통제대책에 관한 설명으로 옳지 않은 것은?

☑ 확인
Check!
○
△
✕

① 경호구역을 설정하여 행사와 무관한 사람의 출입을 차단한다.
② 비표를 운용하여 모든 출입요소의 인가여부를 확인한다.
③ 금속탐지기를 운용하여 위해요소의 반입을 차단한다.
④ 비표는 식별이 용이하도록 선명하여야 하고, 구역의 구분 없이 동일하게 제작·운용한다.

쏙쏙 해설 •••

비표는 식별이 용이하도록 선명하여야 하고, 행사 참석자의 활동범위를 지정해주는 통제수단이므로 구역을 식별할 수 있도록 행사장의 상황에 맞춰 여러 가지로 제작·운용할 수 있다.

정답 ❹

14 출입자 통제대책에 관한 설명으로 옳지 <u>않은</u> 것은?

① 행사장 안전확보와 참석인원 등에 대한 안전조치 수단으로서 중요한 것은 비표 운용과 금속탐지기 또는 X-Ray 검색기를 통한 검색활동이다.

② 비표는 식별이 용이하도록 선명하여야 하며, 위조 또는 복제를 고려하여 복잡하게 제작하여야 한다.

③ 인적·물적 출입요소의 이상 유무 및 위해물품 반입여부 판단을 위해 금속탐지기를 통한 검색활동을 강화해야 한다.

④ 경호원은 최신 불법무기와 사제 폭발물 제작 및 유통정보에도 정통하여야 한다.

비표는 식별이 용이하도록 선명하여야 하며, 간단하게 제작한다.

정답 ❷

핵심만콕

비표는 행사 참석자를 비롯한 출입 인원, 장비 및 차량 등의 모든 인적·물적 출입요소의 인가 및 확인 여부를 표시하기 위하여 사용되는 중요한 식별수단으로, 인적 위해요소의 배제활동에 해당한다.
• 비표는 행사 당일에 출입구에서 신원 확인 후 바로 배포한다.
• 비표는 원거리에서도 식별이 용이하도록 단순하고 선명하게 제작하여 사용함으로써 경호조치의 효율성을 증대시킬 수 있다. 한 번 사용된 비표의 재활용은 보안과 관련하여 문제가 될 소지가 있다.
• 행사구분별 별도의 비표를 운용한다. 즉, 행사 참석자를 위한 비표는 구역별로 그 색상을 달리하면 식별 및 통제가 용이하다.

---

15 비표 운용에 관한 설명으로 옳은 것은?

① 보안성 강화를 위해 비표의 종류는 많을수록 좋으며 리본, 명찰 등이 있다.

② 구역별로 다른 색상으로 구분하여 비표를 운용하면 통제가 용이하다.

③ 비표는 식별이 용이하도록 선정하여야 하며, 복잡하게 제작되어야 한다.

④ 비표는 행사참석자에게 행사일 전에 미리 배포하여 출입혼잡을 예방하여야 한다.

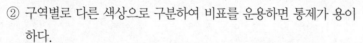

행사 참석자를 위한 비표는 구역별로 그 색상을 달리하면 식별 및 통제가 용이하다.

정답 ❷

핵심만콕

① <u>비표의 종류는 적을수록 좋고,</u> 비표의 종류에는 리본, 명찰, 완장, 모자, 배지 등이 있다.
③ <u>비표는 모양이나 색상이 원거리에서도 식별이 용이하도록 단순하고 선명하게 제작되어야 한다.</u>
④ 비표 관리는 인적 위해요소의 배제를 목표로 하므로 행사 참석자에게도 <u>행사 당일 출입구에서 신원확인 후 비표를 배포하여야 한다.</u>

16 비표 운용에 관한 설명으로 옳지 않은 것은? 기출 21

① 비표는 혼잡방지를 위해 시간과 장소에 관계없이 미리 배포할 수록 좋다.

② 구역별 다른 색상으로 구분하여 비표를 운용하면 통제가 용이 하다.

③ 비표 운용은 대상과 용도에 맞게 운영해야 한다.

④ 비표는 쉽게 구별되고, 위조 또는 복제는 불가능하도록 한다.

쏙쏙 해설 •••

비표 관리는 인적 위해요소의 배제를 목표로 하므로 행사 참석자에게도 행사 당일 출입구에서 신원확인 후 비표를 배포하여야 한다.

정답 ❶

핵심만콕 비 표

- 비표의 종류 : 리본, 명찰, 완장, 모자, 배지 등이 있으며, 대상과 용도에 맞게 적절히 운용한다.
- 비표의 관리 : 경호대상자에게 위해를 가할 소지가 있는 사람으로서 시국불만자, 신원이 특이한 교포 및 외국인, 일반 요시찰인, 피보안처분자, 공격형 정신분자 등 인적 위해요소를 배제하기 위하여 비표 관리를 한다.
- 비표의 운용
  - 비표를 제작할 때부터 보안에 힘쓰도록 해야 하는데, 비표 분실사고 발생 시에는 즉각 보고하고 전체 비표를 무효화하며 새로운 비표를 해당자 전원에게 지급한다.
  - 비표의 종류는 적을수록 좋고 행사 참석자를 위한 비표는 구역별로 그 색상을 달리하면 식별 및 통제가 용이하다.
  - 비표는 모양이나 색상이 원거리에서도 식별이 용이하도록 단순하고 선명하게 제작하여 사용한다.
  - 비표는 재생이나 복제가 되어서는 안 된다.
  - 경호근무자의 경호안전활동 시에도 비표를 운영해야 한다.
  - 행사장 근무자의 비표는 경호 배치 전·교양 시작 후 지급하며, 행사 참석자에게도 행사 당일 배포하여야 한다.

---

17 경호행사 시 경호근무자·비표의 운영에 관한 설명으로 맞는 것은? 기출 06

① 비표 분실사고 발생 시는 즉각 보고하고 전체 비표를 무효화하며 새로운 비표를 해당자 전원에게 지급한다.

② 비표의 종류는 다양할수록 좋으나 행사 시는 구분 없이 전체가 통일되어야 한다.

③ 비표는 근무 관련 교양시작 전에 배부하고 경호 종료 후 상황을 보면서 반납한다.

④ 경호근무자의 경호안전활동 시에는 비표 운영을 하지 않는 것이 바람직하다.

쏙쏙 해설 •••

① 경호행사 시 경호근무자·비표의 운영에 관한 설명으로 옳다.

② 비표의 종류는 적을수록 좋고 행사 장마다 비표를 구분한다.

③ 행사장근무자의 비표는 경호배치 전에 교양 후 지급한다.★★

④ 경호근무자의 경호안전활동 시에도 비표를 운영해야 한다.

정답 ❶

18 경호활동 시 비표 관리는 안전대책 중 어디에 해당하는가?

기출 04

☑ 확인
Check!
○
△
✕

① 물적 취약요소의 배제
② 지리적 취약요소의 배제
③ 경호보안 유지
④ 인적 위해요소의 배제

 쏙쏙 해설 •••

비표 관리는 안전대책 중 인적 위해요소의 배제에 해당한다.

정답 ❹

핵심만콕 　인적 위해요소

경호대상자에게 위해를 가할 소지가 있는 사람으로서 시국불만자, 신원이 특이한 교포 및 외국인, 일반 요시찰인, 피보안처분자, 공격형 정신분자 등이 있으며 이를 색출하기 위하여 비표 관리를 한다.

---

19 공중장소 기자회견 시 경호방법에 대한 설명으로 틀린 것은?

기출 05

☑ 확인
Check!
○
△
✕

① 경호대상자는 안전을 위해 회견장에 제일 먼저 도착하고, 회견이 끝나면 제일 나중에 퇴장하도록 한다.
② 후면 등 연단 주변의 모든 방면을 경계한다.
③ 모든 출입구의 밖에서 대기하면서 지정 출입을 이용하지 않으면 절대 입장하지 못하도록 한다.
④ 회견장의 주변과 각 출구에 배치되어 경계임무를 수행한다.

 쏙쏙 해설 •••

경호대상자는 안전을 위해 회견장에 제일 나중에 도착해야 하고, 회견이 끝나면 제일 먼저 퇴장해야 한다.

정답 ❶

01 아래의 특성이 갖는 것은? 기출 23

☑ 확인
Check!
○
△
✕

- 불확실성
- 심리적 불안정성
- 경호원 자신의 자기보호본능
- 예측 불가능성

① 근접경호
② 우발상황
③ 선발경호
④ 3중 경호

쏙쏙 해설 •••

제시된 내용은 우발상황의 특성에 관한 설명이다.

정답 ❷

핵심만콕	우발상황의 특성
불확실성 (사전예측의 곤란성)	우발상황의 발생 여부가 불확실하고 사전예측이 곤란하여 대비가 어렵다.
돌발성	우발상황은 사전예고 없이 돌발적으로 발생한다.
시간제약성	돌발성으로 인해 우발상황에 대처할 충분한 시간적 여유가 없다.
중대성 (혼란 야기와 무질서, 심리적 불안정성)	우발상황은 경호대상자의 안전이나 행사에 치명적인 영향(무질서, 혼란, 충격, 공포 등)을 끼칠 수 있는 상황으로, 경호대상자의 신변에 중대한 결과를 초래할 수 있다.
현장성	우발상황은 현장에서 발생하고 이에 대한 경호조치도 현장에서 이루어져야 한다.
자기보호본능의 발동	• 우발상황 발생 시 일반인뿐만 아니라 경호원도 인간의 기본욕구인 자기자신을 보호하려는 보호본능이 발현된다. • 자기보호본능의 발현에도 불구하고 경호원으로서 본분을 망각하지 않기 위해 평소에 공격 방향으로 신속하고도 과감히 몸을 던지는 반복숙달 훈련과 심리적 훈련이 요구된다.

〈참고〉 이두석, 「경호학개론」, 진영사, 2018, P. 344

02 우발상황에 관한 설명으로 옳은 것을 모두 고른 것은? 기출 22

확인
Check!
○
△
×

> ㄱ. 사전예측이 불가능하므로 즉각조치가 어렵다.
> ㄴ. 극도의 혼란과 무질서가 발생한다.
> ㄷ. 자기보호본능으로 위해가해자에 대한 대적과 제압이 제한적이다.
> ㄹ. 즉각조치의 과정은 경고 – 대피 – 방호의 순서로 전개된다.

① ㄱ, ㄹ   ② ㄱ, ㄴ, ㄷ
③ ㄴ, ㄷ, ㄹ   ④ ㄱ, ㄴ, ㄷ, ㄹ

쏙쏙 해설 •••

제시된 내용 중 우발상황에 관한 설명으로 옳은 것은 ㄱ, ㄴ, ㄷ이다.

정답 ❷

핵심만콕

> ㄱ. (○) 사전예측의 불가능(곤란성)은 우발상황의 특성에 해당하며, 이에 따라 즉각조치가 어렵다.
> ㄴ. (○) 무질서와 극도의 혼란 야기는 우발상황의 특성에 해당한다.
> ㄷ. (○) 우발상황 발생 시 자기보호본능이 발현되어 위해가해자에 대한 대적과 제압에 영향을 미친다.
> ㄹ. (×) <u>즉각조치의 과정은 경고 – 방호 – 대피의 순서로 전개된다.</u>

---

03 경호 우발상황에 관한 설명으로 옳지 않은 것은? 기출 21

확인
Check!
○
△
×

① 우발상황이 예상되는 경호구역에 사주경계를 실시한다.
② 경호원 자신보다는 경호대상자의 안전을 우선으로 한다.
③ 사전예측이 대부분 가능하기 때문에 신속한 대처가 가능하다.
④ 불가항력적 상황에서도 경호원은 경호의 책임과 의무가 있다.

쏙쏙 해설 •••

우발상황은 그 발생 여부가 불확실하고 사전예측이 곤란하여 대비가 어렵다는 특성을 갖는다.

정답 ❸

---

04 우발상황에 관한 내용으로 옳지 않은 것은? 기출 20

확인
Check!
○
△
×

① 우연히 또는 계획적으로 발생하여 경호행사를 방해하는 사태
② 상황이 직접적으로 발생하기 전까지는 위해기도가 발생되는 시간, 장소, 방법에 대한 사전예측의 불가능
③ 방법과 규모에 따라 차이가 생길 수 있으나 심리적인 공포와 불안의 조성에 따른 혼란의 야기와 무질서
④ 경호대상자의 방호 및 대피보다 경호원의 자기보호본능에 충실

쏙쏙 해설 •••

경호대상자의 방호 및 대피가 경호원의 자기보호본능보다 우선이다. 비록 우발상황 발생 시 자기보호본능 기제가 발동하더라도 경호원은 이를 거부하고 자기희생의 원칙에 따라 체위를 확장하여 경호대상자의 노출을 최소화하고 최대의 방호벽을 형성하여야 한다. 특히 자신의 생명을 보호하기 위하여 자세를 낮추거나 은폐 또는 은신을 해서는 안 된다.

정답 ❹

① 우발상황이란 위해기도나 행사 방해책동과 관련하여 발생시기나 발생여부 및 그로 인한 피해 정도를 모르는 우발적 위험이 발생한 상황을 의미한다. 우발상황의 유형은 크게 계획적 우발상황, 부주의에 의한 우발상황, 자연발생적 우발상황, 천재지변에 의한 우발상황으로 분류할 수 있으며, 계획적 우발상황이란 위해기도자에 의해 의도되고 계획된 우발상황을 말한다.

〈참고〉 이두석, 「경호학개론」, 진영사, 2018, P. 343~344

② 위해기도가 발생되는 시간, 장소, 방법에 대한 사전예측의 불가능(곤란성)은 우발상황의 특성에 해당한다.

③ 무질서와 혼란 야기는 우발상황의 특성에 해당한다.

05 경호업무 시 우발상황에 관한 설명으로 옳은 것은?

① 위험 요소가 어디서 발생할지 예측하기 어렵다.

② 위험 요소가 언제 발생할지 예측할 수 있다.

③ 위험 요소의 피해 정도를 파악할 수 있다.

④ 위험 요소가 어떤 방법으로 발생할지 파악할 수 있다.

쏙쏙 해설 •••

경호업무 시 우발상황에 대한 설명으로 옳은 것은 불확실성에 대한 ①번 지문이다.

정답 ❶

06 우발상황의 특성으로 옳은 것은? 기출 16

① 불확실성

② 심리적 안정성

③ 예측가능성

④ 시간여유성

쏙쏙 해설 •••

우발상황은 일반적으로 불확실성, 돌발성, 시간의 제약성 등과 같은 특성을 지닌다.

정답 ❶

07 우발상황 조치에 관한 내용이다. 다음 (   )에 들어갈 내용을 순서대로 옳게 나열한 것은?

☑ 확인
Check!
○
△
×

기출 19

> 우발상황이 발생하였을 경우 경호대상자를 위험으로부터 보호하기 위한 일련의 순간적인 경호조치를 말하며, (   )의 결과에 따라 경호대상자를 살릴 수도 있고 죽일 수도 있다. 우발상황이 발생하면 최초에 정확하게 대응해야 한다는 데 핵심이 있다. 위험한 것을 (   ) 것으로 판단하면 자칫 (   )를 잃을 수도 있고, 위험하지 않은 것을 (   ) 것으로 판단하면 행사장을 혼란에 빠뜨리거나 행사를 망칠 수도 있다.

① 즉각조치, 위험한, 행사 참석자, 위험하지 않은
② 즉각조치, 위험하지 않은, 경호대상자, 위험한
③ 통제조치, 위험하지 않은, 경호대상자, 위험한
④ 통제조치, 위험한, 행사 참석자, 위험하지 않은

 해설•••

(   ) 안에 들어갈 내용은 순서대로 즉각조치, 위험하지 않은, 경호대상자, 위험한이다.

정답 ❷

---

08 우발상황 시 근접경호원의 대응으로 옳은 사람은?

☑ 확인
Check!
○
△
×

기출 23

> A경호원 : 위해가해자와 가장 가까이에 있는 경호원은 경고와 동시에 경호대상자를 등지고 위험발생 방향으로 체위를 확장해 제2의 공격선을 차단한다.
> B경호원 : 총으로 공격하는 위해가해자를 제압할 경우, 위해가해자의 총구 방향을 고려하여 가능한 경호대상자로부터 멀리 유지하도록 신속히 제압한다.
> C경호원 : 수류탄과 같은 폭발성 화기에 의한 공격에는 주변 경호원들과 함께 원형대형을 유지하여 경호대상자의 안전을 유지한다.

① A
② A, B
③ B, C
④ A, B, C

 해설•••

우발상황 시 올바른 대응을 한 경호원은 A경호원과 B경호원이다.

정답 ❷

핵심만콕

A경호원(○) : 우발상황 발생 시 위해가해자와 가장 가까이에 있는 경호원은 경고와 동시에 경호대상자를 등지고 위험발생 방향으로 체위를 확장하여 경호대상자의 노출을 최소화하고 최대의 방벽을 형성하여야 한다.
B경호원(○) : 총으로 공격하는 위해가해자를 제압할 경우, 위해가해자의 총구 방향에 주의하여 경호대상자 방향으로 향하지 않도록 하면서, 신속히 제압한다.
C경호원(×) : 수류탄과 같은 폭발성 화기에 의한 공격을 받았을 때에는 함몰형 대형을 형성해야 한다.

09 우발상황 대응기법에 관한 설명으로 옳은 것은?

① 경호대상자의 방호보다 위해가해자의 제압을 최우선으로 하여 경호대상자의 안전을 확보한다.

② 체위확장의 원칙과 촉수거리의 원칙이 적용될 수 있다.

③ 우발상황에 대한 경호는 방어적·회유적 개념의 신변보호활동이다.

④ 우발상황의 즉각조치 과정은 경고 - 대피 - 방호의 순서로 전개된다.

쏙쏙 해설 •••

② 우발상황 발생 시 체위확장의 원칙은 경호대상자를 방호하는 측면에서, 촉수거리의 원칙은 위해기도자를 대적 및 제압하는 측면에서 적용될 수 있다.

① 우발상황 발생 시 경호원의 최우선적인 대응방법은 위해가해자에 대한 공격 및 제압이 아닌 육성 경고와 동시에 비상조치계획에 따라 경호대상자를 신속히 방호·대피시킴으로써 피해를 최소화하는 것이다.

③ 우발상황에 대한 경호는 방어적·회피적 개념의 신변보호활동이다.

④ 우발상황의 즉각조치 과정은 경고 - 방호 - 대피 순으로 전개된다.

정답 ❷

10 경호임무 수행 중 우발상황 발생 시 각 경호원의 대응으로 옳은 것을 모두 고른 것은? 기출 22

A경호원 : 경호원의 주의력효과 면에서 자신과 군중과의 거리가 가까울수록 유리하다고 판단하였다.

B경호원 : 경호대상자를 대피시키기 위해 다소 신체적인 무리가 오더라도 예의를 무시하고 신속하고 과감하게 행동하였다.

C경호원 : 수류탄과 같은 폭발성 화기에 의한 공격을 받았을 때 방어적 원형 대형으로 경호대상자를 방호하였다.

① A, B
② A, C
③ B, C
④ A, B, C

쏙쏙 해설 •••

제시된 내용 중 우발상황 발생 시 올바른 대응을 한 경호원은 A경호원과 B경호원이다.

정답 ❶

핵심만콕

A경호원 (O) 경호원의 주의력효과 면에서 군중(경계대상자)과의 거리가 가까울수록 유리하고, 대응효과 면에서 군중과의 거리가 멀수록 유리하다.

〈참고〉 이두석, 「경호학개론」, 진영사, 2018, P. 165

B경호원 (O) 신속한 대피를 위하여 다소 예의를 무시하더라도 과감하게 행동하여야 한다.

C경호원 (×) 수류탄 또는 폭발물과 같은 폭발성 화기에 의한 공격을 받았을 때 사용하는 방호대형은 함몰형 대형이다.

11 우발상황 대응기법에 관한 설명으로 옳은 것을 모두 고른 것은?

확인
Check!
○
△
×

> ㄱ. 경호원의 주의력효과 면에서는 경호원과 군중의 거리가 가까울 수록 유리하다.
> ㄴ. 위험을 가장 먼저 인지한 경호원은 동료들에게 신속히 전파하여 공조체제를 유지하도록 한다.
> ㄷ. 수류탄 혹은 폭발물과 같은 폭발성 화기에 의한 공격에는 방어적 원형 대형을 유지한다.

① ㄱ, ㄴ
② ㄱ, ㄷ
③ ㄴ, ㄷ
④ ㄱ, ㄴ, ㄷ

쏙쏙 **해설** •••

제시된 내용 중 우발상황 대응기법으로 옳은 것은 ㄱ과 ㄴ이다.

정답 ❶

핵심만콕

ㄱ. (○) 경호원의 주의력효과 면에서 군중(경계대상자)과의 거리가 가까울수록 유리하고, 대응효과 면에서 군중과의 거리가 멀수록 유리하다.

〈참고〉 이두석, 「경호학개론」, 진영사, 2018, P. 165

ㄴ. (○) 최초 목격자가 육성 또는 무전으로 전파하고, 간단명료한 지향성 용어를 사용하며, 가능하면 방향이나 위치를 제시하는 등 공격의 내용을 전파한다.

ㄷ. (×) 수류탄 또는 폭발물과 같은 폭발성 화기에 의한 공격을 받았을 때 사용하는 방호대형은 함몰형 대형이다. 방어적 원형 대형은 경호행사 시 최소안전구역의 확보에 실패하여 경호대상자가 군중 속에 갇혀 있는 상황에서 현장이탈을 시도할 때 사용하는 대형이다.

---

12 근접경호에 관한 설명으로 옳지 않은 것은?

확인
Check!
○
△
×

① 완벽한 경호방패막은 근접경호원들이 형성하는 인적방벽인 경호대형으로 완성된다.

② 위급상황 시 위해자와 경호대상자 사이를 차단하고, 경호대상자를 안전지대로 대피시켜야 한다.

③ 위급상황 시 경호대상자를 방호하여 공격 방향으로 신속하게 현장을 이탈시켜야 한다.

④ 경호대형 형성에 허점이 생기지 않도록 인접근무자의 움직임과 상호 연결되어 있어야 한다.

쏙쏙 **해설** •••

위급상황 시 경호대상자를 방호하여 적 공격의 반대 방향이나 비상구 쪽으로 대피하여야 한다.

정답 ❸

- 자기희생의 원칙에 따라 체위를 확장하여 경호대상자의 노출을 최소화하고 최대의 방호벽을 형성한다.
- 경호원은 자신의 생명을 보호하기 위하여 자세를 낮추거나 은폐 또는 은신해서는 안 되며, 자신보다 경호대상자를 먼저 육탄방어할 수 있는 자세로 임해야 한다.
- 육성 경고와 동시에 비상조치계획에 따라 경호대상자를 우선 대피시킨다.
- 대피 시 적 공격의 반대 방향이나 비상구 쪽으로 대피한다.
- 공범에 의한 양동작전에 유념해야 하고, 경호원의 주의를 다른 곳으로 전환하도록 하기 위한 위해기도자의 전술에 휘말려서는 안 된다.
- 근접경호요원 이외의 경호요원들은 자기담당구역 책임의 원칙에 따라 맡은 지역에서 계속 임무를 수행하며 대적은 불가피한 경우에만 하고 보복공격을 하지 말아야 한다.

13 우발상황에 적절하게 대응하지 못한 경호원은?(단, 경호원의 위치는 고려하지 않는다)

 기출 18

☑ 확인
Check!
○
△
✕

> A경호원 – 체위를 확장하여 경호대상자에 대한 방벽효과를 극대화한다.
> B경호원 – 간단명료하고 신속하게 경고한다.
> C경호원 – 폭발성 화기에 의한 공격 시에는 방어적 원형대형을 형성한다.
> D경호원 – 경호대상자의 방호보다는 위해기도자의 제압을 우선으로 한다.

① A, B
② A, C
③ B, D
④ C, D

쏙쏙 해설 •••

우발상황에 적절하게 대응하지 못한 경호원은 C, D이다.

정답 ❹

| 핵심만콕 |

- C경호원(✕) : 수류탄 또는 폭발물과 같은 폭발성 화기에 의한 공격을 받았을 때 사용되는 방호 대형은 함몰형 대형으로, 경호대상자를 지면에 완전히 밀착시키고 그 위에 근접경호원들이 밀착하며 포개어 경호대상자의 신체가 외부에 노출되지 않도록 해야 한다. 방어적 원형 대형은 위해의 징후가 현저하거나 직접적인 위해가 가해졌을 때 형성하는 방어 대형이다.
- D경호원(✕) : 우발상황이 발생했을 경우 신속한 대적행위보다 방호 및 대피가 우선되어야 하므로, D경호원이 경호대상자의 방호보다 위해기도자의 제압을 우선으로 한 행위는 부적절하다.
- A경호원(○) : 우발상황 시 근접경호의 대응요령으로 자기희생의 원칙에 따라 체위를 확장하여 경호대상자의 노출을 최소화하고 최대의 방호벽을 형성한다. 따라서 A경호원의 대응은 적절하다.
- B경호원(○) : 우발상황 발생 시 대응 순서는 우발상황을 인지 → 경고 → 방벽 형성 → 방호 및 대피 → 대적 및 제압의 순서이다. 따라서 B경호원이 간단명료하고 신속하게 경고한 행위는 적절하다.

14 경호임무수행 중 우발상황 발생 시 대응에 관한 설명으로 옳은 것은?

기출 10

 확인
Check!
○
△
×

① 경호대상자를 대피시킬 때는 시간이 지체되더라도 현장에 있는 안전한 장소를 확보하는 것이 우선된다.

② 경호원의 주의력효과 면에서는 군중과의 거리가 가까울수록 유리하고, 대응효과 면에서는 군중과의 거리가 멀수록 유리하다.

③ 함몰형 대형은 위해의 징후가 현저할 경우 형성하는 대형이고, 방어적 원형 대형은 폭발성 화기에 의한 공격을 받았을 때 사용하는 대형이다.

④ 우발상황이 발생했을 경우, 신속한 대적행위가 방호 및 대피보다 우선되어야 경호대상자를 효과적으로 보호할 수 있다.

 해설 •••

② 우발상황 발생 시 대응으로 옳은 내용이다.

① 경호대상자를 대피시킬 때는 시간이 지체되어서는 안 되고, 신속하게 위험지역에서 대피시켜야 한다.

③ 함몰형 대형은 폭발성 화기에 의한 공격을 받았을 때 사용하는 방호 대형이고, 방어적 원형 대형은 위해의 징후가 현저하거나 직접적인 위해가 가해졌을 때 형성하는 대형이다.★

④ 우발상황이 발생했을 경우, 신속한 대적행위보다 방호 및 대피가 우선되어야 한다.

정답 ❷

15 우발상황 대응방법에 관한 설명으로 틀린 것은?

기출 08

 확인
Check!
○
△
×

① 경호대상자에게 접근하는 모든 사람, 사물, 위해기도자가 숨을 만한 장소와 어울리지 않는 물건, 경호대상자와의 거리와 위치, 손의 움직임, 휴대하고 있는 물품에 대한 의문점을 제기한다.

② 위해기도자의 공격 시 최근접경호원은 체위를 최대한으로 확장시켜 공격에 대한 방패막을 최대화하여 물리적 방벽을 형성해야 한다.

③ 경호대상자를 위해기도자로부터 보호하기 위해 우선적으로 위해기도자와 대적하여 제압한 후 방어와 대피시키도록 한다.

④ 대피 시에는 경호대상자를 신속하게 안전지대로 대피시키기 위해 다소 예의를 무시하더라도 과감하게 행동을 하여야 한다.

 해설 •••

경호대상자를 보호하고 안전하게 대피시키는 것이 최우선이다. 따라서 우선적으로 위해기도자와 대적하여 제압한다는 것은 틀린 설명이다.

정답 ❸

핵심만콕 위기상황 시 경호원의 행동요령

• 경호행사 중 뜻하지 않는 경호대상자에게 돌발사태가 발생한 경우 바로 그 상황을 인지한 경호요원이 육성이나 무전기로 전 경호요원에게 상황내용을 통보하여 경고한 후 근접경호요원은 육탄방어의 희생정신을 가지고 신속히 경호대상자 주변에 방벽을 형성하여 방호하며 경호대상자를 신속하게 위험지역에서 대피시켜야 한다.

• 근접경호요원 외의 다른 경호요원은 각자의 맡은 지역에서 자신의 행동순서를 염두에 두고 계속 임무를 수행하며 대적은 불가피한 경우에만 하고 보복공격을 하지 말아야 한다.

• 다른 경호요원들은 암살범을 체포하거나 부상자를 돕고 증거의 보존을 위해 현장을 봉쇄한다.

• 완벽한 수사를 통해 범행의 성격・범위・공범 여부를 밝히고 단순사건인가 국제테러조직의 계획적 음모인가 등의 진상규명을 위해서는 암살기도자(위해기도자)를 반드시 생포해야 한다.

16 경호업무 수행 중 돌발상황의 대응방법으로 틀린 것은? 06

☑ 확인
Check!
○
△
✕

① 돌발상황 시 인지 → 경고 → 방벽 형성 → 방호 및 대피 → 대적 및 제압의 순서로 행동한다.

② 불필요한 출입자의 통제가 용이한 장소를 사전에 확보해 두는 것이 좋다.

③ 경호대상자를 잠시 대피시킬 수 있는 장소보다는 시간이 지체되더라도 안전한 장소를 확보한다.

④ 경호대상자의 노출을 최소화하고 근접경호원은 물리적 방벽을 형성한다.

쏙쏙 해설 •••

촉각을 다투는 위급상황 시에는 시간이 비교적 많이 소요되는 대피장소 선정은 옳지 못하다. 즉, 비상상황 시에는 안전한 장소도 중요하지만 빨리 대피하는 것이 목적이다.

정답 ❸

17 우발상황 시 대응방법에 대한 설명으로 틀린 것은?   05

☑ 확인
Check!
○
△
✕

① 전방에서 위해가 발생되면 제일 가까운 곳에 있는 근접경호원은 체위를 최대한 확장시켜 물리적 방벽을 형성해야 한다.

② 함몰형 대형은 폭발성 화기에 의한 공격을 받았을 때 사용되는 방호 대형이다.

③ 방어적 원형 대형은 위해의 징후가 현저할 때 형성하는 방어 대형이다.

④ 대피하는 경우 측방경호원은 대피로를 결정하고 진로를 개척해야 한다.

쏙쏙 해설 •••

대피하는 경우 근접경호원은 사전에 결정된 대피로를 통하여 신속하게 경호대상자를 대피시켜야 한다.★

정답 ❹

핵심만콕	함몰형 대형과 방어적 원형 대형
함몰형 대형	• 공격의 방법이 수류탄과 같은 폭발물에 의한 것이라고 판단되는 경우 경호대상자의 신체를 공격수단으로부터 우선적으로 보호하고자 하는 방어적 대형이다.★ • 함몰형 대형은 경호원들이 자신들의 몸으로 경호대상자를 외부에서 보이지 않을 정도로 감싸 버리는 형태의 대형으로 이때 내부의 경호대상자는 상황 이후 바로 이탈이 가능하도록 대형 내에서 약간 쪼그려 앉은 자세를 취한다.
방어적 원형 대형	• 직접적인 위협상황하에서는 경호대상자의 대피를 우선적으로 고려한 대형이다. • 군중 속에 있던 경호대상자가 빠져나오는 데 가장 좋은 긴급대형이다.★ • 상황이 발생되면 순간적으로 경호원들이 각자의 등을 안쪽 방향(경호대상자 쪽)으로 하고 옆의 경호원과 팔짱을 낀 채 원형스럽게 유지하여 이동하는 경호대형이다. • 원형대형의 견고성을 유지하는 것이 중요하며, 경호대상자에 대한 형식적인 의례는 무시한다.★

18 경호 우발상황의 대응기법에 관한 내용이다. 다음에서 설명하는 것은?

기출 21

☑ 확인
Check!

○
△
✕

> 우발상황 발생 시 위해상황을 처음 인지한 경호원이 경호대상자 주변의 근접경호원과 동시에 신속히 경호대상자를 보호하기 위하여 방벽을 형성한다.

① 경 고   ② 방 호
③ 대 피   ④ 대 적

 쏙쏙 해설 •••

제시된 내용은 경호 우발상황의 대응기법(즉각조치) 중 방호에 대한 설명에 해당한다.

정답 ❷

핵심만콕 **즉각조치의 개념 및 단계**

즉각조치는 경호활동 중 위해기도나 행사 방해책동과 관련하여 발생 시기나 발생 여부 및 피해 정도를 모르는 우발적 상황에서의 즉각적 행동원칙을 말한다.

• 즉각조치의 과정은 경고와 방호 및 대피, 대적이 포함되며, 이는 순차적인 개념이라기보다 우선순위 없이 동시에 이루어지는 일체적 개념이다.
• 경고(Sound off)는 위해상황을 가장 먼저 인지한 사람이 주변 근무자에게 상황을 간단명료하게 전파하는 것으로, 상황 발생을 인지한 경호원이 가장 먼저 취해야 할 조치이다.
• 방호(Cover)는 위협상황을 알리는 경고를 인지하는 즉시, 경호대상자 주변 근무자가 자신의 신체로 방벽을 형성하여 경호대상자의 노출을 최소화함으로써 직접적인 위해를 방지하는 행위를 말한다.
• 대피(Evacuate)는 우발상황 발생 시 위해자의 표적이 되는 경호대상자를 안전지역으로 이동시키는 행위를 말한다. 대피는 방호와 동시에 공격자의 반대방향으로 신속히 이동하여야 하며, 방호대형을 형성하여 비상대피소나 비상대기차량이 있는 안전지역으로 이동한다.
• 즉각조치과정은 일단 경고 – 방호 – 대피의 순으로 전개된다. 대적 여부는 촉수거리의 원칙에 따라 판단한다. 대적의 목적은 위해자의 공격선을 차단하여 경호대상자를 보호하는 것이다. 대적 시에는 우선 경호대상자를 등지고 위험발생지역으로 향한 다음, 몸을 최대한 크게 벌려 방호범위를 확대하고, 경호대상자와 위해기도자 사이의 일직선상에 위치하여 위해자의 공격을 차단한다.

〈출처〉 이두석, 「경호학개론」, 진영사, 2018, P. 350~354

19 즉각조치에 관한 설명으로 옳지 않은 것은?　

기출 19

☑ 확인
Check!
○
△
✕

① 경고 : 공격받고 있다는 상황을 알려주고 대응행동을 하라는 신호이며, 일반인들에게는 위험상황을 알려주는 것이다.

② 방호 : 자신의 몸으로 방호벽을 형성하여 경호대상자를 엄폐시키는 행동에 우선순위를 두어야 한다.

③ 대피 : 방호와 동시에 위험지역을 이탈하기 위해 방호대형을 형성하여 공격 방향으로 신속히 이동하여야 한다.

④ 대적 : 경호대상자를 등지고 위험발생지역으로 향한 후 몸을 최대한 확장하여 방호범위를 확대한다.

쏙쏙 해설 •••

대피는 적 공격의 반대 방향이나 비상구 쪽으로 하여야 한다.

정답 ❸

---

20 총기공격에 대응하는 즉각조치로 옳은 것은?

기출 16

☑ 확인
Check!
○
△
✕

① 방호는 위협상황 인식과 동시에 경호원의 신체로 범인을 제압하는 것을 우선으로 한다.

② 방호 시 경호원은 몸을 은폐하여 위해기도자로부터 표적이 작아지도록 한다.

③ 대피 시에는 경호대상자의 품위를 고려하여 조심스럽게 머리를 아래로 향하게 한 상태에서 이동한다.

④ 즉각조치는 경고 - 방호 - 대피 순으로 이루어지되 거의 동시에 실시되어야 한다.

쏙쏙 해설 •••

④ 총기공격에 대응하는 즉각조치로 옳은 내용이다.

① 범인을 제압하는 것보다 방호 및 대피가 우선되어야 한다.

② 자기희생의 원칙에 따라 체위를 확장하여 경호대상자의 노출을 최소화하고 최대의 방호벽을 형성한다.

③ 신속한 대피를 위하여 다소 예의를 무시하더라도 과감하게 행동하여야 한다.

정답 ❹

---

21 우발상황 발생 시 경호원의 대응 조치로 옳지 않은 것은?

기출 16

☑ 확인
Check!
○
△
✕

① 경호대상자에 대한 공격을 최초로 인지한 경호원이 육성으로 경고한다.

② 경호원이 체위를 확장하여 경호대상자에 대한 위해자의 공격을 방어한다.

③ 공범 또는 제2의 공격을 차단하고 안전을 위하여 경호대상자를 신속히 대피시킨다.

④ 인적방벽의 효과를 극대화하기 위하여 군중이 밀집한 지역으로 경호대상자를 대피시킨다.

쏙쏙 해설 •••

우발(위기)상황이 발생되면 경호원들은 상황의 종류나 여건에 따라 대피대형을 이루고 경호대상자를 신속하게 현장을 벗어나 안전한 곳으로 대피시키는 임무를 최우선으로 하여야 한다. 이때, 다수의 군중은 그 자체가 위협적인 환경이 될 뿐만 아니라 경호원이 안전을 확보하는 데 많은 문제점을 노출시킬 수 있기 때문에 가급적 군중이 밀집한 지역을 피하는 것이 올바른 대응방법이라 할 수 있다.

정답 ❹

22 경호활동 중 위해기도나 행사 방해책동과 관련하여 발생시기나 발생여부 및 피해 정도를 모르는 우발적 상황에서 즉각적 행동원칙이 아닌 것은?　

☑ 확인
Check!
○
△
✕

① 경 고
② 방 호
③ 공 격
④ 대 피

23 비상대책의 내용으로 옳지 않은 것은?　기출 19

☑ 확인
Check!
○
△
✕

① 행사장에는 비상대피소를 준비한다.
② 상황에 따른 대피계획은 사전에 결정한다.
③ 비상통로의 출구에는 예비차량을 대기시켜 놓는다.
④ 비상대피계획은 위험상황 발생 시 원인을 제거하기 위한 계획이다.

24 우발상황 발생 시 경호원이 '경고, 방호, 대피'의 조치를 취할 때 '경고'에 해당하는 사항은?　기출 15

☑ 확인
Check!
○
△
✕

① 육성이나 무전으로 전 경호원에게 상황 내용을 간단명료하게 전파하는 것
② 최단시간 내에 범인에게 총격으로 제압 및 보복공격을 하는 것
③ 위험지역에서 안전지역으로 신속히 경호대상자를 이동시키는 것
④ 경호원 자신의 체위를 확장하여 방벽효과를 높이는 것

25 우발상황 발생에 따른 방호 및 대피대형 형성 시 우선적으로 고려할 내용으로 적절하지 않은 것은? 기출 11

① 범인제압을 위한 무기의 종류와 수량
② 경호대상자와 경호원 및 위해기도자와의 거리
③ 주위상황과 군중의 성격·수
④ 공격의 종류와 성격

핵심만콕 방호 및 대피대형 형성 시 고려사항과 차량기동 간 경호 시 고려사항★★

방호 및 대피대형 형성 시 고려사항	차량기동 간 경호 시 고려사항
• 경호대상자와 경호원 및 위해기도자와의 거리 • 주위 상황과 군중의 성격과 군중의 수 • 공격의 종류와 성격 • 대응 소요시간에 대한 판단 • 방어 및 대피대형을 형성할 수 있는 경호원의 수	• 차량 차종 선택 • 행·환차로 선택 • 주·예비코스 선정 • 비상대피소 및 최기병원 선정 • 차량대형의 결정

〈출처〉 이상철, 「경호현장운용론」, 진영사, 2008, P. 205·261

---

26 경호임무 수행 중 위해자의 공격에 따른 상황 대처 시 우선적으로 고려해야 할 내용으로 거리가 먼 것은? 기출 06

① 공격의 종류와 성격
② 주위상황과 군중의 성격과 수
③ 범인대적 및 체포의 방안 검토
④ 경호대상자와 범인과의 거리

경호복장과 장비

04 경호복장과 장비 확인문제

1 경호원의 복장과 장비

01 경호복장에 관한 내용으로 옳은 것은?　　　　기출 18

☑ 확인
Check!
○
△
×

① 일반적으로 경호원은 행사의 성격에 따라 주변 환경과 조화되도록 복장을 착용한다.
② 경호원은 경호대상자와 구분되는 색상이나 스타일의 복장을 착용한다.
③ 경호원으로서의 신분이 노출되지 않도록 화려한 복장을 착용한다.
④ 경호원은 주위의 시선을 빼앗는 색상이나 복장을 착용한다.

01
경호요원은 행사의 성격에 따라 보호색원리에 의한 경호현장의 주변환경과 조화되는 복장을 착용하여 신분이 노출되지 않도록 하여야 한다.

정답 ❶

핵심만콕 　경호복장

• 경호요원은 행사의 성격에 따라 보호색원리에 의한 경호현장의 주변환경과 조화되는 복장을 착용하여 신분이 노출되지 않도록 한다.
• 경호원의 복장은 경호대상자의 복장에 맞추어 정장이나 캐주얼 복장을 상황에 따라 입고, 두발상태도 경호대상자의 두발상태와 비슷하게 관리한다.
• 경호원의 복장은 주위의 시선을 빼앗는 화려한 색상이나 새로운 패션의 스타일은 눈에 띄기 쉬우므로 착용해서는 안 되고, 보수적인 색상과 스타일의 복장이 적합하다.

〈참고〉 이두석, 「경호학개론」, 진영사, 2018, P. 246~247

272 경비지도사 | 경호학

02 경호복장과 용모에 관한 설명으로 옳지 <u>않은</u> 것은? 기출 16

☑ 확인
Check!
○
△
✕

① 경호원은 항상 단정한 복장과 용모로 주도면밀함과 자신감을 보여야 한다.
② 행사의 성격과 관계없이 경호원의 품위가 느껴지는 검정색 계통의 정장을 입도록 한다.
③ 경호원의 이미지가 경호대상자의 이미지로 연결될 수 있음을 고려하여 언행에 유의하여야 한다.
④ 행사의 성격에 따라 행사에 어울리는 적절한 표정으로 행사에 동화될 필요가 있다.

02
복장은 행사의 성격에 따라 주변환경과 조화되도록 착용해야 하며, 화려한 색상이나 새로운 패션의 스타일은 눈에 띄기 쉬우므로 보수적인 색상과 스타일의 복장이 적합하고, 행사의 성격, 장소와 시간 등 주변상황과 조화를 이루도록 하여야 한다.

정답 ❷

---

03 다음 경호공무원, 경비원, 청원경찰의 복제내용으로 타당한 것은? 기출수정 07

☑ 확인
Check!
○
△
✕

① 청원경찰은 통일된 제복을 착용하되 필요시 시·도 경찰청장의 승인을 얻어 특수복장을 착용할 수 있다.
② 경비업자는 경비원에게 신고된 동일한 복장을 착용하게 하여야 하며, 절대적으로 복장에 소속 회사를 오인할 수 있는 표시를 하거나 다른 회사의 복장을 착용하게 하여서는 아니 된다.
③ 대통령경호공무원은 제복을 지급받을 수 없다.
④ 경비원의 이름표는 경비원 복장 상의 가슴 부위에 부착하되, 식별 가능하도록 외부로 드러나야 한다. 다만, 부득이한 경우에는 그러하지 아니하다.

03
청원경찰이 그 배치지의 특수성 등으로 특수복장을 착용할 필요가 있을 때에는 청원주는 시·도 경찰청장의 승인을 받아 특수복장을 착용하게 할 수 있다(청원경찰법 시행령 제14조 제3항).

정답 ❶

핵심만콕

• 경비업자는 경비업무 수행 시 경비원에게 소속 경비업체를 표시한 이름표를 부착하도록 하고, 신고된 동일한 복장을 착용하게 하여야 하며, 복장에 소속 회사를 오인할 수 있는 표시를 하거나 다른 회사의 복장을 착용하게 하여서는 아니 된다. 다만, 집단민원현장이 아닌 곳에서 신변보호업무를 수행하는 경우 또는 경비업무의 성격상 부득이한 사유가 있어 관할 경찰관서장이 허용하는 경우에는 그러하지 아니하다(경비업법 제16조 제2항).★
• 경호처장은 필요하다고 인정하는 경우에는 직원에게 제복을 지급할 수 있다.
• 경비원의 이름표는 경비원 복장 상의 가슴 부위에 부착하되, 식별 가능하도록 외부로 드러나야 한다(경비업법 시행규칙 제19조 제4항).★

04 대통령경호원의 복제는 누가 정하는가?　기출 99

☑ 확인
Check!
○
△
✕

① 경호처장
② 기획재정부장관
③ 행정안전부장관
④ 대통령비서실장

04

경호처장은 필요하다고 인정하는 경우에는 직원에게 제복을 지급할 수 있으며, 직원의 복제에 관하여 필요한 사항은 경호처장이 정한다(대통령 등의 경호에 관한 법률 시행령 제34조).

정답 ❶

05 경호관련 장비의 휴대 및 사용에 관한 사항을 규정한 법률의 연결로 옳은 것은?　기출 14

☑ 확인
Check!
○
△
✕

① 신변보호업무를 수행하는 경비원의 분사기 – 위험물안전관리법
② 청원경찰의 권총 – 경찰관직무집행법
③ 특수경비원의 소총 – 경비업법
④ 경찰관의 권총 – 총포·도검·화약류 등의 안전관리에 관한 법률

05

③ 특수경비원은 경비업법 제14조 제9항, 동법 시행령 제20조 제5항에 따라 권총 및 소총을 휴대할 수 있다.
① 신변보호업무를 수행하는 경비원의 분사기 – 경비업법
② 청원경찰의 권총 – 청원경찰법
④ 경찰관의 권총 – 경찰관직무집행법

정답 ❸

06 업무수행 중 총기를 휴대할 수 없는 자는?　기출 13

☑ 확인
Check!
○
△
✕

① 청원경찰
② 호송경비원
③ 경호공무원
④ 특수경비원

06

② 호송경비원은 경비업법 제14조(특수경비원의 직무 및 무기사용 등)에 따라 총기휴대가 불가능하다.
① 청원경찰법 제8조(제복착용과 무대휴기)
③ 대통령 등의 경호에 관한 법률 제19조(무기의 휴대 및 사용)
④ 경비업법 제14조(특수경비원의 직무 및 무기사용 등)

정답 ❷

07 경호공무원의 무기휴대 및 사용방법에 관한 설명으로 틀린 것은?

☑ 확인
Check!
○
△
✕

① 경호처장이나 차장은 직무를 수행하기 위하여 필요하다고 인정할 때에는 소속 공무원에게 무기를 휴대하게 할 수 있다.

② 무기를 휴대하는 사람은 그 직무를 수행할 때 필요하다고 인정하는 상당한 이유가 있을 경우 그 사태에 대응하여 부득이하다고 판단되는 한도 내에서 무기를 사용할 수 있다.

③ 형법에 규정된 정당방위와 긴급피난에 해당하는 때에는 경우에 따라서 무기를 사용하여 사람에게 위해를 끼칠 수 있다.

④ 사형·무기 또는 장기 3년 이상의 징역 또는 금고에 해당하는 죄를 범하거나 범하였다고 의심할 만한 충분한 이유가 있는 사람이 소속 공무원의 직무집행에 대하여 항거하거나 도피하려고 할 때에는 경우에 따라서 무기를 사용하여 사람에게 위해를 끼칠 수 있다.

07
경호처장만이 무기휴대를 명령할 수 있다. 무기휴대와 같은 중대한 명령권을 경호처장과 경호차장 모두에게 준다면 지휘체계가 분산되어 일원화의 원칙에 반하게 될 것이다. 따라서 최종책임자인 경호처장에게만 무기휴대 명령권이 있다.

정답 ❶

---

08 다음 중 무기에 관련된 법규의 설명으로 바르게 된 것은?

☑ 확인
Check!
○
△
✕

① 청원경찰 – 소총 1정당 20발 이내, 권총 1정당 7발 이내

② 특수경비원 – 소총 1정당 15발 이내, 권총 1정당 7발 이내

③ 경찰 – 무기종류는 권총, 소총으로 제한

④ 대통령경호공무원 – 무기종류는 권총, 소총으로 제한

08
② 경비업법 시행규칙 제18조 제3항 제2호
① 청원경찰 : 소총(1정당 15발 이내), 권총(1정당 7발 이내)(청원경찰법 시행규칙 제16조 제2항 제2호)
③ 경찰 : 무기종류는 권총, 소총, 기관총(기관단총을 포함), 산탄총, 유탄발사기, 박격포, 3인치 포, 함포, 크레모어, 수류탄, 폭약류 및 도검
④ 대통령경호공무원 : 권총, 소총, 도검 등

정답 ❷

09 다음 중 경찰장구를 사용해야 하는 때가 아닌 것은? 기출 99

☑ 확인
Check!
○
△
✕

① 현행범 체포의 경우
② 사형·무기 또는 장기 2년 이상의 징역이나 금고에 해당하는 죄를 범한 범인의 체포·도주의 방지 시
③ 자기 또는 타인의 생명·신체에 대한 방어 및 보호
④ 공무집행에 대한 항거의 억제를 위하여 필요하다고 인정되는 상당한 이유가 있을 때

09
경찰관은 사형·무기 또는 장기 3년 이상의 징역이나 금고에 해당하는 죄를 범한 범인의 체포·도주를 방지하기 위해서 필요하다고 인정되는 상당한 이유가 있을 때 경찰장구를 사용할 수 있다(경찰관 직무집행법 제10조의2 제1항 제1호).

정답 ❷

관계법령 경찰장구의 사용(경찰관직무집행법 제10조의2)

① 경찰관은 다음 각호의 직무를 수행하기 위하여 필요하다고 인정되는 상당한 이유가 있을 때에는 그 사태를 합리적으로 판단하여 필요한 한도에서 경찰장구를 사용할 수 있다.★
　1. 현행범이나 사형·무기 또는 장기 3년 이상의 징역이나 금고에 해당하는 죄를 범한 범인의 체포 또는 도주 방지
　2. 자신이나 다른 사람의 생명·신체의 방어 및 보호
　3. 공무집행에 대한 항거(抗拒) 제지
② 제1항에서 "경찰장구"란 경찰관이 휴대하여 범인 검거와 범죄 진압 등의 직무 수행에 사용하는 수갑, 포승(捕繩), 경찰봉, 방패 등을 말한다.★

---

2 경호장비의 유형별 관리

01 경호장비에 관한 설명으로 옳지 않은 것은? 기출 17

☑ 확인
Check!
○
△
✕

① 검색장비란 위해도구나 위해물질을 찾아내는 데 사용하는 장비로 금속탐지기, X-Ray 수화물 검색기 등이 있다.
② 방호장비란 경호원이 자신의 생명·신체가 위험상태에 놓였을 때 스스로를 보호하는 장비로 가스분사기, 전자충격기 등이 있다.
③ 감시장비란 경호 취약점을 보완하는 수단으로 침입 또는 범죄행위를 사전에 알아내는 역할을 하는 장비로 쌍안경, 열선감지기 등이 있다.
④ 통신장비란 경호임무수행에 있어 필요한 보고 또는 연락을 위한 장비로 차량용무전기, 휴대용무전기 등이 있다.

01
②는 방호장비가 아니라 호신장비에 대한 설명이다. 방호장비란 적의 침입 예상 경로를 차단하기 위하여 방벽을 설치·이용하는 것으로 경호방법 중 최후 예방 경호 방법이라 할 수 있다. 방호장비는 크게 자연적 방벽(산악·절벽, 계곡, 강, 바다, 늪 등)과 물리적 방벽(울타리, 담벽, 청원경찰, 방호조명 등)으로 나뉜다.★

정답 ❷

핵심만콕 경호장비의 기능에 따른 분류

호신장비	일반적으로 자신의 생명이나 신체가 위험상태에 놓였을 때 스스로를 보호하는 데 사용하는 장비를 말한다. 여기에는 총기, 경봉, 가스분사기, 전자충격기 등이 있다.
방호장비	경호대상자나 경호대상자가 사용하는 시설물을 보호하기 위한 장치를 말한다. 적의 침입 예상경로를 차단하기 위하여 방벽을 설치·이용하는 것으로 경호방법 중 최후의 예방경호방법이라 할 수 있다. 방호장비는 크게 자연적 방벽과 물리적 방벽으로 나뉜다(단순히 방폭담요, 방폭가방 등을 방호장비로 분류하는 견해도 있다).
기동장비	경호대상자의 경호를 위하여 운용하는 차량·항공기·선박·열차 등의 이동수단을 말한다.
검색·검측장비	검색장비는 위해도구나 위해물질을 찾아내는 데 사용하는 장비를 말하고, 검측장비는 위해물질의 존재 여부를 검사하거나 시설물의 안전점검에 사용하는 도구를 말한다. 일반적으로 검측장비로 통칭하며, 검측장비는 탐지장비, 처리장비, 검측공구로 구분하여 사용한다.
감시장비	위해기도자의 침입이나 범죄행위를 사전에 감시하기 위한 장비(전자파, 초음파, 적외선 등을 이용한 기계장비)를 말한다. 경호임무에 있어 인력부족으로 인한 경호 취약점을 보완하는 수단으로, 감시장비에는 드론, CCTV, 열선감지기, 쌍안경, 망원경, 포대경(M65), TOD(영상감시장비) 등이 있다.
통신장비	경호업무를 수행하는 데 필요한 보고 또는 연락을 위한 통신장비(유선·무선)를 말한다. 경호통신은 신뢰성, 신속성, 정확성, 안전성이 고려되어야 한다. 유선통신장비에는 전화기, 교환기, FAX망, 컴퓨터통신, CCTV 등의 장비가 있으며, 무선통신장비에는 휴대용 무전기(FM-1), 페이징, 차량용 무전기(MR-40V, KSM-2510A, FM-5), 무선전화기, 인공위성 등이 있다.

02 경호장비에 관한 설명으로 옳지 않은 것은? [기출 12]

① 감시장비에는 CCTV, 쌍안경, 망원경 등이 있다.
② 검색장비에는 금속탐지기, 가스탐지기 등이 있다.
③ 기동장비란 도보, 차량, 항공기, 선박 등을 말한다.
④ 통신장비에서 경호통신은 신뢰성, 정확성, 안전성이 고려되어야 한다.

02
기동장비란 경호대상자의 경호를 위하여 운용하는 차량·항공기·선박·열차 등 이동수단을 말한다. 도보는 기동장비라고 할 수 없다. ★

정답 ❸

03 휴대용 가스분사기(SS2형) 사용 및 취급에 관한 설명으로 틀린 것은? [기출 05]

① 휴대용 가스분사기 사용상 유효사거리는 2~3m이다.
② 휴대용 가스분사기 구입 시에는 분사기 구입신청서를 복사하여 관할 시·군·구에 신고하여야 한다.
③ 휴대용 가스분사기는 공권력행사나 정당방위, 화재 초기진화 등에만 사용할 수 있다.
④ 취급자는 휴대용 가스분사기에 대한 안전수칙, 취급요령 등에 대한 지식을 습득한다.

03
휴대용 분사기 구입 시에는 분사기 구입 신청서를 복사하여 관할 지구대 및 파출소에 신고해야 한다.

정답 ❷

04 다음 방호장비 중 그 분류가 다른 것은?

☑ 확인
Check!
○
△
✕

① 방호조명　　　　② 전류방벽
③ 울타리　　　　　④ 기계경비

> **핵심만콕** **방호장비의 분류**
>
> 방호장비는 물리적(인위적) 방벽과 자연적 방벽으로 구분할 수 있다.
> - 자연적 방벽 : 산악·절벽, 계곡, 강, 바다, 늪 등의 기능을 살려 설치한다.
> - 물리적 방벽
>   – 시설방벽 : 울타리, 담벽, 출입구 설치 등
>   – 인간방벽 : 청원경찰, 경비원, 자체경비원, 군사시설경비원 등
>   – 동물방벽 : 공격견, 경비견, 거위 등
>   – 전기방벽 : 방호조명, 전류방벽, 기계경비 등
>
> 〈출처〉 김두현, 「경호학개론」, 엑스퍼트, 2020, P. 450~451

---

05 검측장비 중 탐지장비가 아닌 것은?　　기출 17

☑ 확인
Check!
○
△
✕

① 서치탭(Search tap)
② 청진기
③ 검색경
④ 물포(Water cannon)

---

06 주로 공항·항만, 중요 국가시설 등에서 사용되며, 문틀 형태로 출입자를 검색하는 탐지장비는?　　기출 10

☑ 확인
Check!
○
△
✕

① 생물학탐지기
② 방사능탐지기
③ 금속탐지기
④ X-Ray기

07 검색장비의 설치 및 검색요건으로 적절한 것은? 기출 07

☑ 확인
Check!

○
△
×

① 검색장비는 무리한 힘을 가하거나 충격을 주어도 무방하다.
② 고압전류가 흐르는 곳에 설치를 해야 효과적이다.
③ 금속탐지기는 통과입장객이 최소 1.5m 거리의 개인간격을 유지하도록 하여야 한다.
④ 무전기와 같은 통신장비 등은 탐지기로부터 최소한 1m 이상 거리를 유지해야 한다.

08 문형 금속탐지기(Metal Detector)의 특성으로 틀린 것은? 기출 04

☑ 확인
Check!

○
△
×

① 소형 총기류 소지자에 대한 탐지가 가능하다.
② C4를 비롯한 일부폭발물에 대한 탐지는 어려운 것이 단점이다.
③ 금속류 소지자 파악이 가능하며 검색강도에 따라 탐지 가능 정도가 다르다.
④ 짧은 시간 내 인원에 제한받지 않고 검색할 수 있는 장점이 있다.

07
③ 검색장비의 설치 및 검색요건으로 옳다.
① 검색장비는 무리한 힘을 주거나 충격을 주어서는 안 된다.
② 고압전류가 흐르는 지역을 피할 것
④ 통신장비와의 거리는 3m 이상으로 할 것

정답 ❸

08
짧은 시간 내 많은 인원을 검색할 수 없는 단점이 있다.

정답 ❹

핵심만콕 문형 금속탐지기의 특징

- 금속의 종류나 크기의 선별능력이 우수하며 감도조절이 가능하여 원하는 검색 수치로 맞출 수 있다.
- 문형 금속탐지기는 철금속 또는 비철금속으로 된 무기류를 비롯한 흉기 및 물체를 탐지한다.
- 문형 금속탐지기는 공항, 공공관서, 주요기관 등 보안의 목적이나 생산현장에서 물품의 도난을 방지하기 위한 목적으로 사용이 가능하다.
- 전자 펄스신호를 이용한 마이크로프로세서가 탑재되어 성능이 매우 우수하다. 특히 고장 시 수리가 편리하다.★
- 통과되는 금속의 크기를 알려주는 Bar-graph가 장착되어 어느 정도 크기의 금속물체가 통과되는지 확인할 수 있다.
- 장비의 정상동작 여부를 나타내는 적외선 센서가 부착되었으며, 주 PCB에 자기진단장치가 내장되어 있다.
- 비밀번호 또는 키로써 운용자 외에 타인에 의한 장비의 조작을 방지할 수 있다.★
- 일부 폭약물에 대한 탐지가 어렵고, 짧은 시간 내 많은 인원을 검색할 수 없다는 단점이 있다.★

09 행사장에서 검색장비 설치 시에 유의사항으로 틀린 것은?

기출 97

① 조립식 제품의 검측장비에 힘을 가하거나 충격을 주지 않는다.
② 고압전류가 흐르는 장소는 피해서 설치한다.
③ 전압변동이 심한 지역을 피해서 설치한다.
④ 금속탐지기를 2대 이상 설치, 운용 시에는 최소한 1m 이상의
이격이 있어야 한다.

09
금속탐지기를 가까운 거리에 설치하게
되면 전류의 자장으로 인하여 오동작을
일으킬 수 있으므로 2대 이상 설치 시에
는 최소 3m 이상의 이격이 있어야 한다.
정답 ❹

10 항공안전법령에 규정된 용어의 정의이다. (　　) 안에 들어갈 단어
가 올바르게 짝지어진 것은?

* (ㄱ)란 항공기와 경량항공기 외에 공기의 반작용으로 뜰 수 있
는 장치로서 자체중량, 좌석 수 등 국토교통부령으로 정하는 기준
에 해당하는 동력비행장치, 행글라이더, 패러글라이더, 기구류 및
(ㄴ) 등을 말한다.
* (ㄴ) : 사람이 탑승하지 아니하는 것으로서 다음 각목의 비행장치
가. 무인동력비행장치 : 연료의 중량을 제외한 자체중량이 150킬로
그램 이하인 무인비행기, 무인헬리콥터 또는 무인멀티콥터
나. 무인비행선 : 연료의 중량을 제외한 자체중량이 180킬로그램
이하이고 길이가 20미터 이하인 무인비행선

① ㄱ : 경량비행장치,　　ㄴ : 무인비행장치
② ㄱ : 무인비행장치,　　ㄴ : 경량비행장치
③ ㄱ : 무인비행장치,　　ㄴ : 초경량비행장치
④ ㄱ : 초경량비행장치,　　ㄴ : 무인비행장치

10
항공안전법령상 ㄱ에는 초경량비행장치
(항공안전법 제2조 제3호), ㄴ에는 무인
비행장치(항공안전법 시행규칙 제5조 제
5호)가 들어간다.

정답 ❹

11 항공안전법령상 초경량비행장치 조종자 등의 준수사항에 대한 설명으로 옳지 않은 것은? 기출수정

☑ 확인
Check!
○
△
×

① 초경량비행장치를 사용하여 비행하려는 사람은 초경량비행장치로 인하여 인명이나 재산에 피해가 발생하지 아니하도록 국토교통부령으로 정하는 준수사항을 지켜야 한다.

② 무인비행장치 조종자는 무인비행장치를 사용하여 개인의 공적·사적 생활과 관련된 정보를 수집하거나 이를 전송하는 경우 타인의 자유와 권리를 침해하지 아니하도록 하여야 한다.

③ 초경량비행장치 조종자는 초경량비행장치사고가 발생하였을 때에는 지체 없이 시·도 경찰청장에게 그 사실을 보고하여야 한다.

④ ①에도 불구하고 초경량비행장치 중 무인비행장치 조종자로서 야간에 비행 등을 위하여 국토교통부령으로 정하는 바에 따라 국토교통부장관의 승인을 받은 자는 그 승인 범위 내에서 비행할 수 있다.

11
③ 초경량비행장치 조종자는 초경량비행장치사고가 발생하였을 때에는 국토교통부령으로 정하는 바에 따라 지체 없이 국토교통부장관에게 그 사실을 보고하여야 한다(항공안전법 제129조 제3항 본문).
① 항공안전법 제129조 제1항
② 항공안전법 제129조 제4항
④ 항공안전법 제129조 제5항 전문

정답 ❸

관계법령 초경량비행장치 조종자 등의 준수사항(항공안전법 제129조)

① 초경량비행장치를 사용하여 비행하려는 사람(이하 이 조에서 "초경량비행장치 조종자"라 한다)은 초경량비행장치로 인하여 인명이나 재산에 피해가 발생하지 아니하도록 국토교통부령으로 정하는 준수사항을 지켜야 한다. 〈개정 2024.1.16.〉

② 초경량비행장치 조종자는 무인자유기구를 비행시켜서는 아니 된다. 다만, 국토교통부령으로 정하는 바에 따라 국토교통부장관의 허가를 받은 경우에는 그러하지 아니하다.

③ 초경량비행장치 조종자는 초경량비행장치사고가 발생하였을 때에는 국토교통부령으로 정하는 바에 따라 지체 없이 국토교통부장관에게 그 사실을 보고하여야 한다. 다만, 초경량비행장치 조종자가 보고할 수 없을 때에는 그 초경량비행장치소유자등이 초경량비행장치사고를 보고하여야 한다.

④ 무인비행장치 조종자는 무인비행장치를 사용하여 「개인정보보호법」 제2조 제1호에 따른 개인정보 또는 「위치정보의 보호 및 이용 등에 관한 법률」 제2조 제2호에 따른 개인위치정보 등 개인의 공적·사적 생활과 관련된 정보를 수집하거나 이를 전송하는 경우 타인의 자유와 권리를 침해하지 아니하도록 하여야 하며 형식, 절차 등 세부적인 사항에 관하여는 각각 해당 법률에서 정하는 바에 따른다.

⑤ 제1항에도 불구하고 초경량비행장치 중 무인비행장치 조종자로서 야간에 비행 등을 위하여 국토교통부령으로 정하는 바에 따라 국토교통부장관의 승인을 받은 자는 그 승인 범위 내에서 비행할 수 있다. 이 경우 국토교통부장관은 국토교통부장관이 고시하는 무인비행장치 특별비행을 위한 안전기준에 적합한지 여부를 검사하여야 한다.

⑥ 제5항에 따른 승인을 신청하고자 하는 자는 제127조 제2항 및 제3항에 따른 비행승인 신청을 함께 할 수 있다.

12 경호행사 중에 사용되는 통신장비의 내용으로 맞지 않는 것은?

기출 97

☑ 확인 Check! ○ △ ×

① 신뢰성　② 전통성
③ 정확성　④ 안전성

12
통신장비는 신뢰성과 정확성, 안전성이 보장되어야 한다.

정답 ❷

13 경호요원의 총기사용에 대한 설명 중 틀린 것은?

기출 04

☑ 확인 Check! ○ △ ×

① 안녕과 질서를 위해 최종적으로 사용한다.
② 총기는 권위를 표출하는 수단으로 범죄예방차원에서 잘 보이게 휴대한다.
③ 관계법상 인정되는 엄격한 요건과 관계 내에서 사용한다.
④ 경호대상자나 경호원이 생명의 위협을 격퇴시키는 데 다른 수단이 없을 때 사용한다.

13
총기는 위협적인 요소이므로 노출이 되지 않도록 주의해서 휴대해야 한다.★

정답 ❷

14 경호장비 중에서 권총(38리볼버)의 제원이 틀린 것은?

기출 97

☑ 확인 Check! ○ △ ×

① 구경 : 0.38인치
② 강선 : 6조 좌선
③ 총열길이 : 2인치, 2.5인치, 4인치
④ 최대 사거리 : 약 1,000m, 유효 사거리 : 약 50m

14
권총(38리볼버)의 최대 사거리는 약 1,500m, 유효 사거리는 46m이다.

정답 ❹

핵심만콕

권총(38리볼버)의 제원
- 제조회사 : 미국 Smith & Wesson사(社)
- 총열길이 : 2인치, 2.5인치, 4인치
- 초속 : 231.6m/s
- 약실수(실탄) : 6실
- 기능 : 반자동, 실린더 장전식, 파지식, 가늠자 조정가능
- 구경 : 9.06mm(0.38인치)
- 강선 : 6조 좌선
- 유효 사거리 : 46m
- 최대 사거리 : 1,500m

기타 경호화기의 제원
- 45구경 권총★
  무게 2.437파운드, 길이 $8\frac{5}{8}$인치, 구경 0.45인치, 유효 사거리 50m, 최대 사거리 1,500m
- M16A1 소총★
  길이 99cm, 강선 6조 우선(1.5회전), 구경 5.56mm, 무게(탄알집 포함) 2.9kg, 최대 사거리 2,653m, 유효 사거리 460m, 유효발사속도 반자동 45~65발/분, 자동 150~200발/분

15 경찰기관의 장이 무기를 휴대한 자 중에서 즉시 대여한 무기·탄약을 회수하여야 하는 자는? 기출수정 10

☑ 확인
Check!
○
△
×

① 직무상의 비위 등으로 인하여 중징계 의결 요구된 된 자
② 경찰공무원 직무적성검사 결과 고위험군에 해당되는 자
③ 정신건강상 문제가 우려되어 치료가 필요한 자
④ 형사사건의 수사대상이 된 자

15
무기·탄약의 절대적 회수 사유에 해당하는 것은 ①이다. ②·③·④는 상대적 회수 사유에 해당한다(경찰장비관리규칙 제120조 참고).

정답 ❶

16 청원경찰법령상 청원주가 무기와 탄약을 지급해도 되는 사람은?

☑ 확인
Check!
○
△
×

① 사직 의사를 밝힌 사람
② 직무상 비위(非違)로 징계대상이 된 사람
③ 치매, 조현병, 조현정동장애, 양극성 정동장애(조울병), 재발성 우울장애 등의 정신질환으로 인하여 무기와 탄약의 휴대가 적합하지 않다고 해당 분야 전문의가 인정하는 사람
④ 민사소송의 피고로 소송 계류 중인 사람

16
민사소송의 피고로 소송 계류 중인 사람은 무기와 탄약의 지급금지대상이 아니다.

정답 ❹

관계법령 **무기관리수칙(청원경찰법 시행규칙 제16조)**

④ 청원주는 다음 각호의 어느 하나에 해당하는 청원경찰에게 무기와 탄약을 지급해서는 안 되며, 지급한 무기와 탄약은 즉시 회수해야 한다. 〈개정 2021.12.31., 2022.11.10.〉
   1. 직무상 비위(非違)로 징계대상이 된 사람
   2. 형사사건으로 조사대상이 된 사람
   3. 사직 의사를 밝힌 사람
   4. 치매, 조현병, 조현정동장애, 양극성 정동장애(조울병), 재발성 우울장애 등의 정신질환으로 인하여 무기와 탄약의 휴대가 적합하지 않다고 해당 분야 전문의가 인정하는 사람
   5. 제1호부터 제4호까지의 규정 중 어느 하나에 준하는 사유로 청원주가 무기와 탄약을 지급하기에 적절하지 않다고 인정하는 사람
   6. 삭제 〈2022.11.10.〉

04 경호복장과 장비 심화문제

1 경호원의 복장과 장비

01. 경호원의 복제에 관한 설명으로 옳은 것은?

☑확인
Check!
○
△
✕

① 대통령경호처에 파견된 경찰공무원의 복제는 경찰청장이 정한다.
② 주변의 시선을 끌 수 있는 복제를 착용한다.
③ 경호원은 경호대상자와 구분되는 복장을 착용한다.
④ 공식일정, 비공식일정 등 경호상황에 맞는 복장을 착용한다.

쏙쏙 해설 •••

④ 경호복장은 행사의 성격과 장소에 어울리는 복장을 착용하여야 한다.
① 대통령경호처에 파견근무하는 경찰공무원의 복제에 관하여는 경호처장이 정한다(경찰복제에 관한 규칙 제11조, 대통령 등의 경호에 관한 법률 시행령 제34조 제2항).
② 주위의 시선을 끌 만한 색상이나 디자인은 지양한다.
③ 경호원의 복장은 경호대상자의 복장에 맞추어 정장이나 캐주얼 복장을 상황에 따라 착용하여야 한다.

정답 ❹

핵심만콕 경호복장 선택 시 고려사항

• 경호복장은 기능적이고 튼튼한 것이어야 한다.
• 행사의 성격과 장소에 어울리는 복장을 착용한다.
• 경호대상자보다 튀지 않아야 한다.
• 어두운 색상일수록 위엄과 권위가 있어 보인다. 주위의 시선을 끌 만한 색상이나 디자인은 지양한다.
• 셔츠는 흰색 계통이 무난하며, 면소재의 제품이 활동하기에 편하다.
• 양말은 어두운 색으로, 발목 위로 올라오는 것을 착용한다.
• 장신구의 착용은 지양한다. 여자 경호원의 경우 장신구를 착용한다면 평범하고 단순한 것으로 선택한다.
• 신발은 장시간 서 있는 근무상황을 고려하여 편하고 잘 벗겨지지 않는 것을 선택한다.

〈출처〉이두석, 「경호학개론」, 진영사, 2018, P. 247

02 경호원의 복제에 관한 설명으로 옳지 않은 것을 모두 고른 것은?

☑ 확인
Check!
○
△
✕

> ㄱ. 경호현장의 주변 환경과 조화를 이루는 복장을 선택한다.
> ㄴ. 경호활동 시 필요한 장비 착용이 가능한 복장을 선택한다.
> ㄷ. 대통령경호처에 파견된 경찰공무원의 복제는 경찰청장이 정한다.
> ㄹ. 행사의 성격에 관계없이 경호대상자의 권위유지를 위한 복장을 선택한다.

① ㄱ, ㄴ   ② ㄱ, ㄹ
③ ㄴ, ㄹ   ④ ㄷ, ㄹ

쏙쏙 해설 •••

제시된 내용 중 경호원의 복제에 관한 설명으로 옳지 않은 것은 ㄷ과 ㄹ이다.

정답 ❹

핵심만콕

ㄱ. (○) 경호원은 행사의 성격에 따라 주변 환경과 어울리는 복장을 착용하여야 한다.
ㄴ. (○) 경호복장은 기능적이고 튼튼한 것이어야 한다.
ㄷ. (✕) 대통령경호처에 파견근무하는 경찰공무원의 복제에 관하여는 <u>경호처장이 정한다</u>(경찰복제에 관한 규칙 제11조, 대통령 등의 경호에 관한 법률 시행령 제34조 제2항).
ㄹ. (✕) 경호원은 <u>행사의 성격과 장소에 어울리는 복장을 착용하여야</u> 하며, 경호대상자의 권위(품위)유지를 위한 복장(어두운 색상)을 선택하여야 한다.

---

03 경호원의 복장에 관한 설명으로 옳은 것은?

기출 21

☑ 확인
Check!
○
△
✕

① 경호원은 행사의 성격에 따라 주변 환경과 어울리는 복장을 착용한다.
② 경호원으로서의 신분이 노출되지 않도록 화려한 복장을 착용한다.
③ 잠재적 위해기도자의 범행동기를 사전에 제거하기 위해 장신구를 착용한다.
④ 행사의 성격과 관계없이 경호대상자 품위를 높이기 위해 검정색 계통의 정장을 착용한다.

쏙쏙 해설 •••

일반적으로 경호원은 행사의 성격에 따라 주변 환경과 조화되도록 복장을 착용한다.

정답 ❶

핵심만콕

② <u>주위의 시선을 끌 만한 색상이나 디자인은 지양하며, 보수적인 색상과 스타일의 복장이 적합하다.</u>
③ <u>장신구의 착용과 잠재적 위해기도자의 범행동기의 사전 제거와는 인과성이 없다.</u>
④ <u>행사의 성격과 장소에 어울리는 복장을 착용하여야 하며, 어두운 색상일수록 위엄과 권위가 있다.</u>

04 경호복장에 관한 설명으로 옳은 것은?

① 경호복장은 기능적이고 튼튼한 것이어야 한다.
② 위해기도자에게 주도면밀함과 자신감을 과시하기 위해 장신구의 착용을 지향한다.
③ 경호대상자 보호를 위해 경호대상자보다 튀는 복장을 선택하여 주위의 시선을 빼앗는다.
④ 대통령경호처에서 근무하는 경찰공무원의 복제에 관하여 필요한 사항은 경찰청장이 정한다.

①은 경호복장 선택 시 고려사항으로 옳은 내용이다.
④ 대통령경호처에서 근무하는 경찰공무원의 복식에 관하여는 「대통령 등의 경호에 관한 법률 시행령」 제34조 제2항(직원의 복제에 관하여 필요한 사항은 처장이 정한다)에 따른다(경찰복제에 관한 규칙 제11조).

정답 ❶

---

05 경호복장 선택과 착용에 관한 설명으로 옳지 않은 것은?

① 주변의 시선을 끌 만한 색상이나 디자인은 지양한다.
② 행사의 성격과 장소와 무관하게 기능적이고 튼튼해야 한다.
③ 신발은 장시간 서 있는 근무상황을 고려해서 선택해야 한다.
④ 기상조건을 극복하기에 적절한 복장을 착용한다.

경호요원은 행사의 성격에 따라 보호색원리에 의한 경호현장의 주변환경과 조화되는 복장을 착용하여 신분이 노출되지 않도록 한다.

정답 ❷

---

06 경호원의 복제에 관한 설명으로 옳은 것은?

① 대통령비서실장은 필요하다고 인정하는 경우 경호처 직원에게 제복을 지급할 수 있다.
② 경호처 직원의 복제에 관하여 필요한 사항은 경호처장이 정한다.
③ 경호처에 파견된 경호경찰의 복제는 대통령비서실장이 정한다.
④ 경비업자는 경찰공무원 또는 군인의 제복과 색상 및 디자인 등이 명확히 구별되는 소속 경비원의 복장을 정하고 이를 확인할 수 있는 사진을 첨부하여 주사무소 경찰서장에게 신고하여야 한다.

경호처 직원의 복제에 관하여 필요한 사항은 경호처장이 정한다(대통령 등의 경호에 관한 법률 시행령 제34조 제2항).

정답 ❷

> **핵심만콕**
>
> • 경호처장은 필요하다고 인정하는 경우 직원에게 제복을 지급할 수 있다(대통령 등의 경호에 관한 법률 시행령 제34조 제1항).
> • 경호처에 파견된 경호경찰의 복제는 경호처장이 정한다.
> • 경비업자는 경찰공무원 또는 군인의 제복과 색상 및 디자인 등이 명확히 구별되는 소속 경비원의 복장을 정하고 이를 확인할 수 있는 사진을 첨부하여 주된 사무소를 관할하는 시·도 경찰청장에게 행정안전부령으로 정하는 바에 따라 신고하여야 한다(경비업법 제16조 제1항). ★

07 근접경호원의 복장으로 적합한 것은?

기출 11

☑ 확인
Check!
○
△
✕

① 행사의 성격과 관계없이 경호원의 품위가 느껴지는 검정색 계통의 정장
② 보호색원리에 의한 경호현장의 주변환경과 조화되는 복장
③ 위해기도자에게 강한 인상을 줄 수 있는 색상과 장비착용에 편한 기능성 복장
④ 경호대상자와 구분되는 색상이나 스타일의 복장

 쏙쏙 해설 •••

근접경호원의 복장은 보호색의 원리에 의한 비노출적 근무를 해야 한다. 따라서 ②처럼 보호색원리에 의한 경호현장의 주변 환경과 조화되는 복장이 가장 알맞다.

정답 ❷

---

08 민간경비원별 휴대 가능한 무기(장비)의 연결이 옳지 않은 것은?

기출 19

☑ 확인
Check!
○
△
✕

① 호송경비원 – 권총, 경적, 단봉, 분사기
② 특수경비원 – 권총, 소총, 경적, 단봉, 분사기
③ 기계경비원 – 경적, 단봉, 출동차량, 분사기
④ 시설경비원 – 경적, 단봉, 분사기

쏙쏙 해설 •••

호송경비원은 권총을 휴대할 수 없다. 반면, 경비업법 시행령 제20조 제5항에 의하면 특수경비원이 휴대할 수 있는 무기종류는 권총 및 소총이다.

정답 ❶

관계법령 경비업의 시설 등의 기준(경비업법 시행령 [별표 1])★ <개정 2023.5.15.>

시설 등 기준 업무별	경비인력	자본금	시 설	장비 등
1. 시설경비업무	• 일반경비원 10명 이상 • 경비지도사 1명 이상	1억원 이상	기준 경비인력 수 이상을 동시에 교육할 수 있는 교육장	기준 경비인력 수 이상의 경비원 복장 및 경적, 단봉, 분사기
2. 호송경비업무	• 무술유단자인 일반경비원 5명 이상 • 경비지도사 1명 이상	1억원 이상	기준 경비인력 수 이상을 동시에 교육할 수 있는 교육장	• 호송용 차량 1대 이상 • 현금호송백 1개 이상 • 기준 경비인력 수 이상의 경비원 복장 및 경적, 단봉, 분사기
3. 신변보호업무	• 무술유단자인 일반경비원 5명 이상 • 경비지도사 1명 이상	1억원 이상	기준 경비인력 수 이상을 동시에 교육할 수 있는 교육장	• 기준 경비인력 수 이상의 무전기 등 통신장비 • 기준 경비인력 수 이상의 경적, 단봉, 분사기
4. 기계경비업무	• 전자 · 통신 분야 기술자격증 소지자 5명을 포함한 일반경비원 10명 이상 • 경비지도사 1명 이상	1억원 이상	• 기준 경비인력 수 이상을 동시에 교육할 수 있는 교육장 • 관제시설	• 감지장치 · 송신장치 및 수신장치 • 출장소별로 출동차량 2대 이상 • 기준 경비인력 수 이상의 경비원 복장 및 경적, 단봉, 분사기
5. 특수경비업무	• 특수경비원 20명 이상 • 경비지도사 1명 이상	3억원 이상	기준 경비인력 수 이상을 동시에 교육할 수 있는 교육장	기준 경비인력 수 이상의 경비원 복장 및 경적, 단봉, 분사기

09 특수경비원의 무기관리수칙으로 옳지 않은 것은?

① 무기관리실태를 매월 파악하여 다음 달 3일까지 관할 경찰관서장에게 통보하여야 한다.

② 무기고 및 탄약고는 단층으로 설치하고 환기, 방습, 방화 등의 시설을 한다.

③ 탄약의 출납은 소총은 1정당 7발 이내, 권총은 1정당 15발 이내로 한다.

④ 무기를 지급받은 경비원으로 하여금 매주 1회 이상 손질하게 한다.

 해설 •••

③ 무기를 대여받은 시설주 또는 관리책임자는 특수경비원에게 무기를 출납하고자 하는 때에는 탄약의 출납은 소총에 있어서는 1정당 15발 이내, 권총에 있어서는 1정당 7발 이내로 하되, 생산된 후 오래된 탄약을 우선적으로 출납하여야 한다(경비업법 시행규칙 제18조 제3항 제2호).

① 경비업법 시행규칙 제18조 제1항 제5호

② 경비업법 시행규칙 제18조 제1항 제2호

④ 경비업법 시행규칙 제18조 제3항 제3호

 ❸

---

10 특수경비원의 무기관리에 관한 설명으로 옳지 않은 것은?

① 무기를 지급받은 특수경비원은 매주 1회 이상 무기를 손질해야 한다.

② 무기의 즉시회수 대상에는 형사사건 조사 중인 자, 사의를 표명한 자, 정신질환자 등이 있다.

③ 탄약의 출납은 소총 1정당 15발 이내, 권총 1정당 7발 이내로 하되, 오래된 탄약을 우선 출납한다.

④ 대여받은 무기를 빼앗기거나 분실·도난 또는 훼손된 때에는 시·도 경찰청장이 정하는 바에 의하여 그 전액을 배상해야 한다.

해설 •••

대여받은 무기를 빼앗기거나 분실·도난 또는 훼손된 때에는 경찰청장이 정하는 바에 의하여 그 전액을 배상할 것. 다만, 전시·사변, 천재·지변, 그 밖의 불가항력의 사유가 있다고 시·도 경찰청장이 인정한 때에는 그러하지 아니하다(경비업법 시행규칙 제18조 제1항 제7호).

 ❹

11 경호업무 수행 시 경비원이 휴대 가능한 무기, 장비 등으로 적절하지 않은 것은?

기출 07

① 특수경비원 – 권총, 소총, 경적, 단봉, 분사기
② 일반경비원 – 경적, 단봉, 분사기
③ 기계경비원 – 경적, 단봉, 출동차량, 분사기
④ 호송경비원 – 현금호송백, 권총, 경적, 단봉, 분사기

 쏙쏙 해설 •••

권총 및 소총은 경비원 중에서 특수경비원만이 휴대할 수 있다.

정답 ❹

---

12 경비원이 분사기를 휴대하기 위한 적법한 절차로 옳은 것은?

기출 07

① 경비업자가 총포·도검·화약류 등의 안전관리에 관한 법률에 의하여 미리 분사기의 소지허가를 받아야 한다.
② 경비업자가 분사기를 구입하여 관할 경찰서에 기부 후 필요시 경찰청장의 허가에 의해 대여해 휴대할 수 있다.
③ 경비원이 개인 구입하여 관할 경찰서장의 허가를 받아 휴대할 수 있다.
④ 경비원 개인은 근무목적상 본인이 구입하여 경비업자의 허가를 받아 분사기를 휴대할 수 있다.

 쏙쏙 해설 •••

경비업법 제16조의2 제2항

정답 ❶

---

13 다음 특수경비원의 무기휴대 및 사용에 대한 설명이 틀린 것은?

기출수정 07

① 관할 경찰관서장은 시설주의 무기관리상황을 매월 1회 이상 점검해야 한다.
② 시설주는 특수경비원에게 무기휴대를 하게 하는 경우 관할 경찰관서장의 사전승인을 얻어야 한다.
③ 특수경비원이 휴대할 수 있는 무기종류는 권총 및 소총이다.
④ 어떠한 경우라도 14세 미만의 자나 임산부에 대해서는 무기를 사용할 수 없다.

쏙쏙 해설 •••

④ 특수경비원은 총기 또는 폭발물을 가지고 대항하는 경우를 제외하고는 14세 미만의 자 또는 임산부에 대하여는 권총 또는 소총을 발사하여서는 아니 된다(경비업법 제15조 제4항 제3호).
① 경비업법 시행령 제21조
② 경비업법 시행령 제20조 제2항
③ 경비업법 시행령 제20조 제5항

정답 ❹

2 **경호장비의 유형별 관리**

01 경호장비에 관한 설명으로 옳지 않은 것은?

① 하부검색경으로 행사장 이동차량의 안전상태를 확인한다.
② 경호대상자에게 보내온 발신불명의 우편물을 X-RAY를 통해 안전하게 관리한다.
③ 대통령경호처장은 직무를 수행하기 위하여 필요하다고 인정할 때에는 소속공무원에게 무기를 휴대하게 할 수 있다.
④ 사람이 직접 확인할 수 없는 공간의 확인, 유해물질 존재 여부 등은 방호장비로 점검한다.

 쏙쏙 해설 •••

④ 사람이 직접 확인할 수 없는 공간의 확인, 유해물질 존재 여부 등은 검측장비로 점검한다.
① 하부검색경은 검측장비를 세분하는 경우 탐지장비에 해당하며, 반사경을 이용하여 사각지역이나 차량 하부 등의 이상 유무를 확인하는 장비이다.
② 발신불명의 우편물을 X-RAY를 통해 안전하게 관리하는 것은 위해물질의 존재 여부를 검사하는 검측(검색)장비에 관한 설명이다.
③ 대통령 등의 경호에 관한 법률 제19조 제1항

정답 **④**

핵심만콕 경호장비의 기능에 따른 분류

호신장비	일반적으로 자신의 생명이나 신체가 위험상태에 놓였을 때 스스로를 보호하는 데 사용하는 장비를 말한다. 여기에는 총기, 경봉, 가스분사기, 전자충격기 등이 있다.
방호장비	경호대상자나 경호대상자가 사용하는 시설물을 보호하기 위한 장치를 말한다. 적의 침입 예상경로를 차단하기 위하여 방벽을 설치·이용하는 것으로 경호방법 중 최후의 예방경호방법이라 할 수 있다. 방호장비는 크게 자연적 방벽과 물리적 방벽으로 나뉜다(단순히 방폭담요, 방폭가방 등을 방호장비로 분류하는 견해도 있다).
기동장비	경호대상자의 경호를 위하여 운용하는 차량·항공기·선박·열차 등의 이동수단을 말한다.
검색·검측장비	검색장비는 위해도구나 위해물질을 찾아내는 데 사용하는 장비를 말하고, 검측장비는 위해물질의 존재 여부를 검사하거나 시설물의 안전점검에 사용하는 도구를 말한다. 일반적으로 검측장비로 통칭하며, 검측장비는 탐지장비, 처리장비, 검측공구로 구분하여 사용한다.
감시장비	위해기도자의 침입이나 범죄행위를 사전에 감시하기 위한 장비(전자파, 초음파, 적외선 등을 이용한 기계장비)를 말한다. 경호임무에 있어 인력부족으로 인한 경호 취약점을 보완하는 수단으로, 감시장비에는 드론, CCTV, 열선감지기, 쌍안경, 망원경, 포대경(M65), TOD(영상감시장비) 등이 있다.
통신장비	경호업무를 수행하는 데 필요한 보고 또는 연락을 위한 통신장비(유선·무선)를 말한다. 경호통신은 신뢰성, 신속성, 정확성, 안전성이 고려되어야 한다. 유선통신장비에는 전화기, 교환기, FAX망, 컴퓨터통신, CCTV 등의 장비가 있으며, 무선통신장비에는 휴대용 무전기(FM-1), 페이징, 차량용 무전기(MR-40V, KSM-2510A, FM-5), 무선전화기, 인공위성 등이 있다.

02 경호장비에 관한 설명으로 옳지 않은 것은?

① 「대통령 등의 경호에 관한 법률」에서 호신장비와 관련하여 무기에 대한 규정을 두고 있다.

② 경비원이 사용하는 단봉, 분사기는 호신장비에 포함된다.

③ 경호업무에서 사용되는 드론은 감시장비에 포함된다.

④ 경호현장에서 설치되는 바리케이드나 차량 스파이크 트랩은 인적 방호장비이다.

 해설 •••

경호현장에서 설치되는 <u>바리케이드나 차량 스파이크 트랩은 인적 방호장비가 아닌 물적, 즉 차량용 방호장비라 평가할 수 있다.</u>

정답 ❹

핵심만콕

① 대통령 등의 경호에 관한 법률 제19조(무기의 휴대 및 사용)

② 일반적으로 호신장비는 자신의 생명·신체가 위험상태에 놓였을 때 스스로를 보호하는 데 사용하는 장비를 말하므로, 경비원이 사용하는 단봉, 분사기는 호신장비에 포함된다.

③ 감시장비는 경호임무에 있어 인력부족으로 인한 경호 취약점을 보완하는 수단으로 위해기도자의 침입이나 범죄행위를 사전에 감시하기 위한 장비를 말하며, 감시장비에는 드론, CCTV 등이 포함된다.

---

03 경호장비에 관한 설명으로 옳지 않은 것은?

① 호신장비는 자신의 생명과 신체가 위험한 상태에 놓였을 때 스스로 보호하는 데 사용하는 도구이다.

② 방호장비는 경호대상자가 사용하는 시설물을 보호하기 위한 장치를 말한다.

③ 검측장비는 위해기도자의 침입이나 범죄행위를 감시하고, 거동수상자의 동태를 추적하는 장비를 말한다.

④ 기동장비는 경호대상자의 경호를 위하여 사용하는 기동수단을 말한다.

해설 •••

경호장비 중 감시장비에 관한 설명이다.

정답 ❸

04 경호장비에 관한 설명으로 옳지 않은 것은? 기출 20

☑ 확인
Check!
○
△
✕

① 호신장비란 자신의 생명과 신체가 위험한 상태에 놓였을 때 스스로를 보호하는 데 사용하는 도구를 말한다.
② 검측장비는 가스분사기, 전기방벽, 금속탐지기, CCTV 등이다.
③ 대통령경호처장은 직무를 수행하기 위하여 필요하다고 인정할 때에는 소속 공무원에게 무기를 휴대하게 할 수 있다.
④ 경비업법상 경비원이 휴대할 수 있는 장비의 종류는 경적·단봉·분사기 등으로, 근무 중에만 이를 휴대할 수 있다.

쏙쏙 해설 •••

금속탐지기만 검측장비에 해당한다. 가스분사기는 호신장비, 전기방벽은 방호장비, CCTV는 감시장비이다.

정답 ❷

---

05 경호장비에 관한 분류로 옳지 않은 것은? 기출 18

☑ 확인
Check!
○
△
✕

① 호신장비 : 총기, 가스분사기
② 감시장비 : 금속탐지기, X-Ray 수화물 검색기
③ 방호장비 : 방폭담요, 방폭가방
④ 기동장비 : 차량, 항공기

쏙쏙 해설 •••

금속탐지기, X-Ray 수화물 검색기는 검색장비이다.

정답 ❷

---

06 경호장비의 종류에 관한 설명으로 옳은 것은? 기출 08

☑ 확인
Check!
○
△
✕

① 경호업무에 있어서 인력부족으로 인한 경호취약점을 보완하는 수단으로써 침입행위를 사전에 알아내는 역할을 하는 장비를 호신장비라고 한다.
② 경호원이 자신의 생명·신체가 위험상태에 놓였을 때 스스로를 보호하는 장비를 방호장비라고 한다.
③ 경호위해요소에 대한 분석과 판단으로 적절한 조치를 강구하여 위해요소를 사전에 제거하는 데 활용되는 장비를 검색장비라고 한다.
④ 방벽을 설치하여 침입하려는 적의 심리상태를 불안·좌절시키는 효과를 가진 장비를 감시장비라고 한다.

쏙쏙 해설 •••

③ 검색장비에 관한 설명으로 옳다.
① 경호업무에 있어서 인력부족으로 인한 경호취약점을 보완하는 수단으로써 침입행위를 사전에 알아내는 역할을 하는 장비를 '감시장비'라고 한다.
② 경호원이 자신의 생명·신체가 위험상태에 놓였을 때 스스로를 보호하는 장비를 '호신장비'라고 한다.
④ 방벽을 설치하여 침입하려는 적의 심리상태를 불안·좌절시키는 효과를 가진 장비를 '방호장비'라고 한다.

정답 ❸

07 경호대상자를 보호하는 데 필요한 호신장비가 아닌 것은?

 기출 13

☑ 확인
Check!
○
△
×

① 전자충격기
② 가스분사기
③ 금속탐지기
④ 경 봉

 쏙쏙 해설 •••

호신장비는 생명과 신체가 위험에 처했을 때 사용하는 장비로, 현행법상 대통령경호원과 청원경찰은 총기류를 휴대 및 사용할 수 있으나 일반 경비원은 총기류를 사용할 수 없고 경봉, 가스총, 가스분사기, 전기충격기 등을 사용할 수 있다. 금속탐지기는 검색장비에 해당한다.

정답 ❸

08 경호 호신장비에 관한 설명으로 옳지 않은 것은?

기출 09

☑ 확인
Check!
○
△
×

① 가스총이나 가스봉은 총기에 준하지 않으므로 생산, 소지, 관리에 있어서 총기보다는 안전관리의 정도가 약하다.
② 청원경찰이 경봉이나 가스분사기, 가스봉 이외의 곤봉 등을 휴대하는 것은 위법으로 허용되지 않는다.
③ 우리나라 경비원은 특수경비원을 제외하고는 호신용총이나 칼을 소지할 수 없다.
④ 경비업자가 경비원으로 하여금 분사기를 휴대하여 직무를 수행하게 하는 경우에는 총포·도검·화약류 등의 안전관리에 관한 법률에 의하여 미리 분사기의 소지허가를 받아야 한다.

쏙쏙 해설 •••

가스총이나 가스봉은 총기에 준하여 관리한다. 휴대용 가스 분사기는 총기에 준하여 관리하여야 하고 공권력 행사나 정당방위, 화재 초기 진화 등에만 사용할 수 있으며, 자구행위·개인감정·시비 등의 목적에는 사용할 수 없다.

정답 ❶

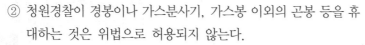

관계법령 **경비원의 장비 등(경비업법 제16조의2 제2항)**

경비업자가 경비원으로 하여금 분사기를 휴대하여 직무를 수행하게 하는 경우에는 총포·도검·화약류 등의 안전관리에 관한 법률에 의하여 미리 분사기의 소지허가를 받아야 한다.

09 다음에서 설명하는 경호장비는? 기출 22

○ 유해물질 존재 여부의 검사
○ 시설물의 안전점검
○ 사람이 직접 확인할 수 없는 밀폐공간의 확인

① 호신장비　　　　② 감시장비
③ 방호장비　　　　④ 검측장비

쏙쏙 해설 •••

제시문이 설명하는 경호장비는 검측장비이다.

정답 ❹

---

10 검측장비에 해당하지 않는 것은? 기출 21

① X-ray 검색기
② 전자충격기
③ 금속탐지기
④ 폭발물탐지기

쏙쏙 해설 •••

전자충격기는 자신의 생명이나 신체가 위험상태에 놓였을 때 스스로를 보호하는 데 사용하는 호신장비에 해당한다.

정답 ❷

핵심만콕 검측장비의 세분

검측장비의 구분	내 용
탐지장비	금속탐지기(문형, 봉형, 휴대용), X-RAY(X-RAY 검색기, 전신 검색기), 폭약탐지기, 액체폭발물 탐지기, 방사능 탐지기, 독가스탐지기, 독극물탐지기, 청진기, 화이버스코프, 서치탭, 검색경, 폭발물탐지견, 소방점검장비 등
처리장비	폭발물처리키트, 물포(Water cannon), X-RAY 촬영기
검측공구	탐침, 손전등, 거울, 개방공구, 다용도칼 등

〈출처〉 이두석, 「경호학개론」, 진영사, 2018, P. 241~243

11 경호장비의 유형별 관리에 관한 설명으로 옳지 않은 것은?

기출 11

☑ 확인
Check!
○
△
✕

① 검색장비의 운용 시 입장객을 통과시킬 때에는 개인 간 간격을 최소 1m 이내로 밀착시켜 빠른 걸음으로 통과시켜야 행사가 원만하게 진행될 수 있다.

② 전자파, 초음파, 적외선 등의 광학을 이용한 기계장비는 인력부족으로 인한 경호 취약점을 보완하는 수단으로 활용된다.

③ X-Ray 검색기는 경호행사장 입구에 설치하여 입장자의 휴대품 속에 숨겨져 있는 무기류를 확인하는 장비이다.

④ 금속탐지기를 2대 이상 운용할 때에는 최소 3m 이상의 간격을 확보해야 한다.

핵심만콕 검색장비의 운용방법

- 검색장비의 운용 시 입장객을 통과시킬 때에는 개인 간 간격이 최소 1.5m 정도 떨어져 보통 걸음으로 통과하도록 한다.
- 전자파, 초음파, 적외선 등의 광학을 이용한 기계장비는 인력부족으로 인한 경호 취약점을 보완하는 수단으로 활용된다.
- X-Ray 검색기는 경호행사장 입구에 설치하여 입장자의 휴대품 속에 숨겨져 있는 무기류를 확인하는 장비이다.
- 금속탐지기를 2대 이상 운용할 때에는 최소 3m 이상의 간격을 확보해야 한다.
- 무전기와 같은 통신장비는 탐지기로부터 3m 이상 거리를 유지하여야 한다.
- 에어컨이나 콘솔박스 등 전압의 변화가 심한 장소나 고압전류가 흐르는 주변은 피해야 한다.

〈출처〉 김계원, 「경호학」, 백산출판사, 2008, P. 337

---

12 검색장비 설치 시 유의할 사항이 아닌 것은?

기출 05

☑ 확인
Check!
○
△
✕

① 사용 전에 반드시 전원을 확인할 것

② 조립식 제품으로 무리한 힘을 가하거나 충격을 주지 말 것

③ 에어컨 등 전압변동이 심한 곳을 피하여 설치할 것

④ 금속탐지기를 2대 이상 운용 시 최소 10m 이상 유지할 것

13 입국하는 국빈, 장관급 이상의 관료 등에 대한 경호를 목적으로 총포를 소지하고 입국하려는 사람이 총포의 일시 반출입 및 일시 소지 허가를 신청할 경우 경찰청장에게 신고하여야 할 내용이 아닌 것은?

☑ 확인
Check!
○
△
✕

① 입국자의 국적 및 여권번호
② 입국이나 출국의 일시, 이용 항공 등 교통편명
③ 총포의 종류, 제품명, 일련번호
④ 총포의 이력추적관리 내역

 쏙쏙 해설 •••

총포의 이력추적관리 내역은 이와 같은 경우 경찰청장에게 신고하여야 할 내용에 해당하지 않는다(총포·도검·화약류 등의 안전관리에 관한 법률 시행령 제14조의3 제1항 참고).

정답 **④**

관계법령 경호 목적 총포의 일시 반출입 등(총포·도검·화약류 등의 안전관리에 관한 법률 시행령 제14조의3)

① 법 제14조 제3항에 따라 국내에 입국하는 국빈, 장관급 이상의 관료 및 이에 준하는 외국 요인(要人)·외교관 등에 대한 경호를 목적으로 총포를 소지하고 입국하려는 사람은 다음 각호의 사항을 기재하여 미리 경찰청장에게 총포의 일시 반출입 및 일시 소지 허가를 신청하여야 한다.
  1. 입국자의 성명, 생년월일, 국적 및 여권번호
  2. 총포의 종류, 제품명, 일련번호, 수량 및 실탄 수량
  3. 입국이나 출국의 일시, 이용 항공 등 교통편명, 출발지 및 도착지
② 경찰청장은 법 제14조 제3항에 따른 경호용 총포 반출입 및 일시 소지 허가를 하기 전에 대통령경호처장과 미리 협의하여야 한다.
③ 제1항에 따라 총포의 일시 반출입 및 일시 소지 허가를 받은 사람은 국내에 입국하거나 출국하는 경우 해당 총기의 반출입 사항을 경찰청장에게 통보하여야 한다.

---

14 다음 경호장비 중에서 권총(38리볼버)의 격발의 방법으로 맞는 것은?

☑ 확인
Check!
○
△
✕

① 탄대장전식
② 노출공이치기식
③ 삽탄장전식
④ 회전노리쇠식

  쏙쏙 해설 •••

38리볼버 권총의 격발의 방법은 노출 공이치기식이다. 38리볼버 권총의 특징은 반자동식, 총미장전식, 분리복합작용식, 파지식, 공냉식 등이다.

정답 **②**

우리가 해야 할 일은 끊임없이 호기심을 갖고
새로운 생각을 시험해보고
새로운 인상을 받는 것이다.

- 월터 페이터 -

CHAPTER 05

경호의전과 구급법

05 경호의전과 구급법 확인문제

1 경호원의 자격과 윤리

01 경호임무 수행 시 근무방법 및 경호원의 자격과 윤리의 내용 중 옳은 것은?

기출 02

☑ 확인
Check!
○
△
×

① 경호 중 질서유지를 위해서는 군중들에게 강압적이고 위협적인 행동을 한다.
② 경호원의 복장은 화려한 색상으로 경호원의 권위와 신분을 과시해야 한다.
③ 투철한 사명감과 희생정신이 필요하다.
④ 휴대장비의 취급에 주의하고 작동은 누구나 할 수 있다.

01
경호요원은 오직 한순간을 대비하여 생명을 담보로 임무를 수행하며 자신의 생명보다도 경호대상자 보호를 최우선으로 두고 유사시 자신의 생명을 초개와 같이 버리면서 과감한 행동을 요구함과 동시에 희생정신을 바탕으로 한 투철한 전문 직업관을 요구하고 있다.

정답 ❸

02 다음 중 경호공무원의 근무자세로 보기 어려운 것은?

기출 02

☑ 확인
Check!
○
△
×

① 공정하고 진지하며 단정한 자세를 갖는다.
② 감정을 앞세우지 않고 공명정대하게 임무를 수행한다.
③ 항상 국민을 위하여 헌신하는 자세로 근무한다.
④ 안전에 대한 서비스를 제공하고 기업주로부터 금품을 받는다.

02
어떠한 경우에도 금품을 수수해서는 안 된다. 즉, 경호원은 직무와 관련하여 직접 또는 간접을 불문하고 사례·증여 또는 향응을 수수할 수 없으며, 직무상의 관계 여하를 불문하고 그 소속 상관에 증여하거나 소속 경호원으로부터 증여를 받아서는 아니 된다.

정답 ❹

03 다음 내용 중에서 전문경호요원이 되기 위한 조건으로 적절하지 못한 내용은?

기출 97

☑ 확인
Check!
○
△
×

① 경호원의 올바른 직업관 유지
② 경호요원 간의 권위주의 상하관계 유지
③ 맡은 업무에 대한 긍지와 사명감 고취
④ 확고한 국가관과 충성심에서 경호에 임함

03
②를 전문경호요원이 되기 위한 조건으로 볼 수는 없다.

정답 ❷

04 경호원 직원윤리 정립을 위한 내용으로 옳지 않은 것은?

기출 16

☑ 확인
Check!
○
△
×

① 안전사고 예방을 위한 정신교육 강화
② 경호대상자와의 신뢰를 통한 정치적 활동 지향
③ 사전예방활동을 위한 경호위해요소 인지능력 배양
④ 지휘단일성의 원칙에 의한 위기관리 대응능력 함양

04

경호원은 정치적으로 반대 입장에 있는 요인(要人)을 경호해야 하는 상황이 있을 수 있으므로 정치적으로 중립을 유지하여야 하며, 정치적 활동 역시 지양하여야 한다.

정답 ❷

---

2 경호원의 의전과 예절

01 의전에 관한 설명으로 옳지 않은 것은?

기출 18

☑ 확인
Check!
○
△
×

① 3부(府)의 초청인사 집단별 좌석배치순서는 관행상 행정·입법·사법의 순이다.
② 정부 의전행사에서 적용하고 있는 주요 참석인사에 대한 예우기준에 따라 공적 직위가 없는 인사 서열의 경우 직급, 기관장, 전직, 연령을 기준으로 한다.
③ 주한외교단은 신임장을 제정한 일자 순으로 배치한다.
④ 우리나라 정부인사가 외국정부의 같은 급의 인사를 초청한 경우에는 외빈인사를 상위의 좌석에 배치하는 것이 일반적인 관례이다.

01

직급, 기관장 순위는 직위에 의한 서열기준이다.

정답 ❷

02 우리나라 정부 의전행사 시 적용하고 있는 주요 참석인사에 대한 예우에서 공적 직위가 있는 경우의 서열기준이 아닌 것은?

기출 16

① 직급(계급) 순위
② 전직 순위
③ 헌법 및 정부조직법상의 기관순위
④ 기관장 선순위

02
전직 순위는 공적 지위가 없는 인사의 서열기준에 해당하므로 오답이다.

정답 ❷

03 국가원수의 외국 방문 시 준비업무에 대한 각 주관부처의 업무분장 내용으로 옳지 않은 것은?

기출 12

① 항공기 결정 – 외교부
② 연설문, 성명서 작성 – 청와대
③ 국내 공항 행사 – 국토교통부
④ 예산 조치 – 외교부

03
국내 공항 행사 – 행정안전부

정답 ❸

핵심만콕 국가원수의 외국 방문 시 준비업무 분장

• 일정 확정 : 청와대, 외교부
• 항공기 결정 : 청와대, 외교부
• 공보활동 계획 : 문화체육관광부
• 연설문, 성명서 작성 : 청와대, 외교부
• 방문국에 대한 의전 설명 : 외교부
• 예산 편성 : 외교부
• 선물, 기념품 준비 : 청와대, 외교부
• 회담 및 교섭 자료 작성 : 외교부, 관계 부처
• 훈장 준비, 교환 : 외교부, 행정안전부
• 국내 공항 행사 : 행정안전부
• 기념우표 : 과학기술정보통신부

〈출처〉 김두현, 「경호학개론」, 엑스퍼트, 2020, P. 306

04 외교관 및 영사의 서열에 관한 설명으로 옳지 않은 것은?

기출 11

☑ 확인
Check!
○
△
×

① 공관장인 대사 및 공사 상호 간의 서열은 신임장 제정 순서에 따른다.
② 대사대리 상호 간의 서열은 계급에 관계없이 지명통고가 접수된 순서에 따른다.
③ 공관장 이외의 외교관 서열도 외교관 계급에 따르고, 동일 계급 간에는 나이 순서에 따른다.
④ 같은 계급에 있어서 외교관은 무관보다 앞선다.

04
공관장 이외의 외교관 서열도 외교관 계급에 따르고, 동일 계급 간에는 착임(着任, 취임) 순서에 따른다.

정답 ❸

05 의전서열에 관한 설명으로 옳지 않은 것은?

기출 09

☑ 확인
Check!
○
△
×

① 지위가 비슷한 경우 연소자보다 연장자가, 내국인보다 외국인이 상위서열이다.
② 기혼부인 간의 서열은 남편의 지위에 따른다.
③ 공식 서열은 신분별 지위에 따라 인정된 서열로서, 국제적으로 동일하게 적용된다.
④ 비공식 서열의 경우 원만하고 조화된 좌석배치를 위해서 서열 결정상의 원칙은 다소 조정될 수도 있다.

05
공식 서열은 신분별 지위에 따라 인정된 서열로 국제적으로 동일하게 적용하는 것이 아니고, 나라마다 의전관행과 관습에 따라 약간의 차이가 있다.

정답 ❸

06 경호의전작용 중 서열기준을 조정할 경우 이에 대한 원칙으로 맞는 것은?

기출수정 05

☑ 확인
Check!
○
△
×

① 미국대통령 방문 시 주미 한국대사가 귀국하였을 때는 주한 미국대사 다음으로 할 수 있다.
② 대통령을 대행하여 참석하는 국무총리는 외국 대사 다음으로 할 수 있다.
③ 우리가 주최하는 연회에서는 자국측 빈객은 동급의 외국측 빈객보다 상위에 둔다.
④ 대사가 여자일 경우 그의 남편은 최상위의 공사보다 우선한다.

06
① 경호의 의전작용 중 서열기준 조정으로 옳다.
② 국가원수를 대행하여 참석하는 정부 각료는 외국 대사보다 우선한다.
③ 자국측 빈객은 동급의 외국측 빈객보다 하위에 둔다.
④ 대사가 여자일 경우 대사의 남편은 공식 행사 등에서는 예외에 속한다.

정답 ❶

07 국기게양에 관한 설명으로 옳은 것은? 기출 18

① 조의를 표하는 날은 현충일 및 국가장법 제6조에 따른 국가장 기간이다.

② 국경일은 3·1절, 제헌절, 광복절, 개천절 및 국군의 날이다.

③ 국기를 전국적으로 게양해야 하는 날은 국경일 및 기념일, 조의를 표하는 날이며, 국기는 일출부터 일몰까지만 게양해야 한다.

④ 국가, 지방자치단체 및 공공기관의 청사 등에는 목적을 고려하여 국기를 낮에만 게양할 수 있다.

07

① 대한민국국기법 제9조 제1항 제2호

② 국군의 날은 기념일이다(대한민국국기법 제8조 제1항 제1항·제2호). ★

③ 태극기 게양일은 3월 1일, 6월 6일(기념일 : 조기를 게양한다), 7월 17일, 8월 15일, 10월 1일(기념일), 10월 3일, 10월 9일이며, 국기는 매일·24시간 게양할 수 있다(대한민국국기법 제8조 제2항). ★

④ 국가, 지방자치단체 및 공공기관의 청사 등에는 가능한 한 연중 국기를 게양하여야 한다. 이 경우 야간에는 적절한 조명을 하여야 한다(대한민국국기법 제8조 제3항). ★

정답 ❶

관계법령 **국경일의 종류(국경일에 관한 법률 제2조)★**

국경일은 다음 각호와 같다.
1. 3·1절 : 3월 1일
2. 제헌절 : 7월 17일
3. 광복절 : 8월 15일
4. 개천절 : 10월 3일
5. 한글날 : 10월 9일

---

08 국기게양에 관한 설명으로 옳은 것은?

① 각급 학교 및 군부대의 주된 게양대에는 국기를 매일·24시간 게양할 수 있다.

② 국기는 심한 눈·비와 바람 등으로 그 훼손이 우려되는 경우에도 게양하여야 한다.

③ 국기를 게양하고자 하는 경우 게양 시각은 오전 7시이다.

④ 국기는 매일·24시간 게양하여야 한다.

08

국기를 게양하고자 하는 경우 게양 시각은 오전 7시이고, 강하 시각은 3월부터 10월까지는 오후 6시, 11월부터 다음해 2월까지는 오후 5시이다(대한민국국기법 시행령 제12조 제1항).

정답 ❸

핵심만콕

① 각급 학교 및 군부대의 주된 게양대에는 국기를 매일 낮에만 게양한다(대한민국국기법 제8조 제4항).

② 국기가 심한 눈·비와 바람 등으로 그 훼손이 우려되는 경우에는 이를 게양하지 아니한다(대한민국국기법 제8조 제5항).

④ 국기는 매일·24시간 게양할 수 있다(대한민국국기법 제8조 제2항).

09 태극기 게양일 중에 조기(弔旗)를 게양해야 하는 날은? 기출 17

① 3·1절
② 제헌절
③ 현충일
④ 국군의 날

09
현재 관련 법규상의 조기 게양 지정일은 현충일과 국가장기간(국장기간·국민장일)이다(대한민국국기법 제9조 제1항 제2호).

정답 ③

관계법령 국기의 게양방법 등(대한민국국기법 제9조)

① 국기는 다음 각호의 방법으로 게양하여야 한다.
  1. 경축일 또는 평일 : 깃봉과 깃면의 사이를 떼지 아니하고 게양함
  2. 현충일·국가장기간 등 조의를 표하는 날 : 깃봉과 깃면의 사이를 깃면의 너비만큼 떼어 조기(弔旗)를 게양함
② 국기의 게양 및 강하 방법, 국기와 다른 기의 게양 및 강하 방법, 국기의 게양위치, 게양식·강하식 등 그 밖에 필요한 사항은 대통령령으로 정한다.

제1장
제2장
제3장
제4장
제5장
제6장

---

10 의전에 있어 태극기 게양방법으로 옳지 않은 것은? 기출 15

① 국군의 날은 태극기를 전국적으로 게양하여야 하는 날이다.
② 현충일은 조기를 게양한다.
③ 공항·호텔 등 국제적인 교류장소는 태극기를 가능한 한 연중 게양하여야 한다.
④ 국제 행사가 치러지는 건물 밖에 여러 개의 국기를 동시에 게양 시, 총 국기의 수가 짝수이고 게양대의 높이가 동일할 경우 건물 밖에서 바라볼 때를 기준으로 태극기를 가장 오른쪽에 게양한다.

10
④ 국제 행사가 치러지는 건물밖에 여러 개의 국기를 동시에 게양 시 총 국기의 수가 짝수이고 게양대의 높이가 동일할 경우 건물 밖에서 바라볼 때를 기준으로 태극기를 가장 왼쪽에 게양한다. 홀수일 때는 중앙에 게양한다. ★
① 대한민국국기법 제8조 제1항 제2호
② 대한민국국기법 제9조 제1항 제2호
③ 대한민국국기법 제8조 제3항 전문 제1호

정답 ④

11 경호의전에서 국기의 게양방법으로 옳지 않은 것은? `기출 14`

① 옥내 회의장이나 강당 등에 국기를 깃대에 달아서 세워 놓을 때에는 단상 등 전면 왼쪽에 위치하도록 한다.

② 옥내 회의장이나 강당 등에 국기의 깃면만을 게시할 경우에는 전면 중앙에 위치하도록 한다.

③ 차량용 국기게양은 차량의 본네트 앞에 서서 차량을 정면으로 바라볼 때 본네트의 오른쪽이나 오른쪽 유리창문에 단다.

④ 옥외 정부행사장의 경우 이미 설치되어 있는 주 게양대에 대형 태극기를 게양하는 것을 원칙으로 한다.

11
차량용 국기게양은 차량의 본네트 앞에 서서 차량을 정면으로 바라볼 때 보닛(본네트)의 왼쪽이나 왼쪽 유리 창문에 단다.

`정답` ❸

관계법령

실내에서의 국기 게양(국기의 게양·관리 및 선양에 관한 규정 제11조)
① 실내에서의 국기 게양은 깃대형을 원칙으로 하되, 실내여건에 따라 게시형이나 탁상형으로도 할 수 있다.
② 실내에서 국기를 게양하는 경우에는 다음 각호의 규격으로 게양하되, 사무실의 크기 등을 감안하여 크기를 조정할 수 있다.
  1. 깃대형 : 5호부터 8호까지의 규격
  2. 게시형 : 8호부터 9호까지의 규격. 이 경우 가급적 [별표 4]에 따른 실내게시용 국기틀 규격을 사용하도록 한다.
  3. 탁상형 : 9호부터 10호까지의 규격
③ 실내에서의 국기 게양 장소는 [별표 5]에 따르되, 시·군·자치구 이상의 기관의 기관장실에는 가급적 깃대형을 설치하도록 한다.
④ 깃대형에 국기를 게양할 때에는 태극문양의 빨간색이 오른쪽에 오도록 하여 늘어뜨려 단다.
⑤ 국기의 게양 유형별 게양 위치는 다음 각호와 같다.
  1. 깃대형의 경우
    가. 기관장실, 부서장실 등의 개인집무공간인 경우에는 앞에서 집무탁상을 바라보아 집무탁상 뒤 왼쪽에 위치하도록 한다.
    나. 회의실 또는 강당의 경우에는 앞에서 단상을 바라보아 단상 왼쪽에 위치하도록 한다.
  2. 게시형의 경우
    가. 주출입문 맞은편 벽면에 게시하는 것을 원칙으로 하되, 사무실의 구조 및 기타 게시물과의 간격을 적절하게 조정하여 전체적으로 조화를 이루도록 한다.
    나. 국기를 다른 게시물과 함께 게시하는 경우에는 다른 게시물보다 낮게 게시해서는 안 되며 [별표 6]과 같이 게시한다.
  3. 탁상형의 경우 : 앞에서 탁상을 바라보아 탁상 위 왼쪽 전면에 위치하도록 한다.

행사장에서의 국기 게양(국기의 게양·관리 및 선양에 관한 규정 제12조)
① 행사장별 국기 게양 방법은 다음 각호와 같다.
  1. 옥외행사의 경우 : 이미 설치된 옥외의 주된 게양대에 대형의 국기를 게양하는 것을 원칙으로 한다. 다만, 단상에 참석한 사람들이 옥외 게양대의 국기를 볼 수 없거나 멀리 떨어져 있을 때에는 앞에서 단상을 바라보아 단상 왼쪽에 임시 국기게양대를 설치한다.
  2. 옥내행사의 경우 : 실내체육관 등 중·대형 행사장은 대형 깃면을 단상 뒤쪽 중앙 벽면에 설치하는 것을 원칙으로 하되, 원형 실내체육관 등은 깃면이 잘 보이는 위치에 설치하도록 한다.
  3. 회의실 등 소규모 행사장의 경우 : 탁상형 국기를 게양하되, 앞에서 단상을 바라보아 단상 왼쪽에 게양하도록 한다.
② 실내·외 행사를 막론하고 행사장에 국기를 게양할 때에는 실물 국기를 게양하여야 한다. 다만, 보조적으로 발광화면이나 스크린 등을 활용하여 국기를 볼 수 있도록 하는 것은 가능하되 실물 국기를 게양하지 않은 채 발광화면이나 스크린 등을 통해 영상만으로 국기를 보여주어서는 아니 된다.

12 경호임무 수행 중 의전예절에 대한 설명으로 틀린 것은? 기출 02

① 초청행사에서는 경호대상자를 위한 좌석배치, 상황에 따라서 좌석배치도, 방명록 등을 준비한다.

② 경호대상자가 차량 승하차 시 반드시 가장 먼저 타고, 가장 먼저 내린다.

③ 초청 인사는 경호대상자의 왼쪽에서 오른쪽으로 이동하면서 악수한다.

④ 만찬 시에 경호대상자의 좌석 위치를 입구에서 먼 곳으로 지정하고 부부를 나란히 앉게 하는 것은 좋지 못하다.

13 탑승 시 경호예절에 관한 설명으로 옳은 것은? 기출 17

① 기차의 경우 2인용 좌석일 때 창가 쪽이 상석이고 통로 쪽이 말석이다. 침대차에서는 위쪽의 침대가 상석이다.

② 비행기를 타고 내릴 때에는 상급자가 먼저 타고 먼저 내리는 것이 올바른 순서이다.

③ 일반 선박의 경우 상급자가 나중에 타고 하선할 때는 먼저 내리나, 함정의 경우에는 상급자가 먼저 타고 먼저 내린다.

④ 에스컬레이터 탑승 시 올라갈 때는 남성이 먼저 올라가고, 내려올 때는 여성이 먼저 내려온다.

14 탑승예절에 관한 설명으로 옳은 것은? 기출 13

① 에스컬레이터는 올라갈 때는 하급자가 먼저 올라가고 내려올 때는 상급자가 먼저 내려온다.

② 승용차 탑승 시 운전기사가 있을 경우 자동차 좌석의 서열은 뒷좌석 왼쪽이 상석이며 그 다음이 오른쪽, 앞자리, 가운데 순이다.

③ 비행기를 타고 내릴 때는 상급자가 먼저 타고 먼저 내린다.

④ 비행기 탑승 시 창문가 좌석이 상석이며 통로 쪽 좌석이 차석, 상석과 차석 사이의 좌석들이 말석이다.

12

경호대상자가 차량 승하차 시 경호요원(팀장)이 가장 뒤에 승차하고 가장 먼저 내려 문을 열어주는 것이 의전예절이다.

정답 ❷

13

일반 선박은 상급자가 나중에 타고 먼저 내린다. 함정의 경우에는 상급자가 먼저 타고 먼저 내린다.

정답 ❸

14

④ 비행기 탑승예절로 옳은 설명이다.

① 에스컬레이터는 올라갈 때는 상급자가 먼저 올라가고 내려올 때는 하급자가 먼저 내려온다.

② 승용차 탑승 시 운전기사가 있을 경우 자동차 좌석의 서열은 뒷좌석 오른쪽이 상석이며 그 다음이 왼쪽, 앞자리, 가운데 순이다.

③ 비행기를 타고 내릴 때는 상급자가 마지막으로 타고 먼저 내린다.

정답 ❹

15 탑승 시 경호예절에 관한 설명으로 틀린 것은? 기출 08

☑ 확인
Check!
○
△
✕

① 비행기의 경우에는 상급자가 먼저 타고 먼저 내린다.
② 함정의 경우에는 상급자가 먼저 타고 먼저 내린다.
③ 엘리베이터 탑승 시 안내하는 사람이 있을 때에는 상급자가 먼저 타고 먼저 내린다.
④ 기차의 경우 두 사람이 나란히 앉는 좌석에서는 창가 쪽이 상석이고 통로 쪽이 말석이다.

15
비행기의 경우에는 상급자가 나중에 타고 먼저 내린다.

정답 ❶

16 다음 중 차량 탑승 시의 경호예절로 옳지 않은 것은?

☑ 확인
Check!
○
△
✕

① 운전기사가 있을 경우 뒷좌석 오른편이 상석이고 뒷좌석 왼쪽과 앞자리, 뒷좌석 가운데 순이다.
② 여성과 동승할 경우 여성이 먼저 타고, 하차 시에는 남성이 먼저 내려 문을 열어준다.
③ 상급자와 하급자가 동승할 때에는 상급자가 먼저 타고, 하차 시에는 하급자가 먼저 내린다.
④ 자가 운전자의 경우 자동차 뒷좌석 오른편이 상석이고 왼쪽, 앞자리, 가운데 순이다.

16
자가 운전자의 경우 운전석 옆자리가 상석이고, 뒷좌석 오른편, 왼쪽, 가운데 순이다.

정답 ❹

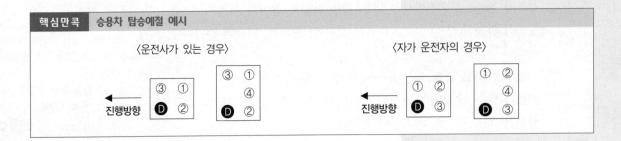

핵심만콕 승용차 탑승예절 예시

3 응급처치 및 구급법

01 응급처치의 범위에 관한 설명으로 틀린 것은? 기출 08

☑ 확인
Check!
○
△
✕

① 응급처치는 전문적인 치료를 받기 전까지의 즉각적이고 임시적인 적절한 처치와 보호이다.
② 응급처치원은 환자나 부상자에 대한 안전을 자신보다 우선 확보한다.
③ 응급처치원은 환자나 부상자에 대한 생사의 판정은 하지 않는다.
④ 응급처치원은 원칙적으로 의약품을 사용하지 않는다.

01
응급처치원이 희생정신을 가지고 환자나 부상자를 돌보는 것은 좋으나, 환자나 부상자에 대한 안전을 자신보다 우선 확보하여야 한다는 표현은 바람직하지 않다.
정답 ❷

02 응급처치를 하는 경호원이 지켜야 할 사항으로 옳지 않은 것은? 기출 14

☑ 확인
Check!
○
△
✕

① 응급처치는 전문적인 치료를 받기 전까지의 임시적인 처치임을 숙지한다.
② 의약품을 사용하여 처치하는 것이 원칙이다.
③ 환자의 생사판정은 하지 않는다.
④ 빠른 시간 내에 전문 응급의료진에게 인계할 수 있도록 한다.

02
응급처치를 하는 경호원은 원칙적으로 의약품을 사용하지 않아야 한다.
정답 ❷

03 다음 중 경호원이 경호임무 수행 시에 상해자를 발견했을 때의 조치로 올바른 순서는? 기출 11

☑ 확인
Check!
○
△
✕

① 지혈 → 기도유지 → 생명력유지 → 운반
② 기도유지 → 생명력유지 → 지혈 → 운반
③ 지혈 → 생명력유지 → 기도유지 → 운반
④ 생명력유지 → 기도유지 → 운반 → 지혈

03
상해자 발견 시 응급처치는 기도유지 → 생명력유지 → 지혈 → 운반(119구급대 응급처치) 순으로 진행한다. ★★
정답 ❷

• 손상환자 발견 시 응급처치 순서★
'RICE'는 Rest, Ice, Compression, Elevation의 첫 번째 철자를 딴 것으로 뼈가 삐거나 골절을 당했을 때 유용한 대처 방법이다. 다치면 우선 안정을 하고(Rest), 얼음찜질을 하며(Ice), 상처를 압박(Compression)하여 부종을 감소시키고, 환자를 눕히고 심장보다 높게 상처를 들어올려(Elevation) 피하 출혈과 부종을 감소시키는 순서로, 사고 발생 시 당황하지 않고 침착하게 대응한다.
• 상해자를 발견했을 때의 응급조치 순서★
기도유지 → 생명력유지 → 지혈 → 운반(119구급대 응급처치) 순으로 해야 한다.

04 경비업무 수행 중 출혈이 심한 경우 응급처치에 관한 설명으로 옳지 않은 것은? 기출 13

① 출혈부위를 심장보다 낮게 하여 안정되게 눕힌다.
② 출혈이 멎기 전에는 음료를 주지 않는다.
③ 즉시 지혈한다.
④ 지혈방법은 직접 압박, 지압점 압박, 지혈대 사용 등의 방법이 있다.

04
출혈이 심하면 즉시 지혈을 하고 출혈 부위를 심장부위보다 높게 하여 안정되게 눕힌다.

정답 ❶

05 심한 출혈 시 응급처치 요령으로 옳지 않은 것은? 기출 12

① 소독된 거즈나 헝겊으로 세게 직접 압박한다.
② 감염에 주의하면서 출혈부위의 이물질을 물로 씻어낸다.
③ 출혈부위를 심장부위보다 높게 하고 압박점을 강하게 압박한다.
④ 환자를 편안하게 눕히고 보온한다.

05
②는 심하지 않은 출혈 시 지혈요령이다.

정답 ❷

06 다음 중 지혈방법이 아닌 것은?   기출 01

☑ 확인
Check!
○
△
✕

① 지혈대 사용법
② 직접 압박법
③ 간접 압박법
④ 국소거양법

06
지혈방법은 직접 압박, 지압점 압박, 국소 거양, 지혈대 사용 등의 방법이 있다. 간접 압박법은 지혈방법이 아니다. ★

정답 ❸

07 감염증에 의한 쇼크에 해당되는 것은?   기출 09

☑ 확인
Check!
○
△
✕

① 출혈성 쇼크
② 저체액성 쇼크
③ 패혈성 쇼크
④ 호흡성 쇼크

07
패혈증은 혈액 내에 세균이나 곰팡이가 자라 몸 전체적으로 퍼져서 고열, 백혈구 증가 등이 나타나는 것을 말하며, 패혈성 쇼크는 이러한 패혈증으로 쇼크 상태가 되는 것을 말한다.

정답 ❸

핵심만콕	쇼크의 종류
심장성 쇼크	심장이 충분한 혈액을 박출하지 못할 경우
출혈성 쇼크	대량출혈이나 혈장손실로 인하여 체액량이 감소할 경우
신경성 쇼크	혈관의 이완으로 인하여 심장으로 유입되는 혈액량이 적은 경우
저체액성 쇼크	체액이 부족하여 혈압이 저하되는 경우
호흡성 쇼크	호흡장애에 의하여 혈액 내에 산소공급이 원활치 못할 경우
정신성 쇼크	정신적 충격에 의해 발생
패혈성 쇼크	감염증에 의한 패혈증으로 발생
과민성 쇼크	알레르기 반응에 의한 쇼크

〈출처〉김두현, 「경호학개론」, 엑스퍼트, 2020, P. 299

08 경호임무 수행 중 발생한 유형별 응급처치 방법에 관한 설명으로 옳지 않은 것은? `기출 10`

☑ 확인
Check!
○
△
×

① 얼굴이 창백한 인사불성 환자는 머리를 수평이 되게 혹은 다리를 높여 안정되게 눕히고 보온조치를 한다.
② 뇌일혈 환자는 목의 옷을 느슨하게 하고 찬 물수건이나 얼음주머니를 머리에 대어 준다.
③ 졸도환자는 머리와 몸을 수평으로 눕히고 다리를 높여 준다.
④ 두부 외상 환자는 보온조치를 하여 체온을 상승시켜 유지시키도록 한다.

08
두부 외상 환자는 뇌손상 시 체온상승의 경향이 있으므로 보온조치를 해서는 안 된다. ★

정답 ④

09 유형별 응급환자에 대한 조치사항으로 옳지 않은 것은? `기출 09`

☑ 확인
Check!
○
△
×

① 두부 손상이 의심되면 상체를 높이고, 구토 등 이물질이 있는 경우 옆으로 눕힌다.
② 뇌일혈의 경우 환자의 머리와 어깨를 높이고, 목의 옷을 느슨하게 하고 찬 물수건이나 얼음주머니를 머리에 대어준다.
③ 약품 화상의 경우 물로 상처를 씻어내고 감염을 예방하도록 한다.
④ 독사교상의 경우 상처 부위의 위쪽은 묶고, 상처 부위를 심장보다 높게 하여 이송한다.

09
독사교상의 경우 상처 부위의 위쪽은 묶고, 상처 부위를 심장보다 낮게 하여 이송한다.

정답 ④

10 원인불명의 인사불성 중 얼굴이 붉은 환자의 상태와 일반적인 응급처치에 관한 설명으로 옳지 않은 것은? `기출 11`

☑ 확인
Check!
○
△
×

① 주요 증상은 맥박이 약하고, 구토를 할 경우 얼굴을 옆으로 돌려준다.
② 환자를 바로 눕히고 머리와 어깨를 약간 높여 안정시킨다.
③ 머리에 찬 물수건을 대어 열을 식혀 주어야 한다.
④ 환자를 옮길 필요가 있으면 눕힌 상태로 주의해서 운반한다.

10
주요 증상은 얼굴이 붉고 맥박이 강하다는 점이다. 구토를 할 경우 얼굴을 옆으로 돌려주는 내용은 맞는 설명이나, 맥박이 약한 것은 얼굴이 창백하거나 푸른 인사불성환자의 경우이다. ★

정답 ①

11

경호행사 시 사고로 인한 골절환자의 응급처치 요령으로 틀린 것은?

기출 06

① 움직임을 억제시키고 상처의 감염방지 처리를 해야 한다.
② 골절된 뼈가 돌출되면 1차적으로 뼈를 맞춘다.
③ 출혈 시에는 직접 압박 지혈법을 행한다.
④ 골절부위를 조사하여 골절부위 상·하단에 부목을 대고 고정시킨다.

11

의사나 구급대원이 현장에 도착할 때까지 손상된 관절을 함부로 움직여서는 안 된다. 가능하면 처음 발견했을 때의 자세를 그대로 유지하게 하고 의사나 구급대원의 지시에 따른다. 상태가 악화되거나 자칫 혈관이나 신경 조직들까지 파괴될 수 있으므로 환자를 임의로 옮기지 않도록 한다.

정답 ❷

12

경호임무 수행 시 경호대상자에게 발생한 유형별 응급조치요령으로 맞는 것은?

기출 06

① 경·척추가 손상되었을 경우 환자를 함부로 다루게 되면 오히려 손상을 가져오기 때문에 의료진이 도착할 때까지 그대로 두는 것이 낫다.
② 두부 손상의 응급조치는 기도를 확보하여 산소를 공급한 후 뇌손상으로 인해 체온이 떨어지기 때문에 보온을 유지한다.
③ 발작이 일어났을 경우 즉시 환자를 잡아 근육의 경련을 막고 의식이 회복될 수 있도록 음료를 투여한다.
④ 탈구된 환자는 관절의 모양이 변하기 때문에 즉시 바로 잡아주면서 따뜻한 물수건으로 찜질해준다.

12

① 경·척추 손상 시 응급조치요령에 대한 설명으로 옳다.
② 두부 외상 환자의 경우는 뇌손상 시 체온상승의 경향이 있으므로 보온하지 않는다.★
③ 발작이 시작된 후에는 입안에 어떠한 것도 넣지 않는다.
④ 의사 아닌 다른 사람이 탈구를 바로 잡으려고 해서는 안 되며, 부상당한 부분은 될 수 있는 대로 편하게 하고 찬 물수건 찜질을 하여 아픔을 가라앉힌다.

정답 ❶

13

다음 중 경호활동 시 발생되는 두부 손상에 대한 응급처치 요령으로 틀린 것은?

기출 07

① 두피 손상의 경우 손상 입은 피부를 본래의 위치로 되돌려 놓고 거즈를 덮어 직접 압박으로 지혈하고 붕대로 고정한다.
② 두개골 골절의 경우 귀나 코에서 흐르는 액체는 막지 않고 이송한다.
③ 두부 외상 환자의 경우 두부에 박힌 이물질을 제거하고 보온 조치하여 체온을 유지한다.
④ 일반적으로 두부가 손상되었다고 확인되면, 기도확보, 경추, 척추고정, 산소공급, 기타 외상처치를 실시한다.

13

두부 외상 환자는 체온상승의 경향이 있으므로 머리를 차갑게 해야 하며, 두부에 이물질이 박힌 경우 함부로 제거하려 하지 말고 움직이지 않도록 잘 고정한다.

정답 ❸

14 두부 손상 환자에 대한 일반적인 응급처치 방법으로 옳지 않은 것은?　기출 05

☑ 확인
Check!
○
△
✕

① 경추, 척추 고정

② 들것에 눕힌 상태에서 30° 정도 올려준다.

③ 기도 확보

④ 두부 외상 환자일 경우 뇌부분을 따뜻하게 해준다.

14
두부 외상 환자의 경우는 뇌손상 시 체온 상승의 경향이 있으므로 보온이나 특별히 가온은 하지 않도록 주의한다.★

정답 ❹

15 경호임무 수행 중 타박상을 입었을 때의 조치사항으로 틀린 것은?　기출 04

☑ 확인
Check!
○
△
✕

① 출혈이 멈추고 부기가 가라앉으면 더운물 치료나 온찜질을 해준다.

② 8~10시간 동안 얼음찜질을 해준다.

③ 상처부위는 심장보다 낮게 해서 혈액순환이 잘되게 한다.

④ 상처주위에 탄력붕대를 감아주어 출혈과 부종을 막는다.

15
상처부위는 심장보다 높게 해서 출혈을 예방해야 하며, 타박상 상처부위를 얼음주머니 등으로 차갑게 해야 한다. 차게 하면 혈관이 수축되어 내출혈과 주위의 조직이 붓는 것을 방지하고 통증을 줄일 수 있기 때문이다.

정답 ❸

핵심만콕	타박상을 입었을 때의 조치사항

• 상처부위는 심장보다 높게 해서 출혈을 예방한다.★
• 8~10시간 동안 얼음찜질을 하여 내출혈과 주위의 조직이 붓는 것을 방지하고 통증을 줄여 준다.★
• 출혈이 멈추고 부기가 가라앉으면 더운물 치료나 온찜질을 해준다.★
• 상처주위에 탄력붕대를 감아주어 출혈과 부종을 막는다.★

16 다음 중 질식된 듯한 모습을 보이고 화상을 동반하며 쇼크증상을 보일 수 있는 것은?　기출 11

☑ 확인
Check!
○
△
✕

① 감 전　　　　② 골 절

③ 창 상　　　　④ 탈 구

16
감전 사고는 전기에 직접 노출되어 발생하는 사고로 의식 상실 및 쇼크가 발생하며, 전기가 들어가고 나간 양쪽 모두에 심부 화상, 부종, 그을음이 있다. 또 고압 전류에 의한 화상은 피부에 갈색 흔적이 있다.

정답 ❶

17 화상 깊이에 따른 분류 중 피부와 진피 일부의 화상, 수포형성, 통증이 심한 것은?

기출 05 · 02

① 1도 화상　　　　　② 2도 화상
③ 3도 화상　　　　　④ 4도 화상

17
물집(수포)이 잡히기 시작하는 경우는 2도 화상이다.

정답 ②

핵심만콕

화상 깊이에 따른 분류★★

1도 화상	열에 의하여 피부가 붉어진 정도의 화상으로 표피에만 손상이 있는 경우를 말한다(표피의 손상).
2도 화상	피부 발적뿐만 아니라 수포(물집)가 생기고, 심한 통증이 나타나는 경우를 말한다(표피 + 진피의 손상).
3도 화상	화상의 정도가 매우 심하여 조직의 파괴까지 동반된 경우를 말한다(표피 + 진피 + 조직의 손상).
4도 화상	최근에 사용되는 개념으로 근육, 힘줄, 신경 또는 골조직까지 손상받은 경우를 말한다.

화상의 정도에 따른 치료 방법

• 1도 화상의 치료 : 시원한 물수건 등으로 화상을 입은 부위를 식혀 준다.
• 2도 화상의 치료 : 화상을 입은 면적이 크지 않으면 물수건 등으로 부위를 덮어주도록 한다.
• 3도 화상의 치료 : 쇼크나 생명의 위험이 있을 수 있으므로 가능한 한 빨리 병원으로 이송하도록 하며 소독약 등을 사용할 경우 병원에서 상처를 진단하는 데 시간이 걸리는 수가 있으므로 사용하지 않도록 한다.★★
• 4도 화상의 치료 : 직접적인 피부이식 수술이 필요하므로 감염에 주의하면서 많은 조직을 살려주어 후유증을 줄인다.★

---

18 다음 ( )에 알맞은 내용은?

기출 15

> ( )(이)란 의식장애나 호흡, 순환기능이 정지되거나 현저히 저하된 상태로 인하여 사망의 위험이 있는 자에 대하여 즉시 기도를 개방하고 인공호흡과 심장압박을 실시해서 즉각적으로 생명유지를 도모하는 처치방법이다.

① 환자관찰
② 심폐소생술
③ 응급구조
④ 보조호흡

18
심폐소생술이란 의식장애나 호흡, 순환기능이 정지되거나 현저히 저하된 상태로 인하여 사망의 위험이 있는 자에 대하여 즉시 기도를 개방하고 인공호흡과 심장압박을 실시해서 즉각적으로 생명유지를 도모하는 처치방법이다.

정답 ②

19 심폐소생술을 종료할 수 있는 경우가 아닌 것은? 기출 08

☑ 확인
Check!
○
△
✕

① 구조자(경호원)가 육체적으로 탈진하여 지친 경우
② 다른 의료인과 교대한 경우
③ 환자의 맥박과 호흡이 회복된 경우
④ 15분간 심폐소생술에 반응이 없는 경우

19
심폐소생술의 실시 여부와 관계없이 30분 이상 심정지상태가 계속될 때에는 심폐소생술을 종료할 수 있다는 것이 일반적인 이론이다.

정답 ❹

20 경호현장에서 응급상황 발생 시 최초반응자로서 경호원의 역할에 관한 내용으로 옳지 않은 것은? 기출 16

☑ 확인
Check!
○
△
✕

① 심폐소생술 및 기본 외상처치술을 시행할 수 있어야 한다.
② 자동제세동기를 사용할 줄 알아야 하며 장비를 사용하는 구급요원을 지원할 수 있어야 한다.
③ 응급구조사의 업무를 도와줄 수 있어야 한다.
④ 교육받은 행위 외에 의료진과 같이 치료를 할 수 있어야 한다.

20
어디까지나 응급처치에 그치고, 그 다음은 전문 의료요원의 처치에 맡겨야 한다.

정답 ❹

핵심만콕 자동심장충격기(AED) 사용방법(진행 순서에 따라 서술) 기출 22

- 자동심장충격기(AED)를 심폐소생술에 방해가 되지 않는 위치에 놓은 뒤에 전원 버튼을 눌러 전원을 켠다.
- 준비된 자동심장충격기(AED)의 패드를 부착부위(패드1 : 오른쪽 빗장뼈 바로 아래 부착 / 패드2 : 왼쪽 젖꼭지 옆 겨드랑이 부착)에 정확히 부착한다. 만약 패드와 자동심장충격기 본체가 분리되어 있는 경우 연결하며, 패드 부착 부위에 이물질이 있다면 제거한다.
- "분석 중…" 이라는 음성 지시가 나오면 심폐소생술을 멈추고 환자에게서 손을 뗀다. 자동심장충격이 필요 없는 경우에는 "환자의 상태를 확인하고, 심폐소생술을 계속하십시오" 라는 음성 지시가 나온다.
- "쇼크 버튼을 누르십시오" 라는 음성 지시가 나오면 점멸하고 있는 쇼크 버튼을 눌러 자동심장충격을 시행한다. 그러나 쇼크버튼을 누르기 전에는 반드시 다른 사람이 환자에게서 떨어져 있는지 확인하여야 한다.
- 자동심장충격을 시행한 뒤에는 즉시 가슴압박과 인공호흡 비율을 30 : 2로 심폐소생술을 다시 시행한다.
- 자동심장충격기는 2분마다 심장리듬 분석을 반복해서 시행하며, 자동심장충격기 사용과 심폐소생술 시행은 119구급대가 현장에 도착할 때까지 지속되어야 한다.

〈출처〉 중앙응급의료센터(https://www.e-gen.or.kr/egen/aed_usage.do)

05 경호의전과 구급법 심화문제

1 경호원의 자격과 윤리

01

경호원을 위한 교육프로그램인 TEAM 모델에 대한 설명이다. ( ) 안의 ㄱ~ㄹ에 들어갈 내용으로 옳은 것은?

> 교육은 경호업무를 하는 방법을 알려주고(ㄱ), 왜 그렇게 해야 하는지를 이해시키고(ㄴ), 무엇을 생각하면서 경호업무를 해야 하는지를 인식시키고(ㄷ), 경호업무를 해야 하는 이유를 제공해 주는(ㄹ) 것이어야 한다.

① ㄱ : 교육(Education)
② ㄴ : 의식교육(Awareness)
③ ㄷ : 훈련(Training)
④ ㄹ : 동기부여(Motivation)

교육은 경호업무를 하는 방법을 알려주고(Training), 왜 그렇게 해야 하는지를 이해시키고(Education), 무엇을 생각하면서 경호업무를 해야 하는지를 인식시키고(Awareness), 경호업무를 해야 하는 이유를 제공해주는(Motivation) 것이어야 한다.
〈출처〉이두석,「경호학개론」, 진영사, 2018, P. 364
정답 ❹

핵심만콕 **TEAM 모델**

• 훈련(Training) : 경호원의 임무수행능력을 배양하는 것이다.
• 교육(Education) : 경호에 필요한 지식과 경호의 방법을 가르치는 것이다.
• 의식교육(Awareness) : 경호의 현주소나 중요성을 인식시키는 것이다.
• 동기부여(Motivation) : 경호임무 수행에 대한 강한 의욕과 자신감과 자긍심을 심어주기 위한 것이다.
〈출처〉이두석,「경호학개론」, 진영사, 2018, P. 362~364

---

02 경호원의 직업윤리에 관한 내용으로 옳지 않은 것은? 기출 22

① 경호원으로 준법정신의 자세가 필요하다.
② 경호원은 자율적 규제보다 타율적 규제가 우선시되어야 한다.
③ 경호대상자의 생명과 재산을 지키기 위한 올바른 가치관을 함양한다.
④ 경호대상자의 안전을 위하여 자기희생의 자세를 갖춘다.

경호원의 직업윤리 측면에서 경호원은 법률 등에 의한 타율적 규제보다 자율적 규제가 보다 활성화되어야 한다.
정답 ❷

03 경호원의 자격과 윤리에 관한 설명으로 옳지 않은 것은?

기출 21

☑ 확인
Check!

○
△
✕

① 성희롱 예방교육의 철저한 관리로 경호원의 직업윤리 강화 풍토를 조성한다.
② 경호위해요소에 대한 인지능력 향상 훈련으로 사전예방활동의 중요성을 부각시킨다.
③ 경호원 간 상하 지휘체계 확립을 위하여 권위주의적, 상호보완적 동료의식을 강조한다.
④ 워라밸 근무환경 조성을 위한 경비인력의 탄력적 운영으로 정부시책 사업에 능동적으로 참여한다.

핵심만콕 경호·경비원의 직원윤리 정립

경호윤리에 대한 문제점을 해결하기 위해서 다음과 같은 경호·경비원 및 경비지도사의 직업윤리 방안이 정립되어야 한다.
• 성희롱 유발요인 분석 철저 및 예방교육 강화
• 총기안전관리 및 정신교육 강화
• 정치적 논리지양 등 경호환경 조성 및 탄력적 경호력 운영
• 사전예방경호활동을 위한 경호위해 인지능력 배양
• 경호 교육기관 및 경호 관련학과의 '경호윤리' 과목 개설 운영
• 경호지휘 단일성의 원칙에 의한 경호임무수행과 위기관리대응력 구비
• 집단지성 네트워크 사이버폴리스 자원봉사시스템 구축
  ※ 사이버 및 경호위해 범죄에 실시간 대응할 수 있도록 각 사회분야의 집단지성이 자발적으로 참여할 수 있는 사회적 시스템을 구축하여 사이버공간에서의 범죄를 예방하고 사회적 공감대를 형성할 수 있는 대책방안이 강구되어야 한다.
• 경호원 채용 시 인성평가 방법 강화 및 자원봉사 활성화

〈참고〉 김두현, 「경호학개론」, 엑스퍼트, 2020, P. 430~442

---

04 경호원의 자격과 윤리에 관한 내용으로 옳은 것은?

기출 20

☑ 확인
Check!

○
△
✕

① 경호환경 조성 및 탄력적 경호 운영을 위한 정치적 활동 지향
② 경호대상자의 생명과 재산을 지키기 위한 올바른 가치관 함양
③ 경호원의 권위주의 강화를 위한 일방적 주입식 교육의 확립
④ 경호원의 직업윤리 강화를 위한 성희롱 예방교육 배제

05 경호원 직원윤리 정립을 위한 내용으로 옳지 않은 것은?

기출 16

☑ 확인
Check!
○
△
✕

① 안전사고 예방을 위한 정신교육 강화
② 경호대상자와의 신뢰를 통한 정치적 활동 지향
③ 사전예방활동을 위한 경호위해요소 인지능력 배양
④ 지휘단일성의 원칙에 의한 위기관리 대응능력 함양

쏙쏙 해설 •••

경호원은 정치적으로 반대 입장에 있는 요인(要人)을 경호해야 하는 상황이 있을 수 있으므로 정치적으로 중립을 유지하여야 하며, 정치적 활동 역시 지양하여야 한다.

정답 ❷

---

2 경호원의 의전과 예절

01 경호의전에 관한 설명으로 옳지 않은 것은?

기출 23

☑ 확인
Check!
○
△
✕

① 국회의장은 국무총리에 우선한다.
② 공식적 국가 의전서열에서 헌법재판소장은 대법원장에 우선한다.
③ 안내원이 없는 승강기를 탈 때에는 상급자가 나중에, 안내원이 있는 승강기를 탈 때에는 상급자가 먼저 탄다.
④ 차량에 태극기를 게양하는 경우 차량 운전석에서 보았을 때 오른쪽에 게양하며, 외국기와 동시에 게양해야 할 경우에도 동일하다.

쏙쏙 해설 •••

대한민국은 국가 의전서열을 직접적으로 공식화하지는 않았다. 다만, 정부수립 이후부터 시행해 온 주요 국가행사를 통해 확립된 선례와 관행을 기준으로 한 공직자의 관례상의 서열은 있다. 외교부 의전실무편람상 의전서열은 '대통령 → 국회의장 → 대법원장 → 헌법재판소장 → 국무총리 → 중앙선거관리위원장' 순이다.

정답 ❷

핵심만콕

① 외교부 의전실무편람 등에 의하면 국회의장의 의전서열(2순위)은 국무총리(5순위)에 우선한다.
③ 안내원이 없는 승강기[엘레베이터(註)]를 탈 때에는 하급자가 먼저 타서 승강기를 조작하고, 그 후에 상급자가 타게 되나, 안내원이 있는 승강기를 탈 때에는 상급자가 먼저 탄다.
④ 차량에 태극기를 게양하는 경우 차량 운전석에서 볼 때 오른쪽에 게양하며, 외국기와 동시에 게양하여 총 2개의 국기를 게양할 경우에도 태극기를 오른쪽에 게양한다.

02 경호의전에 관한 설명으로 옳지 않은 것은? 기출 22

① 우리나라의 공식적 국가 의전서열은 대통령 – 국무총리 – 국회의장 – 대법원장 – 헌법재판소장 순이다.
② 공식적인 의전서열을 가지지 않은 사람의 좌석은 당사자의 개인적·사회적 지위 및 연령 등을 고려한다.
③ 우리나라가 주최하는 연회에서는 자국 측 빈객은 동급의 외국 측 빈객보다 하위에 둔다.
④ '상대에 대한 존중과 배려'는 의전의 중요한 원칙 중 하나이다.

 해설 •••
우리나라의 비공식적 국가 의전서열은 대통령 → 국회의장 → 대법원장 → 헌법재판소장 → 국무총리 순이다.
〈출처〉 김두현, 「경호학개론」, 엑스퍼트, 2020, P. 320
정답 **❶**

03 의전에 관한 내용으로 옳지 않은 것은? 기출 20

① 의전의 원칙상 행사 주최자의 경우 손님에게 상석인 오른쪽을 양보한다.
② 차량용 국기 게양 시 차량의 본네트 앞에 서서 차량을 정면으로 바라볼 때 본네트의 왼쪽이나 왼쪽 유리창문에 단다.
③ 국기의 게양 위치는 옥외 게양 시 단독주택의 경우 집 밖에서 보아 대문의 오른쪽에 게양한다.
④ 실내에서는 출입문 쪽을 아랫자리로 하고 그 정반대 쪽을 윗자리로 한다.

 해설 •••
단독주택의 대문과 공동주택의 각 세대 난간에 국기를 게양하려는 경우 밖에서 바라보아 중앙이나 왼쪽에 국기를 게양하는 것을 원칙으로 하되, 부득이한 경우에는 그 위치를 달리할 수 있다(국기의 게양·관리 및 선양에 관한 규정 제10조 제1항).
정답 **❸**

04 의전의 원칙에 관한 설명으로 옳지 않은 것은? 기출 18

① 의전의 바탕은 상대 생활양식 등의 문화와 상대방에 대한 존중 및 배려에 있다.
② 정부행사에서 의전행사 서열은 관례적으로는 정부수립 이후부터 시행해 온 정부 의전 행사를 통하여 확립된 선례와 관행을 기준으로 한다.
③ 정부행사에서 공식적으로는 헌법, 정부조직법, 국회법, 법원조직법 등 법령에서 정한 직위순서를 기준으로 한다.
④ 행사 주최자의 경우 손님에게 상석인 왼쪽을 양보한다.

 해설 •••
우리나라에서는 일반적으로 오른편을 상위석으로 하는 것이 관례인바, 이 관례는 많은 나라에서 통용되고 있다. ★
〈출처〉 김두현, 「경호학개론」, 엑스퍼트, 2020, P. 321
정답 **❹**

05 의전에 있어 태극기 게양방법으로 옳지 않은 것은? 기출 12

☑확인
Check!
○
△
×

① 태극기 게양일은 3월 1일, 7월 17일, 8월 15일, 10월 1일, 10월 3일, 10월 9일이며, 6월 6일은 조기를 게양한다.

② 공항·호텔 등 국제적인 교류장소는 태극기를 되도록 연중 게양한다.

③ 차량에 태극기를 게양하는 경우 차량 운전석에서 볼 때 왼쪽에 게양하며, 외국기와 동시에 게양하여 총 2개의 국기를 게양할 경우에도 태극기를 왼쪽에 게양한다.

④ 국제 행사가 치러지는 건물 밖에 여러 개의 국기를 동시에 게양 시 총 국기의 수가 짝수이고 게양대의 높이가 동일할 경우 건물 밖에서 바라볼 때를 기준으로 태극기를 가장 왼쪽에 게양한다.

쏙쏙 해설 •••

차량에 태극기를 게양하는 경우 차량 운전석에서 볼 때 오른쪽에 게양하며, 외국기와 동시에 게양하여 총 2개의 국기를 게양할 경우에도 태극기를 오른쪽에 게양한다.

정답 ❸

핵심만콕 | **경호의전 시 국기게양요령**

• 국기와 함께 외국기를 게양할 때 앞에서 게양대를 바라보아 게양할 기의 총수가 짝수인 경우 국기는 맨 왼쪽의 첫 번째에, 바로 오른쪽이 차순위가 되도록 한다.★★

• 공항·호텔 등 국제적인 교류장소는 태극기를 되도록 연중 게양한다.

• 태극기 게양일은 3월 1일, 7월 17일, 8월 15일, 10월 1일, 10월 3일이며, 6월 6일은 조기를 게양한다. 2013년부터 한글날이 국경일로 재지정되어 10월 9일도 태극기 게양일이다.★★

• 차량용 국기게양의 경우에는 차량의 본네트(보닛) 앞에 서서 차량을 정면으로 바라볼 때 본네트(보닛)의 왼쪽이나 왼쪽 유리창문에 단다.★★

• 외국 국가원수가 방한, 우리나라 대통령과 차량동승 시 앞에서 보아 태극기는 왼쪽, 외국기는 오른쪽에 단다.★★

• 옥내 게양 시 깃대에 의한 게양을 원칙으로 하되, 교육목적이나 관리목적 또는 옥내 여건 등을 감안하여 필요할 경우 깃면만을 게시할 수 있다.★

• 옥내 회의장, 강당 등의 경우 국기를 깃대에 달아서 세워 놓을 때에는 단상 등 전면 왼쪽에 위치하도록 하고, 깃면만을 게시할 경우에는 전면 중앙에 위치하도록 한다.★★

• 옥내 정부행사장 중 중·대형 행사장의 경우 대형 태극기 깃면을 단상 뒤쪽 중앙 벽면에 설치하는 것을 원칙으로 한다. 다만, 원형 실내체육관 등은 참석인사 모두가 깃면을 잘 볼 수 있도록 시설 내부구조에 알맞은 위치를 선정하도록 한다.★

06 행사의전에서 국기게양에 관한 설명으로 옳지 않은 것은?

기출 10

☑ 확인
Check!
○
△
✕

① 국기와 함께 외국기를 게양할 때 앞에서 게양대를 바라보아 게양할 기의 총수가 짝수인 경우 국기의 바로 왼쪽이 차순위가 되도록 한다.

② 옥내 게양 시 깃대에 의한 게양을 원칙으로 하되, 실내 여건 등을 감안하여 필요한 경우 깃면만을 게시할 수 있다.

③ 옥외 정부행사장의 경우에는 이미 설치되어 있는 주게양대에 대형 태극기를 게양하는 것을 원칙으로 한다.

④ 차량용 국기게양의 경우에는 차량의 본네트(보닛) 앞에 서서 차량을 정면으로 바라볼 때 본네트(보닛)의 왼쪽이나 왼쪽 유리창문에 단다.

 해설 •••

국기와 함께 외국기를 게양할 때 앞에서 게양대를 바라보아 게양할 기의 총수가 짝수인 경우 국기는 맨 왼쪽의 첫 번째에, 바로 오른쪽이 차순위가 되도록 한다. ★

정답 ❶

---

07 차량에 국기부착 시 의전관례에 대한 설명으로 틀린 것은?

기출 04

☑ 확인
Check!
○
△
✕

① 우리나라 국기만 부착할 경우는 운전자 중심으로 우측(조수석 방향)에 한다.

② 양 국기를 부착할 경우 우리나라 국기를 운전자 중심으로 좌측(운전석 방향)에 부착한다.

③ 양 국기를 부착할 경우 우리나라 국기를 운전자 중심으로 우측(조수석 방향)에 부착한다.

④ 외국 국기만 부착할 경우 운전자 중심으로 우측(조수석 방향)에 한다.

해설 •••

양 국기를 부착할 경우 우리나라 국기를 운전자 중심으로 우측(조수석 방향)에 부착하고, 상대국 국기는 좌측(운전석 방향)에 부착한다.

정답 ❷

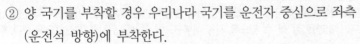

핵심만콕 　차량의 국기부착

• 각종 차량에는 전면을 밖에서 보아 왼쪽에 국기를 게양 ★
• 차량에는 앞에서 보아 왼쪽 전면에 차량 전면보다 기폭만큼 높게 부착
• 외국의 원수가 방한, 우리 대통령과 동승 시 앞에서 보아 태극기는 왼쪽, 외국기는 오른쪽에 위치 ★
• 양 국기를 부착할 경우 우리나라 국기를 운전자 중심으로 우측(조수석 방향)에 부착하고 상대국 국기는 좌측(운전석 방향)에 부착 ★

08 경호의전과 예절에 관한 설명으로 옳지 않은 것은?

① 비행기를 타고 내릴 때에는 상급자가 최우선하여 타고 내린다.
② 기차에서 두 사람이 나란히 앉는 좌석에서는 창가 쪽이 상석이다.
③ 여성과 남성이 승용차에 동승할 때에는 여성이 먼저 탄다.
④ 승강기를 타고 내릴 때에는 상급자가 나중에 타고, 먼저 내린다.

쏙 쏙 해설 •••

① 비행기를 타고 내릴 때에는 상급자가 나중에 타고 먼저 내린다.
④ 승강기는 엘리베이터, 에스컬레이터, 휠체어리프트로 구분되는데(승강기 안전관리법 시행령 제3조 제1항), 상급자가 나중에 타고, 먼저 내린다는 표현은 일반적으로 엘리베이터 탑승 시 안내하는 사람이 없을 때의 경호예절에 해당한다. 따라서 지문의 경우, ①과의 관계상 상대적으로 옳은 내용으로 판단되나, 논란의 여지가 있다.

정답 ❶

핵심만콕 **탑승 시 경호예절★**

항공기	• 상급자가 나중에 타고 먼저 내린다. • 창문가 좌석이 상석, 통로 쪽 좌석이 차석, 상석과 차석 사이가 말석이다.
선 박	• 객실의 등급이 정해져 있을 때는 지정된 좌석에 앉고, 지정된 좌석이 없는 경우 선체의 중심부가 상석이 된다. • 일반적 선박의 경우 승선 시 상급자가 나중에 타고 하선 시에는 먼저 내린다. • 함정의 경우 승선 시 상급자가 먼저 타고 하선 시에도 먼저 내린다.
기 차	• 두 사람이 나란히 앉는 좌석에서는 창가 쪽이 상석이고 통로 쪽이 말석이다. • 네 사람이 마주 앉는 자리에서는 기차 진행방향의 창가 좌석이 가장 상석이고 그 맞은편, 상석의 옆좌석, 그 앞좌석 순이다. • 침대차에서는 아래쪽 침대가 상석이고 위쪽 침대가 말석이다.
승용차	• 운전기사가 있을 경우 자동차 좌석의 서열은 뒷좌석 오른편이 상석이고 왼쪽과 앞자리, 가운데 순이다(뒷좌석 가운데와 앞자리의 서열은 바뀔 수 있다). • 자가운전자의 경우 자진해서 운전석 옆자리에 앉는 것이 통례이며 그곳이 상석이다. 그리고 뒷좌석 오른편, 왼쪽, 가운데 순이다.
엘리베이터	• 안내하는 사람이 있을 때에는 상급자가 먼저 타고 먼저 내린다. • 안내하는 사람이 없을 때에는 하급자가 먼저 타서 엘리베이터를 조작하고 내릴 때에는 상급자가 먼저 내린다.
에스컬레이터	• 올라갈 때는 상급자가 먼저 올라가고 내려올 때는 하급자가 먼저 내려온다. • 남녀가 올라갈 때는 여성이 먼저 올라가고, 내려올 때는 남성이 먼저 내려온다.

제1장

제2장

제3장

제4장

제5장

제6장

09 탑승예절에 관한 설명으로 옳지 않은 것은?

① 승용차 탑승 시 운전기사가 있을 경우 좌석의 가장 상석은 조수석 뒷좌석, 다음이 운전석 뒷좌석, 마지막이 뒷좌석의 가운데이다.

② 기차 탑승 시 네 사람이 마주 앉을 경우 가장 상석은 진행방향의 창가 좌석, 다음이 맞은편 좌석, 다음은 가장 상석의 옆좌석, 그리고 그 앞좌석이 말석이 된다.

③ 비행기 탑승 시 객석 창문 쪽이 상석이고, 통로 쪽이 차석, 상석과 차석의 사이가 하석이다.

④ 선박 탑승 시 일반 선박일 경우 상급자가 먼저 타고, 하선할 때는 나중에 내리며, 함정일 경우는 상급자가 나중에 타고 먼저 내린다.

10 경호의전과 예절에 관한 설명으로 옳지 않은 것은?

① 비행기를 타고 내릴 때는 상급자가 마지막에 타고 먼저 내린다.

② 기차에서 두 사람이 나란히 앉는 좌석에서는 창가 쪽이 상석이다.

③ 여성과 남성이 승용차에 동승할 때에는 여성이 먼저 타고, 하차 시에는 남성이 먼저 내려 차 문을 열어 준다.

④ 선박의 경우, 객실등급이 정해져 있지 않을 경우 선체의 오른쪽이 상석이 된다.

11 경호의전 상황에서 각종 탑승예절에 관한 설명으로 옳은 것은?

기출 12

① 엘리베이터의 경우 안내자가 있을 때는 상급자가 나중에 타고 먼저 내린다.

② 비행기는 객석 양측 창가 좌석이 상석이고, 통로 쪽이 차석, 상석과 차석 사이의 좌석들이 하석이다.

③ 선박의 경우 객실등급이 정해져 있지 않을 경우 선체의 중심부가 상석이 되며, 일반선박은 상급자가 먼저 타고 나중에 내린다.

④ 자가운전 차량을 탑승할 경우 진행방향을 기준으로 뒷자리 오른편이 상석이며, 왼쪽, 가운데 순서로, 운전석 옆자리가 가장 하석이 된다.

쏙쏙 해설 •••

② 비행기 탑승예절에 관한 설명으로 옳다.

① 엘리베이터의 경우 안내자가 있을 때는 상급자가 먼저 타고 먼저 내린다. 안내자가 없을 때는 상급자가 나중에 타고 먼저 내린다.

③ 선박의 경우 객실등급이 정해져 있지 않을 경우 선체의 중심부가 상석이 되며, 일반선박은 상급자가 나중에 타고 먼저 내린다. 객실의 등급이 정해져 있을 때는 지정된 좌석에 앉고, 함정의 경우에는 상급자가 먼저 타고 먼저 내린다.

④ 자가운전 차량을 탑승할 경우 자진해서 운전석 옆자리에 앉는 것이 통례이며 그곳이 상석이 된다. 그리고 진행방향을 기준으로 뒷좌석의 오른편이 제2상석, 맨 왼쪽이 제3석, 중앙이 말석이 된다.

정답 ❷

12 경호원의 의전과 예절에 관한 설명으로 옳은 것은?

기출 11

① 여성과 남성이 승용차에 동승할 때에는 남성이 먼저 타고, 하차 시에도 남성이 먼저 내려 차문을 열어준다.

② 상급자와 하급자가 승용차에 동승할 때에는 상급자가 먼저 타고, 하차 시에도 상급자가 먼저 내린다.

③ 기차에서 두 사람이 나란히 앉는 좌석에서는 창가 쪽이 상석이다.

④ 비행기를 타고 내릴 때에는 상급자가 먼저 타고 먼저 내린다.

쏙쏙 해설 •••

③ 경호원의 의전과 예절에 관한 설명으로 옳다.

① 여성과 남성이 승용차에 동승할 때에는 여성이 먼저 타고, 하차 시에는 남성이 먼저 내려 차 문을 열어준다.

② 상급자와 하급자가 승용차에 동승할 때에는 상급자가 먼저 타고, 하차 시에는 하급자가 먼저 내린다.

④ 비행기를 타고 내릴 때에는 상급자가 나중에(마지막으로) 타고 먼저 내린다.

정답 ❸

13 일반적으로 이용되는 경호의전 중 탑승에 관한 설명으로 옳지 않은 것은?　　기출 10

① 승용차 좌석의 서열은 자가운전자의 차인 경우 운전석 옆자리가 상석이고 조수석의 뒷좌석이 차석, 운전석의 뒷좌석이 3석, 중앙이 말석이 된다.

② 에스컬레이터의 경우 올라갈 때는 상급자가 먼저 올라가고, 내려올 때는 하급자가 먼저 내려온다.

③ 함정의 경우에는 상급자가 먼저 타고 먼저 내린다.

④ 열차의 경우 마주 앉는 좌석에서는 진행방향의 통로가 상석이고 맞은편이 차석, 상석의 옆이 3석, 그 앞좌석이 말석이 된다.

열차에서 네 사람이 마주 앉는 좌석의 경우에서는 진행방향의 창가좌석이 상석이고 맞은편이 차석, 상석의 옆좌석(진행방향의 통로좌석)이 3석, 그 앞좌석(진행 반대 방향의 통로좌석)이 말석이 된다.★

　정답 ④

---

14 일반적인 탑승예절에 관한 설명으로 옳지 않은 것은?　기출 09

① 기차의 경우 두 사람이 나란히 앉는 좌석에서는 창가 쪽이 상석이고, 통로 쪽이 말석이다.

② 비행기의 경우 상급자가 마지막으로 타고, 먼저 내리는 것이 순서이다.

③ 엘리베이터의 경우 안내하는 사람이 있을 때는 상급자가 먼저 타고, 먼저 내린다.

④ 에스컬레이터는 하급자가 먼저 올라가고, 내려올 때는 상급자가 먼저 내려온다.

에스컬레이터 탑승예절은 올라갈 때는 상급자가 먼저 올라가고, 내려올 때는 하급자가 먼저 내려온다.

　정답 ④

01 경호현장에서 응급상황 발생 시 경호원의 역할에 관한 설명으로 옳은 것은? 기출 23

☑ 확인
Check!
○
△
×

① 의약품을 사용하여 처치하는 것이 원칙이다.

② 응급처치의 기본요소에는 상처보호, 지혈, 기도확보, 전문치료이다.

③ 환자가 의식이 없을 때, 매스껍거나 토할 때, 배에 상처나 복통, 수술 전, 쇼크 상태에서는 마실 것을 주어서는 안 된다.

④ 심한 출혈 시 출혈 부위를 심장부위보다 낮게 하고 출혈부위에 더러운 것이 묻어 있을 때에는 물로 씻어낸다.

쏙쏙 해설 ···

③ 환자가 의식불명인 경우, 수술을 요하는 경우, 쇼크 상태인 경우, 매스껍거나 토하는 경우, 배에 상처나 복통이 있는 경우 음료를 주어서는 안 된다.

① 원칙적으로 의약품의 사용은 피하여야 한다.

② 응급처치는 전문적인 치료를 받기 전까지의 임시적인 처치이므로, 전문치료는 응급처치의 기본요소에 해당하지 않는다. 응급처치의 구명 3요소는 지혈, 기도유지, 쇼크방지 및 치료이며, 응급처치의 구명 4요소는 여기에 상처보호가 포함된다.

④ 심한 출혈 시 출혈 부위는 심장부위보다 높게 하여야 하고, 출혈부위에 더러운 것이 묻어 있을 때에 물로 씻어내는 것은 심하지 않은 출혈 시 처치이다.

정답 ❸

02 경호원의 응급처치 사항으로 옳지 않은 것은? 기출 21

☑ 확인
Check!
○
△
×

① 가슴 및 복부 손상 시 지혈을 하고 음료를 마시지 않게 한다.

② 심한 출혈 시 출혈 부위를 심장보다 높게 하여 안정한 상태를 유지한다.

③ 맥박과 호흡이 없을 경우 빠른 시간에 보조호흡을 실시한다.

④ 환자의 생사판정을 하지 않는 것을 원칙으로 한다.

쏙쏙 해설 ···

맥박과 호흡이 없을 경우 빠른 시간에 심폐소생술(CPR)을 실시하여야 한다.

정답 ❸

03 응급처치의 기본 요소에 해당하지 않는 것은? 기출 20

☑ 확인
Check!
○
△
✕

① 기도확보
② 지 혈
③ 상처보호
④ 전문치료

 쏙쏙 해설 •••

응급처치는 전문 의료진의 조치가 불가능한 상황에서 경호원이 시행하는 일시적인 구급행위를 말한다.

정답 ❹

---

04 경호원의 응급처치 사항으로 옳지 않은 것은? 기출 18

☑ 확인
Check!
○
△
✕

① 가슴 및 복부 손상 시 지혈과 동시에 음료를 마시게 한다.
② 심한 출혈 시 출혈부위를 심장보다 높게 하여 안정 상태를 유지한다.
③ 의식과 호흡이 없을 경우 빠른 시간에 심폐소생술을 실시한다.
④ 원칙적으로 환자의 생사판정은 하지 않는다.

쏙쏙 해설 •••

가슴 및 복부 손상 시에는 우선적으로 지혈을 하고, 물을 마시지 않도록 하며, 젖은 거즈 등으로 입술을 적셔준다.

정답 ❶

---

05 경호원의 기본응급처치 요령으로 옳지 않은 것은? 기출 17

☑ 확인
Check!
○
△
✕

① 호흡이 없을 시 즉시 심폐소생술을 실시하고, 전문의료진에게 신속하게 인계한다.
② 의식이 없을 경우에는 경호대상자를 옆으로 눕혀 이물질에 의한 질식을 예방한다.
③ 가슴 및 복부 손상 시 지혈을 하고 물을 마시게 한다.
④ 목 부상 시 부목 등의 도구를 이용하여 고정시켜 목의 꺾임을 방지한다.

 쏙쏙 해설 •••

머리・배(복부)・가슴의 손상 환자에게는 우선적으로 지혈을 하고, 절대로 음료를 주지 않도록 하며, 젖은 거즈 등으로 입술을 적셔준다.

정답 ❸

06 사고현장의 응급처치에 관한 설명으로 옳지 않은 것은? `기출 11`

① 긴급환자를 우선 조치하고, 환자의 인계, 증거물이나 소지품을 보존한다.

② 쇼크에 대한 조치는 기도유지, 척추고정, 지혈, 적정자세 유지가 중요하다.

③ 출혈부위는 심장보다 높게 하며, 물을 충분하게 주어 갈증을 해소시켜야 한다.

④ 절단된 부위는 무균 드레싱 후 비닐 주머니에 넣어 물과 얼음이 담긴 용기에 넣어 운반한다.

핵심만콕	출혈 시 응급처치 요령성문법과 불문법의 정리★
출혈이 심한 경우	• 출혈이 심하면 즉시 지혈을 하고 출혈 부위를 심장부위보다 높게 하여 안정되게 눕힌다.★ • 출혈이 멎기 전에는 음료를 주지 않는다.★ • 지혈방법은 직접압박, 지압점압박, 지혈대 사용 등의 방법이 있다. • 소독된 거즈나 헝겊으로 세게 직접 압박한다.★ • 환자를 편안하게 눕히고 보온한다.
출혈이 심하지 않은 경우	• 출혈이 심하지 않은 상처에 대한 처치는 병균의 침입을 막아 감염을 예방하는 것이다. • 상처를 손이나 깨끗하지 않은 헝겊으로 건드리지 말고, 엉키어 뭉친 핏덩어리를 떼어내지 말아야 한다.★ • 더러운 것이 묻었을 때는 깨끗한 물로 상처를 씻어 준다.★ • 소독한 거즈를 상처에 대고 드레싱을 한다. • 의사의 치료를 받게 한다.

07 출혈이 심한 환자에 대한 응급처치방법이 아닌 것은? `기출 08`

① 상처에 대한 지압점의 압박

② 상처의 드레싱

③ 출혈부위에 대한 직접압박

④ 지혈대의 사용

08 경호임무 수행 시 발생한 환자유형별 응급처치 방법으로 옳지 않은 것은?

기출 19

① 얼굴이 붉은 인사불성환자의 경우 머리와 어깨를 낮게 하여 안정시킨다.

② 두부손상환자는 귀나 코를 통해 혈액과 함께 흘러나오는 액체를 막지 말고 그냥 흐르게 한다.

③ 화상환자는 화상부위를 심장보다 높게 올리도록 한다.

④ 골절환자의 경우 찬물 찜질을 하고 부상부위를 높여 준다.

 해설 •••

① 얼굴이 붉은 인사불성환자의 경우 머리와 어깨를 약간 높여 안정시킨다.
② 옳은 내용이다.
③ 화상환자는 화상부위를 심장보다 높게 올려 화상부위에 다량의 혈액이 공급되지 않도록 한다.
④ 골절 등의 응급처치에는 'RICE'로 약칭되는 처치가 필요하다.
※ Rest(안정) – Ice(얼음찜질) – Compression(압박) – Elevation(올리기)

정답 ❶

핵심만콕 원인불명의 인사불성환자에 대한 응급처치

• 얼굴이 붉은 인사불성환자
 – 주요 증상은 얼굴이 붉고 맥박이 강한 것이다.
 – 환자를 바로 눕히고 머리와 어깨를 약간 높여 안정시킨다.
 – 목의 옷깃을 늦추어(풀어) 주고 머리에 찬 물수건을 대어 열을 식혀 주어야 한다.
 – 환자를 옮길 필요가 있으면 눕힌 상태로 주의해서 운반한다.
 – 운반 중 환자가 구토를 하면 얼굴을 옆으로 돌려준다.
• 얼굴이 창백한 인사불성환자
 – 주요 증상은 얼굴이 창백하고 맥박이 약한 것이다.
 – 충격에 대한 응급처치를 한다.
 – 환자는 머리를 수평이 되게 하거나 다리를 높여 안정되게 하고 보온조치를 한다.
 – 환자를 옮길 필요가 있으면 눕힌 상태로 주의해서 조용히 운반한다.
• 얼굴이 푸른 인사불성환자
 – 얼굴이 창백한 인사불성환자의 증상 외에 호흡이 부전되어 얼굴색이 파래진 것이다.
 – 인공호흡(구조호흡)과 충격에 대한 처치를 실시한다.

〈출처〉 이상철, 「경호현장운용론」, 진영사, 2008, P. 598 / 김계원, 「경호학」, 백산출판사, 2008, P. 401

---

09 응급환자 발생에 따른 처치를 실시할 때 지켜야 할 원칙으로 옳지 않은 것은?

기출 09

① 부상자의 상태를 확인하고 편안한 자세를 유지하도록 한다.

② 부상자의 생사에 대한 판정은 하지 않는다.

③ 동원가능한 의약품을 최대한 사용하여 신속히 처치한다.

④ 병원에 이송되기 전까지 부상자의 2차쇼크를 방지하고 생명을 유지하도록 한다.

 해설 •••

원칙적으로 의약품을 사용하지 않는다. 또한 처치원 자신의 안전도 확보해야 한다.

정답 ❸

> **핵심만콕** 응급처치 시 지켜야 할 사항
>
> • 응급처치원 자신의 안전을 확보한다.
> • 환자나 부상자에 대한 생사의 판정은 하지 않는다.
> • 원칙적으로 의약품을 사용하지 않고 되도록 손이나 물건을 상처에 대지 않는다.
> • 어디까지나 응급처치로 그치고, 그 다음은 전문 의료요원의 처치에 맡긴다.
> • 먼지나 세균에 의한 2차 감염을 방지한다.
> • 출혈이 있는 환자는 지혈을 하여야 한다.
> • 응급환자 발생 시에 현장에서 응급처치 후 곧바로 이송하여야 한다.

10 다음 중 경비원이 손상환자 발견 시 응급처치 순서로 맞는 것은?

기출 06

① 안정 → 압박 → 상처올림 → 냉찜질
② 안정 → 냉찜질 → 압박 → 상처올림
③ 압박 → 냉찜질 → 상처올림 → 안정
④ 냉찜질 → 압박 → 상처올림 → 안정

쏙쏙 **해설** •••

'RICE'는 Rest, Ice, Compression, Elevation의 첫 번째 철자를 딴 것으로 뼈가 삐거나 골절을 당했을 때 유용한 대처 방법이다. 다치면 우선 안정을 취하고(Rest), 얼음찜질을 하며(Ice), 상처를 압박하여 부종을 감소시키고(Compression), 환자를 눕히고 심장보다 높게 상처를 들어 올려 피하 출혈과 부종을 감소시키는(Elevation) 순서로 기억하면 사고가 발생해도 당황하지 않고 침착하게 대응할 수 있다.

정답 ❷

11 경호임무 수행 중 발생한 사고의 상해진단 및 평가에 대한 내용으로 적절하지 못한 것은?

기출 07

① 부상자가 의식이 없고 척추손상 상태라면 부상자를 반듯하게 눕히고 머리부위를 당기며 기도를 개방시킨다.
② 부상자가 호흡하지 않아 기도를 개방하고 인공호흡을 실시하였다면 경동맥을 짚어 맥박이 있는지 확인한다.
③ 심폐소생술을 실시하는 가운데 출혈이 심하다면 심폐소생술 실시자 이외의 다른 보호자가 지혈을 실시한다.
④ 심폐소생술을 실시 중이거나 과도한 열기에 노출되어 발생한 상해가 아닐 경우에는 쇼크를 방지하기 위해 부상자를 차갑게 보호해 주어야 한다.

쏙쏙 **해설** •••

쇼크를 방지하기 위해서는 체온의 손실을 방지하여야 한다.

정답 ❹

제1장
제2장
제3장
제4장
제5장
제6장

12 경호행사 시 쇼크환자의 일반적인 증상이 아닌 것은?

☑확인
Check!
○
△
×

① 호흡이 얕고 빨라진다.

② 맥박이 강하고 때로는 늦어진다.

③ 메스꺼움이나 구토를 호소한다.

④ 지속적으로 혈압 하강이 나타난다.

핵심만콕	쇼크와 관계된 증상 및 징후

불안감, 약하고 빠른 맥박, 차고 축축한 피부, 발한, 창백한 얼굴, 빠르고 깊이가 얕으며 힘들어 보이는 호흡, 초점 없는 눈과 확장된 동공, 심한 갈증, 오심 또는 구토, 점차적인 혈압하강, 졸도, 말초혈관 재충혈 시간의 지연 등이 나타나므로, 경호원은 경호대상자에 대한 관찰을 게을리해서는 안 된다.

〈출처〉 김두현, 「경호학개론」, 엑스퍼트, 2020, P. 299

13 피부가 붉어지고 수포가 생기며, 심한 통증이 나타나는 정도의 화상은?

☑확인
Check!
○
△
×

① 1도 화상

② 2도 화상

③ 3도 화상

④ 4도 화상

핵심만콕	화상 깊이에 따른 분류★★
1도 화상	열에 의하여 피부가 붉어진 정도의 화상으로 표피에만 손상이 있는 경우를 말한다(표피의 손상).
2도 화상	피부 발적뿐만 아니라 수포(물집)가 생기고, 심한 통증이 나타나는 경우를 말한다(표피 + 진피의 손상).
3도 화상	화상의 정도가 매우 심하여 조직의 파괴까지 동반된 경우를 말한다(표피 + 진피 + 조직의 손상).
4도 화상	최근에 사용되는 개념으로 근육, 힘줄, 신경 또는 골조직까지 손상받은 경우를 말한다.

14 심폐소생술에 관한 내용으로 옳지 않은 것은?

☑ 확인
Check!
○
△
✕

① 심정지 환자는 골든타임 내에 신속하게 심폐소생술을 실시한다.
② 심폐소생술의 흉부(가슴)압박은 분당 100~120회 속도로 실시한다.
③ 심폐소생술 실시 중 자발적인 호흡으로 회복되어도 계속 흉부(가슴)압박을 실시한다.
④ 인공호흡에 자신이 없는 경우 흉부(가슴)압박을 실시한다.

심폐소생술 실시 중 환자의 맥박과 호흡이 회복된 경우에는 심폐소생술을 종료한다.

정답 ❸

핵심만콕

① 심정지 환자의 경우 기본 인명구조술이 심정지 후 4분 이내 시작되고, 전문 인명구조술이 8분 이내에 시작되어야 높은 소생률을 기대할 수 있다.
② 심폐소생술의 흉부(가슴)압박은 분당 100~120회 속도로, 5~6cm 깊이로 시행하여야 한다.
④ 심폐심폐소생술 교육을 받은 적이 없거나, 받았더라도 자신이 없는 경우, 혹은 인공호흡에 대해 거부감을 가진 경우에는 심폐소생술을 시도조차 하지 않는 경우가 많다. 그러나 인공호흡을 하지 않고 가슴압박만 하더라도 아무것도 하지 않을 때보다 심장정지 환자의 생존율을 높일 수 있으므로 2011년 가이드라인부터 '가슴압박소생술(Compression-Only CPR)'을 권장하였다.
〈출처〉 2020년 한국심폐소생술 가이드라인, 질병관리청·대한심폐소생협회, P. 67

15 경호임무 수행 중 자동심장충격기(AED)를 사용하는 방법으로 옳지 않은 것은?

☑ 확인
Check!
○
△
✕

① 전원이 켜져 있는 상태에서 음성 안내에 따라 사용한다.
② 환자의 피부에 땀이나 물기가 있으면 수건 등으로 닦아내고 패드를 부착한다.
③ 제세동 후 소생 징후가 없는 경우 지체 없이 심폐소생술을 실시한다.
④ 긴박한 상황에서 정확한 심장충격을 위해 환자를 붙잡은 상태에서 제세동을 실시한다.

쪽쪽 해설 •••

제세동 버튼(쇼크 버튼)을 누르기 전에는 반드시 다른 사람이 환자에게서 떨어져 있는지 확인하여야 하므로, 환자를 붙잡은 상태에서 제세동을 실시해서는 안 된다.

 ❹

경호의 환경

06 경호의 환경 확인문제

1 경호의 환경요인

01 경호의 일반적 환경요인으로 옳지 않은 것은? 〔기출 17〕

① 경제발전과 과학기술의 발전
② 사회구조와 국민의식 구조의 변화
③ 정보의 팽창과 범죄의 다양화
④ 우리나라에 대한 북한 테러 위협 증가

01
④는 특수적 경호 환경요인에 해당된다.
〔정답〕 ❹

02 경호의 환경에 관한 설명으로 옳지 않은 것은? 〔기출 16〕

① 과학기술의 향상으로 인한 경호 위해요소의 증가
② 개인주의 보편화로 경호작용의 협조적 경향 증가
③ 개방화로 인한 범죄조직의 국제화
④ '외로운 늑대(Lone wolf)' 등 자생적 테러가능성 증가

02
생활양식 및 국민의식이 자유적이고 개인적으로 변하여 경호작용에서 비협조적 경향이 나타날 수 있다.
〔정답〕 ❷

03 현대사회의 경호 환경요인 중 범죄현상에 관한 설명으로 옳지 않은 것은? 〔기출 13〕

① 범죄수법의 양상이 획일화되어 가고 있다.
② 범죄가 양적으로 증가 추세이며 광역화되어 가고 있다.
③ 범죄현상이 국제화되어 가고 있다.
④ 범죄의 흉폭화, 첨단화, 지능화 현상을 보이고 있다.

03
범죄수법의 양상은 더욱 다양화되어 가고 있는 추세이다.
〔정답〕 ❶

04 경호의 특수적 환경에 관한 설명에 해당되지 않는 것은?

기출 14

☑ 확인
Check!
○
△
✕

① 북한의 경제적 곤경과 정치적 불안정으로 인하여 테러 및 유격전의 유발이 우려되고 있다.

② 우리나라의 국제적 지위향상과 더불어 해외에서 우리 국민을 대상으로 한 테러위협이 증가되고 있다.

③ 소수인종 및 민족 등 약자층을 대상으로 이유 없는 증오심을 갖고 테러를 자행하는 증오범죄가 등장하고 있다.

④ 생활양식 및 국민의식이 자유주의적이고 개인적으로 변하여 경호작용에서 비협조적 경향이 나타날 우려가 있다.

04
생활양식 및 국민의식의 변화는 경호의 일반적 환경에 해당된다.

정답 ❹

---

05 경호환경을 일반적 환경과 특수적 환경으로 구분할 경우, 일반적 환경에 해당하지 않는 것은?

기출 10

☑ 확인
Check!
○
△
✕

① 범죄의 다양화와 증가
② 경제발전과 과학기술의 향상
③ 생활양식 및 국민의식의 변화
④ 해외에서 우리 국민의 테러위협 증가

05
①・②・③은 일반적 환경, ④는 특수적 환경에 해당한다.

정답 ❹

---

06 거시적 관점에서 경호환경을 구분할 경우, 사회적 환경 중 특수 환경에 해당하는 것은?

☑ 확인
Check!
○
△
✕

① 산업화에 따른 과학기술의 발달로 인한 위해수법의 고도화
② 남북분단으로 인한 적대적 대립
③ 도시화 문제로 인한 갈등과 범죄의 증가
④ 정보화로 인한 신변안전의 위험성 증대

06
일반 환경은 어느 나라에서나 나타나는 보편적인 사회 환경을 말하며, 특수 환경은 특정한 나라에 국한된 특수한 경호환경을 말한다. 보기 중 우리나라의 특수 환경에 해당하는 것은 ②이다.
〈참고〉 이두석, 「경호학개론」, 진영사, 2018, P. 373~375

정답 ❷

2 암살

01 암살의 동기에 관한 설명으로 옳지 않은 것은? 기출 15

☑ 확인
Check!
○
△
✕

① 이념적 동기 – 전쟁 중에 있는 적국의 지도자를 제거함으로써 승전으로 이끌 수 있다고 판단하는 경우
② 개인적 동기 – 복수·증오·분노와 같은 개인의 감정으로 인한 경우
③ 정치적 동기 – 현존하는 정권이나 정부를 재구성하려는 욕망으로 인한 경우
④ 심리적 동기 – 정신분열증, 편집병, 조울증, 노인성 치매 등의 요소들 중 한 가지 또는 그 이상의 요소들이 복합적으로 작용하는 경우

01
전쟁 중에 있는 적국의 지도자를 제거함으로써 승전으로 이끌 수 있다고 판단하는 경우는 적대적(전략적) 동기이다.

정답 ❶

02 다음 중 암살범의 심리적 특징이 아닌 것은? 기출 99

☑ 확인
Check!
○
△
✕

① 대개 인내심이 부족하다.
② 자기 자신을 학대하고 대개 무능력하다.
③ 적개심과 과대망상적 사고를 소유한 자들이 많다.
④ 가정적으로 불안하며 진실한 이성 친구가 없는 경우가 많다.

02
암살범의 심리적 특징으로는 자학성, 무능력, 인내심 부족, 허황적인 사고와 행동, 적개심과 과대망상적인 사고 등이 거론된다. ④는 암살범 및 암살 기도자들의 일반적인 특징에 해당한다.
〈참고〉 김두현, 「경호학개론」, 엑스퍼트, 2020, P. 470~471

정답 ❹

03 암살의 실행단계의 순서를 옳게 나열한 것은? 기출 10·01

☑ 확인
Check!
○
△
✕

① 경호정보 수집 → 임무의 분배 → 무기 및 장비 획득 → 실행
② 무기 및 장비 획득 → 경호정보 수집 → 임무의 분배 → 실행
③ 경호정보 수집 → 무기 및 장비 획득 → 임무의 분배 → 실행
④ 임무의 분배 → 무기 및 장비 획득 → 경호정보 수집 → 실행

03
암살은 경호정보의 수집 → 무기 및 장비 획득 → 공모자들의 임무할당(분배) → 범행의 실행 순으로 진행된다.

정답 ❸

01 다음에서 설명하고 있는 사이버테러 기법은? 기출 11

> 공격대상이 되는 서버에 과도한 트래픽을 유발시키거나 정상적이지 못한 접속 등을 시도하여 해당 서버의 네트워크를 독점하거나 시스템 리소스의 낭비를 유발시켜 서버가 정상적으로 작동하지 못하게 만드는 기법

① 논리폭탄
② 서비스 거부
③ 트로이 목마
④ 트랩도어

01

설문의 사이버테러 기법은 서비스 거부이다. 서비스 거부(Denial of Service)는 공격대상이 되는 서버에 과도한 트래픽을 유발하는 등의 방법으로 공격대상인 서버를 다운시키는 사이버테러 기법으로 디도스 공격(DDoS)으로 많이 알려져 있다.

정답 ❷

핵심만콕 사이버테러 기법★★

- **논리폭탄(Logic Bomb)** : 일정한 조건이 충족되면 자동으로 컴퓨터 파괴활동을 시작하는 일종의 컴퓨터 바이러스
- **서비스 거부(Denial of Service)** : 공격대상이 되는 서버에 과도한 트래픽을 유발시키거나 정상적이지 못한 접속 등을 시도하여 해당 서버의 네트워크를 독점하거나 시스템 리소스의 낭비를 유발시켜 서버가 정상적으로 작동하지 못하게 만드는 기법★
- **트로이 목마(Trojan Horse)** : 프로그램 속에 은밀히 범죄자만 아는 명령문을 삽입하여 이를 범죄자가 이용하는 것을 말한다. 상대방이 눈치 채지 못하게 몰래 숨어드는 것으로 정상적인 프로그램에 부정 루틴이나 명령어를 삽입해 정상적인 작업을 수행하나 부정 결과를 얻어내고 즉시 부정 루틴을 삭제하기 때문에 발견이 어렵다.★
- **트랩도어(Trap Door)** : OS나 대형 응용 프로그램을 개발하면서 전체 시험실행을 할 때 발견되는 오류를 쉽게 하거나 처음부터 중간에 내용을 볼 수 있는 부정루틴을 삽입해 컴퓨터의 정비나 유지보수를 핑계 삼아 컴퓨터 내부의 자료를 뽑아 가는 행위를 일컫는다. 즉, 프로그래머가 프로그램 내부에 일종의 비밀통로를 만들어 두는 것이다.★
- **허프건(Huffgun)** : 고출력 전자기장을 발생시켜 컴퓨터의 자기기록 정보를 파괴★
- **스팸(Spam)** : 악의적인 내용을 담은 전자우편을 인터넷상의 불특정 다수에게 무차별로 살포
- **플레임(Flame)** : 네티즌들이 공통의 관심사를 논의하기 위해 개설한 토론방에 고의로 가입하여 개인 등에 대한 악성 루머를 유포★
- **스토킹(Stalking)** : 인터넷을 이용하여 타인의 신상정보를 공개하고 거짓 메시지를 남겨 괴롭히는 행위
- **스누핑(Snuffing)** : 인터넷상에 떠도는 IP 정보를 몰래 가로채는 행위★
- **스푸핑(Spoofing)** : 어떤 프로그램이 마치 정상적인 상태로 유지되는 것처럼 믿도록 속임수를 쓰는 것★
- **전자폭탄(Electronic Bomb)** : 약 1백억 와트의 고출력 에너지로 순간적으로 마이크로웨이브파를 발생시켜 컴퓨터 내의 전자 및 전기회로를 파괴
- **피싱(Phishing)** : 가짜 사이트를 만들어 금융기관 등으로부터 은행 계좌정보나 개인정보를 불법적으로 알아내 이를 이용하는 인터넷 사기수법을 말한다.★
- **살라미 기법(Salami Techniques)** : 눈치 채지 못할 정도의 적은 금액을 많은 사람들로부터 빼내는 컴퓨터 사기수법의 하나로, 이탈리아 음식인 살라미소시지(말린 햄의 일종으로 공기 중에 말려 발효시키는 음식)를 조금씩 얇게 썰어 먹는 모습을 연상시킨다고 해서 붙은 이름이다.★
- **지능형 지속공격(APT ; Advanced Persistent Threat)** : 해커가 다양한 보안위협을 만들어 특정 네트워크에 지속적인 공격을 가하는 것을 말한다.

02 다음 중 테러리즘의 특성이 아닌 것은? 기출 01

☑ 확인
Check!
○
△
✕

① 테러는 군사활동과 유사한 정확성을 지니는 등 전술적인 면모가 있다.
② 제한된 물량과 소규모의 희생으로 큰 효과를 거둘 수 있다.
③ 테러는 기본적으로 폭력적 행위이다.
④ 테러의 대상은 사람에게만 국한된다.

02
테러의 대상은 사람뿐만 아니라 시설물도 그 대상에 해당된다.★
정답 ❹

03 뉴테러리즘(New Terrorism)의 특징에 관한 설명으로 옳지 않은 것은? 기출 15

☑ 확인
Check!
○
△
✕

① 요구 조건이나 공격 주체가 구체적이고 분명하다.
② 과학화·정보화의 특성을 반영하여 조직이 고도로 네트워크화되어 있다.
③ 테러행위에 소요되는 시간이 짧아 대처할 시간이 부족하다.
④ 전통적 테러리즘에 비해 그 피해가 상상을 초월한다.

03
기존의 테러리즘과 달리 뉴테러리즘은 요구 조건이나 공격 주체가 불분명하다.
정답 ❶

04 테러에 관한 설명으로 옳지 않은 것은? 기출 11

☑ 확인
Check!
○
△
✕

① 테러는 특정한 위협이나 공포로 인해 극도로 불안한 심리적 상태를 일컫는다.
② 테러방지법상 테러는 국가·지방자치단체 또는 외국정부의 권한행사를 방해하거나 의무 없는 일을 하게 할 목적 또는 공중을 협박할 목적으로 하는 행위로 규정되어 있다.
③ 테러리즘의 발생이론 중 동일시 이론은 열망적·점감적·점진적 박탈감 등을 테러의 원인으로 설명하고 있다.
④ 국제테러란 타국과 연관되어 정치적·종교적 목적달성을 위해 조직적·체계적 무력과 폭력적 수단을 행사하는 것이라고 할 수 있다.

04
테러리즘의 발생이론 중 열망적·점감적·점진적 박탈감 등을 테러의 원인으로 설명하는 이론은 동일시 이론이 아니라 박탈감 이론이다.
정답 ❸

> **핵심만콕** 테러리즘의 발생원인론★
>
> • 박탈감 이론 : 열망적·점감적·점진적 박탈감 등이 테러의 원인이라는 이론
> • 동일시 이론 : 사회심리적 동일시 현상이 테러의 원인이라는 이론
> • 국제정치체제 이론 : 일부 국가에 의해 테러리즘이 정치목적 달성의 전략적 도구로 사용되는 이론
> • 현대사회구조 이론 : 도시집중화 등 현대사회의 생태학적 환경이 테러의 원인이라는 이론

05 테러의 수행단계가 가장 올바른 것은?

① 계획수립단계 → 정보수집단계 → 조직화단계 → 공격준비단계 → 실행단계

② 정보수집단계 → 조직화단계 → 계획수립단계 → 공격준비단계 → 실행단계

③ 정보수집단계 → 계획수립단계 → 공격준비단계 → 조직화단계 → 실행단계

④ 정보수집단계 → 계획수립단계 → 조직화단계 → 공격준비단계 → 실행단계

05
테러의 수행단계는 정보수집단계 → 계획수립단계 → 조직화단계 → 공격준비단계 → 실행단계이다.★

정답 ❹

06 테러조직의 유형별 역할에 관한 내용으로 옳지 않은 것은?

기출 10

① 적극적 지원조직 – 선전효과 증대, 자금획득, 조직확대 등에 기여

② 직접적 지원조직 – 공격용 차량 준비, 핵심요원 훈련, 무기탄약 지원

③ 지도자 조직 – 반정부 시위나 집단행동에서 다수의 위력 구성을 지원

④ 전문적 지원조직 – 체포된 테러리스트 은닉 및 법적 비호, 의료 지원 제공

06
수동적 지원조직은 반정부 시위나 집단행동에서 다수의 위력 구성을 지원하며, 지도자 조직은 지휘부의 정책수립, 계획, 통제 및 집행 임무 등을 수행한다.

정답 ❸

핵심만콕 테러조직의 구조적 형태★★

테러조직의 동심원적 구조(안 → 밖) : 지도자 조직 → 행동 조직 → 직접적 지원조직 → 전문적 지원조직 → 수동적 지원조직 → 적극적 지원조직

---

07 테러범의 유형으로 가장 관련이 적은 것은?

기출 97

① 순교형
② 종교형
③ 광인형
④ 전문적인 범죄형

07
테러범죄의 성격에 의한 분류 : 광인형 테러범, 전문적 범죄형 테러범, 순교형 테러범★

정답 ❷

08 각국의 경호기관과 대테러조직의 연결이 옳지 않은 것은?

기출수정 13

① 미국 국토안보부 산하 비밀경호국 : SWAT
② 영국 수도경찰청 특별작전부 산하 경호국 : SAS
③ 프랑스 국립경찰청 요인경호국 : GSG-9
④ 우리나라 대통령경호처 : KNP-868

08
GSG-9은 독일의 대테러조직이고, 프랑스의 대테러조직은 GIGN이다.

정답 ❸

09 각국의 대테러조직에 관한 설명으로 옳지 않은 것은? 기출 12

① SAS는 영국의 대테러부대로 유괴, 납치, 암살 등 테러에 대응한다.
② 미국의 대테러부대에는 SWAT, 델타포스가 있다.
③ 독일의 대테러부대에는 GIGN, GSG-9이 있다.
④ 한국의 대테러부대는 KNP-868이다.

09
GIGN은 프랑스의 대테러부대이다.

정답 ❸

10 각국의 대테러조직(부대)에 관한 연결이 옳지 않은 것은?

기출 10

① 영국 - SAS
② 미국 - SWAT
③ 한국 - KNP-868
④ 프랑스 - GSG-9

10
프랑스의 대테러조직은 GIGN이고, GSG-9은 독일의 대테러조직이다.

정답 ❹

11 인질사건에서 인질이 인질범에게 정신적으로 동화되어 자신을 인질범과 동일시하는 현상은? 기출 10

① 리마 증후군(Lima Syndrome)
② 런던 증후군(London Syndrome)
③ 피터팬 증후군(Peter Pan Syndrome)
④ 스톡홀름 증후군(Stockholm Syndrome)

11
스톡홀름 증후군(Stockholm Syndrome)이란 인질사건에서 인질이 인질범에게 정신적으로 동화되어 자신을 인질범과 동일시하는 현상을 말한다.★

정답 ❹

이 용어는 1973년 8월 23일부터 8월 28일까지 스톡홀름 노르말름스토리(Norrmalmstorg)의 크레디트반켄(Kreditbanken) 은행을 점거하고 은행 직원을 인질로 잡았던 노르말름스토리 사건에서 이름을 따왔다. 인질들은 범인들에게 정서적으로 가까워졌고, 6일 동안 인질로 잡혔다가 풀려났을 때에는 인질범들을 옹호하는 발언도 했다. 범죄학자이자 심리학자인 닐스 베예로트(Nils Bejerot)가 뉴스 방송 중에 이 현상을 설명하면서 처음으로 '스톡홀름 증후군'이라는 용어를 썼다. 인질사건에서 인질이 인질범에게 정신적으로 동화되어 자신을 인질범과 동일시하는 현상을 말한다.

12 다음은 국민보호와 공공안전을 위한 테러방지법상 테러의 정의 중 일부이다. ㄱ, ㄴ, ㄷ, ㄹ에 들어갈 내용으로 옳지 않은 것은?

☑ 확인
Check!
○
△
✕

> "테러"란 국가·지방자치단체 또는 외국 정부(외국 지방자치단체와 조약 또는 그 밖의 국제적인 협약에 따라 설립된 국제기구를 포함한다)의 (ㄱ)를 방해하거나 (ㄴ)을 하게 할 목적 또는 (ㄷ)을 (ㄹ)할 목적으로 하는 일련의 행위를 말한다.

① ㄱ : 권한행사
② ㄴ : 의무 없는 일
③ ㄷ : 공 중
④ ㄹ : 선 동

12
"테러"란 국가·지방자치단체 또는 외국 정부(외국 지방자치단체와 조약 또는 그 밖의 국제적인 협약에 따라 설립된 국제 기구를 포함한다)의 권한행사를 방해하거나 의무 없는 일을 하게 할 목적 또는 공중을 협박할 목적으로 하는 행위를 말한다(테러방지법 제2조 제1호).
정답 ❹

13 국민보호와 공공안전을 위한 테러방지법의 내용으로 옳지 않은 것은?

☑ 확인
Check!
○
△
✕

기출 16

① 테러단체란 국가정보원이 지정한 테러단체를 말한다.
② 국민보호와 공공안전을 위한 테러방지법은 대테러활동에 관한 다른 법률에 우선하여 적용한다.
③ 국가테러대책위원회는 국무총리 및 관계기관의 장 중 대통령령으로 정하는 사람으로 구성하고 위원장은 국무총리로 한다.
④ 대테러활동과 관련하여 국무총리 소속으로 관계기관 공무원으로 구성되는 대테러센터를 둔다.

13
① 테러단체란 국제연합(UN)이 지정한 테러단체를 말한다(테러방지법 제2조 제2호).
② 테러방지법 제4조
③ 테러방지법 제5조 제2항
④ 테러방지법 제6조 제1항
정답 ❶

14 국민보호와 공공안전을 위한 테러방지법 시행령에 따른 국가테러대책위원회의 위원이 아닌 자는?(단, 법에서 정한 위원 외에 위원장이 요청한 관계기관의 장 또는 그 밖의 관계자는 고려하지 않는다)

확인 Check!
○ △ ×

① 경찰청 경비국장
② 대통령경호처장
③ 국토교통부장관
④ 해양경찰청장

14
국가테러대책위원회의 위원은 경찰청 경비국장이 아니라 경찰청장이다.

정답 ❶

관계법령 국가테러대책위원회 구성(테러방지법 시행령 제3조 제1항)

법 제5조 제2항에서 "대통령령으로 정하는 사람"이란 기획재정부장관, 외교부장관, 통일부장관, 법무부장관, 국방부장관, 행정안전부장관, 산업통상자원부장관, 환경부장관, 국토교통부장관, 해양수산부장관, 국가정보원장, 국무조정실장, 금융위원회 위원장, 원자력안전위원회 위원장, 대통령경호처장, 관세청장, 경찰청장, 소방청장, 질병관리청장 및 해양경찰청장을 말한다.

---

15 국민보호와 공공안전을 위한 테러방지법령상 국가테러대책위원회의 심의·의결사항에 해당하지 않는 것은? 기출 17

확인 Check!
○ △ ×

① 관계기관의 대테러활동 교육·훈련의 감독 및 평가
② 국가 대테러 기본계획 등 중요 중장기 대책 추진사항
③ 대테러활동에 관한 국가의 정책 수립 및 평가
④ 위원장이 대책위원회에서 심의·의결할 필요가 있다고 제의하는 사항

15
국가테러대책위원회는 ㉠ 대테러활동에 관한 국가의 정책 수립 및 평가, ㉡ 국가 대테러 기본계획 등 중요 중장기 대책 추진사항, ㉢ 관계기관의 대테러활동 역할 분담·조정이 필요한 사항, ㉣ 그 밖에 위원장 또는 위원이 대책위원회에서 심의·의결할 필요가 있다고 제의하는 사항을 심의·의결한다(테러방지법 제5조 제3항). ★★

정답 ❶

---

16 대테러센터에서 수행하는 업무가 아닌 것은?

확인 Check!
○ △ ×

① 대테러활동에 관한 국가의 정책 수립 및 평가
② 국가 대테러활동 관련 임무분담 및 협조사항 실무 조정
③ 테러경보 발령
④ 장단기 국가대테러활동 지침 작성·배포

16
①은 국가테러대책위원회의 주요 기능(심의 및 의결사항)이다.

 정답 ❶

국가테러대책위원회	대테러센터
테러대책위원회는 다음의 사항을 심의·의결한다(테러방지법 제5조 제3항). 1. 대테러활동에 관한 국가의 정책 수립 및 평가 2. 국가 대테러 기본계획 등 중요 중장기 대책 추진사항 3. 관계기관의 대테러활동 역할 분담·조정이 필요한 사항 4. 그 밖에 위원장 또는 위원이 대책위원회에서 심의·의결할 필요가 있다고 제의하는 사항	대테러활동과 관련하여 다음 각호의 사항을 수행하기 위하여 국무총리 소속으로 관계기관 공무원으로 구성되는 대테러센터를 둔다(테러방지법 제6조 제1항). 1. 국가 대테러활동 관련 임무분담 및 협조사항 실무 조정 2. 장단기 국가대테러활동 지침 작성·배포 3. 테러경보 발령 4. 국가 중요행사 대테러안전대책 수립 5. 대책위원회의 회의 및 운영에 필요한 사무의 처리 6. 그 밖에 대책위원회에서 심의·의결한 사항

17 다음 테러대책 실무위원회에 대한 내용 중 옳지 않은 것은?

① 대테러센터장은 실무위원회의 위원장이 될 수 없다.
② 테러대책 실무위원회의 위원은 국가테러대책위원회의 위원이 소속된 관계기관 및 그 소속 기관의 고위공무원단에 속하는 일반직공무원 중 관계기관의 장이 지명하는 사람으로 한다.
③ 실무위원회 운영에 관한 사항은 대책위원회의 의결을 거쳐 위원장이 정한다.
④ 대책위원회를 효율적으로 운영하고 대책위원회에 상정할 안건에 관한 전문적인 검토 및 사전 조정을 위하여 대책위원회에 테러대책 실무위원회를 둔다.

17
① 테러대책 실무위원회에 위원장 1명을 두며, 실무위원회의 위원장은 대테러센터장이 된다(테러방지법 시행령 제5조 제2항).
② 테러방지법 시행령 제5조 제3항
③ 테러방지법 시행령 제5조 제4항
④ 테러방지법 시행령 제5조 제1항
정답 ❶

18 다음 중 테러대책 실무위원회의 기능으로 옳은 것은 모두 몇 개인가?

ㄱ. 대책위원회 심의·의결 건에 대한 세부 이행에 관한 사항
ㄴ. 테러 관련 현안 실무처리 방안에 관한 사항
ㄷ. 테러경보 발령 심의에 관한 사항
ㄹ. 대책위원회 개최를 위한 사전 안건 검토·조정에 관한 사항

① 1개   ② 2개
③ 3개   ④ 4개

18
테러대책 실무위원회의 기능에는 ㄱ, ㄴ, ㄷ, ㄹ 및 실무위원장이 필요하다고 인정하는 사항이 있다(국가테러대책위원회 및 테러대책실무위원회 운영규정 제14조).
정답 ❹

19 다음 ( ) 안에 들어갈 내용으로 알맞은 것은?

☑ 확인
Check!
○
△
✕

> 관계기관의 대테러활동으로 인한 국민의 기본권 침해 방지를 위하여 ( ) 소속으로 대테러 인권보호관(이하 "인권보호관"이라 한다) 1명을 둔다.

① 대통령　　　　　　② 대테러센터
③ 국무총리　　　　　　④ 대책위원회

19
관계기관의 대테러활동으로 인한 국민의 기본권 침해 방지를 위하여 대책위원회 소속으로 대테러 인권보호관(이하 "인권보호관"이라 한다) 1명을 둔다(테러방지법 제7조 제1항).

정답 ❹

20 테러방지법령상 대테러 인권보호관에 관한 설명으로 옳지 않은 것은?　　기출 11

☑ 확인
Check!
○
△
✕

① 인권보호관의 임기는 2년으로 하고, 연임할 수 있다.
② 직무상 알게 된 비밀을 누설한 경우 그 의사에 반하여 해촉될 수 있다.
③ 대테러활동에 따른 인권침해 관련 민원을 접수한 날부터 2주 내에 처리해야 한다.
④ 위원장은 인권보호관이 직무를 효율적으로 수행할 수 있도록 재정적 지원을 할 수 있다.

20
민원을 접수한 날부터 2개월 내에 처리하여야 한다(테러방지법 시행령 제8조 제2항).★

정답 ❸

관계법령　**인권보호관의 직무 등(테러방지법 시행령 제8조)**

① 인권보호관은 다음 각호의 직무를 수행한다.
　1. 대책위원회에 상정되는 관계기관의 대테러정책·제도 관련 안건의 인권 보호에 관한 자문 및 개선 권고
　2. 대테러활동에 따른 인권침해 관련 민원의 처리
　3. 그 밖에 관계기관 대상 인권 교육 등 인권 보호를 위한 활동
② 인권보호관은 제1항 제2호에 따른 민원을 접수한 날부터 2개월 내에 처리하여야 한다. 다만, 부득이한 사유로 정해진 기간 내에 처리하기 어려운 경우에는 그 사유와 처리 계획을 민원인에게 통지하여야 한다.★
③ 위원장은 인권보호관이 직무를 효율적으로 수행할 수 있도록 필요한 행정적·재정적 지원을 할 수 있다.★
④ 대책위원회는 인권보호관의 직무 수행을 지원하기 위하여 지원조직을 둘 수 있으며, 필요한 경우에는 관계 중앙행정기관 소속 공무원의 파견을 요청할 수 있다.

21 테러방지법령상 테러사건대책본부와 관계기관의 장이 모두 옳게 짝지어진 것은?

☑ 확인
Check!
○
△
✕

┌─────────────────────────────┐
│ ㉠ 외교부장관 │
│ ㉡ 국방부장관 │
│ ㉢ 국토교통부장관 │
│ ㉣ 해양경찰청장 │
└─────────────────────────────┘

① ㉠ 국외테러사건대책본부   ㉡ 군사시설테러사건대책본부
   ㉢ 해양테러사건대책본부   ㉣ 항공테러사건대책본부

② ㉠ 항공테러사건대책본부   ㉡ 해양테러사건대책본부
   ㉢ 국외테러사건대책본부   ㉣ 군사시설테러사건대책본부

③ ㉠ 국외테러사건대책본부   ㉡ 군사시설테러사건대책본부
   ㉢ 항공테러사건대책본부   ㉣ 해양테러사건대책본부

④ ㉠ 항공테러사건대책본부   ㉡ 국외테러사건대책본부
   ㉢ 군사시설테러사건대책본부 ㉣ 해양테러사건대책본부

21
㉠ 외교부장관 – 국외테러사건대책본부, ㉡ 국방부장관 – 군사시설테러사건대책본부, ㉢ 국토교통부장관 – 항공테러사건대책본부, ㉣ 해양경찰청장 – 해양테러사건대책본부로 연결된다.

정답 ❸

22 테러방지법상 관계기관별 임무에 관한 설명으로 옳지 않은 것은?

기출 13

☑ 확인
Check!
○
△
✕

① 법무부장관 : 외국인테러전투원 관련 의심자에 대하여 일시 출국금지 등의 조치
② 환경부장관 : 화생방테러사건 발생 시 화학테러 대응분야의 화생방테러대응지원본부 설치
③ 원자력안전위원회 위원장 : 화생방테러사건 발생 시 생물테러 대응분야의 화생방테러대응지원본부 설치
④ 금융위원회 위원장 : 국가정보원장이 요청한 테러 관련 가능성이 있는 금융거래의 지급정지

22
③ 생물테러 대응 분야에 따른 화생방테러 대응지원본부의 설치·운영은 질병관리청장이 담당한다(테러방지법 시행령 제16조 제1항 제3호). ★
① 테러방지법 제13조 제1항 해석
② 테러방지법 시행령 제16조 제1항 제1호
④ 테러방지법 제9조 제2항 해석

정답 ❸

23 국민보호와 공공안전을 위한 테러방지법령상 테러사건에 신속히 대응하기 위하여 대테러특공대를 설치·운영할 수 있는 자는?

기출 16

① 국방부장관
② 외교부장관
③ 대통령경호처장
④ 국가정보원장

23
국방부장관, 경찰청장 및 해양경찰청장은 테러사건에 신속히 대응하기 위하여 대테러특공대를 설치·운영한다(테러방지법 시행령 제18조 제1항). ★★

정답 ❶

24 국민보호와 공공안전을 위한 테러방지법령상 옳지 않은 내용은?

① 소방청장과 시·도지사는 테러사건 발생 시 신속히 인명을 구조·구급하기 위하여 중앙 및 지방자치단체 소방본부에 테러대응구조대를 설치·운영한다.
② 국가정보원장은 테러 관련 정보를 통합관리하기 위하여 관계기관 공무원으로 구성되는 테러정보통합센터를 설치·운영한다.
③ 대테러센터장은 국내외에서 테러사건이 발생하거나 발생할 우려가 현저할 때 또는 테러 첩보가 입수되거나 테러 관련 신고가 접수되었을 때에는 예방조치, 사건 분석 및 사후처리방안 마련 등을 위하여 관계기관 합동으로 대테러합동조사팀을 편성·운영할 수 있다.
④ ③에도 불구하고 군사시설에 대해서는 국방부장관이 자체 조사팀을 편성·운영할 수 있다.

24
③ 국가정보원장은 국내외에서 테러사건이 발생하거나 발생할 우려가 현저할 때 또는 테러 첩보가 입수되거나 테러 관련 신고가 접수되었을 때에는 예방조치, 사건 분석 및 사후처리방안 마련 등을 위하여 관계기관 합동으로 대테러합동조사팀(이하 "합동조사팀"이라 한다)을 편성·운영할 수 있다(테러방지법 시행령 제21조 제1항).
① 테러방지법 시행령 제19조 제1항
② 테러방지법 시행령 제20조 제1항
④ 테러방지법 시행령 제21조 제3항 전문

정답 ❸

25 다음 중 테러대응구조대의 임무로 옳은 내용을 모두 고른 것은?

ㄱ. 테러발생 시 초기단계에서의 조치 및 인명의 구조·구급
ㄴ. 국가 중요행사의 안전한 진행 지원
ㄷ. 24시간 테러 관련 상황 전파체계 유지
ㄹ. 테러취약요인의 사전 예방·점검 지원
ㅁ. 테러 위험 징후 평가

① ㄱ, ㄴ
② ㄱ, ㄴ, ㄹ
③ ㄱ, ㄹ, ㄷ
④ ㄱ, ㄴ, ㄷ, ㄹ, ㅁ

25
ㄷ, ㅁ는 테러정보통합센터의 임무이다.

정답 ❷

26 테러방지법령상 테러사건 발생 시 초동 조치 사항으로 옳지 않은 것은? 기출 15

① 사건현장의 신속한 정리 및 복구
② 인명구조 등 사건피해의 확산방지조치
③ 현장에 대한 조치사항을 종합하여 관련 기관에 전파
④ 관련 기관에 대한 지원요청

26
관계기관의 장은 테러사건이 발생한 경우 사건의 확산 방지를 위하여 사건현장의 통제·보존 및 경비 강화 조치를 하여야 한다(테러방지법 시행령 제23조 제2항 제1호).

정답 ❶

27 다음 중 테러대응 인력·장비 현장배치, 테러대상시설의 잠정 폐쇄, 테러사건대책본부의 설치 등의 조치가 필요한 테러경보 발령 단계는? 기출 13

① 관심단계
② 주의단계
③ 심각단계
④ 경계단계

27
대테러사건대책본부 등 설치, 테러대응 인력·장비 현장 배치, 테러대상시설 잠정 폐쇄, 테러이용수단 유통 일시중지 등은 심각단계에서의 조치사항에 해당한다.

정답 ❸

제1장 제2장 제3장 제4장 제5장 제6장

28 테러방지법령상 테러에 관한 설명으로 옳지 않은 것은? 기출 10

① 테러는 국가·지방자치단체 또는 외국 정부의 권한행사를 방해하거나 의무 없는 일을 하게 할 목적 또는 공중을 협박할 목적으로 하는 행위를 말한다.

② 테러자금은 「공중 등 협박목적 및 대량살상무기확산을 위한 자금조달행위의 금지에 관한 법률」에 따른 공중 등 협박목적을 위한 자금을 말한다.

③ 테러경보는 테러 발생 이전의 예방과 테러 발생 이후의 대응에 따라 2단계로 구분하여 발령한다.

④ 테러사건대책본부의 장은 테러사건에 대한 대응을 위하여 필요한 경우 현장지휘본부를 설치하여 상황 전파 및 대응 체계를 유지하고, 조치사항을 체계적으로 시행한다.

28

테러경보는 테러위협의 정도에 따라 관심·주의·경계·심각의 4단계로 구분한다(테러방지법 시행령 제22조 제2항).
① · ② 테러방지법 제2조 제1호 · 제5호
④ 테러방지법 시행령 제24조 제1항

정답 ❸

---

29 국민보호와 공공안전을 위한 테러방지법령상 옳지 않은 것은?

① 관계기관의 장은 테러 예방 및 대응을 위하여 필요한 전담조직을 둘 수 있으며, 관계기관의 전담조직의 구성 및 운영과 효율적 테러대응을 위하여 필요한 사항은 대통령령으로 정한다.

② 테러대상시설에는 국가중요시설, 「도시철도법」 제2조 제2호에 다른 도시철도, 「항공안전법」 제2조 제1호에 따른 항공기, 「은행법」 제2조 제2호에 따른 법인이 포함된다.

③ 포상금심사위원회는 대테러센터장 소속으로 위원장 1명과 위원 8명으로 구성되며, 포상금 지급 여부와 그 지급금액을 심의·의결한다.

④ 질병관리청장, 환경부장관 및 원자력안전위원회 위원장은 화생방테러사건 발생 시 대책본부를 지원하기 위하여 분야별로 화생방테러대응지원본부를 설치·운영한다.

29

「은행법」 제2조 제2호에 따른 법인은 테러대상시설에 해당하지 않는다(테러방지법 시행령 제25조 제1항).

정답 ❷

핵심만콕

① 테러방지법 제8조 제1항 및 제2항
③ 테러방지법 시행령 제30조 제1항, 제2항, 제5항 제1호
④ 테러방지법 시행령 제16조 제1항

30 국민보호와 공공안전을 위한 테러방지법상 테러단체를 구성하거나 구성원으로 가입한 사람의 처벌에 관한 내용으로 옳은 것은?

기출 18

① 수괴(首魁)는 사형·무기 또는 7년 이상의 징역
② 테러를 기획하는 등 중요한 역할을 맡은 사람은 무기 또는 5년 이상의 징역
③ 타국의 외국인테러전투원으로 가입한 사람은 5년 이상의 징역
④ 테러를 지휘하는 등 중요한 역할을 맡은 사람은 무기 또는 5년 이상의 징역

30
③ 국민보호와 공공안전을 위한 테러방지법 제17조 제1항 제3호.
① 수괴의 법정형은 사형·무기 또는 10년 이상의 징역이다(테러방지법 제17조 제1항 제1호).
② 테러를 기획하는 등 중요한 역할을 맡은 사람의 법정형은 무기 또는 7년 이상의 징역이다(테러방지법 제17조 제1항 제2호).
④ 테러를 지휘하는 등 중요한 역할을 맡은 사람의 법정형은 무기 또는 7년 이상의 징역이다(테러방지법 제17조 제1항 제2호).

정답 ❸

31 국민보호와 공공안전을 위한 테러방지법상 테러를 기획 또는 지휘하는 등 중요한 역할을 한 사람에 대한 처벌은?

① 무기 또는 7년 이상의 징역
② 5년 이상의 징역
③ 10년 이하의 징역 또는 1억원 이하의 벌금
④ 사형, 무기 또는 10년 이상의 징역

31
설문의 경우 무기 또는 7년 이상의 징역으로 처벌한다.

정답 ❶

관계법령 테러단체 구성죄 등(테러방지법 제17조)

① 테러단체를 구성하거나 구성원으로 가입한 사람은 다음 각호의 구분에 따라 처벌한다.★
 1. 수괴(首魁)는 사형·무기 또는 10년 이상의 징역
 2. 테러를 기획 또는 지휘하는 등 중요한 역할을 맡은 사람은 무기 또는 7년 이상의 징역
 3. 타국의 외국인테러전투원으로 가입한 사람은 5년 이상의 징역
 4. 그 밖의 사람은 3년 이상의 징역

CHAPTER

06 경호의 환경 심화문제

---

1 경호의 환경요인

01 경호 환경에 관한 설명으로 옳지 않은 것은?

① 국제 관계와 정세로 인하여 해외에서 우리 국민을 대상으로 한 테러위협이 증가되는 것은 특수적 환경요인이다.

② 국민의식과 생활양식의 변화로 경호에 비협조적 경향이 나타나는 것은 특수적 환경요인이다.

③ 북한의 핵실험 등 도발위협은 특수적 환경요인이다.

④ 과학기술의 발전이 상대적으로 경호 환경을 악화시키는 것은 일반적 환경요인이다.

국민의식과 생활양식의 변화로 경호에 비협조적 경향이 나타나는 것은 일반적 환경요인이다.

정답 ❷

| 핵심만콕 | 경호의 환경 |

일반적 환경요인	특수적 환경요인
• 국제화 및 개방화 • 경제발전 및 과학기술의 발전 • 정보화 및 범죄의 광역화 • 생활양식과 국민의식의 변화 • 범죄의 다양화와 증가	• 경제전쟁 • 한국의 국제적 지위 향상 등 • 북한의 위협 • 증오범죄의 등장

02 우리나라 경호의 환경요인에 관한 설명으로 옳지 않은 것은?

기출 21

☑ 확인
Check!
○
△
×

① 경제와 과학기술의 발전으로 경호의 첨단화가 가속화되고 있다.
② 사회와 국민의식 구조의 변화로 인한 시대적 요구사항을 반영하여 경호의 수단과 방법이 변화되고 있다.
③ 사이버범죄 증가에 따라 경호방법 다변화의 일환으로 「개인정보보호법」은 적용하지 않는다.
④ 드론 사용 범죄 등과 같은 신종위해가 증가하고 있다.

쏙쏙 해설 •••

현재 사이버범죄와 관련된 우리나라의 법률체계는 「정보통신망 이용촉진 및 정보보호 등에 관한 법률(약칭 : 정보통신망법)」이 사이버범죄의 기본법적인 역할을 하고 있으나, 이외에도 「정보통신기반 보호법」, 「전기통신사업법」, 「위치정보의 보호 및 이용 등에 관한 법률(약칭 : 위치정보법)」, 「개인정보보호법」 등 다양한 법률이 적용되고 있다.

정답 ❸

03 경호의 특수적 환경에 관한 설명에 해당되지 않는 것은?

기출 14

☑ 확인
Check!
○
△
×

① 북한의 경제적 곤경과 정치적 불안정으로 인하여 테러 및 유격전의 유발이 우려되고 있다.
② 우리나라의 국제적 지위향상과 더불어 해외에서 우리 국민을 대상으로 한 테러위협이 증가되고 있다.
③ 소수인종 및 민족 등 약자층을 대상으로 이유 없는 증오심을 갖고 테러를 자행하는 증오범죄가 등장하고 있다.
④ 생활양식 및 국민의식이 자유주의적이고 개인적으로 변하여 경호작용에서 비협조적 경향이 나타날 우려가 있다.

쏙쏙 해설 •••

생활양식 및 국민의식의 변화는 경호의 일반적 환경에 해당된다.

정답 ❹

04 경호환경을 일반적 환경과 특수적 환경으로 구분할 경우, 일반적 환경에 해당하지 않는 것은?

기출 10

☑ 확인
Check!
○
△
×

① 범죄의 다양화와 증가
② 경제발전과 과학기술의 향상
③ 생활양식 및 국민의식의 변화
④ 해외에서 우리 국민의 테러위협 증가

쏙쏙 해설 •••

①・②・③은 일반적 환경, ④는 특수적 환경에 해당한다.

정답 ❹

제1장
제2장
제3장
제4장
제5장
제6장

05 경호환경을 거시적 관점에서 환경요인별로 분류할 때, 경호 관련 법규 등의 제도적 요인은 어떠한 환경에 해당하는가?

① 기술적 환경
② 사회적 환경
③ 자연적 환경
④ 일반적 환경

거시적 관점의 경호환경에서 기술적 환경은 제도적 요인(경호 관련 법규 등)과 기술적 요인(경호조직의 전문적인 역량·업무수행능력 등)으로 분류할 수 있다.

정답 ❶

핵심만콕 거시적 관점의 경호환경

- 사회적 환경
  - 일반 환경 : 어느 나라에서나 나타나는 보편적인 사회 환경(산업화, 도시화, 정보화, 세계화 등)
  - 특수 환경 : 특정한 나라에 국한된 특수한 경호환경(남북분단, 양극화, 지역갈등 등)
- 기술적 환경
  - 제도적 요인 : 경호 관련 법규, 타 기관과의 긴밀한 업무협조, 경호협조기구 등
  - 기술적 요인 : 경호조직의 전문적인 역량·임무수행능력 등
- 자연적 환경
  - 지형적 요인 : 지형적 경호 영향요인(화산 활동 지역, 고지대, 밀림지대, 산악지대, 수변도시 등)
  - 기후적 요인 : 경호에 영향을 미치는 대기상태(해당 지역의 기온, 비, 눈, 바람, 백야현상, 황사 등)
  - 시간적 요인 : 이른 새벽, 퇴근 무렵, 축제기간, 휴가철, 야간행사 등

〈참고〉 이두석, 「경호학개론」, 진영사, 2018, P. 373~378

---

2 암살

01 암살에 관한 설명으로 옳지 않은 것은?

① 정치적, 사상적 입장의 차이에서도 비롯된다.
② 정신분열증, 편집증, 조울증 등은 암살의 심리적 동기에 해당된다.
③ 암살자가 극히 중요하다고 생각하는 사상을 암살대상자들이 위태롭게 하고 있다고 생각하는 것은 적대적 동기에 해당된다.
④ 혁명적 목적 달성을 위해 암살을 하는 경우도 있다.

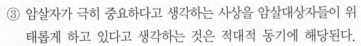

암살의 이념적 동기에 관한 설명이다. 적대적 동기는 전쟁 중이거나 적대관계에 있는 지도자를 제거하여 승전을 유도하거나 사회혼란을 조성하기 위해 암살이 이루어진다.

정답 ❸

개인적 동기	분노, 복수, 원한, 증오 등 극히 개인적 동기에 의해 암살이 이루어진다.
경제적 동기	금전적 보상 혹은 경제적 어려움을 해소하기 위하여 피암살자의 희생이 필요하다는 신념에 의해 암살이 이루어진다.
적대적(전략적) 동기	전쟁 중이거나 적대관계에 있는 지도자를 제거하여 승전을 유도하거나 사회혼란을 조성하기 위해 암살이 이루어진다.
정치적 동기	정권을 바꾸거나 교체하려는 욕망으로 암살이 이루어진다.
심리적 동기	정신분열증, 조울증, 편집증, 노인성 치매 등 정신병력 증세를 갖고 있는 사람들에 의해 암살이 이루어진다.
이념적 동기	어떠한 개인 혹은 집단이 주장·신봉하는 이념이나 사상을 탄압하거나 방해한다고 여겨지는 때 그 대상을 제거하기 위한 목표로 암살이 이루어진다.

02 다음에서 설명하는 암살의 동기는?

☑ 확인
Check!
○
△
×

> 어떤 암살자들은 자신들이 극히 중요하다고 생각하는 사상을 위태롭게 하고 있다고 생각하는 자를 암살하기도 한다.

① 이념적 동기　　　② 경제적 동기
③ 심리적 동기　　　④ 우발적 동기

쏙쏙 해설 •••

특정 사상과 관련된 암살의 동기는 이념적 동기이다.

정답 ❶

03 암살에 관한 설명으로 옳지 않은 것은?

☑ 확인
Check!
○
△
×

① 암살범의 적개심과 과대망상적 사고는 개인적 동기에 해당된다.
② 뉴테러리즘의 일종으로 불특정 다수를 대상으로 한다.
③ 암살범은 자신을 학대하고 무능력을 비판하는 심리적 특징을 보이는 경우도 있다.
④ 암살범은 암살에 대한 동기가 확연해지면 빠른 수행방법을 모색하는 경향이 있다.

쏙쏙 해설 •••

암살은 일반적으로 근대적 테러리즘의 전형이라 할 수 있으며, 특정한 지위에 있는 사람을 대상으로 한다. 학자에 따라 암살의 개념이 다양하지만, "정치적·종교적, 기타 각종 동기에 의해 법에 구애됨이 없이 공적인 지위에 있는 사람을 죽이는 것"이라고 하거나 "정치적·사상적 입장의 상이, 대립에 유래되는 동기에서 일정한 정치적 지위에 있는 사람을 살해하는 일"이라고 정의하기도 한다.
〈참고〉김두현, 「경호학개론」, 엑스퍼트, 2020, P. 464

정답 ❷

① 암살범의 적개심과 과대망상적 사고는 암살범의 심리적 특징 중 하나인데, 암살범의 적개심과 과대망상적 사고가 암살의 동기와 관련하여 개인적 동기에 해당하는지 여부와 과대망상적 사고가 심리적 동기에도 해당하는지 여부가 조현병(정신분열증), 편집병, 조울증 등의 정신병력 문제와 관련하여 문제된다. 일반적으로 암살은 복수, 증오, 분노 또는 지극히 개인적인 동기 등에 의하여 이루어지며, 그 동기는 실제적이거나 또는 상상적일 수 있다. 이에 따라 적개심과 과대망상적 사고를 개인적 동기에 해당한다고 할 수 있다. 그리고 과대망상적 사고는 조현병(정신분열증) 등의 정신병력 문제와 일정한 관계가 있다고 평가할 수 있다. 즉, 조현병의 대표적인 증상은 환각과 망상이며, 망상의 내용은 피해망상, 과대망상부터 신체적 망상에 이르기까지 다양하다. 그러므로 과대망상적 사고를 심리적 동기로 볼 수 있는 측면이 존재한다. 정리하면, 암살범의 '적개심'은 개인적 동기로 볼 수 있으나, '과대망상적 사고'는 개인적 동기 또는 심리적 동기에 해당한다고 볼 수 있으므로 답항 ①의 용어 표현이 비록 정확한 표현인 것은 아니지만, 옳지 않다고 볼 수는 없다.

〈참고〉김두현, 「경호학개론」, 엑스퍼트, 2020, P. 464~471

③ 암살범의 심리적 특징 중 하나는 자기 자신을 학대하고 대개가 무능력자로서 자신의 무능력을 비판한다는 점이다.

〈참고〉김두현, 「경호학개론」, 엑스퍼트, 2020, P. 469~470

④ 암살에 대한 동기가 확연해지면 암살기도자는 암살을 가장 쉽고, 빠르게 수행할 수 있는 방법을 모색하는 경향이 있다.

〈참고〉김두현, 「경호학개론」, 엑스퍼트, 2020, P. 471

---

04 암살범의 일반적인 심리적 특성에 해당하지 않는 것은?

기출 11·01

① 암살범은 자기 자신을 학대하는 경향이 있다.
② 암살범은 적개심과 과대망상적인 사고를 소유한 자들이 많다.
③ 암살범은 허황적인 사고와 행동에 빠지기 쉬운 자들이 많다.
④ 암살범은 외모에 의해 식별하기 곤란할 정도로 단정하다.

쏙쏙 해설 •••

④는 암살범 및 암살 기도자들의 신체적인 특징에 해당한다.

〈참고〉김두현, 「경호학개론」, 엑스퍼트, 2020, P. 470~471

정답 ❹

---

05 위해기도자의 암살계획수립 내용에 관한 설명으로 옳지 않은 것은?

기출 13

① 경호정보 수집
② 무기 및 장비의 획득
③ 공모자들의 임무분배
④ 인명 및 재산손실에 대한 분석

쏙쏙 해설 •••

암살은 경호정보의 수집 → 무기 및 장비획득 → 공모자들의 임무할당(분배) → 범행의 실행 순으로 진행된다.

정답 ❹

01 다음이 설명하는 것은?   기출 19

> 문자메시지(SMS)와 피싱(phishing)의 합성어로, 인터넷 접속이 가능한 스마트폰의 문자메시지를 이용한 해킹 범죄

① APT
② 메신저피싱
③ 스미싱
④ 보이스피싱

쏙쏙 해설 •••

제시된 내용은 스미싱에 대한 설명에 해당한다.

정답 ❸

핵심만콕

• APT(Advanced Persistent Threat) : 해커가 다양한 보안위협을 만들어 특정 네트워크에 지속적인 공격을 가하는 표적 공격형 수법으로, 이른바 지능형 지속 위협의 대표적인 사례이다. APT의 특징은 지속성과 은밀함이며, APT의 공격 기간은 평균 1년에서 길게는 5년 가까이 공격을 하는 경우도 있다.
• 피싱(Phishing) : 개인정보(Private)와 낚시(Fishing)의 합성어로, 불특정 다수에게 메일이나 게시글 등으로 위장된 홈페이지에 정보를 입력하도록 유도하여 개인정보나 금융정보를 빼내는 기법이다. 보이스피싱, 메신저피싱, 스미싱 등 기법이 다양하다.

보이스피싱	전화를 통해 피해자를 기망하여 금전 또는 개인정보를 탈취하는 사기 수법을 말한다.
메신저피싱	개인정보 유출이나 인터넷 주소록 탈취를 통해 얻은 개인정보로 타인의 메신저 프로필을 도용해 지인에게 금전을 요구하는 사기범죄를 말한다.
스미싱	문자메시지(SMS)와 피싱(Phishing)의 합성어이다. '무료쿠폰 제공', '돌잔치 초대장' 등을 내용으로 하는 악성 앱 주소가 포함된 문자메시지를 대량으로 전송 후 문자메시지 내 인터넷주소(url)를 클릭하면 악성코드가 설치되어 피해자가 모르는 사이에 소액결제 피해가 발생하거나 개인·금융정보를 탈취하는 수법이다.

• 파밍 : 합법적인 사용자의 도메인을 탈취하거나 도메인 네임 시스템(DNS) 또는 프록시 서버의 주소를 변조함으로써 이용자가 인터넷 '즐겨찾기', 포털사이트 검색, 주소입력 등을 통하여 금융회사 등의 정상적인 홈페이지 주소로 접속하여도 피싱(가짜)사이트로 유도되어 범죄자가 금전 및 개인 금융정보 등을 몰래 빼가는 사기 수법이다.

〈참고〉 이두석, 「경호학개론」, 진영사, 2018, P. 386~390

02 다음에서 설명하고 있는 사이버테러 기법은?　기출 12

> 은행시스템에서 이자계산 시 떼어버리는 단수를 1개의 계좌에 자동적으로 입금되도록 프로그램을 조작하는 방법으로서 어떤 일을 정상으로 실행하면서 관심 밖에 있는 조그마한 이익을 긁어 모으는 수법

① 패킷 스니퍼링
② 쓰레기 주워 모으기
③ 슈퍼 재핑
④ 살라미 기법

 쏙쏙 해설 •••

살라미 기법(Salami Techniques)은 어떤 일을 정상적으로 수행하면서 관심 밖에 있는 조그마한 이익을 긁어모으는 수법으로서 금융기관의 컴퓨터 시스템에 이자계산 시 단수 이하의 적은 금액을 특정 계좌에 모이게 하는 방법 등을 말한다.

정답 ❹

핵심만콕

• 패킷 스니퍼링(Packet Sniffering) : 네트워크의 한 호스트에서 실행되어 그 주위를 지나다니는 패킷들을 엿보는 프로그램이다. 패킷 스니퍼링을 통해서 로그인 과정 중 전송되는 아이디나 패스워드와 같은 계정 정보를 중간에서 가로채어 볼 수가 있다.
• 쓰레기 주워 모으기(Scavenging) : 컴퓨터 내의 휴지통(쓰레기통)에 버린 프로그램 리스트, 데이터 리스트, 카피 자료를 중간에서 부정적으로 얻어 내는 방법이다. 휴지통에 버리는 자료이기 때문에 사용자가 해킹 사실을 눈치 채지 못하는 경우가 많다.
• 슈퍼 재핑(Super Zapping) : 컴퓨터 작동이 정지된 상태를 복구나 재작동 절차에 의하여 해결할 수 없을 때 사용하는 만능키와 같은 프로그램인 슈퍼 잽의 강력한 힘을 이용하여 부정을 행하는 방법을 말한다.

---

03 뉴테러리즘에 관한 설명으로 옳지 않은 것은?　기출 23

① 불특정 다수인을 상대로 한다.
② 테러조직의 다원화로 무력화가 어렵다.
③ 증거인멸이 쉬운 대량살상 무기가 사용될 가능성이 많다.
④ 전통적 테러에 비해 피해 규모가 작다.

쏙쏙 해설 •••

전통적 테러에 비해 피해 규모가 큰 양상을 띤다.

정답 ❹

---

04 뉴테러리즘에 관한 설명으로 옳지 않은 것은?　기출 21

① '외로운 늑대(Lone wolf)'와 같은 자생 테러가 증가하고 있다.
② 과학화 및 정보화의 특성으로 조직이 네트워크화되고 있다.
③ 공격대상이 특정화되어 있고, 언론매체의 활용으로 공포확산이 빠르다.
④ 전통적 테러에 비해 피해규모가 큰 양상을 띤다.

쏙쏙 해설 •••

뉴테러리즘은 불특정 다수에 대한 공격을 특징으로 한다.

정답 ❸

정 의	미국의 뉴욕 세계무역센터 테러사건처럼 공격 주체와 목적이 없으며, 테러의 대상이 무차별적인 새로운 개념의 테러리즘을 가리키는 용어이다.
주요 특징	• 불특정 다수를 공격대상으로 한다. • 동시다발적 공격이 가능하다. • 주체가 없고('얼굴 없는 테러') 요구조건과 공격조건이 없다. • 경제적·물질적 피해 규모가 천문학적인 수준이다. • 과학화·정보화의 특성을 반영하여 조직이 고도로 네트워크화되어 있다. 이에 따라 조직 중심이 다원화되어 조직의 무력화가 어렵다. • 테러행위에 소요되는 시간이 짧아 예방대책 수립이 어렵다. • 언론매체를 이용하여 공포가 쉽게 확산된다. • 사회적으로 지식층과 엘리트층이 테러리스트로 활동하여 테러가 보다 지능화되고 성공률이 높아지고 있다. • 증거인멸이 쉬운 대량살상 무기가 사용될 가능성이 많다.

05 테러공격의 수행단계를 옳게 나열한 것은?

① 정보수집 및 관찰 → 공격계획 수립 → 공격조 편성 → 공격 준비 → 공격 실시

② 공격 준비 → 공격계획 수립 → 공격조 편성 → 정보수집 및 관찰 → 공격 실시

③ 공격계획 수립 → 공격조 편성 → 공격 준비 → 정보수집 및 관찰 → 공격 실시

④ 공격조 편성 → 공격 준비 → 공격계획 수립 → 정보수집 및 관찰 → 공격 실시

 쏙쏙 해설 •••

테러공격은 정보수집 및 관찰 → 공격 계획 수립 → 공격조 편성 → 공격 준비 → 공격 실시 순으로 실시된다.

정답 ❶

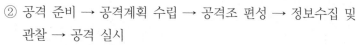

핵심만콕	테러공격의 수행단계

• 제1단계(정보수집단계) : 위해대상자의 습관적 행동이나 행차에 대한 첩보 및 정보를 수집하기 위한 관찰활동을 실시
• 제2단계(계획수립단계) : 공격계획 수립 및 공격방법 선택
• 제3단계(조직화단계) : 공격조를 편성
• 제4단계(공격준비단계) : 은거지를 확보하고 공격을 준비
• 제5단계(실행단계) : 계획된 공격방법에 의거 공격을 실시하고 현장을 이탈하는 단계

06 테러조직의 유형 중 수동적 지원조직에 관한 내용인 것은?

기출 12

① 정치적 전위집단, 후원자

② 목표에 대한 정보제공, 의료지원

③ 선전효과 증대, 자금획득

④ 폭발물 설치, 무기탄약 지원

☑ 확인
Check!
○
△
✕

 쏙쏙 해설 ···

① 수동적 지원조직에 대한 내용으로 옳다.
② 목표에 대한 정보제공은 직접적 지원조직, 의료지원은 전문적 지원조직에 해당한다.
③ 선전효과 증대, 자금획득은 적극적 지원조직에 해당한다.
④ 폭발물 설치는 행동 조직, 무기탄약 지원은 직접적 지원조직에 해당한다.

정답 ❶

핵심만콕 테러조직의 구조적 형태★★

지도자 조직	지휘부의 정책수립, 계획, 통제 및 집행 임무 수행, 테러조직의 정치적 또는 전술적 두뇌를 제공
행동 조직	공격현장에서 직접 테러행위를 실시, 폭발물 설치, 실제적으로 테러행위에 있어 가장 중요한 요소
직접적 지원조직	대피소, 차고, 공격용 차량 준비, 핵심요원 훈련, 무기·탄약 지원, 테러대상(테러목표)에 대한 정보제공, 전술 및 작전지원
전문적 지원조직	체포된 테러리스트 은닉, 법적 비호, 의료지원 제공, 유리한 알리바이 제공
수동적 지원조직	테러집단의 생존기반, 정치적 전위집단, 후원자, 반정부 시위나 집단행동에서 다수의 위력 구성을 지원
적극적 지원조직	선전효과 증대, 자금획득, 조직의 확대에 기여함으로써 테러활동에 주요한 역할

〈출처〉 김두현, 「경호학개론」, 엑스퍼트, 2020, P. 484~485

---

07 주요 국가별 대테러 특수부대로 옳지 않은 것은?

기출 23

① 영국 : SAS

② 이스라엘 : 샤이렛 매트칼

③ 프랑스 : 델타포스와 SWAT

④ 독일 : GSG-9

☑ 확인
Check!
○
△
✕

 쏙쏙 해설 ···

델타포스는 미국 육군 소속의 대테러 특수부대이며, SWAT는 대테러 임무를 수행하는 미국의 경찰 특수기동대이다. 프랑스의 대테러 특수부대로는 국가 헌병대 소속의 GIGN과 국가경찰 소속의 지방도시를 관할하는 GIPN이 있었으나 GIPN은 2019.3.1. 국가경찰 소속의 전국을 관할하는 RAID[Recherche(수색), assistance(지원), intervention(개입), dissuasion(억제)](프랑스 경찰특공대)로 통합되어 해산되었다.

정답 ❸

08 테러리즘의 '동일시 이론'에 관한 설명으로 옳게 짝지은 것은?

 기출 23

 확인
Check!
○
△
×

- (ㄱ) : 인질이 인질사건 과정에서 테러범을 이해하는 마음이 생겨 동화되는 것을 말한다.
- (ㄴ) : 인질사건의 협상단계에서 통역사나 협상자가 테러범 사이 에서 생존 동일시 현상이 일어난 것에서 유래되었다.

① ㄱ : 스톡홀름 증후군,   ㄴ : 런던 증후군
② ㄱ : 스톡홀름 증후군,   ㄴ : 리마 증후군
③ ㄱ : 리마 증후군,   ㄴ : 런던 증후군
④ ㄱ : 리마 증후군,   ㄴ : 항공기피 증후군

쏙쏙 해설 •••

( ) 안의 ㄱ에는 스톡홀름 증후군이, ㄴ에는 런던 증후군이 들어간다.

정답 ❶

핵심만콕 테러리즘의 증후군

스톡홀름 증후군	인질사건에서 인질이 인질범에게 정신적으로 동화되어 자신을 인질범과 동일시하는 현상을 말한다.
리마 증후군	인질사건에서 인질범이 인질의 문화에 익숙해지고 정신적으로 동화되면서 자신을 인질과 동일시하고 결과적으로 공격적인 태도가 완화되는 현상으로, 1996년 12월 페루 리마(Lima)에서 발생한 일본대사관저 점거 인질사건에서 유래되었다.
런던 증후군	인질사건의 협상단계에서 통역이나 협상자와 인질범 사이에 생존 동일시 현상이 일어나는 것을 말한다.
항공교통기피 증후군	9·11 테러 이후 사람들이 항공기의 이용을 기피하는 사회적 현상을 말한다.

09 국민보호와 공공안전을 위한 테러방지법상 목적에 관한 내용이다. ( )에 들어갈 용어로 옳은 것은?

> 테러의 (ㄱ) 및 (ㄴ) 활동 등에 관하여 필요한 사항과 테러로 인한 (ㄷ) 등을 규정함으로써 테러로부터 국민의 생명과 재산을 보호하고 국가 및 공공의 안전을 확보하는 것을 목적으로 한다.

① ㄱ : 예방, ㄴ : 대비, ㄷ : 피해보전
② ㄱ : 대비, ㄴ : 대응, ㄷ : 피해보상
③ ㄱ : 예방, ㄴ : 대응, ㄷ : 피해보전
④ ㄱ : 대응, ㄴ : 수습, ㄷ : 피해보상

 해설 •••

( ) 안에 들어갈 내용은 순서대로 ㄱ : 예방, ㄴ : 대응, ㄷ : 피해보전이다.

정답 ❸

관계법령 **목적(테러방지법 제1조)**

이 법은 테러의 예방 및 대응 활동 등에 관하여 필요한 사항과 테러로 인한 피해보전 등을 규정함으로써 테러로부터 국민의 생명과 재산을 보호하고 국가 및 공공의 안전을 확보하는 것을 목적으로 한다.

---

10 국민보호와 공공안전을 위한 테러방지법상 용어의 정의로 옳지 않은 것은?

① 외국인테러전투원 : 테러를 실행·계획·준비하거나 테러에 참가할 목적으로 국적국인 국가의 테러단체에 가입하기 위하여 이동을 시도하는 외국인
② 테러단체 : 국제연합(UN)이 지정한 테러단체
③ 테러위험인물 : 테러단체의 조직원이거나 테러단체 선전, 테러자금 모금·기부, 그 밖에 테러 예비·음모·선전·선동을 하였거나 하였다고 의심할 상당한 이유가 있는 사람
④ 대테러조사 : 대테러활동에 필요한 정보나 자료를 수집하기 위하여 현장조사·문서열람·시료채취 등을 하거나 조사대상자에게 자료제출 및 진술을 요구하는 활동

해설 •••

① 외국인테러전투원이란 테러를 실행·계획·준비하거나 테러에 참가할 목적으로 국적국이 아닌 국가의 테러단체에 가입하거나 가입하기 위하여 이동 또는 이동을 시도하는 내국인·외국인을 말한다(테러방지법 제2조 제4호).
② 테러방지법 제2조 제2호
③ 테러방지법 제2조 제3호
④ 테러방지법 제2조 제8호

 정답 ❶

이 법에서 사용하는 용어의 뜻은 다음과 같다.

1. "테러"란 국가·지방자치단체 또는 외국 정부(외국 지방자치단체와 조약 또는 그 밖의 국제적인 협약에 따라 설립된 국제기구를 포함한다)의 권한행사를 방해하거나 의무 없는 일을 하게 할 목적 또는 공중을 협박할 목적으로 하는 다음 각목의 행위를 말한다.

   [각목 생략]

2. "테러단체"란 국제연합(UN)이 지정한 테러단체를 말한다.

3. "테러위험인물"이란 테러단체의 조직원이거나 테러단체 선전, 테러자금 모금·기부, 그 밖에 테러 예비·음모·선전·선동을 하였거나 하였다고 의심할 상당한 이유가 있는 사람을 말한다.

4. "외국인테러전투원"이란 테러를 실행·계획·준비하거나 테러에 참가할 목적으로 국적국이 아닌 국가의 테러단체에 가입하거나 가입하기 위하여 이동 또는 이동을 시도하는 내국인·외국인을 말한다.

5. "테러자금"이란「공중 등 협박목적 및 대량살상무기확산을 위한 자금조달행위의 금지에 관한 법률」제2조 제1호에 따른 공중 등 협박목적을 위한 자금을 말한다.

6. "대테러활동"이란 제1호의 테러 관련 정보의 수집, 테러위험인물의 관리, 테러에 이용될 수 있는 위험물질 등 테러수단의 안전관리, 인원·시설·장비의 보호, 국제행사의 안전확보, 테러위협에의 대응 및 무력진압 등 테러 예방과 대응에 관한 제반 활동을 말한다.

7. "관계기관"이란 대테러활동을 수행하는 국가기관, 지방자치단체, 그 밖에 대통령령으로 정하는 기관을 말한다.

8. "대테러조사"란 대테러활동에 필요한 정보나 자료를 수집하기 위하여 현장조사·문서열람·시료채취 등을 하거나 조사대상자에게 자료제출 및 진술을 요구하는 활동을 말한다.

---

11 국민보호와 공공안전을 위한 테러방지법상 대테러활동에 해당하는 것으로 옳은 것은 모두 몇 개인가?

> ○ 테러위험인물의 관리
> ○ 인원·시설·장비의 보호
> ○ 국제행사의 안전확보
> ○ 테러위협에의 대응 및 무력진압

① 1개 ② 2개

③ 3개 ④ 4개

쏙쏙 해설 •••

제시된 내용은 모두 테러방지법 제2조 제6호의 대테러활동에 해당한다.

 정답 ④

12 국민보호와 공공안전을 위한 테러방지법상 테러피해에 관한 내용으로 옳지 않은 것은? 기출 22

☑ 확인 Check!
○
△
✕

① 국가 또는 지방자치단체는 테러의 피해를 입은 사람에 대하여 치료 및 복구에 필요한 비용의 전부 또는 일부를 지원할 수 있다.

② 테러로 인하여 생명의 피해를 입은 사람의 유족에 대해서는 그 피해의 정도에 따라 등급을 정하여 특별위로금을 지급할 수 있다.

③ 외교부장관의 허가를 받지 아니하고 방문 및 체류가 금지된 국가 또는 지역을 방문·체류한 사람의 테러피해의 치료 및 복구에 필요한 비용도 예외 없이 지원하도록 하고 있다.

④ 테러로 인하여 신체 또는 재산의 피해를 입은 국민은 관계기관에 즉시 신고하여야 한다.

 쏙쏙 해설 •••

③ 「여권법」 제17조 제1항 단서에 따른 외교부장관의 허가를 받지 아니하고 방문 및 체류가 금지된 국가 또는 지역을 방문·체류한 사람에 대해서는 치료 및 복구에 필요한 비용의 전부 또는 일부를 지원하지 아니할 수 있다(테러방지법 제15조 제2항 단서).

① 테러방지법 제15조 제2항 본문
② 테러방지법 제16조 제1항 본문
④ 테러방지법 제15조 제1항 본문

정답 ❸

13 국민보호와 공공안전을 위한 테러방지법령에 관한 설명으로 옳지 않은 것은? 기출 23

☑ 확인 Check!
○
△
✕

① 관세청장은 국가테러대책위원회의 구성원이다.

② 국가정보원장은 테러위험인물에 대하여 출입국·금융거래 및 통신이용 등 관련 정보를 수집할 수 있다.

③ 타국의 외국인테러전투원으로 가입한 사람은 5년 이상의 징역에 처한다.

④ 테러경보는 테러위협의 정도에 따라 주의·경계·심각·대비의 4단계로 구분한다.

 쏙쏙 해설 •••

④ 테러경보는 테러위협의 정도에 따라 관심·주의·경계·심각의 4단계로 구분한다(테러방지법 시행령 제22조 제2항).

① 관세청장은 테러방지법령상 국가테러대책위원회의 구성원에 해당한다(테러방지법 시행령 제3조 제1항).

② 테러방지법 제9조 제1항 전문
③ 테러방지법 제17조 제1항 제3호

정답 ❹

14 국민보호와 공공안전을 위한 테러방지법령상 대테러특공대를 설치·운영하지 않는 기관은? 기출 22

☑ 확인 Check!
○
△
✕

① 국방부
② 해양경찰청
③ 국가정보원
④ 경찰청

쏙쏙 해설 •••

국가정보원은 테러방지법령상 대테러특공대를 설치·운영할 수 없는 기관이나, 국방부, 경찰청 및 해양경찰청은 대테러특공대를 설치·운영하는 기관이다(테러방지법 시행령 제18조 제1항).

정답 ❸

① 국방부장관, 경찰청장 및 해양경찰청장은 테러사건에 신속히 대응하기 위하여 대테러특공대를 설치·운영한다.
② 국방부장관, 경찰청장 및 해양경찰청장은 제1항에 따른 대테러특공대를 설치·운영하려는 경우에는 대책위원회의 심의·의결을 거쳐야 한다.
③ 대테러특공대는 다음 각호의 임무를 수행한다.
  1. 대한민국 또는 국민과 관련된 국내외 테러사건 진압
  2. 테러사건과 관련된 폭발물의 탐색 및 처리
  3. 주요 요인 경호 및 국가 중요행사의 안전한 진행 지원
  4. 그 밖에 테러사건의 예방 및 저지활동

---

15 국민보호와 공공안전을 위한 테러방지법상 테러위험인물에 대하여 출입국·금융거래 및 통신이용 등 관련 정보를 수집할 수 있는 자는?

☑ 확인
Check!
○
△
✕

기출 18

① 대통령경호처장
② 국가정보원장
③ 대테러센터장
④ 금융감독원장

쏙쏙 해설 •••

국가정보원장은 테러위험인물에 대하여 출입국·금융거래 및 통신이용 등 관련 정보를 수집할 수 있다(테러방지법 제9조 제1항 전문).

정답 ②

---

16 국민보호와 공공안전을 위한 테러방지법의 내용으로 옳은 것은?

☑ 확인
Check!
○
△
✕

기출 17

① 테러위험인물이란 테러를 실행·계획·준비하거나 테러에 참가할 목적으로 국적국이 아닌 국가의 테러단체에 가입하거나 가입하기 위하여 이동 또는 이동을 시도하는 내국인·외국인을 말한다.
② 테러수사란 대테러활동에 필요한 정보나 자료를 수집하기 위하여 현장조사·문서열람·시료채취 등을 하거나 조사대상자에게 자료제출 및 진술을 요구하는 활동을 말한다.
③ 관계기관의 대테러활동으로 인한 국민의 기본권 침해 방지를 위하여 대책위원회 소속으로 대테러 인권보호관 2명을 둔다.
④ 국가정보원장은 테러위험인물에 대하여 출입국·금융거래 및 통신이용 등 관련 정보를 수집할 수 있다.

쏙쏙 해설 •••

국가정보원장은 테러위험인물에 대하여 출입국·금융거래 및 통신이용 등 관련 정보를 수집할 수 있다. 이 경우 출입국·금융거래 및 통신이용 등 관련 정보의 수집은 출입국관리법, 관세법, 특정 금융거래정보의 보고 및 이용 등에 관한 법률, 통신비밀보호법의 절차에 따른다(테러방지법 제9조 제1항).

정답 ④

제1장
제2장
제3장
제4장
제5장
제6장

17 테러방지법상 다음 (　)에 들어갈 내용을 순서대로 나열한 것은?

기출 14

☑ 확인
Check!
○
△
✕

• (　)은 테러사건 발생 시 구조·구급·수습·복구활동을 지원하기 위하여 테러복구지원본부를 설치·운영할 수 있다.
• 테러경보는 테러의 위협 또는 위험수준에 따라 관심·주의·경계·(　)의 4단계로 구분하여 발령하는 경보를 말한다.
• 대테러활동에 관한 정책의 중요사항을 심의·의결하기 위하여 국가테러대책위원회를 두고, 대책위원회는 국무총리 및 관계기관의 장 중 대통령령으로 정하는 사람으로 구성하고 위원장은 (　)로 한다.

① 경찰청장 – 심각 – 국무총리
② 소방청장 – 대응 – 국가정보원장
③ 행정안전부장관 – 심각 – 국무총리
④ 질병관리청장 – 대응 – 대통령경호처장

쏙쏙 해설 •••

• 행정안전부장관은 테러사건 발생 시 구조·구급·수습·복구활동을 지원하기 위하여 테러복구지원본부를 설치·운영할 수 있다(테러방지법 시행령 제17조 제1항).★
• 테러경보는 테러위협의 정도에 따라 관심·주의·경계·심각의 4단계로 구분한다(테러방지법 시행령 제22조 제2항).
• 대테러활동에 관한 정책의 중요사항을 심의·의결하기 위하여 국가테러대책위원회를 두고, 대책위원회는 국무총리 및 관계기관의 장 중 대통령령으로 정하는 사람으로 구성하고 위원장은 국무총리로 한다(테러방지법 제5조 제1항·제2항).★★

정답 ❸

18 국민보호와 공공안전을 위한 테러방지법령상 국가테러대책위원회의 구성원인 자는?

☑ 확인 Check!
○
△
✕

기출수정 20

① 관세청장
② 검찰총장
③ 대통령비서실장
④ 합동참모의장

 쏙쏙 해설 •••

관세청장은 테러방지법상 국가테러대책위원회의 구성원에 해당한다. ③번 답항의 질병관리청장은 2020.12.22. 개정된 테러방지법 시행령 제3조 제1항에 따라 국가테러대책위원회의 구성원에 해당하므로, 대통령비서실장으로 수정하였다.

정답 **①**

관계법령 국가테러대책위원회(테러방지법 제5조)

② 대책위원회는 국무총리 및 관계기관의 장 중 대통령령으로 정하는 사람으로 구성하고 위원장은 국무총리로 한다.

> **국가테러대책위원회 구성(테러방지법 시행령 제3조)**
> ① 법 제5조 제2항에서 "대통령령으로 정하는 사람"이란 기획재정부장관, 외교부장관, 통일부장관, 법무부장관, 국방부장관, 행정안전부장관, 산업통상자원부장관, 환경부장관, 국토교통부장관, 해양수산부장관, 국가정보원장, 국무조정실장, 금융위원회 위원장, 원자력안전위원회 위원장, 대통령경호처장, 관세청장, 경찰청장, 소방청장, 질병관리청장 및 해양경찰청장을 말한다.
> ② 생 략
> ③ 대책위원회의 사무를 처리하기 위하여 간사를 두되, 간사는 법 제6조에 따른 대테러센터의 장이 된다.

---

19 테러방지법 시행령에 따른 국가테러대책위원회의 위원이 아닌 자는?(단, 법에서 정한 위원 외에 위원장이 요청한 관계기관의 장 또는 그 밖의 관계자는 고려하지 않는다)

☑ 확인 Check!
○
△
✕

기출 15

① 행정안전부장관
② 국무조정실장
③ 경찰청 경비국장
④ 국가정보원장

쏙쏙 해설 •••

국가테러대책위원회의 위원은 경찰청 경비국장이 아닌 경찰청장이다.

정답 **③**

관계법령 국가테러대책위원회 구성(테러방지법 시행령 제3조 제1항)

법 제5조 제2항에서 "대통령령으로 정하는 사람"이란 기획재정부장관, 외교부장관, 통일부장관, 법무부장관, 국방부장관, 행정안전부장관, 산업통상자원부장관, 환경부장관, 국토교통부장관, 해양수산부장관, 국가정보원장, 국무조정실장, 금융위원회 위원장, 원자력안전위원회 위원장, 대통령경호처장, 관세청장, 경찰청장, 소방청장, 질병관리청장 및 해양경찰청장을 말한다.

20 국민보호와 공공안전을 위한 테러방지법상 대테러활동과 관련하여 대테러센터의 수행사항으로 옳은 것은?

① 국가 대테러활동 관련 임무분담 및 협조사항 실무 조정
② 대테러활동에 관한 국가의 정책 수립 및 평가
③ 국가 대테러 기본계획 등 중요 중장기 대책 추진사항
④ 관계기관의 대테러활동 역할 분담·조정이 필요한 사항

 쏙쏙 해설 •••

①은 대테러센터의 수행사항(테러방지법 제6조 제1항 제1호)이며, ②·③·④는 국가테러대책위원회의 심의·의결사항이다.

정답 ❶

핵심만콕 국가테러대책기구의 주요 기능 ★★

국가테러대책위원회	대테러센터
테러대책위원회는 다음의 사항을 심의·의결한다(테러방지법 제5조 제3항). 1. 대테러활동에 관한 국가의 정책 수립 및 평가★ 2. 국가 대테러 기본계획 등 중요 중장기 대책 추진사항★ 3. 관계기관의 대테러활동 역할 분담·조정이 필요한 사항★ 4. 그 밖에 위원장 또는 위원이 대책위원회에서 심의·의결할 필요가 있다고 제의하는 사항	대테러활동과 관련하여 다음 각호의 사항을 수행하기 위하여 국무총리 소속으로 관계기관 공무원으로 구성되는 대테러센터를 둔다(테러방지법 제6조 제1항). 1. 국가 대테러활동 관련 임무분담 및 협조사항 실무 조정★ 2. 장단기 국가대테러활동 지침 작성·배포 3. 테러경보 발령★ 4. 국가 중요행사 대테러안전대책 수립★ 5. 대책위원회의 회의 및 운영에 필요한 사무의 처리★ 6. 그 밖에 대책위원회에서 심의·의결한 사항

21 테러방지법령상 국가테러대책위원회에 관한 설명으로 옳지 않은 것은?

① 재적위원 과반수의 출석으로 개의한다.
② 회의는 비공개가 원칙이나, 필요한 경우 위원장의 결정으로 공개할 수 있다.
③ 국가테러대책위원회를 효율적으로 운영하기 위하여 테러대책실무위원회를 둔다.
④ 위원 중 부득이한 사유가 있는 경우 해당 위원이 지명한 자를 대리 출석하게 할 수 있다.

 쏙쏙 해설 •••

회의는 비공개가 원칙이나, 필요한 경우 대책위원회의 의결로 공개할 수 있다(테러방지법 시행령 제4조 제3항).★

정답 ❷

대책위원회의 운영(테러방지법 시행령 제4조)★★

① 대책위원회 회의는 위원장이 필요하다고 인정하거나 대책위원회 위원(이하 "위원"이라고 한다) 과반수의 요청이 있는 경우에 위원장이 소집한다.★

② 대책위원회는 재적위원 과반수의 출석으로 개의(開議)하고, 출석위원 과반수의 찬성으로 의결한다.★

③ 대책위원회의 회의는 공개하지 아니한다. 다만, 공개가 필요한 경우 대책위원회의 의결로 공개할 수 있다.★

④ 제1항부터 제3항까지에서 규정한 사항 외에 대책위원회 운영에 관한 사항은 대책위원회의 의결을 거쳐 위원장이 정한다.★

테러대책 실무위원회의 구성 등(테러방지법 시행령 제5조)

① 대책위원회를 효율적으로 운영하고 대책위원회에 상정할 안건에 관한 전문적인 검토 및 사전 조정을 위하여 대책위원회에 테러대책 실무위원회를 둔다.★

위원의 대리출석 등(국가테러대책위원회 및 테러대책실무위원회 운영규정 제5조)

① 대책위원회 위원 중 부득이한 사유가 있는 때에는 해당 위원이 지명한 자를 대리출석하게 할 수 있으며, 이 경우 대리출석한 공무원은 의결권을 가진다.★

---

22 국가대테러활동 세부운용 규칙상 다음은 테러경보의 어느 단계 인가?

기출수정 21

☑ 확인
Check!
○
△
×

> 테러취약요소에 대한 경비 등 예방활동의 강화, 테러취약시설에 대한 출입통제의 강화, 대테러 담당공무원의 비상근무 등의 조치를 한다.

① 관심단계
② 주의단계
③ 경계단계
④ 심각단계

 해설 •••

제시된 내용은 테러경보의 단계 중 경계단계에 관한 설명에 해당한다.

※ 폐지된 국가대테러활동지침(대통령훈령)에 근거하여 출제된 설문을 수정함

 ③

목적(국가대테러활동 세부운영 규칙 제1조) [발령 2017.9.12.] [해양경찰청훈령, 2017.9.12. 폐지제정]

이 규칙은 「국민보호와 공공안전을 위한 테러방지법」 및 그 시행령에서 해양테러의 예방 및 대응활동 등에 대해 위임된 사항과 그 시행에 관하여 필요한 사항을 규정함을 목적으로 한다.

테러경보의 단계별 조치(국가대테러활동 세부운영 규칙 제27조) [발령 2017.9.12.] [해양경찰청훈령, 2017.9.12. 폐지제정]

① 해양경찰청장은 테러경보가 발령된 경우에는 다음 각호의 기준을 고려하여 단계별 조치를 취하여야 한다.

  1. 관심단계 : 테러 관련 상황의 전파, 관계기관 상호 간 연락체계의 확인, 비상연락망의 점검 등
  2. 주의단계 : 테러대상 시설 및 테러에 이용될 수 있는 위험물질에 대한 안전관리의 강화, 자체 대비태세의 점검 등
  3. 경계단계 : 테러취약요소에 대한 경비 등 예방활동의 강화, 테러취약시설에 대한 출입통제의 강화, 대테러담당 비상근무 등
  4. 심각단계 : 대테러 관계 공무원의 비상근무, 해양테러사건대책본부 등 사건대응조직의 운영준비, 필요 장비·인원의 동원태세 유지 등

제1장
제2장
제3장
제4장
제5장
제6장

23 국민보호와 공공안전을 위한 테러방지법령상 테러위협의 정도에 따른 테러경보 4단계에 속하지 않는 것은?

☑ 확인
Check!
○
△
✕

① 주 의   ② 경 계
③ 심 각   ④ 대 비

24 테러경보의 단계별 조치 중 "심각 단계"의 조치 내용으로 옳지 않은 것은?

☑ 확인
Check!
○
△
✕

① 관계기관 상호 간 비상연락체계의 유지
② 테러대응 인력·장비 현장 배치
③ 테러대상시설 잠정 폐쇄
④ 테러유형별 테러사건대책본부 등 설치

핵심만콕 테러경보 4단계

| 경보발령 4단계 | 관 심 ➜ 주 의 ➜ 경 계 ➜ 심 각 |

등 급	발령기준	조치사항
관 심	**실제 테러발생 가능성이 낮은 상태** • 우리나라 대상 테러첩보 입수 • 국제 테러 빈발 • 동맹·우호국 대형테러 발생 • 해외 국제경기·행사 이국인 다수 참가	**테러징후 감시활동 강화** • 관계기관 비상연락체계 유지 • 테러대상시설 등 대테러 점검 • 테러위험인물 감시 강화 • 공항·항만 보안 검색률 10% 상향
주 의	**실제 테러로 발전할 수 있는 상태** • 우리나라 대상 테러첩보 구체화 • 국제테러조직·연계자 잠입기도 • 재외국민·공관 대상 테러징후 포착 • 국가중요행사 개최 D-7	**관계기관 협조체계 가동** • 관계기관별 자체 대비태세 점검 • 지역 등 테러대책협의회 개최 • 공항·항만 보안 검색률 15% 상향 • 국가중요행사 안전점검
경 계	**테러발생 가능성이 농후한 상태** • 테러조직이 우리나라 직접 지목·위협 • 국제테러조직·분자 잠입활동 포착 • 대규모 테러이용수단 적발 • 국가중요행사 개최 D-3	**대테러 실전대응 준비** • 관계기관별 대테러상황실 가동 • 테러이용수단의 유통 통제 • 테러사건대책본부 등 가동 준비 • 공항·항만 보안 검색률 20% 상향
심 각	**테러사건 발생이 확실시되는 상태** • 우리나라 대상 명백한 테러첩보 입수 • 테러이용수단 도난·강탈 사건 발생 • 국내에서 테러기도 및 사건 발생 • 국가중요행사 대상 테러첩보 입수	**테러상황에 총력 대응** • 테러사건대책본부 등 설치 • 테러대응 인력·장비 현장 배치 • 테러대상시설 잠정 폐쇄 • 테러이용수단 유통 일시중지

〈출처〉대테러센터 홈페이지, www.nctc.go.kr, 2024

25 테러방지법령상 대테러 인권보호관에 관한 설명으로 옳지 않은 것은?

☑ 확인
Check!
○
△
×

기출 11

① 인권보호관의 임기는 2년으로 하고, 연임할 수 있다.
② 직무상 알게 된 비밀을 누설한 경우 그 의사에 반하여 해촉될 수 있다.
③ 대테러활동에 따른 인권침해 관련 민원을 접수한 날부터 2주 내에 처리해야 한다.
④ 위원장은 인권보호관이 직무를 효율적으로 수행할 수 있도록 재정적 지원을 할 수 있다.

쏙쏙 해설 •••

③ 민원을 접수한 날부터 2개월 내에 처리하여야 한다(테러방지법 시행령 제8조 제2항 본문).★
① 테러방지법 시행령 제7조 제2항
② 테러방지법 시행령 제7조 제3항 제3호 참고
④ 테러방지법 시행령 제8조 제3항

정답 ❸

관계법령 | 인권보호관의 직무 등(테러방지법 시행령 제8조)

① 인권보호관은 다음 각호의 직무를 수행한다.
 1. 대책위원회에 상정되는 관계기관의 대테러정책·제도 관련 안건의 인권 보호에 관한 자문 및 개선 권고
 2. 대테러활동에 따른 인권침해 관련 민원의 처리
 3. 그 밖에 관계기관 대상 인권 교육 등 인권 보호를 위한 활동
② 인권보호관은 제1항 제2호에 따른 민원을 접수한 날부터 2개월 내에 처리하여야 한다. 다만, 부득이한 사유로 정해진 기간 내에 처리하기 어려운 경우에는 그 사유와 처리 계획을 민원인에게 통지하여야 한다.★
③ 위원장은 인권보호관이 직무를 효율적으로 수행할 수 있도록 필요한 행정적·재정적 지원을 할 수 있다.★
④ 대책위원회는 인권보호관의 직무 수행을 지원하기 위하여 지원조직을 둘 수 있으며, 필요한 경우에는 관계 중앙행정기관 소속 공무원의 파견을 요청할 수 있다.

---

26 국민보호와 공공안전을 위한 테러방지법상 외국인테러전투원에 대한 규제에 관한 내용이다. ( )에 들어갈 숫자로 옳은 것은?

☑ 확인
Check!
○
△
×

기출 20

① 관계기관의 장은 외국인테러전투원으로 출국하려 한다고 의심할 만한 상당한 이유가 있는 내국인·외국인에 대하여 일시 출국금지를 법무부장관에게 요청할 수 있다.
② 제1항에 따른 일시 출국금지 기간은 ( )일로 한다. 다만, 출국금지를 계속할 필요가 있다고 판단할 상당한 이유가 있는 경우에 관계기관의 장은 그 사유를 명시하여 연장을 요청할 수 있다.

① 15   ② 30
③ 60   ④ 90

쏙쏙 해설 •••

( ) 안에 들어갈 숫자는 90이다(테러방지법 제13조 제2항 본문).

정답 ❹

27 국민보호와 공공안전을 위한 테러방지법 시행령상 대테러특공대의 임무를 수행한 자를 모두 고른 것은? 기출수정 21

A : 대한민국과 관련된 국내외 테러사건 진압작전을 수행하였다.
B : 주요 요인경호 및 국가중요행사의 안전한 진행을 지원하였다.
C : 테러사건과 관련한 폭발물을 탐색하고 처리하였다.

① A
② A, C
③ B, C
④ A, B, C

 해설 •••

제시된 내용은 모두 대테러특공대의 임무에 해당한다.

※ 폐지된 국가대테러활동지침(대통령훈령)에 근거하여 출제된 문제를 수정함

정답 ❹

하느냐의 문제가 아니야,

언제 하느냐의 문제야.

− 미생 中 −

참고문헌

- 송광호, 패스플러스 경비지도사 2차 경호학, 에듀피디, 2023
- 최선우, 경호학, 박영사, 2021
- 김두현, 경호학개론, 엑스퍼트, 2020
- 이두석, 경호학개론, 진영사, 2018
- 김계원, 경호학, 진영사, 2018
- 김신혜, 핵심 경비지도사 경호학, 진영사, 2015
- 서진석, 민간경비론, 진영사, 2014
- 김동제 · 조성구, 경호학, 백산출판사, 2013
- 김순석 외, 신경향경호학, 백산출판사, 2013
- 양재열, 경호학원론, 박영사, 2012
- 송상욱 외, 핵심경호학, 진영사, 2009
- 이상철, 경호현장운용론, 진영사, 2008